집합건물의 분양·관리상 법적 쟁점

金 南 槿

진 원 사

집합건물법에 관한 책을 내면서

"집합건물의 소유 및 관리"란 집합건물의 일부인 전유부분에 관한 독립적인 구분소유권과 공용부분, 대지에 관한 구분소유권자들의 공유관계를 기초로 한다. 그리고 당연성립 되는 관리단을 중심으로 자치법규인 관리규약의 단체적인 규율에 따라 집합건물을 소유 및 관리하는 법률관계이다. 1개동 건물의 일부를 구분하여 소유 및 관리하는 집합건물은 이미 로마시대부터 출현하였을 정도로 역사가 오래되었고, 현대사회에서는 주거와 영업·사무용 건물의 상당수를 차지하고 있다. 좁은 국토에 많은 인구가 밀집하여 살고 있는 한국의 경우에는 아파트로 대표되는 주거용 건물의 과반수가 집합건물이다. 또한 대형 상가건물이 가장 일반적인 쇼핑장소가 될 정도로 집합건물은 보편적으로 공급되어 있다.

집합건물에 관한 법제는 이미 20세기 초부터 제정되기 시작하여 2차 세계대전 이후에는 대부분의 서구유럽국가와 미국, 일본 등은 집합건물의 소유와 관리에 관한 법제를 도입하고 있다. 우리의 경우는 심각한 주택난을 해결하기 위해 대량의 공동주택을 공급하여 그 관리의 공백을 메우기 위한 행정법제가 먼저 발달하였다. 서구유럽이나 일본, 미국에 비하여는 상당히 뒤늦게 집합건물의 소유와 관리에 관한 법제가 도입되었다. 그러나 여전히 집합건물의 분양과 관리에 관한 소송이 법원에 봇물을 이루고 있을 정도로 분쟁이 많다. 한편에서는 10여년이 넘어도 정기 관리단 집회가 한 번도 개최되지 않을 정도로 관리의 공백이 심각하다. 집합건물의 분양과 관리에 관한 많은 상담을 진행하고 소송을 수행하면서 우리의 집합건물의 소유 및 관리에 관한 법제가 상당히 부실하고 법률가로서 이해하기 힘든 복잡하고 난해한 체계로 되어 있다는 생각을 하게 되었다.

특히 선분양제도가 우리 집합건물의 성립과 분양에 관한 분쟁을 양산하는데 상당한 원인을 제공하고 있다고 판단하였다. 또한 공동주택 관리법제는 관리의 공백을 신속하고 효율적으로 메우기 위하여 거의 매년 법령이 바뀔 정도로 현실 적응을 거듭해 온 반면에, 일반 집합건물 관리법제는 일본의 법제를 그대로 계수한 이후에 우리 집합건물 관리현실에 맞게 변화·발전하지 못하고 있는 것도 문제이다. 이러한 관리법제의 이원화 현상이 다양한 집합건물 관리에 관한 분쟁에 대한 규범적 접근을 어렵게 하고 있다. 이 책은 이러한 문제의식에서 출발하여 집합건물의 성립-분양-관리상의 법적 쟁점에 대하여 소개하고 있다.

제1장에서는 집합건물과 집합건물법제의 역사적 고찰을 한 후 이러한 역사적 고찰과 집합건물 소유 및 관리에 관한 소송을 수행하면서 얻게 된 이 책의 주요 문제의식을 제시하였다. 이 책에서는 크게 3가지 문제의식을 가지고 있는데, 먼저 구분소유관계에서는 일반 민법상의 소유관계와 달리 강하게 나타나는 단체적 특성에 주목하였다. 아울러 선분양제도와 집합건물법 및 구 주택법[1] 등 집합건물 관리법제의 이원화 현상이 우리 집합건물의 성립·분양·관리에 미치는 영향에 관하여도 집중하였다. 이러한 문제의식을 바탕으로 이 책의 주요 쟁점들을 제시하였다.

제2장 "집합건물의 성립"에서는 먼저 구분소유관계의 법적 성질을 전유부분에 관한 독립된 소유권과 공용부분에 관한 공유관계로 보는 통설적 견해에 대하여 단체적 관리와 소유의 특수성의 관점에서 분석하는 시각이 필요하다는 점을 제시하였다. 이에 따라 공용부분의 공유관계, 단체적 관리, 분쟁의 단체적 해결, 전유부분에 관한 구분소유자의 권리와 의무의 제약 등 책의 전반적인 부분에서 구분소유관계의 단체적 특성이 어떻게 발현되는가에 주목하여 소개하였다. 둘째로 경계벽이나 경계표지를 자유롭게 변경하는 구분점포 등 구조상 독립성의 예외와 관련하여 구조상 독립성의 요건을 법리적으로 어떻게 유연하게 운영할 것인가를 살

1) 2017. 4. 18. 법률 제14793호로 개정되기 전의 것. 2017. 4. 18. 법률 제14793호로 "공동주택관리법"이 제정되면서 구 주택법상 공동주택 관리에 관한 내용은 "공동주택관리법"으로 이전되었다.

펴보았다. 셋째로 구분소유권의 성립시기에 관해서는 2013년 전원합의체 판결을 중심으로 그 성립시기를 등록이나 등기 시가 아니라 분양행위 시점으로 앞당겨야 하는 법리적, 정책적 근거를 소개하였고, 넷째로 대지사용권에 관하여는 전유부분과의 일체성 법리와 관련한 다양한 분쟁사례와 법리에 대하여 살펴보았다.

제3장 "선분양제도와 집합건물의 하자"에서는 먼저 완성된 물건을 매매하는 특정물 매매계약이 아니라 분양광고에 전적으로 의존하여 계약을 체결하는 선분양제도 문제를 다루었다. 하자의 1차적 판단기준이 되는 품질기준은 분양계약서에 기재되어 있지 않고, 견본주택이나 분양팜플렛 등의 분양광고에 포함되어 있는데 이러한 분양광고의 내용이 어떻게 분양계약에 편입될 수 있는지와 관련한 법리를 검토하였다. 둘째로 집합건물의 외형·구조·재질·실내장식 등의 품질에 관한 기준이 분양광고와 분양계약에 불완전하게 기술되어 있기 때문에 객관적 하자의 판단기준이 보충적으로 필요하다는 점에 기초하여 층간소음, 사용검사 전(前) 하자, 내력구조부의 하자 등 관련 법령상의 하자기준을 검토하였다. 셋째로, 주변에 도로 등의 소음유발시설, 환경혐오시설 등이 설치되어 있거나 설치될 것이라는 정보를 고지하지 않고 분양을 한 분양자의 정보제공의무 위반의 사례를 다루었다. 넷째로, 하자보수책임을 현재의 구분소유자가 추급할 수 있는 법리적 근거를 미국의 판례 법리의 변천과 비교하여 고찰하였다. 다섯째, 소송실무에서 가장 많은 논란이 되고 있는 구 주택법상의 하자발생기간과 하자담보책임 기간의 성질과 그에 관한 구 주택법과 집합건물법의 관계 등에 관하여 집합건물법의 해석과 함께 소개하였다.

제4장 "집합건물의 관리"에서는 먼저 2012. 12. 18. 개정 집합건물법에 의하여 새로이 도입된 관리위원회, 임차인의 관리참여권, 관리인의 선관의무 등에 관하여 프랑스, 독일, 미국 등 다른 입법례와 비교하여 그 법적성격과 입법상 보완점 등을 소개하였다. 둘째로 관리단 집회와 관련해서는 미국의 특별결의 요건 완화(면제)제도를 도입하여 중요결정에 있어서 구분소유자들의 무관심으로 특별결의

를 얻기 어려운 경우 법원의 판결을 통하여 절차적 문제를 해결할 수 있는 방안을 시론으로 소개하였다. 셋째로 입주자대표회의 권한과 지위에 관하여는 해석론뿐만 아니라 입주자대표회의와 관리단의 이원적 관리조직을 통합적으로 운영할 수 있는 방안을 제시하였다. 넷째로 관리단과 구분소유자 사이의 법률관계에 관해서는 관리단의 처분이 선관의무 내지 충실의무 위반이 되는지 여부에 관한 기준법리로서 미국의 "합리성 판단의 법리(resonable judgement rule)"과 "경영적 판단의 법리(businesss judgement rule)" 관련 판례를 분석하였다. 다섯째로 연체관리비의 승계 문제와 관련하여서는 미국, 스위스 등의 법제에서 볼 수 있는 관리단이 전유부분의 경매 과정에서 연체관리비를 우선변제 받을 수 있는 우선특권(Lien Right)제도를 검토하였다. 아울러 연체관리비의 현황 등에 관하여 매수예정자나 임대차예정자들이 확인받을 수 있는 "관리내역 확인서(status certification)" 제도를 도입할 수 있는 방안을 검토하였다. 이러한 선진적인 관리제도의 도입을 통하여 연체관리비와 관련한 잦은 분쟁을 해결하고, 연체관리비로 인하여 집합건물 관리에 어려움을 겪고 있는 서민 아파트나 영세상가의 관리재정을 확충할 방안에 관해서 소개하였다.

제5장 "관리단의 단체소송"에서는 소송실무상 가장 많이 제기되는 쟁점 중 하나인 관리단과 입주자대표회의 소송상 지위에 관하여 미국의 판례 법리의 변화과정과 비교하여 소개하였다. 입주자대표회의에 집합건물법상의 관리단과 같은 법정소송담당의 지위를 인정하기 어렵다면, 적어도 입주자단체의 결의나 공동주택관리규약의 위임규정을 근거로 입주자대표회의에 임의적 소송담당의 지위 인정하여 구분소유자들에게 단체소송의 이익을 향유할 수 있는 방안을 검토하였다.

제6장 "다양한 집합건물"에서는 먼저 우리 집합건물법제가 예정하지 않고 있는 입주자격을 제한 등 공동체적으로 운영되는 조합형 집합건물(Cooperative)과 우리의 대형상가 집합건물에서 종종 나타나는 구분소유적 공유관계(Co-Ownership)의 집합건물 등의 법률관계를 살펴보았다. 다음으로 주상복합건물이나 임대·분양 혼

합단지에 관하여 교체 임차인의 관리참여권 제도와 일부 관리단 제도의 활용을 통하여 적합한 관리방안이 무엇인지 소개하였다.

2018년 5월

저자 씀

참 고 문 헌

강원일, "주상복합건물의 관리주체에 관한 문제", 지평지성 건설부동산 Newsletter(제20호) 2013. 3.

강윤구, "집합건물의 구분소유자가 공용대지를 주차장으로 이용할 권리의 성질(=대지사용권) - 대법원 2006. 3. 9. 선고 2005다60239 판결", 대법원 판례해설(통권 제 60호), 법원도서관 2006.

강석규, "구분소유건물의 관리비체납에 대한 특정승계인의 책임", 재판실무(제2집), 2005.

강혁신, "노후화된 공동주택의 종말기에 있어서의 구분소유권 종료제도의 입법에 관한 소개", 한국민사법학회·한국비교사법학회·한국재산법학회 공동학술대회(개정 신탁법과 집합건물법의 쟁점), 2013. 6. 14.-6. 15.

고종완, "아파트 차별화의 프리미엄, 조망권(眺望權), 2012.

국회법제사법위원회, "집합건물의 소유 및 관리에 관한 법률안 심사보고서", 1984.3.16.

국회사무처, "제227회 국회(임시회) 법제사법위원회 회의록"(제3호) 2002. 2. 26.

김규완, "일의 하자에 대한 수급인의 이행책임과 손해배상책임", 안암법학(제15호), 2002.

김규완, "도급하자담보책임법과 일반채무불이행법 - 대법원 2004. 8. 20. 선고 2001다70337 판결에 대한 평석", 민사법학(제28호), 한국사법행정학회, 2006. 6.

김남근, "공동주택의 분양에 관한 판례경향의 비판적 고찰", 고려법학(제66호) 고려대학교 법학소개원 2012.

김남근, "집합건물의 관리에 관한 법제의 개선방안", 집합건물법학(제6집) 2010. 12.

김남근, "집합건물에 관한 법적 쟁점과 개선방안에 관한 소개", 고려대학교 석사학위 책 2010. 12.

김도균, "아파트 분양자의 하자담보책임과 대한주택보증 주식회사의 하자보수보증", 서울지방법원 남부지원 실무소개 III, 2003. 2.

김득환, "1동 건물의 증축부분이 구분건물로 되기 위한 요건 - 98다35020 판결에 대한 평석", 대법원 판례해설 제33호 법원도서관 1999.

김민옹, "구분소유적 공유관계에 관한 입법론", 토지법학(제27-1호) 한국토지법학회 2011. 6. 30.

김봉채, "관리단과 입주자대표회의 관계", 집합건물법학(제7집), 한국집합건물법학회, 2011. 6.

김상중, “매매계약 교섭 당사자의 잘못된 정보제공에 관한 상대방의 보호”, 민사법학(제29호), 한국민사법학회, 2005.

김영두, “집합건물법소개 – 이론·사례·판례”, 진원사, 2008. 3. 3.

김영두, “집합건물의 관리의 현실화를 위한 법률 개정안 – 임차인의 관리참여, 관리위원회, 분쟁조정위원회 등을 중심으로 –”, 법조(Vol. 666) 2012. 3.

김영두, “”집합건물의 법리와 개정 집합건물법“, 한국민사법학회·한국비교사법학회·한국재산법학회 공동학술대회(개정 신탁법과 집합건물법의 쟁점), 2013. 6. 14.–6. 15.

김용길, “집합건물의 대지사용권에 관한 고찰”, 집합건물법학(제8집), 한국집합건물법학회, 2011. 12.

김용덕 “구분소유적 공유 등기에 의한 명의신탁과 저당권”, 민사판례소개(제25집), 민사판례소개회, 2003.

김재형, “분양광고와 계약” – 청약·청약의 유인·손해배상을 중심으로“, 민사판례소개(제31집), 2009. 2.

김제완, “공동저당의 목적인 건물의 재건축과 법정지상권 – 대상판결 : 2003. 12. 18. 선고 98다43601 건물철거 등(全合)”, 고려법학(제46호) 고려대학교 법학소개원 2005.

김진혜, “일조침해에 대한 판례 소개”, 부동산소송 실무자료집(제4집), 2010.

김치원, “집합건물의 소유 및 관리에 관한 법률 중 개정법률안 심사보고서” 국회법제사법위원회, 2003. 6.

김하늘, “아파트 단지 인근에 쓰레기 매립장 건설계획이 예정되어 있다는 사실이 분양회사가 분양 약자들에게 신의칙상 고지하여야 할 사항인지 여부”, 대법원 판례해설(제63호), 법원도서관, 2007. 7.

김황식, “집합건물의 소유 및 관리에 관한 법률” 민사판례소개(제12집), 박영사, 1991.

노수웅, “구분소유권의 성립요건과 구조상 독립성이 없는 건물의 권리관계에 관한 검토”, 민사집행법소개(제7권), 한국사법행정학회, 2012. 2.

박경량, “집합건물의 구분소유 법리의 재조명”, 전남대 박사학위논문, 1991.

박경량, “집합건물의 소유 및 관리에 관한 법률 중 개정법률안에 대한 공청회 자료집”, 국회법제사법위원회, 2003. 5. 21.

박경량, “상업용 집합건물에서의 전유부분의 요건” 무등춘추(제8호), 광주지방변호사회, 2004. 12.

박세창, “집합건물 대지권 개념과 그 지분권의 행사”, 집합건물법학회 2010년 춘계학술세미나, 2010. 4. 30.

박승국, "집합건물의 소유 및 관리에 관한 법률 중 개정법률안(의안번호 1187)", 2001. 11. 21.

박재우, "구 주택건설촉진법상의 금지사항 부기등기와 대지사용권의 일체성의 문제", 부동산소송 실무자료집(제4집) 2010.

박종두, "관리단의 법적 지위에 관한 재검토", 집합건물법학(제4집), 2009.

박홍래, "전유부분과 대지사용권의 일체성", 민사법학(제22호) 한국사법행정학회, 2002.

변우주, "공동주택의 입주자대표회의의 법적지위 – 하자담보추급권의 행사가능성 여부와 관련하여 –", 재산법 소개(24권 제3호), 법문사, 2008. 2.

석종현, "아파트 선분양제도의 위헌성 여부", 토지공법소개, 1995.

손금주, "구 주택법시행령 제59조 제1항의 하자보수책임기간에 관한 소개", 건설재판 실무논란, 서울중앙지방법원 건설실무소개회, 2006.

송재일, "프랑스 민법상 토지와 공간의 소유권 귀속에 관한 고찰 – 앙리까삐땅협회의 물권법개정안과 비교를 중심으로 –", 한국민사법학회·한국비교사법학회·한국재산법학회 공동학술대회(개정 신탁법과 집합건물법의 쟁점), 2013. 6. 14.–6. 15.

송창영, "아파트 층간소음 해결책", 한국아파트신문(제826호), 2013. 3. 20.

신국미, "구분소유적 공유관계의 법적성질", 법학논집(제31권 제1호), 2009. 5.

양형우, "독일법상 주거소유권과 세습지상권", 한국민사법학회·한국비교사법학회·한국재산법학회 공동학술대회(개정 신탁법과 집합건물법의 쟁점), 2013. 6. 14.–6. 15.

어연강, "집합건물의 구분소유에 있어서 구조상의 독립성 요건을 둘러싼 몇 가지 문제", 판례와 실무, 2004. 12.

오민식, "입주자대표회의, 관리단, 재건축조합의 법률관계", 법률신문 2004. 10. 28.

윤인태, "집합건물 분양자의 하자담보책임 – 특히 아파트를 중심으로", 판례소개(제 12집), 부산판례소개회, 2001.

윤의섭, "조망권에 관한 재검토(대상판결 : 대법원 2007. 6. 28. 선고 2004다 54282 판결)", 성균관법학(제19권 제3호 별권), 성균관대학교 비교법소개소, 2007. 12.

윤재윤, "건설분쟁관계법 – 건설분쟁의 법적 쟁점과 소송실무", 박영사, 2003.

윤재윤, "집합건물의 하자담보책임에 과한 실무상 쟁점", 저스티스(제73호), 한국법학원, 2003. 6.

윤재윤, "건설소송심리의 적정화 및 전문화를 위한 개선방안", 저스티스(114호), 2009. 12.

윤주현, "주택선분양제도의 문제점과 개선방안", 국토정보, 1995. 5.

이규진, "집합건물의 소유 및 관리에 관한 법률 제8조의 '건물의 사용에 필요한 범위 내'의 토지에 해당하는지 여부에 관한 판단기준", 대법원 판례해설(제72호) 법원도서관, 2008. 7.

이래경, "용산 참사와 후가라이(Fugerei), 복지국가 소사이어티, 2009. 9.

이문세, "미등기대지권과 경매", 부동산소송 실무자료 4집, 2010.

이수철, "입주자대표회의의 소송수행권 – 임의적 소송담당의 관점에서", 판례소개(제16집), 2005.

이승길·박세창, "구분소유권의 개념에 관한 고찰", 집합건물법학 제8집, 집합건물법학회, 2011. 12.

이정민, "집합건물의 분양과 하자담보책임 – 집합건물법 제9조와 관련한 몇 가지 법적 쟁점에 대하여 –", 사법논집(38집), 2004.

이준형, "선진적인 집합건물 관리를 위한 법률 개정안 – 하자담보책임, 분양자의 의무, 관리단 집회 등을 중심으로–", 법조(Vol.666), 2012. 3.

이준형, "집합건물법 제9조에 따른 구분소유자의 하자담보추급권 – 대법원 2003. 2. 11. 선고 2001다47733 판결", 민사판례소개(28권), 민사판례소개회, 2006. 2.

이준형, "집합건물법의 문제점과 바람직한 개정방향", 법조(Vol. 652.), 2011. 1.

이준형, "집합건물법상 담보책임과 구 주택법과의 관계", 한국민사법학회·한국비교사법학회·한국재산법학회 공동학술대회(개정 신탁법과 집합건물법의 쟁점), 2013. 6. 14. –6. 15.

이준희, "위탁관리의 경우에 위탁관리업체가 아닌 입주자대표회의가 직접 체결한 계약의유효 여부", 집합건물법학(제10집), 한국집합건물법학회, 2012. 12.

이춘원, "건물의 구분소유에 관한 소개", 성균관대학교 박사학위논문, 2006.

이춘원, "입주자대표회의의 법적 지위에 관한 소고", 집합건물법학(제7집), 한국집합건물법학회, 2011. 6.

이환승, "개정 구 주택법의 적용범위 및 하자보수에 갈음하는 손해배상청구권의 소멸시효 시간(3008. 12. 11. 선고 2008다12439 판결)", 대법원 판례해설(77호), 2009. 7.

이현숙, "분양받은 아파트의 일조가 연속 2시간에 미달하는 경우 하자담보책임의 성립여부", 대법원 판례해설(제83호), 법원도서관, 2010.

이현종, "집합건물의 구분소유 성립시점", 민사판례소개(XXIII), 민사판례소개회, 2001.

이홍권, "건물구분소유권의 성립과 소멸에 관한 몇 가지 문제", 민사재판의 제문제(제7권),

전보성, "금융기관이 대출계약 시 부담하는 경고의무 - 프랑스법을 중심으로", 사법논집(제47집), 법원도서관, 2004.

전장헌, "구분소유권의 성립요건과 독립성을 상실한 구분건물의 권리관계에 관한 소개", 법학소개(제46집), 2012. 5. 25.

전혜정, "집합건물법의 운영 현황과 문제점", 법조(제60권 제1호), 법조협회, 2011.

정찬형, "상법강의(上)"(제12판) 박영사, 2009. 3. 5.

조한창, "집합건물 분양계약의 해제(2003. 11. 14. 선고 2002다2485 판결)", 대법원 판례해설(46호), 2003.

최명순, 이춘원, "특정승계인의 연체관리비에 대한 책임", 집합건물법학 제8집, 2012. 6

최은순, "민사신탁에 관한 소개 - 유용성과 적용범위를 중심으로", 고려대학교 법학과 박사학위논문, 2010.

목 차

집합건물의 분양·관리상 법적 쟁점

제 1 장 집합건물 법제의 연혁

제 1 절 집합건물 법제의 연혁

집합건물의 역사는 생각보다 오래되어서 이미 로마시대부터 집합건물의 형태가 등장한다. 로마의 도시화가 진전되면서 많은 인구가 로마시내로 유입되었지만 주택은 턱없이 부족하여 주택난이 발생하였다. 로마의 귀족이나 부호들은 인슐라(insula)라는 집합건물을 건축하여 도시로 유입된 서민들에게 높은 임대료를 받고 임대하여 수익을 올렸다. 인슐라는 통상 5층 이상으로 1층에는 상가가 있고, 2층 이상은 임대주택으로 사용되었다. 현대의 주상복합 아파트와 같은 구조라 할 수 있다. 그 당시 인슐라의 주거여건은 열악하여 날림공사로 고층으로 지었다가 무너져 내리는 경우도 많았고, A.D. 64년 네로황제 시대의 유명한 대화재로 로마시내의 절반 이상이 불에 타면서 목조건물이었던 인슐라들이 대부분 불에 타고 많은 인명피해가 있었다. 네로황제는 로마시내를 재건하면서 인슐라의 건축에 관한 기준을 만들었는데, 현대의 건축법이나 도시계획법, 소방법 등의 효시가 되는 셈이다. 모든 시가지는 격자로 만들되 각 블록에는 소방도로를 두고, 블록내의 인슐라는 부실을 방지하기 위해서 7층을 초과하는 고층건축을 제한하였다. 그리고 화재 방지를 위하여 인슐라 사이에 30피트의 이격거리를 두도록 하고 화재 발생시 인슐라의 각 구분세대 사이에 대피할 수 있는 베란다를 설치하도록 하였다.[1)]

하지만 로마시대에는 이러한 집합건물을 구분소유하거나 관리하기 위한 법제는 발달하지 못하였다. 로마에는 "지상물은 토지에 따른다(Superficies solo cedit)"는 물권법의 법리가 지배하고 있었기 때문에 토지 위의 건물은 독립한 소유권의 객

1) www.kin.naver.com/open100.

체가 되지 못하고 토지소유권에 속하였다. 그러므로 건물의 일부분을 구분하여 소유권이 성립한다는 관념은 존재하지 않았다. 반면에 원래 유목민족이었던 게르만 법제에서는 건물은 토지에 정착되어 있는 것이 아니라 이동에 편리한 간편한 것이었기 때문에 오랫동안 동산으로 독립한 소유권의 객체로 취급되었고 그 뒤 정착생활을 하게 된 뒤에도 건물은 토지와 별개의 부동산으로 취급되었다. 더욱이 게르만 법제에서는 현대의 구분소유권의 개념처럼 건물의 일부인 각 방이나 지하실 등 건물의 일부를 소유의 객체로 하는 "층별 소유권(Stockwerkseigentum)"의 개념이 있었다.[2] 대가족제의 전통이 있었던 게르만 법제에서는 상속재산 분할의 결과 하나의 건물의 일부분을 상속인들이 층별로 나누어 소유하는 것을 인정할 필요가 있었고, 중세에 도시가 발달하면서 가옥을 증축하여 임대용으로 사용하면서 이를 층별로 구분하여 소유할 필요가 있었다. 예를 들어 유럽의 절대왕정 시대를 지배했던 합스부르크 제국의 재정적 후원역할을 하여 큰 거부가 되었던 Fugger가는 사회공헌 차원에서 15세기경 독일의 아우스부르크 시에 서민들에게 임대주택을 공급하였는데, 그 형태는 15~16평의 소형 아파트를 100여 채의 수평적으로 연결된 빌라로 지은 것이었다.[3]

근대에 나폴레옹 법전을 통하여 로마법이 부활하여 독일 민법의 기초가 되었던 프로이센 일반 란트법에서는 로마법 전통에 따라 지상물을 토지에 부속하는 것으로 보게 되어 게르만 법제의 "층별 소유권"은 승계되지 못하였다. 이론적 측면에서 뿐만 아니라 "층별 소유권"은 분쟁이 많은 주택이라는 사회적 인식이 "층별 소유권"의 개념이 폐지된 한 원인이 되었다.[4] 다만 1804년 프랑스 민법전에 "층별 소유권"에 관한 규정이 남아 있었다. 현대의 집합건물은 산업혁명과 함께 본격적으로 보급되었다. 산업혁명에서 농촌에서 도시로 이주하여 온 노동자들은

2) 이춘원, "건물의 구분소유에 관한 소개", 성균관대학교 박사학위논문, 2006. 15, 37면.

3) 이래경, "용산 참사와 후가라이(Fugerei), 복지국가 소사이어티, 2009. 9. 칼럼.

4) 양형우, "독일법상 주거소유권과 세습지상권", 한국민사법학회·한국비교사법학회·한국재산법학회 공동학술대회(개정 신탁법과 집합건물법의 쟁점), 2013. 6. 14.-6. 15, 152면.

상하수도도 없고 햇볕도 들어오지 않는 습기가 가득 찬 지하셋방 같은 열악한 주택에서 거주하고 있었다. 영국 정부는 건축조례를 통하여 각 세대마다 상하수도와 화장실을 갖추고 햇볕이 들어오고 습기가 차지 않도록 건축기준을 정하고 근로자 임대주택을 대량 보급하였다. 이렇게 산업혁명 이후 19세기 말부터 주로 서민들이나 근로자들을 위한 주거용 집합건물인 아파트먼트(apartment)가 유럽과 미국에서 대량으로 건축되었다.[5] 미국의 경우 사회보장적 차원에서 임대료규제가 심해지면서 임대사업자들은 아파트먼트를 매각하려고 하였으나 빌딩 전체를 매각하는 것이 어려워 각 세대(unit)별로 이를 나누어 매각하였다. 이때 크게 각 세대별 전유부분과 그에 따른 공용부분을 구분소유하는 condominium과 조합형태로 집합건물의 지배구조를 만들고 이를 주식이나 지분으로 나누어 판매하여 주식이나 지분을 매입한 각 세대는 전유부분에 대하여 배타적 사용권을 가지는 cooperative가 있었다. 미국에서 분양된 공동주택이나 상가건물과 같은 집합건물을 의미하는 법률용어는 condominium이다.[6]

이와 같이, 현대적인 집합건물이 보급되기 시작한 것은 산업혁명에 따른 인구의 도시집중으로 도시의 주택난이 심화된 19세기이었지만, 집합건물의 소유과 관리에 관한 법제도의 필요성을 실감하고 법제정을 시도한 것은 그 뒤 100년이 더 지난 20세기였다. 집합건물의 소유와 관리에 관한 법제도를 처음 만든 국가는 1924년의 벨기에이다. 각국에서 집합건물의 소유와 관리에 관한 법제를 본격적

---

5) 서구유럽과 미국에서는 이러한 서민용 임대주택에 대하여 아파트먼트(apartment)라는 용어가 사용되었다. 아파트먼트(apartment)라는 말은 원래 프랑스에서 대저택의 일부를 일컫는 용어이었다. 프랑스의 대저택은 대식당-갤러리-객실-서재 등 손님과 어울리는 전시용 공간과 가족실-침실-의상실 등 가족의 사적인 공간으로 나누어져 있었는데, 전자는 "아파르명 데 파라데(appartment de parade)", 후자를 "아파르명 데 소시에테(appartment de societe)"라고 하였다. 아파트먼트는 그야말로 "주택의 일부(a-part-ment)"를 일컫는 용어였다(www.kin.naver.com/open100). 아파트먼트는 한국에서는 중산층용의 공동주택을 일컫는 말이지만 서구유럽과 미국에서는 역사적으로 위와 같이 서민용 임대주택이었다.

6) 집합건물의 법률용어를 영국은 commonhold, 호주와 캐나다에서는 "strada", 프랑스에서는 "appartments"라고 한다(Wikipedia, the free encyclopedia, property law, part of common law series). 독일에서 집합건물에 해당하는 법률용어는 Eigentumswohnung이다.

으로 제정한 것은 2차 세계대전 이후 주택난을 해결하기 위하여 대규모의 집합건물이 보급된 1950~60년대이었다. 프랑스는 1938년 "1938년 6월 28일, 아파트에서 구분건물의 공동소유에 관한 법률"을 제정하였다가, 1965년 "1965년 7월 10일, 건축물의 공동소유에 관한 법률(Loi fixant le statut de la copropriété des immeubles bâtis, 이하 "1965 건물 공동소유법"이라고만 한다)"으로 개정하여 집합건물법을 시행하였다.[7] 독일은 1951년 "주택소유 및 장기거주권에 관한 법률(Gesetz über das Wohnungseigentum und Dauerwohnrecht, 이하 "주거소유권법"이라 한다)"을 제정하였고, 일본은 1962년 "건물의 구분소유 등에 관한 법률(이하 "구분소유법"이라 한다)"을 제정하였다. 미국은 1958년 관광휴양지로 콘도가 많았던 푸에르토리코에 이어 1960년 주도인 "솔트레이크 시티"에 집합건물이 건축되면서 유타주에서 집합건물법이 제정된 이래 각주에서 집합건물법이 제정되었다. 그 뒤 각주[8]의 집합건물법의 통일성을 갖추기 위하여 표준법률[9]로 1977년 "표준 공동주택법(Uniform Condominium Act)"을 제정하였다. 그 뒤 다양한 유형의 집합건물[10]에

7) 프랑스와 독일, 일본의 집합건물법 개별조항의 소개는 박태신, "집합건물법 개정을 위한 비교법적 검토 - 구분소유관계의 성립 및 전유부분·공용부분의 범위를 중심으로", 집합건물법 개정을 위한 학술토론회 자료집, 법무부, 2010. 12. 14. 67내지95면.

8) 2차 세계대전 이후 대량의 집합건물이 공급되고 일찍이 집합건물 거주형태가 보편적으로 자리 잡고 있던 미국에서는 법원의 판례를 중심으로 집합건물 관리에 관한 법적분쟁에 대응해 오다가 플로리다주와 캘리포니아주 등 집합건물이 많았던 주들에서는 민법(civil code)에 집합건물의 분양과 관리에 관한 규정을 도입하였다. 미국에서 집합건물법은 주민의 생활에 관한 법률이어서 연방법률이 아니라 각 주에서 제정하는 일반민사법이나 부동산 관련법, 재산권법의 규율대상이다.

9) 미국은 각 주의 민사·상사 관련 법률들이 각 주마다 달라 통일성이 떨어지고 당사자들 사이에서는 자신에게 유리한 법률을 시행하는 주에서 재판을 받기 위하여 재판관할 다툼이 자주 발생한다. 미국정부는 이러한 법률의 통일성의 결여 문제를 해결하기 위하여 "전국 표준법률 제정 전문가 위원회(The National Conference of Commissioners : ULC)"에서 각 주가 향후 법 제·개정에 참고할 표준 법률(Uniform Act)을 만들도록 하고 있다. 표준법률은 그 자체로는 법규적 성격은 없으나 상당수의 주에서는 법개정 시 표준법률의 내용을 참조하여 법개정을 하고 있다.

10) 이러한 1개동의 집합건물 외에 여러 개 동의 집합건물이 건축된 '단지형 집합건물(Planned Development)'이 늘어나자 "표준 단지형 집합건물법(Uniform Planned Community Act)"이

관한 소유관계의 개념을 구분소유자들이 공동체적 권리를 보유하고 있다는 의미에서 "Common Interest Ownership(공동체적 권리 보유관계)"이라는 개념[11)]으로 통일시키고, 표준 집합건물법과 표준 단지형 집합건물법 등을 통합하여 1982년 "표준 공동체 권리 보유법(Uniform Common Interest Ownership Act : UCIOA – 이하 "표준 집합건물법"이라고만 한다)"을 제정하였다. UCIOA[12)]는 1994년 한 차례의 개정[13)]을 거치고 2008년 두 번째 개정을 거쳐 현재에 이르고 있다. 그리고 1994년 개정이후 집합건물 관리단과 구분소유자들 사이에서 집합건물 관리를 둘러싸고 분쟁이 격화되고 집합건물 관리단의 전횡이 사회적 문제가 되자, 집합건물 관리단과 구분소유자 사이의 분쟁에 초점을 맞추어 "표준 집합건물법"과 별도로 "표준 공동체적 권리 소유자 권리헌장(Uniform Common Interest Owners Bill Of Right Act : UCIOBORA)"을 별도로 제정하였다.[14)] 2차 세계대전 이후에 집합건물이 대량 건축되어 집합건물의 관리와 관련한 다양한 분쟁을 겪었던 미국의 각 주에서 집합건물 관리와 관련한 분쟁을 해결해 오며 겪었던 혼란과 관련 법률 및 판례의 변천과정은 우리 집합건물법제의 입법적 개선방향에 주는 시사점이 커서 이 책에서

제정되었고, 구분소유적 공유관계로 공동운영되는 집합건물에 관한 "표준 부동산 공동운영법(Model Real Estate Cooperative Act)"이 제정되었다.

11) 한국이나 일본에서는 각 전유부분을 구분하여 소유하고 있다는 점에 초점을 맞추어 "구분소유관계"라고 하고 있는데, 미국에서는 공용부분을 공동체의 권리로 보유하고 있다는 점에 초점을 맞추어 "Common Interest Ownership(공동체 권리 보유관계)"라고 하고 있다.

12) UCIOA 중 우리 법조문의 조(條)에 해당하는 Section을 §로 표기한다.

13) 1994년 개정에서는 i) 공용부분에 관하여 구분소유자들 사이에 상린권(easement)의 개념에 관한 규정 ii) 관리단이 공용부분을 직접 소유하거나 양도·담보·임대할 수 있는 근거규정 iii) 구분소유자가 상린관계나 공동체 질서를 위반하여 다른 구분소유자의 점유·사용이나 공용부분의 사용·수익을 방해한 경우 제재조치 규정 iv) 임차인에 대하여도 관리규약의 효력이 미치도록 하고 관리단이 임대인의 지위에서 임차인에게 직접 과징금을 부과하고 퇴거청구를 할 수 있는 근거규정 v) 연체관리비에 대하여 관리단이 구분건물의 경매나 파산절차에서 다른 채권에서 연체관리비를 우선 회수할 수 있는 우선특권(Lien) 제도규정 등을 마련하였다.

14) 1977년의 "표준 공동주택법"은 유사한 법률을 포함하여 21개주에서 시행되고 있고, 1994년 개정된 UCIOA는 5개주에서, 2008년 개정된 UCIOA는 Connecticut주와 Delaware주 2곳에서 시행되고 있다.

는 비교법 소개 차원에서 많이 참조하였다.

우리의 경우 집합건물의 소유와 관리에 관한 법제정 논의는 이미 1957년 민법개정 논의 당시부터 시작되고 있었다. 집합건물에 관한 구민법 제208조(현 민법 제215조)는 과거 일제시대에 건축된 좌우로 긴 건물을 종으로 분할하여 구분소유하는 것에 관한 것일 뿐이어서, 고층건물의 각 실을 구분소유하는 것을 예상한 법제를 만들 필요가 있다는 지적이 있었다. 당시에 이미 2차 세계대전 이후 전쟁으로 파괴된 주택으로 심각한 주택난을 겪고 있는 독일, 일본 등에서 고층의 주거용 집합건물을 건축한 후 이를 각 실마다 구분소유하는 법제가 제정되고 있었다. 한국도 이러한 현상에 대비하여 입법적으로 대비하자는 주장이 있었으나, 고층건물의 건축현상이 보급되고 관습에 의한 집합건물 소유와 관리에 관한 규제가 확립된 후에 입법적 규제를 해도 늦지 않는다는 주장에 밀려 집합건물의 소유와 관리에 관한 법제가 민법개정 논의에서는 도입되지 못하였다. 그 뒤 집합건물 법제의 필요성을 제기한 것은 행정부가 아니라 사법부였다. 1960년대에 연립주택, 아파트, 상가건물 등 집합건물이 늘어나면서 단독주택에 관한 등기제도로는 이러한 집합건물 등기를 할 수 없었다. 관련 분쟁이 늘어나자 대법원은 1974년 "집합건물의 소유와 관리에 관한 법률안"과 집합건물에 관한 부동산등기 정비내용을 포함한 "지적관계 제법령안"을 만들어 정부에 법제정을 건의하였다. 일본은 이미 1962년 "건물의 구분소유 등에 관한 법률(이하 "일본 구분소유법"이라고만 한다)을 제정하고 있었는데, 대법원이 준비한 "집합건물의 소유 및 관리에 관한 법률안"은 위 일본 구분소유법을 모델로 한 것이었다.

그러나 법무부는 집합건물과 관련된 법제 준비에 소극적이었다. 그 사이 주택공급에 관한 법제는 주택난 해소를 위한 대규모 주택공급 촉진정책과 맞물려 빠르게 발전하고 있었다. 주택공급계획에 따라 계획적으로 주택을 공급할 목적으로 조성하는 국민주택기금의 지원을 통해 국민주택을 공급하는 내용의 주택건설촉진법이 1972. 12. 30. 제정되었다. 1977년 개정 주택건설촉진법에 따라 공동주택의 건설기준을 규율하기 위한 "주택건설 기준 등에 관한 규정"이 제정되었다. 그리고 1978년 공동주택의 입주자 모집절차와 입주금(분양대금)의 납부 및 분양계약의 조건 등을 규율하기 위한 "주택공급에 관한 규칙"이 제정되었다. 주택건설촉진법이라는 법령의 명칭에서도 알 수 있듯이 법령의 내용은 오로지 공동주택의 공급에만 초점이 맞추어져 있었고 공급된 공동주택의 관리에 대하여는 아무런 법령이 마련되지 않았다. 공동주택 관리의 공백이 심각해지자, 1981. 4. 7. 개정된 주택건설촉진법은 공동주택의 관리체계로서 "입주자대표회의"와 "관리주체"의 개념을 도입하고 이에 따라 1981. 10. 15. 집합건물의 관리에 관한 최초의 법령인 "공동주택관리령"을 제정하였다. 그러나 이러한 공동주택 관리법령은 행정적으로 대량 공급된 공동주택의 관리공백을 시급히 메우기 위한 목적의 행정입법이었고, 집합건물의 소유와 관리에 관한 입법은 아니었다. 집합건물 전체를 대상으로 사법적 차원의 소유와 관리에 관한 법제는 1984. 1. 4. "집합건물의 소유 및 관리에 관한 법률(이하 "집합건물법"이라고만 한다)" 제정을 통해 이루어졌다. 집합건물법이 범정부 차원에서 제정되었다면 당연히 주거용 집합건물인 공동주택의 관리에 관한 법제도 집합건물법에 포함되고 주택건설촉진법의 "입주자대표회의"나 "관리주체" 등 주택관리에 관한 내용과 공동주택관리령은 폐지되거나 행정목적에 필요한 내용만을 남기는 방식으로 집합건물법제가 통합되었어야 한다. 그러나 집합건물법이 공동주택관리령의 정비와 연관성을 가지지 못한 채 제정되고 그 뒤에도 두 법령이 통일성을 추구하지 않고 각자 발전한 결과 세계에서 유례를 찾아 볼 수 없게 주거용 집합건물인 공동주택에 관한 법제와 집합건물 일반을 규율하는 법제가 각자 독립하여 존재하게 되었다.

제 2 절 한국의 집합건물 법제의 특색

우리 집합건물법은 민법의 공유제도에 관한 특별법 형식으로 제정되었다. 그리고 집합건물의 구분소유관계에 관하여 통설적 견해는 집합건물의 일부인 전유부분에 관한 독립한 소유권과 대지와 공용부분에 관한 공유관계로 파악하고 있다. 하지만 민법의 공유관계와 집합건물법의 공용부분에 관한 관리에 관한 법률관계는 본질적인 차이가 있다. 민법의 공유관계는 로마법 이래의 공유관계 자유의 원칙에 입각하여 일시적인 것으로 언제든지 분할, 처분될 수 있는 것을 전제하고 있다. 하지만 집합건물법은 집합건물이 존속하는 한 공용부분의 공유관계가 지속하는 것을 목적으로 하고 있다. 이에 따라 대지와 공용부분의 분할을 금지하고, 전유부분과 분리하여 공용부분의 지분과 대지사용권을 처분하는 것을 금지하고 있다. 공유관계의 관리방식도 공유자 사이의 과반수에 의한 결의가 아니라 공유자인 구분소유자들과 독립한 관리단이 당연성립 되어 관리단이 재판상·재판외의 관리업무를 수행한다. 배타적 사용·수익의 대상인 전유부분의 사용도 일정한 경우 관리단의 승인을 받아야 하거나 관리단 집회의 결의에 따라야 한다. 대지와 공용부분의 관리에 관한 분양자나 제3자와의 분쟁의 해결방식도 구분소유자들이 집단적으로 소송을 수행하는 방식이 아니라 관리단에 의한 단체소송 방식을 해결한다. 이 책에서는 이러한 집합건물의 구분소유관계의 단체적 특성에 초점을 맞추어 이러한 단체적 특성이 집합건물의 성립과 구분소유자의 권리, 관리단의 구성과 관리업무, 분쟁의 단체적 해결 등 집합건물의 소유 및 관리의 전반적인 과정에서 어떻게 구현되고 있는지를 집중적으로 소개·분석하고 있다.

이 책의 또 다른 중요한 문제의식은 다른 입법례와 달리 우리 집합건물법제에서는 사법상의 집합건물의 소유 및 관리에 관한 법률인 집합건물법과 대량으로 공급된 후 관리의 공백을 시급히 메우기 위한 행정목적으로 제정된 공동주택

관리법의 이원적 법제가 가져오는 문제점을 분석하는데 향하고 있다. 1984년 집합건물법이 제정되기 전에 행정적 차원에서 공동주택만을 대상으로 집합건물을 관리하는 구 공동주택관리령이 먼저 제정되고 그 뒤에도 관리현장에서 발생하는 많은 분쟁을 해결하기 위하여 행정법령이 계속 개정되어 왔다. 하지만 집합건물법은 2012. 12. 18. 전면개정되기 전까지 26여년 동안 발달이 지체되어 두 법 사이에 상당한 괴리가 발생하고 있다. 이 책에서는 이러한 이원적 관리법제에서 발생하고 있는 법적 혼란을 분석하고 이러한 법적혼란을 극복할 대안을 찾는데 집중하였다.

그리고 세 번째로 이 책은 우리 집합건물의 독특한 분양제도에 주목하고 있다. 다른 입법례에서는 집합건물이 물리적으로 완성되어 행정기관이나 법원에 집합건물 등록 또는 등기를 한 후에야 비로소 분양을 시작한다. 집합건물의 법률관계의 성립시기도 첫 번째 구분건물이 분양된 시점부터이다. 이러한 "선시공 후분양"의 분양방식에서는 집합건물의 분양 및 성립과 관련하여 법적 분쟁이 많이 발생하지 않는다. 하지만 분양 팜플렛이나 견본주택의 표시 등 분양광고만을 보고 분양계약을 체결한 후 소비자가 지급하는 분양대금으로 집합건물을 완성하는 "선분양 후시공"의 분양제도(이하 "선분양제도"라고 한다)에서는 법적 분쟁이 빈발한다. 이미 판매된 물건이므로 분양자가 집합건물을 분양계약 대로 시공하거나 하자 없이 제작할 동인이 사라져 분양광고에서 표시한 외형·재질·실내 디자인 등과 다르게 시공하거나 기능상·안전상·미관상 지장을 초래하는 하자가 발생한다. 심지어 집합건물이 완성되는 과정에서 집합건물과 그 대지가 분리처분 되어 대지사용권 없는 집합건물이 발생하기도 한다. 이에 따라 다른 입법례에서는 유례를 찾아 볼 수 없을 정도로 집합건물의 분양과 하자, 성립시기나 대지사용권 등과 관련한 많은 분쟁이 법원에 쇄도하고 있다. 이 책에서는 이러한 선분양제도와 관련하여 제기되고 있는 집합건물의 성립시기나 하자담보책임 기간, 하자보수청구권의 주체와 상대방, 하자의 판단기준 등과 관련한 법리적 쟁점을 소개하는데 많은 노력을 할애하였다.

제 3 절 소개하는 외국법제와 표준 관리규약 등

이 책은 위와 같은 3가지의 큰 주제의식을 가지고 소개대상으로 정한 집합건물의 성립·분양·관리상의 법적 쟁점을 주로 외국 입법례와의 비교법적 소개를 통하여 분석하고 있다. 프랑스의 "1965 건물 공동소유법", 독일의 "주거소유권법", 일본의 "구분소유법", 스위스 민법의 집합건물 부분 등 대륙법계의 집합건물법과 함께 미국의 표준 집합건물법(UCIOA)의 내용을 주되게 비교법적으로 소개하였다. 우리의 독특한 선분양제도로 인하여 집합건물 분양과 하자 등의 법적 쟁점에 관해서는 법원의 판례와 학계의 논의가 비교적 많지만, 집합건물 관리나 관리단의 활동에 관한 법리에 관한 판례와 학계 논의는 많지 않아 이 부분에서 특히 외국 입법례를 많이 참고하였다. 외국 입법례뿐만 아니라 미국 법률가협회(The America Law Institute)"가 저명한 학자, 변호사 등의 법률가들로 소개팀을 구성하여 각주의 판례와 법률을 분석하여 통일적인 법리를 제시하는 주석서인 Restatement[15]도 비교법적 검토대상으로 삼아 소개하였다. 특히 Restatement에 등장하는 미국의 판례 사안들을 주되게 분석하였다. "Restatement(of The Law Third)"[16]에서 집합건물의 관리에 관한 부분은 재산권편(Property) 중 "지역권 내지 상린관계(Servitudes)" 부분의 제6장 "Common-Inrerest Communities"에 기술되어 있다. 이 중 우리의 집합건물 관리현장이나 소송실무에서 제기되는 분쟁과 연관시켜 관련 Comment와 판례들을 선별하고 우리의 분쟁해결 대안이나 입법적 개선책에 에 참조하였다. 또한 미국 판례 사안에서 자주 등장하는 분쟁 사례

15) Restatement는 각주의 민사법리를 통일적으로 분석하고 표준적인 법리를 제시하는 역할을 한다. Restatement는 '미국 법률가협회(The American Law Institute)'가 저명한 학자, 변호사 등의 법률가들로 소개팀을 구성하여 각 주의 판례와 주 법률 등을 분석하여 표준적인 법리를 제시하는 주석서로 우리의 "민법주해"와 그 성격이 유사한 것이다.

16) Restatement는 각 법률분야별로 채택되어 공표되는데, 재산권(Property)편에 대해서는 '미국 법률가협회'가 1998. 5. 12. 3번째의 "Restatement OF The Law Third"를 채택하여 공표하였다.

들을 유형별로 분석하여 소개하는 "미국 법률 보고서(America Law Report : 이하 "ALR" 이라 한다)에서 소개하는 유형별 판례들도 참조하였다. 주차장 관련분쟁, 관리단이 소송상 지위, 특별관리비 부과의 효력, 조합형 집합건물인 Cooperative 관련분쟁 등 집합건물과 관련한 주요 쟁점마다 관련 판례들 중 우리 집합건물법리의 분석에 필요한 부분을 간추려서 참조하였다. 또한 법률과 판례상에 나타난 법리를 종합하여 정리하고 있는 "미국 법리 해석집(American Jurisprudence : 이하 "Am Jur"이라 한다)의 집합건물 부분(Condominium and Cooperative Apartments)" 부분도 구분소유관계, Cooperative 등의 기본적인 집합건물의 법리를 설명하는데 참조하였다. 한편 이 책을 작성하던 중 2012. 12. 18. 법제11555호로 집합건물법이 개정되었다. 책의 초기 과정에서 주택법, 공동주택관리법과 집합건물법의 입법적 개선책에 관한 많은 논의를 서술하였으나, 초기 책에서 입법적 개선책으로 제안한 내용들이 위 집합건물법 개정에도 상당수 반영되어 있어, 관련 초기 책 내용들을 개정 집합건물법을 중심으로 해석하고 추가적인 개선책을 제시하는 것으로 집필방향을 수정하였다. 또한 이 책의 작성 말미의 단계에서 위 개정 집합건물법에 따른 집합건물법 시행령(안)과 법무부가 마련한 단지 관리단과 상가 집합건물 관리단의 표준관리규약(안)이 예고되었다. 그래서 위 집합건물법 시행령(안)과 표준관리규약(안)의 내용도 관련 법적 쟁점의 논지를 펴는데 근거자료로 소개하였다.

제 4 절 책에서 다루고 있는 집합건물 법제의 범위

이 책은 집합건물의 "분양 - 성립 - 관리 - 소멸(재건축)"의 전 과정에서 발생하는 법률상 쟁점에 대하여 그 배경과 판례를 분석하고 외국의 입법례 등을 참조하여 제도개선책을 찾는데 초점이 맞추어져 있다. 다만 집합건물의 재건축은

2002년 "도시 및 주거환경정비법"의 제정으로 행정기관의 성격을 갖는 재건축조합이 "정비계획－사업시행계획－관리처분"의 도시계획절차에 따라 시행하는 공익사업화 함으로써 관련 법제와 법리의 주요내용이 행정법의 영역에 포함되게 되어 이 책에서는 제외하였다. "제2장 집합건물의 성립"에서는 집합건물의 성립과 그 효과로서 구분소유관계의 성립을 살펴보고 특히 구분소유관계의 단체적 특성이 구체적으로 발현되고 있는 대지사용권과 공용부분의 법률관계의 단체적 특성을 분석하고 있다. 제3장 "집합건물의 분양과 하자"에서는 선분양제도의 전형적인 폐해가 드러나는 하자문제에 대해서 소송실무에서 쟁점이 되고 있는 쟁점들을 선별하여 다루고 있다. 특히 우리의 선분양제도에서는 주관적 하자의 기준이 되는 품질보증 등의 내용이 분양계약이 아니라 주로 견본주택이나 팜플렛 등의 분양광고에 있으므로 분양광고의 내용이 분양계약에 편입되는 과정을 분석하였다. 또한 주거용 집합건물의 분양에서 분양자가 일조·소음 등 주거생활의 이익에 관한 정보나 쓰레기매립장, 고압송전탑 등 생활환경에 영향을 미치는 시설에 관한 정보 등을 제공하지 않은 경우 이러한 정보제공의무 위반문제도 소개하였다. 그 외에 학계에서 많은 논의가 있었던 하자담보책임기간, 하자담보책임의 추급권자, 분양계약의 해제 문제 등에 대하여도 개정 집합건물법을 중심으로 여러 쟁점을 검토하였다.

"제4장 집합건물의 관리" 중 제1절에서는 구분소유권의 단체적 특성이 그 구분소유자의 전유부분 사용·수익권과 공용부분·대지의 사용권 등의 권리관계에 어떻게 투영되고 있는지를 분석하였다. 제2,3절에서는 공동주택관리법과 집합건물법의 이원적 관리법제에서 오는 법적혼란을 극복할 수 있는 방안으로 단지 관리단과 입주자대표회의의 이원적 관리조직을 통합적으로 운영하는 방안 소개하였다. 제4절에서는 관리단의 관리업무와 관련하여 아직 우리 민법학계에는 소개되지 않고 있는 관리인의 선관의무 위반의 판단기준에 관한 "경영적 판단의 법리(business judgement rule)"와 "합리적 결정의 법리(reasonableness rule)"에 관한 미국의 판례 법리를 분석하여 소개하였다. 그리고 서민아파트에서 심각한 문제로 대두되고 있는 체납관리비 문제를 해결하기 위한 방안으로 미국의 연체관리비에 관한 우선특권제도(Lien)와 관리비내역을 공시하는 "관리내역 확인서(Status Certification)" 제도 등을 소개하였다.

"제5장 관리단의 단체소송"에서는 우리 판례가 부정적인 태도를 보이고 있는 입주자대표회의의 소송당사자 자격 문제를 검토하였다. 공동주택단지 관리단이 관념적으로만 존재하고 현실적으로 공동주택의 구분소유자들을 대표하여 소송을 수행할 수 있는 단체가 없는 상태에서 입주자대표회의가 구분소유자들을 대표하여 소송을 수행할 방안을 소개하였다. 미국에서도 구분소유권의 단체적 특성이 핵심적으로 발현되는 법리적 분야가 관리단의 단체소송이었다. 미국의 판례 법리가 관리단의 소송당사자가 자격을 부정하는 태도를 보이다, 하자보수, 분양계약상의 허위·과장광고 책임, 제조물 책임, 불공정거래 행위에 관한 책임 등 관리단이 구분소유자들을 대표하여 소송을 수행할 수 있는 분야를 확대해 온 배경과 그 법리적 근거를 살펴보았다. 이에 따라 아직 관리단의 소송수행권 행사에 관하여 부정적 태도를 보이고 있는 우리 판례 법리의 변화 가능성을 모색해 보았다.

"제6장 다양한 유형과 관리방식의 집합건물"에서는 집합건물법이나 공동주택관리법의 입법자들이 예상하지 못했던 새로운 유형의 집합건물과 집합건물의 관리방식에 대해서 어떤 법제적 대응이 필요한지에 초점을 맞추어 소개를 하였다. 특히 상가 구분건물과 주거 구분건물이 혼합되어 있는 주상복합아파트나 임대용 구분건물과 분양된 구분건물이 혼재되어 있는 임대·혼합관리 공동주택은 이러한 특색에 맞는 관리방식이 법제적으로 마련되지 않고 있다. 그 내부에서는 주거용 구분건물과 상가용 구분건물 구분소유자들 사이, 그리고 임차인들과 분양 구분소유자들 사이에 관리방식을 둘러싼 분쟁이 격화되고 있어 시급히 합리적 관리방안의 제시가 필요한 상황이다. 이 책에서는 주상복합건물과 임대·분양건물의 혼합관리 방식에 대하여 일부공용부분의 법리와 개정 집합건물법의 임차인의 관리참여권에 대하여 많은 분량을 할애하였다. 그 밖에도 대형 상가건물에서 구분건물 부분을 특정하여 분양받아 사용·수익하고 있으나 소유의 형태는 구분소유가 아니라 공유지분제로 하고 있는 구분소유적 공유관계의 집합건물(Co-Ownership)이나 집합건물을 관리하는 집합건물 관리조합의 지분을 매입한 후 조합이 소유하고 있는 집합건물의 특정 전유부분을 배타적으로 사용하는 방식의 조합형 집합건물(Cooerative) 등 우리 집합건물법이 미처 예정하지 않고 있는 형태의 집합건물에 대해서 어떤 법제나 법리를 적용하여 관리를 해야 하는지에 대하여도 시론적 소개를 하였다.

제2장 집합건물의 성립

미국이나 일본에서는 집합건물이 객관적, 물리적으로 완공되고 집합건물의 등록이나 등기 등의 공시방법이 갖추어져야 성립하기 때문에 법제상 따로 집합건물의 성립시기에 관한 규정은 없다. 다만 2세대 이상 수분양자에게 분양되었을 때 집합건물의 구분소유관계가 당연성립 하는 것으로 보고 있다.[17] 그러나 선분양제도에서는 대지권 없는 집합건물이 발생하는 것을 막고 소비자를 보호하기 위하여 집합건물의 성립시점이 등기나 등록 시보다 앞당겨질 필요가 있다. 한편 집합건물이 성립되면 구분소유관계의 성립, 관리단의 당연성립, 대지사용권의 성립 등 집합건물의 본질적 법적효과가 발생한다. 집합건물의 구분소유관계는 일반적으로 건물의 일부분인 전유부분에 관한 독립된 소유권과 전유부분의 면적에 비례하여 공용부분에 대하여 가지는 공유관계로 파악한다. 하지만 배타성과 사용·수익의 자유성을 특징으로 하는 일반적인 소유관계와는 달리 단체적 법률관계의 특성이 강하게 나타난다. 공유관계에서도 분할금지나 전유부분의 처분에 부종하는 처분의 자유를 제한하는 특징이 나타나고, 손해배상책임이나 채무부담에서도도 1차적으로 관리단이 단체적으로 책임을 부담하고 2차적으로 구분소유자들이 분할책임을 지는 방식으로 나타난다. 그래서 민법 일반의 사적자치 내지 소유권 자유의 원리와 집합건물의 존속·관리라는 공익적 목적을 위한 단체적 규율 사이에 갈등관계가 나타난다. 제2장에서는 집합건물의 성립을 선분양제도의 특성과 연관하여 고찰해 보고, 성립의 효과로 발현되는 구분소유의 법률관계를 단체적 특성을 중심으로 살펴보고자 한다.

---

17) 이춘원, 앞의 책, 43, 73면.

제 1 절　구분소유권의 법률관계

민법은 하나의 물권의 객체는 하나의 독립된 물건이어야 한다는 일물일권주의(一物一權主義)를 원칙으로 하면서도, "수인이 한 채의 건물을 구분하여 각각 그 일부분을 소유하는 때에는 건물과 부속물 중 공용하는 부분은 그의 공유로 추정한다."(민법 제215조 제1항)고 하여 일물일권주의의 예외로서 하나의 건물의 일부분을 소유권의 객체로 하는 건물의 구분소유를 인정하고 있다. 민법의 구분소유에 관한 특별법인 집합건물법은 1동의 건물 중 구조상 구분된 여러 개의 부분이 독립한 건물로서 사용될 수 있는 때에는 그 각 부분을 각각 소유권의 목적으로 할 수 있다고 하여 구분소유권의 개념을 명확히 하고 있다(집합건물법 제1조). 이와 같이 1동의 건물 중 독립한 건물로서 사용될 수 있는 건물부분, 즉 전유부분을 객체로 하는 소유권을 '구분소유권' 이라 하고(제2조 제1호, 제3호), 1동의 건물 중 구조상 구분된 여러 개의 부분이 독립된 건물을 '구분건물'[18]이라고 한다. 통설적 견해는 구분소유관계를 일물일권주의의 예외로서 1개 동의 집합건물의 일부인 전유부분에 관한 독립적인 소유권(구분소유권)과 전유부분의 면적에 비례하여 구분소유권에 귀속하는 공용부분 및 대지에 관한 공유지분권의 이원적 관계로 보고 있다.[19] 판례[20]도 구분소유 관계를 이러한 전유부분의 독립소유권과 전유부분에 종속하는 공용부분과 대지에 관한 공유관계의 이원적 법률관계로 보고 있다.

특히 집합건물의 대지 또는 부속시설을 제3자가 불법으로 점유하는 경우에 그 제3자에 대하여 방해배제와 부당이득의 반환 또는 손해배상을 청구하는 경우

18) 판례에서는 '구분건물'이라는 용어와 '전유부분'이라는 용어가 혼재하여 사용하고 있는데, 전자는 그 자체를 독립한 소유권의 대상인 건물이라는 관점에서 사용되는 용어이고, 후자는 공용부분과 함께 집합건물의 구성요소라는 관점에서 사용되는 용어이다.

19) 이승길, 박세창, "구분소유권의 개념에 관한 고찰", 집합건물법학 제8집, 집합건물법학회, 2011. 12, 216면.

20) 대법원 2003. 6. 24. 선고 2003다17774 판결.

가 문제이다. 이때의 법률관계는 구분소유자에게 단체적으로 귀속되는 법률관계가 아니고 공용부분 등의 공유지분권에 기초한 것이어서 그와 같은 소송은 1차적으로 구분소유자가 각각 또는 전원의 이름으로 할 수 있다. 이와 같이 집합건물의 공용부분에 관한 법률체계는 원칙적으로 공용지분권에 기초한 것이어서 구분소유자는 공유물에 관한 보존행위로 제3자에 대하여 방해배제청구권을 행사할 수 있고 부당이득반환채권이나 손해배상청구권과 같은 금전채권은 공유지분에 비례하는 분할채권이므로 구분소유자는 자신의 지분에 비례하는 금원을 제3자에게 청구할 수 있다. 이러한 통설적 견해와 달리 집합건물의 법률관계를 전유부분을 포함한 집합건물 전체를 하나의 소유권의 대상물로 보고 집합건물 전체가 모든 구분소유자의 공동소유에 속하고 공유지분으로 각자의 구분소유자에 귀속되지만, 각 구분소유자는 상호 합의에 의하여 특정부분(전유부분)의 사용을 배타적으로 할 수 있는 전용권을 인정받는 것이라는 견해가 있다.[21] 이러한 견해는 우리 집합건물법의 명문의 규정에 반할 뿐만 아니라 "제6장 다양한 유형의 집합건물"에서 검토해 보는 바와 같은 "지분형 집합건물(Co-Ownership)"이나 "조합형 집합건물(Cooperative)"의 소유관계를 설명하는 이론에 가깝다. Co-Ownership은 등기상으로는 집합건물 전체의 공유지분을 보유하지만 대내적으로는 특정 전유부분의 배타적 사용권을 보유하는 소유관계이고, Cooperative는 집합건물을 관리하는 조합의 지분을 보유하고 전유부분에 관하여는 배타적 사용권을 보유하는 소유관계이다.

하지만 이렇게 통설적 견해에 따른 전유부분에 관한 독립소유권과 공용부분과 대지에 관한 공유관계로만 구분소유관계를 보게 되면, 집합건물의 소유와 관리에서 나타나는 다양한 단체적 소유 및 관리관계의 성격을 제대로 설명할 수 없다. 이러한 점에서 구분소유관계를 "단체적 특별소유권"으로 보는 시각은 참조할 만하다. 미국의 표준 집합건물법도 우리 판례 법리와 마찬가지로 전유

21) 박경량, "집합건물의 구분소유 법리의 재조명", 전남대 박사학위논문(1991), 33면(이승길, 박세창, 앞의 책, 216면).

부분에 관한 독립적 소유권(separate indivisual ownership)과 그와 분리되지 않는 (undivided) 공용부분에 관한 지분권(fractional interest)으로 구분소유관계를 정의하고 있다.[22] 미국의 "법리 해석집(American Jurisprudence ; Am Jur)"에서는 구분소유자는 독립된 소유권을 가지지만 다른 구분소유자들과의 단체적 관리의 이익과 교환으로(in exchange for the benefits of association with other owners) 독립소유권에서 향유할 수 있는 선택의 자유를 어느 정도 수준에서 포기하는 것이라고 정의하고 있다.[23] 그래서 집합건물의 주요 특징을 ① 전유부분에 관한 구분소유권(individual ownership of a unit), ② 전유부분과 분리되지 않는 공용부분에 대한 권리(undivided interest in common elements which serve all the units), ③ 관리재산을 관리하는 구분소유자들 사이의 집단협약(agreement among the unit owners regulating the administration and maintenance of the property) 등 3가지로 분류하고 있다.[24] 독일에서는 집합건물의 구분소유관계를 1동 건물의 공동사용으로 많은 제약을 받는 단체적 성격을 지니는 "단체적 특별소유권"으로 보는 견해가 있다.[25] 민법의 공유자유의 원칙에 의하면 공유자는 법률 또는 제3자의 권리에 저촉되지 아니하는 한 자유롭게 구분건물과 그에 부속된 공용부분 및 대지에 관한 공유지분을 처분할 수 있으나, 집합건물의 공용부분과 대지에 관한 공유지분은 전유부분과 분리하여 처분이 금지 되는 등 권리의 설정·양도에 제한을 받는다. 또한 단체법상의 규율과 유사하게 집합건물 관리단을 설정하고 관리단 집회의 소집절차 및 결의의 방법, 관리인의 선임과 해임 등 법적 지위 등에 단체법적 규율의 적용을 받는다. 그래서 독일의 "단체적 특별소유권설"은 관리규약을 단체재산 및 구분소유자 상호간의 관계를 정하는 단체계약으로 보고, 이러한 단체계약에 의하여 단체재산 중 주거

---

22) UCIOA § 1-103(31).

23) Am Jur. 2d. Condominium and Cooperative Apartments § 1,(Etic C. Surette, J.D. 15A American Jurisprudence(Second Edition).

24) Thomas G. Fisher, J.D. "Standing to bring action relating to real property of condominium", 74 A.L.R.4th 165(originally published in 1989, 8면.

25) 이승길·박세창, 앞의 책, 218, 219면.

부분에 관한 배타적 권리인 '특별소유권(Sondereigentum an der Wohung)'[26]은 각 단체의 구성원에게 물권적으로 귀속하나, '공동재산'은 단체 구성원에게 합유적으로 귀속한다고 해석하고 있다.[27]

물론 "단체적 특수소유권설"이 우리의 부동산물권법제나 집합건물법의 규정에 맞지 않는 것은 명백하다. 우리 부동산법제는 독일과 달리 토지와 건물을 독립한 부동산으로 보고 있고, 집합건물법에서도 독일처럼 토지에 관한 권리관계를 중심에 두는 것이 아니라 전유부분에 관한 구분소유권에 중심을 두고 구분소유권자가 공용부분과 대지에 대하여 전유부분의 면적에 비례하여 공유지분을 갖도록 하고 있다. 지상물을 토지의 부속물로 보는 독일의 부동산법제의 관점과 달리 우리 집합건물법은 대지사용권을 전유부분의 종된 권리로 보고 있다. "단체적 특별소유권설"에서 주거소유권자에게 합유적으로 귀속하는 공동재산으로 보고 있는 "공용부분"이나 "대지"를 우리의 집합건물법은 전유부분에 종속하여 구분소유자의 공유관계에 있는 것으로 보고 있고, 전유부분과 공용부분과 대지사용권 사이에 "종속적 일체불가분성"(집합건물법 제20조 제1항)과 "분리처분 금지적 일체성"(집합건물법 제20조 제2항)의 법리를 통하여 전유부분과 공유부분을 일체적으로 결합시키고 있다. 하지만 위와 같은 "단체적 특수소유권설"의 논의는 전유부분에 관한 독립적 소유권과 공용부분과 대지사용권에 관한 공유관계의 이원적 체계로 집합건물의 구분소유관계를 설명하고 있는 우리 통설에서 충분히 설명하지 못하는 부분을 보충해 주는 측면이 있다. 우리 집합건물법에는 구분소유권의 단체적 특성을 반영하는 많은 규정들이 들어와 있다. 집합건물법에서는 창립총회와 같은 별도의 조직설립행위가 없어도 각 구분소유자를 구성원으로

---

26) 독일의 주거소유권법상의 특별소유권에는 주거에 대한 "주거소유권(Wohnungseigentum)"과 주거용으로 사용되지 않는 건물공간에 대한 부분소유권(Teileigentum)이 있다(주거소유권법 제1조 제1항). 주거소유권이나 부분소유권은 토지에 대한 공유와 주거(전유부분)에 대한 특별소유권이 결합된 것이다(제1조 제2,3항). 주거에 대한 특별소유권은 그 내에 공용부분(Eigentum)의 공유지분을 포함한 개념이다(양형우, 앞의 책, 153면).

27) Junker, a.a.O. (N. 27). S. 97-103면(위 이승길·박세창, 앞의 책, 218면 "재인용").

하는 집합건물 관리단이 당연설립 된다고 선언하여 각 구분소유자들이 단체의 질서에 당연히 편입되도록 한다. 그리고 관리규약의 제정, 의결기관인 관리단 집회와 집행기관인 관리인, 집합건물 관리와 단체운용에 필요한 관리비의 징수, 공용부분의 변경과 재건축에서의 압도적 다수결의 관리 등 단체법적 질서를 집합건물의 법률관계에 편입시키고 있다.

이러한 구분소유권의 단체적 특성은 집합건물법의 명문의 규정에서 뿐만 아니라 여러 형태로 집합건물의 분양과 성립, 관리에 관한 법리에 영향을 미치고 있다. 첫째, 집합건물의 공용부분과 대지에 관한 공유관계는 언제든지 분할하거나 자유로이 처분할 수 있는 민법의 공유관계 자유의 원리와 달리, 분할금지, 전유부분과 분리처분 금지 등 단체적 규율에 의하여 합유관계에 가깝다. 둘째, 구분소유자의 권리관계에 있어서도 민법의 소유권 절대의 원칙에 의하면 구분소유권의 객체인 전유부분을 배타적으로 사용·수익할 수 있어야 하지만, 집합건물의 상린관계와 공동체질서 유지를 위하여 그 사용·수익에 일정한 제약이 따르고 일정한 행위에 대하여는 관리단의 승인을 받아야 한다. 셋째, 민법의 공유관계에 관한 보존행위와 관리행위에 관한 원리에 따르면 보존행위는 구분소유자들이 개별적으로 할 수 있고, 관리행위는 공유자 과반수의 동의로 하게 되지만, 집합건물의 대지와 공용부분의 관리는 공유자들 사이의 협의를 통하여 관리를 하는 것이 아니라 구분소유자들과 독립한 관리단을 통하여 관리를 하게 된다. 관리단에 가입과 탈퇴가 자유롭지 않고 구분소유자들은 당연 관리단에 가입하여 관리비 납부의무 등의 의무를 이행해야 한다. 넷째, 책임관계에 있어서도 공유자들 사이의 불가분책임의 원리와 달리 1차적으로 관리단이 책임을 부담하고, 2차적으로 구분소유자들은 자신의 지분의 비율에 따른 분할책임을 부담한다. 다섯째, 무엇보다도 집합건물의 관리와 관련한 분쟁에서 구분소유자들이 개별적 또는 집단적 형태로 소송을 수행하지 않고, 관리단이 구분소유자들을 대표하여 소송당사자로서 소송을 수행한다는 점에서도 구분소유관계의 단체적 특성이 구체적으로 발현되고 있다.

이와 같이 구분소유권은 본질적으로 건물의 일부분에 관한 독립된 소유권이지만 건물전체의 소유와 관리를 위하여 단체적 규율과 제약을 받는 특수한 성격의 소유권이라는 점은 보편적인 법리로 자리잡고 있다. 다만 개별 소송사건에서 쟁점으로 부각되는 각 사안을 해결하는데 있어서는 구분소유관계가 전유부분에 관한 독립적 소유권과 공용부분에 관하여는 처분과 관리의 자유를 본질로 하는 공유관계로 구성되었다는 본질론에 집착하여 구분소유관계의 단체적 특성이 간과되는 현상이 자주 목격된다. 특히 판례 법리에서는 집합건물 관리단이나 입주자대표회의를 통하여 단체적 방식으로 분쟁을 해결할 수 있는 이익을 간과하는 경향이 두드러지게 나타난다. 관리단을 통한 단체적 분쟁해결 방식의 허용에 지나치게 인색하다는 점은 미국의 판례 법리와 확연하게 차이가 나는 우리 판례의 경향이다. 구분소유권 또는 집합건물의 소유·관리체계는 각 전유부분마다 독립한 소유권과 그에 종속적인 공용부분과 대사용권, 그리고 단체법적 질서규율의 3가지 측면에서 설명되어야 그 본질적 성격이 전체적으로 설명될 수 있다. 이 책의 각 장에서는 구분소유관계의 단체적 특성이 구체적으로 어떻게 구현되고 있고 구현되어야 하는지에 대하여 주목하여 서술하고 있다.

제 2 절 집합건물 성립의 요건과 효과

Ⅰ. 구조상·이용상 독립성의 요건

1. 구조상·이용상 독립성의 내용

물권변동에 관한 성립요건주의를 채택하고 있는 우리 법제에서는 소유권의 취득과 같은 물권변동이 성립하기 위해서는 등기와 같은 공시방법을 갖추어야 한다. 예외적으로 건물의 신축과 같이 건물의 객관적·물리적 존재 자체가 소유권의 객체와 범위 등을 공시하는 역할을 명확히 하는 경우에는 건축물대장이나 등기와 같은 공시방법이 없다 하더라도 소유권의 원시적 취득을 인정하고 있다. 소유권의 원시취득이 인정되기 위해서는 건물이 사회통념상 부동산으로서의 독립성을 갖추어야 하는데, 최소한의 기둥과 지붕 그리고 주벽이 갖추어지면 독립한 부동산으로서의 요건을 갖춘 것으로 보고 있다.[28] 종종 재판실무에서는 공사의 진척도가 20~30%에 불과하기 때문에 독립한 부동산으로서의 요건을 갖추지 못하였다고 판단하는 경우[29]도 있는데, 등기와 같은 공시방법이 없더라도 사회통념상 건물의 객관적·물리적 상태가 소유권의 객체와 범위를 명확히 할 수 있을 정도의 독립성을 갖추어 공시적 기능을 할 수 있는지 여부, 즉 기둥과 지붕, 벽체 등을 갖추었느냐의 여부에 따라 판단할 것이지 공사진척도에 따라 독립한 부동산으로서의 요건을 판단할 것은 아니다.[30] 공사진척도는 실무상 전체 공정의 건축비 대비 판단시점까지 투입된 공사비용으로 판단한다. 최근 건축의 추세는 마감재에 고급자재를 많이 사용하기 때문에 골조공사까지 마무리 되어 기둥, 지붕, 벽체가 갖추어져도 전체 공정의 건축비 대비 골조공사까지의 공사비가 20~30%에 불과한 경우가 많다. 이렇게 건물의 신축에 대하여 등기라는 공시방법 없이도 소유권의 원시취득을 인정할 수 있는 것은 건물의 물리적 구조, 거래 또는 이용의 목적물로서 관찰한 건물의 상태 등 객관적 사정과 건축한 자 또는 소유자의 의사 등 주관적 사정을 참작하면 소유권의 객체와 범위 등을 결정할 수 있기 때문이다.[31]

하지만 구분소유권의 객체로서의 구분건물의 독립성을 갖추었다고 하기 위해

---

28) 대법원 1997. 5. 9. 선고 96다54867 판결, 대법원 2003. 5. 30. 선고 2002다21592, 21608 판결, 대법원 2005. 7. 15. 선고 2005다19415 판결 등.

29) 서울중앙지방법원 2009. 12. 10. 선고 2009가합14765 판결(그 뒤 서울고등법원 2010. 7. 16. 선고 2010나1915 판결로 취소되고, 대법원 2013. 1. 17. 선고 2010다71578 전원합의체 판결로 확정되었다).

30) 대법원 2001. 1. 16. 선고 2000다51872 판결.

31) 대법원 1997. 7. 8. 선고 96다36517 판결.

서는 1동 집합건물 전체의 외형상 기둥과 지붕, 벽체가 갖추어졌다는 것만으로는 부족하고 집합건물 내부의 구분건물, 즉 전유부분의 구조상·이용상 독립성까지 갖추어져야 한다.[32] 구분소유권의 개념상 그 목적인 각 세대별 구분건물 부분도 독립한 건물로 볼 수 있을 정도의 구조상, 이용상 독립성이나 개별성을 갖추어야 구분소유권의 객체와 범위가 명확히 공시될 수 있기 때문이다. 1동 집합건물 전체의 구조상 독립성은 일반건물처럼 기둥, 지붕, 벽체 등에 의하여 판단될 수 있는 것이고, 이용상 독립성이란 독립한 건물로서 경제적 효용을 갖추었느냐의 기준으로 독립한 출입문이나 외벽과 방실을 구분하는 내력벽의 설치여부 등으로 판단할 수 있다.[33] 다만 아파트와 같은 집합건물의 건축방식은 지하층부터 옥상층까지 각층별로 기둥, 천장(슬라브), 주벽공사를 완성한 후 그 위층의 기둥, 지붕, 벽체공사를 진행하는 방식이어서 옥상층의 골조공사가 완료되면(주로 옥상층 방수공사) 각 세대 구분건물의 구조상, 이용상 독립성이 갖추어졌다고 볼 수 있다. 그리고 1개동 집합건물의 일부분인 구분건물의 구조상 독립성을 판단하는 기준은 그 이용 상황 내지 이용형태에 따라 엄격성이 달라질 수 있지만 소유권의 목적이 되는 객체에 대한 물적 지배의 범위를 명확히 할 필요성 때문에서 요구되는 것이므로 구조상의 구분에 의하여 구분소유권의 객체범위를 확정할 수 있는 물리적 요건을 갖추었느냐가 판단의 기준이 되어야 한다. 재판실무에서는 주로 구분건물들 사이에 경계벽이 설치되어 있느냐 여부가 중요한 판단기준이 되고 있다.[34]

2. 구분점포

구분건물의 구조상 독립성 판단의 기준으로 경계벽의 설치 여부를 엄격히 요

---

32) 서울고등법원 2004. 11. 5. 선고 2003나77389 판결.

33) 김득환, "1동 건물의 증축부분이 구분건물로 되기 위한 요건 – 98다35020 판결에 대한 평석", 대법원 판례해설 제33호, 법원도서관, 1999, 289면.

34) 대법원 2008. 9. 11.자 2008마696 결정.

구하게 되면 대형 상가건물 점포들의 경우에는 구분건물로의 구조상 독립성을 요건을 갖출 수 없어 구분소유관계가 성립하지 못하게 된다. 대형 상가건물 내의 판매·영업시설의 경우 대부분 소규모 점포들이 한 층의 전부가 탁 트인 공간에서 판매영업을 하고 있다. 2003년 구분점포에 관한 집합건물법 개정 논의 당시 이러한 개방형 판매장이 전국에 100,000개가 넘었다.[35] 이러한 구분점포들은 바닥에 타일이나 간단한 '파티션'이라는 이동식 경량칸막이, 주방기구나 식탁, 매대 등으로 경계가 구분되고 있을 뿐, 고정하여 정착된 경계벽 등은 존재하지 않고 판매영업에 지장을 주고 있으므로 오히려 제거하는 상황이다. 구분점포들은 실제 거래에 있어서는 구분건물로서 거래되고 있더라도 구분등기가 되지 못하고 전체 건물에 대한 지분등기만이 허용된다. 하지만 독립성을 갖춘 상가건물의 경우 인접한 전유부분 사이의 경계벽을 제거하고 하나의 전유부분으로 사용하는 예는 흔히 볼 수 있으며, 이러한 경우를 '구조상 독립성'을 상실한 것으로 보아 구부소유권이 소멸되었다고 하는 것은 지나치게 형식론에 치우친 판단이다.[36] 이 경우 집합건물법이 적용되지 않으므로 집합건물법 제20조의 구분건물과 그 대지사용권의 분리처분을 금지하는 규정이 적용되지 않아 건물과 대지사용권이 분리처분 되는 등 집합건물을 보존하기 위한 법률상 보호 장치가 작동하지 않고, 구분등기의 공시방법이 없어 각 구분점포에 저당권을 설정할 수 없게 된다. 설사 건축물대장상 독립한 별개의 구분건물로 등재되고 등기부상에도 구분소유권의 목적으로 등기되어 있더라도 구분건물로서의 구조상 독립성을 갖추지 못한 건물의 실제현황과 다른 것이어서 이러한 등기는 무효이다. 따라서 이러한 등기에 기초하여 경매절차가 진행되어 낙찰을 받았다 하더라도 낙찰자는 그 소유권을 취득할 수 없다. 또한 이러한 무효인 등기에 터잡아 이루어진 저당권도 무효라 할 것이고 저당권에 기한 담보권 실행의 경매절차에서 저당권이 무

35) "집합건물의 소유 및 관리에 관한 법률 중 개정법률안에 대한 공청회 자료집", 국회법제사법위원회, 2003. 5. 21, 8면.

36) 전혜정, "집합건물법의 운영 현황과 문제점", 법조(제60권 제1호), 법조협회, 2011, 14면.

효라는 사유는 경매개시결정에 대한 이의사유가 되므로 경매재판의 실무에서는 경매개시결정을 취소하고 경매신청을 기각하게 된다.

하지만 판례가 이렇게 구분건물의 성립요건으로서 경계벽에 의하여 구조상 독립성을 엄격히 요구하는 태도는 많은 대형 상가건물에서 구분점포들이 처한 거래현실과 동떨어진 것이었다. 구분건물로 점포를 분양받은 수분양자들이나 구분건물로 믿고 점포를 경락받은 낙찰자들은 소유권 행사에 제약을 받고 금융기관 등이 담보를 꺼려 재산권 행사에 큰 피해를 입고 있었다. 등기실무상으로도 이러한 대형 상가건물에 대하여는 수천 명의 구분점포의 소유자들에 대하여 지분형태의 등기만이 가능하여 등기부등본 발급 시에 집합건물 전체의 등기부등본을 발급해야 하는 등 많은 낭비가 초래되었다. 또한 위와 같은 판례의 태도는 토지의 구분이나 건물의 일부에 전세권의 성립을 인정하고 있는 다른 법리와도 모순되는 것이었다. 그래서 2003. 7. 8. 법률 제6925호로 개정된 집합건물법은 1동의 건물 일부가 여러 개의 건물부분으로 이용상 구분된 "구분점포"의 경우에는 구조상 독립성의 요건을 완화하여 구분소유권의 목적으로 할 수 있는 근거규정을 마련하였다(제1조의2). 구분점포가 구분소유권의 대상이 되기 위해서는 그 집합건물이 "판매시설 등"의 용도에 해당하는 바닥면적 합계 1천 제곱미터 이상이어야 하고, 경계를 명확하게 알아볼 수 있는 표지[37]를 바닥에 견고하게 설치하고 구분점포별로 부여된 건물번호 표지를 견고하게 붙여야 한다. 그리고 구분점포는 구분소유권의 성립요건으로서의 구조상 독립성의 예외를 인정한 것이니만큼 위 "판매시설 등" 외의 다른 용도로 변경할 수 없다(제57조 제4항).

37) "집합건물의 소유 및 관리에 관한 법률 제1조의 2 제1항의 경계표지 및 건물번호 표지에 관한 규정"에 의하면 경계표지는 바닥에 너비 3센티미터 이상의 동판, 스테인레스 강판, 석재 그 밖에 쉽게 부식·손상 또는 마모되지 아니하는 재료로서 바닥재료와 다른 재료로 설치해야 하고, 건물번호표지는 같은 재료로 가로, 세로 5×10 센티미터 이상 크기로 설치해야 한다. 위 규정은 2012. 12. 18. 집합건물법 개정으로 "집합건물의 소유 및 관리에 관한 법률 시행령"으로 명칭이 변경되면, 종전 제1조, 제2조는 제2조, 제3조로 변경예정이다.

3. 일시적 구분경계의 소멸

대형 상가건물의 임대차 관계의 현실을 보면, 집합건물 한 층의 구분점포 전부를 한명의 임차인이 임대차하여 슈퍼마켓이나 쇼핑몰, 대형 사우나, 극장 등으로 운영하는 경우가 많다. 이러한 슈퍼마켓이나 쇼핑몰, 대형 사우나, 극장 영업을 위해서 내부 인테리어를 하려면 불가피하게 바닥에 있는 건물번호 표지나 경계표지를 제거해야 한다. 또한 장기간의 영업과정에서 위와 같은 표지들이 소멸되는 경우도 발생한다. 그런데 집합건물법 제1조의 2, "경계표지 및 건물번호 표지 규정" 제1조, 제2조에 규정된 완화된 요건마저 위와 같은 사정으로 소멸되어 갖추지 못한 경우에는 각 구분점포의 위치와 면적을 특정할 수 있는 도면이 집합건물대장과 집합건물등기부에 첨부되어 공시되어 있다 하더라도 각 구분점포들은 구분소유권의 대상이 될 수 없다. 이러한 집합건물대장이나 집합건물등기부의 공시방법을 확인하고 구분점포를 경락받은 경락인은 구분소유권을 취득할 수 없다.[38] 이러한 판례의 구분점포의 구조상 독립성에 관한 엄격한 태도는 대형 상가건물의 임대차 거래의 실정에도 맞지 않을 뿐만 아니라 일시적 구분경계 소멸 시 구분건물의 효력에 관한 종래의 판례 법리와도 모순되는 것이다. 구조상 독립성을 확보하기 위한 경계표지와 건물번호표지가 임대차기간 동안 일시적으로 제거되었다고 하여 이를 복구할 수 없는 것이 아니고 임차인은 임대차계약이 종료한 때 원상회복의무가 있으므로 원상회복 시 이러한 경계표지와 건물번호 표지를 다시 설치하면 된다. 예를 들어, 집합건물에서 한 층의 여러 구분건물의 경계벽을 철거하여 한 층 전부를 슈퍼마켓으로 사용함으로써 일시적으로 구분건물로서 구조상·이용상 독립성을 상실했다 하더라도 구분건물의 위치와 면적 등을 도면으로 특정할 수 있고, 그것이 구분건물로 복원을 전제로 한 일시적인 것이고 복원이 용이한 것이라면 집합건물의 실질을 유지하고 있는 것이다.[39] 위 집합건물 개정 전에도 경계벽이 철거된 사실이 감정서나 현황조사서에

38) 대법원 1999. 1. 9. 선고 99다46096 판결.

의하여 경매법원에 현출되면 경매법원은 구분건물로서의 복원가능성을 충분히 심리하지 않고 경매절차를 취소하는 관행이 있었다. 하지만 경계벽이 철거된 것이 영구적인 것인지 아니면 영업의 편의를 위한 일시적인 조치에 불과한 것인지, 위치와 면적을 특정할 수 있는지를 심리하여 경매절차의 취소여부를 결정해야 한다.[40] 임차인이 경계벽을 철거한 사안에서도 경계벽의 철거가 일시적이고 경계벽을 복구하는 것이 용이한 경우에는 구분건물로서의 실체를 상실하지 않은 것으로 볼 수 있는데,[41] 바닥에 쉽게 표시할 수 있는 경계표지나 건물번호표지 등이 일시적으로 제거되었다고 하여 구분건물로서의 실체를 상실한 것이라 할 수 없다.

4. 구분점포에 관한 입법적 개선방향

집합건물법 제1조의 2의 구분점포의 성립에 관한 요건규정은 대형 상가건물 임대차 거래의 현실에 맞지 않을 뿐만 아니라, 제도가 도입된지 10년이 넘었지만 상가건물의 관리현장에서 집합건물법 제1조의 2에서 정한 경계표시 방법이 거의 시행되지 않고 있다는 점에 비추어 보면 입법방식에도 회의가 제기된다. 대형 상가 내 구분점포들은 대부분 매우 소규모의 점포들인데, 집합건물법 제1조의 2에 정한 바대로 경계표지와 전유부분 표시를 할 경우 상가 내부 환경은 매우 지저분해져서 밝은 영업환경을 조성하려는 구분소유자들로부터 외면당하고 있다. 대형 상가건물의 구분점포에 대하여 구조상 독립성이 상실되어 구분건물 등기는 무효라는 쟁송이 제기되면 십중팔구는 구분건물 등기는 무효라는 판결이 나올 수밖에 없는 상황이다. 현실과 규범 사이의 괴리가 너무도 큰 대표적

---

39) 대법원 1996. 6. 2.자 98마1438 결정.

40) 어연강, "집합건물의 구분소유에 있어서 구조상의 독립성 요건을 둘러싼 몇 가지 문제", 판례와 실무 2004. 12, 14, 15면.

41) 노수웅, "구분소유권의 성립요건과 구조상 독립성이 없는 건물의 권리관계에 관한 검토", 민사집행법소개(제7권), 한국사법행정학회, 2012. 2, 322면.

인 사례이다. 집합건물법 제1조의 2의 최초의 입법안은 형식적인 경계표지와 상관없이 도면에 의하여 경계가 설정되고 이용상 독립성이 있는 경우에는 구분소유권의 목적이 될 수 있도록 한 것이었다. 최초의 원안은 제1조의 "… 독립한 건물로서 사용될 수 있을 때에는 …" 부분을 "… 독립한 건물로서 사용될 수 있거나 제53조 제1항의 규정에 의한 가옥대장의 도면상 공간 내 경계구간 부분을 설정하고 경계구간 구분마다 전유부분의 번호를 지정하여 그 부분을 특정할 수 있도록 구분 된 부분이 이용상 독립하게 …"로 변경하는 것이었다.[42] 이렇게 도면상으로만 경계를 설정하고 경계구간 구분마다 번호를 지정하여 특정하는 방식으로도 집합건물의 구조상 독립성의 요건을 완화할 수 있는 근거는 건축물등기부의 기재된 경우에는 굳이 건축물로서의 물리적 구조상 독립성을 엄격히 요구하지 않아도 공시방법으로서는 충분할 수 있기 때문이다.

이러한 최초 입법안에 대하여 국회 법제사법위원회 전문위원은 상가 개별점포에 대하여 구조상 독립성이 없거나 느슨한데도 불구하고 이용상 독립성이 있다고 구분소유권을 인정하면 소유권의 범위가 확정되지 아니하고 유동적일 수 있기 때문에 실제 거래관계에 있어서 권리관계의 공시를 통하여 거래의 안전을 확보하려는 등기제도의 목적에 반하고 법률관계의 혼란을 초래할 수 있다고 지적하였고 법무부도 신중론을 제기하였다.[43] 이에 따라 개별점포의 경계구간을 명확히 특정하여 공시할 수 있도록 보완한다는 취지에서 현재의 집합건물법 제1조의 2와 같은 경계를 명확히 식별할 수 있는 경계표지와 구분점포별로 부여한 건물번호표지를 부착하여 경계벽을 대신하는 방법이 도입되었다.[44] 그러나 국회법제사법위원회 전문위원의 지적은 건물의 구분경계의 현황과 건물등기부의 기재가 일치되어야 거래의 안전이 확보되고 등기제도의 법적안정성이 달성된다

---

42) 박승국, "집합건물의 소유 및 관리에 관한 법률 중 개정법률안(의안번호 1187)", 2001. 11. 21, 5면.

43) 국회사무처, "제227회 국회(임시회) 법제사법위원회 회의록"(제3호), 2002. 2. 26, 3면.

44) 김치원, "집합건물의 소유 및 관리에 관한 법률 중 개정법률안 심사보고서", 국회법제사법위원회, 2003. 6, 9면.

는 도그마에 기대고 있다는 느낌이 든다. 구조적·물리적 독립성과 같은 토지나 건물의 현황과 등기부의 기재가 반드시 일치해야 하는 것은 아니다. 토지 경우에는 토지의 개수나 독립성을 공시하는 공시방법으로 공적장부인 지적공부만을 가지고 하고 있다. 따라서 토지의 구조적·물리적 독립성은 요구하지 않고 있다(지적법 제3조). 건물의 일부에 대한 전세권의 성립에 있어서도 등기신청 시 등기와 함께 일정한 도면을 첨부하여 공시하는 방법으로 충분하기 때문에 전세권의 대상인 건물의 일부분에 대한 별도의 구조상 독립성을 요구하지 않는다. 집합건물의 일부분인 구분점포의 경우에도 각 구분점포의 위치와 면적 등을 특정할 수 있는 도면을 부동산등기부나 건축물대장에 첨부하는 방식으로 공시방법을 보완한다면 구조상 독립성을 갖추지 못한 경우에도 구분점포를 구분소유의 대상으로 할 수 있다.[45] 물론 국회 법제사법위원회 전문위원의 지적처럼 가능하면 건물의 구조적·물리적 경계구분과 등기부의 기재가 일치한다면 구분소유권의 객체와 범위를 좀 더 정확하게 특정하여 거래의 안전에 도움이 될 것이다. 경계표지나 전유부분 건물번호표지의 부착은 상가건물 내부 환경을 지저분하게 할 뿐, 경계벽과 같은 실제의 건물의 구조적·물리적 현황을 대신하는 기능을 거의 하지 못하고 있다. 10개 점포 중 단 1개도 사용하지 않고 있어 집합건물법에서만 존재할 뿐이다. 현실적용성이 거의 없는 형식적인 제도를 도입하여 관념적으로만 등기제도의 법적안정성을 추구하기보다는 거래계의 현실과 최소한의 거래의 안전을 확보할 수 있는 방법을 고려하여 제도를 정비해야 한다.

집합건물법 제1조의 2와 같은 특이한 제도를 둔 입법례는 찾아 볼 수 없다. 등록된 집합건물대장이나 등기부에 첨부되어 공시되는 도면에 의하여 경계구분과 구분건물의 번호 등이 특정될 수 있다면 구조상 독립성의 요건이 완전하지 않다 하더라도 구분건물로서의 성립을 인정해야 한다. 한편 집합건물법 제1조의 2의 구분점포의 특례적용을 바닥면적의 합계가 1,000㎡ 이상인 판매·운수시설

45) 박경량, “집합건물의 소유 및 관리에 관한 법률 중 개정법률안에 대한 공청회 자료집”, 국회 법제사법위원회, 2003. 5. 21, 29, 30면.

에만 적용한 점에 대하여도 비판이 제기되고 있다.[46] 국회 법제사법위원회 전문위원의 지적은 개별점포의 이용상 독립성을 이유로 무한정 구분되는 것을 방지하기 위하여 최소한의 규모를 규정해야 한다는 것이었는데, 구부소유권은 공간을 구분하여 지배하는 것이어서 바닥면적의 합계를 기준으로 구분점포의 허용여부를 결정하는 것을 불합리하다.[47] 1개동 건물을 구분건물로 구분한다는 것은 공간적 지배권을 나누는 것으로 최소한의 바닥면적의 합계를 제한하는 것과 집합건물 내부의 공간을 무한히 구분하는 것과는 직접적인 관련성이 없다. 오히려 규모가 작은 상가건물의 구분점포 소유자들만 구분소유권의 성립에 관한 보호에서 제외하게 될 뿐이다.

Ⅱ. 구조상·이용상 독립성의 상실

경계벽이나 경계표지, 건물번호표지 등이 제거되고 복구가 용이하지 않으면 구조상 독립성이 상실된다. 이 경우 경계벽이나 경계표지를 사이에 두고 있던 구분건물이나 구분점포들의 법률관계는 어떻게 되는가. 구분건물로서의 독립성을 상실하여 하나의 건물이 된 경우에는 종전 구분건물에 설정한 저당권은 경매대상 구분건물이 차지하는 비율에 상응하는 공유지분 위에 존속한다.[48] 판례는 어떤 근거로 두 개 이상의 구분건물이 경계가 소멸하여 합쳐진 경우 전 구분소유자들의 공유관계로 보게 되는지에 관한 근거는 제시하지 않고 있다. 판례에서 "경매대상 구분건물이 차지하는 비율에 따라 공유지분을 취득한다."는 것은 가액의 비율이 아니라 부합 전 구분건물의 면적의 비율에 의하여 공유지분을 취득한다는 의미이다. 독립한 두개 이상의 부동산이 부합하여 하나의 부동산이 된

---

46) 전혜정, 앞의 책, 18, 19면.

47) 박경량, "상업용 집합건물에서의 전유부분의 요건" 무등춘추(제8호), 광주지방변호사회 2004. 12, 119, 120면.

48) 대법원 2010. 3. 22.자 2009마1385 결정.

경우, 그 소유관계에 대하여는 우리 민법은 명확한 규정을 두지 않고 있다. 민법 제256조는 "부동산의 소유자는 부동산에 부합한 물건의 소유권을 취득한다고 하여 부합된 부동산 또는 동산을 주된 부동산의 소유권자가 취득한다."고 규율하고 있을 뿐이다. 부합되는 두 개 이상의 부동산 사이에 주종을 구별하기 어려울 경우의 소유관계에 대해서는 규정하지 않고 있다. 다만 민법 제257조 단서는 주종을 구별하기 어려운 동산의 부합의 경우에 부합 당시의 가액의 비율로 합성물을 공유한다고 규정하고 있다.

그래서 경계벽의 상실로 주종을 구별할 수 없게 두 개 이상의 구분건물이 합성된 경우에는 동산의 부합에 관한 민법 제257조 단서를 적용하여 구 건물의 가격에 비율로 구분소유자들은 공유지분을 취득한다는 견해가 있다.[49] 위 견해는 구조상 독립성의 상실로 합쳐지는 종전 구분건물 위에 설정된 저당권은 합쳐지는 건물 전체에 준공유 형태로 저당권이 존속한다고 한다. 그러나 구분소유관계는 전유부분의 면적을 기초로 공용부분의 지분(집합건물법 제12조), 공용부분의 비용부담(제17조), 대지사용권의 취득(제20조), 의결권(제37조 제1항) 등을 규율하고 있어 구조상 독립성이 상실되어 두 개 이상의 구분건물이 합쳐진 경우에도 이러한 공용부분에 관한 이용과 부담관계는 그대로 승계되어야 한다. 위 견해처럼 두 개 이상의 구분건물의 부합 당시의 시가에 비례하여 공유지분을 인정하는 경우 그에 따라 공용부분에 관한 지분이나 의결권, 비용부담 등이 모두 변경되어야 하므로 집합건물 전체의 관리와 이용관계에 상당한 혼란이 발생한다. 또한 소멸하는 두 개의 구분건물에 각각 저당권이 설정되어 있었던 경우에는 건물의 가액과 저당권의 피담보채무액에 따라 법률관계가 더욱 복잡하게 된다. 따라서 판례의 견해가 타당하다.

한편 두 개의 구분건물이 하나의 건물로 합쳐져 새로운 건물의 공유지분으로

49) 전장헌, "구분소유권의 성립요건과 독립성을 상실한 구분건물의 권리관계에 관한 소개", 법학소개(제46집), 2012. 5. 25, 205면.

존재하는 경우 종전의 구분소유관계의 효과로 발생한 집합건물의 단체적 관리, 전유부분과 대지사용권의 분리처분 금지의 효과 등은 그대로 남는 것인지, 아니면 구분건물의 성격을 상실하였으므로 구분소유관계의 효과도 그 때부터 상실하는 것인지에 대한 검토가 필요하다. 예를 들어, 경계벽이 상실되어 구조상 독립성이 상실된 상태에서 구분건물을 경락받은 자는 구분소유권을 취득하지 못하고 결과적으로 부합된 건물의 공유지분만을 취득한다. 이 경우 전유부분의 최종소유자는 부동산등기법 제57조의 3에 의하여 분양자에 대하여 대지지분의 이전등기를 구할 수 없다. 집합건물 관리단은 집합건물법 제25조의 법정된 지위를 계속 유지할 수 있는 것인지, 집합건물 대지의 분할금지, 전유부분과 대지사용권의 분리처분 금지 등 구분소유관계의 효과로서 발생하는 제반 효과가 상실되는 것인지 의문이 된다. 경계벽이나 경계표지가 상실되었다고 하더라도 구분소유자들 사이에서는 각자가 점유·사용할 전유부분의 위치와 면적을 특정하여 점유·사용하고 있다고 볼 수 있으므로 판례가 인정하고 있는 구분소유적 공유관계로 전환되어[50] "제6장의 지분형 집합건물"에서 살펴보는 바와 같이 여전히 집합건물법이 적용되어 분할금지 등의 효과가 발생한다고 볼 수 있다. 이와 같이 우리 집합건물법은 구분소유관계가 성립한 후에 구조상 독립성의 상실로 구분소유관계가 소멸한 경우에 대비하지 못하고 있다. 이러한 점에 비추어 보면 현재 법원 경매실무 등에서 보이는 바와 같이 쉽게 구분소유관계의 상실을 인정할 것은 아니고 경계벽이나 경계표지 등이 일시적으로 소멸된 것인지, 경계벽이나 경계표지가 쉽게 복구할 가능성이 있는지 등을 살펴 구분소유관계의 상실로 인한 혼란을 최대한 줄여야 한다.

50) 대법원 2010. 5. 27. 선고 2006다84171 판결.

Ⅲ. 구분행위

1. 구분행위의 법률적 의미

구분소유권이 성립하기 위해서는 객관적·물리적 요건으로서의 구조상·이용상 독립성 외에 분양자의 구분소유의 의사 즉, 구분행위가 필요하다. 각 구분건물이 구조상·이용상 독립성을 가지고 있는 경우에도 그 1동의 건물 전체를 하나의 소유권의 객체로 삼아 단독 소유하거나 수인이 공유할 수도 있다. 또는 구분된 부분을 수인이 상호명의신탁 내지 구분소유적 공유의 형태로 소유할 수도 있다. 이와 같이 각 세대의 구분건물을 구분소유권의 대상으로 하는 것도 가능하고 그 1동 전체를 1개의 단독건물로 하는 것도 가능하므로, 1동의 건물을 집합건물로 설정한 것인가, 단독건물로 설정한 것인가는 전적으로 해당 건물의 소유자인 분양자나 건축주의 의사에 달려 있다. 이러한 분양자 또는 건축주가 1동의 건물 중 물리적으로 구획된 건물부분을 각각 구분소유권의 객체로 하려는 구분소유의 의사를 대외적으로 표출하는 행위를 구분행위라고 한다. 한편, 분양자 또는 건축주의 구분소유의 의사, 즉 구분행위는 집합건물의 구조상·이용상 독립성을 갖추기 전에 건축허가신청 시 건축허가신청 서류나, 분양계약 체결 시 분양계약서에 의하여 대외적으로 표현되기도 한다. 또는 구조상·이용상 독립성을 갖추고 그 뒤 집합건물이 완공되어 집합건물의 등록 시나 등기 시에 대외적으로 공시되기도 한다. 대법원 2006. 3. 10. 선고 2004다742 판결과 같이 분양자가 집합건물을 분양할 때 분양광고 등을 통하여 구분행위가 있었다고 본 판결도 있고, 대법원 1999. 9. 17. 선고 99다1345 판결, 대법원 2006. 11. 9. 선고 2004다67691 판결[51]과 같이 집합건축물대장에 구분건물로 등록된 시점이나 등기부에

51) 대법원 98다35020 판결은 전유부분과 공유부분을 구분하는 시점을 가옥대장의 등록시점을 기준으로 판단해야 한다는 취지를 설시한 판결이고, 대법원 2004다67691 판결은 집합건물의 공급사업자가 변경된 경우 집합건물의 원시취득자를 결정하는 기준을 설시한 판결이어서 가옥대장에 등록해야만 구분건물에 관한 구분송유권이 성립한다는 법리를 직접적으로 설시한 판결로 볼 수는 없다.

구분건물의 표시에 관한 등기가 마쳐진 시점에 구분행위가 있었다고 본 판결도 있다. 위 서울중앙지방법원 2009. 12. 10. 선고 2009가합14765 판결은 "대법원 2006. 3. 10. 선고 2004다67691 판결"과 같이 집합건축물대장에 등록된 시점에 구분행위가 있었다고 본 반면, 그 항소심인 서울고등법원 2010. 7. 16. 선고 2010나1915 판결은 위 제1심 판결을 취소하고 "대법원 2006. 3. 10. 선고 2004다742 판결"과 같이 분양계약의 체결시점에 구분행위가 있었다고 보았다. 학계에서는 가옥대장을 등록할 때 전유부분의 현황과 소유관계 등을 표시하는 건물의 도면과 소유관계를 증명서류를 첨부하여 등록해야 하기 때문에 일반적으로 가옥대장 등록 시에 구분행위가 있다는 견해가 있다.[52] 그리고 건축주가 건물을 구분하여 분양을 할 때는 광고 등으로 그 구분분양의 의사를 외부에 표시하므로 가옥대장의 신청이 없더라도 분양이나 광고행위에서 구분행위가 있었다고 보아야 한다는 견해[53]도 있다. 이러한 견해의 차이에는 구분행위의 법률상 성질, 법률관계의 명확성 및 안정성, 수분양자 보호 및 거래의 안전이라는 법정책적 대립, 일반건물의 신축에 의한 소유권의 원시취득에 관한 법리와의 통일성, 건축허가신청이나 분양계약에 의한 구분소유의사의 명확성의 수준 등 다양한 법리적 관점의 차이가 내포되어 있다. 위 제1,2심 판결의 상고심인 대법원 2013. 1. 17. 선고 2010다71578 전원합의체 판결을 통하여 이러한 법리적 혼란을 정리하였다. 그 동안 소송실무상에서 벌어졌던 위와 같은 법리적 논쟁을 위 "2010다71578 전원합의체 판결"에서의 다수의견과 반대의견을 중심으로 살펴보고자 한다. 반대의견은 구분행위의 법률적 행사방법을 집합건축물대장에의 등록이나 부동산등기부에 등기와 같은 공시방법을 요구하고, 다수의견은 법률행위 자유의 원칙에 입각하여 구분행위에 공시방법을 요구하지 않는다는 점에서, 논의의 편의상 이하에서는 위 전원합의체 판결에서의 다수의견을 "공시방법 불요설",

---

52) 이홍권, "건물구분소유권의 성립과 소멸에 관한 몇 가지 문제", 민사재판의 제문제(제7권), 507면.

53) 이현종, "집합건물의 구분소유 성립시점", 민사판례소개(XXIII), 민사판례소개회, 2001, 64면.

반대의견을 "공시방법 필요설"이라고 한다.

2. 구분행위와 공시방법

구분행위는 위와 같이 건물의 물리적 형질에 변경을 가함이 없이, 법률적 측면에서 관념적으로 건물의 구분된 특정부분을 구분소유권의 객체로 하려는 의사표시로서 일종의 법률행위이다. 문제는 이러한 구분행위를 법률행위 방식의 자유의 원칙에 입각하여 건축허가신청이나 분양계약 등의 경우에도 장래 건축될 건물을 구분건물로 하겠다는 구분소유의 의사를 표시한 것으로 보아 구분행위로 인정할 수 있는지, 반드시 집합건축물대장 등록이나 등기와 같은 법률적으로 명확하고 통일된 공시방법에 의하는 경우에만 구분행위를 인정할 수 있느냐에 있다. "공시방법 필요설"은 구분소유권도 소유권과 같은 구분건물에 대한 배타적 성격을 갖는 물권이고 구분행위는 법률행위 중에서도 물권변동을 일으키는 물권행위에 해당하는데, 이러한 물권행위는 그 물권행위의 특성상 구분소유권이 언제 성립하고, 누구에게 귀속하는지, 그 법률관계의 내용이 무엇인지의 내용이 명확하게 정해져서 외부에서 이를 쉽게 알 수 있도록 해야 하므로 부동산등기부에 등기하거나 적어도 이에 준하는 집합건축물대장에 등록하는 등 공시방법을 갖추어야 한다고 주장한다. 더욱이 구분소유권이 성립하는 경우 전유부분과 공용부분 및 대지사용권 사이에 일체성의 법률효과가 발생하여 집합건물의 공용부분이나 대지사용권을 전유부분과 분리하여 처분하는 행위가 금지되는 등 집합건물의 권리관계에 큰 영향을 미치게 된다. 이러한 점에 비추어 보면 구분소유권이 성립하는 시점에 그 범위와 내용이 분명하게 정해져야 하고 따라서 집합건축물대장의 등록이나 부동산등기와 같은 공시방법을 갖추어야 한다고 한다. 또한 "공시방법 불요설"에서 구분행위의 한 방식으로 인정하고 있는 건축허가신청이나 분양계약의 경우 상대방인 행정기관이나 수분양자 사이에서만 구분소유의 의사가 명확하게 전달될 뿐 제3자 일반에게 공시방법으로 기능할 수 없고, 건축허가신청이나 분양계약 시 건축주 또는 분양자의 구분소유의 의사는 확정적이지 않고 유동적이며 구분소유의 범위나 내용이 명확하지 않아서 공시방법으로서는 한계가 있다는 점을 지적하고 있다.

하지만 "공시방법 필요설"은 건축허가신청이나 분양계약의 구분소유 의사의 공시적 기능을 낮게 평가하고 있다. 건축허가신청서나 그에 첨부되는 집합건물의 구조와 설계와 관한 자료들은 정보공개제도를 통하여 제3자가 확보할 수 있어 구분건물을 거래하고자 하는 제3자도 구분건물의 개수, 평형, 위치 등을 파악할 수 있다. 분양계약의 경우에도 분양계약서 자체에는 집합건물의 구조나 이용관계 등이 잘 표시되어 있지 않으나, 집합건물의 외형·재질에 관한 것으로 분양계약에 편입되는[54] 카탈로그나 견본주택에 게시내용 등 분양광고를 통해서 제3자도 구분건물의 개수나 각 구분건물의 평형이나 위치 등을 파악할 수 있다. 또한 20세대 이상을 분양하는 공동주택[55]의 경우에는 주택법 제54조에 의하여 사업주체[56]가 시장·군수·구청장의 일반분양자 모집승인을 받아 수분양자를 모집하게 되므로 일반분양자 모집승인을 받아 공고하는 내용에 의해서도 구분건물의 개수나 평형, 위치 등 구분소유권의 객체와 범위에 관한 내용을 파악할 수 있다. 이와 같이 구조상·이용상 독립성을 갖춘 집합건물의 존재 그 자체와 건축허가신청이나 분양계약의 일정한 공시적 기능을 종합하면 구분소유권의 객체와

---

54) 대법원 2007. 6. 1. 선고 2005다5812, 5829, 5836 판결.

55) 공동주택이란 건축물의 벽·복도·계단이나 그 밖의 설비 등의 전부 또는 일부를 공동으로 사용하는 각 세대가 하나의 건축물 안에서 각각 독립된 주거생활을 할 수 있는 구조로 된 주택을 말한다(주택법 제2조 제2호). 공동주택 중 주택으로 쓰는 1개 동의 층수가 5개 층 이상인 주택을 '아파트', 주택으로 쓰는 1개 동의 바닥면적 합계가 660 제곱미터를 초과하고 층수가 4개 층 이하인 주택을 '연립주택', 1개 동의 바닥면적이 660 제곱미터 이하이고 층수가 4개 층 이하인 주택을 '다세대 주택'이라고 한다(건축법 시행령 별표 2). 공동주택은 1개 동의 각 구분건물이 구조상·이용상 독립성을 가진 주거용 집합건물이라고 할 수 있다.

56) 주택법은 집합건물을 건축하여 분양하는 자(developer)를 '사업주체'라고 표현하고 있다. 사업주체는 관할관청으로부터 20세 이상의 공동주택 또는 20호 이상의 단독주택을 건설하려는 주택건설 사업계획승인을 받아 주택건설사업을 시행하거나 그 대지조성사업을 시행하는 자이다(주택법 제2조 제7호, 제16조, 같은 법 시행령 제15조).

범위, 내용에 관한 공시적 기능을 할 수 있다. 따라서 공시방법의 명확성과 안정성을 이유로 "공시방법 필요설"을 취할 이유는 크지 않다.[57]

3. 토지와 건물의 구분소유의 차이

1개동 건물의 일부분을 분할하여 구분소유하는 것과 같이 토지에 있어서도 하나의 토지를 분할하여 소유하는 구분소유의 문제가 발생한다. 토지의 구분소유를 위해서는 토지분할등록과 토지분할등기의 공시방법을 갖추어야 한다. "공시방법 필요설"은 이러한 토지를 분할(구분)하여 소유할 때와 마찬가지로 1개동 건물을 분할하여 구분소유하는 경우도 건축물대장의 구분등록을 필수적인 공시방법으로 요구해야 한다는 것이다. 하지만 "공시방법 필요설"은 물권의 객체인 토지와 건물의 물리적 성질의 본질적 차이와 그에 따른 공시방법의 차이를 간과하고 있다. 토지는 그 자체로는 물리적으로 경계가 없는 무정형의 물건이어서 경계라는 것은 물건 그 자체에 의하여 공시되는 효과는 없다. 그래서 오로지 관념적으로만 존재하는 것이다. 따라서 물건 그 자체에는 경계가 없는 토지를 거래의 객체로 하기 위해서는 그 거래의 단위를 공적으로 구획하는 것이 필수적이다. 그래서 거래의 기초단위인 필지별로 구획되어 있는 토지를 분할·합병하는 경우에는 분할·합병등록을 필수적인 요건으로 하는 것이다.

이와 같은 법리에 때문에 토지의 현실과 공부 사이에 차이가 있는 경우 소유권의 범위는 지적공부상의 등록, 즉 지적도상의 경계에 의하여 특정된다. 하지만 건물의 개수는 공부상의 등록에 의하여 결정되는 것이 아니라 현실에 존재하는 건물의 물리적 구조, 거래나 이용 목적물로 관찰된 건물의 상태 등 물건의 객

57) 앞서 구분점포에 관하여 구조상·이용상 독립성 요건의 완화의 필요성에서 살펴 본 바와 같이 집합건물이 성립한 뒤에 각 구분점포의 도면을 갖추어 집합건물의 등록과 등기의 공시방법을 갖춘 후에는 그 등록과 등기의 공시방법에 의하여 구분소유권의 객체와 범위를 특정할 수 있으므로 구분점포의 경계벽이나 경계표지가 소멸하였다 하더라도 구분소유권이 소멸하였다 할 수 없다. 구조상·이용상 독립성은 구분점포의 성립요건이나 등록과 등기 등의 공시방법이 갖추어진 후에는 구조상·이용상 독립성은 존속요건으로 할 필요는 없다고 본다.

관적 상황과 건축자나 소유자의 의사 등 주관적 사정에 의하여 1차적으로 결정된다. 건축물대장의 등록은 결정된 건물의 개수를 사후적으로 반영하는 기능을 한다.[58] 이와 같이 건물은 토지와 달리 그 물건 자체에 구분성을 가지고 있어 그 물건을 구분하여 개수나 단위를 정하는데 있어 소유자의 의사가 미치는 영향이 제한적이고 공권적으로 이를 구획할 필요도 크지 않다. 건물은 건물대장의 등록이나 등기에 의하지 않더라도 건물 그 자체에 의하여 물권거래의 객체가 되는 단위를 정할 수 있다.[59] 집합건물에 있어서도 집합건물 그 자체의 구조상·이용상의 특성에 의하여 구분소유의 대상이 되는 물권의 객체와 구분소유권의 범위 등이 정해질 수 있으므로 구분행위를 반드시 집합건물대장이나 건물등기등부의 공시방법에 의할 필요는 없다.

"공시방법 필요설"에 의하면 일반건물의 신축 시 소유권의 취득은 사회통념상 독립한 건물로서 외형을 갖춘 경우 소유권을 원시취득하게 되지만, 집합건물의 경우에는 객관적으로 구조상·이용상 독립성을 갖추었다 하더라도 구분소유권을 취득하지 못하고 집합건물이 완공된 후 집합건축물대장에 등록이 되어야만 비로서 구분소유권을 취득하게 되어 일반건물과 집합건물의 소유권의 취득시기와 성립요건이 이원화된다. 한편, "공시방법 불요설"에 의하면 대부분 객관적·물리적으로 집합건물의 구조상·이용상 독립성이 갖추어지기 전인 건축허가신청이나 분양계약 시 구분행위가 있게 되므로, 그 뒤 집합건물이 신축되어 옥상층 골조공사가 완성되면 그 즈음에 구조상·이용상 독립성을 갖추어 구분소유권을 취득하고 집합건물이 성립하게 된다. "공시방법 불요설"은 신축이라는 사실행위를 통하여 건축물의 객관적·물리적 상태가 소유권의 객체와 범위를 명확하게 공시하는 기능을 할 수 있게 되면 (구분)소유권을 원시취득 하게 되므로, 일반건물의 법리의 통일성을 갖게 된다. "공시방법 필요설"은 왜 일반건물과 집합건물의 (구

58) 대법원 1997. 7. 8. 선고 96다36517 판결.

59) 대법원 2013. 1. 17. 선고 2010다71578 전원합의체 판결.

분)소유권의 성립요건과 취득시기를 달리해야 하는지에 관한 근거가 부족하고 오히려 일반건물과 집합건물의 성립요건과 취득시기를 달리하는 이원적인 법리체계가 거래계에 더 큰 혼란을 초래할 수 있다.

"공시방법 필요설"은 구분행위와 집합건물의 구조상·이용상 독립성의 관계를 크게 혼동하고 있다. 일반건물의 신축으로 소유권을 원시취득할 때 등기와 같은 공시방법을 따로 필요로 하지 않는 것은 건축물의 기둥, 지붕, 벽체 등 사회통념상 독립한 부동산으로 인정될 수 있는 건축의 단계에 이르면 그 건축물 자체에 의하여 소유권의 객체와 범위 등이 명확하게 공시될 수 있기 때문이다. 집합건물도 마찬가지로 옥상층의 골조공사가 완성되는 단계에 이르러 구조상·이용상 독립성이 인정될 수 있는 단계에 이르면 그 집합건물의 구조와 이용상태 등 그 집합건물의 존재자체에 의하여 구분소유의 범위와 내용이 명확성을 갖추어 공시될 수 있다. 여기서 그 전의 구분행위의 내용, 즉 건축허가신청이나 분양계약의 내용을 더하면 집합건물의 등록이나 등기와 같은 공시방법이 없더라도 충분히 구분소유의 범위와 내용을 공시할 수 있다. 그런데 "공시방법 필요설"은 "공시방법 불요설"의 입장이 집합건물의 구조상·이용상 독립성이라는 성립요건과 별개로 건축허가신청이나 분양계약 등에 의하여 표출되는 구분행위로만 구분소유권의 객체와 범위 등에 관한 공시가 이루지는 것처럼 파악하는 오류를 범하고 있다.

4. 수분양자 보호와 구분소유권의 성립시기

구분소유권의 성립시기를 집합건물이 완공된 후 집합건축물대장 등록 시나 부동산등기 시가 아니라 집합건물의 완공전이라도 객관적·물리적으로 집합건물의 구조상·이용상 독립성을 갖춘 시기로 앞당기려는 이유는 구분소유권의 성립에 따라 발생하는 법률적 효과를 최대한 앞당겨 인정하려는 정책적 배려가 있기 때문이다. 구분소유권이 성립하면 그 효과로서 전유부분과 공용부분 및 대지사용권의 분할처분이 금지되고 대지사용권을 전유부분의 종된권리로 파악하는 일체성의 효과가 발생한다. 또한 구분소유자 전원을 구성원으로 하는 집합건물 관리단이 당연성립하여 단체적 법리에 의하여 집합건물을 관리할 수 있다. 이러한 정책적 배려의 필요성은 우리 거래계의 분양방식이 미국, 서구유럽이나 일본 등과 달리 집합건물이 완공되기 전에 분양하는 선분양 방식이라는데 기인한다. "공유방법 필요설"과 같이 집합건축물대장 등록 시나 부동산등기 시점을 집합건물의 성립시기로 본다면 집합건물을 분양받은 수분양자들은 집합건물의 대지를 확보하지 못한 상태에서 전유부분만을 취득하게 되어 이후 대지소유권을 취득한 자로부터 전유부분의 철거요구를 받게 되거나 예상하지 못한 지료나 지료상당의 부당이득금의 지급을 요구받게 될 수 있다. 수분양자들의 지위는 매우 불안정하게 되고 이러한 불안정한 집합건물의 분양을 둘러싼 법률관계는 집합건물의 분양거래를 크게 위축시킬 것이다. 아래 대지사용권의 연혁에서 살펴보는 바와 같이 집합건물의 전유부분과 대지사용권 또는 대지가 분리되는 것을 최대한 억제하여 대지사용권 없는 구분소유권의 발생을 방지함으로써 집합건물에 관한 법률관계의 안정과 합리적 규율을 도모하려는 집합건물법 제20조의 입법취지에서도 벗어난다. 이렇게 전유부분과 공용부분 및 대지사용권의 분리처분을 금지하는 효과를 집합건물 완공 전에도 앞당겨 적용하려는 정책은 수분양자의 보호나 거래의 안전을 위하여 중요한 의미를 가진다. 집합건물의 전유부분과 공용부분 및 대지사용권의 분리처분을 금지하여 집합건물의 보존의 안정성을 도모하려는 입법취지에 부합한다.

"공시방법 필요설"은 수분양자나 보호나 거래의 안전은 주택법 제61조의 부기등기 제도 등 다른 제도에 의하여 보완될 수 있고, 수분양자 보호의 등의 법익보다 구분소유권의 범위와 내용을 명확하게 공시하여 법률관계의 안정성을 도모하는 법익이 더 중요할 수 있다고 한다. 주택법 제61조는 사업주체(분양자)가 입주자 모집공고 승인 신청일 이후 입주예정자(수분양자)가 소유권이전등기를 신청할 수 있는 날로부터 60일까지의 기간 동안 입주예정자 동의 없이는 공동주택의 대지에 저당권이나 가등기담보와 같은 담보물권, 지상권, 등기되는 임차권 등을 설정하지 못하도록 하고 압류·가압류될 수 없는 재산임을 공시하는 제도이다. 하지만 위 주택법 제61조는 주택법에 의하여 20세대 이상을 일반분양하는 경우에만 적용되는 제도인데, 일반분양분이 19세대 이하인 경우나 건축되는 주택 전체가 19세대 이하인 경우, 공동주택이 아닌 상가집합건물 등에는 위 주택법 제61조가 적용되지 않는다. 주택법 제61조가 적용되는 경우에도 사업주체(분양자)가 부기등기를 해태하는 사이 사업주체의 채권자가 대지를 압류·가압류하는 경우에는 전유부분과 대지가 분리처분되는 것을 막을 수 없어[60] 전유부분과 공용부분 및 대지사용권의 분리처분을 금지하고자 하는 입법취지를 살릴 수 없다. 구분행위는 법률행위 방식 자유의 원칙대로 집합건물의 완공 전에도 건축허가 신청이나 분양계약 등에 의하여도 행할 수 있고, 그 뒤 집합건물이 완공되기 전에도 집합건물의 구조상·이용상 독립성이 인정되는 시점에 구분소유권은 성립한다. 결국 구분소유권의 성립요건은 ① 객관적 요건으로서의 구조상·이용상 독립성과 ② 건축주(분양자)의 주관적 요소로서의 그 건물을 구분소유권의 객체로 하려는 구분행위이고,[61] 집합건물대장의 등록이나 소유권보존등기와 같은 공시방법을 갖출 것을 성립요건으로 하지 않는다.

---

60) 대법원 2007. 8. 23. 선고 2007다20396 판결은 "주택법 제61조는 부기등기제도를 신설하면서 사업주체의 신청의무를 규정하였을 뿐 간접적으로 그 이행을 강제하기 위한 처벌규정을 두지 않고 있고 의제규정 등을 통하여 법률적으로 효력을 강제하는 규정도 마련하지 않아 결국 부기등기의 경료여부는 사업주체의 성실한 임의적 이행에 맡겨져 있을 뿐이므로 … 사업주체가 부기등기를 해태하는 사이 일반채권자가 대지를 압류한 경우 그 압류의 효력을 유효하다."고 하고 있다.

61) 대법원 1999. 7. 27. 선고 98다35020 판결.

Ⅳ. 집합건물 성립의 효과

1. 구분소유권과 관리단의 성립

집합건물이 성립하면 먼저, 1동의 집합건물에 구분소유관계가 성립한다. 전유부분에 대하여 구분소유자들은 각각 배타적인 구분소유권을 보유하게 되고, 공용부분에 대하여는 구분소유자 전원이 공유의 형태로 소유하게 된다. 집합건물이 성립하면 집합건물의 건축주가 주물인 집합건물을 원시취득할 때 종된 권리인 대지사용권을 주물-종물의 법리에 의하여 함께 취득한다.[62] 대지사용권의 성립에는 집합건물의 성립과 건축주가 대지에 관하여 가지고 있는 권리 외에 대지사용권의 설정행위와 같은 다른 요건을 필요로 하지 않는다.

집합건물의 건축주가 대지사용권을 원시취득하고 그와 함께 종된 권리인 대지사용권을 취득하면, 전유부분과 공용부분 및 대지사용권 사이에 종속적 일체불가분성과 금리처분적 일체불가분성의 효과가 발생한다. 집합건물이 성립하여 그 효과로 대지사용권이 성립하면 그 뒤에는 전유부분과 대지사용권의 분리처분은 이를 허용하는 관리규약이나 공정증서가 존재한다는 특별한 사정이 없는 한 금지된다(집합건물법 제20조 제1항, 제2항). 나아가, 집합건물이 성립하면 공용부분에 관하여 공유지분을 취득하고 공유지분은 전유부분의 처분에 따르고 전유부분과 분리하여 처분할 수 없는 공용부분에 대한 일체불가분성의 효과가 발생한다(집합건물법 제10,13조). 결국 구분소유권이 성립하면 구분소유권이 성립된 전유부분과 공용부분, 대지사용권을 일체화시켜 집합건물법이 추구하고자 하는 바대로 토지와 건물의 합리적인 공동이용이라는 입법목적이 실현되게 된다. 그 결과 구분소유권이 성립하게 되면 그 때부터 건물과 토지를 별개의 부동산으로 취

62) 엄밀히 말하면, 대지사용권이라는 새로운 권리를 취득한다는 의미가 아니라 집합건물의 건축주가 대지에 관하여 가지고 있던 소유권, 임차권, 지상권, 사용대차권 등이 집합건물법 제2조 제6호의 집합건물의 소유를 위한 대지사용권으로서의 성격을 가지게 된다는 의미이다.

급하는 법제의 예외가 된다.[63]

이렇게 집합건물의 성립은 집합건물법에 따른 많은 법률효과를 발생시키고 수분양자와 대지에 관하여 권리관계를 가진 제3자에게도 직접적인 관리관계에 영향을 미치게 되므로 집합건물의 성립요건과 성립시기의 문제는 뒤에서 살펴보는 바와 같이 집합건물의 법률상 쟁점의 해결과정에서 매우 큰 위치를 차지하게 된다. 또한 집합건물이 성립하면 그 효과로서 구분소유자 전원을 구성원으로 하여 집합건물과 그 대지 및 부속시설의 관리에 관한 사업의 시행을 목적으로 하는 집합건물 관리단이 '당연설립'된다(집합건물법 제23조). 통상 단체의 성립은 창립총회를 통하여 구성원들이 단체 구성과 운영의 법원(法源)인 관리규약을 승인하고 집행기관인 대표자를 선출하는 등의 조직행위를 통하여 성립한다. 그러나 집합건물 관리단은 별도의 조직설립행위 없이 구분관계가 성립하면 자동으로 성립한다.[64] 집합건물이 성립한 이후에 관리단이 존재하지 않아 관리의 공백이 발생하는 것을 막기 위한 것이다.

2. 일반건물에서 집합건물로 전환

지금까지 집합건물의 구분소유권의 성립시기에 관한 논의는 주로 신축 집합건물의 성립시기와 관련하여 논의되어 왔다. 집합건물의 등록이나 등기 이전에 이미 수분양자들에게 분양이 된 상태에서 집합건물의 대지에 압류, 저당권 등이 설정되어 수분양자의 보호문제가 사회적 문제로 대두되었기 때문이다. 일반건물의 집합건물로 전환할 때도 집합건물의 성립시기는 신규 집합건물의 분양 시와 동일하다. 주벽, 지붕, 기둥 등 일반건물로서의 성립요건은 이미 갖추고 있으므로 경계벽과 복도, 각 구분건물별 출입구의 설치 등 구분건물로서 구조상·이용상 독립성의 요건을 갖추면 된다. 구분소유의 의사는 일반 건축물대장에서 집합

63) 분리처분 금지의 효과도 토지와 건물을 별개의 부동산으로 보는 법제를 전제로 한 것이지만 그 처분에 있어서는 일체성을 가지게 한다는 점에서 예외라는 의미이다.

64) 대법원 2006. 12. 8. 선고 2006다33340 판결.

건물대장으로 전환등록 할 때에 표시될 수도 있지만 그 전에 일반건물에서 집합건물로의 개축, 증축, 대수선 등에 관한 건축허가신청을 때나 각 구분건물을 분양하거나 매매할 때 대외적으로 표시된다. 그러므로 이러한 시점에 구분행위가 있었다 할 것이다. 따라서 일반건물을 집합건물로 전환할 때도 구분행위에는 전환등록이나 전환등기와 같은 공시방법을 필요로 하지 않는다. 일반건물에서 집합건물로 개축, 증축, 대수선하는 건축허가신청 또는 구분건물의 분양 내지 분양광고 시에 구분행위가 선행적으로 존재하고 허가받은 개축, 증축, 대수선 행위로 1개동 건물 내에 경계벽이나 복도, 각 구분건물별 출입구 등이 설치되어 구조상·이용상의 독립성이 확보될 때 집합건물이 성립한다.

제 3 절 대지사용권의 법률관계

Ⅰ. 대지사용권의의 의의

1. 대지사용권 제도의 연혁

독일과 같이 건물을 토지의 구성부분으로 보아 토지와 그 지상건물을 일체적으로 파악하는 법제에서는 집합건물의 전유부분을 소유하기 위하여 대지에 대하여 가지는 대지사용권과 같은 별도의 권리를 인정할 필요성은 없다. 반면에 건물을 토지로부터 독립한 별개의 부동산으로 취급하여 토지와 건물을 각각 별도의 물권의 객체로 하는 법제에서는 집합건물과 대지가 분리되지 않도록 하는 장치가 필요하다. 이러한 법제에서는 보편적으로 집합건물과 그 대지가 분리되지 않도록 하는 법제도를 발전시켜 왔다. 예를 들어, 2차 세계대전 이후 본격적으로 집합건물을 건축하기 시작했던 1950년대와 1960년대의 미국의 플로리다, 캘리포니아, 뉴욕 주 등의 집합건물 법제는 집합건물 관리단(condominium association)이 집합건물의 대지를 소유하도록 하였다. 일본의 1962년「건물의 구분소유 등에 관한 법률」은 집합건물의 관리인이나 구분소유자들이 선정한 대표자가 집합건물의 대지를 소유하도록 하는 관리소유권 제도를 두었다. 이러한 제도에서는 구분소유자들을 당연 구성원으로 하는 단체나 그들을 대표하는 자가 구분소유자들을 위하여 대지를 소유하게 함으로써 전유부분과 그 대지가 분리되지 않도록 하였다. 1984년 집합건물법 제정 당시 법무부 안에서는 이러한 일본의 관리소유권 제도를 모방하여 "구분소유자의 대지에 대한 권리는 규약에 의하여 그가 선정한 구분소유자 또는 관리인에게 관리소유 하게 한다(법무부안 제5조 제1항)."고 규정하고 있었다.[65] 이는 일본의 1963년의 구분소유법의 공용부분의 관리소유권 제도를 대지에 관하여 도입한 것이었으나, 일본은 1983년「건물의 구분소유 등에 관한 법률」개정으로 관리소유 제도를 폐지하였다. 1984년 집합건물법 제정안의 법안 심사과정에서 관리소유권 제도에 대하여 "집합건물의 대지에 대한 관리만을 위한 신탁적 성격을 띤 관리소유권제도를 도입하고 있는데 이러한 새로운 개념의 관리소유권은 기존 소유권의 개념과 관련하여 사법질서의 혼란을 일으킬 우려가 있을 수 있다."는 지적을 받았다.[66][67] 또한 관리소유권의 법률적 성질이 애매하고 민법체계와 조화되기 어려우며, 대지에 대한 권리의 공

---

65) 법무부, "집합건물의 소유 및 관리에 관한 법률안", 1983, 34면. 법률안 제5조의 내용은 다음과 같다.

제5조(대지의 관리소유) ① 구분소유자의 대지에 대한 권리는 규약에 의하여 그가 선정한 구분소유자 또는 관리인에게 관리소유하게 한다. 다만, 구분소유자가 10인 이하인 경우에는 그러하지 아니하다.

② 제1항의 규정에 의하여 대지에 대한 권리를 선정된 구분소유자 또는 관리인에게 관리소유하게 한 후에도 구분소유자는 그 대지를 사용할 권리가 있다.

③ 제1항의 경우에는 구분소유자가 관리소유하게 한 대지에 대한 권리를 그 전유부분과 함께 등기한다.

66) 국회법제사법위원회, "집합건물의 소유 및 관리에 관한 법률안 심사보고서", 1984. 3. 16, 6면.

67) 대한민국 국회사무처, "제119회 국회 법제사법위원회회의록"(제10호) 법제사법위원회, 1983. 11. 21, 7면.

시가 복잡하게 된다는 비판이 제기되면서 법무부 안에 있었던 관리소유권 제도는 도입되지 않았다.[68] "대지사용권"이라는 개념은 이러한 관리소유권 제도를 전제로 전유부분의 소유자는 대지에 대하여 소유권을 갖지 않고 "사용권"만을 갖는다는 의미로 도입된 것이었다. 그러나 미국의 집합건물 소유자들은 자신이 전유부분에 대한 소유권만을 갖고 대지에 대하여는 소유권을 갖지 못한다는 점에 대하여 불안하였고, 집합건물의 분양자(developer)들은 수분양자들의 이러한 불안을 반영하여 전유부분의 소유자들이 대지를 공유하는 방법으로 전유부분과 대지의 소유관계를 변화하게 되었다.

위와 같이 집합건물의 대지에 관한 소유권을 집합건물 관리단 또는 관리인이 소유한다는 취지의 관리소유권 제도를 전제로 전유부분의 소유자들은 "사용권"을 가진다는 의미의 "대지사용권" 개념을 도입한 것이다. 그런데 관리소유권제도를 도입하지 않으면서 관리소유권 제도와 밀접히 관련되어 있는 "대지사용권"의 개념을 체계적으로 정리하지 못하고 그대로 집합건물법에 남겨 놓음으로써 "대지사용권"의 개념과 그 성질을 놓고 많은 혼란을 낳게 되었다. 분명 관리소유권 제도를 도입하지 않았던 우리 집합건물법 제정 당시의 입법취지는 집합건물의 대지는 전유부분의 소유자가 그 면적에 비례하여 공유로 소유한다는 것이었다. 집합건물법 제13조에서 구분소유자의 공용부분에 대한 공유지분은 전유부분의 처분에 따르고 전유부분과 분리하여 처분할 수 없도록 함으로써 전유부분과 공용부분에 대한 처분을 일체로 결합시킨 것과 동일하게, 집합건물의 대지는 전유부분의 처분에 따르고 전유부분과 분리하여 처분할 수 없도록 대지와 전유부분을 일체화하는 방식으로 입법이 되었어야 했다. 그러나 집합건물법 제20조는 전유부분과 '대지'와의 일체성이 아니라 전유부분과 '대지사용권'과의 일체성을 규정하고 있어 그 뒤 '대지사용권'을 둘러싼 여러 법리적 혼란과 쟁점을 남기게 된 것이다. 구분소유자가 전유부분의 소유를 위하여 집합건물의 대지에 관하

---

68) 이춘원, 앞의 책, 82면.

여 가지는 권리의 대부분은 대지에 관한 소유권이다. 이렇게 대지사용권이 소유권인 경우까지 이를 "대지사용권"이라는 개념으로 포섭할 필요는 없다. 전유부분의 소유를 위하여 대지에 관하여 가지는 권리가 소유권이 아닌 임차권이나 사용대차, 지상권, 신탁계약상의 토지이용권 등인 경우에만 예외적으로 "대지사용권"이라는 개념을 제한적으로 사용할 필요가 있다. 향후 집합건물법의 개정논의에서는 전유부분의 소유를 위하여 대지에 관하여 가지는 권리가 소유권인 경우에는 집합건물법 제13조처럼 전유부분과 대지의 공유지분을 분리하여 처분할 수 없도록 규정하고, 대지에 관하여 가지는 권리가 소유권 이외의 임차권 등인 경우에만 대지사용권의 개념을 사용하여 현행 집합건물법 제20조처럼 전유부분과 대지사용권의 분리처분을 금지하는 방식으로 규정하는 것이 타당하다.

2. 대지사용권의 내용

"대지사용권"은 구분소유자가 구분건물(전유부분)을 소유하기 위하여 건물의 대지에 대하여 가지는 권리이다(집합건물법 제2조 제6호). 대부분 집합건물의 건축주 내지 분양자가 대지에 관하여 가지는 소유권을 내용으로 대지사용권이 성립한 후 그 소유권에 기초한 대지사용권이 전유부분의 처분과 일체화 되어 이전되는 형태가 일반적이다. 하지만 대지사용권은 이러한 소유권뿐만 아니라 지상권, 토지임차권, 전세권, 사용대차, 신탁계약 등과 같은 용익권도 대지사용권이 될 수 있다. 건축행정의 실무상 집합건물을 건축할 예정인 토지에 관하여 소유권을 확보하지 못한 채, 단지 임차권이나 지상권만을 확보한 건축주에게 집합건물의 건축을 허가하는 경우는 없기 때문에 지상권과 토지임차권, 전세권 등이 대지사용권의 내용이 되는 경우는 소송실무상으로는 거의 찾아보기 어렵다. 하지만 집합건물의 대지가 될 토지에 관하여 토지 소유주와 집합건물의 건축주 사이에 토지매매계약이 체결되고 매매대금도 지급되어 토지의 소유권을 이전받을 법률적 상태에 이르렀으나 토지의 분필, 합필, 환지절차 등이나 지적정리가 되지 않은 관계로 건축주가 토지에 관한 소유권이전등기를 못하고 있는 사례가 종종 있다. 이 경우에 건축행정 실무상 매도인으로부터 토지사용승낙서를 받아 건축허가를 받게 되는데, 이와 같은 별도의 임료가 없는 사용대차도 대지사용권의 내용이 될 수 있다. 최근에는 부동산개발신탁이 대형 집합건물 건축사업에 자주 사용되어, 토지의 소유자인 건축주가 토지를 부동산 개발신탁회사에 신탁한 후 신탁계약에 의하여 토지사용승낙을 받아 집합건물을 건축하는 사례도 많이 등장하고 있다. 이 경우 이러한 신탁계약도 대지사용권의 내용이 된다.

소송실무에서 대지사용권의 취득과 관련하여 제일 많이 등장하는 사례는 집합건물의 전유부분에 관하여 분양이나 경매를 통해 소유권이전등기를 받고 전유부분을 점유·사용하고 있으나 대지지분에 대하여는 등기를 이전받지 못한 경우이다. 아파트와 같은 대규모 집합건물의 경우 대지의 분필, 합필 및 환지절차의 지연, 각 세대당 지분비율 결정의 지연 등으로 인하여 전유부분에 대한 소유권이전등기만 수분양자를 거쳐 현재의 구분소유자 앞으로 경료되고, 대지지분에 대한 소유권이전등기는 상당기간 지체되는 경우가 종종 발생한다. 이러한 경우 일반건물과 그 대지에 관한 매매계약처럼 건물과 대지를 별개의 부동산으로 보고 전유부분의 소유자가 대지에 관하여 가지는 소유권이전등기청구권은 전유부분의 소유를 위하여 대지에 관하여 가지는 대지사용권으로 볼 수 없다는 판례가 있었다.[69] 이러한 법리에 의하면 집합건물의 건축자로부터 전유부분과 대지지분을 함께 분양의 형식으로 매수하여 전유부분에 대한 소유권이전등기만 경료받고 대지지분에 대하여는 소유권이전등기를 경료받지 못한 수분양자들은 대지사용권을 취득하지 못하게 된다. 이러한 법리를 취하게 되면 선분양제도가 일반적인 우리사회의 집합건물 분양거래에서 수분양자들에게 집합건물이 분양된 후 건축주(분양자)의 채권자들이 집합건물의 대지를 압류·가압류한 후 그 대지에 관

69) 대법원 1996. 12. 20. 선고 96다14661 판결은 "단순히 구분건물과 함께 그 대지지분을 매수한 자로서 매도인에게 매매를 원인으로 하여 그 대지지분에 관하여 가지는 소유권이전등기청구권과 같은 것은 법 소정의 대지사용권에 해당하지 아니한다."고 판시하고 있다.

한 공매나 경매를 진행할 경우 전유부분의 소유권을 취득한 수분양자들은 전유부분의 소유를 위한 대지사용권을 취득하지 못하게 되고, 그 결과 집합건물의 전유부분과 대지사용권의 일체성이 깨져 전유부분의 소유자들은 대지소유자들로부터 전유부분의 철거 요구에 처하게 된다. 이 경우 집합건물의 전유부분과 대지사용권의 분리처분 금지(집합건물법 제20조)나 집합건물 대지의 분할금지(제8조)를 통하여 집합건물의 전유부분과 대지가 분리처분되어 법률관계가 불안정해지는 것을 방지하고자 하는 집합건물법의 입법취지가 몰각된다. 구분건물과 대지지분을 매수한 자는 대지지분에 관하여 소유권이전등기청구권을 가지고 있는 채권자에 불과하지만, 한편 전유부분을 소유하면서 매매계약의 효력에 의하여 전유부분의 소유를 위하여 대지를 점유·사용하고 있다. 이러한 매수인의 점유·사용권은 단순한 점유권과는 차원을 달리하는 본권으로서 대지사용권에 해당하는 것이다.[70] 따라서 전유부분과 대지지분을 매수하였으나 전유부분에 관해서만 등기를 경료하고 대지지분에 관하여는 아직 등기를 경료하지 못한 매수인이 전유부분을 소유하기 위하여 대지를 점유·사용할 권리가 바로 집합건물법 제2조 제6호의 전유부분의 소유를 위하여 대지에 대하여 가지는 권리인 대지사용권에 해당하는 것이다. 따라서 집합건물법 제20조에 의하여 이러한 대지사용권은 전유부분과 분리하여 처분할 수 없다.

3. 대지사용권과 대지권

부동산등기법 제40조 제3항은 구분건물의 대지사용권으로서 건물과 분리하여 처분할 수 없는 것을 "대지권"이라 하고 있다. 구분소유자는 전유부분과 대지사용권의 일체불가분성의 원칙에 따라 건물과 대지사용권을 분리처분할 수 없고(집합건물법 제20조 제1항, 제2항 본문), 이를 분리처분 하고자 할 경우에는 그 취지를 규약이나 공정증서로 정하여야 한다(제20조 제2항 단서 및 제4항). 따라서 전유부

---

70) 대법원 2000. 11. 16. 선고 98다45652, 45669 전원합의체 판결.

분과 대지사용권을 분리 처분할 수 있다는 규약이나 공정증서가 존재하지 않는 한 대지사용권은 대지권이 된다.[71] 현실적으로 존재하는 집합건물 중 전유부분과 대지사용권을 분리 처분할 수 있다는 규약이나 공정증서가 존재하는 사례는 거의 찾아볼 수 없어 대지사용권은 대부분 곧 대지권을 의미하게 된다. 부동산등기법상에 대지권에 관한 규정을 별도로 둔 이유는 전유부분과 대지사용권의 일체성이 적용되는 대지사용권의 권리관계의 변동은 토지등기부에 등기하지 아니하고 건물등기부에 등기하여 그 이후로는 양자가 법률적 운명을 같이 하도록 공시관계를 통일하기 위한 것이다.[72] 이러한 취지에서 부동산등기법 제40조 제3항은 대지권이 있는 경우 토지등기부가 아니라 1동 건물의 등기기록에 대지권의 목적인 토지의 표시에 관한 관한 사항을 기록하고, 전유부분의 등기기록에 대지권의 표시에 관한 사항, 즉 대지권의 종류와 그 비율을 기재하도록 하고 있다. 이렇게 대지권은 부동산등기법상의 절차법적 개념의 권리이다.

이러한 부동산등기법의 규정을 근거로 등기는 효력발생요건이므로 대지사용권 중 부동산등기법상 대지권의 등기가 경료된 것만을 대지권으로 보고 등기되지 않은 대지사용권은 대지권이라고 할 수 없다는 견해가 있다.[73] 이러한 견해는 대지사용권은 실체법상의 권리이고 대지권은 절차법인 부동산등기법상 대지사용권에 대응하는 권리로 보고 대지사용권 중 부동산등기법에 따라 등기된 대지사용권이 대지권이라고 해석하고 있다. 부동산등기법 제40조 제3항에서 대지권을 대지사용권으로서 건물과 분리하여 처분할 수 없는 것이라고 규정한 의미를 건물과 분리처분이 가능하지 않은 별개의 대지권 개념을 인정한 것이 아니라 대지사용권을 등기하게 되면 그것이 건물과 분리하여 처분되지 않는다는 것을

71) 김영두, "집합건물법소개 – 이론·사례·판례", 진원사, 2008, 175면.

72) 강윤구, "집합건물의 구분소유자가 공용대지를 주차장으로 이용할 권리의 성질(=대지사용권) – 대법원 2006. 3. 9. 선고 2005다60239 판결", 대법원 판례해설(통권 제60호), 법원도서관 2006, 406면.

73) 박세창, "집합건물 대지권 개념과 그 지분권의 행사", 집합건물법학회 2010년 춘계학술세미나, 2010. 4. 30, 6면.

의미하는 것으로 대지권을 등기된 대지사용권으로 보고 있는 것이다. 등기되지 않은 대지사용권은 대지권이 될 수 없다는 견해는 대지권에 관한 부동산등기법의 다른 규정 내용과도 배치된다. 부동산등기법 제60조 제1항은 구분건물을 신축한 자가 대지사용권을 가지고 있는 경우에 대지권에 관한 등기를 하지 아니하고 구분건물에 관하여만 소유권이전등기를 마쳤을 때 대지사용권을 후에 취득한 현재의 구분소유자가 건축주를 상대로 대지지분에 관한 이전등기를 신청할 수 있도록 하고 있다. 이는 대지권에 관한 등기를 경료하지 않고도 사후적으로 대지권을 취득할 수 있다는 것을 전제로 사후적으로 대지권을 취득한 구분소유자가 대지권등기를 할 수 있는 방법을 열어 놓고 있는 것이다. 부동산등기법 제60조는 사후적 대지권 취득을 전제로 최종 전유부분의 소유자가 건축주를 상대로 대지지분의 이전등기를 청구할 수 있도록 하고 있는데, 이는 부동산등기법이 등기되지 않은 대지권의 개념을 전제로 등기 없이도 전유부분의 최종소유자가 대지권을 취득할 수 있다는 법리를 보이는 것이다. 대지사용권이 대지권으로 등기되어야만 비로소 대지권이 된다는 견해는 현행 부동산등기법의 해석상 맞지 않는다. 매매나 경매를 통하여 주물인 전유부분을 취득할 때 종된 권리인 "등기되지 않은 대지권"도 함께 취득한다는 판례 법리도 등기되지 않은 대지권의 개념이 존재함을 전제해야 하는 것이다.

Ⅱ. 대지사용권의 성립·변경·소멸

1. 대지사용권의 성립

대지사용권은 그 성립에 있어 집합건물의 존재와 집합건물의 소유자가 대지에 대하여 가지는 권리 외에 다른 특별한 요건을 필요로 하지 않는다.[74] 건축행

74) 대법원 2009. 6. 23. 선고 2009다26145 판결, 대법원 2012. 1. 27. 선고 2011다73090 판결, 대법원 2013. 1. 17. 선고 2010다71578 전원합의체 판결 등.

정 실무상 건축주가 집합건물을 건축하기 위하여 건축허가를 받기 위해서는 집합건물의 대지에 관하여 소유권을 취득하거나 토지소유주로부터 토지사용승낙을 받아야 하므로 집합건물의 건축주는 대지에 대하여 소유권이나 대지를 사용할 사용대차나 토지임대차, 신탁계약상의 토지이용권 등 용익권을 보유하게 된다. 이와 같이 집합건물의 소유주인 건축주가 대지에 대하여 가지는 권리를 가지고 있으면 족하고 대지사용권 설정을 위한 별도의 계약 등을 필요로 하지 않는다. 결국 건축주는 건축허가신청 단계에서 이미 그 집합건물의 소유를 위하여 대지를 사용할 권리를 보유하고 있으므로 구분소유권이 성립하면 대지사용권도 성립[75]한다. 대지사용권의 성립시기는 집합건물의 성립시기이고, 구분소유관계가 성립하는 시기이다. 또한 대지사용권이 성립하면 전유부분과 분리하여 대지사용권만을 처분할 수 없게 되므로 전유부분과 대지사용권의 분리처분 금지효가 발생하는 시점은 대지사용권이 성립하는 시기이다.[76] 또한 대지사용권을 전유부분과 분리하여 처분할 수 있다는 규약이나 공정증서가 존재하지 않는 한 대지사용권은 부동산등기법상의 대지권이 되므로 대지권의 성립시기는 대지사용권의 성립시기와 일치한다. 한편 대지사용권의 성립에 "다른 특별한 요건"을 필요로 하지 않는다는 것은 대지사용권의 설정을 위한 별도의 설정행위를 필요로 하지 않는다는 것이다. 대지사용권의 성립요건으로 대지사용권의 설정계약과 같은 별도의 설정행위를 요건으로 하게 되면 집합건물이 성립한 이후에도 대지사용권의 설정행위가 없거나 설정행위의 효력에 관한 다툼으로 대지사용권이 없는 구분소유권이 발생할 수 있기 때문이다. 집합건물법 제20조는 집합건물의 전유부분과 대지사용권이 분리되는 것을 최대한 억제하여 대지사용권이 없는 구분소유권이 발생하는 것을 미연에 방지함으로써 집합건물에 관한 법률관계의

75) 엄밀히 말하면, 대지사용권이라는 권리가 새로이 발생한다는 의미가 아니라 집합건물의 건축주가 그 대지에 관하여 가지고 있던 소유권, 임차권, 사용대차 등의 권리가 집합건물법 제2조 제6호의 전유부분의 소유를 위하여 대지에 관하여 가지는 대지사용권의 성격을 가지게 된다는 의미이다.

76) 대법원 2010. 5. 27. 선고 2010다6017 판결.

안정과 합리적 규율을 도모하려는데 있다.[77] 대지사용권의 설정행위를 성립요건으로 하는 경우 집합건물법 제20조의 입법취지에 반하게 된다.

집합건물법 제20조 제1항은 집합건물의 전유부분과 대지사용권 사이에 종속적 일체불가분성의 관계를 규정하고 있고, 판례와 통설은 이러한 종속적 일체불가분성의 원리에 따라 대지사용권을 주물인 전유부분의 종된 권리로 파악하고 있다. 이러한 주물-종물의 관계는 대지사용권의 성립 시에도 적용되어 주물인 집합건물의 전유부분의 성립 시에 주물인 전유부분의 취득자인 건축주는 그 종된 권리인 대지사용권도 취득한다. 집합건물법 제20조 제1항의 종속적 일체분가분성의 법리는 제2항의 분리처분 금지적 일체불가분성의 법리와 달리 집합건물의 성립 이후만이 아니라 성립 시에도 그 법리가 관철되고 있는 것이다. 집합건물의 소유자인 건축주는 대지사용권을 대지사용권 설정행위에 의하여 취득하는 것이 아니라 주물인 전유부분을 취득할 때 주물-종물의 법리에 의하여 전유부분의 소유를 위한 대지사용권을 취득하는 것이다. 이렇게 집합건물의 성립 시에 종된 권리인 대지사용권을 취득한 건축주인 분양자는 분양계약에 따라 주물인 전유부분을 이전할 때 종된 권리인 대지사용권도 이에 수반하여 함께 이전하게 된다.[78] 소송실무에서는 분양자로부터 전유부분을 분양받아 소유권이전등기를 하였으나 대지권에 관하여는 이전등기를 받지 못한 수분양자가 대지권의 이전을 받는 근거를 분양계약으로 이해하는 경우가 종종 있는데, 대지권은 전유부분을 취득할 때 그 종된 권리로서 이미 함께 취득하는 것이고 분양계약에 근거하여 전유부분과 별도로 그 대지권 이전청구를 하여 취득하는 것이 아니다.

2. 대지사용권의 사후취득

집합건물의 보존등기 당시에는 1동 건물의 표제부와 전유부분의 표제부에 대

77) 대법원 2006. 3. 10. 선고 2004다742 판결.
78) 대법원 2001. 2. 10. 선고 2010다11668 판결.

지권의 등기가 표시되지 않은 경우에도 사후적으로 "전유부분과 대지사용권의 종속적 일체불가분성의 법리"에 따라 "주물-종물 이론"에 의하여 매매나 경매를 통하여 대지권을 취득하는 경우가 있기 때문에 사후적으로 대지권을 취득한 구분소유자가 대지권 등기를 경료할 수 있는 방법이 필요했다. 부동산등기법은 처음에는 집합건물의 보존등기 시 표제부를 작성할 때 대지권을 표제부에 표시하는 절차만을 상정하고 있었을 뿐 사후적으로 대지권을 취득한 경우에 그 대지권을 등기할 방법을 마련해 두지 않고 있었다. 다만 전유부분의 최종 구분소유자가 그 앞의 전 구분소유자와 전전구분소유자들을 순차적을 대위하여 집합건물을 신축한 자를 상대로 대지지분의 이전등기를 청구할 수 있는 방법이 있을 수 있으나 무용하게 그 앞의 전전 구분소유자들을 피고로 소를 제기해야 하고 실무상으로 전전 구분소유자들의 주소를 일일이 다 확인하여 소를 제기하기도 어려워 전유부분의 최종 구분소유자가 직접 집합건물의 건축주를 상대로 대지지분의 이전을 구할 수 있는 방법이 필요하였다. 이러한 거래계의 실무적 요구가 입법적으로 해결되지 않는 상태에서 대법원은 부동산등기법 시행규칙 제60조의 2를 신설하여 사후적으로 대지권을 취득한 전유부분의 최종 구분소유자가 집합건물을 신축한 자를 상대로 최초의 대지권등기의 변경등기절차를 신청하는 방식으로 사후적으로 취득한 대지권을 등기할 방법을 마련하게 되었다. 그러나 이렇게 표제부의 대지권변경등기를 일방적으로 신청하는 방식은 물권의 권리변동에 관한 공동신청주의에 벗어난다는 비판에 따라 부동산등기법은 전유부분의 최종 구분소유자가 전유부분의 취득을 등기원인으로 하여 현재의 구분소유자가 집합건물을 신축한 자와 공동으로 대지권에 관한 등기이전을 신청하는 방법으로 사후적으로 취득한 대지권을 등기할 수 있는 방법을 도입하였다(부동산등기법 제60조 제1항, 제2항). 이렇게 현재는 사후적으로 대지사용권을 취득한 전유부분의 최종 구분소유자가 직접 건축주만을 피고로 하여 대지지분의 이전등기를 청구하는 식으로 소송이 진행되고 있다. 그런데 분양계약에서 대지사용권에 관하여 사용료를 지급하기로 약정하거나 대지지분의 소유권이전에 관하여 별도의 매매대금을 지급하기로 약정한 경우, 건축주가 원고인 현재의 구분소유자에게 이러한 분양계약상의 사용료나 대금지급과 동시이행의 항변으로 대항할 수 있는지의 문제가 있다. 전유부분의 최종 구분소유자가 건축주를 상대로 대지권의 변경등기 절차를 구하는 청구의 실질이 전전 구분소유자들을 순차적으로 대위하여 건축주에게 대지지분 이전등기를 구하는 것과 동일한 것으로 볼 수도 있다. 이렇게 전전 구분소유자들을 전전 대위하여 건축주에게 대지지분 이전등기를 구하는 것이 실질이라면 건축주는 원고인 최종 구분소유자가 대위하고 있는 최초의 수분양자에 대항할 수 있는 대지지분 매매대금의 지급이나 대지사용료의 지급과의 동시이행 항변으로 원고인 최종 구분소유자의 대지지분 이전등기 청구에 대항할 여지가 있다. 하지만 동시이행항변권은 채권적 항변에 불과하여 분양계약의 당사자가 아닌 제3장에게까지 배타적 효력이 있는 것이 아니므로 분양계약의 당사자가 아닌 최종 전유부분의 구분소유자에게 대지지분에 관한 매매대금이나 사용료의 지급과 동시이행과 같은 채권적 항변으로 대항할 수는 없다.

3. 감정평가와 대지사용권의 취득

대지권 등기가 경료되어 있지 않은 구분건물 경매에서는 감정평가서에 대지권을 경매목적물로 기재하지 않은 상태에서 경매가 진행되는 경우가 많다. 이때 전유부분을 경락받은 구분소유자가 종된 권리인 대지권을 취득하였음을 등기원인으로 하여 집합건물을 신축한 자를 상대로 부동산등기법 제60조에 기하여 대지지분 이전등기를 청구하게 되면, 그 상대방은 전유부분을 경매할 때 대지권은 경매목적물로 하지 않았으므로 원고인 구분소유자가 대지권을 취득하지 못하였다고 대항하게 된다. 하지만 주물-종물의 법리에 따른 종물의 취득은 법률의 규정에 의한 소유권 취득이므로, 주물의 경매에서 경매법원이 종물을 그 경매목적물로 하였는지 여부에 따라 달라지는 것은 아니다. 따라서 대지권을 경매목적물로 평가하지 않았다 하더라도 전유부분을 경락받은 경락인은 종된 권리인 대지권을 함께 취득한다. 집합건물의 전유부분과 대지지분을 7:3 정도의 비율로 안분하여 그 가치를 평가하던 과거 감정평가 실무에서는 전체 구분건물 가치의 30% 정도에 불과한 대지권을 종된 권리로 취급함에 커다란 저항감이 없었다. 그러나 2000년 후반기의 부동산가격 폭등기를 거친 후 대도시 집합건물의 경우 그 대지권의 가치가 전유부분의 가치를 훨씬 상회하는 현실에서 주물보다 그 가치가 훨씬 큰 대지권을 종된 권리로 취급하는 것에 대해 소송실무상 상당한 거부감이 발생하고 있다. 집합건물법 제20조가 종된 권리인 대지권의 가치가 주물인 전유부분보다 가치가 훨씬 큰 경우에도 전유부분을 유상으로 취득할 때 별도의 대가의 지불 없이 대지권을 무상으로 취득하게 하는 것을 허용하여 집합건물을 신축한 자나 전 구분소유자의 재산권을 침해하여 위헌이라는 시비가 자주 발생한다. 소송실무에서도 대지권이 감정평가 되지 않은 상태에서 전유부분만을 경매목적물로 한 경우 경락인이 대지권을 취득하는 것은 부당이득이 되지 않느냐는 의문이 제기된다.

하지만 집합건물법 제20조의 전유부분과 대지사용권의 일체성의 법리는 구분소유자의 대지지분에 관한 재산권행사 자체를 제한하는 것이 아니라 전유부분과의 분리처분을 금지하고 있는 것뿐이어서 전유부분의 경락인이 대지사용권을 무상으로 취득한 것과는 직접 관련이 없다.[79] 대지사용권이 무상의 경락되는 것을 막는 것은 전유부분의 경매절차에서 실현되어야 할 문제이다. 경매절차에서 전유부분의 종된 권리인 대지사용권에 관하여 감정평가를 누락한 채 전유부분에 대한 경매가 진행되어 최저매각가격을 결정하였다면 이는 매각허가에 대한 이의신청사유(민사집행법 제121조 제5호) 및 직권으로 매각을 불허가할 사유(같은 법 제123조 제2항)가 된다. 채무자나 이해관계인은 경매법원에 이의를 제기하여 법원에 매각 불허가를 구하거나 경매법원이 직권으로 매각을 불허가할 수 있다. 경매법원이 이러한 하자를 간과한 채 매각허가결정을 하였다면 매각허가결정에

79) 헌법재판소 2011. 12. 29. 선고 2010헌바449 결정.

대한 즉시항고사유(같은 법 제130조)가 되므로 채무자나 이해관계인이 즉시항고를 하여 다투면 되는 문제이다. 그러나 이렇게 주물인 전유부분에 종된 대지권에 관하여 감정평가를 누락한 채 경매가 진행되어 매각허가결정이 확정된 이후에는 더 이상 이를 다툴 수 없고 그 결과 전유부분의 경락인이 종된 권리인 대지사용권을 무상으로 취득하였다고 하여 그 경매가 불복절차나 재심에 의하여 취소되지 않는 한 이를 법률상 원인 없이 취득하여 부당이득이라고 할 수는 없다.[80) 집합건물법 제20조에 따른 전유부분과 대지사용권 사이의 종속적 일체불가분성의 법리에 구분소유자의 재산권을 침해하는 위헌적 요소가 있기보다는 전유부분의 경매법원에서 대지사용권을 전유부분의 종된 권리로 취급하는 '종속적 일체불가분성의 법리"를 경매절차에서 반영하지 못하는 것이 문제인 것이다. 채무자나 이해관계인이 대지사용권에 대한 감정평가를 통하여 대지사용권의 가치를 경매목적물에 반영하도록 경매절차에 의견을 제대로 개진하지 못한 결과 발생하는 경매절차의 하자가 문제인 것이다. 경매절차의 개선을 통하여 해결해야 할 문제이지, 대지권의 가치가 부동산가격의 폭등으로 전유부분의 가치를 훨씬 상회한다고 하여 전유부분 경락인이 종된 권리인 대지사용권 취득하는 법리를 부인하거나 이를 부당이득으로 볼 수는 없다.

4. 대지사용권의 소멸

대지사용권이 성립한 이후에는 전유부분과 대지사용권의 일체불가분성에 의하여 전유부분과 분리하여 대지사용권만을 처분할 수 없으므로(집합건물법 제20조) 전유부분이 화재, 멸실 등으로 소멸하지 않는 한 대지사용권만 독립하여 소멸하지 않는다. 하지만 대법원 2011. 9. 8. 선고 2010다15158 판결은 이미 성립한 대지사용권이 전유부분의 구분소유권과 독립하여 대지사용권만 소멸될 수 있다는 선례를 남긴 판결이어서 주목을 받고 있다. 위 판례 사안은 대형 집합건물 건축

---

80) 대법원 2001. 9. 4. 선고 2001다22604 판결.

에서 많이 사용되고 있는 부동산 개발신탁과 관련한 사안이다. 부동산 개발신탁은 소규모 집합건물 건축주(developer)가 토지를 매집한 후 자금난 등으로 집합건물 건축사업을 더 이상 진행하지 못할 때 개발신탁회사가 그 토지를 신탁 받은 후 금융기관으로부터 개발비용 투자받아 집합건물을 건축·분양하는 신탁이다. 분양대금 중에서 신탁회사가 투여한 자금과 수수료를 공제한 후 우선수익자인 금융기관에 수익금을 귀속한 후 남은 수익금을 위탁자인 건축주에게 귀속시킨다. 건축주는 신탁계약에 포함된 토지사용승낙에 기초하여 건축허가를 받고 집합건물이 완공되면 이러한 신탁계약에 따라 집합건물의 소유를 위한 대지사용권을 취득하게 된다. 그런데 분양실적이 저조하여 우선수익자인 금융기관의 대출금을 변제하지 못하는 경우 신탁회사는 신탁계약에 따라 그 대지를 처분하여 우선수익자에게 그 처분대금을 수익금으로 지급하게 된다. 위 대법원 2010다15158 판결은 이러한 일련의 과정을 법리적으로 설명하기 위하여 채권적 대지사용권이라는 개념을 도입하였다. 위 대지사용권은 대지에 대한 소유권과 같은 물권에 한정되는 것은 아니고 등기가 되지 않은 채권적 토지사용권도 대지사용권이 될 수 있는데, 이러한 토지사용승낙의 내용을 포함한 신탁계약의 내용이 신탁등기의 일부로 인정되는 신탁원부에 기재된 경우 이를 제3자에게 대항할 수 있으나 대지사용권은 권리로서 유효하게 존속하고 있어야 하므로 사후에 효력을 상실하여 소멸한 토지사용권은 더 이상 전유부분을 위한 대지사용권이 될 수 없다고 판시하고 있다.

하지만 위 대법원 판례의 법리에 대해서는 전유부분과 대지사용권의 분리처분 금지에 관한 집합건물법 제20조의 법리와 관련하여 의문이 제기된다. 신탁계약이나 사용대차와 같은 채권적 용익권에 기초한 대지사용권이라 하더라도 일단 구분소유자가 전유부분의 소유를 위하여 대지에 관하여 가지는 권리인 대지사용권이 성립한 이후에는 집합건물법 제20조에 의하여 전유부분과 대지사용권을 분리하여 처분할 수 있다는 규약이나 공정증서가 존재하지 않는 한 전유부분과 대지사용권의 분리처분이 금지되고 이러한 강행법규에 위반되는 처분행위는 그 처분행위가 비록 법원의 강제경매절차에 의한 것이라 하더라도 무효이다.[81] 따라서 신탁등기의 일부로 인정되는 신탁원부에 기재된 신탁계약의 내용이더라도 이미 성립한 대지사용권을 전유부분과 분리하여 소멸하게 하는 내용은 강행법규인 집합건물법 제20조에 위반되어 무효라 해야 한다. 그런데 위 대법원 판결은 집합건물이 성립하고 그에 따라 전유부분의 소유를 위하여 대지에 관하여 가지는 대지사용권이 성립하고 전유부분과 대지사용권의 분리처분 금지효의 효력이 발생하였음에도 불구하고, 전유부분과 분리되어 대지사용권만 소멸될 수 있다는 법리를 전제로 종전 전유부분의 구분소유자는 대지사용권을 상실하였고 전유부분의 경락자는 대지사용권이 상실된 전유부분만을 취득하였다고 판시하였다. 위 판례는 전제하고 있는 대지사용권이 전유부분과 분리되어 독립하여 소멸할 수 있다는 법리가 집합건물법 제20조에 위반되는 것이 아닌지에 대해서는 '구분소유자의 의사'에 기하지 않고 대지사용권 발생의 원인이 된 계약에 따라 대지사용권이 소멸한 경우에는 집합건물법 제20조에서 금지하는 대지사용권의 분리처분에 해당하지 않는다고 하고 있다. 하지만 집합건물법 제20조에서의 분리'처분'을 금지한다고 할 때의 '처분'이란 구분소유자의 의사에 기한 법률행위만을 의미하는 것이 아니고, 경매나 공매처분 등과 같이 '구분소유자의 의사'와 관계없이 시행되는 처분도 포함하는 것이다. 즉, 강행법규인 집합건물법 제20조에서 금지하고자 하는 전유부분과 대지사용권의 분리를 가져오는 일체의 행위를 의미하는 것이다. 위 판례는 집합건물법 제20조에서 금지하고 있는 전유부분과 대지사용권의 분리처분을 가져오는 경우 법원에 의한 강제경매절차에 의한 것이라 하더라도 무효라는 종전의 2009다 26245 판결 등의 취지에도 벗어나는 것이다.

또한 위 대법원 판례는 부동산등기법에 대지사용권에 대응하는 대지권 제도를 둔 취지와도 배치된다. 부동산등기법상 대지권 규정을 두게 된 것은 전유부

81) 대법원 2009. 6. 23. 선고 2009다26145 판결.

분과 대지사용권의 일체성이 적용되면, 대지사용권의 권리관계에 관한 변동을 토지등기부에 등기하지 않고 건물등기부에 등기하여 그 이후에는 양자가 법률적 운명을 같이 하도록 하면서 공시관계를 통일하기 위한 것이다. 위 대법원 판례의 법리처럼 전유부분과 분리하여 처분할 수 없도록 전유부분과 일체성을 가진 대지사용권이 성립하여 부동산등기법에 의해 대지권으로 등기된 이후에도 그 대지권의 원인이 된 신탁계약에 의하여 대지사용권이 소멸될 수 있고 이 경우 등기된 대지권도 원인무효의 등기가 되어 말소될 수 있다는 것을 전제로 한다. 그러나 부동산등기법에서는 대지권이 성립하여 건물등기부에 대지권이 등기된 후 토지등기부가 폐쇄된 이후에 대지권이 소멸되었음을 전제로 다시 토지등기부를 부활하는 제도를 두지 않고 있다. 대지사용권을 전유부분과 분리하여 처분할 수 있다는 규약이나 공정증서가 존재하지 않아 대지사용권이 대지권으로 성립한 후 대지권등기가 집합건물등기부에 등기된 이후에는 대지권만을 분리하여 소멸하게 하는 것을 우리 법제는 상정하지 않고 있는 것이다. 따라서 위 판례 사안에서 이미 전유부분의 소유를 위하여 대지에 관하여 가지는 권리인 대지사용권이 성립한 후에도 규약이나 공정증서가 아닌 한 전유부분과 분리하여 대지사용권만이 소멸할 수 있다고 규정하는 취지의 신탁계약은 비록 그 내용이 신탁등기의 일부인 신탁원부에 기재된 경우라 하더라도 강행법규인 집합건물법 제20조에 위반되어 무효라 할 것이고, 이러한 무효인 신탁계약에 기하여 이루어진 신탁회사의 대지의 처분행위도 무효라 할 것이다.

Ⅲ. 전유부분과 대지사용권의 일체성

1. 집합건물법 제1, 2항의 관계

"전유부분과 대지사용권의 일체성"을 표제로 하고 있는 집합건물법 제20조는 제1항에서 "구분소유자의 대지사용권은 그가 가지는 전유부분의 처분에 따른다.”라고 규정하고, 제2항은”구분소유자는 그가 가지는 전유부분과 분리하여 대지사용권을 처분할 수 없다.“고 하여 2가지 차원에서 전유부분과 대지사용권의 일체성의 내용을 규정하고 있다. 집합건물법 제20조 제2항의 전유부분과 대지를 분리처분할 수 없다는 규정은 프랑스, 독일, 일본 등의 입법례에서 보편적으로 보여지는 입법태도이다. 그러나 집합건물법 제20조 제1항에서 대지사용권을 전유부분의 종된 권리로 보는 입법은 다른 입법례에서는 찾아보기 힘든 우리의 독특한 입법방식이라고 알려져 있다. 프랑스의 “1965년 건물 공동소유법” 제6조는 집합건물의 공용부분에 관한 공유관계는 통상의 공유관계와 달리 분할청구를 할 수 없고, 전유부분과 분리하여 공유지분만을 처분할 수 없다고 하여 우리 집합건물법 제20조 제2항의 분리처분금지적 일체불가분성과 같은 내용을 규정하고 있다. 또한 제3조 제1항은 전유부분을 구분소유자가 전속적 사용에 제공되는 건물 및 토지부분이라 하고, 공용부분을 구분소유자 전원 및 일부의 사용에 제공되는 건물 및 토지부분이라고 하여 대지를 전유부분과 공용부분의 개념 안에 포함시키고 있다. 전유부분과 대지사용권을 각각 독립적으로 정의한 후 대지사용권이 전유부분과 종속적 관계에 있다고 보는 우리와 달리, 프랑스는 이미 전유부분의 개념에 대지를 포함시키고 있다. 독일의 “주거소유권법” 제6조는 우리의 전유부분에 관한 구분소유권에 해당하는 특별소유권(Sondereigentum)이라 하고, 대지 및 공용부분에 관한 공유지분권을 부분소유권(Teileigentum)이라 하고 있다. 그리고 전유부분과 대지와 공용부분에 관한 공유지분을 분리하여 양도하거나 부담관계를 설정할 수 없다고 규정하여 우리의 집합건물법 제20조 제2항과 같은 규정을 두고 있다. 일본의 “1962년 구분소유법”에는 분리처분금지 규정이 없었으나 1983년 구분소유법 개정에서 제22조에 우리의 집합건물법 제20조 제2항과 같은 전유부분과 대지사용권의 일체불가분성을 규정하였다. 1984년 우리 집합건물법 제정시 위 규정이 계수된 것이다. 그런데 일본에서 1983년 구분소유법 개정시 집합건물법 제20조 제1항과 같은 종속적 일체불가분성에 관한 규정을 도입하자는 견해가 있었으나 토지와 건물은 각자 독립한 부동산으로 양자간에 주종관계를 인정하기 어렵다는 반론과 등기실무의 어려움을 이유로 종속적 일체불가분성에 관한 규정은 도입되지 않았다고 한다.[82)]

이와 같은 다른 입법례와 차이 등을 근거로 과거에 집합건물법 제2항이 원칙적으로 분리처분 금지적 일체불가분성을 선언한 것이고 제1항은 무용한 규정일 뿐이라고 하면서 대지사용권을 전유부분의 종된 권리로 보는 관점을 부인하는 견해가 제기된 바 있었다.[83)] 위 견해는 일반적으로 토지와 건물은 함께 거래되고 있어 토지를 건물의 종된 권리라고 하지 않고 있다. 오히려 토지가 건물보다 우위에 있는데 대지사용권을 건물의 종된 권리라고 볼 수 없다고 한다. 그리고 제2항은 규약에 의하여 달리 정하면 분리처분이 가능할 수 있도록 예외를 인정하고 있는데 반하여 집합건물법 제1항은 예외도 인정하지 않고 있어서 입법적으로 문제가 있으니 제1항을 삭제해야 한다는 주장을 제기하였다. 그러나 학계에서는 위와 같은 "분리처분금지적 일체불가분성설"에 동조하는 견해는 거의 찾아보기 어렵고, 집합건물법 제20조 제1항은 입법자가 대지사용권을 전유부분에 종속시킴으로써 구분소유권을 두텁게 보호하려는 취지라는 점에서 전유부분과 대지사용권의 종속적 일체불가분성을 대부분 인정하고 있다.[84)] 판례는 종속적 일체불가분성과 분리처분금지적 일체불가분성의 두 측면을 모두 강조하고 있다. 먼저, 종속적 일체불가분성의 측면에 대해서는 구분건물의 대지사용권은 전유부분과 종속적 일체불가분성이 인정되어 전유부분에 대한 경매개시결정과 압류의 효력이 당연히 종물 내지 종된 권리인 대지사용권에도 미친다고 하여 "종속적 일체불가분성의 법리"에 의하여 대지사용권을 전유부분의 종물로 보고 있다. 다

---

82) 박홍래, "전유부분과 대지사용권의 일체성", 민사법학(제22호) 한국사법행정학회, 2002, 406 내지 408면.

83) 김황식, "집합건물의 소유 및 관리에 관한 법률", 민사판례소개(제12집), 박영사, 1991, 368면 (박홍래, 앞의 책, 406 내지 408면).

84) 김용길, "집합건물의 대지사용권에 관한 고찰", 집합건물법학(제8집), 한국집합건물법학회, 2011. 12, 203면.

른 한편, 전유부분에 대하여만 소유권이전등기를 받은 후 매수인의 지위에서 대지에 대하여 가지는 점유·사용권에 터잡아 대지를 점유하고 있는 수분양자는 대지지분에 대한 소유권이전등기를 받기 전에 대지에 대하여 가지는 점유·사용권인 대지사용권을 전유부분과 분리처분하지 못한다고 하여 분리처분금지적 일체불가분성도 강조하고 있다.[85)]

전유부분과 대지사용권의 일체성의 법리는 연혁적으로 집합건물 관리단이나 관리인의 명의로 집합건물의 대지를 소유하는 관리소유권 제도를 대체하면서 채택된 제도로서, 집합건물과 그 대지가 분리되는 경우 발생할 수 있는 혼란을 방지하고 집합건물과 그 대지의 분리를 최대한 억제하여 집합건물을 장기적으로 보존하고 유지하려는 것을 입법목적으로 하는 것이다. 이러한 입법목적은 집합건물법 제20조 제2항의 전유부분과 대지사용권의 "분리처분 금지적 일체성"의 법리에서 원칙적으로 구현되고 있다. 하지만 집합건물법 제20조 제2항의 원칙규정에도 불구하고 집합건물이 거래되는 현실에서는 전유부분과 대지사용권이 분리되는 현상이 빈번하게 발생하고 있다. 때문에 사후적으로 전유부분을 취득한 구분소유자가 종된 권리인 대지권을 취득하여 그 대지권에 관한 대지지분 이전등기를 구할 수 있도록 한다. 집합건물 제20조 제2항의 원칙에도 불구하고 현상적으로 분리된 전유부분과 대지사용권을 일체화시키는 역할을 집합건물법 제1조의 "종속적 일체불가분성"의 법리가 수행한다. 집합건물법 제20조 제2항이 원칙적 규정이고 제1항은 무용한 규정이라는 견해는 일본의 구분소유법이 우리 집합건물법 제20조 제2항만을 규정하고 있을 뿐, 제1항을 규정하지 않은 것을 염두에 두고 있는 듯하다. 하지만 우리 집합건물법이 특별히 제1항을 별도로 규정한 것을 두고 이를 무용한 규정이라거나 주의적 규정이라고 볼 수 없고, "종속적 일체불가분성"의 법리를 규정한 집합건물법 제20조 제1항과, 원칙적인 "분리처분 금지 일체성"의 법리를 규정한 제2항이 각각 독자적인 의미를 가지고 "전유

85) 대법원 1997. 6. 10.자 97마814 결정, 대법원 2001. 9. 4. 선고 2001다22604 판결.

부분과 대지사용권의 일체성" 법리를 종합적으로 구성하는 것으로 보아야 한다.

2. 종속적 일체불가분성

지상물을 토지에 속하는 것으로 보아 건물과 토지를 하나의 부동산으로 취급하는 독일과 달리 토지와 건물을 별개의 부동산으로 취급하는 우리 부동산물권법제에서는 건물과 토지의 소유자가 달라질 개연성은 항상 존재한다. 그러나 토지와 건물의 소유자가 달라지는 상황을 의미 있는 것 또는 정상적인 것으로 볼 것인가, 아니면 이를 바람직하지 않은 것으로 보고 가능한 한 이를 해소하려고 하는 것이 바람직하다고 볼 것인가의 가치판단의 문제가 있다. 전자와 같은 상황을 당연시 하고 건물과 토지가 공존하도록 하는 제도가 법정지상권 제도이고, 후자와 같은 취지에서 건물과 토지의 소유자가 다른 상황을 해소하기 위한 것이 일괄경매 제도이다.[86] 사회적으로 큰 가치를 갖는 건물의 보존·유지를 담보하고 건물의 소유를 둘러싼 법적안정성을 추구해야 한다는 점에서 후자의 가치를 중심에 놓고 건물과 토지의 법률관계를 규율하는 것이 바람직하다. 집합건물과 그 대지와의 관계에서는 일반건물과 비교하여 훨씬 더 많은 숫자의 구분소유권자가 존재하고 대형건물로서 일반건물보다 사회적 효용과 가치가 훨씬 크다는 점에서 토지와 건물을 일체화시킬 필요성은 더 크다고 할 수 있다. 이렇게 구분소유권과 대지사용권을 일체화시키는 법리의 기본 축을 이루는 것이 대지사용권을 전유부분의 종된 권리로 보아 전유부분과 대지사용권의 일체불가분성을 확보하는 것이다.

이러한 "전유부분과 대지사용권 사이의 종속적 일체불가분성"의 법리에 의하면 대지사용권은 주물인 전유부분의 종물 내지 종된 권리가 되어 민법 제100조 제2항의 "종물은 주물의 처분에 따른다."는 주물-종물의 법리가 적용된다. 민법

86) 김제완, "공동저당의 목적인 건물의 재건축과 법정지상권 - 대상판결 : 2003. 12. 18. 선고 98다43601 건물철거 등(全合)", 고려법학(제46호), 고려대학교 법학소개원 2005, 205면.

제100조 제2항의 주물-종물의 법리는 임의규정이어서 당사자간의 약정에 의하여 배제할 수 있으나 집합건물법 제20조 제1항은 강행법규이어서 분양계약 등 당사자의 약정에 의하여 전유부분의 취득 시 대지사용권의 취득을 배제할 수 없다. 예를 들어 집합건물의 성립 시 대지사용권을 취득한 분양자가 대지사용권을 전유부분과 분리하여 수분양자에게 이전하지 않고 분양계약에 수분양자들이 분양자에게 40년간 임대료를 지급하기로 하는 약정은 집합건물법 제20조의 강행법규에 위반되어 무효이다. 이러한 주물-종물의 법리에 따라 주물인 전유부분을 매매로 취득할 때 전유부분에 관하여만 소유권이전등기를 경료하였다 하더라도 매수인은 종된 권리인 대지사용권도 함께 취득한다.[87] 대지권 등기가 되지 않은 경우에도 주물인 전유부분의 처분에는 그에 대응하는 대지사용권도 수반되어 함께 이전하고, 그 결과 대지권 이전등기 없이 전유부분의 매수인은 대지사용권을 취득한다. 즉 전유부분에 관한 물권변동이 일어날 때 대지사용권이 채권이면 대항요건을 갖출 필요 없이 전유부분의 양수인에게 이전되고 대지사용권이 물권이면 등기를 요하지 않고 법률의 규정에 의하여 물권변동이 일어나게 된다.

또한 주물인 전유부분에 관한 저당권 설정의 효력은 종된 권리인 대지사용권에도 미친다(민법 제358조). 주물-종물의 이론에서 "처분"이란 원칙적으로 매매, 증여, 저당권 설정 등과 같은 당사자의 의사표시에 의한 법률행위를 말하며 법률행위에 의하지 않은 상속, 수용, 시효취득은 여기에 해당하지 않으나,[88] 주물의 권리관계가 압류와 같은 공법상의 처분 등에 의한 경우도 주물-종물 이론의 법률적 효과가 발생한다.[89] 경매의 경우에도 민법상의 담보책임에 관한 규정이 적용되고 있는 것에서 알 수 있듯이 경매나 공매의 경우에도 그 실질을 채무자를 대신하여 법원이나 국가기관이 매매를 하는 것에 불과하기 때문이다. 따라서

---

87) 대법원 2011. 2. 10. 선고 2010다11668 판결.

88) 박재우, "구 주택건설촉진법상의 금지사항 부기등기와 대지사용권의 일체성의 문제", 부동산소송 실무자료집(제4집), 2010, 123, 125면.

89) 대법원 2006. 10. 26. 선고 2006다29020 판결.

구분건물의 전유부분에 대한 저당권 또는 경매개시결정과 압류의 효력은 종물 또는 종된 권리인 대지권에까지 미치고[90] 그에 기초하여 진행된 경매절차에서 전유부분을 경락받은 자는 경매목적물인 전유부분을 낙찰 받음에 따라 종물 내지 종된 권리인 대지권도 함께 취득한다.[91] 구분건물에 대지사용권으로서 건물과 분리하여 처분할 수 없는 것, 즉 대지권이 있는 경우에는 등기관은 1동 건물의 등기기록의 표제부에 대지권의 목적인 토지의 표시에 관한 사항을 기록하고 전유부분의 등기기록의 표제부에는 대지권의 표시에 관한 사항을 기록하여야 한다. 등기관이 대지권 등기를 하였을 때에는 직권으로 대지권의 목적인 토지의 등기기록에 소유권, 지상권 전세권 또는 임차권이 대지권이라는 뜻을 기재하여야 한다(부동산등기법 제40조 제3항, 제4항). 건물과 그 대지에 관한 공시방법에 있어 우리 법제는 건물과 토지를 별개의 부동산으로 취급하고 일물일권주의에 따라 부동산등기부를 건물과 토지별로 별개로 편재하여야 하나, 그 예외로 집합건물은 "전유부분과 대지사용권의 종속적 일체불가분성"의 원리에 따라 전유부분의 건물등기부에 대지사용권을 지분으로 표시하도록 하여 건물과 대지를 구분하지 않고 하나의 등기부를 통하여 공시하는 것이다.

3. 분리처분금지적 일체불가분성

구분소유자는 규약 또는 공정증서로써 달리 정하지 않는 한 그가 가지는 전유부분과 분리하여 대지사용권을 처분할 수 없으며(집합건물법 제20조 제2,4항), 위 분리처분의 금지는 그 취지를 등기하지 아니하면 선의로 물권을 취득한 제3자에 대하여 대항하지 못한다(제20조 제3항). 이러한 전유부분과 대지사용권 사이의 "분리처분 금지적 일체성"의 규정의 취지는 집합건물의 전유부분과 대지사용권이 분리되는 것을 최대한 억제하여 대지사용권 없는 구분소유권의 발생을 방지함

90) 대법원 2008. 3. 13. 선고 2005다15048 판결.

91) 대법원 2001. 9. 4. 선고 2001다22604 판결, 대법원 2008. 9. 11. 선고 2007다45777 판결.

으로써 집합건물에 관한 법률관계의 안정과 합리적 규율을 도모하는데 있다.[92] 따라서 규약이나 공정증서로써 다르게 정하였다는 특별한 사정이 없는 한 대지사용권을 전유부분과 분리하여 처분할 수 없으며, 이러한 집합건물법 제20조의 강행법규를 위반한 대지사용권의 처분은 법원의 강제경매절차에 의한 것이라 하더라도 무효이다.[93] 집합건물법 제20조에 위반되어 경매나 공매로 집합건물의 대지부분을 경락받은 자의 대지에 관한 소유권이전등기는 강행법규에 위반되어 무효인 등기이고, 이에 터잡아 이루어진 근저당권 등기도 무효이어서 현재의 전유부분의 구분소유자는 집합건물을 신축한 자를 상대로 부동산등기법 제60조에 기한 대지지분 이전등기청구를 하면서 채무자인 건축주를 대위하여 무효인 경락인의 집합건물 대지에 관한 소유권이전등기와 그에 터잡은 근저당권 등기 등의 말소등기를 청구하게 된다.

이때 상대방인 집합건물 대지를 매매나 경매를 통하여 취득한 대지의 소유권이전등기 명의자나 그러한 소유권이전등기에 터잡아 이루어진 근저당권자 등은 집합건물법 제20조 제3항의 선의의 제3자에 해당한다는 주장을 하게 된다. 대지사용권은 그 성립을 위하여 집합건물의 존재와 구분소유자가 전유부분의 소유를 위하여 대지를 사용할 수 있는 권리를 보유하는 것 외에 다른 특별한 요건이 필요하지 않으므로, 집합건물법 제20조 제3항에서 분리처분금지로 대항할 수 없는 '선의의 제3자'는 분리처분이 금지되었다는 사정을 알지 못하였다거나 분리처분이 가능한 규약이나 공정증서의 존재를 알지 못하였다는 제3자가 아니라 원칙적으로 집합건물의 대지로 되어 있는 사정을 모른 채 대지사용권의 목적이 되는 토지를 취득한 제3자를 의미한다.[94] 집합건물의 건축허가신청이나 분양계약 후 구조상·이용상 독립성을 갖추어 구분소유권이 성립한 이후에 집합건물의 대지를 매수하거나 대지에 경료된 압류에 기한 경매나 공매에 의하여 대지의 소유권

92) 대법원 2006. 3. 10. 선고 2004다742 판결.
93) 대법원 2009. 6. 23. 선고 2009다26145 판결.
94) 대법원 2009. 6. 23. 선고 2009다26145 판결.

을 취득한 제3자는 해당 대지가 집합건물의 대지로 되어 있다는 사정을 모를 수는 없는 것이므로 '선의의 제3자'가 될 수 없다. 실제로 소송실무상 집합건물의 대지에 관하여 매매나 경매, 공매 등을 통하여 소유권을 취득한 제3자가 유 집합건물법 제20조 제3항의 '선의의 제3자'로 인정된 사례는 거의 찾아볼 수 없다.

4. 분리된 전유부분과 대지사용권의 법률관계

집합건물법 제20조의 전유부분과 대지사용권의 일체성의 법리는 집합건물이 성립한 후, 즉 대지사용권이 성립한 후 적용되는 규정이므로, 집합건물이 성립하기 전에 집합건물의 대지에 근저당권이 설정되어 있는 경우에는 전유부분과 대지사용권이 분리되는 결과가 발생할 수 있다.[95] 만일 집합건물 성립 후에 대지에 근저당권이 설정되었다면 이러한 근저당권 설정행위는 장래 집합건물의 전유부분과 대지사용권의 분리처분의 결과를 가져오는 처분이므로 집합건물법 제20조 제2항의 "분리처분 금지적 일체성" 법리의 강행법규에 위반되어 무효이고 근저당권 설정등기는 무효의 등기로서 말소되어야 할 것이다. 또한 집합건물법 제20조 제1항의 종속적 일체불가분성의 법리에 비추어 보면 주물인 전유부분에 근저당권이 설정된 경우에는 민법 제358조에 의하여 종된 권리인 대지사용권에 대하여도 그 근저당권의 효력이 미친다. 하지만 종된 권리인 대지사용권의 대상인 대지에 설정된 압류 또는 근저당권의 효력이 주물인 전유부분에 대하여 미친다고 할 수는 없으므로 대지를 경락받은 경락인이 전유부분을 취득한다고 할 수 없다. 이 경우 전유부분과 대지사용권은 분리된다. 또한 판례 법리에서 나타나는 채권적 대지사용권의 경우에는 대지사용권 보유의 원인이 되는 신탁계약이 종료되는 경우 대지사용권이 소멸되어 집합건물법 제20조에서 정한 전유부분과 대지사용권의 일체적 취급이 적용되지 않게 된다. 이렇게 집합건물법 제20조의 전유부분과 대지사용권의 일체성의 법리가 적용되지 않은 상태에서 대

95) 이문세, "미등기대지권과 경매", 부동산소송 실무자료 4집, 2010, 361 내지 365면.

지에 설정된 근저당권의 실행으로 경매절차가 진행되는 경우에도 경매 신청 당시 전유부분과 대지지분의 소유자가 일치한다면 전유부분과 대지사용권이 분리되지 않을 수 있다. 민법 제365조에 의하여 전유부분과 그에 해당하는 대지지분이 일괄경매로 경매가 진행되는 경우[96] 전유부분과 대지사용권을 일괄 경락받은 경락인은 그 때부터 대지지분에 관한 소유권에 기초하여 물권적 대지사용권을 취득하고 대지사용권을 분리처분할 수 있다는 규약 등이 존재하지 않는 한 대지사용권을 대지권으로 등기할 수 있게 된다.

하지만 이렇게 일괄경매 대상의 사안이 아니라면 결국 전유부분의 구분소유자와 대지를 경락받은 경락인이 분리되어 그 사이에 법률적 문제가 발생한다. 경락인이 전유부분의 구분소유자를 상대로 전유부분의 철거청구, 지료 상당의 부당이득 청구, 전유부분에 대한 매도청구를 할 수 있다. 대지의 경락인이 전유부분의 구분소유자를 상대로 전유부분의 철거청구를 하는 사안은 집합건물법 제20조에서 전유부분과 대지사용권을 분리처분하지 못하도록 한 입법목적에 반하는 최악의 경우에 해당한다. 이러한 철거청구가 다른 구분소유자의 권리를 현저하게 해하는 경우에는 권리의 남용에 해당하여 철거청구가 기각될 수도 있으나,[97] 1동 집합건물의 일부 전유부분만을 철거하는 것이 사실상 불가능하다고 하더라도 이는 집행개시의 장애요건에 불과하여 철거청구를 기각할 사유에 해당하지 않는다.[98] 대지의 경락인이 해당 전유부분에 대한 철거판결을 받게 되겠지만 그 판결에 따른 철거의 집행은 물리적으로 인접한 다른 전유부분의 파괴를 가져오게 되므로 철거집행은 불가능하게 되어 결국 경락인은 전유부분의 구분소유자를 상대로 지료 상당의 부당이득 반환을 청구만이 가능하게 될 것이다. 한편 집합건물법 제7조는 대지사용권을 가지지 않은 구분소유자가 있을 때에는 그 전유부분의 철거를 청구할 권리를 가진 자가 그 구분소유자에 대하여 구분소

96) 대법원 1994. 1. 24.자 93마1736 결정.
97) 대법원 1989. 4. 11. 선고 88다카2981, 2998 판결 등.
98) 대법원 2011. 9. 8. 선고 2011다23125 판결.

유권을 시가로 매도할 것을 청구할 수 있는 매도청구권을 규정하고 있다. 대지의 경락인은 전유부분의 구분소유자를 상대로 이러한 매도청구권을 행사할 수 있다. 이러한 매도청구권은 집합건물법 제48조에서 집합건물의 재건축 결의에 찬성하지 않는 자에 대하여 재건축 결의에 찬성하는 자 등이 구분소유권과 대지사용권을 시가로 매도할 것을 청구하는 매도청구권과 그 본질적 성격을 같이 하는 것이다. 그 성격은 일종의 형성권[99]이라 할 것이어서 대지의 경락인 등 청구권자의 일방적 의사표시에 의하여 그 의사표시의 도달일자에 매매계약이 성립하고 매매가 성립하면 구분소유자는 전유부분의 시가에 상당하는 대금을 수령함과 동시에 전유부분의 구분소유권을 이전할 의무가 있다. 집합건물법 제7조의 입법취지는 대지사용권을 가지지 못한 전유부분의 구분소유자가 있을 경우를 예정하여 대지의 소유자가 매도청구권을 행사하여 전유부분의 구분소유권을 취득할 수 있도록 함으로써 전유부분과 대지사용권의 일체성을 회복하여 집합건물의 구분소유를 둘러싸고 발생하는 법적 불안정성을 해소할 수 있도록 한 것이다. 판례는 뚜렷한 근거의 제시 없이 전유부분의 철거청구에 앞서 구분소유권 매도청구권을 행사할 필요는 없다고 하고 있으나,[100] 위와 같은 집합건물법 제7조의 입법취지에 비추어 보면 집합건물의 유지·존속을 위태롭게 하는 전유부분에 관한 철거 청구에 앞서 대지의 소유자는 먼저 구분소유권 매도청구권을 행사해야 할 것이다.

집합건물법 제7조의 구분소유권 매도청구권 제도는 전유부분의 구분소유자가 대지 소유권자를 상대로 매도청구권을 행사하는 것이 아니라, 거꾸로 대지 소유권자가 구분소유자를 상대로 전유부분의 매도청구권을 행사하도록 하고 있다. 1984년의 집합건물법 제정안(법제110427호) 제7조 제1항의 초안은 "구분소유자가 그 대지에 관한 관리만을 상실하게 된 때에는 구분소유자는 그 선택에 따라 대지소유자에 대하여 그 대지에 관한 권리를 매도하거나 그 구분소유권을 시가에

99) 대법원 2002. 9. 4. 선고 2000다22812 판결.

100) 대법원 2011. 9. 8. 선고 2011다23125 판결.

따라 매수할 것을 청구할 수 있다"고 규정하여 대지에 관한 권리를 상실한 구분소유자를 보호하려는 것이었다. 그런데 법제사법위원회 전문위원의 법안 심사보고서에서 이를 "민법 제285조가 대지소유자에게 우선하여 매수청구권을 행사할 수 있도록 규정한데 대한 특칙으로 건물소유자에게 우선권을 인정하려 하고 있는 바 그 건물이 구분소유권의 대상이 된다는 이유만으로 일반건물과 달리 취급하는 것이 타당한지 의문되는 바 있음" 이라고 비판적 견해를 내놓자 최종 법안 통과 과정에서 현재의 집합건물법 제7조와 같이 수정된 것이었다.[101] 집합건물의 입법취지는 집합건물의 소유관계에 있어서는 토지 소유자보다는 구분건물의 소유자를 우선적으로 보호하고자 하는 것인데, 구분소유권 매도청구권 제도는 종래의 토지 우위 관념을 그대로 반영한 것으로 이와 같은 사회 정책적 요구나 집합건물법의 입법취지에 반한다.[102] 집합건물법 제20조는 대지사용권을 주물인 전유부분의 종된 권리로 규율하고 있는데, 제7조는 종된 권리의 대상인 대지의 소유자가 주물인 전유부분의 소유자를 상대로 구분소유권의 매도를 청구하는 것이어서 집합건물법 전체의 법체계상으로도 모순된다. 특히 대지의 소유자가 전유부분의 구분소유자를 상대로 전유부분의 철거나 지료 상당의 부당이득을 청구해 올 때 대지사용권이 없는 전유부분의 구분소유자는 아무런 대항할 권리가 없게 되는데, 이러한 전유부분의 철거와 지료 상당 부당이득 반환청구에 대항하여 전유부분의 구분소유자가 종된 권리인 대지사용권을 취득할 수 있도록 하여 다시 전유부분과 대지사용권 사이의 일체성을 회복할 수 있도록 하는 것이 전유부분이 대지사용권과 분리되는 것을 최대한 억제하려는 집합건물법의 입법취지에 부합한다. 따라서 전유부분의 구분소유자가 대지지분 소유자를 상대로 전유부분에 대응하는 대지지분을 시가 상당으로 매도할 것을 청구할 수 있도록 집합건물법 제7조의 매도청구권 제도를 개정해야 한다.

---

101) 국회법제사법위원회, "집합건물의 소유 및 관리에 관한 법률안 심사보고서", 1984. 3. 16, 6, 7면.

102) 박홍래, 앞의 책, 409면.

제 4 절 집합건물의 구성요소와 공유관계

Ⅰ. 전유부분과 공용부분

1. 전유부분과 공용부분의 구분

집합건물의 어느 부분이 공용부분인지 전유부분인지 여부를 결정하는 기준은 소유자들 간에 특단의 합의가 없는 한 그 건물의 구조에 따른 객관적인 용도에 의하여 결정되어야 한다(대법원 2008. 6. 26. 선고 2007다90241 판결). 여기서, "건물구조에 따른 객관적 용도"에 따른 공용부분과 전유부분의 구분기준이 구체적으로 무엇인지가 중요하다. 전유부분은 단위세대 당 독립된 주거생활을 영위할 수 있도록 구획된 부분을 말하며 그 범위는 세대 내부의 마감부분과 전용으로 사용하는 벽체에 설치되어 있는 배관, 배선 및 닥트와 그 외의 건물에 부속되는 설비이다. 전유부분의 범위에 포함하되, 2세대 이상이 공동으로 사용하는 배관, 배선 등의 시설은 공용부분으로 한다(서울특별시 공동주택 표준관리규약 제4조 제2항 및 [별표2]의 제2, 3항).

전유부분인지 공용부분인지를 구별해야 하는 실익은 특히 그 유지·보수책임이 집합건물 관리단에 속하는지 해당 전유부분의 구분소유자에게 속하는지를 판단하는 근거기준이 되기 때문이다. 원칙적으로 공용부분이 아닌 입주자등의 전유부분은 입주자등의 책임과 부담으로 관리해야 한다(서울특별시 공동주택 표준관리규약 제72조). 예를 들어, 아래층의 누수 원인이 위층 세대의 전유부분에 해당하는 급수 및 난방 배관 등에서 발생한 것이라면 그 보수 책임은 집합건물 관리단(또는 아파트 입주자대표회의)의 책임이 아니라 위층세대에 있는 것이고, 위층 세대가 보수하지 않아 아래층 세대가 피해를 입었다면 그 손해를 배상할 책임을 부담한다 하게 된다.

보수책임이 집합건물 관리단이 아니라 전유부분에 있게 되는 경우 보수책임 있는 전유부분 세대가 보수를 회피하거나 보수에 협력하지 않아 극한 분쟁이 발생하는 경우도 종종 발생하고 있다. 심지어 이러한 분쟁으로 세대 간에 칼부림이 일어나는 사건이 보도된 예도 있다. 이 경우 입주자대표회의를 통하여 누수가 된 부분이 공용부분이 아닌 위층 세대의 전유부분으로 인한 것임을 확인시켜주면서 하자보수 이행을 요청해야 한다. 그럼에도 하자보수 이행을 하지 않는 경우 우리 민법 제214조는 소유권을 방해하는 자에 대하여 방해의 배제를 청구할 수 있도록 하고 있으므로, 위층 소유자의 비용으로 하자보수를 하도록 하는 내용으로 강제이행 청구와 손해배상 청구를 제기할 수 있다. 만일, 누수의 원인이 공용부분의 하자에 원인이 있는 경우라면 입주자대표회의를 피고로 하여 하자보수청구나 하자보수금청구를 할 수 있다.

2. 전유부분과 구분소유권

구분소유권의 개념에 대해서는 각국마다 차이는 있지만, 전유부분에 대한 단독소유권과 공용부분에 관한 공유지분이 결합된 특별한 소유권이라 할 수 있다.[103] 특히, 배타적 소유·사용의 대상이 되는 전유부분과 구분소유권자 상호간에 공동으로 소유되는 공용부분이 서로 분할되지 않게 불가분적으로 결합되어 있는 것이 권리관계의 핵심을 이루고 있다. 독일은 대지 및 공유지분과 그 위에 건립된 또는 장차 건립될 건물의 일부에 관한 특별소유권이라 하여 일원적 개념체계로 되어 있다. 일본과 이를 계수한 우리는 전유부분에 대해서는 구분소유권, 공유지분에 대해서는 공유지분권이라는 이원적 체계로 개념규정을 하되, 공용부분이 전유부분에 종속되어 분리처분 하지 못하도록 하고 있다.[104] 집합건물법도 집합건물은 1동의 건물 중 구조상 구분된 여러 개의 부분이 독립된 건물(이

103) 윤현정, "집합건물 소유·관리의 법적 고찰", "주택" 제55권, 대한주택공사, 1994. 11, 153면.

104) Rosemary Bocska Martin K. I. Rumack, "Legal Responsibilities of Real Easte Agent", Lexis Nexis 2009, 124면.

를 "구분건물"이라 한다)로서 사용될 때 그 각 부분을 소유권의 목적으로 하는 건물(집합건물법 제1조)로 정의하고 있다. 따라서 구분건물(unit)은 1동의 건물 중 구조상 구분되어 소유권의 목적이 된 독립된 부분이고 이러한 구분건물이 속한 건물 전체를 집합건물이라 할 수 있다. 우리 판례에서는 "구분건물"과 "전유부분"이란 표현을 혼재하여 사용하고 있는데, 전자는 그 자체를 독립한 소유권의 대상인 건물이라는 관점에서 후자는 공용 부분과 함께 집합건물 전체를 구성하는 요소라는 관점에 강조점을 두고 있는 용어이다.

이러한 집합건물 중 주거용으로 일정한 규모와 시설을 갖춘 집합건물이 공동주택이다. 공동주택이란 "건축물의 벽·복도·계단 그 밖의 설비 등의 전부 또는 일부를 공동으로 사용하는 각 세대가 하나의 건축물 안에서 각각 독립된 주거생활을 영위할 수 있는 구조로 된 주택"이고, 그 종류에는 5층 이상의 아파트, 4층 이하 바닥연면적 660㎡ 초과의 연립주택, 4층 이하 바닥연면적 660㎡ 이하의 다세대주택이 있다(주택법 제2조 제2호, 주택법 시행령 제2조). 즉, 공동주택은 집합건물 중 주거용 건물의 특수한 유형인 것이다. 따라서 전유부분(unit)은 구분소유권의 목적인 건물부분이고, 공용부분(common elements)은 전유부분 이외의 건물부분, 전유부분에 속하지 아니하는 건물의 부속물 및 규약 상 공용부분으로 된 부속의 건물을 말한다(집합건물법 제2조 제3호. 제4호). 여기서, 구분소유권이란 1동의 건물 중 구조상 구분된 수개의 부분이 독립한 건물(집합건물) 중 공용부분을 제외한 것을 목적으로 하는 소유권을 말한다(집합건물법 제2조 제1호).

3. 구조상 공용부분과 규약상 공용부분

집합건물법은 공용부분에 대해서 수개의 전유부분으로 통하는 복도, 계단, 그 밖에 구조상 구분소유자 전원 또는 일부의 공용에 제공되는 건물부분으로 구분소유권의 대상이 될 수 없는 구조상 공용부분(집합건물법 제3조 제1항)과 구조상 독립성이 인정되어 독립하여 구분소유권의 대상이 될 수 있으나 규약 상 공용부분

(집합건물법 제3조 제2항)이 되는 2가지 경우를 상정하고 있다. 후자의 규약 상 공용부분은 등기해야 대항력 있다(부동산등기법 제112조의 2). 복도나 계단과 같은 구조상 공용부분은 처음부터 구분소유권의 대상인 전유부분이 될 수 있는 등기능력이 없어 구분소유권의 목적으로 등기할 수 없다. 지하주차장이나 지하실과 같은 규약상의 공용부분의 대상은 구분건물 또는 독립건물로서의 구조상·이용상 독립성이 인정된다면 이를 독립하여 구분소유권의 대상으로 등기할 수 있다(대법원 등기선례 7-514).

분양자가 구분소유자들의 대지지분에 포함하여 지하주차장이나 지하실 부분을 분양한 후에 분양자가 향후 집합건물의 관리사무소 등으로 사용하기 위하여 지하주차장이나 지하실의 일부분을 독립된 구분소유의 대상으로 하여 전유부분 등기를 해 놓는 경우가 종종 있다. 전유부분으로 등기되어 있는 부분이 구조상 독립되어 있는 경우에는 등기능력이 있어 그 등기자체가 무효가 되지는 않지만, 구조상 독립성을 갖추지 못하고 있다면 등기능력이 없어 그러한 등기는 무효의 등기가 된다. 예를 들어, 아파트의 지하실이 건축물관리대장상 용도가 주택으로 되어 있다거나 주택이나 상가 등의 용도로 사용하기에 충분한 높이와 환기시설 등을 갖추고 있다고 하더라도 그 아파트를 건축할 당시 수분양자들에게 그 지하실을 포함하여 분양하고 입주자들이 공동사용 목적으로 관리되어 왔다면 그 지하실은 구분소유의 대상이 되지 않는다(대법원 1995. 3. 3. 선고 94다4691 판결). 그 공용부분이 구조상 독립되어 있지 않아 집합건물대장상으로도 공용부분으로 기재되어 있는 경우 등 등기능력이 없는 경우에는 집합건물 등기부상 전유부분 표제부의 '전유부분의 건물의 표시란'에 기재되어 있는 전유부분 등기부분을 표시경정등기나 직권경정절차에 의하여 이를 바로 잡을 수 있다.

Ⅱ. 공용부분의 변경

1. 공용부분 변경의 요건

공용부분의 변경은 공유부분의 처분행위에 해당하는 것이어서 공용부분의 공유자인 구분소유자 전원의 동의(민법 제264조)가 있어야 하지만, 집합건물법은 공유물의 처분행위의 요건을 완화하여 구분소유자의 4분의 3 및 의결권 4분의 3 이상의 결의로 공용부분을 변경할 수 있도록 하고 있다. 다만 공용부분의 개량을 위한 것으로 지나치게 많은 비용이 들지 않는 경우에는 통상의 집회 결의처럼 과반수의 결의로 변경할 수 있다(집합건물법 제15조 제1항). 공동주택의 공용부분인 부대시설이나 복리시설의 용도를 변경하는 경우에는 요건을 더욱 완화하여 입주자 3분의 2의 동의를 받도록 하고 있다. 공동주택의 공용부분을 사업계획에 따른 용도의 이외 용도로 사용하는 행위와 시설의 전부 또는 일부를 철거하는 행위는 관할관청의 허가 내지 신고를 통하여 행정적 감독을 받게 되므로 입주자 동의 요건을 3분의 2로 완화하고 있는 것이다(공동 주택관리법 제35조 제1항, 시행령 제35조 제1항 [별표 3]). 예를 들어 주민운동시설이나 조경시설의 용도를 주차장으로 변경하기 위해서는 입주자 3분의 2의 동의를 받은 후 관할관청의 허가를 받아 변경할 수 있다. 공동주택에서 테니스장에 가건물을 설치하려는 경우 이는 공용부분을 용도 외에 사용하거나 공용부분을 훼손하는 행위에 해당하여 관할관청의 허가를 받아야 한다(공동주택관리법 제35조 제1항).

2. 공용부분 변경사례

관리단 집회의 결의를 요하는 공용부분의 변경은 기본의 공용부분의 외관과 구조를 변경하거나, 그 기능과 용도를 변경함으로써 공용부분의 형상 또는 효용을 실질적으로 변경시키는 것이다. 공용부분의 변경인지 여부는 변경이 되는 부분과 그 범위, 변경의 방식이나 태양, 변경 전과 변경 후의 외관이나 용도에 있어서 동일성 여부, 그 밖에 변경에 소요되는 비용 등을 고려해야 한다. 예를 들어, 아파트의 난방을 지역난방 방식으로의 전환은 70억 원이 넘는 많은 비용이 소요되므로 이는 공용부분의 형상 또는 효용을 실질적으로 변경시키는 공용부분의 변경에 해당한다(대법원 2008. 9. 25. 선고 2006다86597 판결).

또한 특정 구분소유자들이 공용부분을 그 용도에 따라 사용(집합건물법 제11조) 하지 않는 행위도 공용부분의 변경에 해당하므로 구분소유자 4분의 3 및 의결권 4분의 3 이상의 특별결의가 없는 한 집합건물의 상린관계를 위반하는 위법행위가 된다. 예를 들어 구조상 구분소유자 전원의 공용에 제공되어야 할 엘리베이터 시설을 특정 구분소유자가 자신의 영업만을 위한 화물엘리베이터로 사용하는 것은 공용부분을 용도에 따라 사용하는 것이 아니라 공용부분의 변경에 해당하는 것이어서 구분소유자 및 의결권 각 4분의 3이 특별다수의 동의가 필요하다. 어느 구분소유자 1인이 의결권의 과반수를 확보하고 있다 하더라도 다른 구분소유자들이 그들의 지분비율에 따라 공용부분을 사용하는 것을 방해하는 것은 상린관계를 위반하는 것이므로, 엘리베이터를 자신이 점유하고 있는 층에만 서도록 할 수 없다(서울민사지방법원 1995. 5. 7. 선고 92가합63417 판결). 집합건물 지하의 전기·기계실에 사우나 영업을 위한 필요한 시설을 별도로 설치하는 것은 공용부분인 전기·기계실의 일부를 배타적으로 사용하는 것이어서 공용부분의 변경에 해당하여 특별 다수의 동의를 받지 않는 한 상린관계를 위반한 것이다(대법원 2010. 2. 25. 선고 2008다73809 판결).

3. 집합건물의 명칭변경

한편 최근에는 아파트의 명칭 변경을 하는 경우가 많은데 이러한 집합건물의 명칭을 변경하는 행위는 집합건물의 구분소유자가 소유권에 기초하여 단체적으로 재산권을 행사하는 행위로 공용부분의 변경행위에 해당한다(서울행정법원 2007. 3. 16. 선고 2006구합39086 판결). 아파트의 명칭 변경을 위해서는 먼저,

일반 민사관계에서 해당 공동주택의 분양자가 아닌 다른 건설회사의 브랜드를 사용하는 것이므로 해당 건설회사의 동의를 받아야 한다. 다음으로 공용부분의 변경이므로 구분소유자 4분의 3 및 의결권 4분의 3 이상의 동의를 받아야 한다. 그리고 행정청이 각 주소의 명칭 변경 등의 행정행위를 해야 하므로 행정기관의 승인을 받아야 한다. 또한 이러한 명칭 변경이 인근의 다른 공동주택과 혼동을 주는 등 타인의 권리나 이익을 침해하지 않는 것이어야 한다.

4. 공용부분 변경요건의 완화

집합건물의 법정 수명은 60년으로 법정 수명기간까지 존속하기 위해서는 장기수선계획 등에 따라 일상적인 수리·유지행위와 정기적인 교체·개량 등의 체계적인 관리행위가 필요하다. 하지만 이러한 관리행위에도 불구하고 집합건물을 둘러싼 시대와 환경의 변화에 따라 건축디자인의 변경, 배관·전기·난방·가스 시설 등 선진적 시설로의 변경이 필요하다. 공용부분의 변경을 시대의 변화와 환경의 변화에 따라 적기에 하는 것은 사회적 재산인 집합건물의 유지·보존이라는 공익적 의미가 크다. 하지만 구분소유자의 입장에서는 자신이 장기적으로 집합건물에 거주하거나 영업을 영위할 의사가 없는 경우 상당한 비용을 투자하여 공용부분의 변경을 하는 것에 회의적이거나 아예 무관심한 경우도 많다. 우리의 집합건물 관리의 현실을 보면 집합건물 관리단의 관리인이 선임되거나 정기적인 관리단 집회가 개최되고 있는 경우가 오히려 드물고, 상대적으로 행정적인 관리가 잘 되고 있는 공동주택의 경우도 입주자들의 무관심으로 재적 동별대표를 모두 선출하는 경우가 드물다.

이러한 집합건물의 관리 현실에 비추어 공용부분의 변경에 4분의 3 이상의 과도한 특별결의만을 고집하는 정책은 집합건물을 둘러싼 시대의 변화와 환경의 변화를 간과하는 것이다. 이에 대해서는 일본 구분소유법 개정과 같이 공용부분의 변경 요건을 완화하는 방법과 미국의 법원에 의한 특별결의 요건 완화(면

제) 판결 제도의 도입을 검토해 볼 만하다. 일본 구분소유법은 우리 집합건물법 제정의 모법이 되었던 1983년 구분소유법 개정에서 "개량을 위한 것으로 지나치게 많은 비용이 드는 것이 아닐 경우"에는 통상의 결의로 공용부분 변경요건을 완화한 바 있고(집합건물법 제15조 제1항 제1호), 2002년 구분소유법 개정에서는 반대로 공용부분의 변경이 형상 또는 효용의 현저한 변경을 초래하는 경우에만 4분의 3의 특별결의 요건을 적용하도록 하고 형상 또는 효용의 현저한 변경을 초래하지 않는 경우에는 통상의 결의로 공용부분을 변경할 수 있도록 하였다(일본 구분소유법 제26조 제2항, 제4항).

Ⅲ. 공유관계의 단체적 특성

구분소유관계의 단체적 특수소유권의 성질이 잘 드러나고 있는 한 예가 집합건물의 공유관계에 관한 부분이다. 구분소유자의 대지와 공용부분에 관한 소유형태는 구분소유자 각자가 대지와 공용부분에 관한 지분권을 갖는 공유의 방식이다. 민법의 소유권은 사용·수익·처분을 타인의 간섭이나 개입 없이 자유롭게 할 수 있고, 인접한 토지와 건물의 소유자간의 상린관계도 이러한 소유권의 본질적 성격을 제한할 수 없다. 하지만 집합건물의 구분소유관계에서 공유는 앞서 살펴본 바와 같이 단체법적 규율에 의하여 로마법 전통의 공유관계 자유의 원칙이 지배하는 민법 일반의 공유관계와 달리 단체적 성격이 강하게 나타난다. 구분소유관계에서의 공유는 언제든지 해소될 것을 예정하고 있는 민법 일반의 공유관계와 달리 집합건물이 존재하는 한 계속 유지되는 종국적 목적으로 하고 있다는 점에서 근본적이 차이가 있다. 민법의 공유와 집합건물법의 공유는 구체적으로 아래과 같이 주체, 객체, 내용, 종류, 권리변동, 분할가능성 등 많은 점에서 그 성격을 달리한다.[105)]

---

105) 이준형, "집합건물법 선진화를 위한 바람직한 개정방향", 법조(Vol.652) 2011. 1, 101면.

먼저, 민법 제262조 제2항에 의하면 공유자의 지분은 균등한 것으로 추정되지만, 집합건물의 대지에 관한 공유지분은 규약에서 달리 정하지 않는 한 민법 제262조 제2항의 규정과 달리 균등한 것으로 추정되지 않고 전유부분의 면적비율에 비례하여 정한다(집합건물법 제21조 제1항, 제12조). 둘째, 민법 제263조는 공유지분을 자유롭게 처분할 수 있도록 하고 있으나, 집합건물의 대지사용권은 원칙상 구분소유자가 가지는 전유부분과 분리하여 처분할 수 없다(집합건물법 제20조). 셋째, 제268조 제1항에 의하면 공유물에 대하여 언제든지 분할을 청구할 수 있으나, 집합건물의 대지는 집합건물의 사용에 필요한 범위에서 분할할 수 없다(집합건물법 제8조). 넷째, 민법 제263조에 의하면 공유자는 공유물을 지분비율에 의하여 사용할 수 있으나, 집합건물의 구분소유자는 규약에 달리 정하지 않는 한 그 대지에 대하여 가지는 공유지분의 비율에 관계없이 그 건물의 대지 전부를 용도에 따라 사용할 수 있다(대법원 1995. 3. 14. 선고 93다60144 판결). 이와 같이 집합건물의 전유부분의 구분소유자가 대지에 관하여 가지는 공유관계가 민법 일반의 공유관계와 다른 법리를 보이는 핵심적인 이유는 뒤에서 살펴보는 바와 같이 집합건물법 제20조의 "전유부분과 대지사용권의 일체성의 법리"에 의하여 집합건물의 대지를 독립된 부동산으로 취급하지 않고 전유부분의 처분에 종속적 일체성을 갖도록 함으로써 집합건물의 전유부분과 대지 부분이 분리됨으로써 발생할 수 있는 법적 불안정성을 해소하기 위한 것이다. 이렇게 집합건물의 대지에 관한 공유관계에 대하여 실체법적으로 "전유부분과 대지사용권 사이의 일체성의 법리"에 입각하여 민법의 공유관계를 대폭 수정하는 점에 대응하여 부동산등기법에서도 절차법적으로 대지권을 토지에 관한 등기부가 아니라 건물의 표제부에 지분으로 표시하도록 하여 전유부분과 대지권 사이의 종속적 일체불가분성이 공시되도록 하고 있다. 이와 같이 집합건물의 유지·보존이라는 공동의 목적을 위한 결합이라는 단체적 특수성으로 인하여 집합건물법에서의 공유관계는 민법일반의 공유관계와 달리 합유적 성격이 강하게 나타난다.

Ⅳ. 집합건물의 대지

집합건물의 대지는 "전유부분이 속하는 1동의 건물이 소재하는 토지"[106]와 "집합건물법 제4조에 의하여 건물의 대지로 된 토지"[107]를 말한다(집합건물법 제2조 제5호). 민법 제268조의 공유물 분할의 원칙에 대한 예외로서 집합건물법은 구분소유자의 공유인 대지의 분할을 금지하고 있다(집합건물법 제8조). 구분소유권의 법적성격에서 살펴본 바와 같이 집합건물의 공용부분과 대지에 관한 공유는 민법의 일반의 공유제도와 달리 집합건물 공동체의 단체법적 규율을 받는 공유제도이어서 공유자유의 원칙이 상당부분 제한받게 된다. 또한 집합건물의 대지의 분할이 금지되는 것은 전유부분과 대지사용권의 일체성 내지 불가분성의 원리와도 밀접한 연관성이 있다. 집합건물의 대지사용권은 전유부분 구분소유권의 종된권리로 일체를 이루고 전유부분과 대사용권과 분리 처분되지 못하도록 하고 있는데(집합건물법 제20조), 공유물 분할을 허용한다면 집합건물의 대지사용관계는 파탄에 이르게 되므로 집합건물의 공동생활관계의 보호를 위하여 분할청구가 금지된다(대법원 2007. 12. 27. 선고 2005다66374, 66381 판결).

집합건물의 대지의 분할청구는 주로 공동주택의 부대시설인 상가건물의 구분소유자들이 공유물 분할을 통하여 공동주택의 대지와 상가건물의 대지를 구분하고자 하기 때문에 종종 발생한다. 공동주택의 부대시설은 공동주택 단지를 개발할 때부터 사업계획에 의하여 공동주택에 부대하는 시설로서 공동주택과 그 대지를 같이 공유하는 관계로 개발되어 공동주택 입주자들을 위한 생활용품 판매와 서비스 용역을 제공하는 시설로 이용되도록 한 것이었다. 최초의 사업계획

106) 이를 '법정대지'라고 한다. 법정대지는 건물이 실제로 바닥과 접하고 있는 토지와 그 건물의 통상적 이용·관리에 필요한 주위 토지를 포함하는 개념이다. 토지는 원래 1필 단위로 파악되는 것이므로 건물이 1필의 토지의 일부에만 서 있는 경우라도 그 1필 토지의 전부가 "건물이 소재하는 토지"로 보아야 한다.

107) 이를 '규약상의 대지'라고 한다. 규약상의 대지는 통로, 주차장, 정원, 부속건물의 대지 그 밖의 전유부분이 속하는 1동의 건물 및 그 건물이 있는 토지와 하나로 관리되거나 사용되는 토지 중에서 규약이나 공정증서로서 집합건물의 대지로 정한 것이다(집합건물법 제4조).

대로라면 주로 공동주택 입주자들을 위한 근린생활시설이어서 그 대지의 이용관계에 대하여 입주자등과 상가건물 구분소유자들 사이에 충돌이 발생할 여지가 없어야 한다. 1999. 9. 29. 대통령령 제16559호로 "주택건설 기준 등에 관한 규정"이 개정되기 전에는 공동주택 단지 안에 설치가 가능한 복리시설은 공동주택 단지내 입주자들이 이용하는 슈퍼마켓, 세탁소 등 생활편익시설만이 입주할 수 있었으므로 입주자들 이외의 외부인에 의한 차량통행은 많지 않아 상가건물 출입차량의 교통이나 주차 분쟁은 거의 발생하지 않았다. 그러나 위 개정 "주택건설 기준 등에 관한 규정"은 단란주점이나 안마시술소와 같이 주거생활에 위해를 가하지 않는 업종을 제외한 모든 근린생활시설을 주거용 집합건물의 단지 안의 상가건물에 설치할 수 있도록 허용하였다. 심지어 화물자동차 운송주선업과 같이 아파트 단지 안에 다량의 화물자동차의 출입과 주차를 초래하는 업종까지 입주할 수 있게 되었다. 그 결과 많은 아파트 단지에서 출입구에 차량출입 차단기를 설치하고 상가건물에 출입하는 차량의 출입과 주차를 통제하고 있다. 이에 대항하여 상가건물의 구분소유자들은 아파트 입주자대표회의를 상대로 출입, 통행, 주차 방해금지 가처분 신청과 같은 소송을 제기하였다. 이와 같이 상가건물의 구분소유자나 상가 고객의 출입과 주차를 확보하려는 분쟁이 자주 발생하게 되었다. 더 나아가 주차장 문제 등 공동주택의 주거부분과의 갈등을 근본적으로 해결하기 위하여 공동주택의 부대시설인 상가건물의 대지의 분할을 청구하는 소송도 제기되었다.

집합건물 대지의 분할을 금지하는 집합건물법 제8조는 분할이 금지되는 대지를 "건물의 사용에 필요한 범위의 대지"라고 하고 있어 집합건물 대지분할 청구의 법적 쟁점은 이 부분에 모아지고 있다. "건물의 사용에 필요한 범위의 대지"인지를 판단하는 기본적인 판단기준은 전체 대지와 분할청구 대상 대지의 위치, 형상, 물리적, 공간적 현황이나 분할청구 대상 지상에 설치된 시설물의 이용 형태나 용도 등의 객관적 현황이다. 예를 들면, 공동주택의 사업계획에 이미 공동주택의 부대시설로서의 판매시설이나 외부와 연결되는 통행로, 놀이시설 등으로 계획되어 있었다면 집합건물의 사용에 필요한 범위의 대지에 속할 것이다. 하지만 그 뒤 법령의 변경에 의하여 그 용도와 현황이 변경되었다면 달리 판단할 여지도 있을 것이다. 또한 분할당시의 현황만이 아니라 분할이후 전체 대지의 이용관계 및 나머지 대지 공유자들의 재산권에 미치는 영향과 같은 주관적 사정도 고려되어야 한다. 예를 들어, 대지의 분할로 향후 공동주택이 재건축될 때 공동주택 전체의 가치가 현저히 감소하게 된다면 공유물 분할은 금지될 수 있다.[108)]

유제 풀이

X토지를 소유한 甲 건설회사는 2014. 3. 2. X토지 지상에 19세대의 고급 빌라 건축허가를 받아 2015. 3. 5. 경 옥상방수공사까지 공정을 마쳤으나 건설자금이 부족하여 상호저축은행으로부터 금10억 원을 대출받고 X토지상에 채권최고액 13억원의 근저당권을 설정하여 주었다. 그 뒤 2016. 4. 2. 집합건물을 준공하고 2016. 5. 3. 집합건물에 대해서는 각 호수별로 甲 건설회사 명의로 소유권보존등기를 하였는데, 대지인 X토지에 근저당권이 말소되지 않아 집합건물 등기에 대지지분이 표시되지 않은 채, 토지 별도등기 있다는 표기만 되었다. 乙은 甲 주식회사로부터 101호를 분양받아 2016. 5. 5. 소유권이전등기를 하였고, 丙은 甲 주식회사의 채권자가 진행한 강제경매에서 102호를 낙찰 받아 2017. 3. 5. 소유권이전등기를 하였다. 102호 경매에서 감정평가서에는 102호의 건물에 대해서만 평가가 되어 있었고, 대지지분에 대한 감정평가는 되어 있지 않았다. 그 뒤 근저당권에 기한 임의경매가 진행되어 2017. 7. 10. 丁이 X토지를 경락받았다. 丁이 을과 丙을 상대로 대지를 무단으로 사용하고 있다는 점을 들어 임료 상당의 부당이득 청구를 할 수 있는가? 乙과 丙은 甲 또는 丁을 상대로 101호, 102호 전유부분의 면적에 비례하는 대지지분의 이전등기를 청구할 수 있는가? 대지지분 이전등기를 할 수 있다면 어떠한 청구권원에

108) 이규진, "집합건물의 소유 및 관리에 관한 법률 제8조의 '건물의 사용에 필요한 범위 내'의 토지에 해당하는지 여부에 관한 판단기준", 대법원 판례해설(제72호) 법원도서관 2008. 7. 167면.

의하여 대지지분 이전등기를 청구할 수 있는가?

집합건물법 제20조 제2항은 공정증서나 관리단 규약으로 다르게 정하였다는 특별한 사정이 없는 한 대지사용권을 전유부분과 분리하여 처분하는 것을 금지하고 있다. 따라서 집합건물이 성립한 후에 전유부분과 대지사용권의 분리를 가져오는 근저당권의 설정이나 가압류, 압류 등은 강행법규 제20조에 위반하여 무효이고, 그러한 근저당권이나 압류의 실행으로 진행된 경매에 의하여 대지의 소유권을 취득한 경우 그러한 대지의 소유권이전등기도 강행법규에 위반되어 무효이다. 쟁점은 집합건물이 성립한 후에 분리처분을 가져오는 근저당권이 설정된 것인지 여부인데, 집합건물이 성립한 후에 근저당권이 설정된 것이라면 집합건물법 제20조에 의하여 그 근저당권 설정등기가 무효이나, 집합건물의 성립 전 근저당권이 설정된 것이라면 유효한 등기가 된다.

집합건물의 성립요건은 한 건물을 세대별로 구분하여 소유하려는 의사가 외부적으로 표시되는 주관적 요건인 구분행위와 집합건물의 구조상·이용상 독립성이 확보되는 객관적 요건으로 구성된다. 집합건물은 각 층별로 복도, 세대별 출입문, 계단 등의 구조가 갖추어져 한 층씩 건축되기 때문에 옥상방수공사가 되는 2015. 3. 5. 시점에는 전 층의 구조상·이용상 독립성이 갖추어졌다 할 것이다. 집합건물을 구분건물별로 나누어 소유하려는 의사인 구분행위가 표시되는 시점은 건축물대장이나 부동산등기부 공시시점이 아니고, 이미 건축허가나 분양시점에 집합건물을 101호, 102호 등 세대별로 구획하여 소유하겠다는 의사가 표출되었으므로 구분행위는 건축허가 신청시점인 2014. 3. 2. 이전에 이행되었다고 볼 수 있다. 그러므로 이 사안에서는 2015. 3. 5. 시점에는 집합건물이 성립한 것이다.

대지사용권의 성립에는 집합건물의 존재와 집합건물의 소유자가 대지에 대하여 가지는 권리 외에 다른 특별한 요건을 필요로 하지 않는다. 이 사건의 경우 집합건물이 성립한 2015. 3. 5. 시점에 집합건물의 소유자인 甲건설회사가 그 대지 X토지에 관하여 소유권을 가지고 있었으므로 甲건설회사가 X토지에 관하여 가지는 소유권은 이 사건 집합건물의 구분소유자가 전유부분을 소유하기 위하여 대지에 대하여 가지는 집합건물법 제2조 제6호의 대지사용권이 되었다. 한편 대지사용권은 전유부분의 종된 권리이므로 乙은 101호의 전유부분을 분양받을 때 그 종된 권리인 101호의 대지사용권을 함께 취득하였다. 또한 丙의 경우도 경매를 통하여 102호를 취득할 때 그 종된 권리인 대지사용권을 함께 취득하였다. 102호 경매의 감정평가에서 대지사용권에 대하여는 별도의 평가를 하지 않았다 하더라도 종된 권리의 취득은 법률에 의한 것이므로 丙은 102호 전유부분의 대지사용권을 취득한 것이다.

이 사안과 같이 전유부분의 대지사용권을 사후적으로 취득하는 경우가 있어, 부동산등기법 제60조는 전유부분의 최종 구분소유자가 앞의 구분소유자들을 전전대위하지 않고 직접 건축주만을 상대로 대지지분 이전등기를 청구할 수 있는 근거를 두고 있다. 따라서 乙과 丙은 건축주인 甲 주식회사를 피고로 하여 부동산등기법 제60조에 따른 대지지분 이전등기청구를 하면서 이를 피보전권리로 하여 甲건설회사를 대위하여 丁을 상대로 강행법규인 집합건물법 제20조에 위반하여 무효인 정명의의 X토지의 소유권이전등기의 말소등기 청구를 할 수 있다. 乙과 丙은 집합건물법 제2조 제6호의 대지사용권에 기해 전유부분의 소유를 위해 대지를 사용하고 있는 것이어서 권한 없이 무단으로 대지를 점유하고 있는 것이 아니고, 丁은 강행법규에 위반한 무효의 등기에 기하여 부당이득을 구하는 것이어서 정은 부당이득청구는 인용되기 어렵다.

[서식 1] 구분소유자가 분양자(건축주)를 상대로 한 대지권 이전 청구 소장

소 장

원 고 (선정당사자)

1. ○ ○ ○
   서울
2. ○ ○ ○
   서울
3. ○ ○ ○
   경기

원고들 소송대리인 법무법인 ○○○
서울 서초구
담당변호사 ○ ○ ○

피 고
1. (주) ○○○
   서울
   대표이사 ○ ○ ○

2. 주식회사 ○○○
   충북
   대표이사 ○ ○ ○

대지권지분이전등기절차이행 등 청구의 소

청 구 취 지

1. 원고(선정당사자)들 및 별지 1 기재 선정자들에게, 별지 3. 표 (다),(라),(마)항 기재 각 토지 중 위 원고(선정당사자)들 및 선정자별 각 지분에 관하여,

가. 피고 주식회사 OOO은 서울중앙지방법원 중부등기소 2009. 11. 5. 접수 제56956호로 마친 소유권이전등기의 각 말소등기절차를,

나. 피고 (주) OOO는 별지 3. 표 (나)항 기재 각 일자 별지 2. 부동산목록 중 원고(선정당사자)들 및 선정자별 '전유부분의 건물의 표시'란 기재 각 부동산의 전유부분 취득을 원인으로 한 각 지분소유권이전등기절차를,

각 이행하라.

2. 소송비용은 피고들이 부담한다.

라는 판결을 구합니다.

청 구 원 인

1. 당 사 자

가. 원고(선정당사자)들 및 선정자들은 서울 OOO 집합건물(지하 O층, 지상 O층, 총 OOO세대, 이하 '이 사건 집합건물'이라 한다.)의 각 구분건물의 소유자들이고,

나. 피고 (주) OOO는 이 사건 집합건물에 관하여 2000. 11. 16. 소유권보존등기를 경료한 건축주이고,

다. 피고 주식회사 000은 이 사건 집합건물의 대지인 위 000 대 2117.4㎡를, 같은 동 OOO 대 178.2㎡, 같은 동 OOO 대 458.2㎡(이하 '이 사건 토지'라 한다)을 경락받아 2009. 11. 5. 소유권이전등기를 마친 이 사건 토지의 소유자입니다.

2. 이 사건 집합건물의 연혁

가. 피고 (주) OOO은 1996. 12. 24. OO토지신탁과 사이에 이 사건 토지 지상에 집합건물을 신축하여 분양하기로 하는 내용의 토지신탁계약을 체결하고, 1996. 12. 24. OOO 토지에 관하여, 1997. 10. 22. 위 OOO 토지에 관하여 OO토지신탁에게 위 토지신탁계약을 원인으로 한 소유권이전등기를 마쳐 주었습니다.

나. OO토지신탁은 1997. 7. 14. 건축허가를 받고 시공사 등을 통해 이 사건 집합건물 신축공사를 시작하여 2000. 2. 27. 지붕 슬래브 배근 공사를 완성하였고, 2000. 10. 25. 피고 OOO에게 이 사건 토지에 관하여 신탁재산을 원인으로 한 소유권이전등기를 마쳐주었으며, 피고 OOO은 2000. 10. 26. 다시 OO토지신탁에게 이 사건 토지에 관하여 신탁을 원인으로 한 소유권이전등기를 마쳐 주었고, 2000. 10. 28. 이 사건 집합건물에 대한 신축공사의 건축주 명의를 OO토지신탁에서 피고 OOO로 변경한 다음, 2000. 11. 6. 이 사건 집합건물에 대해 사용승인을 받고 2000. 11. 16. 이사건 집합건물의 각 구분건물에 관하여 피고 OOO 명의로 소유권보존등기를 마쳤습니다.

다. 이 사건 집합건물의 지하2층 내지 지상 3층은 각 층당 100여 개 이상의 구분건물로, 15층은 3개의 구분건물로 각 등기가 이루어진 반면, 나머지 층은 층별로 하나의 구분등기가 이루어졌고, 피고 OOO은 2000. 11. 21. OO토지신탁에게 각 구분건물에 관하여 신탁을 원인으로 한 소유권이전등기를 마쳐 주었으며, 이 사건 집합건물의 각 전유부분의 면적은 별지 4.표 기재와 같습니다.

라. 한편, 피고 OOO은 위탁자로서, OO토지신탁은 수탁자 겸 매도인으로서 이 사건 집합건물의 완공 전인 1997. 8.월경부터 1999. 6.경까지 사이에 신축하기로 예정된 이 사건 집합건물의 일부 구분건물을 일부 수분양자들에게 사전 분양하였고, 2002. 6. 18. OO토지신탁과 사이에 이 사건 토지와 이 사건 집합건물에 관한 신탁계약의 최종 계산을 마치고 위 계약을 합의해지하면서 소송비용 등 앞으로 예상되는 사업비 명목으로 OO토지신탁에게 구분건물 4세대를 주기로 약정한 다음 2002. 6. 19. 나머지 미분양 구분건물과 이 사건 토지에 관하여 신탁재산 귀속을 원인으로 한 소유권이전등기를 넘겨받았습니다.

마. 피고 주식회사 OOO은 OO세무서의 압류등기 등에 기초한 이 사건 토지에 대한 체납처분에 따른 공매절차에서 2009. 8. 21. 이 사건 토지를 매수한 후, 2009. 11. 5. 소유권이전등기를 마쳤습니다.

3. 구분소유 및 대지사용권 성립

가. 1동의 건물에 대하여 구분소유가 성립하기 위한 요건

(1) 객관적·물리적으로 1동의 건물이 존재하고 구분된 건물 부분이 구조상, 이용상 독립성을 갖추어야 할 뿐 아니라

(2) 1동의 건물 중 물리적으로 구획된 건물 부분을 각자 구분소유권의 객체로 하려는 구분행위가 있어야 하고, 여기서 구분행위는 건물의 물리적 형질에 변경을 가함이 없이 법률 관념상 그 건물의 특정 부분을 구분하여 별개의 소유권의 객체로 하려는 일종의 법률행위로서,

(3) 그 시기나 방식에 특별한 제한이 있는 것은 아니며 처분권자의 구분의사가 객관적으로 외부에 표시되면 충분하므로, 구분건물이 물리적으로 완성되기 전에도 건축허가신청이나 분양계약 등을 통하여 장래 신축되는 건물을 구분건물로 하려는 구분의사가 객관적으로 표시되면 구분행위의 존재를 인정할 수 있고,

(4) 그 후 1동의 건물과 그 구분행위에 상응하는 구분건물이 객관적·물리적으로 완성되면 아직 그 건물이 집합건축물대장에 등록되거나 구분건물로서 등기부에 등기되지 아니하더라도 그 시점에 구분소유가 성립합니다(대법원 2013. 1. 17. 선고 2010다71578 전원합의체 판결 참조).

나. 대지사용권의 성립

(1) 대지사용권의 성립에는 집합건물의 존재와 구분소유자가 전유부분 소유를 위하여 당해 대지를 사용할 수 있는 권리를 보유하는 이외에 다른 특별한 요건이 필요하지 않습니다(위 대법원 2010다71578 전원합의체 판결 참조).

(2) 또한 집합건물법 제2조 제6호는 대지사용권을 '구분소유자가 전유부분을 소유하기 위하여 건물의 대지에 대하여 가지는 권리'라고 정의하고 있는데, 집합건물법이 이와 같이 대지사용권에 대한 정의 규정을 두고 있는 이유는 집합건물법 제20조에 의하여 전유부분과 처분의 일체성이 인정되

는 대지사용권의 범위를 명확하게 하기 위한 것입니다.

(3) 따라서 전유부분의 처분에 따르고 전유부분과 분리하여 처분할 수 없는 집합건물법상의 대지사용권은 집합건물법 제2조 제6호가 정의하고 있는 권리, 즉 '구분소유자가 전유부분을 소유하기 위하여 건물의 대지에 대하여 가지고 있는 권리'라고 할 것이고,

(4) 그 권리가 아닌 다른 권리를 구분소유자가 임의로 집합건물법상의 대지사용권으로 정할 수는 없습니다(대법원 2015. 10. 29. 선고 2014다6107 판결 참조).

다. 이 사건 이 사건 집합건물에 대한 구분소유의 성립

(1) 이 사건 집합건물은 2000. 2. 27. 지붕 슬래브 배근 공사가 완성됨으로써 지하7층부터 지상 15층까지의 각 층의 기둥과 지붕 그리고 주벽이 모두 만들어져 이 사건 집합건물 내부의 각 구분된 건물 부분이 구조상, 이용상 독립성을 갖추게 되었고,

(2) 피고 OOO과 OO토지신탁이 구분건물이 물리적으로 완성되기 전인 1997. 8.경부터 구분건물에 관한 분양계약을 체결함으로써 장래 신축되는 건물을 구분건물로 하려는 구분의사를 객관적으로 표시하였으므로 2000. 2. 27. 이전에 구분행위도 존재하였습니다.

(3) 결국, OO토지신탁이 이 사건 토지를 소유하고 있었던 2000. 2. 27. 시점에 이 사건 집합건물에 대하여 구분소유가 성립함으로써 OO토지신탁이 각 구분건물의 소유권을 원시취득하였습니다.

라. 이 사건 집합건물에 관한 대지사용권의 성립 및 내용

(1) OO토지신탁은 2000. 2. 27. 이 사건 집합건물에 대하여 구분소유가 성립함으로써 OO토지신탁이 각 구분건물의 소유권을 원시 취득하였고,

(2) 2000. 2. 27. 당시 OO토지신탁은 이 사건 집합건물이 위치한 이 사건 토지의 소유자였으므로, OO토지신탁은 이 사건 토지의 소유자로서 대지소유

권을 각 구분건물의 소유를 위한 권리로 가지고 있었으므로, 그 대지소유권이 각 구분건물을 위한 대지사용권으로 성립하여, 이 사건 토지의 소유권이 집합건물법상의 대지사용권으로서 전유부분과 처분의 일체성을 가지게 되었습니다.

(3) 피고 OOO이 2002. 6. 19. 이 사건 집합건물의 원시취득자인 OO토지신탁으로부터 미분양 구분건물에 관한 소유권을 이전받음으로써 해당 건물의 사용을 위한 대지사용권 또한 일체로 승계하게 되었고,

(4) 나머지 분양된 구분건물에 관하여는 현재 소유자들이 최초 수분양자들 내지 OO토지신탁으로부터 그 구분건물에 관한 소유권을 이전받음으로써 해당 건물의 사용을 위한 대지사용권 또한 일체로 승계하게 되었습니다.

4. 원고가 주물인 전유부분의 소유권을 취득할 때 종된권리인 대지사용권을 취득한 사실

가. 대지사용권은 집합건물법 제2조 제6호의 소정의 구분소유자가 전유부분의 소유를 위하여 건물의 대지에 대하여 가지는 권리인 대지사용권은 주물인 전유부분의 부종된 종된권리로서 대법원 판결은 일치하여 주물인 집합건물의 전유부분을 취득할 때 대지권 등기의 여부에 상관없이 종된권리인 대지사용권도 취득한다고 하고 있습니다.

(1) 대법원 2012. 3. 29. 선고 2011다79210 판결은
"집합건물의 건축자가 그 소유의 대지 위에 집합건물을 건축하고 전유부분에 관하여 건축자 명의의 소유권보존등기가 마쳐진 경우, 건축자의 대지소유권은 집합건물의 소유 및 관리에 관한 법률 제2조 제6호 소정의 구분소유자가 전유부분을 소유하기 위하여 건물의 대지에 대하여 가지는 권리인 대지사용권에 해당한다. 그리고 집합건물에서 구분소유자의 대지사용권은 규약으로써 달리 정하는 등의 특별한 사정이 없는 한 전유부분과 종속적 일체불가분성이 인정되어 전유부분에 대한 경매개시결정과 압류의 효력은 종물 또는 종된 대지소유권에도 미치는 것이므로(집합건물

법 제20조 제1항, 제2항), 건축자의 대지소유권에 관하여 부동산등기법에 따른 구분건물의 대지권등기가 마쳐지지 않았다 하더라도 전유부분에 관한 경매절차가 진행되어 그 경매절차에서 전유부분을 매수한 매수인은 전유부분과 함께 대지사용권을 취득한다."라고 판시하였습니다.

(2) 대법원 2011. 2. 10. 선고 2010다11668 판결은

"피고는 이 사건 토지를 매수하여 1993. 10. 8. 그 명의로 소유권이전등기를 마친 후 그 지상에 집합건물인 이 사건 건물을 신축하여 분양하였는데, 그 후 이 사건 건물 제1402호에 관하여 1995. 10. 4. 소외인 명의로 1995. 10. 1.자 매매를 원인으로 한 소유권이전등기 및 2007. 2. 12. 원고 명의로 2007. 2. 9.자 매매를 원인으로 한 소유권이전등기가 각 경료되었다는 것이니 만큼, 앞서 본 법리에 비추어 보면 건축자인 피고로부터 소외인 원고 앞으로 위 전유부분에 관하여 각 소유권이전등기가 경료될 당시 이미 피고는 이 사건 건물 제1402호에 대한 대지사용권을 취득하고 있었다고 인정할 수밖에 없다. 그렇다면 사정이 없는 한 건축자인 피고로부터 소외인 및 원고 명의로 순차 경료된 각 소유권이전등기의 전제가 된 전유부분인 이 사건 건물 제1402호의 처분에는 그에 대응하는 대지사용권도 수반되어 함께 이전되었다고 못 볼 바 아니다."라고 판시하였습니다.

(3) 대법원 2008. 9. 11. 선고 2007다45777 판결은

"이 사건 전유부분을 부동산 임의경매 절차에서 직접 낙찰받거나 낙찰받은 자로부터 양수한 원고들은 집합건물법 제20조 제1항에 따라 이 사건 전유부분과 아울러 그 대지사용권을 취득할 뿐만 아니라, 그 후 이 사건 대지에 관한 소유권을 취득한 건축자인 피고 조진에 대하여 이 사건 전유부분의 대지사용권에 해당하는 이 사건 대지지분의 이전등기를 구할 수 있다고 봄이 상당하다."라고 판시하고 있습니다.

나. 또한, 대법원 2001. 9. 4. 선고 2001다22604 판결은 임의경매 과정에서 대지권에 대한 감정평가가 이루어지지 않아 대지권은 경매목적물이 아닌 경우에 대하여

"저당권의 효력은 저당부동산에 부합된 물건과 종물에 미치고 (민법 제358호 본문), 집합건물 구분소유자의 대지사용권은 그가 가지는 전유부분의 처분에 따르며, 규약으로써 달리 정하지 아니하는 한 구분소유자는 그가 가지는 전유부분과 분리하여 대지사용권을 처분할 수 없으므로(집합건물의소유및관리에관한 법률 제20조), 구분건물의 전유부분에 대한 소유권이전등기만 경료되고 대지지분에 대한 소유권이전등기가 경료되기 전에 전유부분만에 관하여 설정된 근저당권에 터잡아 임의경매절차가 개시되었고, 집행법원이 구분건물에 대한 입찰명령을 함에 있어 대지 지분에 관한 감정평가액을 반영하지 않은 상태에서 경매절차를 진행하였다고 하더라도, 전유부분에 대한 대지사용권을 분리 처분할 수 있도록 정한 규약이 존재하는 등의 특별한 사정이 없는 한 낙찰인은 경매목적물인 전유부분을 낙찰받은에 따라 종물 내지 종된 권리인 대지지분도 함께 취득하게 된다." 라고 판시하고 있습니다.

다. 이 사건 집합건물의 건축주인 피고 (주) OOO는 이 사건 집합건물의 신축으로 각 전유부분의 소유권을 취득할 당시 전유부분의 소유를 위하여 대지를 사용할 권리인 대지사용권을 취득하였고

라. 그 뒤 이 사건 건물 중 별지 1. 부동산목록의 각 전유부분에 관하여 주물인 전유부분의 구분소유권이 순차로 이전될 때에 구분소유자는 전유부분의 종된 권리인 대지사용권도 함께 취득한 것입니다.

5. 피고 주식회사 OOO의 소유권이전등기가 강행법규인 집합건물법 제20조 제2항에 위반되는 무효의 등기인 사실

가. 집합건물법 제20조의 집합건물의 전유부분과 대지의 분리처분금지

집합건물법은 제20조에서 구분소유자의 대지사용권은 그가 가지는 전유부분의 처분에 따르고(제1항), 구분소유자는 규약 또는 공정증서로써 달리 정하지 않는 한 그가 가지는 전유부분과 분리하여 대지사용권을 처분할 수 없으며(제2항, 제4항), 위 분리처분금지는 그 취지를 등기하지 아니하면 선의로 물권을 취득한 제3자에 대하여 대항하지 못한다(제3항)고 규정

하고 있는 바,

나. 위 규정의 취지는 집합건물의 전유부분과 대지사용권이 분리되는 것을 최대한 억제하여 대지사용권 없는 구분소유권의 발생을 방지함으로써 집합건물에 관한 법률관계의 안정과 합리적 규율을 도모하는데 있다 할 것이므로, 전유부분과 대지사용권의 일체성에 반하는 대지의 처분행위는 그 효력이 없다 할 것입니다(대법원 2006. 3. 10. 선고 2004다742 판결, 위 대법원 2010다71578 전원합의체 판결 등 참조).

다. 결국, 앞에서 살펴본 바와 같이 피고 OOO이 이 사건 집합건물의 소유를 위한 대지사용권을 승계취득한 이후 피고 주식회사 OOO이 공매절차에서 이 사건 토지를 매수한 것은 집합건물법 제20조 제2항에 위배되어 무효이고, 그에 터잡아 이루어진 근저당권설정등기 및 근저당권이전의 부기등기 또한 모두 무효라 할 것입니다.

6. 원고(선정당사자)들 및 선정자들의 청구취지 기재의 청구권원

가. 대지사용권과 대지권

부동산등기법 제42조 제4항은 "구분건물에 「집합건물의 소유 및 관리에 관한 법률」 제2조 제6호의 대지사용권으로서 건물과 분리하여 처분할 수 없는 것[이하 "대지권"이라 한다]이 있을 때에는 신청서에 그 권리의 표시를 적어야 한다."라고 규정하고 있습니다. 즉, "대지권"은 집합건물법 제20조 제2항에 의하여 대지사용권이 집합건물과 분리하여 처분할 수 없게 된 것입니다. 집합건물법 제20조 제2항은 "구분소유자는 그가 가지는 전유부분과 분리하여 대지사용권을 처분할 수 없다. 다만 규약으로써 달리 정한 경우는 그러하지 아니하다."고 규정하고 있는데, 따라서 규약으로 전유부분과 그 대지의 분리처분을 규정하지 않고 있는 한 집합건물법 제2조 제6호의 대지사용권은 부동산등기법 제42조 제4항의 대지권에 해당합니다.

나. 원고(선정당사자)들 및 선정자들의 대지권 취득

원고(선정당사자)들 및 선정자들은 이 사건 집합건물 중 별지 2. 부동산목록 중 '전유부분의 건물의 표시'란 기재 각 구분건물(이하 '이 사건 구분건물'이라 한다)의 현재 소유자로서, 피고 OOO이 OO토지신탁으로부터 승계취득한 이 사건 구분건물의 소유를 위한 대지사용권은 경매절차, 매매계약 등을 통해 원고(선정당사자)들 및 선정자들에게 순차로 이전되었고, 이에 따라 원고(선정당사자)들 및 선정자들은 대지권으로서 이 사건 토지 중 이 사건 구분건물의 각 전유부분 면적 비율에 상응하는 대지권을 취득하였습니다.

다. 대지권의 사후취득시 대지권등기의 방법

(1) 부동산등기법 제60조(구 부동산등기법 제57조의3)는 주물-종물 이론에 의하여 주물인 전유부분의 취득시 종된권리인 대지권을 취득한 구분소유자 등이 사후적으로 취득한 대지권에 관하여 등기를 경료할 수 있는 방법으로 전유부분의 최종 구분소유자가 직접 건축주를 상대로 대지권지분 이전등기를 청구할 수 있는 방법을 규정하고 있습니다.

(2) 대법원 2007다45777 판결도 "부동산등기법 제57조의3 제1항은 '집합건물법 제1조 또는 제1조의2에 규정된 건물을 건축한자가 대지사용권을 가지고 있는 경우에 대지권에 관한 등기를 하지 아니하고 구분건물에 관하여는 소유권이전등기를 마쳤을 때에는 현재의 구분소유자와 공동으로 대지사용권에 관한 이전등기를 신청할 수 있다'고 규정하고 있으므로 현재의 소유자가 분양자를 상대로 직접 이전등기를 청구할 수 있다."라고 판시하였습니다.

(3) 원고들과 선정자들은 매매와 경락을 원인으로 한 중간자인 소외 OOO 명의의 이전등기 등을 경유할 필요 없이 곧바로 건축주인 피고 (주) OOO에 대한 대지지분이전등기절차의 이행을 청구할 수 있다 할 것입니다.

(4) 따라서, 피고 OOO은 이 사건 구분건물을 양수한 원고(선정당사자)들 및 선정자들에게 이 사건 토지 중 별지 3. 표 (다), (라), (마)항 기재 구분건물에 관하여 각 같은 표 (나)항 '전유부분취득일'란 기재 해당일자에 별지 2. 부동산목록 중 원고(선정당사자)들 및 선정자별 '전유부분의 건물의 표

시'란 기재 구분건물의 각 전유부분 취득을 원인으로 한 소유권이전등기 절차를 이행할 의무가 있다 할 것입니다.

라. 피고 주식회사 OOO에 대한 말소등기 청구

피고 OOO이 이 사건 구분건물의 소유를 위한 대지사용권을 승계취득한 이후 피고 주식회사 OOO이 공매절차에서 이 사건 토지 중 위 각 구분건물의 대지사용권에 해당하는 부분을 매수한 것은 집합건물법 제20조 제2항에 위배되어 무효이므로, 이 사건 토지 중 위 가.항의 원고(선정당사자)들 및 선정자들 대지지분에 해당하는 지분에 관해 각 말소등기절차를 이행할 의무가 있다 할 것입니다.

7. 원고들의 대지권 지분 청구 범위에 대하여

가. 집합건물법 제12조 제1항은 "각 공유자의 지분은 그가 가지는 전유부분의 면적의 비율에 의한다."라고 규정하고 있습니다.

나. 이 사건 집합건물의 구분건물 683세대 전체의 전유부분 면적 합계는 별지 4.'합계'란 기재와 같이 14,335.88㎡이고, 이 사건 구분건물의 전유부분 면적은 별지 2. '전유부분의 건물의 표시'란 중 해당 기재와 같으므로,

다. 원고(선정당사자)들 및 선정자들이 이 사건 구분건물의 전유부분 소유를 위하여 취득하게 되는 대지지분권은 '토지면적 × 국일관건물 전체 전유면적에 대한 각 구분건물의 전유면적 비율'(집합건물법 제12조 제1항 참조)이 되고, 그 구체적 내역은 별지 3.표 (다), (라), (마)항 기재와 같습니다.

8. 원고(선정당사자)들 및 선정자들은 청구취지와 같은 판결을 구하고자 본건 청구에 이르렀습니다.

입 증 방 법

갑제1호증	집합건축물대장(표제부)
갑제2호증의 1.	사용승인신청서

2.	사용승인서
3.	건축물개요
갑제3호증의 1. 내지 3.	각 토지등기부등본
갑제4호증의 1. 내지 5.	등기사항전부증명서(원고들)

(선정자들의 등기사항전부증명서(집합건물)은 양이 방대하므로 추후 제출하도록 하겠습니다).

첨 부 서 류

1. 당사자선정서	각1부
2. 개별공시지가확인원	3부
3. 목적물가액산정서	1부
4. 판결문(대법원 2015다5095 판결)	1부
5. 법인등기부등본	4부
6. 위임장 및 담당변호사지정서	1부

2017. 9. .

원고(선정당사자)들 소송대리인
법무법인 ○ ○ ○
담당 변호사 ○ ○ ○

서울중앙지방법원 귀중

제3장 집합건물의 분양

제1절 선분양제도와 관련분쟁

우리 집합건물법제의 특징의 하나로 다른 나라에서는 사례가 드문 "선분양[109] 후시공(이하 "선분양제도"라 한다)"의 분양제도를 들 수 있다. 선분양제도는 법률적 검토를 거쳐 분양자와 소비자의 권리와 법익의 균형을 맞추어 시행된 제도는 아니다. 연혁적으로 주택난과 상가·사무실 공간의 부족을 해결하기 위하여 주택과 상가 및 사무용 건물을 대량으로 공급해야 한다는 국가정책에 따라 공동주택 단지나 대형 상가건물의 공급을 추진하는 분양자의 자금난을 해결하기 위한 방편으로 도입된 것이었다. 선분양제도는 대량의 주택과 상가건물을 공급한다는 국가정책 달성에 부합했기 때문에 1970년대 이래 지금까지도 계속 시행되고 있지만, 집합건물의 분양 및 관리에 관한 법제를 선분양제도의 특성을 반영하여 정비한 것은 아니었다. 제3장에서는 선분양제도의 폐해가 전형적으로 드러나는 허위·과장광고, 중요한 정보의 미제공, 그리고 하자문제에 대하여 분석하였다. 이미 판매된 집합건물을 소비자가 납부하는 분양대금으로 건설하는 선분양제도에서는 분양자가 집합건물을 하자가 없는 완벽한 상품으로 건설하여 공급하려는 유인이 줄어든다. 선분양제도에서 소비자는 완성된 물건을 점검하고 매매하는 특정물매매와 달리 상품을 점검해 보고 하자를 확인하여 분양대금 등의 거래조건을 정하기 어렵다.

집합건물을 완공하여 완공된 집합건물의 각 호수별로 특정하여 매매하는 "선시공 후분양" 방식의 분양계약이라면 이러한 분양계약은 특정물매매와 크게 다

---

109) '분양'이란 용어의 사전적 의미는 '전체를 몇 개로 나누어 양도하는 것'이다. 집합건물의 분양계약이란 집합건물을 건축하여 분양하는 분양자가 1개동의 집합건물을 각 구분건물별로 나누어 분양계약의 상대방인 수분양자에게 양도하는 계약이다.

를 바 없다. 특정물매매에서는 매도인도 계약을 성사시키기 위하여 사전에 철저하게 하자보수를 한 후 매매를 시도하게 되고 매수인이 하자, 품질, 입지조건, 일조·조망·소음 등 생활이익의 확보 등 목적물의 제반 상태를 확인하여 거래를 하므로 특정물 도그마와 매매의 담보책임의 법리에 의하여 하자문제를 해결해도 큰 문제는 없다. 후분양 방식의 분양계약에 대해서는 특정물매매의 성격을 가진다는 점에 대하여 학계에서도 큰 이견이 없다. 하지만 선분양제도 하에서의 분양은 완성된 상품을 판매하는 것이 아니라 수분양자와 체결한 분양계약에 따라 수분양자가 납부하는 분양대금으로 상품을 완성하여 공급하는 제작물계약의 성격도 가지고 있고,[110] 집합건물법 제9조에서 하자담보책임에 관하여 민법의 도급에 관한 규정을 준용하고 있듯이 집합건물을 완성해야 할 의무라는 점에서 도급의 성격도 있다. 또한 목적물인 집합건물의 구분소유권을 이전하고 인도해야 할 의무라는 점에서 매매의 성격을 동시에 가지고 있다.[111] 그러므로 선분양제도에서의 분양계약을 완성된 특정호수를 매매하는 특정물 매매계약과 동일하게 볼 수 없다. 후분양의 경우와 선분양 경우는 상품의 성격도 다르고 거래방식도 전혀 다르므로 두 가지의 거래를 통일적인 법리로 규율해야 할 필요성은 없다. 선분양제도 하에서 분양계약의 법적성격에 관한 논의는 특히 집합건물의 하자보수 책임에 대해서 매매나 도급 중 어떤 하자담보책임을 적용해야 하는지, 하자를 이유로 분양계약의 해제를 인정할 수 있는지 등 중요한 법적 쟁점과 관련하여 논의의 실익이 있다.

또한 거래의 구체적인 태양이나 법적 성격의 측면에서 뿐만 아니라 분양계약의 상대방인 수분양자나 구분소유자의 보호라는 정책적 측면도 고려해야 한다.

---

110) 제작물공급계약은 대체물인 경우에는 매매에 관한 규정이 적용되나, 물건이 특정의 주문자의 수요를 만족시키기 위한 부대체물인 경우에는 물건의 공급과 함께 제작이 계약의 주목적이 되어 도급의 성질을 가진다(대법원 1996. 6. 28. 선고 94다42976 판결).

111) 분양계약의 법적성질에 관한 학설의 정리는 손금주, "구 주택법시행령 제59조 제1항의 하자보수책임기간에 관한 소개", 건설재판실무논란, 서울중앙지방법원 건설실무소개회, 2006. 95,96면.

집합건물의 하자보수를 둘러싼 여러 법익의 형량의 측면에서 보면, 집합건물의 장기적인 보존·관리라는 공익적 측면과 하자보수를 지나치게 과도한 기간과 비용이 소요되도록 요구할 경우 집합건물의 분양자들이 집합건물의 분양을 꺼리게 되는 부작용의 측면을 규범적으로 조화시키려는 노력이 필요하다. 또한 적지 않은 금원이 소요되는 전유부분과 공용부분의 하자보수 비용을 충당할 수 있도록 구분소유자들의 권리구제적 측면도 고려해야 한다. 집합건물의 건축은 수많은 재료와 인력이 소요되어 경제적으로 경기부양 효과가 크다. 그래서 경제성장단계에 있던 1970, 80년대에는 집합건물의 원활한 공급에 초점을 맞추어 하자보수는 집합건물의 분양·관리에서 크게 중요시 되지 않았다. 하지만 주택보급율이 100%를 넘은 2000년대 이후에는 주거의 질이 중요시 되면서 집합건물의 하자에 관한 관심과 권리의식은 매우 높아져 과거와 같은 경기부양 내지 공급 활성화의 측면에서만 하자보수에 관한 법리를 전개할 수는 없다. 아래에서 살펴보는 바와 같이 집합건물의 하자에 관한 추급권자, 하자담보책임기간, 구 주택법상 하자발생기간의 의미 등과 관련한 법리논쟁에는 이러한 집합건물의 공급을 둘러싼 정책논쟁도 상당한 위치를 차지하고 있다. 집합건물의 하자와 관련한 다양한 법리의 소개에 있어서는 선분양제도를 비롯한 집합건물의 공급정책과 관련한 정책적 배경을 함께 고려하였다.

제2절 집합건물의 분양을 둘러싼 다양한 분쟁

Ⅰ. 분양광고와 법적 책임

1. 분양광고의 법적 성질

집합건물의 지리적 위치, 교통접근성, 품질, 마감재료 등은 분양계약의 체결에 있어 소비자에게 매우 중요한 판단기준이 되는 내용들이지만 이러한 내용이 분양계약서에 포함되는 경우는 거의 없고 대부분 분양광고인 분양 카탈로그나 모델하우스(견본주택), 분양회사 직원의 안내 등에만 포함되어 있다. 분양되는 집합건물의 현황에 대한 설명이나 자료제출의무를 부실하게 하거나 불완전하게 하는 경우, 더 나아가 허위 과장광고를 하거나 분양광고의 내용과 다르게 시공한 경우 사업주체에게 그 책임을 물을 수 있는가에 대하여 종전의 대법원 판례는 부정적이었다. 계약책임 및 채무불이행 책임과 관련하여 광고내용이나 모델하우스에 기재된 품질과 다른 싱크대, 바닥재, 비디오폰, 천연페인트 등이 사용된 경우에도 그러한 모델하우스나 카탈로그의 내용은 청약의 유인에 불과하여 계약의 내용이 아니므로 계약위반 책임을 물을 수 없다고 하였다.[112] 또한 불법행위에 기한 손해배상 책임에 대하여는 선전 광고에 다소의 과장 허위가 수반되는 것은 그것이 일반 상거래의 관행과 신의칙에 비추어 시인될 수 있는 한 기망성이 결여되기 때문에 기망 등의 불법행위를 인정할 수 없다고 하였다.[113] 이 때문에 집합건물의 분양계약과 관련한 분쟁에서 소비자들이 피해구제를 받을 수 있는 길은 사실상 봉쇄되어 있던 셈이다.

선분양 방식의 아파트 거래사례에서 계약의 목적물인 아파트 및 그 부대시설의 외형·재질·구조 및 실내장식이나 입지조건 등이 특정되지 않은 상태에서 분

112) 대법원 2007. 6. 1. 선고 2005다5843 판결 등.
113) 대법원 2001. 5. 29. 선고 99다55601, 55618 판결 등.

양계약이 체결되었다는 것은 결국 분양계약이 분양계약서만으로는 완결적이지 않다는 것이다. 이렇게 계약내용이 완성되지 못한 불완전 계약(incomplete contract)에서는 불완전한 부분을 보충할 필요가 있다.[114] "일간신문에 한 입주자모집공고, 분양 카탈로그, 견본주택의 조건, 분양담당자의 설명, 분양계약서 작성 등의 일련의 분양계약의 체결과정에 비추어 보면 분양계약의 당사자들 사이에서는 계약의 핵심내용을 이루는 계약의 목적물의 외형·재질·구조 등에 관해서는 분양카탈로그 등의 인쇄물, 견본주택의 조건 등에 통하여 특정하여 계약에 편입하기로 하는 묵시적 합의가 있었다고 볼 수 있다.[115] 이러한 묵시적 합의를 통하여 계약의 핵심적인 내용인 목적물의 품질이나 성질 등이 보충됨으로써 불완전 계약이 비로소 완성되는 것이다.

2. 분양광고와 분양계약 책임

아파트란 상품을 매매하는 분양계약의 과정은 완성된 제품을 진열하고 있다가 소비자가 선택하면 바로 매매계약이 체결되는 일반적인 상품의 매매계약 과정처럼 단순하지 않다. 신문광고, 분양카탈로그의 배포, 견본주택의 전시, 분양담당자의 설명, 분양계약의 체결 등 일련의 여러 과정을 거쳐 이루어진다. 소비자들은 분양계약서에는 기재되어 있지 않지만 신문광고, 분양카탈로그, 견본주택, 분양담당자의 반복된 설명을 통하여 이루어진 상품의 구조, 외형, 재질, 입지조건 등의 내용도 분양계약의 내용으로 인식한다. 그러나 종래 판례[116]의 태도

114) 김재형, "분양광고와 계약 - 청약, 청약의 유인, 손해배상을 중심으로", 민사판례소개(제31집), 2009. 2. 박영사, 425면.

115) 대법원 2007. 6. 1. 선고 2005다5812, 5829, 5836 판결(종전의 대법원 판례들처럼 분양광고는 '청약의 유인'에 불과하여 그 자체로는 계약의 내용으로 볼 수 없다고 하면서도, 당사자 사이의 의사해석을 통하여 분양계약에 분양광고의 내용이 편입될 수 있다는 점을 처음으로 밝힌 점에서 의의가 큰 판결이다).

116) 대법원 1996. 1. 26. 선고 94다30690 판결, 대법원 2001. 5. 29. 선고 99다55601, 55618 판결 등 종전의 판례는 일관되게 청약의 유인에 불과한 분양광고는 계약의 내용이 될 수 없다는 입장을 취하였다.

는 분양광고가 청약인지, 아니면 청약의 유인인지에 관한 법리적 논의에 모아지고 있었다. "신문공고 – 견본주택의 전시 – 분양카탈로그의 교부 – 분양담당자의 설명 – 분양계약의 체결"과 같이 분양계약이 체결되기까지의 일련의 사실관계는 분양광고가 분양계약이 될 수 있는지에 관한 검토에서 중요시되지 않았다. 분양광고의 내용이 청약의 유인으로 해석된다 하더라도 '청약의 유인'이기 때문에 분양광고는 분양계약의 내용이 될 수 없다고 바로 단정 지을 것이 아니라, 더 나아가 분양광고를 분양계약의 내용으로 편입하려는 당사자들의 의사가 있었는지를 분석하는 과정이 필요하다. 당사자의 사이의 묵시적 합의나 분양계약 중 분양광고의 내용을 분양계약의 내용으로 편입하려는 매개적인 조항이 있는지를 보아 분양광고의 분양계약 편입 여부를 분석해야 한다.

그 뒤 대법원 판례는 태도를 바꾸어 분양광고의 법적성질은 청약의 유인이지만 분양 광고의 내용 중 분양자와 수분양자 사이에 이를 분양계약의 내용으로 하기로 하는 묵시적 합의가 있다는 논리로 분양광고 중 일정한 부분은 분양계약의 내용으로 편입시키는 법리를 제시하고 있다.[117] 즉, 분양광고 중 분양자가 책임질 수 있는 영역인 집합건물의 외형·재질 등에 관한 것과 분양자가 책임지기 어려운 영역인 대학교 유치, 지하철노선 연장 등 집합건물 외부의 입지조건 등에 관한 것을 나누어, 책임을 묻는 방식을 달리하고 있다. 전자의 분양광고에 대하여는 분양계약의 내용으로 보고 분양자의 계약책임이나 계약위반에 따른 채무불이행에 기한 손해배상책임을 인정할 수 있지만, 후자의 분양광고에 대하여는 계약책임을 물을 수는 없지만 허위·과장 광고 등에 해당하는 경우에는 불법행위에 기한 손해배상책임을 인정하고 있다. 분양광고의 내용, 모델하우스의 조건 또는 수분양자에 행한 설명 등이 비록 청약의 유인에 불과하다 할지라도 아파트의 외형·재질 등에 관한 것으로서 사회통념에 비춰 수분양자가 분양자에게 계약내용으로 이행을 청구할 수 있다고 보이는 사항에 관한 한 수분양자들은 이

117) 대법원 2007. 6. 1. 선고 2005다5812, 5829, 5836 판결.

를 신뢰하고 분양계약을 체결하는 것이고 분양자들도 이를 알고 있었다고 보아야 할 것이므로 분양자와 수분양자 사이에 이를 분양계약의 내용으로 하기로 하는 묵시적인 합의가 있었다고 보아야 한다. 예를 들어 원목마루, 유실수 단지 및 테마공원 등 외형·재질 등에 관한 것이나 콘도회원권 등 부대시설에 관한 광고는 분양자가 이행할 수 있는 영역의 것이므로 분양계약의 내용이 된다. 하지만 주변도로의 확장, 서울대 이전 및 전철복선화 등 입지조건 등에 대한 광고는 외형·재질과 관계가 없고 소비자의 입장에서도 분양회사가 이를 이행한다고 기대할 수 없는 것이므로 분양계약의 내용이 되지 않는다. 후자에 대하여는 분양회사가 그러한 입지조건이 마련되지 않는다는 것을 알면서도 허위. 과장광고를 한 경우 불법행위에 기한 손해배상을 청구할 수 있을 것이다.

3. 허위·과장 광고와 손해배상 책임

아파트 등 주거용 집합건물의 분양에서는 그 집합건물의 품질 자체에 대한 허위·과장 광고가 주요 쟁점이 많이 되고 있다. 예를 들면, 주거용 집합건물의 경우 다른 아파트의 평형보다 전용면적이 더 넓을 수 있는 것으로 한 광고[118]나 최상층에 다락을 설치하여 복층으로 활용할 수 있다는 광고[119] 등에 대하여 신의성실의 의무에 비추어 비난받을 정도의 허위·과장 광고에 해당하여 불법행위에 기한 손해배상 책임이 인정된 바 있다.

반면에, 상가용 집합건물의 경우에는 상권의 형성과 그에 따른 높은 수익의 보장이나 수익 발생 가능성을 광고하는 것이 손해배상 소송의 쟁점이 되고 있다. '표시·광고의 공정화에 관한 법률(이하, '표시광고법'이라고만 한다)'이 제정되기 전에는 이러한 허위·과장 광고는 기망행위에 이르는 정도로 평가되어야만 불법행위로 인정되어 손해배상책임이 인정될 수 있었으나, 종전의 대법원 판례는 앞

118) 대법원 2008. 10. 23. 선고 2007다44194 판결.
119) 대법원 2009. 4. 23. 선고 2009다1313 판결.

서 본 바와 같이 사회적으로 용인될 수 있는 상술의 정도를 넘었다고 보기 어렵다거나[120] 일반 상거래의 관행과 신의칙에 비추어 시인될 수 있는 한 기망성이 없다고 하여 대부분 불법행위를 인정하지 않았다. 표시광고법 제정 이후에는 허위 과장 광고가 기망행위의 정도에 이르지 않더라도 표시광고법 제3조 제1항 제1호의 허위·과장 광고에 해당하면 불법행위에 기한 손해배상책임을 인정하고 있다. 예를 들면 분양자가 구체적인 확인 없이 모노레일 설치가능성을 부풀려 광고한 경우 기망행위에 이르지 않더라도 표시광고법상의 허위·과장 광고에 해당하여 불법행위에 기한 손해배상 책임이 인정된다.[121] 오피스텔 임차권 분양광고가 사기나 착오로 인한 의사표시의 취소 사유에 해당되지 않으나 불법행위에 해당하는 과장광고에 해당하여 손해배상책임이 발생할 수 있으며, 손해액의 구체적 입증이 없더라도 손해의 성격, 손해가 발생한 이후의 제반정황 등을 종합하여 손해액을 산정할 수 있다고 한 사례도 있다.[122]

상가용 집합건물의 분양에 있어서는 특히, 주요 중앙 일간지 등에 별다른 근거도 없이 상가를 분양받을 경우 월 얼마 이상의 확정수익을 올릴 수 있을 것처럼 광고하는 경우가 많다. 예를 들어, 'OO점포는 1점포 시세권리금 약 3억 5천만원, 10억대 부자 속출', '2천만원 투자로 년 720~900만원 수입', '1억원 투자로 OOOO점포 3개에다 연수입 1,980만 원에 막대한 권리금까지', '1년 내 원금회수 가능', 'A점포는 최초분양가 6,900만원, 현재 매매가 3억, 최초분양가 대비 500% 확정 투자수익을' 등이다. 이러한 분양광고는 그 내용을 제대로 밝히지 아니한 채 극히 일부 점포의 사례를 일반적인 점포의 사례인 것처럼 광고하거나, 미래 재산가치에 대하여 객관적·구체적인 근거없이 높은 가치가 보장되거나, 확정적 투자수익 또는 영업수익이 가능할 것처럼 광고하는 등으로 소비자를 속이거나

120) 대법원 2009. 3. 16. 선고 2008다1842 판결.

121) 대법원 2009. 8. 20. 선고 2008다19355 판결.

122) 대법원 2009. 8. 20. 선고 2008다19355 판결, 서울고등법원 2008. 1. 18. 선고 2006나67772 판결.

잘못 알게 할 우려가 있는 것이어서 표시광고법 제3조 제1항 제1호에서 정한 허위·과장 광고에 해당하고 이러한 강행법규 위반은 불법행위에 해당하므로 손해배상 책임이 인정된다.[123)]

4. 허위·과장 광고를 직접 하지 않은 시공사의 책임

분양자가 아닌 시공사에 대하여도 이러한 허위·과장 광고에 대한 손해배상책임을 물을 수 있는지도 종종 문제가 된다. 분양자는 소형 시행사로 분양 후 대부분 없어지는데, 소비자로서는 분양광고에도 시공사의 브랜드가 사용되고 분양계약서에도 분양계약의 당사자인 것처럼 날인을 하고 있는 시공사를 더 신뢰하여 분양계약을 체결하는 경우도 많기 때문이다. 대법원 2009. 4. 23. 선고 2009다1313 판결은 분양광고는 시행사가 주관하기로 하였지만, 시공사가 시행자와 정기적으로 분양대책회의까지 개최하였고, 분양계약상 아파트 분양대금도 시행사가 아닌 시행자로의 계좌로 바로 입금하도록 되어 있는 점, 분양안내책자의 뒷부분에는 시공사의 이미지광고, 기업연혁과 상호가 기재되어 있는데, 시공사는 분양광고에 자신의 상호 등이 사용됨을 용인하고 분양안내책자를 사전에 검토하여 승인한 바 있고, 소비자들은 시행사보다는 시공사의 브랜드 가치를 믿고 분양계약을 체결하기에 이른 것으로 보이는 점 등을 들어 시공사에 대하여도 허위·과장 광고에 대한 손해배상 책임을 인정한 바 있다.

한편, 분양자가 직접 허위·과장 광고를 한 것이 아니라 분양대행사가 분양실적을 높이려고 허위·과장 광고를 한 경우에 분양자에 손해배상 책임을 물을 수 있는가 문제도 실무상 쟁점이 많이 되었던 사안이다. 분양대행사의 광고들이 분양자와 협의 및 조정을 거쳐 이루어진 경우에는 이는 분양자의 광고행위에 해당할 수 있다. 또한 허위·과장 광고에 대하여 분양자와 분양대행사 사이에 구체적인 협의가 없었다 하더라도 표시광고법 제3조 제1항은 사업자 등이 직접 허위·

123) 대법원 2005. 2. 18. 선고 2003두8203 판결.

과장광고를 하는 경우는 물론 다른 사업자 등으로 하여금 이를 행하게 하는 경우 역시 금지하고 있고 소비자들의 입장에서는 분양자가 직접 분양광고를 하는 것으로 인식할 수밖에 없으므로 대외적으로는 분양자가 직접 위 분양광고의 주체인 것으로 법률상 평가되거나 적어도 분양자가 다른 사업자인 분양대행사로 하여금 분양광고를 하게 한 것이라고 할 것이므로 분양광고의 주체는 분양회사가 된다.[124]

유제풀이 1

甲 건설회사는 OOO시에서 아파트를 분양하였다. 甲 건설회사의 분양카탈로그에는 아파트 단지 안에 유실수 동산과 테마공원을 조성하고 단지 내에 들어서는 콘도의 회원권을 나누어 준다고 기재되어 있었다. 甲 건설회사가 낸 일간신문 광고에서는 전철이 복선화되고 주변도로가 확장되어 교통이 편리해지고 서울대 분교가 이전한다는 내용을 홍보하였다. 모델하우스(견본주택)에는 유럽식의 고급 원목바닥재로 거실바닥이 시공되어 있었다. 분양계약은 견본주택에서 甲 건설회사 직원의 설명을 거쳐 견본주택 안에서 체결되었는데, 甲 건설회사 직원은 위와 같은 분양카탈로그와 일간신문 광고 등의 내용을 설명하였다. 乙, 丙 등은 위 아파트 한 세대를 분양받았는데, 막상 입주해 보니 위와 같은 분양광고의 내용들은 시행되어 있지 않았다. 乙, 丙 등이 甲 건설회사를 상대로 어떤 내용의 소송을 제기할 수 있는가. 乙은 분양계약을 정리하고 분양대금을 반환받고자 하는데, 그 가능성은 어떠한가?

분양카탈로그와 일간신문 광고, 견본주택의 전시내용 등은 모두 분양광고에 해당한다. 분양광고 그 자체만으로는 청약의 유인에 불과하여 분양계약의 내용이라고 할 수 없지만, ① 단지 안에 유실수 동산과 테마공원 조성, ② 단지 내 콘도건설과 회원권 배포 등의 내용은 분양자인 甲 건설회사가 그 시공을 책임질 수 있는 외형·재질 등에 관한 것으로 사회통념에 비춰 수분양자가 분양자에게 계약의 내용

124) 대법원 2005. 2. 18. 선고 2003두8203 판결.

으로 청구할 수 있는 내용들이다. 건설회사 직원이 견본주택에서 분양광고의 내용을 설명하였으며, 견본주택에서 분양계약이 체결된 점 등을 종합해 보면, 분양자와 수분양자 사이에 위 광고의 내용을 분양계약의 내용에 편입하기로 하는 묵시적 합의가 있었다고 할 수 있다. 따라서 乙, 丙 등은 甲을 상대로 유실수 동산과 테마공원의 조성과 콘도의 건설 및 분양권 배포의 이행을 청구할 수 있다. 위와 같은 행위의 이행청구는 간접강제금의 부과 등에 의한 간접강제가 가능하기는 하나, 이행을 담보하기 쉽지 않고 이행에 많은 시간이 소요되므로 채무불이행에 따른 이행이익의 손해배상을 금전으로 청구하는 것이 현실적일 것이다. 원고는 유실수 동산과 테마공원 등이 조성되었을 경우 자신들의 아파트 시가에 미치는 가격영향과 해당 지역에 건설되는 콘도의 가치를 회원권의 가치로 환산한 가격 등에 관한 시가감정을 통하여 재산적 손실을 평가하여 손해배상 금액을 할 수 있다.

하지만, ① 전철의 복선화, ② 주변도로의 확장, ③ 서울대 분교이전 등의 내용은 도시계획에 의해 국가나 지방자치단체가 건설하거나 교육관청의 인가 등이 행정처분을 거쳐 달성될 수 있는 사안들로서 분양자가 책임질 수 있는 사안이 아니다. 수분양자들의 경우에도 위와 같은 분양광고의 내용이 계약에 편입되는 것으로 신뢰하여 분양계약을 체결하였다고 볼 수는 없으므로 분양계약에 편입되지 않는다. 따라서 계약상의 이행청구나 채무불이행에 기한 손해배상을 청구할 수는 없다. 그리고 위와 같은 분양광고의 내용이 일반 상거래 관행과 신의칙에 비추어 시인될 수 있는 정도의 기망성을 갖추었다고 볼 수는 없으므로 기망 등의 불법행위에 기한 손해배상 청구도 인정되기 어렵다. 하지만 위와 같은 광고는 허위·과장 광고에 해당하므로 "표시·광고 공정화에 관한 법률(이하 "표시광고법"이라고만 한다) 제3조 위반행위에 따른 손해배상 청구는 가능할 것이다. 원고는 위와 같은 입지조건에 관한 광고내용이 실현되었을 경우 아파트의 재산적 가격에 미치는 영향을 시가로 평가한 금액을 감정하여 손해배상액으로 청구할 수 있다. 다만 분양계약에 편입되어 채무불이행에 기한 손해배상으로 청구하는 부분과 달리 불법행위 또는 표시광고법 위반에 기한 손해배상 청구부분은 수분양자도 분양계약을 체결함에 있어 이를 크게 고려하여 분양계약을 체결하였다고 보기는 어려울 것이므로 손해공평 부담의 원칙에 의하여 손해배상액이 크게 제한될 수 있을 것이다.

그리고 계약의 해제는 계약의 주된 부분에 관한 사유를 근거로 해야 하는데, 분양계약에 편입되지 않는 사유나 해석을 통하여 묵시적 합의에 의하여 분양계약에 편입된 사유들을 분양계약의 주된 내용이라고 할 수는 없으므로 위와 같은 채무불이행을 이유로 계약을 해제할 수는 없을 것이다. 착오에 의한 계약의 취소에 있어서도 위와 같은 사유들을 분양계약의 중요부분이라고 할 수는 없으므로 착오를 이유로 분양계약을 취소할 수는 없다. 또한 대법원 판례의 경향에 비추어 위와 같은 분양광고의 내용이 거래관행이나 신의칙에 비추어 시인될 수 있는 정도의 기망성을 갖춘 것으로 평가되기는 어려울 것이므로 기망을 이유로 한 계약의 취소도 인정되기는 어려울 것이다.

유제 풀이 2

甲 건설회사는 쇼핑몰 건물을 각 점포별로 구분하여 분양하면서 일간신문에 "OO점포는 1 전포 시세권리금 약 3억 5천만 원, 10억대 부자속출", "2천만원 투자로 년 720~900만원 수입", "1년 내 원금회수 가능" 등의 내용을 홍보하였다. 위 상가건물 점포를 분양받은 乙이 입주를 하여 영업을 시작하였는데, 한 달 관리비도 내기도 어려운 실정이었다. 乙이 甲건설회사를 상대로 어떤 내용의 소송을 제기할 수 있는가. 손해액을 구체적으로 산정하기 어려운 경우에도 손해배상 청구를 할 수 있는가? 분양계약을 해소하고 분양대금을 반환받을 가능성은 어떠한가?

분양광고는 청약의 유인에 불과할 뿐 상가 분양계약의 내용으로 볼 수 없으므로 분양자인 甲 건설회사가 분양광고의 내용과 같이 일정한 수익을 보장할 의무를 부담하지 않는다(대법원 2001. 5. 29. 선고 99다55601, 55618 판결). 시세권리금과 장래 수익의 보장은 분양자가 책임질 수 있는 집합건물의 외형·재질 등에 관한 것이 아니어서 분양자와 수분양자 사이에 위와 같은 시세권리금과 수익보장을 계약의 내용으로 편입하기로 묵시적 합의를 하였다고 할 수 없다. 따라서 분양계약의 이행청구로서 권리금이나 수익금 청구를 할 수 없다. 또한 대법원 판례는 형사책임과 연결될 수 있는 기망에 의한 불법행위 인정에 소극적이어서 법원이 위 선전광고에 대하여 다소의 과장 허위가 수반되는 것은 그것이 일반 상거래 관행과 신의칙에 비추어 시인될 수 있는 한 기망성을 결여한다고 판단할 가능성이 크다(대법원 2009. 3. 16. 선고 2008다1842 판결).

다만 "표시·광고 공정화에 관한 법률(이하 표시·광고법)" 제3조 제1항 제1호와 제2호 등은 소비자를 속이거나 소비자로 하여금 잘못 알게 할 우려가 있는 표시·광고 행위로서 공정한 거래질서를 해칠 우려가 있는 거짓·과장의 표시·광고와 기만적인 표시·광고를 금지하고 있고, 제10조는 제3조 제1항의 부당한 표시·광고 행위를 함으로써 피해를 입은 자가 있는 경우에 그 피해자에게 손해배상의 책임을 진다고 규정하고 있으므로 乙은 표시·광고법 제10조를 근거로 손해배상 청구를 할 수 있다. 표시·광고법 제10조에 의한 손해배상 청구에서는 제2항에서 사업자가 고의 또는 과실 없음을 들어 책임을 면할 수 있다고 규정하여 불법행위 성립의 입증책임을 전환하고 있어 불법행위에 기한 손해배상 청구처럼 피해자가 분양자의 고의나 기망성 등을 입증할 필요가 없다. 손해배상의 범위에 있어서도 제11조는 손해액을 증명하는 것이 사안의 성질 상 곤란한 경우 법원은 변론의 전체의 취지와 증거조사의 결과에 기초하여 상당한 손해액을 인정할 수 있으므로, 재산적 손해에 대한 구체적 입증을 위한 감정을 거치지 않고 법원의 재량판단에 의한 손해액을 구할 수 있다.

그리고 위와 같은 분양광고는 계약의 주된 급부가 아니므로 이를 이유로 계약을 해제할 수 없고, 계약의 중요부분이 아니므로 착오에 의한 취소도 인정되기 어렵다. 따라서 분양계약의 해제나 취소에 따른 원상회복 내지 부당이득으로서 분양대금의 반환청구는 어렵고 표시·광고법에 따른 재량적 손해액의 배상 청구만 가능하다.

[서식 2] 허위·과장광고와 중요정보 고지의무 위반에 따른 손해배상 청구 소장

소 장

원 고 OOO 외 352 (별지목록 1.기재와 같음)

원고들 소송대리인 법무법인 OO법률사무소
담당변호사 OOO

피 고 (주)OO건설
경기
대표이사 OOO

손해배상(기) 청구의 소

청 구 취 지

1. 피고는 원고들에게 별지목록 2. (다)항 기재 각 금원 및 이에 대하여 이 사건 소장부본 송달일부터 완제일까지는 연 15%의 비율에 의한 금원을 지급하라.
2. 소송비용은 피고의 부담으로 한다.
3. 제1항은 가집행할 수 있다.

라는 판결을 구합니다.

청 구 원 인

1. **당사자**

피고는 OOO시 OO구 OO동 OOO번지 일대에 총 3170세대 OOOO아파트(이하 '이 사건 아파트'라 한다.)를 건설하여 분양한 건설회사이고 원고들은 피고로부터 별지목록 기재 2.(가)항의 각 아파트를 분양받고 각 평형에 따른 아래의 분양대금을 완납한 수분양자들입니다.

【표1】 평형별 분양가

(단위 : 원)

평 형	25	33	40	48
분양가	86,000,000	120,000,000	140,000,000	180,000,000

2. 아파트 바로 옆에 쓰레기매립장이 건설되고 있다는 정보를 제공하지 않고 분양계약을 체결한 책임

가. 선분양제도에서는 완성된 아파트의 구조나 품질에 대하여 분양자는 잘 알고 있지만 소비자는 그러한 내용을 정확히 알기 어려워 정보으 비대칭 상태가 나타납니다. 이러한 정보의 비대칭 상태에서 이루어진 분양계약에서는 신의칙상 분양자는 소비자에게 계약에 미칠 중요한 정보에 관하여 이를 소비자에게 알려 주어야 할 정보제공의무가 있다 할 것입니다.

특히 그러한 정보를 알았다면 적어도 그와 같은 거래조건으로는 계약을 체결하지 않았을 것이라고 인정되는 경우에는 계약상의 부수적의무로서 정보제공의무가 인정된다 할 것입니다(대법원 2006. 10. 12. 선고 2004다48515 판결).

나. 피고는 이 사건 아파트로부터 불과 800미터 이격되어 있는 위치에 50년 사용예정, 1일 처리용량 356 (ton)의 광역쓰레기매립장이 건립될 예정이라는 사실을 잘 알고 있으면서도 위와 같은 사실을 분양 계약자들에게 고지하거나 분양광고, 카탈로그 등에 기재 할 경우 이 사건 아파트가 분양되지 않을 것이 명백해지자 위와 같은 사실을 숨긴 채 원고들에게 분양한 것입니다.

원고들을 비롯한 수분양자들은 이 사건 아파트가 OOO시와 OOO시의 접경지역으로 **교통이나 교육여건은 매우 취약한 지역임에도 불구하고 OO산과 OO숲에 둘러 쌓인 쾌적한 자연환경 때문에 분양 계약을 한 것입니다**(갑제8호증의 1내지2는 제5쪽에서 "그린벨트 둘러싸인 21세기 아파트"라는 표현으로 환경부분을 제1의 광고내용으로 하고 있는 것에서 잘 나타나고 있고 갑제8호증의 1의 제2쪽에서 "주거환경평가에서 최적의 전원요지로 평가되었다."라는 광고문구에서도 잘 나타나고 있습니다).

다. 위와 같은 사실이 알려지자 수분양자들은 분양대금의 10%의 위약금을 부담하고, 대량으로 해약하는 사태에 이르게 되었습니다.

(1) 원고들은 입주예정일을 불과 한 달 앞둔 시점에 SBS TV 8시뉴스를 통해 위와 같은 사실을 처음 알게 되었습니다(갑제5호증 참조).

(2) 이 사건 아파트의 입주예정일이 1999. 11.(1-4단지, 25평형-33평형)인 2,578세대 중 920세대, 입주예정일이 2000. 9.(5단지, 40평형-48평형)인 592세대 중 210세대, 합계 총3,170세대중 1,130세대가 분양계약을 해약하였습니다. 해약율이 전체분양세대의 36%에 이르는 것으로 3가구중 1가구는 분양계약을 해약한 것이어서 유래 없는 일로 수분양자들의 피해가 극심한 것임을 알 수 있습니다(갑제3호증의 제5쪽 참조).

(3) 피고는 이 사건 아파트 수분양자들의 대량해약사태로 인한 인하여 적어도 금12,560,000,000원[(920 × 10,000,000원) + (210 × 16,000,000원)]상당의 부당한 이득을 본 것입니다.

라. 피고는 위와 같은 사실에 대하여 여러 차례 말을 바꾸어 가며 답하였습니다(갑제3호증의 제4쪽 참조).

(1) 피고는 원고들 및 수분양자들의 항의에 처음에는 "광역쓰레기 매립장이 OO지구 인근에 설치되리라고는 꿈에도 알 수 없었다" 고 답변하였습니다(갑제5호증 참조).

(2) 그러나, 갑제1호증과 같이 원고들은 1997년 11월경부터 분양계약을 체결하였는데, 피고는 갑제6호증의 1(협의서)와 같이 분양계약체결 2년전인 1995년부터 이 사건 쓰레기매립장 건설에 대하여 OOO시와 협의를 하고 있었고 그 후 쓰레기매립장 건설에 필요한 분담금을 지급하고 그 비용을 이 사건 아파트 분양대금에 반영한 사실까지 모두 밝혀지게 되었습니다. 피고는 갑제6호증의 1(협의서)와 같이 1995. 10. 31.자 문서번호 서울(택개)1312-7331호에서 "청학지구 쓰레기 발생량에 따른 비용을 분담하는 조건으로 귀시에서 인근에 건설추진중인 광전매립장에서 통합처리토록 요

청…"하는 공문까지 발송하여서 피고는 이 사건 아파트의 분양공고 훨씬 이전부터 광역쓰레기매립장 설치계획을 알고 있었습니다.

(3) 위와 같은 증거자료를 원고들이 제시하자 피고는 태도를 바꾸어 "주거환경상 별로 문제가 될 것 같지 않아서…"(갑제6호증의 2의 제3항 참조), "분양공고시 고지할 의무가 없으므로…" (갑제6호증의 3) 등으로 말을 계속 바꾸어 가며 원고들을 기망하다가 급기야는 불만이 있으면 법대로 하라는 식이어서 이 사건 소송을 제기하기에 이른 것입니다.

(4) 원고들에 대한 분양당시의 분양팜플렛인 갑제8호증의 1의 제5쪽에서는 OOO OOOO아파트라는 표시 밑에 "소각잔재 매립장 예정지"라는 표시가 없는데, **대량의 해약사태 이후의 분양팜플렛인 갑제8호증의 2의 제5쪽에서는 위 "소각잔재 매립장 예정지"라는 표시가 명확하게 나오고 있습니다.** 피고의 주장처럼 "소각잔재 매립장 예정지"라는 표시가 분양공고 의무가 없는 것이라면 문제가 드러나자 피고가 이를 분양팜플렛에 명시할 하등의 이유가 없다 할 것입니다.

마. **피고가 위와 같은 쓰레기매립장 건설 사실을 원고들에게 미리 고지하였다면 원고들이 피고와 아파트 분양계약을 체결하지 않았을 것이라는 점은**

(1) **위와 같이 수분양자들이 쓰레기매립장 사실을 알게 되자 36%가 계약 을 해지하고**

(2) **그 이후로 쓰레기매립장 건설 사실을 피고가 분양팜플렛에서 고지하자 아래와 같이 전혀 분양이 되지 않아 가격을 대폭 낮추어 덤핑 할인판매를 하여야만 분양이 되고 있는 사실에서 명백하게 드러나고 있다 할 것입니다.**

(3) 그러므로 아파트 바로 여폐 쓰레기매립장을 건설한다는 사실은 수분양자들인 원고들이 이 사건 분양계약을 체결할지 여부에 영향을 미칠 수 있는 중요한 정보에 해당하며, 분양자인 피고인 이러한 계약의 체결에 영향을 미칠 중요한 정보를 고지할 신의칙상의 고지의무가 있다 할 것입니다.

(4) 따라서 이러한 정보제공의무를 위반하여 아파트를 분양한 피고는 수분양자들인 원고들에게 채무불이행 또는 불법행위에 기한 손해배상 책임이 있다 할 것입니다.

3. 주거환경평가에서 최적의 전원요지로 평가받았다는 허위·과장 광고책임

가. 광고의 내용이 사회적으로 용인될 수 있는 상술의 정도를 넘었다고 보기 어렵다거나 일반 상거래의 관행과 신의칙에 비추어 시인될 수 있는 한 기망성이 없다고 하여 대부분 불법행위를 인정하지 않는다 하더라도 "표시·광고 공정화에 관한 법률(이하 "표시·광고법"이라고만 한다)" 제3조 제1항 제1호의 거짓·과장 광고에 해당하는 경우에는 사업자인 분양자는 피해자인 수분양자들에게 손해배상 책임을 진다 할 것입니다(표시·광고법 제10조)(대법원 2009. 8. 20. 선고 2008다19355 판결 등).

나. 피고는 이 사건 아파트를 분양하면서 분양 카탈로그 2쪽에 "주거환경평가에서 최적의 전원요지로 평가를 받을 만큼 삶의 공간을 열어주고 있는 OO지구" 라고 하면서 쾌적한 환경의 아파트임을 강조하여 분양자들을 모집하였습니다(갑제8호증의 1 분양팜플렛 참조).

다. 그러나 피고가 제시한 "주거환경평가"라는 제도는 존재하지 않습니다. 공정거래위원회는 갑제10호증과 같이 피고가 이 사건 아파트 인근에 광역쓰레기매립장이 설치될 것이라는 사실을 잘 알고 있으면서 존재하지도 않은 주거환경평가에서 최적의 평가를 받았다고 허위로 광고하여 분양계약자들을 오인케 한 사실에 대해 시정명령을 한 바 있습니다.

라. 이 사건에서 피고는 단지 아파트분양 면적 한두 평을 속이거나 한 것이 아니라 <u>원고들이 분양계약을 체결할 때 가장 중요한 요소로 삼았던 "환경" 문제를 기망한 것이어서 이는 이 사건 분양계약의 중요한 요소이었고 피고는 존재하지도 않는 주거환경평가에서 그것도 최적의 전원주거지로 평가되었다는 적극적이고 고의적인, 따라서 비난받아 마땅한 방법으로 표시·광고를 한 것으로 표시·광고법 제3조 제1항 제1호의 거짓·허위 표시·광고</u>

에 해당한다 할 것입니다.

4. 손해배상의 범위

가. 위와 같은 피고회사의 불법행위로 인하여 원고들은 이 사건 아파트를 계약함으로써 누릴 수 있었던 쾌적한 생활을 향유할 수 없을 뿐만 아니라 교통, 교육문제등이 악화된 상태로 살아가야 하는 등 정신적 피해가 매우 크므로 피고회사는 이를 금전으로나마 위자해야 한다 할 것이고

나. 원고들의 아파트의 재산적 가치도 현저하게 감소하여 매매조차 되지 않는 등 심각한 재산적 피해를 입고 있으므로 피고회사는 이와 같은 손해를 배상할 책임이 있다 할 것입니다.

다. 위와 같은 정신적, 재산적 손해는 적어도 분양가의 20%에 이른다 할 것이나 일단 그 중 일부로서 25평형 금 14,000,000원, 33평형 금 16,000,000원, 40평형 금 18,000,000원, 48평형 금 20,000,000원씩 청구하고 소송의 진행 중 청구의 범위를 확장하도록 하겠습니다(자세한 재산적 손해부분에 대하여는 소송의 진행 중 시가감정 등의 방법을 통하여 구체적인 입증을 하도록 하겠습니다).

라. 한편 표시·광고법 제11조는 거짓·허위 광고로 인하여 손해가 발생된 사실은 인정되나 그 손해액을 증명하는 것이 곤란한 경우 법원은 변론의 전체의 취지와 증거조사 결과에 기초하여 상당한 손해액을 인정할 수 있다고 규정하고 있습니다. 판례도 손해액의 구체적 입증이 없더라도 손해의 성격, 손해가 발생한 이후의 제반정황 등을 종합하여 손해액을 산정할 수 있다고 하고 있습니다(대법원 2009. 8. 20. 선고 2008다19355 판결).

5. 결 론

원고들은 피고의 불법행위 및 분양계약상의 채무불이행에 기한 손해배상으로서 청구취지와 같은 판결을 구하고자 이 건 소에 이르렀습니다.

입 증 방 법

갑제1호증의 1 내지 346	각 분양계약서
갑제2호증의 1 내지 353	각 부동산등기부등본
갑제3호증 고발내용	
갑제4호증 SBS 뉴스	
갑제5호증 질의응답	
갑제6호증의 1. 내지 3.	각 공문
갑제7호증의 1. 내지 3.	각 신문기사
갑제8호증의 1.	분양카달로그(최초)
2.	분양카달로그(시정명령후)
갑제9호증	전경사진
갑제10호증	공정거래위원회 의결서

첨 부 서 류

1. 위 입 증 방 법	각 1부
1. 소 장 부 본	1부
1. 법인 등기부 등본	1부
1. 판 례	1부
1. 위 임 장	1부
1. 납 부 서	1부

2015. 3. .

원고들 소송대리인

법무법인 OO법률사무소
담당변호사 OOO

서울OO지방법원 귀중

시 가 감 정 신 청

원 고 OOO 외 362
피 고 (주)OO건설

위 당사자간 손해배상(기) 청구 사건에 관하여 원고들 소송대리인은 주장사실을 입증하기 위하여 다음과 같이 시가 감정을 신청합니다.

다 음

1. 시가 감정할 곳
OOO시 OO구 OO동 OOO번지 주공아파트

가. OOO동 OOOO호(25평형, 원고 26.OOO)

나. OOO동 OOOO호(25평형, 원고 256.OOO)

다. OOO동 OOO호(25평형, 원고 289.OOO)

라. OOO동 OOOO호(33평형, 원고 6.OOO)

마. OOO동 OOO호(33평형, 원고 206.OOO)

바. OOO동 OOOO호 (33평형, 원고 100 OOO)

사. OOO동 OOOO호(40평형, 원고 342.OOO)

아. OOO동 OOO호(40평형, 원고 306.OOO)

자. OOO동 OOOO호(48평형, 원고 314.OOO)

차. OOO동 OOO호(48평형, 원고 316.OOO)

2. **시가 감정할 사항**

위 시가 감정할 곳(각 원고들 소유 아파트)은 불과 800미터 이격된 거리에 광역쓰레기매립장이 건설될 예정이어서 대규모 해약사태 및 이에 따른 미분양세대의 할인분양이 있었는 바, 폐기물촉진법에 따른 쓰레기 매립장이 아파트로부터 최소한 2㎞ 떨어져 있어야 한다는 점을 고려하고, 사실조회 회신(을제7호증)과 같이 2008. 7. 3. 폐기물처리시설설치 변경승인 된 아래의 내용으로 폐기물 처리시설이 설치되는 경우 각 시가하락정도에 대하여 감정하여 주시기 바랍니다.

① 면적 : 339,753 (㎡)

② 매립량 : 152.2 (톤/일)

③ 매립성분 : 일반폐기물로 분류된 소각잔재 및

가. 위 시가감정 할 곳의 쓰레기 매립장으로부터 2㎞ 이상 이격되어 있는 아파트와의 각 평형별 시가 비교(평당가로 비교하여 주시기 바랍니다)

나. 위 시가감정 할 곳의 OO지구 광역쓰레기매립장의 건설에 따른 각 시가하락 정도

(주)OO건설은 대규모 해약사태에 따른 미분양세대에 대하여 무이자할인분양 및 할인분양을 하였는 바, 위 아파트의 각 평형별 최초 분양가인 25평형 금 86,000,000원, 33평형 120,000,000원, 40평형 140,000,000원, 48평형 180,000,000원을 고려하여

다. 위 시가 감정할 곳의 (주)OO건설의 위 미분양세대에 따른 대규모 무이자할인분양에 따른 각 시가 하락정도.

라. 기타 필요한 사항

4. 감정인에 대하여

귀원이 지정하는 검증 및 감정기관으로 하여금 감정코자 합니다.

2016. 11. .

원고들 소송대리인
법무법인 OO
담당 변호사 OOO

서울OO지방법원 제OO 민사부 귀중

Ⅱ. 계약의 성립에 영향을 미칠 중요내용의 정보제공의무

1. 정보제공의무의 법적근거

선분양제도에서는 완성된 집합건물의 품질이나 주변 입지상황에 대하여 분양자는 잘 알고 있지만 소비자는 그러한 내용을 정확히 알기 어려워 정보의 비대칭 상태가 나타난다. 이러한 정보의 비대칭 상태에서 분양자는 소비자에게 분양계약에 영향을 미칠 중요한 정보에 관하여 이를 소비자에게 알려 주어야 할 정보제공의무가 존재한다.[125] 분양자가 적극적으로 허위. 과장광고를 통하여 수분

125) 일반적으로 매매계약에서는 매도인이 매수인에게 거래조건이나 가격 등에 관한 정보를 제공해야 할 정보제공의무도 인정되지 않는다(서울중앙지방법원 2010. 11. 11. 선고 2010

양자로 하여금 분양계약을 체결하게 하는 것뿐만 아니라 소극적으로 분양계약 체결을 할지 아닐지를 결정하거나 적어도 그러한 분양계약의 가격이나 조건으로는 분양계약을 체결하지 않을 것으로 예상되는 중요한 정보를 제공하지 않는 것도 수분양자에게 손해를 가할 수 있다. 선분양제도 하에서는 집합건물의 외형·재질과 입지조건 등에 관하여 전적으로 분양자의 정보제공에 의존하여 분양계약을 체결하므로 분양자는 분양계약시 이러한 정보제공의무를 부담한다.

분양계약이 성립하기 전에 분양계약 체결과정에서 분양자가 의무를 부담한다는 것이 일반적인 계약법리에 쉽게 조화하지 않는다고 볼 수도 있으나, 계약의 내용을 주된 급부, 부수적 의무, 보호의무의 3분법으로 구분하는 독일과 우리 민법학계의 분류에 따르면 이러한 정보제공의무는 계약체결 당사자 사이에 존재하는 신의칙상의 계약상 부수적 의무에 근거한다고 할 것이다.[126] 주된 급부가 아니므로 이러한 정보제공의무 위반을 이유로 계약을 해제하는 것은 허용되기 어렵겠지만, 적어도 이러한 정보제공의무 위반에 따른 채무불이행에 기한 손해배상으로서 재산적 손해나 위자료를 지급책임은 성립할 수 있다. 분양계약에서 수분양자가 일정한 사정에 관한 고지를 받았더라면 그 거래를 하지 않았을 것임이 명백한 경우, 상대방에게 그와 같은 사정을 고지할 의무가 있으며, 그와 같은 고지의무의 대상이 되는 것은 직접적인 법령의 규정뿐 아니라 계약상, 관습상 또는 조리상 일반원칙에 의하여도 인정될 수 있다. 부수적 의무로서의 정보제공의무 위반이 아니라 불완전 이행의 문제로 접근한 판결도 있다. 토

다55699 판결). 하지만 선분양제도에서는 분양계약의 목적물인 집합건물의 외형·재질·구조·입지조건 등 거래정보를 충분히 파악하고 거래하는 것이 아니라 전적으로 분양자가 견본주택이나 분양팜플렛 등에서 제공하는 정보에만 의존하여 거래를 해야 하기 때문에 거래에서 현저한 정보의 비대칭성이 존재하고 이러한 정보의 비대칭성이 존재하는 거래에서는 분양자에게 정보제공의무가 존재하게 된다(김하늘, "아파트 단지 인근에 쓰레기 매립장 건설계획이 예정되어 있다는 사실이 분양회사가 분양계약자들에게 신의칙상 고지하여야 할 사항인지 여부", 대법원 판례해설(제63호), 법원도서관, 2007. 7. 31, 31면).

126) 대법원 2006. 10. 12. 선고 2004다48515 판결, 대법원 2007. 6. 1. 선고 2005다5812, 5829, 5836 판결 등.

지의 매매 당시에 다량의 암반이 존재한다는 사실을 쌍방이 알았더라면 당초 매매가격대로 매매되지는 않았을 것인 점 등에 비추어 보면 매매계약 당시 암반 발생 예상지역 여부 표시는 당사자 사이의 부수적인 계약내용이었다고 봄이 상당하고, 이를 제대로 이행하지 아니한 이상 계약의 불완전한 이행으로 인한 손해를 배상할 의무가 있다.[127)]

위 판결에서도 불완전 이행의 기준과 관련하여서는 그러한 사실을 매수인이 알았다면 계약내용인 매매계약대로 계약을 체결하지 않았을 것인가를 기준으로 하고 있다.

2. 정보제공의무 위반의 유형

분양계약상 분양자의 정보제공의무[128)]가 쟁점이 되는 사안은 크게 일조·소음 차단 등 생활환경 문제와 공동주택 단지 주변에 환경오염 내지 환경혐오시설이 설치된 경우 등 2가지 분야에서 자주 나타나고 있다.[129)] 분양되는 집합건물의 바로 옆에 고층의 건물이나 옹벽 등이 건축될 예정이어서 정상적인 일조·조망 등의 생활환경이 확보되기 어려운 상황인데도, 이러한 사실을 알려주지 않아 주

---

127) 대전지방법원 2003. 9. 24. 선고 2002가합4379 판결.

128) 민사상 설명의무의 내용인 "정보제공의무"에 관하여 형사판례에서는 "정보고지의무"라는 개념으로 다루어지고 있다. 재산권에 관한 거래에 있어서, 어떤 정보의 불고지로 장차 거래관계의 효력 또는 채무의 이행에 장애를 가져와 계약상의 채권을 확보하지 못할 위험이 생길 수 있음을 알면서 이를 상대방에게 고지하지 않고, 상대방은 그와 같은 사정에 대한 고지를 받았다면 거래관계에 임하지 아니하였거나 재물을 교부하지 아니하였을 것이 경험칙상 명백한 경우에는 사기죄가 성립한다(대법원 1984. 9. 25. 선고 84도882 판결).

129) 형사판례에서는 구성요건의 엄격해석의 원칙에 의하여 불고지한 정보가 거래관계의 효력 또는 권리의 확보에 영향을 미쳐 그러한 정보를 알았다면 아예 거래에 임하지 않았을 사안들이다. 그러나 민사상의 정보제공의무와 형사상의 정보고지의무의 성립요건이 동일할 필요는 없다. 대법원 2006. 10. 12. 2004다48515 판결 사안과 같이 그러한 정보를 알았다면 적어도 그와 같은 거래조건으로는 계약을 체결하지 않았을 것이라고 인정되는 경우에는 신의칙상의 정보제공의무가 인정될 수 있다. 즉 민사상 정보제공의무 위반 책임은 반드시 형사상 부작위의 기망행위에 이를 정도의 정보고지의무 위반이 문제될 경우에만 성립하는 것은 아니다.

거환경에 적합한 일조·조망의 생활이익이 확보되어 있는 것으로 알고 분양을 받은 경우에는 이는 집합건물 그 자체의 하자의 문제이기보다는 분양자가 분양계약과 관련된 거래의 중요한 정보를 알려주지 않은 정보제공의무 불이행의 문제가 법적쟁점이 된다.[130] 마찬가지로 분양되는 집합건물 주변에 고속도로, 철도, 공장 등 주거생활에 영향을 미치는 소음을 유발하는 시설이 설치되어 있거나 설치될 예정이라는 사실을 소비자에게 알려주지 않고 분양을 하여 소비자들이 입주한 후에야 비로소 주변 소음유발시설에서 주거생활의 수인한도를 초과하는 소음이 발생하는 사실을 알게 된 경우에는 하자담보책임의 문제이기보다는 분양자의 정보제공의무 위반이 법적쟁점이 된다.[131] 일조·조망·소음 등의 생활환경과 관련된 내용만이 아니라 분양되는 주택의 구조, 기능, 용도 등에 관한 내용도 정보고지의무의 대상이 될 수 있다. 예를 들어 아파트 내부 거실에 부엌과 방 등을 구분하는 경계벽 이외에 거실 가운데 내력기둥이 설치되어 있는 특이한 설계가 되어 있는 주상복합아파트를 분양하면서 이러한 사실을 소비자에게 고지하지 않았다면 정보제공의무 위반이 된다.[132]

또 다른 정보고지의무 위반의 유형은 분양되는 집합건물 주변에 쓰레기매립장,[133] 쓰레기소각장, 고압선철탑, 공동묘지[134] 등 주거환경에 적합하지 않은 시

---

130) 그러나 분양 집합건물의 일조·조망·소음 등 쾌적한 주거생활의 조건이 분양계약이나 법령상의 기준을 충족하지 못하고 있는 경우에는 집합건물의 하자문제에 해당하여 하자담보책임의 문제로 다루어질 수 있다. 예를 들어, 집합건물 각 동의 거리가 밀집되어 일조나 조망이 확보되지 않거나 부실한 시공으로 층간소음이 방지되지 않는 문제는 분양계약의 목적물인 집합건물 자체 하자가 있는 것이어서 하자담보책임의 대상이 된다(이러한 사안에서 대법원 2001. 6. 26. 선고 2000다44928 판결, 대법원 2002. 6. 11. 선고 2002다2539 판결 등은 일조에 관한 하자담보책임을 인정하고 있으나, 대법원 2010. 4. 26. 선고 2008다34842 판결은 하자담보책임을 부인하였다).

131) 대법원 2004. 3. 12. 선고 2002다14242 판결.

132) 서울지방법원 2002. 2. 5. 선고 2000가합63016 판결.

133) 대법원 2006. 10. 12. 선고 2004다48515 판결.

134) 대법원 2007. 6. 1. 선고 2005다5812, 5829, 5836 판결.

설 내지 환경혐오시설이나 환경오염 유발시설이 설치되어 있거나 설치될 예정이라는 사실을 알려주지 않고 분양을 한 경우이다. 이러한 환경오염시설이나 환경오염 유발시설에 의하여 분진, 악취 등의 오염원으로부터 피해를 직접 입는 경우도 문제이지만, 이러한 환경오염내지 환경혐오시설의 존재 그 자체로 인한 스티그마 효과(Stigma Effect)로 인하여 집합건물의 재산적 가치가 하락하는 경우이다. 스티그마 효과(Stigma Effect)란 오염물질 배출 공장과 같은 환경오염시설이나 쓰레기매립장, 소각장 등과 같은 환경오염 처리시설이 주거지 주변에 설치되어 있는 경우 그 복구효과의 불확실성이나 처리실패에 따른 위험성 대한 주변 주민들의 위험인식에 따라 아파트 등의 재산적 가치가 하락되는 효과를 말한다. 스티그마 효과는 환경오염 그 자체에 의하여 피해를 입은 것이 아니라 환경오염시설의 존재 자체에 의하여 재산적 피해를 입는 것이어서 환경오염피해와는 그 성질이 다르다.[135] 이러한 스티그마 효과를 발생시키는 환경오염 처리시설이 공동주택 단지 주변에 건설될 예정임에도 불구하고 그러한 사실을 수분양자들에게 고지하지 않고 분양을 한 경우 분양자는 정보고지의무 위반에 따라 그 재산적 손해에 대하여 손해배상책임을 부담한다.[136]

결국 정보제공의무 위반은 계약상의 부수적 의무 위반으로서[137] 채무불이행책임이 성립하고, 또한 고의 또는 과실로 분양자가 신의칙상 정보제공의무를 이

135) 김남근, “공동주택의 분양에 관한 판례경향의 비판적 고찰”, 고려법학(제66호), 고려대학교 법학소개원, 2012. 437면.

136) 대법원 2006. 10. 12. 선고 2004다48515 판결.

137) 프랑스와 독일의 판례 법리는 계약상의 부수적의무로서 설명의무의 구체적 내용을 정보제공의무, 경고의무, 조언의무의 3가지 수준으로 나누어 그 적용을 달리하고 있다. 그 중 정보제공의무는 단순한 정보전달의 의무로서 가장 낮은 수준의 설명의무이다. 경고의무는 예를 들면 금융기관이 장외파생상품 등 투자상품의 판매를 권유할 때 고객이 구조적으로 복잡한 파생상품의 특성을 이해할 수 있도록 하고 이를 이해하지 못하고 거래를 하려 할 경우 경고해야 하는 의무이다. 조언의무는 변호사, 회계사, 의사 등 전문가가 위임계약 관계에 있는 고객에게 전문적인 의견을 조언하는 설명의무이다(전보성, “금융기관이 대출계약 시 부담하는 경고의무 – 프랑스법을 중심으로”, 사법논집(제47집), 법원도서관, 2004, 601 내지 604면).

행하지 않은 경우 불법행위 책임이 성립하므로 수분양자는 분양자를 상대로 채무불이행 또는 불법행위에 기한 손해배상을 구할 수 있다. 이러한 정보고지의무를 신의칙이라는 일반조항에서 근거를 찾기보다는 계약의 내용이나 하자담보책임, 계약체결상의 과실책임 등 민법에서 구체적으로 정립되어 있는 제도를 통하여 법리를 구성해 보려는 견해가 있다.[138] 그러나 분양자의 정보제공의무 위반이 문제되는 사안은 분양계약의 목적물인 아파트 자체의 물리적·구조적 결함이나 안전상, 미관상, 기능상 지장이 초래되고 있는 것이 아니라 그 아파트 단지 주변의 환경오염 처리시설, 일조·조망을 차단하는 고층건물, 소음을 발생시키는 도로·철도 등에 의하여 스티그마 효과가 발현하거나 생활환경의 법익을 침해함으로써 아파트의 재산적 가치에 영향을 미치고 있는 사안이어서 하자담보책임의 법리를 적용하기는 어렵다.

3. 정보제공의무 위반과 손해배상 책임

예를 들면, 공동묘지나 쓰레기 매립장의 경우 우리 사회 통념상 주거환경과 친한 시설이 아니어서 분양계약이 체결 여부에 상당한 영향을 미치며 대규모 공동묘지[139]나 쓰레기매립장을 가까이에서 조망할 수 있는 곳에 아파트 단지가 들어선다는 것은 통상 예상하기 어려워서 분양자가 쓰레기매립장 건설이나 공동묘지의 존재를 잘 알고 있으면서도 수분양자들에게 이러한 공동묘지의 존재나 쓰레기매립장 건설사실을 고지할 신의칙상의 고지의무가 있다고 할 수 있다. 아파트 단지에 인접한 도로에 높이 50m, 전압 345,000V의 특수고압송전탑이 설치되어 있는데도 분양과정에서 이러한 사실을 고지하지 아니하였다면 송전탑이 없는 경우 추정되는 시가와의 차액을 손해배상하여야 한다.[140] 이러한 입지조건

---

138) 김상중, "매매계약 교섭 당사자의 잘못된 정보제공에 관한 상대방의 보호", 민사법학(제29호), 한국민사법학회, 2005, 166면.

139) 대법원 2007. 6. 1. 선고 2005다5812, 5829, 5836 판결.

140) 의정부지방법원 고양지원 판결.

에 관한 정보뿐만 아니라 외형·재질에 관한 것이라도 일반적인 집합건물이나 공동주택과 다른 특이한 설계로 분양계약 체결여부에 영향을 미칠 중요한 내용은 수분양자에게 이를 고지해야 한다. 예를 들어, 아파트 내부 거실에 부엌과, 방 등을 구분하는 벽 이외에 거실 가운데 내력기둥이 설치되어 있는 특이한 설계로 되어 있는 주상복합아파트를 분양하면서 이러한 사실을 소비자에게 고지하지 않았다면 이는 매매목적물의 상태에 관한 중요한 사항이므로 이러한 특이한 설계에 따른 재산적 손해 하락분에 대하여 채무불이행에 기한 손해배상책임이 발생한다.[141)]

4. 법령상의 정보제공의무

위와 같이 집합건물의 분양계약시 분양자의 정보공개의무는 판례법리에 의해서 먼저 정립되어 왔지만 그 뒤 구 주택법의 개정을 통하여 분양계약의 내용의 아니지만 마감자재 등에 관하여는 일정한 방식의 정보공개의무를 부담하도록 하는 입법이 이루어졌다. 사업주체(개발사업자)는 주택공급계약(분양계약) 체결 시 견본주택에 사용된 마감자재 목록표를 작성하여 입주예정자(소비자)에게 제공해야 있고(주택법 제54조 제4항), 관할관청은 마감자재 목록표와 견본주택을 촬영한 영상물을 2년간 보관해야 한다(제5항). 또한 사업주체가 이와 다른 마감재를 시공하는 경우에는 입주예정자에게 통보하도록 하는(제6항) 등 소비자 보호를 위한 조항을 규정하고 있다. 그리고 공인중개사의 업무 및 부동산거래 신고에 관한 법률(이하 "공인중개사법"이라고만 한다) 제25조와 같은 법 시행령 제21조는 공인중개사로 하여금, 중개대상물의 상태(종류.소재지.지번.지목.면적.용도.구조 및 건축연도 등) 및 소유권·전세권·저당권·지상권 및 임차권 등 권리관계, 법령에 의한 거래 또는 이용제한 사항, 수도·전기·가스·소방·열공급·승강기 및 배수 등의 시설물의

---

141) 서울고등법원 2002나17052호 판결, 서울지방법원 제19민사부 2002. 2. 5. 선고 2000가합63016 판결.

상태, 벽면 및 도배의 상태, 일조·소음·진동 등 환경조건, 도로 및 대중교통수단과의 연계성, 시장·학교와의 근접성 등 입지조건, 중개대상물에 대한 권리를 취득함에 따라 부담하여야 할 조세의 종류와 세율, 거래예정금액·중개수수료 및 실비의 금액과 그 산출내역 등에 대하여 서면으로 확인·설명할 의무를 부여하고 있다.

Ⅲ. 분양광고와 계약의 해제

앞에서의 사례와 같이 분양자의 광고나 설명이 실제 완성된 상품과는 큰 차이가 있는 경우나, 분양자가 소비자가 분양계약의 의사를 결정하는데 필요한 정보를 제대로 제공하지 않고 분양계약을 체결하게 된 경우, 금전적인 손해배상 청구만이 아니라 더 나아가 이러한 분양광고나 설명이 실제와 다르거나 계약상 중요한 내용의 설명의무의 위반을 이유로 계약을 해제하거나 계약의 중요부분의 착오를 이유로 계약의 취소를 할 수 있는지도 실무상 중요한 쟁점이 되고 있다. 그러나 이러한 분양계약의 해제나 사기·착오에 의한 취소 주장이 재판에서 받아들여지는 경우가 거의 없다. 계약해제의 경우 주된 급부의무의 위반이 아닌 부수적 의무위반에 대하여는 계약의 해제사유를 인정하지 않고 있고,[142] 착오로 인한 취소의 경우에도 분양계약의 중요부분의 착오가 아닌 동기의 착오의 경우에는 상대방이 이를 알거나 알 수 있었을 경우에만 착오로 인한 계약의 취소를 허용하고 있어 수분양자가 분양계약을 해제하거나 취소하는 것은 매우 어려운 실정이다. 분양계약에서 사업주체가 집합건물의 권리관계가 현황에 대한 충분한 설명이나 자료제공을 하지 않았다는 설명의무 위반이나 정보제공의무는 분양계

142) 대법원 1997. 4. 7. 선고 97마575 판결은 "채무불이행을 이유로 매매계약을 해제하려면, 당해 채무가 매매계약의 목적달성에 있어 필요불가결하고 이를 이행하지 아니하면 매매계약의 목적이 달성되지 아니하여 매도인이 매매계약을 체결하지 아니하였을 것이라고 여겨질 정도의 주된 채무이어야 하고, 그렇지 아니한 부수적 채무를 불이행한 데에 지나지 아니한 경우에는 매매계약 전부를 해제할 수 없다."고 하고 있다.

약의 내용인 주된 급부가 아니라 분양계약상 사업주체가 신의칙에 의하여 부담하는 부수적 의무에 불과하고, 이러한 집합건물의 현황에 관한 내용을 잘 알지 못하고 분양계약을 체결하였다는 것은 분양계약의 중요부분의 착오가 아니라 동기의 착오로 취급될 가능성이 크다.

유제 풀이

甲건설회사는 경기도 부천시에서 아파트를 분양하였다. 분양카탈로그에는 아파트 단지 주변이 교육특구로 지정되어 고급학원가가 조성될 예정이라고 기재되어 있었다. 고등학교와 중학교 자녀를 둔 乙은 자녀들의 학원 통학 등 자녀교육에 도움이 크게 될 것을 기대하고 甲건설회사의 아파트를 분양받았다. 그러나 막상 입주해 보니 학원가는 조성되어 있지 않고, 러브호텔과 유흥주점 등 유흥가가 아파트 주변에 조성되었다. 그리고 아파트 베란다 바로 앞에는 고압선 송전탑이 설치되어 있었다. 乙이 甲건설회사를 상대로 어떤 내용의 소송을 제기할 수 있는가. 乙은 분양계약을 해소하고 분양대금을 반환받고자 하는데, 그 가능성은 어떠한가?

아파트 단지 주변이 ① 교육특구로 지정되어 고급학원가로 조성될 예정이라는 분양광고는 표시광고법 제3조의 허위·과장 광고에 해당하므로 표시광고법 위반에 따른 손해배상 청구로서 학원가 조성되는 경우와 아닌 경우의 아파트 시가의 차액을 재산적 손해로 청구할 수 있다.

그리고 아파트 단지 주변에 ② 러브호텔과 유흥주점 등 유흥가가 형성될 예정이라는 사실과 ③ 아파트 베란다 바로 앞에 송전탑이 설치되어 있다는 사실은 수분양자들이 그러한 정보를 알았다면 적어도 그와 같은 거래가격이나 거래조건으로 계약을 체결하지 않았을 것이라고 인정되는 사실이므로, 분양자는 신의칙상 그러한 정보를 계약의 상대방이 수분양자들에게 고지할 의무가 있다.

이러한 계약상의 부수적 의무를 위반하여 위 정보를 알려주지 않은 것은 채무불이행에 해당하므로(대법원 2006. 10. 12. 선고 2004다48515 판결), 수분양자인 乙은 분양자인 甲을 상대로 재산적 손해의 배상을 청구할 수 있다. 재산적 손해의 범위는 러브호텔이나 유흥주점, 송전탑 등이 없는 경우의 시가와 위 시설이나 환경이 조성된 결과 현재의 시가의 차액으로, 시가감정을 통해 입증할 수 있다.

다만, 계약의 해제는 주된 급부의무의 위반의 경우에 한정하여 인정될 수 있는 것인데, 선분양제도 하에서 분양계약상의 정보제공의무는 설명의무의 일종으로 계약상의 부수적 의무에 해당하는 것이어서 위와 같은 정보제공의무 위반을 이유로 계약을 해제하고 원상회복으로서 매매대금의 반환을 구하는 것은 허용되지 않을 것이다.

[서식 3] 중요한 정보의 고지의무 위반에 따른 손해배상 청구 소장

소 장

원 고 별지목록 1.기재와 같음

원고들 소송대리인 법무법인 OO법률사무소

담당변호사 O O O

피 고 (주) OOOO

대표이사 OOO

손해배상(기) 청구의 소

청 구 취 지

1. 피고는 별지목록 1.기재 원고들에게 별지목록 2.기재 각 금원 및 이에 대한 2013. 10. 31.부터 이 사건 소장부본 송달일까지는 연 5푼, 그 다음날로부터 완제일까지는 연 15%의 비율에 의한 금원을 지급하라.
2. 소송비용은 피고의 부담으로 한다.
3. 제1항은 가집행할 수 있다.

라는 판결을 구합니다.

청 구 원 인

1. 당사자

피고는 OO OOOO OOO OOO번지 상에 주상복합아파트인 OOOOO 아파트(이하 이 사건 아파트)를 건설하여 분양한 건설회사이고 원고들은 피고로부터 39평형의 이 사건 아파트를 분양받은 수분양자들입니다.

2. 이 사건 아파트의 분양 경위

가. 피고는 이 사건 아파트를 분양하면서 갑제3호증의 3(평면도)에 표시된 OO

OOO OOO 부근에 모델하우스(견본주택)을 설치하고 갑제3호증의 1내지3과 같이 입주자모집공고와 평면도가 기재된 분양안내서와 갑제4호증의 분양광고문을 나누어 주었습니다.

나. **피고의 견본주택은 34평을 기준으로 설치되어 있었는데, 원고들은 39평형을 분양받기 위하여 39평형의 경우는 어떻하냐고 문의하니 피고는 34평형과 동일하고 면적만 더 넓은 것이라고만 하고 거실 가운데 내력기둥이 있다는 얘기는 전혀 하지 않았습니다.**
실제로 피고측이 작성하여 배포한 갑제3호증의 3(평면도)와 갑제4호증(분양광고)의 제20쪽 39평형의 평면도는 34평형의 평면도와 동일하고 거실 가운데 기둥이 가로막고 있는 표시는 어디에도 되어 있지 않습니다.

다. 원고들은 입주를 하면서 거실 한 가운데, 기둥이 서 있는 것을 보고 놀라서 피고회사에 문의하니 이는 내력기둥이어서 이를 철거할 수는 없다고 하였습니다. 그래서 원고들이 이에 따른 손해배상을 요구하니
피고회사측은 갑제3호증의 3의 평면도에는 표시되어 있지 않으나 투시도에는 표시되어 있고, 소비자들은 평면도가 아니라 투시도를 통하여 이해하게 되니 원고들이 거실 한 가운에 내력기둥이 있다는 사실을 처음부터 알고 39평형을 구입한 것이라고 억지 주장을 하고 있습니다(갑제6호증의 내용증명 참조).

라. 갑제3호증의 3의 투시도에는 내력기둥벽이 거실 가운데 있는 것으로 표시했다고 하나, 피고회사는 교묘하게도 붉은 동그라미 표시안과 같이 벽장으로 거실 가운데 있는 내력기둥과 부엌의 벽체를 연결하여 기둥이 없는 것처럼 표시를 해 놓은 것입니다.

3. 피고회사와 협상과정에 대하여

가. 피고회사는 중간에 이 사건 아파트를 일반주거용이 아니라 주상복합건물로 변경허가를 얻어 건축하면서 원고들을 비롯한 수분양자들에게 이 사건 건물이 주상복합건물이라는 사실을 전혀 알려 주지 않았습니다.

나. 일반 아파트를 주상복합건물로 만들어 3층까지 상가를 만들기 위하여 지하 주차장을 기둥식으로 만든 것이 아니라 각 주차공간을 내력벽으로 빵 둘러 치는 방식으로 설계하여 입주자들은 주차공간이 줄어들고 주차를 하다 벽체를 들이받은 등의 피해를 입게 되었을 뿐만 아니라 저녁에는 귀가하다 취객들과 마주쳐야 하고 3층의 술집 냄새가 윗층까지 올라와 피해를 보는 등 수많은 피해를 야기하였습니다.

다. 이에 이 사건 아파트의 입주자대표회의는 오랜 협상을 통하여 주상복합건물임을 속이고 분양함으로써 입주자들이 입은 피해를 배상하였으나 39평형의 입주자들의 피해는 전체 입주자들의 피해가 아니라 일부의 경우만이라는 이유로 위 협상 당시 제외하더니 많은 시간이 지난 2014. 4. 11. 갑제6호증의 내용증명과 같이 협상으로 배상할 수는 없고 법원의 법률적 판단이 있어야만 배상을 하겠다고 하고 있습니다.

라. 사실 나중에 알아보니 무리하게 주상복합건물로 지으면서 기초가 부실하게 되자 할 수 없이 39평형과 같이 넓은 평형에는 거실 가운데에 기둥을 설치하게 된 것이라면서 피고회사 직원인 OOO 부장 스스로 이것은 소송을 하면 해결될 수 있으니 소송을 하라고까지 하였습니다.

4. 피고의 채무불이행 또는 불법행위 책임에 대하여

가. 선분양제도에서는 완성된 아파트의 구조나 품질에 대하여 분양자는 잘 알고 있지만 소비자는 그러한 내용을 정확히 알기 어려워 정보의 비대칭 상태가 나타납니다. 이러한 정보의 비대칭 상태에서 이루어진 분양계약에서는 신의칙상 분양자는 소비자에게 계약에 미칠 중요한 정보에 관하여 이를 소비자에게 알려 주어야 할 정보제공의무가 있다 할 것입니다.

특히 그러한 정보를 알았다면 적어도 그와 같은 거래조건으로는 계약을 체결하지 않았을 것이라고 인정되는 경우에는 계약상의 부수적의무로서 정보제공의무가 인정된다 할 것입니다(대법원 2006. 10. 12. 선고 2004다48515 판결).

나. 원고들로서는 아파트의 거실 가운데에 내력기둥이 설치되어 있다는 것은 일반적인 상식을 크게 벗어나는 것이어서 상상을 할 수 없었던 것이므로 이러한 내력기둥이 설치되어 있었다면 이러한 39평형의 아파트를 구입하지 않거나 적어도 이렇게 34평형보다 2,400만원이 더 많은 매매대금을 지급하고 이 아파트를 구입하지는 않았다 할 것입니다.

(1) 갑제3호증의 2(입주자 모집공고)와 같이 29.37평형과 34.65평형은 면적은 5.28평 차이가 나고 옵션을 기준으로 분양가는 대략 2,200만원 차이가 나는데,

(2) 39.59평과 34.65.평은 면적차이가 4.94평인데, 분양가는 대략 2,400만원 차이가 나서 면적비례로 보면 오히려 더 많은 분양가를 내고 있는 것입니다.

(3) 즉, 내력기둥이 거실 한가운데 있는 점에 의하여 39평형이 분양가 낮게 책정된 점은 전혀 없는 것입니다.

다. 이렇게, 아파트 거실 한 가운데 내력기둥이 있다는 것은 일반 상식에 크게 벗어나는 것으로 피고회사는 아파트 분양당시 원고들에게 신의칙상 이를 고지할 의무가 있었다 할 것인데, 이를 고지하는 않고 이를 숨긴 채 이 사건 아파트를 분양한 고의 또는 과실이 있다 할 것이어 피고는 원고들에게 불법행위에 기한 손해배상 책임이 있다 할 것입니다.

라. 또한, 아파트를 분양하는 전문건설업체로서 정상적인 아파트와 동일한 정도의 완전한 아파트를 분양한 채무가 있다 할 것인데, 이와 같이 불완전하게 아파트를 건축하여 분양함으로써 피고회사는 원고들에게 채무불이행에 기한 손해배상 책임도 있다 할 것입니다.

5. 원고들의 피해와 손해의 범위

가. 원고들은 34평형보다 더 많은 분양대금을 지급하였고 이에 따라 갑제3호증의 3(평면도)에서도 34평형보다 거실이 더 넓은 것으로 표시되어 있으나 이 거실 가운데의 내력기둥으로 인하여 거실 공간이 34평형보다 더 적어진

상태입니다.

그리고, 피고회사가 이러한 사실을 숨기기 위하여 부엌과 거실 기둥 사이 벽장을 이어버리자 부엌 옆의 방에서 거실까지 긴 복도가 생긴 셈이 되어 전체적으로 거실의 사용면적이 줄어들고 분위기도 매우 어둡게 된 상태입니다.

나. 그리고 주방도 협소해져서 식탁을 넓게 쓰지 못하고 34평형보다 주방공간을 좁게 써야 하는 형편입니다.

다. 무엇보다도 현관에서 들어오면 바로 기둥이 눈 들어와 생활상 답답함과 중압감을 느끼게 되어 있습니다.

실제로, **원고들 중 이를 매매하려 한 사람도 있으나 매수인이 현관에 들어오자 마자 거실에 기둥이 서 있는 것을 보고 답답해서 생활을 어떻게 하냐고 그냥 돌아간 예도 있습니다.**

라. 원고들의 손해의 범위에 대하여

(1) 위와 같은 피고회사의 불법행위 또는 채무불이행으로 인하여 원고들은 좁은 공간에서 생활해야 하고 심리적으로도 답답함을 크게 안으며 살아가야 하는 등 정신적 피해가 매우 크므로 피고회사는 이를 금전으로나마 위자해야 한다 할 것이고

(2) 원고들의 아파트의 재산적 가치도 현저하게 감소하여 매매조차 되지 않는 등 심각한 재산적 피해를 입고 있으므로 피고회사는 이와 같은 손해를 배상할 책임이 있다 할 것입니다.

위와 같은 정신적, 재산적 손해는 적어도 금 2,000만원은 초과한다 할 것이어서 일단 그 중 일부인 금 1,000만원씩을 청구하고 소송의 진행 중 청구의 범위를 확장하도록 하겠습니다.

6. 결 론

그렇다면, 피고는 불법행위 또는 채무불이행에 기한 손해배상으로서 원고들

에게 적어도 각 금 1,000만원 및 이에 대하여 원고들의 입주가 최종 완료된 2013. 10. 31.부터 이 사건 소장부본 송달일까지는 연 5푼, 그 다음날부터 완제일까지는 "소송촉진 등에 관한 법률" 소정의 지연이자 연 15%의 비율에 의한 금원을 지급할 의무가 있다 할 것이므로 이를 구하기 위하여 이 사건 청구에 이르게 된 것입니다.

입 증 방 법

갑제1호증의 1 내지 16　　각 주민등록증

갑제2호증의 1 내지 16　　각 부동산등기부등본

갑제3호증의 1　　분양안내

갑제3호증의 2　　입주자모집공고

갑제3호증의 3　　평면도 및 투시도

갑제4호증　　분양광고

갑제5호증의 1 내지 3　　각 분양계약서

갑제6호증　　내용증명

첨 부 서 류

1. 위 입증방법　　각1부
1. 소장부본　　각1부
1. 법인등기부등본　　2부
1. 위 임 장　　1부
1. 납 부 서　　1부

2015.　4.　.

원고들 소송대리인

법무법인 OO

담당 변호사 OOO

OO지방법원 귀중

Ⅳ. 분양대금의 지급과 분양보증

1. 분양대금의 지급시기

우리의 선분양제도 하에서는 분양계약일로부터 입주일까지는 2년 정도의 기간이 소요되는데, 사업주체의 부도·파산 등으로 수분양자들이 입주도 하지 못하면서 분양대금도 상실하는 위험이 내재하게 된다. 이에 대하여 주택법과 '주택공급에 관한 규칙'은 분양보증제도와 분양대금을 건축물의 공정과정과 연계하여 단계적으로 납부하도록 강제함으로써 수분양자를 보호하고 있다. 주택도시기금법 제26조 제1항 제2호와 시행령 제21조 제1항은 사업주체로 하여금 주택법 제54조에 의한 일반분양자 모집승인을 받는 경우 의무적으로 분양보증과 환급보증 등에 가입하여 수분양자를 보호하도록 하고 있다. 분양보증은 사업주체가 부도·파산으로 사업을 중단하였을 때 주택도시보증공사가 사업을 승계하여 집합건물의 건축을 완공하여 수분양자들을 입주하게 하는 것이고, 환급보증은 대한주택보증공사 사업의 승계를 포기하고 수분양자에게 분양대금을 돌려주는 제도이다. '주택공급에 관한 규칙' 제26조는 사업주체로 하여금 분양대금을 청약금은 전체 분양대금의 10%, 계약금은 청약금을 포함하여 20%, 중도금은 60% 범위 내에서만 받을 수 있도록 하고, 중도금은 전체 공사비의 50% 또는 지붕의 구조가 완성된 때를 기준으로 전후 2회 이상 분할하여 받도록 하고 있다. 그리고 잔금은 사용검사일 이후에만 받을 수 있도록 하고 있다.

2. 분양대금지급 거절의 항변

분양건설회사가 아파트 건축을 중단하고 부도날 우려가 있는 경우 수분양자들로서는 중도금을 납부했다가는 중도금만 내고 제때 입주 못할 우려가 있지만, 중도금을 내지 않으면 17-19%에 달하는 높은 연체료 채무의 위협에 시달리게 된다. 분양건설회사들은 수분양자들이 분양건설회사가 아파트 건축공사를 중단하고 있어 입주예정일에 입주 못할 우려가 있다는 항변을 하면, 분양대금 지급의무는 원고 분양회사가 입주예정일에 수분양자들을 입주시킬 의무보다 선이행의무이므로 중도금과 연체이자를 지급해야 한다고 주장한다. 이에 대하여 대법원은 아파트 수분양자가 자신을 아파트에 입주시켜 주어야 할 아파트 분양회사의 의무보다 선이행하여야 할 중도금 지급의무의 이행을 아파트 분양회사의 신용불안을 이유로 거절할 수 있으므로, 수분양자가 중도금 지급의무의 이행지체 책임을 부담하지 아니한다고 하고 있다.[143] 민법 제536조 제2항은 공평의 원리에 입각하여 아파트 분양계약과 같은 쌍무계약에 대하여 계약의 양 당사자에게 동시이행의 항변권을 인정하고 있다. 대법원 판례에 의하면 분양건설회사의 소유권이전등기 이행의무와 수분양자의 잔금지급의무는 동시이행의 관계에 있고, 중도금을 지급을 지체하다 잔금지급시기가 도래하면 지체된 중도금과 잔금을 합한 금액을 지급할 의무와 소유권이전등기 이행의무가 동시이행관계에 놓이게 된다. 하지만, 잔금지급시기까지 중도금지급의무는 선이행 의무이므로 약정된 연체이자를 지불해야 한다. 임시사용승인을 받아 입주를 하게 되는 경우에는 수분양자는 입주에 따라 잔금을 지급해야 하지만, 정식사용승인이 나지 않아 소유권이전등기는 경료 받지 못하는 불이익을 받는 경우가 발생한다. 이미 잔금까지

---

143) 대법원 2006. 10. 26. 선고 2004다24106 판결.

분양대금을 모두 수령한 분양회사가 정식사용승인에 필요한 관할관청의 이행명령을 이행하지 않아 입주 후에도 10여년 가까이 소유권이전등기가 되지 않아 수분양자들이 매매, 근저당권 설정 등 재산권 행사를 하지 못하는 불합리한 상황이 발생하기도 하였다. 이러한 문제를 해결하기 위하여 "주택공급에 관한 규칙"은 임시사용승인으로 입주하는 경우에는 잔금의 50%만을 지급하고 소유권이전등기가 되는 시점에서 나머지 잔금 50%를 지급하게 하고 있다.

하지만, 여전히 분양건설회사가 자금사정의 악화로 건축공사를 중단하여 수분양자의 피해가 예상되는 경우 소비자인 수분양자가 중도금지급을 거절하여 보호를 받을 수 있는가는 의문으로 남아 있었는데, 위 대법원 판례는 민법 상 인정되는 소위 "불안의 항변" 이론을 적용하여 적극적으로 소비자를 보호하는 판결을 한 것이다. 소비자들은 대부분 사업주체가 알선하는 금융기관으로부터 고이자의 주택담보대출을 통하여 분양대금을 지급하게 되는데, 환급보증의 경우에는 지급한 분양원금만 보상이 되고 그 이자나 손해배상금을 보증하는 것이어서 소비자들은 고이자의 은행이자 부담을 고스란히 떠안게 된다. 분양이행보증의 경우에는 주택도시보증공사가 승계시공사를 지정하여 다시 공사를 재개하는 데 1~2년의 기간이 소요되어 예정입주일보다 입주가 1~2년 늦어지게 되는데 예정입주일에 맞추어 이사 일자를 잡아 놓은 소비자는 다른 전세를 구해야 하고 아이들의 학교 문제 등으로 큰 피해를 입는다. 하지만 입주지연에 따른 지체상금 책임은 분양보증 책임에 포함되지 않는다는 것이 대법원 판례의 입장이어서 소비자들의 피해구제가 어려운 실정이다. 반면, 소비자들이 이러한 입주지연에 따른 이자부담 등의 피해를 들어 분양대금의 지급을 늦추면 사업주체나 분양계약을 승계하였다는 대한주택보증회사가 분양계약에 있는 17~19%에 이르는 고율의 연체이자를 청구하므로 소비자는 울며 겨자 먹기로 피해를 알면서도 분양대금을 지급하게 된다. 이러한 불합리한 점을 시정하여 소비자를 적극 보호할 수 있게 되었다는 점에 위 판례의 의미가 있다.

3. 분양보증과 수분양자의 보호

주택분양 보증계약이란 주택도시기금법 제26조 제1항 제2호와 시행령 제21조 제1항에 따라 주택건설을 하는 사업주체가 파산 등의 사유로 분양계약을 이행할 수 없게 되는 경우 주택분양 보증인이 당해 주택의 이행(분양이행청구권) 또는 수분양자가 납부한 계약금 및 중도금의 환급(환급금)에 대하여 이행책임을 부담하기로 하는 조건부 제3자를 위한 계약이다.[144] 따라서 제3자의 지위에 있는 수분양자는 주택분양보증계약의 내용에 따라 수익의 의사표시에 의하여 주택분양보증인에 대한 분양계약상의 권리를 취득함과 동시에 그와 반대급부의 관계에 있는 의무를 부담한다.[145]

실무에서는 수분양자들이나 구분소유자 또는 입주자대표회의가 사업주체인 분양건설회사가 부도가 나서 보증인인 주택도시보증공사나 건설공제조합 등을 상대로 환급보증금, 하자보수보증금 등을 청구하는 사례가 많다. 그런데 분양보증계약이 보증회사들의 약관의 형식으로 작성되어 있고 그 내용이 주택도시보증공사에게만 일방적으로 유리하게 되어 있어 수분양자들이나 입주자대표회의가 약관규제법상 고객으로서 보호받을 수 있는가가 종종 문제가 된다. 주택분양보증계약의 당사자는 사업주체와 주택분양보증인이고, 수분양자들은 위와 같은 조건이 성취되면 주택분양보증인에게 수익의 의사표시(보증채무의 이행 청구)를 하여 그 급부를 수령하는 수익자에 불과하므로 약관규제법 제2조 제3항 소정의 '고객'에 해당한다고 할 수 없다. 따라서 약관규정이 약관규제법 제6조 제2항 제1호의 '고객에 대하여 부당하게 불리한 조항'인지 여부는 주택분양 보증계약의 당사자인 사업주체들의 평균적이고 전형적인 이익을 기준으로 판단하여야 하고, 같은 법 제6조 제2항 제2호의 '고객이 계약의 거래형태 등 관련된 모든 사정에 비추어 예상하기 어려운 조항' 또는 같은 법 제7조 제3호의 '상당한 이유 없이

---

144) 대법원 2011. 4. 28. 선고 2010다106337 판결.

145) 대법원 2006. 5. 12. 선고 2005다68783 판결.

사업자의 담보책임을 배제 또는 제한하거나 그 담보책임에 따르는 고객의 권리 행사의 요건을 가중하는 조항'인지 여부도 사업주체들을 기준으로 판단하여야 하므로 이러한 조항에 의하여 수분양자들이 보호받을 수는 없다.[146)]

주택도시보증공사가 분양사와 분양보증계약을 체결한 경우, 주택도시보증공사는 분양자로부터 분양받은 수분양자들이 계약금 및 중도금을 납부한 경우 그들이 납부한 분양대금의 환급 또는 주택의 분양에 대하여 보증책임을 부담한다. 분양자가 부도 등으로 인하여 신축중인 아파트를 완공하지 못하여 적법하게 체결된 수분양자들에 대하여 그 분양계약상의 주택공급의무를 이행할 수 없게 된 경우 수분양자들이 청구하는 바에 따라 수분양자들이 납입한 계약금과 중도금을 수분양자들에게 환급하거나 그 아파트의 완공을 대신 이행하여 수분양자들에게 주택공급의무를 이행하여야 할 것이고, 환급이행과 주택분양이행의 선택권이 주택도시보증공사에게 있는 것은 아니다.[147)] 한편, 주택분양 보증인이 보증채무의 이행으로 분양이행의 방법을 선택하여 사업주체로부터 중단된 공사를 이어 받아 자기의 비용과 노력으로 완공한 경우, 그 주택분양 보증인이 완공된 건물의 원시취득자이다.[148)]

4. 분양보증의 책임범위

먼저, 건설회사가 대물변제로 받은 주택에 대하여도 보증책임을 져야 하는지가 문제된다. 주택분양 보증제도는 구 주택법에 의하여 제정된 "주택공급에 관한 규칙"에 규정된 절차와 방법에 따라 분양계약을 체결하고, 분양대금을 납부한 선의의 수분양자들을 보호하는 데에 그 취지가 있다. 그러므로 주택분양보증을 한 주택도시보증공사는 특별한 사정이 없는 한 주택건설사업자로부터 주택

146) 대법원 2011. 4. 28. 선고 2010다106337 판결.
147) 대법원 2000. 2. 25. 선고 99다52831 판결.
148) 대법원 2006. 5. 12. 선고 2005다68783 판결.

을 분양받은 수분양자들이 계약금 및 중도금을 납부할 것을 전제로 그들이 납부한 분양대금의 환급이나 주택의 분양에 대한 보증책임을 부담한다. 주택건설사업자에 대한 채권자가 그 채권을 담보하거나 회수하기 위한 방편으로 미분양주택에 관한 분양계약을 체결하면서 기존의 채권으로 분양계약에 따른 분양대금의 지급에 충당하기로 약정한 경우에는 주택분양보증을 한 주택도시보증공사로서는 기존의 채권으로 충당된 분양대금 상당액의 환급이나 분양에 대한 보증책임을 부담하지 않는다.[149] 즉, 주택건설사업자가 시공사 및 그 하도급업체 등 채권자에 대한 채무의 대물변제를 위하여 그 채권자의 친·인척이나 임직원 등과 주택분양계약을 체결한 것은 대물변제의 형식에서 벗어나려는 탈법행위에 해당하므로, 주택도시보증공사는 그 분양에 따른 보증책임을 부담하지 않는다. 그리고 그 분양계약이 부도가 발생하기 전에 체결되었고, 기존의 채권이 일괄적으로 분양대금에 충당되지 않고 각 납입기일마다 납입금 상당씩 나누어 충당이 되었으며, 위 분양계약체결 후에도 채권이 더 발생하였으며, 기존채권의 전부가 아닌 그 일부만이 충당되었다는 사정이 있다 하더라도 마찬가지이다.[150]

다음으로, 주택건설사업자의 채무불이행을 원인으로 주택분양계약이 합의해제 되어 주택건설사업자가 수분양자에게 이미 지급된 계약금 및 중도금을 반환하기로 약정한 경우 보증책임이 있는지 여부도 종종 문제가 된다. 주택도시보증공사가 주택건설사업자가 건설·분양하는 주택에 대하여 분양보증을 하였으나 후에 주택분양계약이 합의해제 되어 주택건설사업자가 수분양자에게 이미 지급된 계약금 및 중도금을 반환하기로 약정한 경우, 합의해제가 사실상 주택건설사업자의 채무불이행을 원인으로 하는 것이고, 반환의 범위 역시 당초에 공제조합이 보증한 범위 내의 것이라면 보증공사는 합의해제 약정상의 반환채무에 관하여도 보증책임이 있다.[151]

149) 대법원 2002. 9. 6. 선고 2001다5111 판결.
150) 대법원 2001. 5. 8. 선고 2000다18790 판결.
151) 대법원 1999. 12. 10. 선고 98다4200 판결.

나아가, 분양대금을 구분하여 받도록 한 "주택공급에 관한 규칙"에 위반하여 분양대금의 일부 선납이 이루어진 경우에도 보증책임이 있는지 여부도 쟁점이다. 주택건설사업자가 분양계약 체결에 사용하는 정형화된 분양계약서에 수분양자가 분양대금을 선납하는 경우 선납일수에 따른 중간이자를 할인하여 주는 특약이 있다. 주택분양계약이 체결된 후 주택건설사업자가 분양주택을 일괄하여 은행에 담보로 제공하고 그 대출금으로 중도금의 납입에 충당함으로써 분양대금의 일부 선납이 이루어졌다면, 비록 이로 인하여 주택건설사업자가 분양대금을 구분하여 받도록 한 "주택공급에 관한 규칙"에는 위반된다고 하더라도, 그러한 경위로 이루어진 선납대금이 구 주택법 시행령에서 말하는 '분양계획에 따라 납부된 계약금 및 중도금'이 아니라고는 할 수 없다. 그러므로 주택분양보증을 한 주택도시보증공사는 수분양자가 일시불로 납부한 계약금과 중도금을 환급하는 내용의 보증책임이 있다.[152]

그리고, 사업주체인 분양건설회사의 부도로 입주가 지연된 경우 분양계약상의 지체상금을 분양보증회사에 청구하는 경우가 있다. 판례는 보증회사인 주택도시보증공사가 공사지연으로 인한 지체상금 등에 대하여는 보증책임을 부담하지 않는 것으로 보고 있다.[153] 구 주택법상 주택도시보증공사 등의 분양보증은 선분양제도 하에서 발생할 수 있는 소비자들의 피해를 보호하기 위한 특별한 제도로서 법령에 의한 보증이어서 일반 보증의 법리에 따라 주된 채무로부터 파생하는 모든 채무를 보증하는 것은 아니기 때문이다.

유제 풀이

甲 건설회사는 입주자모집 승인을 받은 아파트가 대량으로 미분양 되자 직원들과 분

152) 대법원 1999. 12. 10. 선고 98다4200 판결.
153) 인천지방법원 2002. 5. 30. 선고 2001나8165 판결.

양계약을 체결하고 직원들이 이를 기초로 중도금 대출을 받도록 하여 이를 사업자금으로 사용하였다. 또한 하도급업체들에게 하도급 공사대금에 관한 대물변제조로 미분양 아파트에 관하여 하도급업체 임직원 명의로 분양계약을 체결하였다. 각 분양계약에 대하여는 구 주택법에 따라 주택도시보증공사가 분양보증을 하였다. 甲 건설회사 부도가 나서 대한주택보증이 분양보증의 이행을 위하여 아파트 공급사업을 승계한 경우 甲건설회사의 직원 乙과 하도급업체의 임원 丙은 분양계약에 기초하여 주택도시보증공사에 분양대금의 지급을 구하는 청구를 할 수 있는가? 한편 甲 건설회사는 분양계약서에 공사의 진척정도에 따라 옥상방수공사 전후로 각 3회씩 6회로 나누어 중도금을 받기로 되어 있으나, 수분양자 丁은 甲 건설회사가 중도금을 선납하면 연10%의 중간이자를 공제하여 중도금 할인을 해 준다는 분양계약서의 기재내용에 따라 중도금 6회분을 미리 선납하였다. 또한 甲 건설회사는 수분양자 戊와 분양계약을 해제하고 분양대금을 전부 반환해 주기로 하였으나 부도가 나면서 분양대금을 반환하지 못하였다. 丁과 戊가 주택도시보증공사를 상대로 분양대금의 반환을 청구할 수 있는가?

주택분양 보증제도는 구 주택법에 의하여 제정된 "주택공급에 관한 규칙"에 규정된 절차와 방법에 따라 분양계약을 체결하고 분양대금을 납부한 선의의 수분양자들을 보호하는 데에 그 취지가 있으므로, 주택건설사업자로부터 주택을 분양받은 수분양자들이 계약금 및 중도금을 납부할 것을 전제로 그들이 납부한 분양대금의 환급이나 주택의 분양에 대한 보증책임을 부담하는 것이다. 주택건설사업자가 시공사 및 그 하도급업체 등 채권자에 대한 채무의 대물변제를 위하여 그 채권자의 친·인척이나 그 임직원 등과 주택분양계약을 체결한 것은 실제로는 대물변제의 약정이면서도 대물변제의 형식에서 벗어나 수분양자에 의한 분양계약의 형식을 취하려는 탈법행위에 해당하므로, 대한주택보증 주식회사는 그 분양에 따른 보증책임을 부담하지 않는다. 따라서 甲 건설회사의 직원 乙과 하도급업체의 임원 丙은 분양계약에 기초하여 주택도시보증공사에 분양대금의 지급을 구하는 청구는 인용되기 어렵다.

한편 주택건설사업자가 분양계약 체결에 사용하는 정형화된 분양계약서에 수분양자가 분양대금을 선납하는 경우 선납일수에 따른 중간이자를 할인하여 주는 특약이 있어 분양대금의 일부 선납이 이루어졌다면, 분양대금을 구분하여 받도록 한 "주택공급에 관한 규칙"에는 위반된다고 하더라도, 그러한 경위로 이루어진 선납대금도 '분양계획에 따라 납부된 계약금 및 중도금'이라 할 수 있으므로 주택도시보증공사는 분양대금의 반환에 관하여 보증책임이 있다. 따라서 수분양자 丁은 주택도시보증공사를 상대로 선납한 분양대금의 반환을 청구할 수 있다.

그리고 주택도시보증공사가 주택건설사업자가 건설·분양하는 주택에 대하여 분양보증을 하였으나 후에 주택분양계약이 합의해제 되어 주택건설사업자가 수분양자에게 이미 지급된 계약금 및 중도금을 반환하기로 약정한 경우, 합의해제가 사실상 주택건설사업자의 채무불이행을 원인으로 하는 것이고, 반환의 범위 역시 당초에 주택건설보증공사가 보증한 범위 내의 것이라면 공제조합은 합의해제 약정상의 반환채무에 관하여도 보증책임이 있다. 따라서 수분양자 戊은 甲주식회사와 합의해제 후 반환받기로 한 분양대금을 주택도시보증공사에 청구할 수 있다.

제 3 절 집합건물의 하자

Ⅰ. 하자의 의의

건축물의 '하자'란 분양계약이나 공사도급계약에서 정한 품질을 갖추지 못하였거나 용도에 적합한 성상을 결여한 주관적 하자와 거래관념상 통상 건축물이 갖추고 있다고 기대되는 성상을 갖추지 못한 객관적 하자를 모두 포함하는 개념이다. 주거용 집합건물에 대하여는 "공사상의 잘못으로 인한 균열, 처짐, 비틀림, 들뜸, 침하, 파손, 붕괴, 누수, 누출, 탈락, 작동 또는 기능불량, 부착·접지 또는 결선불량, 고사 및 입상불량 등이 발생하여 건축물 또는 시설물 등의 안정상, 기능상 또는 미관상의 지장을 초래할 정도의 결함이 발생한 경우"라고 그 하자의 종류와 범위를 규정하고 있다(공동주택관리법 제36조 제3항, 시행령 제37조 제2호). 이러한 법령의 규정은 예시적인 것이어서 반드시 위 규정에 해당해야만 하자로 인정되는 것은 아니다. 도급계약상 하자는 완성된 결과가 주관적 측면에서 계약당사자간 약속된 내용에 합치하지 않거나 객관적 측면에서 계약에서 전제된 또는 일반적인 용도에 적합하지 않거나 그 가치에 미치지 못하는지 여부로 판단된다. 먼저 당사자의 합의(주관적 기준)에 따라 급부의 결과가 "하자가 없어야 한다(無瑕疵)"는 계약당위(Vertragssoll)의 상태를 판단해야 하고, 보충적으로 당사자 사이에 합의가 없거나 계약이 내용이나 성질에 의하여 당사자의 의사가 추론되지 않는 경우에는 거래관념(객관적 기준)에 따라 위와 같은 계약당위의 상태를 판단해야 한다.[154]) 판례도 완성된 집합건물의 하자를 건축물에 공사계약에서 정한 내용과 다른 구조적·기능적 결함이 있는 경우(주관적 하자)와 거래관념상 통상 갖추어야 할 품질을 제대로 갖추지 아니한 경우(객관적 하자)를 모두 포함하는 개념으로 보고 있다.[155]) 객관적 측면에서 불완전하지 않고 사회통념상 통상의 용도에 맞는 품질을 갖추었다고 하더라도 주관적 측면에서 계약내용에서 정한 수준의 기능상, 안전상, 미관상의 기준을 확보하지 못한 경우에는 법률상 하자로 판정된다.

반대로 계약에서 구체적으로 하자에 관한 약정을 하지 않거나 하자에 관한 구체적인 기준을 정하지 않은 결과 집합건물의 품질이나 상태가 분양계약의 내용에 비추어 하자가 아니라 하더라도 객관적 측면에서 집합건물의 품질이나 하자에 관한 법령에서 정한 기능상, 안전상, 미관상의 기준을 충족하지 못한다면 역시 하자로 보아야 한다. 영미법에서도 묵시적 보증(implied warranty)이란 개념으로 분양계약서에 기재된 품질보증(expressed warranty) 외에도 분양자에게 품질보증의 책임 내지 하자담보책임을 인정하고 있다. 묵시적 보증은 거래의 성질 또는 당사자의 상관관계에서 법이 묵시적으로 이끌어 내거나 추론에 의하여 인정하는 보

154) 김규완, "일의 하자에 대한 수급인의 이행책임과 손해배상책임", 안암법학(제15호), 62, 63면.

155) 대법원 2008. 6. 26. 선고 2005다56193 판결.

증이다.[156] 주거용 집합건물에서는 특히 주거적합성(habitability)에 관한 묵시적 보증이 중요한데, 분양되는 공동주택이 사람이 살기에 안전하고 적합(suitable)하다는 보증이다. 미국의 법원들은 처음에는 이러한 묵시적 보증의 책임을 인정하지 않았는데, David v. B&J Holding Corporation 사건[157]에서 플로리다 주 항소법원은 묵시적 보증책임의 개념을 집합건물의 분양자의 하자담보책임에 적용하였다. 위 사건에서 수분양자인 David는 분양자인 B&J Holding Corporation로부터 고급 아파트를 분양받았는데, 입주해 보니 단열(insulation), 방음(soundproofing), 층간소음 등에 하자(defect)가 있었다. 분양계약서에는 단열, 방음, 층간소음 등에 대한 품질 보증이 기재되어 있지 않았지만 관할관청에서 승인한 설계도서(plans and specifications)대로 시공하지 않은 잘못이 발견되었다. 이에 대하여 제1심은 당사자 사이의 분양계약은 전유부분에 관한 것이고, 집합건물의 건축에 관한 것이 아니므로 전유부분의 수분양자와 분양자 사이에는 설계도서대로 건축할 의무가 존재하지 않는다고 판시하였다. 그러나 항소심에서는 상품구매 시의 적합성(fitness)과 상품적합성(merchantability)의 묵시적 보증에 관한 법리를 집합건물의 분양의 사안에도 확대 적용하여, 설계도서와 다르게 시공하여 결과적으로 하자를 야기한 변경시공(deviation)은 분양계약의 위반이라고 판시하였다. 항소심 법원은 주거에 적합한 집합건물 상품을 제작하여 공급할 묵시적 보증의무는 분양계약상의 품질보증의 존재와 상관없이, 법리의 작동에 의하여 발생한다고 보았다. 분양자는 소비자에 비하여 집합건물에 관한 정보의 우위(superior knowledge)에 있고 소비자는 분양자의 광고와 판단에 의존하여 분양을 받기 때문이다.[158]

집합건물이 완공된 후 분양하는 미국에서도 법원 판례 경향은 분양계약서에 명문으로 기재된 품질기준에 위반되는 경우에만 하자를 인정하는 것이 아니라,

156) 이태희·임홍근, “법률 영한사전(Dictionary & Law)” Version 2.0.7. DaolSoft. Co. Ltd.

157) David v. B&J Holding Corporation, 349 So. 2d 676(Fla. Dist. Ct. App. 1977).

158) Wayne S. Hyatt, “Condominium and Homeowner Association Practice : Community Association Law(Third Edition)”, ALI-ABA, 2006. 9, 229, 230면.

상품판매 시 묵시적 보증의 법리를 확대 적용하여 설계도서 등과 달리 시공한 경우에도 하자를 인정하는 등 하자의 범위를 확대하고 있다. 선분양제도 하의 우리의 집합건물의 분양에서는 완성된 집합건물을 보고 품질과 상태를 꼼꼼히 서로 점검한 후 공사부위별로 하자에 관한 기준 등을 정하는 방식의 계약체결은 불가능하다. 대량의 주택공급정책에 중심을 두고 있는 정부의 정책은 소비자를 보호하기 위하여 정교한 분양계약서 작성이나 분양제도 발달에는 소극적이었다. 그 결과 집합건물의 분양계약서에 하자에 관한 구체적인 기준이나 내용을 기재한 경우는 거의 없다. 결국 객관적 하자의 판단은 집합건물의 건설기준이나 건축기준을 정한 법령에 전적으로 의존할 수밖에 없다. 1977년 제정된 "주택건설 기준 등에 관한 규정"은 소송실무에서 공동주택의 객관적 하자여부를 판단하는데 1차적인 기준이 되고 있다. 이외에도 일조·소음차단·악취 등 주거환경과 관련한 생활이익에 대하여는 건축법, 소음·진동규제에 관한 법률, 환경정책기본법, 악취방지법 등에 규정되어 있는 주거생활과 관련된 생활이익의 기준이 하자여부 판단에 적용될 수 있다.

Ⅱ. 하자의 판단기준

1. 미시공과 변경시공

하자보수와 관련한 소송실무에서 문제가 되는 것은 부실시공 외에 미시공이나 변경시공 또는 오시공(誤施工)의 경우도 건축물의 '하자'의 범주에 포함시킬 것인가의 문제이다. 변경시공 또는 오시공은 부실시공처럼 기능상, 안전상, 미관상의 지장이 초래되는 것은 아니지만 당초의 분양계약이나 공사도급계약의 내용을 분양자 또는 수급인이 임의로 변경하거나 잘못 시공한 것이다. 기본적으로 건축물의 '하자'란 분양계약이나 공사도급계약에서 정한 용도의 성상을 결여한 주관적 하자가 중심으로 이루는 것이고, 변경시공 또는 오시공은 사회통념상 건물이 완공되었으나 분양계약이나 공사도급계약의 내용대로 보수가 필요한 것이므로 '하자'의 범주에 포함시킬 수 있다. 미시공은 예정된 공정이 모두 종료하였다고 인정되고 다만 주요 구조부분에 관계되지 않은 공사가 누락된 것이다. 당초 예정된 공정이 최후의 공정까지 일단 종료하고 그 주요 구조부분이 예정대로 시공되어 사회통념상 완성된 건물이 되었으나 그것이 불완전하여 보수가 필요한 경우가 건축물의 '하자'인데, 미시공은 계약에 따른 임무를 완수하지 못한 것이어서 법률적으로는 달리 평가된다. 미시공 문제의 해결을 위해서는 계약에 따른 나머지 공정의 이행을 청구하거나 채무불이행에 기한 손해배상을 청구해야 하고, '하자'의 경우에는 도급 또는 매매에 기한 하자담보책임을 통하여 문제를 해결해야 한다. 다만 집합건물의 하자담보추급권을 현재의 구분소유자가 행사해야 하는 우리의 집합건물법제에서 분양계약의 당사자인 수분양자가 따로 '미시공' 부분의 이행이나 그에 갈음하는 손해배상을 청구한다는 것은 소송경제상으로도 바람직하지 않다. 또한 최초의 분양계약자를 찾기도 어렵다. 현재의 구분소유자의 입장에서 보면, 일반적인 하자보다 더 보수의 필요성이 클 수도 있는 '미시공' 부분을 다툴 수 없다는 것은 정의·형평의 관념에도 반하므로 '미시공' 부분에 대하여도 넓은 의미의 하자로 보아 하자담보추급권을 행사할 수 있다고 해야 한다.[159] 건축물의 '하자'에 관한 손해배상청구 소송의 실무상 채무불이행에 기한 손해배상인지, 하자담보책임에 기한 손해배상인지는 청구권원의 법률적 관점을 달리하는 문제이어서 청구권원의 측면에서는 해당 사안이 미시공이냐 '하자'이냐의 쟁점은 큰 문제가 아닐 수도 있다.

한편 '미완성'은 '미시공'과는 다른 개념이다. 미완성은 공사가 주요구조부분 공사를 완료하지 못하고 도중에 중단되어 예정된 최후의 공정을 종료하지 못한 경우이다. 청구권자의 측면에서 보면 집합건물법 제9조의 하자담보추급권의 청구권자는 현재의 구분소유자인 반면, '미완성'에 따른 채무불이행에 기한 손해배

159) 윤재윤, "건설분쟁관계법 - 건설분쟁의 법적 쟁점과 소송실무", 박영사 2003, 217면.

상 청구권자는 분양계약의 당사자인 수분양자, 즉 최초의 구분소유자이므로 현재의 구분소유자가 원고들로 참가하는 하자보수금청구(하자담보추급권) 소송에서 원고들이 '미완성'에 따른 책임을 추급할 수 없다. 해제권의 행사 측면에서 보면, '미시공'은 하자담보책임의 일종이므로 민법 제668조 단서가 적용되어 콘크리트 건축물 공사도급계약 경우 해제가 불가능하지만, '미완성'은 계약의 불이행의 문제이므로 건축물의 완공의무의 이행에 대하여 상당기간을 정하여 최고하고, 최고 후 상당기간이 지난 시점에서는 계약을 해제할 수 있다. 결국 미완공이냐 하자이냐를 판단하는 기준은 최후의 공정을 종료하였는지 여부를 기준으로 하고, 최후의 공정을 종료하였는지 여부는 당해 계약의 구체적 내용과 신의성실의 원칙에 비추어 객관적으로 판단하게 된다.[160] 집합건물의 준공검사나 사용검사(주택법 제49조)를 받으려면 시공감리를 맡은 건축사 등이 설계도대로 시공되었는지, 하자가 없는지 등을 확인하여 준공의견서를 제출하고, 이를 바탕으로 행정관청이 준공검사나 사용검사승인을 하게 된다. 따라서 준공검사나 사용검사승인 후 여러 가지 하자보수를 다투는 소송에서 법률적으로 '미완성'으로 평가될 정도의 사안이 다투어지는 경우는 매우 드물다. 미시공과 변경시공은 분양계약에 정해진 외형·재질·시설대로 시공을 하지 않거나 시공을 하지 않은 하자이므로, 관련한 외형·재질·시설 등의 기준이 분양계약에 포함되어 있어야 한다. 하지만 선분양제도 하의 우리 분양계약 실무에서는 완성된 집합건물을 점검하여 분양계약의 내용을 정하는 것이 아니어서 이러한 외형·재질·시설 등에 관한 내용은 분양광고에만 포함되어 있다. 여기서 분양광고의 내용을 분양계약의 내용으로 포섭할 수 있는지에 대한 검토가 필요하다.

2. 분양광고상 품질표시

하자의 1차적인 판단기준은 분양계약의 당사자 사이에 합의한 품질의 기준이

---

160) 대법원 1994. 9. 30. 선고 94다32986 판결.

다. 집합건물 분양계약에서 정한 품질의 내용과 다른 구조·기능적 결함이 주관적 하자이다. 그런데 집합건물의 분양과정을 보면 하자의 1차적 판단기준이 되는 집합건물의 품질과 관련한 집합건물의 구조, 외형, 재질, 입지조건 등에 관한 표시는 분양계약서가 아니라, 분양 카탈로그나 견본주택 또는 분양담당 직원의 설명 등의 분양광고에 의하여 표시된다. 분양계약서에는 주로 계약금, 중도금, 잔금 등 분양대금의 지급시기, 입주일자, 계약의 해제나 분양대금 지급연체나 입주연체 시 지연이자 등이 주로 기재되어 있을 뿐이다. 분양되는 집합건물의 구조, 외형, 재질, 입지조건 등이 자세히 기재되어 분양계약서가 책 한 권에 달하는 미국의 집합건물 분양방식과는 큰 차이가 존재한다. 저렴한 분양가격에 의하여 천편일률적인 상품이 공급되던 과거와 달리, 2000년대 이후의 집합건물 분양에서는 고급마감재와 단지 내의 파고라, 분수, 오락시설 등 고급 부대시설이 설치되고 분양가격도 기존주택의 시가보다 훨씬 높다. 그리고 마감재나 단지 내의 부대시설 등 아파트의 외형, 재질이나 지하철이나 학교 등의 인접성 등 입지조건이 분양계약의 체결의사나 분양가격의 형성에서 차지하는 비중이 커지고 있다. 앞서 살펴 본 바와 같이 분양계약에 편입된 분양광고의 내용은 목적물인 집합건물의 품질에 하자가 있는 경우 하자 판단의 주관적 기준이 된다. 분양계약의 내용으로 편입된 분양광고에 표시된 외형·재질·시설 등을 시공하지 않은 경우에는 "미시공"의 하자이고, 분양광고대로 시공하지 않고 저급 재질의 마감재를 사용하거나 저급공법으로 시공한 경우에는 오시공 내지 변경시공의 '하자'가 된다. 이러한 미시공과 변경시공의 하자에 대하여도 집합건물법 제9조에 따라 현재의 구분소유자가 분양자와 시공자를 상대로 하자담보책임을 추급할 수 있다. 통상 입주자대표회의가 현재의 구분소유자들로부터 하자보수금 채권의 채권양도를 받아 양수금 청구의 성질로 하자보수금 청구소송을 수행하고 있다는 점에 비추어 분양광고상 표시된 품질의 미시공이나 변경시공 등을 하자담보책임에 기한 손해배상의 권원으로 청구하는 실익이 크다.

3. 법령상의 품질표시의무

분양광고가 분양계약의 내용으로 편입되는 과정은 “묵시적 합의”라는 다소 불명확한 근거에 의해서뿐만 아니라 분양계약서의 명시적 조항이나 법령상의 품질표시의무 등 좀 더 명확한 근거를 매개로 하여 이루어질 수도 있다. 예를 들어, 분양계약서에 “견본주택 내에 시공된 제품은 특별한 사정이 없는 한 타사 제품으로 변경될 수 없다.”거나 “견본주택 및 인쇄물 등에 표시된 구획선 및 시설물의 위치, 설계도면의 표시가 계약체결일 이후 사업계획 승인 등으로 변경되는 경우에는 수분양자에게 이를 통보한다.”는 조항이 기재되어 있는 경우, 이러한 조항에 비추어 분양자는 아파트의 외형·재질 등에 관하여 견본주택 내에 시공된 제품과 동일한 품질과 동등한 내용으로 시공한다는 분양계약을 체결하였다고 볼 수 있다.[161] 또한 분양자에게 마감재 등과 관련한 품질을 소비자에게 표시하도록 하는 법령상 의무에 따라 분양광고를 하게 된 경우에는 이러한 법령상의 의무가 매개가 되어 분양광고의 내용을 분양계약의 내용으로 편입하기로 한 합의를 보다 쉽게 인정할 수 있을 것이다.

예를 들면, 공동주택의 사업주체가 일반분양자를 모집하려면 행정관청으로부터 입주자모집승인을 받도록 하고 있는데, 이러한 입주자모집승인을 받을 때는 분양받을 수 있는 분양대상 아파트의 평형별 건물면적(전용면적, 공용면적), 평형별 공유대지면적, 분양가격과 입주금 납부시기 및 방법, 입주자 신청범위와 신청일시 및 방법, 입주자 선정방법, 입주예정일 등의 사항을 정하여 입주자모집 승인을 받도록 하고 있다(주택법 제54조 제1항). 입주자모집 승인을 받은 사업주체는 승인받은 내용으로 일간신문 등에 입주자를 모집하는 입주자모집 공고를 하게 된다. 입주자모집공고는 주택공급계약의 청약 그 자체라고는 할 수 없지만 이러한 분양공고는 대량의 주택공급거래에서 불특정 다수의 수요자에게 주택공급 계약의 내용을 일률적으로 미리 알리고 그 내용에 따른 주택공급의 청약을 하게 한

---

161) 대법원 2007. 6. 1. 선고 2005다5812, 5829, 5836 판결.

후 추첨을 거쳐 당첨자와 사이에 정형화된 주택공급계약을 체결하기 위한 절차로서, 사업주체는 당첨자와의 분양계약체결 시에 특단의 사정이 없는 한 입주자모집공고와 같은 내용의 계약을 체결하게 된다. 입주자모집공고는 일간신문에 분양광고처럼 게재되지만 위와 같이 법령에 따른 절차로서 일반적으로 분양공고 내용에 있는 사항을 전제로 분양계약을 체결하기 때문에 분양광고와 동일하게 볼 수는 없다. 분양자가 입주자모집공고의 내용에 대하여 수분양자들에 대하여 계약적으로 구속될 의도가 명확하지 않았다 하더라도 적어도 분양자는 다수의 수분양자들을 보호하기 위하여 분양자에게 행정적으로 부여된 의무를 준수하겠다는 의도를 표명하고 수분양자들은 그러한 신뢰를 바탕으로 분양계약을 체결한 것이라 할 수 있다. 따라서 분양자와 분양계약자들 사이에는 입주자모집공고의 내용을 분양계약에 편입하기로 하는 묵시적인 합의가 있었다고 볼 수 있다. 그러므로 분양계약서상에는 평형별 공유대지 면적이 공란으로 되어 있었다고 하더라도 입주자모집공고에 평형별 공유대지 면적이 기재되어 있었다면 분양자와 분양계약의 당사자들 사이에서는 입주자모집공고상의 공유대지 면적을 분양계약의 내용으로 하는 묵시적 합의가 있었다고 보아야 한다.[162]

주택법은 사업주체가 입주자모집승인을 받으려는 경우 행정관청에 견본주택에 사용하는 마감재의 규격·성능 및 재질을 적은 '마감재 목록표'와 견본주택 내부를 촬영한 영상물을 제출하도록 하고 있다. 그리고 분양계약을 체결할 때 입주예정자에게 '마감재 목록표'를 제출하거나 일간신문 등에 게재하는 입주자모집승인 공고에 포함하여 공고하도록 하고 있다. 이러한 '마감재 목록표'의 내용과 다르게 시공하는 경우에는 그 사실을 입주예정자에게 통보하도록 하고 있다(주택법 제54조 제3내지7항). 이러한 주택법 규정은 견본주택과 다르게 마감재를 시공하는 경우에 입주예정자가 이를 알 수 있도록 하는 절차에 불과할 뿐, 사업주체가 견본주택과 다르게 시공하였을 때의 법적효과를 직접적으로 규정하고 있

162) 대법원 2002. 11. 8. 선고 99다58136 판결, 대법원 1996. 12. 10. 선고 94다56098 판결.

는 것은 아니다. 하지만 사업주체가 견본주택에 시공한 마감재를 분양하는 아파트에 설치하겠다는 의사로 법령에 따라 행정관청에 제출하면서 이를 포함하여 일간신문에 입주자모집승인 공고를 하였고, 수분양자들이 이러한 '마감재 목록표'대로 아파트에 마감재가 시공될 것을 신뢰하여 분양계약을 체결하였다면 분양계약의 당사자인 사업주체와 입주예정자들 사이에 입주자모집승인 공고나 입주예정자에 통보한 '마감재 목록표'에 따라 마감재를 시공할 것을 묵시적으로 합의하였다 할 것이어서 '마감재 목록표'는 분양계약의 내용이 된다. 따라서 이러한 '마감재 목록표'의 내용과 다른 외형·재질·마감재를 시공한 경우 분양계약의 내용인 품질기준에 위반되는 '미시공', '변경시공'의 하자에 해당되어 하자담보책임을 물을 수 있다.

Ⅲ. 법령상 하자판단의 기준

1. 하자판단 기준에 관한 법령

분양계약이나 분양계약에 편입된 분양광고에 하자판단의 기준이 없다 하더라도 거래의 통념상 일반적인 품질의 기준에 미달하거나 기능상·안전상·미관상 지장이 초래되고 있다면 이러한 품질기준 미달이나 지장은 하자에 해당할 수 있다. 분양계약에서 합의되지 않는 기준에 의하여 광범위하게 하자를 인정하는 경우 분양자에게 지나치게 하자보수의 부담을 가중시킬 수 있다. 반대로 완성되지 않은 목적물을 거래하는 선분양제도에서는 분양계약서에 하자판단의 주관적 기준이 되는 내용이 거의 존재하지 않는데, 분양계약이나 분양계약에 편입된 분양광고의 품질표시만을 유일한 하자의 기준으로 할 경우 집합건물의 장기적인 유지·존속이나 소비자 보호라는 공익적 측면이 간과된다. 그래서 주관적 하자 판단을 넘어 객관적 하자의 판단에서는 "주택공급에 관한 기준" 등 법령으로 정해진 기준이 중요한 기준이 된다. 법령상의 기준을 넘는 객관적 하자는 통상 인정되기 어렵다. 다만 주거용 집합건물의 품질에 관한 소비자들의 관심과 기대가 높아지고 있는 현실을 반영하여 행정기관이 지속적으로 객관적 하자판단의 기준이 되는 법령의 내용을 개선할 필요가 있다. 이러한 법령상의 하자판단의 기준과 관련하여 논란이 되고 있는 사안들이 층간소음 하자기준과 구 주택법 제46조(공동주택관리법 제36조)에서의 사용검사 전 하자, 그리고 내력구조부의 하자에 관한 것이어서 이를 검토해 보기로 한다.

2. 층간소음 하자

공동주택에서 층간소음의 문제는 위층과 아래층 사이에 살인을 불러올 정도로 공동주택 세대간 분쟁의 주요사안이 되고 있고,[163] 공동주택을 건축하여 분양한 사업주체를 상대로 층간소음과 관련한 하자보수금 청구 소송도 늘어나고 있다. 하지만 층간소음의 하자에 관한 판단기준이 명확하지 않아 분쟁해결에 어려움을 겪고 있다. 위와 같은 하자에 관한 절충설에 입장에서 보면 먼저, 분양계약이나 분양계약에 편입될 수 있는 분양광고, 설계도면, 견본주택 조건 등에 층간소음을 방지하기 위한 구체적인 기준이 있다면 이러한 분양계약의 내용과 다른 구조적·기능적 결함을 주관적 하자의 근거로 주장할 수 있을 것이나, 분양계약이나 이에 편입될 수 있는 분양광고나 견본주택에 층간소음 방지기준에 관한 구체적인 기준이 있는 경우는 찾아볼 수 없다. 거래관념상 통상 갖추어야 할 소음방지시설의 기준이 객관적으로 존재한다면 이를 기준으로 하자를 주장할 수 있을 것이나, 객관적 하자의 기준이 될 수 있는 층간소음에 관한 법령은 2003. 4. 22. 대통통령 제17972호로 개정된 "주택건설기준 등에 관한 규정"에서 처음으로 마련되었다. 공동주택의 바닥은 바닥두께를 210㎜(기둥식 구조는 150㎜)로 하거나(표준바닥구조) 바닥충격음 기준(인정바닥구조)으로 경량충격음[164] 58 데시벨 이

163) 경향신문, "층간소음 살인범 '말다툼 중 우발범행'", 2013. 2. 14.

164) 비교적 가볍고 딱딱한 충격에 의한 바닥충격음을 말한다.

하, 중량충격음[165]은 50 데시벨 이하의 구조가 되도록 설치해야 한다(제14조 제3항). 최근에 층간소음에 관한 분쟁이 격화되자 국토교통부는 표준바닥구조와 인정바닥구조 중 어느 하나의 조건만 충족하면 되던 것을 두 조건을 모두 충족하도록 기준을 강화하였다.[166] 그러나 그 이전에는 "공동주택의 바닥은 각 층간의 바닥 충격음을 충분히 차단할 수 있는 구조로 하여야 한다."고 선언적으로 규정하고 있을 뿐 구체적인 층간소음의 기준이 법령상 제시되지 않고 있었다. 위 제17972호로 개정된 "주택건설기준 등에 관한 규정" 부칙은 2005. 7. 1. 이후 사업계획승인을 받는 공동주택부터 위 규정이 적용되도록 하고 있어 2005. 7. 1. 이전에 이미 건축되거나 사업계획승인을 받은 공동주택의 경우에는 위 개정된 "주택건설기준 등에 관한 규정"상의 층간소음 하자기준에 의하여 하자여부를 판단할 수 없다.[167]

위 법령의 층간소음 차단기준은 대한주택공사가 소개하여 2001. 12.경 제출한 "공동주택 바닥충격음 차단성능 기준설정 소개"에서 제안한 경량충격음 58데시벨, 중량충격음 50 데시벨을 그대로 채택한 것이다. 대한주택공사가 1990. 12.경 공동주택 설계기준안으로 당시의 기술적·경제적 여건을 감안하여 제시한 "공동주택 내부소음 기준설정 소개"에서는 경량충격음 70 데시벨, 중량충격음 50 데시벨이었다. 공동주택의 바닥구조는 철근콘크리트 슬래브와 완충재의 재료의 종류가 바닥구조의 소음차단 성능에 영향을 많이 미친다. 1990. 12. 경 제출된 위 소개에서는 위와 같은 층간소음 차단성능을 확보하기 위해서는 슬래브의 두께는 150㎜ 이상으로 하고, 슬래브와 온돌구성층 사이에 단열과 충격음 저감을 위해서 두께 20㎜ 이상의 완충재를 사용하되, 완충재로 암면이나 유리면이 좋으나 공사비 상승 등의 문제로 무공발포폴리스티렌품을 사용하는 것이 바람직하다는 설계지침을 제안하고 있었다.[168] 2005. 7. 1. 이전에 건축된 공동주택의 경

165) 무겁고 부드러운 충격에 의한 바닥충격음을 말한다.
166) 연합뉴스, "층간소음 줄이기 - 아파트 바닥구조 기준 강화", 2013. 4. 30.
167) 대법원 2008. 6. 26. 선고 2005다56193 판결.

우에는 법령상으로는 “바닥충격음을 충분히 차단할 수 있는 구조”라고 하여 구체적인 층간소음 차단기준이 마련되어 있었던 것은 아니나, 해당 법령에 따라 공공기관에서 제안한 설계지침이 일응 하자 판정의 기준이 될 수 있다. 경량충격음 70 데시벨, 중량충격음 50 데시벨 이하로 층간소음 차단성능을 확보하지 못한 경우나 콘크리트 슬래브 두께 150㎜, 완충재 두께 20㎜ 수준의 시공을 하지 않은 경우에는 사업주체가 층간소음에 관한 하자보수책임을 부담한다. 2005. 7. 1. 이전에 건축된 공동주택의 층간소음 문제는 심각하지만 사후적으로 층간소음을 차단하는 것은 기술적으로 한계가 있어 결국 제4장 제1절 “3. 생활방해금지와 공동체질서 준수의무” 부분에서 살펴보는 바와 같이 층간소음을 유발하지 않도록 관리규약에서 금지행위, 자제행위 등을 명확히 규정함으로써 해결해야 할 것이다.

3. 사용검사일 전 하자

2005. 5. 26. 개정된 구 주택법제46조는 사업주체는 공동주택의 사용검사일 또는 사용승인일로부터 대통령령이 정하는 담보책임기간 안에 발생한 하자가 발생한 때에는 그 하자를 보수하여야 한다고 하여 사용검사일 이후에 발생한 하자에 대해서만 사업주체가 하자보수 책임을 부담하는 것처럼 규정하고 있었다.[169] 사용검사일 전 하자란 미시공이나 변경시공처럼 이미 사용검사일 전에 그 하자가 명백히 발생하는 경우와 미시공, 변경시공 등으로 건축물 자체에 균열이 발생한 경우이다. 후자에 대하여 판례는 미시공, 변경시공 그 자체가 하자가 아니라 그로 인하여 발생한 균열 등의 미관상, 안전상, 기능상의 지장이 하자이므로 비록 미시공, 변경시공은 사용검사 전에 발생한 것이어도 그로 인한 균열, 누수 등의 하자는 사용검사 후에 발생한 것이므로 하자보수 대상이 된다는

---

168) 서울고등법원 2011. 11. 3. 선고 2010나96579 판결.

169) 현 공동주택관리법 제36조 제2항은 전유부분은 입주자에게 인도한 날, 공용부분은 사용검사일부터 하자의 담보책임기간을 기산한다고 규정하고 있다.

입장을 견지해 왔다.[170] 하지만 미시공, 변경시공 그 자체로 미관상, 안전상, 기능상의 지장을 초래하는 경우에, 예를 들어 어린이 놀이터의 미끄럼틀에 칠을 칠하지 않은 미시공이나 조경설계상 10년의 소나무를 식목하기로 되어 있는데 사업주체가 공사비를 절감하려고 5년생의 아카시아 나무를 식목한 변경시공의 경우에는 사용검사 전에 이미 미관상, 기능상의 하자가 발생한 경우이다. 이러한 사용검사일 전의 하자는 사용검사 승인권자인 감독관청이 사용검사 시에 발견하여 하자보수를 명하고 그 뒤 사용검사 승인을 해야 했으나, 미처 감독관청인 행정관청이 그 하자를 발견하지 못하고 사용검사 승인을 한 경우이다.

소송실무에서는 사용검사일 전 하자에 대하여도 사업주체는 하자보수 책임이 있고, 다만 주택도시보증공사 등 하자보증은 구 주택법령에 의하여 법정된 범위에서 제한적으로 그 보증책임을 부담하는 것이므로 사용검사일 전 하자에 대하여는 보증책임이 없다고 보고 있었다. 위 구 주택법은 보증회사는 보증책임을 부담하지 않는데, 사업주체는 하자보수책임을 부담한다는 건설업계의 요구를 반영하여 사용검사일 이후의 하자에 대해서만 하자보수책임을 제한하려는 입법의도가 있었다. 하지만 이렇게 일방적인 건설업계의 요구만을 반영하는 입법은 미시공이나 변경시공은 하자발생의 책임에 있어 고의나 중대한 과실에 의한 것일 가능성이 커 규범적으로 보면 사용검사일 이후의 하자보다 사업주체가 더 명확한 책임을 부담해야 하는 것인데, 오히려 책임을 면책하는 것이어서 위헌의 소지가 크다는 지적을 받고 있었다.[171] 그래서 위 구 주택법개정 이후에도 하급심의 판결들은 사용검사 전 하자에 대하여도 사업주체의 책임이 귀속된다고 판시하고 있었다. 예를 들면 사용검사 이전의 하자에 대하여는 구 주택법제46조 제1항이 규정하지 않고 있어 집합건물법의 적용이 배제되지 않으므로 집합건물법 제9조에 의하여 10년의 제척기간 적용되는 하자담보추급권을 행사할 수 있다는 하급심 판례가 있었다.[172] 이러한 하급심 판결의 법리에 의하면 사용검사 전 하

170) 대법원 2002. 2. 8. 선고 99다69662 판결.

171) 서울고등법원 2005. 7. 11.자 2004나66829 위헌법률심판 제청 결정.

자는 하자담보책임의 기간을 1,2,3,4,5년으로 단축하려는 명확한 의도를 가진 구 주택법제46조의 취지와 달리 집합건물법 제9조에 의하여 10년의 제척기간이 적용되는 것이 되고, 사용검사 후 하자는 구 주택법이 우선 적용되는데 사용검사 전 하자는 집합건물법이 적용되어 법적용의 일관성을 잃게 되어 개정 구 주택법의 입법취지에 반한다는 문제가 있었다.[173] 다른 하급심 판결 중에는 구 주택법 제46조 제1항의 사용검사일은 담보책임기간의 기산점이 아닌 만료일을 계산하는 기준으로만 보아 사용검사 전 하자도 구 주택법 제46조의 담보책임의 대상이 된다는 판결도 있었다.[174] 이러한 하급심 판결의 견해는 구 주택법의 명문의 규정에 반하고[175] 하자담보책임의 부담을 줄이려는 건설업계의 의견을 반영하여 입법을 주도한 국토해양부의 입법의도에 반하는 문제가 있다. 위와 같이 고의나 중대한 과실에 의한 것이어서 규범적으로는 더 책임귀속이 필요한 사용검사 전 하자에 대하여 분양자나 시공자가 책임을 면한다는 것은 사회의 정의와 형평의 관념에 반하고 구분소유자의 재산권 행사인 하자보수청구권을 합리적 이유 없이 차별하는 것이어서 위헌적이라는 지적을 받고 있었다.[176] 하지만 해석론으로 구분소유자들의 하자보수 또는 하자보수에 갈음하는 손해배상청구권을 보장하려는 견해에는 한계가 있었다.

2012. 12. 18. 개정된 집합건물법 제2조의 2는 하자담보책임에 관한 구 주택법의 규정은 구분소유자의 기본적인 권리를 침해하지 않는 한도 내에서만 집합주택에 적용된다고 규정하였다. 사용검사 전 하자에 대하여 사업주체의 책임을

172) 부산고등법원 2008. 2. 29. 선고 2007나15615 판결.

173) 이환승, “개정 구 주택법의 적용범위 및 하자보수에 갈음하는 손해배상청구권의 소멸시효 시간(대법원 2008. 12. 11. 선고 2008다12439 판결)”, 대법원 판례해설(77호), 2009. 7, 573면.

174) 대전고등법원 2007. 11. 22. 선고 2007나994 판결.

175) 윤재윤, “건설소송심리의 적정화 및 전문화를 위한 개선방안” 저스티스(114호), 2009. 12, 26면.

176) 서울고등법원 2005. 7. 11.자 2004나66829 위헌법률심판 제청 결정.

면책하는 구 주택법제46조 제1항[177]은 구분소유자의 권리를 침해하는 것이어서 집합건물법 제9조에 의하여 구분소유자들이 사업주체들에 대하여 행사하는 하자담보추급권에는 적용될 수 없게 되었다. 2012. 12. 18. 개정 집합건물법과 함께 법제11590호로 개정된 구 주택법 제46조는 개정 전에 있던 "민법 제667조부터 제671조까지의 규정을 준용하도록 한 집합건물법 제9조에도 불구하고"의 규정을 삭제하여 개정 집합건물법 제2조의 2에 따른 집합건물법과 구 주택법사이의 효력관계에 관한 해석상의 충돌이 발생할 여지를 제거하였다. 따라서 구분소유자들은 사용검사 전의 하자에 대하여도 사업주체에게 하자보수 또는 하자보수에 갈음하는 손해배상(하자보수금) 청구를 할 수 있고, 구분소유자들로부터 권리양도를 받아 사업주체에게 하자보수금 청구 소송을 제기한 입주자대표회의는 사용검사 전 하자에 대하여도 하자보수금 청구를 할 수 있다.

4. 내력구조부의 하자

구 주택법 제46조 제3항, 같은 법 시행령 제59조 제1항 [별표 7][178]에 의하면 내력구조부의 하자는 공동주택이 무너졌거나 안전진단실시 결과 무너질 우려가 있다고 판정된 경우에 한하여 손해배상책임을 인정하도록 규정하고 있었다. 그래서 사업주체나 시공자들은 내력구조부에 발생한 누수, 균열 등의 일반적인 미

177) 2012. 12. 18. 개정 집합건물법과 함께 법제11590호로 개정된 구 주택법제46조는 개정 전 "사용검사일로부터 …… 10년 이내의 범위에서 대통령령으로 정하는 담보책임기간 ……"으로 되어 있던 규정을 "전유부분은 입주자에게 인도한 날로부터, 공용부분은 공동주택의 사용검사일로부터 …… 10년 이내의 범위에서 대통령령으로 정하는 담보책임기간 ……"으로 전유부분과 공용부분의 담보책임 기산점을 구분하는 것으로 변경하였으나, 여전히 전유부분의 인도일이나 공용부분의 사용검사일을 담보책임의 기산점으로 하고 있어 이러한 기산점 이전의 하자에 대하여는 담보책임을 부담하지 않는 것으로 해석될 여지가 크다.

178) 현재의 2017. 9. 29. 개정된 공동주택관리법 시행령 제37조 1호는 내력구조부별 하자는 공동주택 구조체의 일부 또는 전부가 붕괴된 경우, 공동주택의 구조안전상 위험을 초래하거나 그 위험을 초래할 우려가 있는 정도의 균열·침하 등의 결함이 발생한 경우를 하자의 범위로 규정하고 있다.

관상, 안전상, 기능상의 하자에 대해서는 무너질 정도의 중대한 하자가 아니어서 하자보수 책임이 배제된다는 주장을 하고 있다. 그러나 내력구조부의 하자에 관한 하자보수책임기간이 새로이 도입된 연혁에 비추어 보면 위와 같은 주장은 설득력이 없다. 공동주택에 관한 하자보수책임기간 규정이 도입된 것은 대량으로 공급된 공동주택의 관리의 공백을 시급히 메우기 위하여 1981년 구 주택건설촉진법에 공동주택 관리에 관한 제38조가 신설되었을 때이다. 이 때 공동주택의 관리체계로서 입주자대표회의와 관리주체의 개념이 도입되었고, 제38조 제14항에서 공동주택의 하자보수책임에 관한 규정이 도입되었다. 다만 구체적 내용을 대통령령에 위임하였고, 구 공동주택관리령 제16조는 구체적인 하자보수기간의 설정을 다시 건설교통부령의 시행규칙으로 위임하였으며 공동주택관리규칙 제11조는 구체적인 하자보수기간을 [별표3]으로 규정하였는데, 공사종류별로 1,2,3년의 하자발생기간 안에 발생한 하자에 대하여 사업주체가 하자보수책임을 부담하도록 하였을 뿐 이때는 내력구조부 하자에 관하여는 규정한 바가 없었다.[179]

그 뒤 1990년 창선대교, 1992년 신행주대교, 1993년 청주 우암상가 붕괴사고 등이 발생하여 사회적으로 부실시공에 대한 책임을 강화해야 한다는 여론이 비등해져 1994년 건설업법에서 종전 1~5년의 하자담보기간을 최고 10년으로 연장하였다. 이러한 사회적 분위기에서 1994년 8월 공동주택관리령 개정을 통하여 내력구조부에 대한 사업업체의 하자담보책임기간을 기둥·내력벽은 10년, 보·바닥·지붕은 5년으로 연장하게 되었다.[180] 이와 같이 종전에 구 공동주택관리령에서 토공사, 철근콘크리트 공사 등 공사의 종류에 따라 1,2,3년의 하자보수책임기간을 두고 있다가, 내력구조부에 대하여 5년, 10년의 하자보수책임기간을 연장하게 된 것은 도입 당시 하자보수책임을 강화해야 한다는 사회적 여론을 반영한 것이었지, 결코 사업주체의 하자보수책임을 내력구조부에 대하여는 무너졌거나 무너질 우려가 있는 경우에 한정하려는 취지가 아니었던 것이다. 이와 같이 내

179) 이환승, 앞의 책, 564면.

180) 한국건설산업소개원, “건설공사 하자담보책임 제도의 합리화 방안 소개,” 1998. 9, 2면.

력구조부에 관한 규정을 둔 취지는 내력구조부 결함과 같은 중대한 하자에 대하여는 그 위험성과 중요성에 비추어 특히 가중책임을 지게하려는 것이지, 내력구조부에 대해서는 공동주택이 무너지거나 무너질 우려가 있는 중대한 하자에 대해서만 책임을 제한하려는 취지가 아니었다.[181]

한편 판례는 내력구조부에 발생한 모든 하자에 대하여 하자가 발생한 부위에 따라 5년, 10년의 하자보수책임기간이 적용된다고 하고 있는데,[182] 이러한 해석은 구 주택법제46조 제3항의 명문의 규정에 반해 타당하다고 할 수는 없다. 내력구조부의 하자에 관한 규정이 도입된 연혁이나 구 주택법제46조 제3항의 규정에 비추어 보면, 내력구조부에 중대한 하자가 있는 경우에는 5년, 10년의 하자발생기간이 적용되지만, 하자가 중대하지 않은 경우에는 다시 일반적인 하자발생기간에 관한 구 주택법 제46조 제1항, 시행령 [별표 6]으로 돌아가 그 하자가 발생한 공사의 종류에 따라 1,2,3,4,5년의 하자발생기간이 적용되고 개정 집합건물법 제9조의 2에 따른 권리행사기간 안에 권리를 행사할 수 있다.

유제 풀이

乙은 甲 건설회사가 분양한 아파트를 분양받은 丙으로부터 아파트를 매수하였는데, 위 아파트는 2005. 7. 1. 이후 사업계획승인을 받아 건축되었다. 乙은 아파트에 입주하여 보니 옥상방수가 제대로 되지 않아 부엌 천장 구석에 누수가 되고, 어린이 놀이터의 미끄럼틀에 칠이 칠해져 있지 않다. 10년생 소나무가 식재되어 있어야 할 아파트 단지 내 동산에는 5년생 아카시아 나무가 식재되어 있었고, 3년생 떡갈나무는 나무가 말라 비틀어져 고사되어 있었다. 각 동 복도마다 설치되어 있어야 할 소방호스도 설치되어 있지 않았다. 乙은 입주자들과 함께 甲 건설회사를 위와 같은 하자에 대해서 하자보수 또는 하자보수금 지급을 청구할 수 있는가? 甲 건설회사가

181) 대법원 2002. 2. 8. 선고 99다69662 판결.
182) 대법원 2009. 3. 12. 선고 2008다15988 판결.

부도가 나서 주택도시보증공사에 위와 같은 하자에 대하여 보증금 청구를 하는 것은 가능한가? 한편 위층에서 아이들이 뛸 때마다 소음이 심각하여 쿵쿵 울리고 위층의 변기 내리는 물소리로 밤에 잠을 잘 수도 없다. 乙이 전문기관에 의뢰하여 바닥두께를 재보니 150㎜ 이하였다. 경량충격음은 65데시벨, 중량충격음은 60 데시벨 이상이었다. 乙이 이러한 아파트의 하자에 대하여 다른 입주자들과 함께 甲 건설회사를 상대로 하자보수 청구나 하자보수금 청구를 할 수 있는가? 乙이 甲 주식회사를 상대로 층간소음피해에 따른 손해배상을 청구할 수 있는가? 위층 구분소유자인 丙을 상대로 손해배상 청구를 할 수는 있는가?

① 누수와 같이 집합건물의 안정상·미관상·기능상 지장을 초래하는 것은 일반적으로 집합건물의 '하자'에 포함된다. ② 3년생 떡갈나무가 고사한 것은 시공상 잘못 식재하여 말라죽은 것인지, 관리를 잘못하여 말라 비틀어진 것인지 감정을 통해 밝혀야 할 사안인데 일정 깊이 이상 식재하지 않거나 제 자리에 식재하지 않는 등 시공상 식재 잘못에 의한 경우 하자에 해당할 수 있다. ③ 미끄럼틀에 칠이 칠해져 있지 않은 경우 사업주체인 분양회사는 통상 관리상의 잘못으로 칠이 벗겨진 것이라 주장하는데, 하자감정을 통하여 처음부터 칠을 칠하지 않은 것인지 관리상 잘못으로 칠이 벗겨진 것인지는 쉽게 판단할 수 있다. 시공과정에서 칠을 칠하지 않은 것은 소위 '미시공'으로 넓은 의미의 하자에 포함된다. ④ 설치하기로 한 소방호스를 설치하지 않은 것도 미시공 하자에 해당한다. ⑤ 10년생 소나무를 식재하기로 되어 있는데, 가격이 저렴한 5년생 아카시아 나무로 식재한 것은 의도적으로 변경하여 시공한 것으로 변경시공에 해당한다.

미시공, 변경시공과 같이 이미 사용검사 전에 하자 존재한 경우 감리보고서를 작성하는 감리나 사용검사승인을 하는 관할관청에서 사용검사를 하는 과정에 발견하여 사업주체인 분양회사에 하자보수를 명하고 하자보수를 확인하여 사용검사승인을 했어야 하는 사안이다. 그래서 사업주체인 분양회사는 사용검사승인을 받았으니 사용검사 전에 존재했던 미시공, 변경시공 부분은 하자가 아니라고 주장하는데, 대법원 2002. 2. 8. 선고 99다69662 판결 등은 일관되게 미시공, 변경시공 등으로 미관상, 안전상, 기능상 지장이 초래된다는 이유로 하자로 인정해 왔다. 그러나 주택도시보증공사의 하자보수보증과 같이 법령상의 보증책임은 법령에 정해진 하자에 대해서만 보증책임을 부담하는 것이므로, 사용검사 전 하자에 대해서는 보증책임을 부담하지 않는다.

층간소음은 주거생활을 곤란하게 할 정도로 주거생활에 큰 영향을 주는 쾌적한 주거환경의 보장을 위해 중대한 문제이다. 품질(하자)의 기준이 되는 분양계약에 층간소음의 기준을 정하는 경우는 거의 없고 객관적 하자 판단의 기준이 되는 법령은 2003. 4. 22. 대통령령 제17972호로 개정된 "주택공급에 관한 규정"에 처음으로 마련되었다. 위 규정은 2005. 7. 1. 이후 사업계획승인을 받은 공동주택부터 적용된다. 위 규정에 따르면 공동주택의 바닥은 바닥두께 210㎜(기둥식 구조는 150㎜)로 하거나(표준바닥구조) 바닥충격음 기준(인정바닥구조)으로 경량충격음은 58데시벨 이하, 중량충격음은 50데시벨 이하의 구조가 되도록 설치해야 한다. 사안에서 표준바닥구조나 인정바닥구조의 "주택공급에 관한 규정"의 기준에 모두 미달하므로 하자의 일종으로 층간소음방지 미비에 따라 하자보수 또는 하자보수에 많은 비용이 소요되는 경우 그에 따른 재산적 가치의 하락분에 대해서 손해배상청구를 할 수 있다.

따라서 乙은 다른 입주자들과 함께 甲건설회사에 대해서는 위 하자들 모두에 관해서 하자보수 또는 하자보수에 갈음하는 손해배상으로서 하자보수금 지급을 청구할 수 있다. 하지만 甲건설회사가 부도가 나서 주택도시보증공사에 하자보수 또는 하자보증금 청구를 하는 경우에는, 乙이나 입주자들이 청구할 수 없고 법령에 따라 입주자대표회가 원고가 되어 하자보수 또는 하자보증금 지급 청구를 해야 한다. 이 경우 3) 내지 5)와 층간소음의 미시공, 변경시공의 하자에 대해서 주택도시보증공사는 법령상 하자보수 또는 하자보증금 지급 책임이 없다. 위층인 丙세대에서 수인한도를 넘는 소음을 야기하는 경우는 이에 대해서 소음발생의 금지나 손해배상을 청구할 수 있을 것이나, 화장실 물을 내리는 소리나 가끔 단속적으로 발생하는 아이들의 뛰는 행위로 야기되는 소음 정도에 대해서 위층의 丙에게 손해배상을 청구하기는 어려울 것이다.

[서식 4] 분양광고와 다른 변공시공에 대한 손해배상 청구 소장

소　　　　장

원 고　　OOO 외 847 (별지목록기재와 같음)
원고들 소송대리인 법무법인 OO
서울
담당변호사 O O O

피 고　　OO건설 주식회사
서울
대표이사 O O O

손해배상(기) 청구의 소

청 구 취 지

1. 피고는 별지목록 기재 (가)항 원고들에게 같은 목록 (바)항 기재 각 금원 및 이에 대하여 소장부본 송달일부터 다 갚을 때까지 연15%의 비율에 의한 금원을 지급하라.
2. 소송비용은 피고의 부담으로 한다.
3. 위 제1항은 가집행 할 수 있다.

라는 판결을 구합니다.

청 구 원 인

1. 당사자

피고 OO건설(주)는 인천 OOO 소재 OOO 아파트를(이하 '이 사건 아파트'라 한다) 신축하여 분양한 사업주체이고, 원고들은 각 이 사건 아파트의 구분소유권자들인 자들입니다.

2. 이 사건 아파트의 사업계획승인과 사용검사 및 입주 경위

가. 피고는 2006. 12. 26. 인천 OOO 지상에 에 18 층 내지 25층 규모의 OOO 아파트 19개동 1042세대 (33평형 394세대; 45평형 124세대; 56평형 304세대; 65평형 134세대; 72평형 86세대) 및 부대복리시설과 생활편익시설을 건립하는 것을 내용으로 하는 공동주택건설 사업계획의 승인을 받고,

나. 이듬해 1. 17. 주택공급에 관한 규칙 제8조등 관련법 규정에 의해 입주자모집공고 승인을 얻은 후, 같은 날 아파트 분양광고를 하면서 분양자들을 모집하여

다. 2010. 2. 4. 임시사용승인을 받아 이 사건 아파트에 입주하였고, 2010. 4. 경 사용검사승인을 득한 후 각 소유권이전등기를 경료 하였습니다.

3. 거실바닥재, 옹벽, 무인경비시스템, 인터폰, 단지 형광등 안정기 등에 관한 분양광고와 계약상의 책임

가. 분양카탈로그, 견본주택 등 광고에서 거실바닥재 표시와 변경시공

(1) 피고는 분양카탈로그에 '클래식한 감각에 더 넓고 화사한 느낌까지 전해주는 스웨덴식 원목 온돌마루판원목온돌 마루판'의 바닥재로 시공한다고 광고하고, 분양 모델하우스에 원목온돌 바닥재로 시공하여 각 분양하였습니다.

(2) 피고는 분양공고 시 각 평형별로 기본형과 옵션15%형을 구분하고, '선사양금액에는 기본형 금액에 15층 이하 기준 표준건축비의 15% 금액을 합산한 금액이며 계약 시 선택하여 체결함'이라고 명시하였습니다.

(3) 선택사양 옵션15%형에는 바닥재를 온돌마루판으로 시공하는 것이 포함되어 있으며, 원고들은 이 사건 계약시 옵션15%형을 선택하여 각 분양계약을 체결하였습니다.

(4) 그러나 피고는 원고들의 동의 없이 원목마루보다 질이 떨어지고 가격이 훨씬 싼 '강화마루'로 시공하였습니다.

나. 설계도상 표시와 다르게 변경시공된 시설

(1) 설계도상 콘크리트 옹벽을 보강토옹벽으로 변경시공
피고는 이 사건 아파트의 설계도서상의 옹벽을 콘크리트 옹벽공법으로 시공 하는 것으로 하여 분양하였으나 수분양자들의 동의도 없이 보강토 옹벽으로 설계를 변경하여 시공하였습니다.

(2) 단지 형광등 안정기의 변경시공
피고는 설계도서에 단지 형광등기구의 안정기를 전자식으로 시공하여 전력손실과 조명효율을 높일 수 있도록 하였으나 실제 전력손실이 많은 자기식으로 시공함으로써 전력손실과 조명효율의 저해가 발생하고 있습니다.

다. "입주자 안내책자(갑제6호증)"와 달리 변경시공된 시설

(1) 무인경비시스템(CCTV)의 미설치
갑제 6호증은 피고가 작성하여 입주자들에게 배포한 '입주자 생활안내'책자인데, 위 입주자 생활안내 26쪽에 총212대의 카메라 위치와 수량에 대하여 설계되었으나 실제로는 138대만 설치되고 나머지 74대는 미시공되었습니다. 이에 따라 단지 내의 보안, 방범 관리에 사각이 많아 안전관리에 어려움을 겪고 있습니다.

(2) 인터폰 설비의 일부 미설치
피고는 위 '입주자 생활안내'책자 26쪽으로 '관리동의 인터폰 모체를 하여(교환)1042세대간의 통화가 가능합니다.'라고 표시하였으나 실제로 부족시공으로 인하여 실제 세대간의 통화가 불가능합니다.

라. 분양광고와 계약상의 책임

(1) 우리 분양계약 거래실무에서는 분양계약의 대상인 아파트의 품질과 하자 등에 관한 사항은 분양계약서에 표시되어 있지 않고 분양 카탈로그, 모델하우스(견본주택), 분양안내책자(입주자 안내책자), 모델하우스에 비치된 설계도서 등에 의하여 표시되고 있습니다.

(2) 이러한 분양광고의 내용이나 모델하우스의 조건, 수분양자에 대한 설명

등이 비록 청약의 유인에 불과하다 할지라도 아파트의 외형·재질 등에 관한 것으로서 사회통념에 비춰 수분양자가 분양자에게 계약의 내용으로 이행을 청구할 수 있다고 보이는 사항에 관한 한 수분양자들은 이를 신뢰하고 분양계약을 체결하는 것이고 분양자도 이를 알고 있었다고 보아야 할 것이므로 분양자와 수분양자 사이에 이를 분양계약의 내용으로 하기로 하는 묵시적 합의가 있었다고 할 것입니다(대법원 2007. 6. 1. 선고 2005다5812, 5829, 5836 판결 등).

(3) 거실바닥재 등 위 5가지 항목은 분양 카탈로그나 입주자 안내책자, 모델하우스에 비치된 설계도 등에서 표시되거나 수분양자들에게 설명된 것으로 아파트의 외형·재질 등에 관한 것으로서 사회통념에 비춰 수분양자가 분양자에게 계약의 내용으로 이행을 청구할 수 있는 사항이어서, 수분양자들인 원고들은 이를 신뢰하고 분양계약을 체결하는 것이고 분양자인 피고도 이를 알고 있었다고 보아야 할 것이므로 원고와 피고 사이에 이를 분양계약의 내용으로 하기로 하는 묵시적 합의가 있었다고 할 것입니다.

(4) 따라서 피고는 분양계약에 따라 거실바닥재 등의 위 5가지 항목을 이행할 책임이 있다 할 것이나 이를 이행하지 않았다 할 것이어서, 원고들은 채무불이행에 기한 손해배상에 기하여 위 거실바닥재 등이 이행되었으면 얻을 수 있었던 이행이익을 청구하는 것입니다.

4. 원고들의 손해배상 청구 범위

가. 거실바닥재 변경시공에 따른 손해

(1) 원고들이 원목마루와 강화마루의 재료비등의 가격 차이에 대하여 건교부지정 제OOO호 안전진단 전문기관인 (주)OOO안전진단에 의뢰하였는바, 갑제4호증의 1. 내지 13.와 같이 원목마루로 시공시하는 경우와 강화마루로 시공하는 경우 그 차액이 금 3,442,533,345원(갑제4호증의 5.)이라고 제시하고 있습니다.

(2) 위 (주)OOO안전진단의 감정결과에 따라 공사비차액을 산정하면 싱크대

바닥면적을 포함하여 원목마루로 시공하는 경우의 공사비는 금 5,254,310,534원, 강화마루로 시공하는 경우의 공사비는 금 1,811,777,189원이므로 그 차액이 금 3,442,533,345원이고, 각 평형별 공사비 차액은 아래 【표1】과 같습니다.

【표1】 평형별 공사비차액

(단위; 원, ㎡; 원미만 절삭)

평 형	세대수	평형별 거실마루면적	총세대 합계면적	평형별 공사비차액
33평형	394	39.86	15,704.84	2,290,979
45평형	124	53.86	6,678.64	3,095,637
56평형	304	66.15	20,109.60	3,802,013
65평형	134	75.06	10,058.04	4,314,121
72평형	86	85.40	7,344.40	4,908,419
	1,042	320.33	59,895.52	

평형별공사비차액 = 금 3,442,533,345원 × (평형별거실마루면적 / 59,895.52)

나. 옹벽을 콘크리트에서 보강토로 변경시공에 따른 손해

원고들이 위 (주)OOO안전진단에 의뢰한 결과 갑제 5호증의 1.내지 9. 와 같이 콘크리트 옹벽으로 시공하는 경우 금2,740,108,801원이 소요되고, 보강토 옹벽으로 시공하는 경우 2,066,020,865원이 소요되므로, 공사비 차액이 금 674,087,936원이 발생한다고 하고 있습니다. 이를 각 구분소유권자의 평형별로 나누면 공사비 차액은 아래 【표2】와 같습니다.

【표2】 평형별 공사비차액

(단위; 원, ㎡; 원미만 절삭)

평 형	평형별 소유지분	평형별 공사비차액
33평형	57083분의 35.1166	414,688

45평형	57083분의 49.57	585,367
56평형	57083분의 63.2461	746,867
65평형	57083분의 74.2786	877,149
72평형	57083분의 82.7352	977,012

다. CCTV, 인터폰, 단지 형광등 안정기의 미시공, 변공시공에 따른 손해

(1) CCTV 미시공에 따른 손해
위 (주)OOO안전진단는 미설치된 74세대의 CCTV를 설치하는데 총 금 154,844,777원이 소요된다고 하고 있습니다.

(2) 인터폰 일부 미시공에 따른 손해
위 (주)OOO안전진단는 세대간 통화가 가능하도록 설비를 추가하는 경우 금 36,249,540원이 소요된다고 하고 있습니다.

(3) 단지 형광등 안정기를 변경시공한 것에 따른 손해
(주) 경기안전진단공사는 자기식을 전자식으로 교체하는데 총 금 177,260,978원이 소요된다고 하고 있습니다.

라. 위 (1) 내지 (3)의 기계설비의 변경시공에 따른 공사비 차액의 합계액은 금 368,355,295원이고 각 평형별 공사비차액은 【표3】과 같습니다.

【표3】 평형별 공사비차액

(단위 ; 원, ㎡ ; 원미만 절삭)

평 형	평형별 소유지분	평형별 공사비차액
33평형	57083분의 35.1166	226,606
45평형	57083분의 49.57	319,874
56평형	57083분의 63.2461	408,125
65평형	57083분의 74.2786	479,318
72평형	57083분의 82.7352	533,888

마. 피고가 위 5가지 항목의 채무불이행(미시공, 변경시공)에 따른 손해 합계액은 금 4,424,976,576원입니다. 위 금 4,424,976,576원에 대하여 각 구분소유권자인 원고들의 소유 평형별 금액은 위 【표1】 내지 【표3】의 합계액인 아래 【표4】의 평형별 차액의 금액과 같습니다.

【표4】 평형별 차액

(단위 ; 원)

평 형	평형별 차액
33평형	2,932,273
45평형	4,000,878
56평형	4,957,005
65평형	5,670,588
72평형	6,419,319

바. 이 사건 아파트의 동별 평형 및 세대수는 아래 【표5】 와 같습니다.

【표5】 동별 평형 및 세대수

동	평형	세대수	청구세대
101	45	36	31
102	56	46	41
103	33	50	43
104	56	50	37
105	33	94	84
106	33	72	58
107	33	94	73
108	33	84	74
109	65	42	36
110	45	88	75
111	65	42	31
112	65	50	37

113	56	36	31
114	72	36	27
115	72	50	35
116	56	36	29
117	56	50	33
118	56	50	43
119	56	36	30
		1,042	848

사. 변경시공에 따른 각 평형별 금액은 위 【표4】 와 같은 바, 추후 감정결과에 따라 청구취지를 확장하기로 하고 우선 그 일부로서 33평형 금200만원, 45평형 금250만원, 56평형 300만원, 65평형 350만원, 72평형 400만원을 청구하기로 하여 원고별 청구금액은 별지목록 기재 마.항과 같습니다.

5. 원고들은 청구취지와 같은 판결을 구하고자 이 사건 청구에 이르렀습니다.

입 증 방 법

갑제1호증의 1. 내지 5. 각 부동산등기부등본

갑제2호증 분양광고

갑제3호증 공급공고

갑제4호증의 1. 주요하자항목조사보고서표지

2. 목차(원목마루판)

3. 공사원가계산서

4. 원목마루차액공사비집계표 (싱크대 바닥면적 공제)

5. 원목마루차액공사비집계표 (싱크대 바닥면적 포함)

6. 물량산출서

7.	내역집계표
8.	건축관련도서 검토사항
9.	원목마루와 강화마루의 차이점
10.	원목마루 마루판 바다개에 관한 비교표
11. 내지 12.	견적서
13. 내지 14.	면적산출표
갑제5호증의 1.	목차
2.	공사원가 대비표
3.	기존옹벽내역서
4.	변경옹벽내역서
5.	옹벽수량표
6.	기존 콘크리트옹벽 일위대가
7.	변경 보강토옹벽 일위대가
8.	콘크리트옹벽 수량집계 및 산출내역
9.	변경 보강토옹벽 수량집계 및 산출내역
갑제6호증	입주자생활안내
갑제7호증의 1.	목차(기계/전기)
2.	단지 CCTV 추가설치
3.	인터폰 설비기능불량
4.	단지 형광등기구교체

첨 부 서 류

1. 위 입증방법	각 1부
1. 소장부본	각 1부
1. 고유번호증	1부

1. 법인등기부등본 1부
1. 위 임 장 1부
1. 납 부 서 1부

2014. 4. .

원고들 소송대리인
법무법인 OO
담당 변호사 O O O

OO 지 방 법 원 귀중

제 4 절 분양자와 시공자의 담보책임

Ⅰ. 분양계약의 법적 성질과 담보책임에 따른 계약해제

1. 집합건물 분양계약의 법적 성질

집합건물법 제9조는 집합건물을 건축하여 분양한 자의 담보책임에 관하여 민법 제667조 내지 제671조의 담보책임 규정을 적용하도록 하고 민법에 규정된 담보책임의 내용보다 매수인에게 불리한 특약은 효력이 없다고 규정하고 있다. 집합건물법 제9조의 취지가 분양자의 담보책임의 내용이 전적으로 도급의 담보책임의 성질을 가진다는 의미라면 집합건물의 담보책임 사안에서는 매매에 관한 담보책임 규정은 전혀 적용될 여지가 없다. 분양자의 담보책임에 매매 또는 도급 중 어느 담보책임 규정을 적용할 것인지는 하자에 관한 분양자의 책임의 범위와 구분소유자의 보호의 측면에서 법률상 중요한 의미가 있다. 매매의 제580조 물건의 담보책임이 적용되면, 분양계약의 해제권이 인정되나 하자보수청구권은 명문의 규정이 없어 인정되기 어렵다.[183] 그리고 분양계약의 해제권과 손해배상청구권은 그 사실을 안 날로부터 6개월이라는 단기의 제척기간이 적용된다. 반면에 도급에 관한 담보책임이 적용되면 분양계약의 해제권은 인정되지 않는 반면 담보책임기간은 콘크리트건물의 경우에는 10년이라는 장기간의 제척기간이 적용되고 하자보수청구와 그에 갈음하는 손해배상 청구권이 모두 인정된다. 그리고 매매의 담보책임 규정이 적용되는 경우에는 공유대지 면적이 부족한 사안에서는 민법 제574조의 수량을 지정한 매매규정을 적용하여 대금감액청구와 같은 방법으로 분쟁을 할 수 있다.[184]

집합건물법 제9조의 담보책임의 내용을 파악하기 위해서는 집합건물법 제9조의 입법취지와 함께 분양계약의 법적 성격을 파악하는 것도 필요하다. 먼저, 분양계약의 법적 성격에서 보면 분양계약은 전형적인 전형계약인 매매나 도급으로 볼 수는 없다. 학계에서도 선분양제도 하의 분양계약에 대하여 순수하게 매매계약이나 도급계약이라는 견해는 찾아 볼 수 없고 여러 전형계약의 성격이 혼합되어 있는 것으로 보고 있다. 다만 강조하는 측면의 차이에 따라 매매계약설이나 제작물공급계약설이라고 불리는 견해도 있으나 구체적인 내용을 보면 분양계약을 순수한 매매계약이나 제작물공급계약이라고 보지는 않는다.[185] 제작

---

183) 매매의 담보책임을 채무불이행설로 보아 불완전이행에 따른 추완청구권의 성격을 갖는 하자보수청구권을 인정한다 해도 집합건물의 하자를 발견하는데 상당한 시간이 걸리는 현실에 비추어 매매의 담보책임기간은 지나치게 단기간이어서 수분양자나 구분소유자의 보호에 미흡하다.

184) 대법원 1996. 12. 10. 선고 94다56098 판결, 대법원 2002. 11. 8. 선고 99다58136 판결.

185) 이정민, "집합건물의 분양과 하자담보책임 – 집합건물법 제9조와 관련한 몇 가지 법적 쟁점

물 공급계약으로만 보면, 제작물의 종류에 따라 부대체물일 경우는 도급의 성격을 대체물일 경우에는 매매의 성격을 갖는 것으로 보는데,[186] 분양계약의 성질을 제작물 공급계약으로 보면 다시 그 목적물의 성격에 따라 매매인가 도급인가로 환원되게 되어 분양계약의 성질 논의에서 핵심쟁점인 담보책임 등의 문제를 해결하는 데 실익이 없게 된다. 담보책임을 논하는 구체적 사안마다 매매에 관한 담보책임과 도급에 관한 담보책임을 선택적으로 적용해야 하는 경우도 있다. 거래현실에서 발생하는 문제를 실사구시로 해결할 필요가 있고 선분양제도 하의 분양계약에서 완성되지 않은 상품의 완성과 재산권 이전의 계약을 체결한 수분양자에 대한 두터운 보호가 법리적으로 요구된다는 점에서도 혼합계약설을 취할 실익이 크다. 다음으로, 집합건물법 제9조의 입법취지 측면에서 보면 집합건물법 제9조는 집합건물의 분양자로 하여금 견고한 건물을 짓도록 유도하고 부실하게 건축된 집합건물의 구분소유자를 두텁게 보호하기 위하여 분양자의 담보책임의 내용을 민법상의 수급인의 담보책임으로 그 성격을 명확히 하고 이를 강행규정화 한 것이다.[187] 집합건물 분양자의 담보책임에는 도급에 관한 담보책임만 적용되어야 한다거나 분양계약의 성질을 도급계약이라 보아야 한다는 취지까지 내포된 것은 아니다. 위와 같은 분양계약의 성질에서 살펴 본 바와 같이 분양계약은 집합건물의 완성이라는 측면에서는 도급의 성질을 완성된 각 구분건물의 구분소유권을 이전하고 인도한다는 측면에서는 매매의 성질을 갖는 혼합계약으로 각 분쟁사안이 분양계약의 어떤 성질의 측면과 관계되느냐에 따라 매매나 도급의 담보책임 규정이 선택적으로 적용될 수 있다.

2. 담보책임과 분양계약의 해제

집합건물법 제9조는 집합건물의 담보책임과 관련하여 민법의 도급의 담보책

에 대하여 –", 사법논집(38집), 법원도서관 385면.

186) 대법원 1987. 7. 21. 선고 86다카2446 판결.

187) 대법원 2003. 11. 14. 선고 2002다2485 판결.

임에 관한 제667조 내지 제671조를 준용하고 있는데, 제668조 단서는 도급으로 완성된 건물에 대하여는 건물의 하자로 인하여 계약의 목적을 달성할 수 없는 경우에도 계약 해제권을 배제하고 있다. 집합건물법과 민법의 규정만 보면 집합건물 분양계약은 계약의 해제가 불가능하다. 예를 들어 수분양자가 상가영업을 위하여 상가건물의 1층 구분건물을 분양 받았지만 분양계약 후 집합건물의 설계를 변경하여 건축하는 바람에 상가영업의 목적을 달성할 수 없게 되었는데도 민법 제668조 단서를 적용하면 집합건물이 완공된 이후에는 분양계약을 해제할 수 없고 손해배상만을 청구할 수 있다. 건물 기타 공작물이 완성된 후 도급계약의 해제를 허용하면 수급인에게 과다한 손실을 줄 뿐만 아니라 그 원상회복이 사회경제적으로도 손실이 크다. 이러한 공익적 목적을 위한 것이기 때문에 민법 제668조 단서의 규정은 강행규정으로 보고 있다. 위와 같은 논거는 수급인이 도급인에 비하여 경제적 약자의 지위에 있고 계약을 해제하면 완성된 건축물을 철거해야 하는 등 사회적 손실이 크다는 것을 전제하고 있다. 하지만 집합건물의 분양과 같은 현대사회의 거래관계에서는 반드시 이러한 통설적인 견해가 전제하는 사실관계가 맞는 것은 아니다. 대단위 집합건물의 분양의 경우 분양자는 대규모 건설업체임에 비하여 수분양자는 경제적 약자의 지위에 있어 수분양자의 보호의 필요성이 높고, 집합건물 분양의 경우에는 집합건물이 완공된 이후 개별 구분건물의 분양계약을 해제하더라도 분양자가 부지사용권을 보유하고 있으므로 전유부분과 대지사용권이 분리되어 대지의 소유자가 구분건물의 철거를 요구하는 경우는 발생하지 않는다.[188] 또한 분양자는 분양가격을 더 낮추어야 하는 문제는 발생할지 모르나 제3자와 새로운 분양계약을 체결함으로써 집합건물 건축의 목적을 달성할 수 있다.

외국의 입법례와 비교해 보더라도 민법 제668조 단서의 입법이 보편적인 입법이라고 보기 어렵다. 프랑스와 독일의 민법은 민법 제668조 단서와 같은 규정

188) 대법원 2003. 11. 14. 선고 2002다2485 판결.

을 두지 않고 있다. 독일은 민법 초안의 심의과정에서 민법 제668조 단서와 같은 규정의 도입을 논의한 바 있으나, 토지 지상물의 경우 그 건축물의 하자로 인하여 도급인에게 아무런 이익이 되지 못하고 설계 자체나 기초공사에 하자가 심각하여 오히려 그 건축물을 철거하는 것이 더 이익이 되는 경우에도 건축물이 완성된 이후에는 도급계약을 해제할 수 없다면 도급인의 권리를 지나치게 제한하는 것이라는 반론이 제기되어 도입되지 않았다고 한다. 민법 제668조 단서는 일본 민법의 같은 조항을 계수한 것인데, 일본도 입법단계에서도 집의 건축방법이 너무 조악하여 당장에라도 무너질 위험이 있어 그 집에 거주하는 것이 도저히 불가능한 경우에는 도급계약의 해제를 허용하지 않으면 부당하다는 견해가 제기되었으나 하자 있는 건축물이 반드시 도급인에게 쓸모없는 것은 아니라는 반론에 의하여 입법화된 것이다.[189] 이와 같이 비교법적으로도 민법 제668조 단서가 보편적인 입법방식은 아니다. 법무부 산하의 "민법개정 특별분과위원회"는 민법(재산권편) 개정안에서 민법 제668조 단서를 삭제하기로 하였다.[190] 하자가 중대하여 물리적으로 건물의 사용목적을 달성할 수 없는 경우 오히려 건물을 방치하는 것이 사회경제적 문제를 유발할 수 있고 성수대교 붕괴나 당산철교 철거의 사례처럼 하자있는 건물에서 후에 발생할 위험으로부터 생길 손해를 최소로 억제하기 위해서 오히려 계약을 해제하고 건물을 해체하는 것이 사회경제적으로 적합하다. 하자 있는 건물이 계약목적을 달성할 수 없을 정도인지, 단지 가치가 하락되어 있는지를 소송실무상 구별하기 곤란한 점은 있으나 목적물을 다른 용도로 사용할 수 있는데도 도급계약을 해제하려는 경우 권리남용의 문제로 다룰 수 있다.

집합건물법 제9조의 입법취지가 수분양자를 두텁게 보호하는 것인데 사안에 따라서는 분양계약을 해제하는 것이 수분양자의 보호에 반드시 필요한 경우도

189) 조한창, "집합건물 분양계약의 해제(대법원 2003. 11. 14. 선고 2002다2485 판결)", 대법원 판례해설(46호), 법원도서관 2004. 669,670면.

190) 법무부, "민법(재산편) 개정 자료집", 민법개정 특별분과위원회, 2004. 11, 949 내지 952면.

있다는 점, 집합건물 분양계약의 성질이 반드시 도급계약은 아니라는 점 등을 종합해 보면 집합건물법 제9조가 민법 제668조 단서까지 준용하는 취지는 아니라고 보아야 한다. 2012. 12. 18. 개정 집합건물법 최초시안은 집합건물법 제9조에서 민법 제668조 본문만을 준용하고 단서는 준용하지 않는 것으로 되어 있었으나, 건설업계와 이를 지지하는 국토해양부의 반대로 종전과 마찬가지로 민법 제668조 전부가 준용되는 것으로 하여 이 부분은 개정되지 않았다.[191] 하지만 이미 판례 법리로 집합건물의 분양에 있어서는 민법 제668조 단서의 계약해제권 배제 조항은 적용되지 않는다는 점이 정립되어 있어 현실의 소송실무에 있어 큰 차이는 발생하지 않을 것으로 보인다. 다만 판례는 집합건물법 제9조의 담보책임 추급권자는 현재의 구분소유자라고 하고 있는데,[192] 분양계약의 해제권은 분양계약 당사자의 전속적인 권한으로 분양계약의 당사자가 아닌 현재의 구분소유자가 해제권을 행사할 수 없으므로 담보책임의 내용 중 해제권만은 분양계약의 당사자인 수분양자만이 행사할 수 있다.

Ⅱ. 담보책임의 추급권자와 책임주체

1. 담보책임의 추급권자

집합건물의 전유부분에서 발생한 하자에 대하여는 구분소유자가 집합건물법 제9조에서 준용되는 도급에 관한 담보책임에 근거하여 집합건물의 분양자를 상대로 하자보수와 하자보수에 갈음하는 손해배상청구권을 행사할 수 있다. 집합건물법 제9조의 담보책임은 민법상 수급인의 담보책임과 동일한 것이고 수급인의 담보책임은 분양계약에 기초하여 발생하는 것이므로, 집합건물법 제9조의 구분소유자는 수분양자인 최초의 구분소유자를 의미한다는 견해가 있다.[193] 대법

---

191) 이준형, “선진적인 집합건물 관리를 위한 법률 개정안 – 하자담보책임, 분양자의 의무, 관리단 집회 등을 중심으로 –” 법조(Vol.666), 2012. 3, 31면.

192) 대법원 2003. 11. 14. 선고 2002다2485 판결.

원 2003. 2. 11. 선고 2001다47733 판결로 집합건물법 제9조의 담보청구권의 주체가 현재의 구분소유자라고 정리되기 전까지 많은 하급심 판결에서는 분양계약의 당사자인 최초의 구분소유자가 담보책임의 추급권자라는 판결을 해 오고 있었다. 분양자인 사업주체를 상대로 입주자대표회의가 구분소유자들로부터 채권양도를 받아 하자보수금을 구하는 소송을 제기하는 시점은 많은 경우 입주일로부터 5~10년이 지난 시점으로 많게는 30~40% 정도의 구분소유자들이 교체된 상태가 된다. 입주자대표회의가 전 구분소유자들을 일일이 찾아 채권양도를 받는다는 것은 사실상 불가능하여 분양계약의 당사자인 최초의 구분소유자만이 담보책임 추급권자라는 하급심 판결취지에 따르면 전체 구분소유자의 60~70%에 해당하는 하자보수금 청구만이 가능하게 된다. 이와 같은 최초의 구분소유자들의 소송에 참가시키는 소송수행상의 어려움에 힘입어 분양자는 반사적으로 위 비율만큼 하자보수책임을 면하게 되었다.

위와 같은 소송수행상의 불합리한 점을 잘 알면서도 많은 하급심 판결들이 분양계약의 당사자인 최초의 구분소유자가 담보책임 추급권자라는 태도를 취한 것은 2012. 12. 18. 개정되기 전 집합건물법 제9조 제2항은 분양자의 담보책임에 대하여 민법에서 규정하는 것보다 "매수인"에게 불리하게 한 특약은 그 효력이 없다고 규정하면서 "매수인"이라는 명확한 개념을 사용하고 있어 이를 달리 현재의 구분소유자로 해석할 수 없었기 때문이었다. 하지만 집합건물법 제9조의 담보책임이 분양계약에 기초한 수급인의 담보책임이라면 입법자가 특별히 집합건물법 제9조에 담보책임 규정을 도입할 필요가 없다. 집합건물법은 집합건물의 구분소유관계와 단체적 관리체계에 관한 법률로 분양자에 대한 담보책임을 집합건물의 관리차원에서 규율하려는 것이 집합건물법 제9조의 취지이다. 현재의 구분소유관계와 단체적 관리체계 하에서 분양자에 대하여 담보책임을 추급하기 위하여 특별한 규정을 둔 것이어서, 집합건물법 제9조의 구분소유자는 현재의

193) 윤인태, "집합건물 분양자의 하자담보책임 – 특히 아파트를 중심으로", 판례소개(제12집), 부산판례소개회, 2001, 188면.

구분소유관계와 단체적 관리체계 내에 있는 현재의 최종 구분소유자이다.[194] 그리고 집합건물법 제25조는 관리인이 구분소유자를 대표하여 집합건물의 보존·관리행위를 한다고 규정하고 있으므로 집합건물의 보존·관리행위인 담보책임 추급권을 집합건물 관리단도 구분소유자를 대표하여 행사할 수 있는데, 현재 집합건물 체계 내에 있는 구분소유자가 담보책임 추급권을 행사할 수 없다면 집합건물 관리단도 담보책임 추급권을 행사할 수 없게 된다. 앞의 견해처럼 최초의 수분양자가 담보책임 추급권의 귀속주체라면 현재의 구분소유자는 앞서의 구분소유자들을 차례로 대위하여 최초 수분양자의 담보책임 추급권을 행사해야 한다. 앞선 구분소유자들을 전전 대위하기 위해서는 앞선 구분소유자들을 일일이 특정해야 하는 등 상당한 시간과 비용이 소용되고 복잡한 소송수행을 해야 하므로 현재의 구분소유자 또는 집합건물 관리단이 구분소유자들을 대표하여 담보책임 추급권을 행사할 수 있도록 특별규정을 둔 것이 집합건물법 제9조의 취지이다.

위 대법원 판례의 결론에 동의하면서도 담보책임의 "하자"라는 것은 기본적으로 계약을 전제로 하는 것인데, 위 대법원 판례처럼 분양계약을 전제하지 않게 되면 하자의 판정기준, 하자확대 손해에 대한 배상의 근거 등 분양계약을 전제해야 추급할 수 있는 담보책임의 많은 내용의 근거가 상실된다는 점에서 그 근거를 달리해야 한다는 견해가 있다.[195] 도급계약상의 하자란 통상의 거래관념에 비추어 하자가 아니라 하더라도 기본적으로 계약에서 정한 하자의 기준에 위반되는 경우에는 하자로 판단해야 하고, 하자가 확대되어 추가적인 손해가 발생한 경우 그 확대손해의 판단기준 등은 기본적으로 분양계약에 기초해야 하기 때문이다. 같은 취지의 전제에서 현재의 구분소유자가 집합건물법 제9조의 담보책임 추급권자라는 점에 동의하면서도 그 근거를 최초의 수분양자와 중간 전득자를

194) 대법원 2003. 2. 11. 선고 2001다47733 판결.

195) 이준형, "집합건물법 제9조에 따른 구분소유자의 하자담보추급권 – 대법원 2003. 2. 11. 선고 2001다47733 판결", 민사판례소개(28권), 민사판례소개회, 2006. 2, 52, 54면

거쳐 현재의 구분소유자 사이에 담보책임 추급권을 묵시적으로 양도한 것에서 그 근거를 찾아야 한다고 한다는 견해도 있다.[196] 그리고 이러한 연쇄적 계약에 의하여 담보책임 추급권이 현재의 구분소유자에게 양도된 것에 대하여 분양자는 사전에 포괄적으로 동의함으로써 분양계약에 기한 하자와 확대손해에 대하여 현재의 구분소유자가 담보책임을 청구할 수 있다고 한다.[197] 최초의 수분양자와 중간 전득자, 현재의 구분소유자 사이에 담보책임 추급권에 연쇄적인 양도가 있었다 하더라도 이를 분양자에 대항하려면 채권양도 통지를 매 전득행위마다 해야 하는데, 채권양도의 양수인이 양도인을 대위하여 채권양도의 통지를 할 수 없다는 법리[198]에 의하면 채권양도의 통지는 사실상 불가능한데, 위 견해는 분양자가 이러한 하자추급권의 양도에 포괄적 사전승낙을 했다는 것에서 채권양도 통지의 절차가 별도로 필요하지 않다는 근거를 들고 있다. 하지만 해석론만으로 해결하기 어려운 점이 있다.

우리 학계에는 하자에 관한 담보책임은 기본적으로 분양계약을 기초로 하는 것인데, 분양자가 현재의 구분소유자에게 하자담보책임을 부담한다는 것은 이러한 분양계약에 기초한 사적자치 내지 계약의 "당사자성(privity)"의 원리에서 크게 벗어난다는 점에서 수긍하기 어렵다는 경향이 있는 것으로 보인다. 미국에서도 현재의 구분소유자가 분양자를 상대로 하자에 관한 담보책임을 청구할 수 있는지에 대하여는 상당한 논란이 있었다. 미국 판례상 현재의 구분소유자가 분양자에 대하여 하자담보책임을 청구할 수 있느냐의 논쟁에서 분양자 측에서 제기한 핵심적인 쟁점은 "당사자성(privity)"의 원칙이었는데, 미국의 법원은 오히려 "당사자성(privity)"의 원칙보다는 분양자가 자신이 제조한 상품을 상업적 유통에 맡김으로써 그 제조물책임을 예견하였느냐는 "예견가능성(foreseeability)"의 문제로 접근해야 한

196) 윤재윤, "집합건물의 하자담보책임에 과한 실무상 쟁점", 저스티스(제73호), 한국법학원 2003. 6, 59면.

197) 이준형, 각주 191)의 책, 72 내지 76면.

198) 대법원 2004. 2. 13. 선고 2003다43490 판결.

다는 점을 명확히 하고 있다. 먼저 플로리다 주 항소법원은 1979년 Strathmore Riverside Villas Condominium Association, Inc. v. Paver Development Corp. 사건[199]에서 우리 하급심 판례의 논거처럼 전전양도 받은 현재의 구분소유자가 최초의 수분양자가 분양자로부터 피해를 입은 하자에 대하여 손해배상 청구를 할 수 있다는 것은 기이하다(strange)는 이유로 현재의 구분소유자가 분양자를 상대로 제기한 하자보수금 청구를 기각하였다. 하지만 그 뒤 1980년 남캘리포니아 대법원은 Terlinde v. Neely 사건[200]에서 현재의 구분소유자에게 분양자에 대한 하자에 관한 담보책임 추급권을 인정하였다. 남캘리포니아 대법원은 묵시적 보증책임을 현재의 구분소유자에게 확대하는 것은 정당한 법적, 정책적 고려에 기초하고 있다고 설시하고, 분양자는 주거용 집합건물을 건축하면서 장래의 매수인들에게 전문적인 품질보증을 제공하였다는 점을 강조하였다. 상식적으로 주택에 잠재된 하자는 상당한 기간 후에 드러나게 되고 그 사이에 구분건물은 잠재적 하자의 존재를 의심하지 않은 현재의 구분소유자에게 양도된다. 최초의 구분소유자는 구조적으로 잠재된 하자를 밝혀낼 위치에 있지 않고, 특히 설비의 하자를 구조적으로 숨기는 경향이 있는 정교한 시설물을 공급받은 경우에는 더욱 그렇다. 위 제1심 법원은 임의적으로 3년의 담보책임 기간을 설정하였는데, 남캘리포니아 대법원은 잠재적 하자가 드러나는데 법원이 임의적으로 3년의 기간을 설정할 수 없고 합리적인 기간을 설정해야 한다고 판시하였다. 위 사건에서는 피고 분양자는 분양계약의 당사자성을 강조하며, 현재의 구분소유자는 당사자성이 결여되어 있어 이렇게 당사자가 아닌 구분소유자에게 하자담보책임을 부담하지 않는다고 항변하였다. 이에 대하여 남캘리포니아 대법원은 핵심적인 쟁점은 "당사자성(privity)"이 아니라 "예견가능성(foreseeability)"이라고 보았다. 분양자가 집합건물을 투자목적으로(speculative) 건축한 사실에 비추어 보면, 분양자가 최초의 수분양자에게만 하자담

199) Strathmore Riverside Villas Condominium Association, Inc. v. Paver Development Corp. 369 So. 2d 971(Fla. Dist. Ct. App. 1979), cert denied, 379 So. 2d 210(Fla. 1979).

200) Terlinde v. Neely, 275 S.C. 395, 271 S.E. 2d 768(1980).

보책임을 부담하게 될 것이라고 예측했다고 할 수 없다. 분양자는 그가 제작한 집합건물을 상업적 유통의 흐름에 둠으로써 그 상품에 관하여 제조물책임을 부담하게 되고, 그 결과 제조기술상의 하자에 대하여 책임을 부담하게 된다고 판시하였다.[201)]

제조물의 제조자는 자신이 제조한 상품이 상업적 유통에 맡겨질 것으로 예견하고 제조물을 판매하였고, 제조물 책임의 법리에서는 제조자는 자신과 매매계약을 통하여 그 상품을 매입한 매수인에게만 제조물 하자에 관한 책임을 부담하는 것이 아니라, 그 상품이 전전 유통되어 직접 사용한 소비자에게 책임을 부담한다. 집합건물도 제조물의 성격을 가지고 있고, 분양자가 그 제조물을 상업적 유통에 맡긴 이상 분양자와 분양계약을 체결한 수분양자에게만 제조물의 하자에 관한 책임을 부담한다고 볼 수 없고 그 제조물의 현재 구매자에게도 제조물 하자에 관한 책임을 부담한다고 보아야 한다. 이와 같은 이미 현대적 법리(modern rule)가 된 제조물책임의 법리와 비교해 보더라도 집합건물의 현재의 구분소유자가 분양자에 대하여 직접 하자담보책임을 추급할 수 있다는 법리는 정당성을 가진다. 다만 입법적으로 현재의 구분소유자가 분양계약의 내용에 기초하여 분양자에게 하자보수책임을 추급할 수 있다고 명확히 규정하는 것은 필요하다. 2012. 12. 18. 개정 집합건물법 제9조 제1항은 본문에서 분양자가 종전처럼 "매수인"이 아니라 "구분소유자"에 대하여 담보책임을 진다고 하여 현재의 구분소유자에게 담보책임을 진다는 점을 명확히 하였다. 그리고 단서에서 그 경우 민법의 도급"계약"에 기초한 도급에 관한 담보책임에 근거한다고 규정하여, 현재의 구분소유자가 분양계약에 기초하여 담보책임을 추급할 수 있는 근거를 마련하였다. 한편 공동주택의 경우에는 입주자도 집합건물 제9조에도 불구하고 하자보수청구권을 행사할 수 있다고 하고 있다(공동주택관리법 제1항 제1호). 여기서 입주자의 개념은 공동주택의 소유자(구분소유자) 또는 그 소유자를 대리하는 배우

201) Wayne S. Hyatt, 앞의 책, 231, 232면.

자 및 직계존비속을 의미한다(공동주택관리법 제2조 제5호).

2. 담보책임의 주체와 시공자의 담보책임

집합건물의 분양자나 공동주택의 사업주체 중에는 토지만 매입하여 사업의 기반만을 다진 후 집합건물의 건축과 분양은 전적으로 시공자인 대형건설사의 자금력과 브랜드를 가지고 분양한 경우도 많이 있다. 소위 "시행자"인 분양자의 경우에는 분양 후 회사가 소멸되거나 무자력 상태에 빠진 경우가 많이 있는데, 집합건물법 제9조는 구분소유자가 분양자를 상대로 한 담보책임에 기한 하자보수금 청구를 할 수 있도록 규정하고 있을 뿐 구분소유자가 시공자에 대하여 직접 담보책임을 물을 수 있는 규정이 없었다. 분양자를 대위하여 분양자가 시공자에 대하여 행사할 수 있는 하자보수금 청구권을 행사하는 방식을 상정해 볼 수 있으나, 채권자대위권의 행사는 채무자인 분양자가 무자력일 것을 권리행사의 요건으로 하고 있고, 이러한 '채무자의 무자력'은 소송요건에 해당하여 소가 부적법 각하될 수 있는 본안전 항변에 관한 것이어서 원고인 구분소유자들이 입증책임을 부담하는 등 소송수행에 어려움이 있었다.

2003. 5. 29. 전문개정된 구 주택법 제46조에서는 시공자도 하자보수책임과 관련된 내용에 관련해서는 사업주체의 개념에 포함시켜서, 입주자대표회의와 관리주체 등이 청구하는 하자보수 청구에 대하여 책임을 부담하도록 하였다. 그러나 집합건물법 제9조에 의하여 구분소유자들이 행사하는 담보책임 추급권에 대하여는 시공자에 대하여 직접 하자보수에 갈음하여 손해배상을 청구할 수 있는 근거규정이 없었다. 그래서 2012. 12. 18. 법제11555호로 개정된 집합건물법은 제9조에서 시공자에 대하여도 구분소유자들이 직접 담보책임 추급권을 물을 수 있는 규정을 신설하였다. 그러나 최초의 시안과 달리 최종안에는 집합건물법 제9조 제3항에 분양자가 회생절차의 개시 신청, 해산, 무자력 또는 그 밖에 이에 준하는 사유가 있는 경우에만 담보책임을 진다는 규정이 도입되어, 종전에 분양

자를 대위하여 시공자에 대하여 하자보수금을 청구하던 방식과 달라진 것이 없게 되었다. 또한 최종 시안에서는 집합건물법 제9조 제2항에 다른 법률에 담보책임에 관한 특별한 규정이 있는 경우 그 법률에서 정하는 담보책임의 범위에서 구분소유자에게 제1항의 담보책임을 진다는 규정이 도입되었는데, 건설산업기본법 제28조 제2항에 기한 면책을 구분소유자에게 주장할 수 있다는 기대 하에 둔 규정이다. 프랑스 민법 제1792조는 담보책임의 주체를 분양자와 시공자뿐만 아니라 건축사, 엔지니어, 수급인의 수임인 자격으로 업무를 수행한 자(예를 들어, 하도급업자) 등으로 그 범위를 확대하고 있으나, 개정 집합건물법은 일단 시공자까지만 담보책임의 범위를 확대한 것이다.[202)]

Ⅲ. 담보책임 기간

1. 하자발생기간과 담보책임 기간

"구 공동주택관리령" 제16조 제2항[203)]은 공사의 내용과 하자의 종류에 따라 1,2,3년(다만 내력구조부의 결함으로 인하여 공동주택이 무너지거나 무너질 우려가 있는 경우에는 5년 또는 10년)의 기간 내에 발생한 하자에 대하여는 사업주체가 하자보수 책임을 부담하도록 규정하고 있었다. 한편, 집합건물법 제9조에 의하여 준용되는 민법 제670, 671조는 "담보책임의 존속기간"이란 제목으로 하자보수, 하자보수와 함께 또는 갈음하는 손해배상 청구는 목적물을 인도받은 날로부터 일반물건은 1년, 건축물은 5년, 콘크리트 건축물은 10년 이내에 권리를 행사해야 한다고 규정하고 있다.[204)] 여기서 구 주택법령상의 1,2,3년의 하자발생기간과 집합건물

202) 이준형, 각주 195)의 책, 27, 31면.

203) 그 뒤 2003. 개정된 구 주택법제46조와 시행령 제59조에 같은 내용으로 승계되었으므로 구 공동주택관리령과 구 주택법 및 시행령의 하자보수책임기간을 "구 주택법령상 하자발생기간"이라고 한다. 현재의 공동주택관리법 제36조 제2항은 "담보책임기간"이라고 하여 법학계의 법률용어와 같은 용어를 사용하고 있다.

204) 민법 제670, 671조의 담보책임 기간은 "담보책임 존속기간"이라는 제목과 "…권리를 행사해

법 제9조의 하자'담보책임' 기간의 관계에 대하여 소송실무에서는 많은 논쟁이 있었다. 소송실무에서 핵심 쟁점은 구 주택법령상의 하자발생 기간의 입법취지가 하자'담보책임' 기간 10년을 1,2,3년으로 단축하고자 하는 것인지 여부였다.[205] 그 논의의 결과에 따라 입주자대표회의가 1,2,3년의 하자발생기간이 지나서 사업주체에게 하자보수 요구를 하거나 하자보수금 청구소송을 제기한 사건의 경우 제척기간 도과[206]로 각하되는지가 결정되는 것이어서 실무상 중요한 논쟁이었다. 위 논쟁에서는 3가지 세부논점이 있었다. 첫째, 구 주택법령상 하자발생기간이 집합건물법 제9조의 담보책임 기간과는 별개의 입법목적을 가지고 있었는지, 아니면 담보책임 기간을 단축하고자 하는 입법목적이 있었는가의 여부이다. 둘째, 구 주택법령상 하자발생기간이 담보책임 기간을 단축하고자 하는 입법의도가 있었다고 하더라도 구 집합건물법 부칙 제6조에서 집합건물의 관리에 관한 구 주택법의 특별한 규정은 집합건물법에 저촉되어 구분소유자의 권리를 해치지 않는 범위에서만 효력이 있다고 규정하고 있으므로 집합건물법 제9조의 담보책임 기간을 1,2,3년으로 단축하는 구 주택법령상의 하자발생기간 규정은 효력이 없다는 점이다. 셋째, 민법 제680, 681조의 콘크리트 건물에 관한 10년 장기간의 담보책임 기간이 다른 입법례에 비하여 지나치게 장기간이어서 불합리하다는 점이었다.

먼저, 구 주택법령상의 하자발생기간은 집합건물법 제9조의 담보책임 기간의 법리와는 그 입법목적을 전혀 달리하는 것이다. 구 주택법령상의 하자발생기간 제도는 1,2,3년의 하자발생기간 안에 발생한 하자에 대하여는 관리상 잘못인지,

---

야 한다."는 규정처럼 권리행사 기간, 즉 제척기간이다.

205) 현재의 공동주택관리법 시행령 제36조 제1항 제2호에 따른 [별표 4]는 시설공사별 담보책임기간을 마감공사 등 2년, 옥외급수·위생 관련 공사 등 3년, 대지조성공사 등 5년 등으로 집합건물법상의 담보책임 기간과 담보책임기간을 거의 일치시키고 있다.

206) 제척기간은 재판상 소를 제기해야 하는 출소기간이 아니므로 재판 외에서 권리를 행사하였다 하더라도 제척기간을 준수한 것이 된다(대법원 2006. 6. 9. 선고 2000다15371 판결).

공사상 잘못인지를 따지지 않고 사업주체에게 하자보수책임을 부담하도록 한 하자'보수책임' 기간의 의미이다. 공동주택에서 발생한 하자가 관리주체의 관리 부실로 발생한 하자인지, 사업주체나 시공사의 공사상 잘못으로 인한 하자인지를 판정하기 매우 어렵다. 예를 들어 조경수목이 말라 죽은 경우에 조경공사 때 나무를 깊게 심지 않아 죽은 것인지, 관리주체가 물을 제대로 주지 않는 등 관리를 잘못하여 죽은 것인지 그 원인을 판단하기 쉽지 않다. 어린이 놀이시설의 칠이 벗겨진 경우 관리주체는 공사 때 칠을 제대로 칠하지 않은 것이라고 하고 사업주체는 관리를 제대로 하지 아니하여 벗겨진 것이라고 한다. 이렇게 공동주택의 하자의 발생 원인을 일일이 규명하는 것은 쉽지 않고 정확한 책임원인 규명을 위해서는 건축사 등 전문가의 감정을 받아야 하고 비용과 시간이 많이 든다. 분양자와 입주자들 사이에 하자보수를 둘러싼 책임공방이 장기화되고 제때 하자보수가 시행되지 않은 현상에 대처하기 위하여 하자보수를 둘러싼 분쟁을 줄이고 신속하게 하자보수를 하게 하려는 것이 "하자발생기간" 제도의 입법취지이다. 반면에 집합건물법 제9조의 담보책임 기간은 제척기간으로 제척기간은 법률이 권리를 행사할 구 있는 기간으로 예정하는 존속기간으로 그 권리를 중심으로 하는 법률관계를 조속히 확정하려는데 그 취지가 있다.[207] 이러한 입법취지에 비추어 보면, 하자발생기간은 입주자 또는 입주자대표회의의 사업주체를 상대로 한 하자보수청구권의 성립요건의 성격을 가지고 있다.[208] 판례도 구 주택법령의 하자발생기간에 대하여는 행정적 차원에서 공동주택의 하자보수 절차·방법 및 기간 등을 정하고 하자보수보증금으로 신속하게 하자보수를 할 수 있도록 기준을 정한 것이라고 보고 있다.[209]

다음으로, 구 집합건물법 부칙 제6조와의 관계이다. 집합건물법 제9조의 10년의 담보책임 기간을 구 주택법령에서 1,2,3년의 기간으로 단축한 것은 단독주택

---

207) 민법주해(Ⅲ), 총칙(3)(윤진수 집필부분), 박영사 2000. 11. 30, 400, 402면.
208) 윤인태, 앞의 책, 200면.
209) 대법원 2004. 1. 27. 선고 2001다24891 판결.

소유자에 비하여 공동주택의 구분소유자에게 지나치게 불리한 것으로 구분소유자의 기본적 권리를 침해하는 것이어서 구 집합건물법 부칙 제6조에 의하여 효력이 없다는 견해가 있다.[210] 하지만 이 견해도 논의의 전제로 구 주택법령상 하자발생기간의 입법목적을 담보책임 기간과 동일한 성격으로 파악하는 오류를 범하고 있다. 마지막으로, 콘크리트 건물에 관한 민법 제680, 681조의 10년의 장기 담보책임 기간의 문제이다. 구 주택법령에서 1,2,3년의 하자발생기간이 적용되는 시설이나 공사부위 중에서 분리나 교체가 가능한 부분은 본래 일반물건과 동일하므로 민법 제670조 제1항에 의하여 1년의 제척기간이 적용되어야 하는데, 1~3년의 제척기간이 적용되는 것이므로 집합건물법 부칙 제6조에 의하더라도 구분소유자에게 불리하지 않으므로 무효가 아니나, 내력벽 등의 하자에 대하여는 담보책임기간을 5년으로 정한 부분은 민법 제671조의 10년의 제척기간을 단축한 것으로 구분소유자에게 불리하므로 무효라는 견해[211]가 있다. 콘크리트 건물이 다양한 공사부분으로 구성되어 있고 그 각 공사부분마다 제척기간을 단기간으로 달리 정하고 있는 다른 입법례와 비교하여 볼 때 구체적인 공사부분의 차이를 고려하지 않고 획일적으로 10년 장기의 담보책임기간을 규정하고 있는 민법 도급편의 담보책임기간 제도의 개선이 필요한 것은 사실이다. 그러나 민법의 담보책임기간의 문제는 공동주택만이 아니라 단독주택, 비주거용 집합건물 모두에서 같이 해결되어야 할 문제이지 공동주택에 대해서만 차별적으로 개선되어야 할 문제가 아니다. 그리고 장기 담보책임 기간의 제도개선을 위 견해와 같은 해석론으로 해결할 수는 없다. 결국 장기 담보책임 기간 문제는 2012. 12. 18. 개정 집합건물법 제9조의 2의 규정을 신설하여 입법적으로 해결하게 되었다.[212]

210) 김도균, "아파트 분양자의 하자담보책임과 대한주택보증 주식회사의 하자보수보증", 서울지방법원 남부지원 실무소개 Ⅲ, 2003. 2, 256면.

211) 윤재윤, 각주 159)의 책, 286 내지 288면.

212) 물론, 집합건물 외에 단독주택이나 공유지분형 빌딩 등은 여전히 민법 680,681조가 적용되어 분리교체의 가능성이나 기대수명, 하자의 중대성 등에 상관없이 획일적으로 10년의 장

위와 같이 구 공동주택관리령에서 공사의 종류와 하자의 부위에 따라 1,2,3년의 기간 내에 발생한 하자에 대하여 사업주체와 시공사가 하자보수책임을 부담하도록 한 것은 그 하자의 원인이 공사상의 잘못인지, 관리상의 잘못인지 일일이 구별하지 않고 신속하게 하자보수를 할 수 있도록 행정적 측면에서 기간을 설정한 것이지, 집합건물법 제9조의 제척기간을 단축하기 위한 의도로 입법한 것이라고는 도저히 해석할 수 없다. 특히 분양자로 하여금 사회적으로 중요한 재산인 집합건물을 견고하게 건축하고 구분소유자를 더욱 두텁게 보호하고자 강행법규를 신설한 집합건물법 제9조의 입법취지와 연결하여 해석해 보면 더욱 명확하다. 결국, 구 주택법령상의 1,2,3년의 하자발생기간[213]과 집합건물법 제9조의 2의 담보책임 기간은 그 입법취지나 그 성격을 전혀 달리하는 별개의 기간이므로 구 주택법령상의 위 기간 안에 발생한 하자로서 입주자대표회의나 입주자가 집합건물법 제9조의 2와 시행령안 제5조에서 규정한 2, 3, 5, 10년의 담보책임 기간 안에 제기한 하자보수 요구에 대하여는 사업주체가 하자보수책임을 부담한다.

2. 구 주택법 제46조의 위헌성 논란

위와 같이 구 주택법령상의 1,2,3년의 하자발생기간을 담보책임 기간과 별개의 하자보수청구권의 성립요건으로 보고 있던 판례 법리와 달리 2005. 5. 26. 법 제7520호로 개정된 구 주택법 제46조(현재의 공동주택관리법 제36조)는 구 주택법의 1,2,3년의 하자발생기간을 집합건물법 제9조의 담보책임 기간과 동일한 성격의 것으로 집합건물법 제9조의 10년의 담보책임 기간을 단축하려는 것이라는 점을 명확히 하였다. 위 구 주택법 제46조는 제목을 종전의 '하자보수'에서 "담보책임

기 담보책임 기간이 적용되는 문제는 남아 있다. 민법 개정을 통하여 해결할 문제이다.

213) 2008. 11. 5. 영제21106호로 개정된 구 주택법시행령 제59조 제1항 [별표 6]은 시공공사별로 1,2,3,4년의 하자보수책임기간을 정하고 있다. 철근콘크리트 공사와 지붕 및 방수공사 부분이 종전의 3년에서 4년으로 기간이 연장되었다.

과 하자보수"로 바꾸고, "민법 제667조 내지 제671조의 규정을 준용하도록 한 집합건물법 제9조의 규정에도 불구하고"라는 문구가 새롭게 추가되었다. 같은 날짜로 동시에 법제7502호로 개정된 집합건물법 부칙 제6조는 "공동주택의 담보책임 및 하자보수에 관하여는 구 주택법 제46조의 규정이 정하는 바에 따른다."라는 내용이 추가되었다. 위 두 법의 개정을 주도한 건설교통부(현 국토교통부)장관은 위 구 주택법 제46조의 개정 입법의도에 대하여 아래 위헌법률심판 사건에서 헌법재판소에 제출한 의견서에서 종전에는 주택의 하자에 대한 관리에 관하여 구 주택법이 적용되었으나 2004년도 대법원 판결[214]이 집합건물법을 적용하여 담보책임 기간을 10년으로 연장하게 됨으로써 하자의 보수와 관련된 분쟁의 확산, 하자부담을 우려한 주택공급의 급감, 분양가 인상 등의 부작용이 우려되고, 구 주택법령의 하자보수 기간에 관한 규정이 사문화되어 법적안정성을 해칠 수 있어 이를 조정하고자 한 것이라고 밝혔다.[215] 2005. 5. 16. 위 두 법의 개정으로 구 주택법 제46조의 하자보수책임기간은 하자보수청구권의 성립요건인 "하자발생기간"이자 권리행사기간인 제척기간의 두 가지 성격을 가지게 되었으므로 입주자대표회의나 관리주체 등은 개정 구 주택법과 집합건물에 의하면 구 주택법 제46조에서 정한 1,2,3,4년의 기간 안에 발생한 하자에 대하여 사용검사일(입주일)로부터 1,2,3,4년의 기간 내에 하자보수청구권을 행사해야 한다.

결국 그 동안 학계와 판례에서 정립되어 왔던 구 주택법령의 하자보수책임기간에 관한 법리를 2005. 5. 26. 위 두 법의 개정으로 뒤집고 공동주택에 대하여는 다른 집합건물과 달리 1,2,3,4년의 단기의 제척기간을 적용하겠다는 점을 명확히 한 것이다. 법률해석을 둘러싸고 재판과정에서 혼란이 발생하면 통상 입법부는 오래 재판과정에서 정립된 판례 법리를 법률개정에 반영하여 법적 혼란을 안정시키는 것이 일반적이다. 국민의 주거생활에 큰 영향을 미치는 집합건물법제와 같은 기본법의 개선을 사법부의 판례 법리를 존중하여 개선하는 입법부의

214) 대법원 2004. 1. 27. 선고 2001다24891 판결.
215) 헌법재판소 2008. 7. 31. 선고 2005헌가16 결정.

태도는 삼권분리의 견제와 균형의 민주주의의 건전한 발전을 위해서도 바람직한 것이다. 그러나 2005. 5. 26. 집합건물법과 구 주택법개정에서는 어떤 연유인지 그 동안 많은 혼란을 거쳐 정립된 판례 법리를 뒤집는 방향으로 법개정이 신속하게 추진되어 많은 의혹을 가지게 되었다. 이에 따라 소송실무에서는 개정 구 주택법의 위헌성에 대하여 지속적인 문제제기가 있었고, 결국 법원도 구 주택법 제46조에 대하여 위헌법률심판을 하게 되었다.

2005. 5. 26. 구 주택법 제46조의 개정 직후 서울고등법원은 2005. 7. 11.자로 2004나66829 하자보수금 청구사건에서 개정 구 주택법 제46조 제1,3항과 구 주택법 부칙 제3조에 대하여 헌법재판소에 위헌법률심판을 제청하였다. 서울고등법원 담당재판부는 위헌법률심판제청결정문에서 구 주택법 제46조 제1항에 대하여는 구 주택법과 집합건물법의 담보책임의 성질이 전혀 다른 것인데도 이를 같은 차원에 두고 구 주택법을 집합건물법보다 우선하도록 규정하여 하자의 발생시점, 기간의 성격, 손해배상청구권의 인정여부가 불분명해지고 규정의 해석상 모순될 뿐만 아니라 내용이 불분명하여 명확성의 원칙에 위배된다는 점과, 아파트 등 공동주택의 하자보수청구권은 단기간의 하자보수기간이 적용되는 반면 일반주택이나 집합건물 중 주택이 아닌 사무실 등은 이 조항의 적용을 받지 않고 집합건물법에 의하여 10년의 하자보수기간이 적용되어 보호의 필요성이 큰 공동주택의 하자보수기간이 오히려 가장 짧게 되는 것은 합리적인 근거가 없는 차별에 해당한다는 점을 지적하였다.[216] 헌법재판소는 신법이 시행되기 전에 이미 하자가 발생하여 구법에 의하면 10년의 하자보수청구권을 행사할 수 있는 기간에 있음에도 불구하고, 신법에 의하여 1,2,3,4년의 하담보책임 기간이 이미 경과된 경우에 공동주택의 구분소유자는 구법질서 아래에서 이미 확보한 하자보청구권을 소급적으로 박탈당하는 결과가 되어 구 주택법 부칙 제3조는 진정소급입법으로 신뢰보호원칙에 위반되어 위헌이라고 결정하였다. 하지만 헌법재판

216) 서울고등법원 2005. 7. 11.자 2004나66829 위헌법률심판제청 결정.

소는 나머지 구 주택법 제46조 제1, 3항은 해당 사건에서 부칙의 위헌결정으로 적용될 수 없게 되어 재판의 전제성이 없다는 이유로 각하하였다.[217] 이에 따라 2005. 5. 26. 구 주택법 개정 전에 사용검사승인을 받아 입주한 공동주택에 대하여는 구 주택법 제46조의 적용이 배제되어 종전 판례처럼 하자보수청구권의 성립요건인 1,2,3,4년의 하자발생기간 내에 발생한 하자에 대하여는 입주일로부터 10년의 제척기간 안에 하자보수청구권을 행사할 수 있게 되었다. 그러나 2005. 5. 26. 이후에 사용검사승인을 받아 구 주택법 제46조가 적용되어야 하는 공동주택에서의 하자보수청구권의 제척기간은 어떻게 되는지에 대하여는 계속 위헌성의 의문이 남게 되었다. 그러나 구 주택법과 관련한 법리적 혼란을 잘 알게 된 공동주택 단지의 관리주체들은 구 주택법에 따라 각 내력구조별 및 하자부위별로 정해진 1,2,3,4년의 하자보수 책임기간 안에 사업주체에게 어김없이 하자보수청구를 하고 있어, 2005. 5. 26. 이후에 사용검사승인을 받은 공동주택에서의 하자보수금 청구 사건 중에서 구 주택법 제46조의 1,2,3,4년의 제척기간을 도과한 사실이 쟁점이 된 판결들은 나오지 않고 있다.

위 구 주택법 제46조의 개정 이후에도 소송실무에서는 집합건물법상 구분소유자들이 행사하는 담보책임 추급권과 구 주택법상 입주자대표회의, 관리주체 등이 행사하는 하자보수청구권은 병존한다고 전제하는 해석론이 계속되었다. 구 주택법상의 하자보수청구권은 1,2,3,4년의 하자발생기간 안에 발생한 하자에 대하여 1,2,3,4년의 제척기간 안에 권리를 행사해야 하는 제한을 받게 되지만, 구분소유자들은 집합건물법 제9조에 따라 여전히 하자보수에 갈음하는 손해배상청구권(하자보수금청구권)을 10년의 제척기간 안에 행사할 수 있다는 법리로 1,2,3,4년 기간이 지난 뒤 제기된 하자보수금 청구를 인용하는 판결이 지배적이었다.[218] 소송실무상 입주자대표회의는 구분소유자들의 하자보수금청구권을 채권양도 양수금 청구의 방식으로 하자보수금 청구를 하고 있으므로 위와 같은 판결의 취지

217) 헌법재판소, 2008. 7. 31. 선고 2005헌가16 결정.

218) 위 서울고등법원 2004나66829 사건의 원심판결.

에 의하면 종전 판례 법리처럼 입주자대표회의는 구분소유자들로부터 채권양도를 받아 10년의 제척기간 안에 권리를 행사할 수 있게 된다. 반면에 위 판결의 취지처럼 구 주택법상의 하자보수청구권과 구분소유자들이 행사하는 집합건물법상의 담보책임 추급권이 별개로 병존한다는 전제를 같이 하면서도 집합건물법상의 담보책임 추급권은 집합건물법 부칙 제6조에 의하여 구 주택법 제46조의 제한을 받게 되어 1,2,3,4년의 제척기간이 지난 뒤 제기된 하자보수금 청구는 인용될 수 없다는 견해가 있다.[219] 또한 사용검사일 이전의 하자와 이후의 하자를 나누어 구 주택법 제46조의 적용을 받지 않는 사용검사일 이전의 하자에 대하여는 집합건물법 제9조의 담보책임 추급권을 10년의 제척기간 내에 행사할 수 있지만, 사용검사일 이후의 하자에 대하여는 집합건물법 제9조의 담보책임 추급권을 구 주택법제46조의 제한에 따라 행사해야 한다는 견해[220]도 결국 대부분 사용검사일 이후의 하자에 대한 하자보수금 청구를 하고 있는 소송에서 앞의 견해와 같은 취지의 결론으로 귀결된다. 개정 구 주택법의 개정 법률안의 제안이유를 보나, 입법을 주도한 건설교통부장관의 의견서, 구 주택법 제46조와 집합건물법 부칙 제6조의 명문의 규정에 비추어 "구 주택법령상의 하자'보수'책임기간"이 하자'담보'책임기간으로 제척기간의 성격을 갖는다는 점을 부인할 수 없게 되었다. 위와 같이 구 주택법 제46조의 하자보수책임기간을 제척기간의 성격을 가지는 담보책임 기간으로 보고 집합건물법 제9조에도 불구하고 제척기간을 1,2,3,4년으로 단축하려는 입법의도가 명확히 드러나고 있는데도, 여전히 구 주택법의 하자보수청구권과 집합건물법의 담보책임 추급권이 병존하면서 제척기간을 10년으로 보려는 해석론이 나온 것은 다른 단독주택이나 상가 집합건물보다 보호의 필요성이 더 큰 공동주택에 대해서만 제척기간을 단축하여 구분소유자들의 권리를 침해하고 있어 구 주택법 제46조가 위헌이라는 생각이 배경에 깔려 있다. 2005. 5. 26. 개정 구 주택법이후에 사용검사승인을 받은 공동주택에서

219) 이환승, 앞의 책, 538면.
220) 윤재윤, 각주 175)의 책, 28면.

1,2,3,4년의 제척기간을 도과하여 하자보수금 청구소송을 제기하여 개정 구 주택법 제46조 제1, 3항에 대하여 다시 위헌법률심판이 제청된다면 구 주택법 제46조 제1, 3항에 대하여 위헌 결정이 나올 가능성도 크다. 소송실무에서 이와 같이 법조문 하나를 둘러싸고 이렇게 많은 견해의 판결이 나온 것도 드물다. 춤추는 판결에 따라 관련 소송을 수행하고 있는 변호사들이나 당사자들은 극도의 혼란을 겪게 되었다. 2005. 5. 26. 자로 개정된 구 주택법 제46조와 집합건물법 부칙 제6조를 둘러싼 위헌시비와 다양한 해석론으로 인한 혼란을 극복하기 위해서는 다시 위 조항들을 입법적으로 정비할 필요성이 제기되었다.

3. 담보책임 기간의 합리적 개선

민법의 도급에 관한 담보책임 규정은 도급의 목적물의 종류에 따라 일반물건은 1년, 토지와 건물은 5년, 콘크리트(석회조) 건물은 10년의 담보책임기간을 정하고 있다. 그런데 민법 제정당시와 달리 콘크리트 건물의 경우 다양한 시설과 재료들이 부착되고 그러한 시설과 재료들은 분리하여 교체가 가능하여 일반물건과 같은 성격을 가지는데, 단지 콘크리트 건물에 부착되어 있다는 이유로 일반물건과 달리 10년의 담보책임기간을 적용한다는 것은 합리적인 규율이라고 할 수 없다. 콘크리트 건물의 부속시설이나 부합물 중에는 문짝, 문틀, 창문, 등 얼마든지 분리하여 교체가 가능한 것들이 많은데, 이러한 분리교체가 가능한 물건은 일반물건과 다를 바 없으므로 민법 제670조와 같이 제척기간을 1년으로 하는 것이 법적인 측면에서 오히려 균형에 맞는다. 콘크리트 건물에 부착되어 있는 시설과 재료마다 그 성질이 강고한 내구성을 가져야 하는 것도 있고, 처음부터 소모성 자재의 성격을 가지는 것이어서 정기적인 교체를 예정하고 있는 것들도 있다. 예를 들면 도배는 2~3년에 한번은 다시 할 필요가 있고, 외벽도장도 5~7년에 한번은 다시 해야 한다. 이렇게 현대사회의 콘크리트 건축물은 다양한 시설과 재질의 마감재들이 부착되어 하나의 건축물을 이루는 것이므로 분리하여 교체가 가능하고 그 재질의 내구연한 등에 따라 하자보수책임기간을 달리 하는 것이 합리적이다. 또한 구 주택법 제47조의 장기수선계획의 내용에서 알 수 있듯이 그 성질상 단기간 내에 마모되거나 성능과 수명이 다하여 그 교체나 개량을 전제하고 있는 시설도 많이 있다. 민법이 제정되던 시대의 콘크리트 건물과 현대의 콘크리트 건물은 그 부속시설이나 재료, 성능과 수명 등에 있어 너무도 큰 차이가 있어 50여 년 전에 만들어진 민법의 규정을 그대로 적용하기 어렵다.

다른 입법례들도 콘크리트 건축물 중 분리하여 교체가능한 시설이나 재질에 대하여는 건축물의 담보책임기간과는 별도로 단기의 담보책임기간을 부여하고 있다. 예컨대 프랑스 민법은 건축물에 관한 담보책임기간을 10년으로 하면서도, 건축물의 담보책임을 건축물의 택지, 지반, 골조, 벽 및 지붕 등과 불가분을 이루는 부속설비에도 확장하고(제1792조의 2 제1항) 이러한 부속설비에 대해서는 인도일로부터 최소 2년간 담보책임을 부담한다(제1792조의 3). 여기서 건축물의 택지, 지반, 골조, 벽 및 지붕 등과 불가분의 관계를 이루고 있다는 것은 건축물을 손상하거나 건축물의 재료를 제거하지 않고서는 부속설비를 제거, 분해, 대체하는 것이 불가능한 경우를 말한다(제1792조의 2 제2항).[221] 독일 민법도 건축물에 관하여 5년의 담보책임기간을 정하고 있지만, 독일의 공공 건설공사의 실무에서 사용되는 "건설공사 도급준칙" 중 "건설공사 시공의 표준 도급계약"에서는 공작물·목재 등의 하자는 2년, 기초공사 및 난방장치의 발화기관 부분은 1년 등으로 부속설비 등에 따라 담보책임 기간을 별도로 정하고 있다. 미국의 공공건축공사 등에서 사용하는 약관에서는 작업공정과 재료상의 하자(defect in workship and material)에 대하여는 1년, 기능성 하자(defect in efficiency operation)에 대하여는 5년의 품질보증 기간을 정하고 있다.[222] 한편 일본의 "주택의 품질확보의 촉진 등에 관한 법률"에서는 분양주택의 경우 구조 내력상 주요한 부분 등에 대하여는 일

221) 이준형, 각주 195)의 책, 27, 28면.
222) 한국건설산업소개원, 앞의 책, 29 내지 34면.

반 도급의 담보책임기간보다 연장하여 인도한 날로부터 20년의 범위 내에서 담보책임을 부담하도록 하고 있다.[223)]

건설소송실무에서도 건물의 주요부분이 아닌 표면적이고 소모되기 쉬운 부분은 하자가 조기에 발생하며 장기적인 관리필요성이 적으므로 책임기간을 단기간으로 할 필요가 있다. 이런 점에서, 구조적인 부분은 5년, 표면상 문제로 통상관리로 제거할 수 있는 부분은 2년, 각 부분의 제품상 하자는 1년식으로 아파트와 같이 여러 물건이 결합하여 이루어진 총합적인 물건에서는 각 구성부분의 담보책임기간을 구분하여 달리 정할 필요가 있다는 견해가 제기되고 있다.[224)] 콘크리트 건축물의 담보책임 기간을 10년의 장기로 했던 이유는 한국의 건설공사관행에서 뚜렷이 나타나는 공기(工期)축소, 질 낮은 재료로 교체사용, 이윤증가를 목표로 한 "빨리빨리"의 관행으로 부실공사가 만연하여 건축물의 견고성을 확보하기 위하여 건설회사의 담보책임을 강화하려고 한 정책적 배려가 있었기 때문이다. 수많은 부실공사의 폐해를 목격해 왔던 법원도 하자담보책임에 대해서만큼은 장기의 담보책임 기간을 인정하려는 태도를 줄곧 견지해 왔다. 법원의 이러한 태도는 기본적으로 타당하고 앞으로도 줄곧 견지해야 할 원칙이라고 할 것이나, 콘크리트 건축물의 모든 부분에 대하여 획일적으로 10년의 담보책임기간을 정할 것이 아니라 그 시설과 부위의 교체가능성, 내구연한 등을 감안하여 세분하여 담보책임기간을 정하는 것이 합리적이다.

Ⅳ. 공동주택관리법과 집합건물법의 관계

2012. 12. 18. 법제11555호로 개정된 집합건물법 제9조의2는 위와 같은 학계

---

223) 이준형, "집합건물법상 담보책임과 구 주택법과의 관계", 한국민사법학회·한국비교사법학회·한국재산법학회 공동학술대회(개정 신탁법과 집합건물법의 쟁점), 2013. 6. 14.~6. 15, 399면.

224) 윤재윤, 각주 175)의 책, 71면.

와 소송실무에서 제기된 그 동안의 견해를 반영하여 주요부분은 10년, 그 외의 하자는 하자의 중대성, 교체가능성, 내구연한 등에 따라 담보책임기간을 5년 이내에서 단기로 정하도록 하는 담보책임 기간 제도를 도입하였다. 최초의 시안에서는 하자를 건축물이 무너지지 않도록 하고 건물을 비바람으로부터 막아주는 구조부분(structural components)과 그렇지 않은 부분으로 나누고 구조부분은 다시 건축물을 지탱하여 주는 기둥 및 보, 내력벽, 지반공사 등의 구조부분과 그 밖의 부분으로 나누어 건축물을 지탱하여 주는 구조부분은 20년으로 담보책임기간을 연장하고, 그렇지 않은 부분은 10년 이내에서 대통령령으로 정하는 기간으로 담보책임기간을 단축하였다. 일본의 입법을 많이 참조한 것으로 보이나, 그 뒤 주택건설협회 등 건설업계와 국토해양부의 반대로 최종안에서는 20년으로 담보책임기간을 연장하는 내용은 삭제되고,[225] 건물의 주요구조부 및 지반공사의 하자는 10년, 그 외의 하자는 하자의 중대성, 내구연한, 교체가능성 등을 고려하여 5년 범위 내에서 대통령령으로 정하는 것으로 더 단축되었다. 최초의 개정시안에서는 일반적인 담보책임 규정과 동일하게 인도일(입주일)을 담보책임기간의 기산일로 하였으나, 역시 건설업계와 국토해양부의 반대에 의하여 전유부분은 인도일로부터, 공용부분은 사용검사 승인일부터 담보책임 기간이 기산되게 되었다. 전유부분과 공용부분을 나누어 수분양자와 건설업계의 이해를 각각 반영하는 타협적인 입법이라고 할 수도 있겠지만 사법적인 재산권에 관한 규율을 공법적 개념인 사용검사 승인일이라는 개념에 의하여 규율하는 법체계상의 혼란은 불가피하게 되었다.[226] 예를 들어 최근에 많이 발생하고 있는 집합건물의 미분양이 장기화되는 경우 미분양에 해당하는 지분만큼의 공용부분에 대해서 분양도 되기 전에 제척기간이 도과하여 하자보수권리의 행사도 해 보지 못하고 분양자나 시공자의 하자보수 책임이 소멸할 수 있다.

2012. 12. 18. 개정 집합건물법에서 신설된 제2조의 2에 의하여 다시 2005.

---

225) 이준형, 각주 191)의 책, 27, 28면.

226) 이준형, 각주 223)의 책, 399면.

5. 26. 집합건물법 부칙 제6조의 개정 이전으로 돌아가 담보책임에 관한 구 주택법의 규정은 구분소유자의 기본적인 권리를 침해하지 않는 범위 내에서만 효력을 미치게 된다. 2005. 5. 26. 구 주택법과 집합건물법 부칙의 개정에서 초래된 혼란은 사법상 권리인 하자보수청구권 내지 하자보수에 갈음하는 손해배상청구권의 근거를 집합건물의 관리에 관한 기본법인 집합건물법이 아니라 하자발생의 원인을 따지지 않고 신속하게 하자보수를 시행하려는 행정적 목적에서 출발하고 있는 행정감독 법제인 구 주택법에 두고 있는 점에도 기인하였다. 구 주택법의 담보책임기간의 규정은 입주자대표회의나 관리주체가 사업주체나 시공사에 대하여 하자보수청구권을 행사할 때만 적용되고 구분소유자가 집합건물법 제9조에 의하여 분양자와 시공자에 대하여 행사하는 하자보수 또는 하자보수에 갈음하는 손해배상(하자보수금)청구권에는 영향을 미칠 수 없게 되었다. 따라서 구분소유자들 또는 구분소유자들로부터 권리를 양도받은 입주자대표회의는 구 주택법제46조에서 정한 1,2,3,4,년의 하자발생기간 안에 발생한 하자에 대하여 집합건물법 제9조의 2에서 정한 담보책임기간 즉, 제척기간 내에서 권리를 행사할 수 있게 되었다.

한편 서울고등법원의 2005. 7. 11.자 2004나66829 위헌법률심판 제청에서는 법률이 시행령에 그 내용을 위임할 때는 그 내용을 예측할 수 있도록 하여야 하는데, 구 주택법제46조는 '10년의 범위 내에서'라는 최장의 기간 외에 구체적인 기준이 없어 헌법 제75조의 포괄위임 금지의 원리에 위반된다는 점을 지적하고 있다. 개정 집합건물법은 제척기간을 정하는 기준으로 하자의 중대성, 교체가능성, 내구연한 등의 기준을 정하여 시행령에 구체적인 제척기간을 위임하고 있다. 집합건물법 시행령은 구조상 또는 안전상의 하자는 5년, 기능상 또는 미관상의 하자는 3년, 하자의 발견·교체 및 보수가 용이한 하자는 2년 등 하자의 중대성과 교체가능성 등을 반영하여 담보책임 존속기간을 정하였다(집합건물법 시행령안 제5조 제1항). 각 공사의 종류별로 구조상 또는 안전상의 하자와 기능상 미관상의 하자를 구분하는 특색이 있다. 대지조성공사, 철근콘크리트공사, 철골공사,

조적공사 및 지붕·방수공사의 하자는 구조상 또는 안정상의 하자로 분류하고, 목공사, 창호공사 및 조경공사의 하자는 기능상 또는 미관상의 하자로 분류하였다. 그리고 마감공사의 하자는 발견·교체 및 보수가 용이한 하자로 분류하였다. 구 주택법시행령 [별표6]에서는 대지조성공사 2년, 철근콘크리트공사 4년, 건축설비공사 1~3년, 목공사와 창호공사 1~2년, 조경공사 2년 마감공사 1~2년으로 세분화되어 있다. 집합건물법의 제척기간이 구 주택법시행령의 하자발생기간보다 대체로 1년 정도 더 긴 것으로 설정되어 있는데, 하자가 늦게 발견되더라도 1년 정도의 권리행사기간을 더 부여한 것으로 볼 수 있다. 하지만 마감공사는 하자발생기간과 집합건물법의 제척기간이 모두 2년으로 되어 있어 자칫 하자가 발생하자마자 바로 제척기간이 도과되어 권리행사를 하지 못하게 될 우려가 있다.

유제 풀이 1

甲회사는 상가건물을 분양하였는데, 분양광고에는 1층은 슈퍼마켓용으로 지정하고 각 점포들은 업종이 제한되어 1층 점포만 슈퍼마켓을 할 수 있는 것으로 되어 있었다. 乙은 슈퍼마켓을 운영하기 위하여 1층을 분양받았다. 그런데 분양 후 설계변경이 되어 1층이 반지화화 되고, 상가건물 옆에 상가건물 바닥보다 높은 도로가 설치되어 1층의 간판도 도로에 가려져 보이지 않게 되었다. 乙은 원래 예정한 슈퍼영업은 불가능하다고 판단하고 분양계약을 취소하고 분양대금을 돌려받으려 하는데, 甲주식회사는 완성된 건물의 분양계약은 해제할 수 없다고 주장한다. 乙이 어떤 근거로 분양계약을 해소하고 분양대금의 반환을 청구할 수 있겠는가? 乙로부터 1층 점포를 매수한 丙이 위와 같은 하자를 이유로 분양계약을 해제할 수는 있는가?

집합건물법 제9조는 집합건물의 담보책임과 관련하여 민법의 도급의 담보책임에 관한 제667조 내지 제671조를 준용하고 있는데, 제668조 단서는 도급으로 완성된 건물에 대하여는 건물의 하자로 인하여 계약의 목적을 달성할 수 없는 경우에도 계약해제권을 배제하고 있다. 건물이 완공된 후 도급계약의 해제를 허용하면 수급인에게 과다한 손실을 줄 뿐만 아니라, 공익적 측면에서도 완성된 건물의 원상회복을 위해 철거를 하는데도 많은 비용이 들고 방치된 건물이 도시경관을 해치는 등 사회적 손실이 크기 때문이다. 그러나 집합건물의 경우에는 각 구분건물별로 분양계약을 달리하고 있고, 일부 구분건물의 분양계약을 해제하더라도 분양자가 부지사용권을 보유하고 있으므로 전유부분과 대지사용권이 분리되어 대지의 소유자가 구분건물의 철거를 요구하는 경우는 발생하지 않는다. 분양계약을 해제 한 후 분양자는 제3자에게 해당 구분건물을 매각하여 투자금을 회수할 수 있고, 해제 후 다시 매각하는 경우 분양가격을 더 낮추어야 하는 문제는 발생할 수 있으나 심각한 하자나 사정변경이 반영되어 가격이 조정되는 것이니 그러한 하자에 따른 손실은 분양자가 감수해야 하는 것이다. 따라서 집합건물법 제9조에서 민법 제668조의 본문은 준용되지만, 그 단서까지 준용되는 것은 아니라 할 것이다(대법원 2003. 11. 14. 선고 2002다2485 판결). 따라서 乙은 甲 분양회사를 상대로 분양계약을 해제하고 원상회복으로서 분양대금의 반환청구를 할 수 있다. 집합건물법 제9조의 담보책임 추급권자는 현재의 구분소유자라고 규정하고 있는데, 분양계약의 해제권은 분양계약 당사자의 전속적인 권한으로 분양계약의 당사자가 아닌 현재의 구분소유자가 해제권을 행사할 수 없으므로 해제권은 丙이 행사할 수 없고 분양계약의 당사자인 乙만이 이를 행사할 수 있다.

유제 풀이 2

甲 재건축조합이 사업주체이고 丙 건설회사가 시공한 아파트의 입주자대표회의는 지하주차장, 옥상방수 등 공용부분의 하자에 대하여 丙 건설회사에 하자보수를 요청하였는데, 丙 건설회사는 자신은 사업주체가 아니므로 하자보수를 해 줄 수 없다고 한다. 입주자대표회의는 丙을 상대로 하자보수금 청구 소송을 제기하였다. 丙은 입주자대표회의는 하자보수금 청구소송을 할 자격이 없다고 주장한다. 丙의 주장은 타당한가? 입주자대표회의는 소송 진행 중 입주자들의 丙에 대한 하자보수금 채권을

양도받아 소송을 진행하려고 한다. 입주자들 중에는 乙과 같이 최초의 수분양자로부터 아파트를 매수한 자도 있고, 정과 같이 甲 재건축조합으로부터 직접 분양을 받은 자들도 있다. 이렇게 乙과 丁 등 입주자로부터 채권양도를 받아 소송을 진행하는 것은 타당한가? 이 사건 소는 입주일로부터 9년이 지난 시점에 제기되었는데, 채권양도를 받아 丙에게 통지한 시점은 10년이 지난 시점이었다. 丙은 입주자대표회의가 주장하는 하자는 시공상 하자로 시공 직후에 발생한 것이고 입주 시에 모두 발견된 것으로 소멸시효 기간 5년이 지난 제기된 것이므로 소멸시효가 지나 기각되어야 한다고 주장한다. 丙의 주장은 타당한가?

2003. 5. 29. 전문 개정된 구 주택법 제46조에서는 시공자도 하자보수책임과 관련된 내용에 대해서는 사업주체의 개념에 포함시켜 하자보수 청구의 책임주체로 하였고, 2012. 12. 18. 법제1155호로 개정된 집합건물법 제9조도 시공자를 하자담보책임의 부담주체로 하였다. 따라서 자신은 사업주체가 아니라 시공자에 불과하여 하자담보책임의 책임주체가 될 수 없다는 丙 건설회사의 항변은 받아들여지지 않을 것이다. 한편 대법원 판례는 구 주택법상의 입주자대표회의는 사업주체에 대한 하자보수 청구권은 보유하지만, 하자보수에 갈음하는 하자보수금 청구권은 행사할 수 없고, 집합건물법 제9조에 의한 하자보수책임 추급권자인 현재의 구분소유자만이 하자보수에 갈음하는 손해배상으로서 하자보수금 청구를 할 수 있다고 판시하고 있다(대법원 2007. 3. 9. 선고 2006다64863 판결 등).

하지만 집합건물법 제9조의 하자담보책임 추급권자인 구분소유자들이 하자보수 추급권을 입주자대표회의에 양도하여 입주자대표회의가 소를 제기한 것은 하자보수금을 수령하여 구분소유자들 공동의 목적인 전유부분과 공용부분의 하자를 보수하려는 것이 주된 목적이라 할 것이어서 이를 소송수행권의 신탁이 주된 목적이라 할 수 없으므로 채권양도를 받아 소송을 진행하는 것은 허용된다(대법원 2009. 5. 28. 선고 2009다9569 판결). 다만 하자담보책임의 제척기간을 준수하였는지 여부는 입주자대표회의 이름으로 소를 제기한 시점이 아니라, 구분소유자들로부터 하자보수청구권을 양도받아 이를 상대방인 사업주체에게 송달한 시점을 기준으로 판단해야 하므로, 위 사안에서 입주자대표회의 이름으로 소를 제기한 시점으로부터는 10년의 제척기간이 지나지 않았지만, 채권양도를 받아 상대방에게 통지한 시점은 10년의 제척기간을 도과하여 해당부분의 소는 각하되어야 할 것이다. 한편 하자보수청구권은 상사채권이 아니라 집합건물법과 공동주택관리법 등의 법령에 의하여 주어지는 법령상의 청구권이므로 5년의 소멸시효기간이 적용되는 것이 아니라, 10년의 소멸시효시간이 적용되므로 소멸시효가 완성되었다는 항변은 받아들여지지 않을 것이다.

[서식 5] 하자보수금 청구 소장

소 장

원 고 OO아파트 입주자대표회의
대표자 회장 OOO
원고 소송대리인 법무법인 OO종합법률사무소
담당변호사 OOO

피 고 (주)OO건설
대표이사 OOO

하자보수금 청구의 소

청 구 취 지

1. 피고는 원고 OOO아파트 입주자대표회의에게 금 1,000,000,000원 및 각 이에 대하여 소장부본 송달일로부터 다 갚을 때까지 연 15%의 비율에 의한 금원을 지급하라.
2. 소송비용은 피고의 부담으로 한다.
3. 위 제1항은 가집행 할 수 있다.

라는 판결을 구합니다.

청 구 원 인

1. 당사자

가. 피고 (주)OO건설은 OOOO아파트(이하 '이 사건 아파트'라 한다.)를 신축하여 분양한 사업주체이고,

나. 원고 OOOO아파트 입주자대표회의 (이하 '원고 입주자대표회의'라 한다.)

는 공동주택관리법 제14조에 의하여 이 사건 아파트 14개 동 000세대의 각 동별 대표자로 구성된 입주자들의 대표기구로서 입주자들로부터 하자보수금청구권을 양도받아 피고에 대하여 하자보수금 청구권원이 있는 자입니다.

2. 피고의 하자보수채무의 발생

가. 2009 . 5. 3. 이 사건 아파트에 사용검사승인이 난 후 위 아파트의 공유부분 및 전유부분에 대한 하자가 발생하여 원고는 이러한 하자에 대하여, 갑제 호증 내지 갑제 호증과 같이 수차례 피고회사에 하자보수이행청구를 하였는데도 불구하고 보수요청을 받아들이지도 아니하였으며, 하자대책에 대한 성의 있는 답변이나 실질적인 하자 보수는 전혀 이루어지지 않았습니다.

나. 피고는 현재까지도 원고의 하자보수 이행요청에 전혀 응하지 않고 있어 앞으로도 이 건 하자보수작업이 제대로 이루어지지 않을 것이 확실합니다.

다. 따라서 피고는 이 사건 아파트의 사업주체로서 하자보수에 실제로 소요되는 비용 전부에 대해 책임이 있다 할 것입니다.

3. 피고의 하자보수금 채무의 범위

가. 피고는 본건 아파트의 사업주체로서 원고의 공유부분 및 전유부분 전부에 대한 하자보수책임이 있다 할 것이고, 채무의 범위는 하자 보수에 실제로 소요되는 비용이라 할 것입니다.

나. 이 사건 아파트에 대한 하자보수감정 결과에 따라 청구취지를 확정하기로 하고 우선 원고 입주자대표회의는 공용부분에 대한 하자보수금으로 금 900,000,000원 및 전유부분에 대한 하자보수금으로 별지목록 (마)항 기재 각 금액 등 합계 금1,000,000,000원을 청구합니다.

4. 따라서 원고들은 청구취지와 같은 판결을 구하고자 본건 청구에 이르렀습니다.

입 증 방 법

갑제 1호증의 1.	하자보수요청공문(2013.12.11)
2.	3년차 하자관련 미결 항목
3.	미결항목별 사진
갑제 2호증의 1.	하자보수요청공문(2013.11.3.)
2.	3년차 하자관련 미비사항
갑제 3호증의 1.	하자보수요청공문(2013.8.14.)
2.	3년차 하자관련 미비사항
갑제 4호증의 1.	하자보수요청공문(2013.4.8.)
2.	미종결 업무현황
갑제 5호증의 1.	하자보수요청공문(2013.3.10.)
2.	미종결 업무현황
갑제 6호증의 1.	하자보수요청공문(2013.1.14.)
2.	3년차 하자 미결항목
갑제 7호증	3년차 하자(방수)조치후 재발 항목보수 요청서(2012.10.10.)
갑제 8호증의 1.	3년차 하자 점검 결과에 따른 추가보수 요청서(2012.9.17.)
2.	3년차 하자추가 발생 항목
갑제 9호증	지하 저수조 물탱크 누수 및 기계실 누수건 긴급 조치 요청 공문 (2012.5.17.)
갑제10호증	3년차 하자보수 신청서(2012.3.26.)
갑제11호증	3년차 하자보수 신청서(2012.3.15.)
갑제12호증의 1.	트렌치 환봉 위치조정요청(2011.11.9.)

	2.	지하 주차장 트렌치 단면도
갑제13호증		107동 동파방지 발열선등 하자요청(2011.9.28.)
갑제14호증의	1.	기계실1차측 배관과 벽 사이 누수(2011.8.10)
	2.	사진
갑제15호증의	1.	계단 난간 시공불량 (2011.7.27.)
	2.	사진
갑제16호증		2년차 하자진행계획서 요청(2011.7.16.)
갑제17호증의	1. 내지 3.	각 하자보수요청(2011.7.7.)
갑제18호증		하자보수 재요청(2011.6.15.)
갑제19호증		하자보수 재요청(2011.4.23.)
갑제20호증		2년차 세대하자접수현황통보(2011.4.3.)
갑제21호증의	1.	공용부분 하자내역통보(2011.4.2.)
	2.	공용부분 하자내역
갑제22호증의	1.	하자 미처리 독촉건(2011.4.2.)
	2.	하자발생후 미처리 현황
갑제23호증		2년차 세대 하자접수 현황(2011.3.27.)
갑제24호증		하자보수요청(2011.3.19.)
갑제25호증		2년차 세대 하자접수 현황(2011.3.19.)
갑제26호증		하자보수 지연에 따른 재요청의 건(2011.3.9.)

첨 부 서 류

1. 위 입증방법	각 1부
1. 소장부본	각 1부
1. 선정자목록	1부
1. 당사자선정서	1부

1. 고유번호증 1부
1. 법인등기부등본 2부
1. 위 임 장 1부
1. 납 부 서 1부

2014. 4. .

원고들 소송대리인

법무법인 OO법률사무소

담당 변호사 OOO

OO지방법원 귀중

2014 가합 OOO호

검 증·감 정 신 청 서

원 고 OOO
입주자대표회의

피 고 OO건설(주) 외 1.

위 당사자간 하자보수금등 청구 사건에 관하여 원고 소송대리인은 주장사실을 입증하기 위하여 다음과 같이 검증·감정을 신청합니다.

다 음

1. 검증·감정 목적물
   인천 소재 0000아파트 (총19개동 1,042세대) 내 공용부분 및 전유부분

2. 검증·감정할 사항

가. 위 OOO아파트 내 공용부분 및 부대·복리시설에 대한 균열, 누수, 백화, 박락, 들뜸, 탈락, 바닥 불량상태, 천장마감 상태, 도장상태 등.

나. 위 아파트의 첨부서류(19개동 757 세대 ; 전유부분 하자보수감정 신청세대) 각 세대의 전유부분 시설에 대한 균열, 결로, 누수, 백화, 박리 등.

□ 위 공유부분 및 전유부분의 하자와 관련한 기타사항

다. 하자보수내역과 관련하여 갑제2호증 내지 갑제4호증의 하자보수 요청내역 및 (주)OO안전진단에서 감정한 갑제6호증 하자조사보고서의 각 하자감정 내역에 대하여 참조하여 주시고, 공유부분 및 전유부분을 구별하여 각 하자내역에 따른 보수비용을 구분하여 표시하여 주시기 바랍니다.

첨 부 서 류

1. 감정할 목록 1부

1. 전유부분 하자보수감정 신청세대 1부

2014. 11. .

원고 소송대리인

법무법인 OO

담당 변호사 OOO

OO지방법원 제OO 민사부 귀중

(별 지)

감 정 할 목 록

1. 공용부분

(1) 건축물 균열 보수 공사
(2) 건축물 균열 및 누수 보수 공사
(3) 건축물 철근 부식에 의한 CON'C 팽창 균열 보수 공사
(4) 각 동 옥탑지붕/현관캐노피 바닥 신축 줄눈 신설 공사
(5) 각 종 페인트 신설 공사
(6) 각 종 배수로 신설 및 구배 조정 공사
(7) 단지 내 토목 공사 부분 보수 공사
(8) 단지 내 조경 공사
(9) 일부 동 지붕층 점검계단 신설 공사
(10) 일부 지하주차장 램프 바닥 슬로프 조정 공사
(11) 지하 대피소 천장 암면 스프레이 보강 공사
(12) 단지 내 옹벽 보수 공사
(13) 단지 내 오수 PIPE LINE 보수 공사
(14) 지하주차장 배수로 구배 조정공사.
(15) 지하주차장 외부면 벽체 액체방수 한계선 공사.
(16) 공동구 벽체 누수 보수공사.
(17) 지하주차장 계단실 벽체 누수 보수공사.
(18) 각동 지하대피소 출입문 앞 세대 전실 출입문 부식공사
(19) 각 지하주차장(10개소) 2-3층 바닥 방수 불량(누수)

2. 설비/전기 부분

(1) 지하저수조 옥내소화전(H), 스프링클러(SP) 흡입관 OS & Y 밸브 보수공사
(2) 각동 보일러실 바닥 매립 배관 동파 방지 보강공사

(3) 각동 옥상 물탱크 보수공사
(4) 각 주차장 노출 급기, 배기 덕트 도장 보강공사
(5) 지하대피소 연결 살수설비 노출배관 도장 보강공사
(6) 각동 주방 PD내 입상관 이탈로 인한 누수, 악취 현상
(7) 각세대 화장실 오·배수 지관 보온 보강공사
(8) 발코니 하부 배관 방동보온 보강공사
(9) 각동 보일러실 환기구(ø125, ø200) 불량으로 인한 빗물 유입
(10) 133동 주차장위 경비초소 급수관 지지 보강공사
(11) 각동 PIT층 가대 도장 보강공사
(12) 110동 16층 알람밸브 주위 보온 보수공사
(13) 132동 배수펌프 조작반 보수공사
(14) 각동 1층 세대 화장실 비누거품 역류현상
(15) 주방/욕실 배기 불량, FLEXIBLE DUCT 연결금구 불량
(16) 72평형 세대 보일러 하부 급탕 배관 보수공사
(17) 65평형 세대 보일러 용량 부족 증설공사
(18) 132동 주차장위 경비 초소 급수관 누수 보수공사

3. 단지내 기타공사

(1) 오수, 우수 M/H 균열보수
(2) 각동 앞, 뒤 발코니 하부 성토
(3) 일부 동 후면 발코니 하부 폐기물 반출

4. 전유부분 하자보수 감정 신청세대 19개동 757세대에 대한

(1) 세대 내 균열 보수 공사
(2) 세대 내 균열/누수 보수 공사
(3) 세대 내 욕실/발코니 구배 불량 보수 공사
(4) 세대 내 마루판 보수 공사
(5) 세대 내 침실 벽체/바닥 결로 곰팡이 보수 공사

(6) 발코니 우/오수 드레인 주위 누수 보수 공사
(7) 세대 내 발코니 홈통 걸이쇠 신설 공사
(8) 세대 내 욕실/발코니 타일 보수 공사
(9) 세대 내 창호 보수 공사

5. 위 공용부분 및 전유부분에 관한 기타 하자내역

- 이 상 -

별지 (전유부분 하자보수감정 신청세대)

○ 101동 : 102호, 201호, 401호, 502호, 601호, 602호, 701호, 702호, 801호, 902호, 1001호, 1101호, 1102호, 1201호, 1301호, 1302호, 1401호, 1402호, 1501호, 1502호, 1601호, 1602호,

○ 102동 : 101호, 102호, 202호, 301호, 302호, 401호, 402호, 501호, 502호, 602호, 701호, 702호, 801호, 802호, 902호, 1001호, 1102호, 1201호, 1301호, 1302호, 1401호, 1402호, 1501호, 1801호, 1802호, 1901호, 1902호, 2101호, 2102호, 2201호,

○ 103동 : 101호, 102호, 202호, 203호, 301호, 302호, 402호, 501호, 502호, 601호, 701호, 801호, 802호, 901호, 902호, 1001호, 1101호, 1102호, 1301호, 1302호, 1401호, 1502호, 1601호, 1702호, 1801호, 1802호, 1901호, 2001호, 2002호, 2101호,

○ 104동 : 101호, 102호, 201호, 401호, 402호, 601호, 602호, 701호, 702호, 801호, 802호, 901호, 902호, 1001호, 1002호, 1102호, 1301호, 1302호, 1402호, 1501호, 1601호, 1602호, 1701호, 1801호, 1901호, 1902호, 2001호, 2101호, 2201호, 2202호,

○ 105동 : 101호, 102호, 103호, 201호, 202호, 203호, 204호, 303호, 304호, 401호, 402호, 404호, 501호, 502호, 503호, 504호

2014 가합 OOO호

청구취지확장 및 청구원인정정신청서

원 고 OOO
입주자대표회의

피 고 OO건설(주) 외 1

위 당사자간 하자보수보증금 청구 사건에 관하여 원고 소송대리인은 다음과 같이 청구취지를 확장하고 청구원인을 정정 신청합니다.

확 장 된 청 구 취 지

1. 피고들은 각자 원고에게 금 3,642,148,409원 및 이에 대하여 청구취지 확장신청서 송달 다음날부터 완제일까지 연 15%의 비율에 의한 금원을 지급하라.
2. 소송비용은 피고들의 부담으로 한다.
3. 위 제1항은 가집행할 수 있다.

라는 판결을 구합니다.

정 정 된 청 구 원 인

1. 당사자 관계와 하자보수보증금 채무의 발생에 관하여는 종전 주장을 원용합니다.
2. 피고들의 하자보수금등 채무의 범위

가. 이 사건 감정인은 2014. 12. 22. 감정보고서로 이 사건 아파트의 하자보수에 소요되는 총공사비가 금 2,768,970,894원 이라고 산정하였습니다.

나. 위 감정인은 2015. 5. 19.자 사실조회 회신으로 위 2004. 12. 22. 감정보고서 중 착오로 누락된 보수비용은 아래의 내역과 같이 합계 금 56,477,305원

이라고 하고 있습니다.

(1) '공용부분 - 단지 내 옹벽보수공사'항목과 관련하여 누락된 보수비용
: 금 54,893,654원 (사실조회 회신 11쪽)

(2) '전기/설비부분 - 각동 주방 P.D 내 입상관 이탈로 인한 누수, 악취현상'항목과 관련하여 누락된 보수비용 금 1,583,651원 (사실조회 회신 26쪽)

다. 원고가 감정신청한 내역 중 '전기/설비부분 - 각동 주방 P.D 내 입상관 이탈로 인한 누수, 악취 현상' 항목의 보수방법이 설계도면의 표기된 것과 같이 벽체로 시공하는 방법으로 하여 보수비용이 산정되어야 하는 점에 대하여

(1) 위 하자에 대하여 이 사건 감정인은 감정서 102쪽에서

① 입상관의 시공불량으로 인하여 입상관의 이탈현상이 발생하였고,
② 입상관 이탈 및 누수비 OPEN P.D인 입상관을 타고 흘러내려 1층까지 P.D 내부 벽체 오손 및 입상관에서 심한 악취 및 벌레등의 발생하는 하자로서
③ 기존 조적벽체 철거 및 입상관 보수 후 점검구(300×500)설치하는 공사비를 산출하였다. 라고 밝히고 있습니다.

(2) 위 하자에 대한 보수방법으로 사실조회 회신 24쪽에서
기존벽체 부분 철거 및 입상관 보수 후 ① 재시공하는 방법, ② 스텐레스 점검구 설치하는 방법이 있으며, 위 감정인은 위 ② 스텐레스 점검구 설치하는 보수방법으로 하는 보수비용을 산정하였다. 라고 하면서, 벽체로 시공하는 방법에 의한 보수비용이 금 828,526,209원, 점검구 설치하는 방법에 의한 보수비용이 금 67,670,303원이라고 산정하였습니다.

(3) 그러나 위 하자 항목은 설계도면에 벽체 시공하도록 표기되어 있으며, 실제 시공시에도 벽체로 시공되어 있으므로, 하자보수 방법도 설계도면에 따라 벽체 시공하는 위 ①항의 보수방법에 따라 보수를 하여야 할 것이므로 위 하자항목의 보수비용은 금 828,526,209원이 소요된다 할 것입

니다.

(4) 감정인이 제시한 '② 스텐레스 점검구 설치방법'이라는 하자보수방법은 기본적으로 설계도면에 따른 시공 및 하자보수 원칙에 반하는 것으로 미봉적인 보수방법으로 완전한 하자보수 방법이라 할 수도 없는 것입니다.

라. 원고가 감정신청한 내역 중 '설비/전기부분 - 각동 옥상물탱크 보수공사' 항목의 단열재 미시공하자 내역이 피고의 보수 책임 있는 하자인 점에 대하여

(1) 이 사건 감정인은 사실조회 회신 21쪽으로 각동 옥상 물탱크실 동절기 물탱크의 결빙, 동파 등을 방지하기 위하야 단열재 처리를 하도록 하고 있으나, 현재 이 사건 아파트에 시공되어 있지 않다고 하면서, 다만, 설계도면에 표시되어 있지 아니하여 보수비용을 산출하지 않았다. 라고 밝히고 있습니다.

(2) 주택법 시행령 제51조 1항과 별표 6. 규정에 따른 기능상, 미관상 또는 안정상 지장을 초래하는 하자로서 피고회사의 하자보수책임이 있는 하자에 대하여 대법원 2002. 2. 8. 선고 99다69662호 판결문의 6쪽에서는 "미시공, 변경시공, 그 자체가 아니라 '공사상의 잘못으로 인하여 건축물 또는 시설물 등의 기능상, 미관상 또는 안정상 지장을 초래할 수 있는 균열, 처짐 등이 발생한 것"이라고 보아야 할 것이다."라고 판시하고 있습니다.

(3) 이 사건 감정인은 사실조회 회신 21쪽으로 물탱크실 단열공사의 보수비용이 금 55,844,304원이 소요된다고 하고 있습니다.

(4) 따라서 위 하자는 옥상 물탱크실에 단열재를 시공하지 않아 동절기 결빙, 동파가 발생하게 되는 기능상, 미관상, 안정상 지장을 초래하는 하자로서 위 대법원 판결취지와 같이 피고의 보수책임이 있는 하자라 할 것입니다.

마. 위 가.항 내지 라.항의 보수금의 합계는 금 3,642,148,409원입니다.

(1) 2014. 12. 22. 감정보고서 기재의 이 사건 아파트의 하자보수에 소요되는 총보수비용 : 금 2,768,970,894원

(2) 2015. 5. 19.자 사실조회 회신으로 위 2004. 12. 22. 감정보고서 중 착오로 누락된 보수비용 : 금 56,477,305원

(3) '전기/설비부분 - 각동 주방 P.D 내 입상관 이탈로 인한 누수, 악취현상'항목의 벽체로 시공하는 방법에 의한 보수비용 금 828,526,209원

(4) '설비/전기부분 - 각동 옥상물탱크 보수공사'항목의 단열재 미시공하자 보수비용 : 금 55,844,304원

(5) 다만, 이 사건 감정인은 위 (3)항과 관련하여 점검구 시공하는 방법에 의한 보수비용 금 67,670,303원을 위 (1)항의 금원에 포함하였고, 원고는 벽체로 시공하는 방법에 따른 하자보수비용 금 828,526,209원을 청구하고 있으므로, 총 보수비용 산정시 위 금 67,670,303원을 뺀 나머지 금원을 청구하기로 하여 산정한 총 보수비용은 금3,642,148,409원(= 금 2,768,970,894원 + 금 56,477,305원 + 금 828,526,209원 + 금 55,844,304원 - 금 67,670,303원)입니다.

바. 따라서 피고들은 각자 원고에게 금 3,642,148,409원을 지급할 책임이 있다 할 것입니다.

2015. 11. .

원고의 소송대리인 법무법인 ○ ○ ○

담당변호사 ○ ○ ○

OO지방법원 민사 OO 부 귀중

제5절 일조·소음·조망 등의 생활이익에 관한 분쟁

Ⅰ. 일조·조망·소음 등 생활이익의 법적성격

1. 법적근거와 권리성

헌법 제35조 제1항은 '모든 국민은 건강하고 쾌적한 환경에서 생활할 권리'를 가지고 있다고 천명하고 있다. 일조, 조망, 통풍 등의 확보나 소음, 진동, 분진 등의 방지는 쾌적하고 건강한 주거환경에서 생활을 영위하는데 필수불가결한 생활이익이다. 이러한 생활이익의 객관적 가치가 인정된다면 법률상 보호되는 이익으로서 이를 침해하는 것은 불법행위에 해당하므로 사후적 구제책으로서 불법행위에 기한 손해배상 청구를 할 수 있다. 또한 민법 제217조의 소유권에 기한 생활방해 금지청구권에 기초하여 사전적 예방책으로서 가해행위인 건축물의 신축 금지나 공사의 중단을 청구할 수 있다. 소송실무에서는 이러한 생활이익의 권리성을 전제로 일조권, 조망권 등 권리로 표현하고 있는데, 구체적으로 이러한 생활이익이 어떤 권리에 기초하는지에 대하여는 아직 명확한 판례가 정립되어 있지 않다. 소송실무에서는 이러한 생활이익과 관련한 분쟁의 대부분은 일조권이나 조망권에 관한 것인데, 이러한 일조권이나 조망권 등의 근거에 대하여는 다양한 견해가 제시되고 있다. 학계와 하급심 판례 중에서는 생명·신체 등과 같은 인격권으로 보는 입장,[227)228)] 자연에서 주어지는 일조, 조망, 통풍 등 외부적 환경을 차단당하지 않고 쾌적하게 생활할 수 있는 권리는 헌법 제35조 제1항의 환경권에 포함된다는 입장,[229)230)] 소유권에서 파생되는 권리 또는 인격

227) 윤진수, "환경권 침해를 이유로 하는 유지청구의 허용여부", 대법원 판례해설 통권 제23호, 법원행정처, 1995.12, 22면.

228) 서울동부지방법원 1995. 12. 15. 선고 94가합10755 판결.

229) 이용우, "공해방지소송", 재판자료 제2집, 공해문제와 재판, 법원행정처 1979.8, 231~234면.

230) 서울남부지방법원 1994. 2. 23. 선고 91가합23326 판결.

권의 한 내용으로 보는 입장[231] 등이 있다. 대법원 판례는 환경권설에 대하여는 사법상의 권리로소 환경권이 인정되려면 헌법상의 규정만으로는 부족하고 명문의 법률규정이 있거나 조리에 비추어 주체·대상·행사방법 등이 구체적으로 정립되어야 있어야 한다고 하여 명시적으로 이러한 견해를 배척하고 있다.[232] 그러면서 생활이익이 침해되고 그 침해가 사회통념상 수인한도를 넘어서는 경우에는 소유권에 기하여 방해의 제거나 예방을 위하여 필요한 청구를 할 수 있다고 하여 이러한 생활이익을 소유권과 같은 물권적 권리로 파악하고 있다.[233]

그러나 일조·조망·통풍 등을 적극적으로 향유할 권리나 소음·악취·진동·분진 등을 소극적으로 배제할 권리의 근거를 소유권 그 자체에서 구할 수는 없고 소유권의 파생된 권능으로서의 민법 제216조 내지 제244조의 상린관계 규정 내지 제217조의 생활방해 금지의 규정에서 찾아야 한다. 민법 제217조는 생활방해에 대하여 "매연·열기체·액체·음향·진동 기타 이와 유사한 것이 다른 토지로부터 전파 또는 방사되거나 유입되어 이웃 토지 거주자의 생활에 고통을 주는 것"이라고 정의하고 있다. 민법 제217조는 이웃하고 있는 토지 사이의 생활방해에 관하여만 규정하고 있지만 이웃하고 있는 토지위의 건물 사이의 생활방해도 당연히 포함된다. 그리고 민법 제217조에 규정된 생활방해의 요소들은 예시적, 열거적인 것이고 "기타 이와 유사한 것"에는 가스, 악취, 소음, 분진 등 불가량물(不可量物)이 포함된다는 것에 대하여는 학계에서도 이견이 없다.[234] 이러한 생활방해의 효과로서 민법 제217조에 기인하여 방해자에 대한 방해배제청구권이나 방해예방청구권을 행사할 수 있다. 예를 들어, 고속도로 소음으로 인하여 인근 집합건물의 소유자나 점유자가 쾌적하고 건강하게 주거생활을 영위할 생활이익이

---

231) 부산고등법원 1999. 4. 29. 선고 98나10656 판결.

232) 대법원 1999. 7. 27. 선고 98다47528 판결.

233) 대법원 1999. 7. 22. 선고 96다56153 판결 등.

234) 김증한·김학동, 민법총칙(제9판), 269면에서는 "기타 이와 유사한 것"에는 불가량물만 포함된다고 하고 있고, 곽윤직, 민법총칙 신판(수정판), 1998, 180면에서는 토지이용과 불가피하게 결합된 간섭이라고 하고 있다.

침해되고 있다면 사후적인 구제책으로서 불법행위에 기한 손해배상뿐만 아니라 사전적 예방책으로서 고속도로를 관리하는 도로공사를 상대로 소음방지벽의 설치와 같은 사전적 예방청구권을 행사할 수 있다.[235] 다만 민법 제217조가 소음·악취·진동·분진 등의 적극적 생활이익 침해에 대하여 이를 배제하는 권리행사의 근거뿐만 아니라 인접 토지에 고층건물이 건축되어 종전에 향유하고 있던 일조·조망·통풍 등의 생활이익을 향유하지 못하게 되었을 때 이러한 소극적 침해를 배제하는 근거로도 적용될 수 있는가에 대하여는 논의가 있다. 민법 제217조가 적극적·물리적 침해와 소극적·정신적 침해를 구별하지 않고 있을 뿐만 아니라 제217조는 공해분쟁에 관한 원칙규정으로 널리 해석되어야 할 것이라는 점을 들어 고층건물을 통한 일조방해 등에 대하여도 민법 제217조가 적용되어야 한다는 견해가 있다.[236] 민법 제217조가 인접 토지나 건물에서 소음·분진 등이 방사, 전파 되는 등 적극적 침해의 형태로 규정하고 있어 고층건물의 건축으로 인한 일조침해 등의 소극적 침해에 대하여는 민법 제217조가 적용되지 않는다고 할 것이다.[237] 인근토지에 고층건물을 건축하여 종전에 향유하던 일조·조망·통풍 등의 생활이익을 침해하는 경우에는 일반적인 상린관계에 기한 상린권의 행사로서 방해배제청구나 방해예방청구를 할 수 있다고 할 것이다.

2. 수인한도의무

공동생활에서 이웃하는 토지나 건물 사이에서의 생활방해는 불가피한 측면이 있고 더욱이 좁은 국토에서 많은 인구가 생활해야 하는 우리의 현실에 비추어 이웃 토지나 건물의 생활방해가 그 토지나 건물의 용도에 적당한 것이라면 이웃 토지나 건물의 거주자는 이를 수인해야할 의무가 있다. 민법 제217조 제2항의

235) 대법원 2007. 6. 15. 선고 2004다37904, 37911 판결.

236) 윤의섭, "조망권에 관한 재검토", 성균관법학 제19권 제3호 별권, 성균관대학교 비교법연구소, 2007. 12, 590면.

237) 지원림, 민법강의 제6판, 홍문사, 2008. 1. 5, 519면.

이러한 수인한도의무 이론은 일조·조망·소음·악취 등 생활이익 침해 분쟁의 소송실무에서는 모두 적용되고 있다. 다만 구체적으로 수인한도의무의 기준을 구체적으로 어떤 요소를 고려하여 어떻게, 어느 수준으로 정할 것인가는 개별법령이나 판례이론에 맡겨져 있다. 판례는 다수의 요소를 수인한도를 정하는 요소로 고려하는 태도를 취하고 있다. 생활환경과 관련한 법률상 보호되어야 할 생활이익과 관련하여서는 그 피해자가 수인해야 할 수인한도의 기존을 개별법령에서 정하고 있는 경우가 많은데 개별법령상의 이러한 기준이 있는 경우에는 이러한 법령상의 기준이 수인한도의 기준이 될 것이다. 예를 들면, 소음, 악취, 진동 등은 개별법령에 규정된 한계기준이 수인한도의 기준으로 작용하고 있다. 이러한 수인한도의 법리상 위상은 위법성 판단의 기준이 된다는 것이다. 수인한도 내에서의 생활방해는 공동생활에서 이웃 토지나 건물사이에서 감수해야 할 문제이므로 그 자체로 위법성이 없는 것이어서 수인한도를 넘어서야 비로서 위법행위가 된다. 결국, 수인한도 내의 생활방해는 위법성 조각사유가 되고 있다. 토지에서의 건축행위는 "국토의 계획 및 이용에 관한 법률"과 같은 국토계획 내지 도시계획상의 토지이용 용도에 적합하게 행해지는 한 그 자체를 가해행위라고 할 수 없어 건축행위로 인하여 침해되는 피해자의 생활이익과 가해자의 가해행위의 사회적 타당성을 비교 형량하여 그 위법성을 정해야 하는데 생활환경 분쟁 소송에서 이러한 이익의 비교형량의 기준으로 수인한도론이 활용되고 있는 것이다.

Ⅱ. 소음차단의 생활이익

1. 공동주택의 소음환경에 관한 법령

최근 주택건설 붐으로 고속도로나 철도 등 대중교통시설에 인접한 소위 역세권에 아파트, 빌라 등 공동주택이 많이 건설되고 있다. 또한 새로운 주택건설로 인하여 유발된 교통수요로 고속도로나 도로를 확장하게 되면서 이미 건설된 주택지 주변까지 도로가 건설되는 경우가 많아 이러한 교통소음에 따른 주민들의 피해가 많이 발생하고 있다. 환경정책기본법 제10조, 시행령 제2조는 도로변 지역에 있는 일반 주거지역의 소음 환경기준은 낮에 65데시벨, 밤에 55데시벨을 초과하지 않도록 규정하고 있다. 구 주택법의 관련 행정규칙인 주택건설기준등에관한규정 제9조 제1항은 공동주택을 건설하는 지점의 소음도가 건설부장관이 환경처장관과 협의하여 고시하는 소음측정기준에 의하여 65데시벨 이상인 경우에는 공동주택을 철도·고속도로 등 소음발생시설로부터 수평거리 50미터 이상 떨어진 곳에 배치하거나 방음벽·수림대 등의 방음시설을 설치하여 당해 공동주택의 건설지점이 소음도가 65데시벨 미만이 되도록 해야 한다고 규정하고 있다.

2. 소음피해에 대한 책임주체

주거용 집합건물 인근의 도로·철도 등에서 유입되는 소음으로 생활이익을 침해당하고 있는 경우 그 책임의 주체가 집합건물의 분양자인지 도로의 설치·관리자인지가 문제된다. 이러한 사안에서는 두 경우로 나누어 검토를 해 보아야 한다. 먼저, 이미 주거용 집합건물이 건축되어 있는 상태에서 그 뒤에 도로·철도 등이 건설되어 소음침해가 발생하고 있는 경우에는 그 도로·철도의 설치·관리자인 도로공사나 철도공사 내지 지방자치단체 등을 상대로 손해배상 청구나 소음방지 시설의 설치를 청구해야 한다. 다음으로, 도로·철도 등이 이미 설치되어 있는데 인근에 주거용 집합건물을 건축하여 분양한 경우이다. 도로에서 유입되는 소음 때문에 인근 주택의 거주자에게 사회통념상 수인한도를 넘는 생활이익의 침해가 발생하였다고 하더라도, 그 주택을 건축하여 분양한 분양회사는 도로의 설치·관리자가 아니고 그 주택의 건축으로 인하여 소음이 발생하였다고 볼 수도 없으므로, 주택의 거주자들이 분양회사를 상대로 소음 때문에 발생한 생활이익의 침해를 원인으로 하는 불법행위책임을 물을 수는 없다. 다만, 수분양자는 다를 수 있다. 현재의 거주자는 소음으로 생활이익이 침해되고 있다는 사실을 알면서도 입주를 하였지만, 수분양자는 분양계약상의 소음방지 의무나 담보책임 등에 기하여 책임을 물을 수는 있다.

분양회사가 주택의 공급 당시에 구 주택법상의 주택건설기준 등 그 주택이 거래상 통상 소음 방지를 위하여 갖추어야 할 시설이나 품질을 갖추지 못한 경우에 집합건물의 소유 및 관리에 관한 법률 제9조 또는 민법 제580조의 담보책임을 물을 수 있다. 수분양자와의 분양계약에서 소음 방지 시설이나 조치에 관하여 특약이 있는 경우에 그에 따른 책임을 부담하거나, 또는 분양회사가 수분양자에게 분양하는 주택의 소음 상황 등에 관한 정보를 은폐하거나 부정확한 정보를 제공하는 등 신의칙상의 정보제공의무를 게을리한 경우에도 그 책임을 물을 수 있다.[238] 그리고, 도로·철도가 이미 설치된 이후에 집합건물이 건축되어 입주한 경우라 하더라도 그 뒤 교통량이 증가하여 소음이 증가하여 수인한도를 비로서 넘게 된 경우에는 물론, 도로·철도의 관리자를 상대로 손해배상 청구나 사전예방책으로서의 소음방지 시설의 설치를 청구할 수 있을 것이다.

3. 사전적 예방책으로서의 소음방지 시설설치 청구

경인고속도로에 인접한 빌라의 주민들이 경인고속도로의 관리자인 도로공사를 상대로 고속도로 통행차량의 소음에 대한 대책을 요구하자 도로공사는 4.5미터의 방음벽을 설치하고 통행차량의 과속방지를 위한 무인속도측정기를 설치하고 도로평탄화를 위한 내유동성 포장을 하였다. 그러나 여전히 소음.진동규제법에 따른 소음환경규제기준 이상의 소음이 발생하자 주민들은 도로공사를 상대로 13미터 높이의 방음벽 설치 등을 요구하며 중앙환경분쟁조정위원회에 중재신청을 하였고 도로공사는 중앙환경분쟁조정위원회의 중재결정에 불복하여 주민들을 상대로 채무부존재확인 청구소송을 제기하였다. 고속도로로부터 발생하는 소음이 피해 주민들 주택을 기준으로 일정 한도를 초과하여 유입되지 않도록

238) 대법원 2008. 8. 21. 선고 2008다9358, 9365 판결.

하라는 취지의 유지청구는 소음발생원을 특정하여 일정한 종류의 생활방해를 일정 한도 이상 미치게 하는 것을 금지하는 것으로 청구가 특정되지 않은 것이라 할 수 없고, 이러한 내용의 판결이 확정될 경우 민사집행법 제261조 제1항에 따라 간접강제의 방법으로 집행을 할 수 있으므로, 청구가 내용이 특정되지 않거나 강제집행이 불가능하여 부적법하다 할 수 없다.

민법 제758조에 정한 '공작물의 설치 또는 보존의 하자'라 함은 공작물이 그 용도에 따라 갖추어야 할 안정성을 갖추지 못한 상태에 있음을 말하고, 안정성을 갖추지 못한 상태, 즉 타인에게 위해를 끼칠 위험성이 있는 상태라 함은 당해 공작물을 구성하는 물적시설 그 자체에 있는 물리적·외형적 흠결이나 불비로 인하여 그 이용자에게 위해를 끼칠 위험성이 있는 경우뿐만 아니라, 그 공작물이 이용됨에 있어 그 이용상태 및 정도가 일정한 한도를 초과하여 제3자에게 사회통념상 수인할 것이 기대되는 한도를 넘는 피해를 입히는 경우까지 포함된다.[239)]

소음피해에 대하여는 주로 사후적인 구제책으로 손해배상청구가 주류를 이루었고, 중앙환경분쟁조정위원회도 이러한 손해배상 위주로 중재판정을 하여 원천적으로 소음피해를 방지할 수 있는 방음벽, 수림대 설치 등의 예방대책의 제시에는 소극적이었다. 최근에는 중앙환경분쟁조정위원회도 사전적 예방대책으로서의 방음벽 설치 등의 사전구제책을 많이 제시하고 있다. 위 대법원 판례는 이러한 사전적 예방대책으로서의 금지청구를 인용하는 것으로 의미가 있다. 특히, 사전적 예방대책은 재판을 구할 실효성이 없다는 주장에 대하여 위 대법원 판례는 일정한 수준(65데시벨)의 소음을 발생하는 것을 금지하는 청구도 판결확정 후 일정수준 이상이 소음이 계속발생하는 것을 소음측정 등의 방법으로 특정하여 간접강제금을 구하는 강제집행이 가능하기 때문에 소의 이익이 있다고 판시하였다.

---

239) 대법원 2007. 6. 15. 선고 2004다37904, 37911 판결.

도로소음으로 인한 생활방해를 원인으로 소음의 예방 또는 배제를 구하는 방지청구는 금전배상을 구하는 손해배상청구와는 내용과 요건을 서로 달리하는 것이어서 같은 사정이라도 청구의 내용에 따라 고려요소의 중요도에 차이가 생길 수 있다. 방지청구는 그것이 허용될 경우 소송당사자뿐 아니라 제3자의 이해관계에도 중대한 영향을 미칠 수 있어, 방지청구의 당부를 판단하는 법원으로서는 해당 청구가 허용될 경우에 방지청구를 구하는 당사자가 받게 될 이익과 상대방 및 제3자가 받게 될 불이익 등을 비교·교량하여야 한다. 공동주택에 거주하는 사람들의 생활이익이 중요함은 물론이지만, 자동차 교통망의 중요한 축을 이루고 있는 이 사건 고속도로는 국민경제 전반의 기반을 공고히 하고, 전체 국민 생활의 질을 향상시키는 등 그 공공성과 사회적 가치가 매우 크다. 국가를 대신하여 고속국도를 관리하는 주체인 도로공사로서는 동등한 피해상황에 있는 국민 전체를 기준으로 도로소음 방지조치의 내용을 결정할 수밖에 없고, 따라서 그 방지조치도 기술적·경제적으로 한계를 지닐 수밖에 없다. 따라서 방지청구의 당부를 판단함에 있어서 청구가 허용될 경우 도로공사가 부담해야 할 방음대책 이행의무의 구체적인 내용을 특정해야 한다.

4. 수인한도와 측정방법

고속국도는 자동차 전용의 고속교통에 공용되는 도로로서 도로소음의 정도가 일반 도로보다 높은 반면, 자동차 교통망의 중요한 축을 이루고 있고, 당해 지역 경제뿐 아니라 국민경제 전반의 기반을 공고히 하며 전체 국민 생활의 질을 향상시키는 데 중요한 역할을 담당하고 있다. 이미 운영 중인 또는 운영이 예정된 고속국도에 근접하여 주거를 시작한 경우의 '수인한도' 초과 여부는 보다 엄격히 판단하여야 한다. 한편 공법상 기준으로서 환경정책기본법의 환경기준은 국민의 건강을 보호하고 쾌한 환경을 조성하기 위하여 유지되는 것이 바람직한 기준, 즉 환경행정에서 정책목표로 설정된 기준이다(대법원 2010. 11. 25. 선고 2008

다49868 판결 참조). 위 환경기준은 도로법이나 도로교통법에 규정된 도로의 종류와 등급, 차로의 수, 도로와 주거의 선후관계를 고려하지 아니한 채 오로지 적용 대상지역에 따라 일정한 기준을 정하고 있을 뿐이어서 모든 상황의 도로에 구체적인 규제의 기준으로 적용될 수 있는 것으로 보기 어렵다. 2층 이상의 건물에 미치는 도로교통소음이 환경정책기본법의 환경기준을 준수하였는지 여부는 소음·진동공정시험기준(환경부고시 제2010-142호)에 규정된 측정방법에 따라 소음피해지점에서 소음원 방향으로 창문·출입문 또는 건물벽 밖의 0.5~1m 떨어진 지점에서 측정된 실외소음에 의해 판정하도록 되어 있다. 그러나 공동주택에 거주하는 사람들에 대하여는 일상생활이 실제 이루어지는 실내에서 측정된 소음도에 따라 '수인한도' 초과 여부를 판단해야 한다. 도로변 지역의 소음에 관한 환경정책기본법의 소음환경기준을 초과하는 도로소음이 있다고 하여 바로 민사상 '수인한도'를 넘는 위법한 침해행위가 있다고 할 수 없다.[240)]

도시화·산업화 및 이로 인한 주거의 과밀화로 인하여 도시에 거주하는 대부분의 거주자는 어느 정도의 소음이 존재하는 상황에서 특정 장소에 거주를 시작하게 될 것인데, 거주자가 고요하고 평온한 상태에서 쾌적한 일상생활을 누릴 수 있는 생활이익은 원칙적으로 그가 거주를 시작한 때 그 장소에서의 소음도를 기초로 형성되기 시작하는 것이다. 아파트에 거주할 당시 고속도로로 인하여 일정한 정도의 도로소음의 발생과 증가를 알았거나 알 수 있었던 것으로 보이는 경우 이를 고려해야 한다. 실외소음도는 거주자들이 일상생활을 주로 하는 지점의 소음도로 보기는 어렵고, 거주자들의 일상생활이 실제 주로 이루어지는 장소인 거실에서 도로 등 소음원에 면한 방향의 모든 창호를 개방한 상태로 측정한 소음도를 기준으로 환경정책기본법상 소음환경기준 등을 초과하는지 여부를 판단해야 한다. 이른바 도로소음으로 인한 생활방해를 원인으로 제기된 사건에서 공동주택에 거주하는 사람들이 수인한도를 넘는 생활방해를 받고 있는지는 특별

240) 대법원 2015. 9. 24. 선고 2011다91784 판결.

한 사정이 없는 한 일상생활이 실제 주로 이루어지는 장소인 거실에서 도로 등 해당 소음원에 면한 방향의 모든 창호를 개방한 상태로 측정한 소음도가 환경정책기본법상 소음환경기준 등을 초과하는지 여부에 따라 판단한다.

Ⅲ. 일조 생활이익

1. 일조침해 사건과 분양계약상 일조 미확보 문제의 법적 쟁점

일조침해 사건은 대부분 기존의 주거용 건축물의 소유자가 새로운 건축물의 신축으로 인하여 기존에 향유하고 있는 일조 생활이익을 침해당하게 되었다는 것을 이유로 신축건물의 건축주 또는 시공사에 대하여 손해배상을 청구하는 것이다. 신축건물의 건축주나 시공사는 신축건물 주변의 주거용 건축물의 소유자와 계약관계가 있는 것이 아니므로 당연히 그 청구권원은 불법행위에 기한 손해배상 청구이다. 이 경우 우리 판례는 건축법상의 이격거리 등 공법상의 기준을 준수하였다 허더라도 기존 주택의 거주자가 일정한 수인한도 이상의 일조침해를 받은 경우에는 사법상으로는 불법행위가 성립한다는 일조침해에 관한 법리를 정립해 왔다.[241)]

수인한도에 미달하는 일조침해는 위법성이 조각되어 불법행위가 성립하지 않게 된다. 수인한도는 일본 최고재판소 판례의 법리를 받아들여 “동지를 기준으로 오전 9시부터 오후 3시까지의 사이의 6시간 중 일조시간이 연속하여 2시간 이상 확보되는 경우 및 오전 8시부터 오후 4시까지의 사이의 8시간 중 일조시간이 통틀어 4시간 이상 확보되지 않는” 2가지 요건이 모두 충족되어야 한다. 통상 대학연구소 등에 감정을 의뢰하여 컴퓨터에 가해건축물과 피해건축물을 프로그램화하고 기상청에서 조사되어 있는 해당지역 일조각 등을 조사하는 시뮬레이션 방식으로 가가호호 마다 일조침해의 정도를 계산하여 수인한도를 입증하고

---

241) 대법원 2004. 9. 13. 선고 2003다64602 판결 등.

있다.

한편, 신축건물 주변의 주택에 일조침해가 발생하는 것은 소음·분진 등과 같은 건축행위라는 동적행위에 의하여 발생하는 것이 아니라 건축물 그 자체의 존재에 의하여 침해되는 것이므로 단순히 건축행위만을 책임지고 있는 수급인인 시공사에 대하여는 일반적으로 일조침해에 따른 손해배상 청구를 할 수 없다.[242] 이렇게 시공사에 대하여도 일조침해에 대한 손해배상 청구를 하는 사안은 대부분 사업주체가 재건축조합 등 조합인 경우이다. 조합은 건축물의 완공 후 사실상 해산되므로 변제자력이 있는 시공사를 상대로 손해배상을 청구하는 경우이다. 이러한 조합이 사업주체가 되어 시행되는 주택공급사업에서는 시공사인 건설회사도 공동사업주체가 되므로 이러한 공동사업주체의 지위에 공동불법행위의 법리에 의하여 손해배상책임을 부담하게 된다.[243] 사업계획승인처분 시 시공사도 공동사업주체인 사실, 사업주체와 시공사 사이의 공사도급계약의 내용이 일반분양분을 대물변제로 하는 지분제계약인 사실, 분양대금의 입금통장이 시공사와 조합 공동통장인 사실, 조합의 운영경비를 지원하거나 모델하우스 등을 시공사의 비용으로 지원한 사실 등은 모두 이러한 공동사업주체로서 시공사의 지위를 징표하는 사실이다.

2. 일조 미확보에 관한 정보제공의무

분양계약에서 수분양자가 분양자를 상대로 일조침해의 문제를 제기하는 사안은 크게 두 가지이다. 하나는 분양주택의 인근에 이미 고층건물의 신축이 예정되어 있어 주변의 다른 고층건축물에 의하여 분양주택의 생활이익인 일조가 침해된다는 사실에 관한 정보를 제공하지 않고 분양계약을 체결하여 정보제공의

---

242) 이동원 "건축공사 수급인의 일조권 침해로 인한 손해배상책임," 대법원판례해설(2005년 상반기, 통권 제54호), 법원도서관, 2006. 1, 277면.

243) 대법원 2005. 2. 30. 선고 2004다38792 판결 등.

무 위반으로 손해배상을 청구하는 경우이다. 다른 하나는 분양자가 수인한도 이하로만 일조가 확보되는 것은 집합건물의 품질상의 하자에 해당하므로 하자담보책임으로서 손해배상을 청구하는 경우이다. 그러나 분양자와 분양대행계약을 체결한 조합의 분양담당 직원이 분양계약 체결 당시 수분양자에게 '대지면적 등의 문제로 인해 인접 토지에 5층 이상 건물이 들어서기는 어려울 것이다'라는 취지의 말을 한 것은 위 직원의 주관적 예상이나 희망의 진술에 불과한 것이어서 이를 가리켜 분양자가 거래의 중요한 사항에 관한 구체적 사실을 신의성실의 의무에 비추어 비난받을 정도의 방법으로 허위로 고지한 경우에 해당한다고 볼 수 없다. 또한 피해건물인 주거용 주상복합건물의 부지와 그 인접 토지가 모두 일반상업지구에 속해 건축법상 일조 등의 확보를 위한 건축물의 높이 제한이 없는 경우, 그 인접 토지가 제3자 소유로 그 지상의 건물 건축으로 인한 조망·일조 저해가 분양자의 통제가능한 영역 밖에 있는 경우 일조침해가 인정되기 어렵다.[244]

3. 분양주택의 일조 미확보에 대한 하자담보책임

동지일을 기준으로 9시에서 15시 사이에 계속하여 일조를 확보할 수 있는 시간이 2시간에 미치지 못하여 대법원 판례에서 인정하고 있는 일조에 대한 수인한도를 초과하는 아파트를 분양받은 세대가 분양 건설회사를 상대로 손해배상을 청구한 사안에서 대전고등법원[245]은 분양자는 분양되는 아파트의 일조 등에 관하여 명시적인 약정이 없었다 하더라도 신의칙상 적어도 사회통념상 용인되는 수인한도 내의 일조량이 보장되는 아파트를 공급하여야 할 의무가 있는데, 원고들 소유의 아파트 각 세대에 대한 일조방해는 사회통념상 일반적으로 용인되는 수인한도를 넘는 경우라고 봄이 상당하다는 이유로, 분양자인 피고들에 대

244) 대법원 2010. 4. 29. 선고 2009다97864 판결.
245) 대전고등법원 2006. 12. 27. 선고 2004나8508 판결.

하여 분양계약상의 채무불이행책임 내지 하자담보책임을 들어 손해배상을 구하는 원고들의 이 사건 청구를 일부 인용하였다.

하지만, 대법원은 "분양계약을 체결하는 과정에서 일조나 조망, 사생활의 노출 차단 등에 관한 상황에 대하여 일정한 기준에 이르도록 하기로 약정이 이루어졌다거나, 수분양자가 일조나 조망, 사생활의 노출 차단 등이 일정한 기준에 미치지 아니하는 사정을 알았더라면 그 분양계약을 체결하지 않았을 것임이 경험칙상 명백하여 분양자가 신의성실의 원칙상 사전에 수분양자에게 그와 같은 사정을 설명하거나 고지할 의무가 있음에도 이를 설명·고지하지 아니함에 따라 일조나 조망, 사생활의 노출 차단 등이 일정한 기준에 이를 것이라는 신뢰를 부여하였다고 인정할 만한 특별한 사정이 없는 한, 아파트 각 동·세대의 배치 및 구조, 아파트의 층수, 아파트 각 동·세대 사이의 거리 등에 의하여 결정되는 일조나 조망, 사생활의 노출 등에 관한 상황에 대하여 수분양자가 이를 예상하고 받아들여 분양계약에 이르렀다고 보아야 한다."고 판시하였다. 그리고, "분양된 아파트가 건축관계 법령 및 구 주택법상의 주택건설기준 등에 적합할 뿐만 아니라, 분양계약 체결 당시 수분양자에게 알려진 기본적인 건축 계획대로 건축된 경우에는 아파트 각 동·세대의 방위나 높이, 구조 또는 다른 동과의 인접 거리 등으로 인하여 일정 시간 이상의 일조가 확보되지 아니하고 조망이 가려지며 사생활이 노출된다고 하더라도, 위에서 본 바와 같은 특별한 사정이 있지 않는 한, 이를 가지고 위 아파트가 그 분양계약 당시 수분양자에게 제공된 기본적인 건축계획에 관한 정보에 의하여 예상할 수 있었던 범위를 벗어나 분양계약의 목적물로서 거래상 통상 갖추어야 하거나 당사자의 특약에 의하여 보유하여야 할 품질이나 성질을 갖추지 못한 경우에 해당된다고 할 수 없다."고 하고 있다.[246]

대전고등법원은 일조가 확보되지 않는 주택을 품질상의 하자로 보아 하자담

246) 대법원 2010. 4. 29. 선고 2007다9139 판결.

보책임의 법리로 접근하였는데, 대법원은 먼저 일조가 부족하다는 사실을 분양자의 정보제공의무의 대상으로 볼 수 있는지의 문제, 즉 일조침해의 사실을 알았다면 분양계약을 체결하지 않았을 정도로 심각한 수준의 일조침해가 있느냐의 문제로 접근하였다. 그리고 품질상의 하자 문제도 건축법 등의 공법상 규제를 준수한 경우, 위와 같은 정보제공의무의 대상이 될 정도의 특별한 사정이 없다면 품질상 하자가 있다고 인정할 수 없다는 법리를 보여주고 있다. 구 주택법상 사업계획승인을 받아 공급되는 분양주택이 준수해야 하는 주택건설의 기준을 규율하고 있는 주택건설기준에서는 층간소음의 기준 등 그 동안 많은 논란이 되어 왔던 소음문제에 대하여는 소음예방을 위한 주택건설기준을 마련해 두고 있지만, 아직 일조의 확보 정도에 대하여는 기준을 두지 않고 있다. 판례가 층간소음 문제에 대하여도 주택건설기준에 층간소음의 기준이 도입된 뒤에야 비로소 적극적으로 수인한도를 넘는 층간소음 문제에 대하여 적극적인 손해배상책임을 인정하였듯이, 분양 주거용 집합건물이 확보해야 할 일조의 구체적 기준이 마련되지 않은 상태에서 손해배상 책임에 있어 소극적인 태도를 보여주고 있다. 이러한 태도는 일조침해에 대한 불법행위에 기한 손해배상책임의 법리에서 동간 이격거리 등 건축법상의 규제를 준수했다 하더라도 동짓날 기준의 일정한 일조량의 확보가 되지 않는 경우 수인한도를 넘어 손해배상 책임을 인정하고 있는 일조권 법리와도 논리상 모순되는 것이다. 이미 일조권 침해에 대하여 불법행위가 성립하는 일조의 정도를 판례로 정립하고 있으므로, 같은 법리를 분양주택에 대하여도 동일하게 적용하여 수인한도를 넘게 일조량의 확보가 미달되는 분양주택에 대하여는 품질상의 하자를 인정하여 하자담보책임을 인정해야 할 것이다.

4. 복합 일조권 침해의 문제

최근에는 도심과 기성시가지에서의 각종 고층개발로 인하여 일조피해가 어느 한 건물에 의해서만이 아니라 복수의 가해건물에 의하여 발생하는 경우가 많이 발생하고 있다. 이 경우 복수의 가해건물이 동시에 건축되는 경우뿐만 아니라 서로 시차를 두고 건축되더라도 복수의 가해건물들이 피해 건물에 대하여 전체적으로 수인한도를 초과하는 일조침해를 야기한 경우에는 공동불법행위책임을 부담한다. 가해 1건물의 착공시기는 1996.6.7.로 가해 1건물의 건축만으로는 피해건물에 대법원 판례상 수인한도의 기준(동짓날을 기준으로 오전9시부터 오후 3시까지 연속하여 2시간 동안 햇빛이 들지 않고 오전8시부터 오후5시까지 4시간 동안 햇빛이 들지 않는 경우)을 초과하는 일조침해가 발생하지 않았다. 그로부터 4년 6개월 뒤인 2000. 12. 15.경 가해 2건물이 착공되었는데, 역시 가해 2건물의 건축만으로는 피해건물에 대법원 판례상 수인한도의 기준을 초과하는 일조권 침해는 발생하지 않는다. 하지만, 가해 1건물과 가해 2건물의 건축으로 인한 일조권 침해를 합하는 경우에는 대법원 판례상 일조권 침해의 기준을 달성하게 된다. 이에 피해건물의 소유자들이 가해2건물의 건축주를 상대로 일조권 침해에 따른 공동불법행위에 기한 손해배상청구를 제기하였다. 이에 대하여 가해 2건물의 건축주는 가해 2건물 개별의 건축행위로는 수인한도를 넘는 일조권 침해 발생하지 않으므로 불법행위가 성립하지 않고 불법행위가 되더라도 분할책임의 원칙에 의하여 수인한도 초과부분 중 가해2건물이 기여한 부분비율로만 손해배상책임이 있다고 주장하였다.

동시에 또는 거의 같은 시기에 건축된 가해 건축물들이 피해 건물에 대하여 전체적으로 수인한도를 초과하는 일조침해의 결과를 야기한 경우, 각 가해 건물들이 함께 피해 건물의 소유자 등이 종래 향유하던 일조를 침해하게 된다는 점을 예견할 수 있었다면 특별한 사정이 없는 한 각 가해 건물의 건축자 등은 일조침해로 피해 건물의 소유자 등이 입은 손해 전부에 대하여 공동불법행위자로서의 책임이 있다.[247] 민법 제760조의 공동불법행위에 있어서는 행위자 상호간의 공모는 물론 공동의 인식을 필요로 하지 아니하고, 객관적으로 그 공동행위가

247) 대법원 2006. 1. 26. 선고 2005다47014, 47021, 47038 판결.

관련 공동되어 있으면 족하며 그 관련 공동성이 있는 행위에 의하여 손해가 발생함으로써 이의 배상책임을 지는 공동불법행위가 성립한다. 소위 객관적 공동이론이 대법원 판례의 전통적 입장이므로 위와 같은 결론이 도출될 수 있으나, 여전히 위 대법원 판례는 동시 또는 "거의 같은 시기"에 각 가해건물이 건축되는 경우에 공동불법행위로 일조침해에 따른 손해배상 책임이 발생한다고 하고 있어 서로 상당한 기간을 두고 각 가해건물이 건축된 경우에도 공동불법행위로 일조침해에 따른 손해배상책임을 부담하는지에 대하여는 명확하지 않다.

Ⅳ. 조망의 생활이익

1. 조망 생활이익의 권리성

종전의 다수의 하급심 판례들은 조망이라는 것은 기존의 조망의 이익을 향유하던 주택 앞에 고층건물이 없었던 결과 반사적으로 누리던 이익에 불과할 뿐 재산권과 같은 권리가 아니기 때문에 조망권 침해를 근거로 한 손해배상 청구는 인정할 수 없다고 하고 있다. 하지만 어느 토지나 건물의 소유자가 종전부터 향유하고 있던 경관이나 조망은 하나의 생활이익으로 가치를 지니고 있고, 실제로 1개동 공동주택의 구분건물 사이에서도 층이나 위치마다 한강이나 남산과 같은 자연경관의 조망 가능여부에 따라 수천만 원에서 1억원이 넘는 재산적 가치의 차이를 보이고 있어 이러한 큰 재산적 가치를 지니고 있는 조망의 생활이익이 단순한 반사적 이익에 불과하다고 할 수는 없다. 재산적 가치를 지닌 조망권이라는 개념이 등장한 것은 1970년대 말 한강변 압구정동에 고층 아파트가 건축되면서부터이다. 한강 조망권을 확보하기 위한 타워형의 초고층 아파트 건축허가를 둘러싸고 재건축 추진위원회와 행정기관 사이에 큰 갈등이 노정되는 등 조망권의 재산적 가치는 현실적으로 존재하고 있다. 하지만 우리 판례는 조망의 생활이익에 대하여 그 재산적 가치를 인정하면서도 그러한 조망이익이 권리로서 성립하기 위한 엄격한 요건을 요구하고 있어 소송실무상 조망이익 침해에 대한 손해배상 청구가 인용된 예는 거의 없다. 판례 법리에 따르면 조망권을 주장하는 건축물이 그와 같은 조망이익의 향유를 중요한 목적으로 하여 그 장소에 건축된 것이어야 한다.[248] 예를 들어 경승지나 휴양지에 위치한 영업용 건물이나 휴양시설과 같이 특수한 조망이익의 향유를 목적으로 건축되어 그 경관이나 조망이 객관적으로 중요한 의미를 지니는 장소적 특수성이 있어야 한다. 이와 같은 판례 법리에 의하면 주거용 집합건물인 아파트는 조망이나 경치 그 자체의 향유를 목적으로 건축된 장소적 특수성을 갖는 건축물이 아니므로 조망권을 독자의 가치를 갖는 생활이익으로 인정받기 어렵다.

하지만 이러한 판례 법리는 아파트와 같은 주거용 집합건물의 거래현실과는 너무 동떨어진 것이어서 동의하기 어렵다. 서울의 경우 한강과 강남 양재천, 강북 중랑천, 강서 안양천 등 한강지천을 포함 강 조망(river view), 북한산, 대모산, 관악산 등 산 조망(mountain view), 성동 서울의 숲, 용산, 여의도 일대 도시공원 등 도시공원 조망(park view) 등이 상당한 재산적 가치가 있는 조망의 생활이익으로 공동주택의 거래에서 그 가치가 반영되고 있다. 사방에 막힘없이 탁 트인 시야와 한강 야경을 볼 수 있는 아파트 전망권의 희소가치 때문에 고급 아파트 단지에서는 같은 평수에도 많게는 6억원까지 가격차이가 나기도 한다. 미국의 시드니파크나 호주 시드니 바닷가 인근 콘도미엄 등 외국의 집합건물도 조망권에 따라 가격차이가 크게 발생한다. 빌딩 숲을 이루고 있는 뉴욕 맨하탄에서 센트럴 파크 공원을 보기 위하여 평당 1,580만원을 주고 공중권(空中權)을 샀다는 개발사례에서도 고밀도 도심지역일 수록 조망권의 재산적 가치가 크게 반영된다는 것을 알 수 있다. 법리적 측면에서 보면 반드시 특수한 조망이익의 향유를 주된 목적으로 건축된 입지조건의 특수성이 있어야만 조망이익이 인정될 수 있는지에 대해서는 의문이다. 주거용 집합건물인 아파트의 경우 한강이나 남산,

---

248) 대법원 2007. 9. 7. 선고 2005다72845 판결.

공원 등의 특수한 조망이익의 향유를 주된 목적으로 건축된 것은 아니지만, 아파트의 입지를 선정하고 분양가격을 정함에 있어서는 부차적으로 이러한 조망이익이 반영되어 같은 단지 내지 같은 동의 다른 구분건물과 재산적 가치에 차이를 보이게 되었다면, 공동주택의 입지선정이나 건축에 있어 조망이익의 향유가 부차적인 목적이었다 하더라도 이러한 조망이익은 재산적 권리로서 인정되어야 할 것이다.

2. 천공조망권의 침해

위와 같은 순수한 자연경관이나 문화경관 등에 관한 조망이익과는 다른 개념으로 '천공조망'이라는 것이 있다. '천공조망'이란 하늘을 조망할 수 있는 이익으로 주거용 집합건물에서 종전에 누리던 하늘을 조망할 수 있는 이익이 앞에 고층건물이 건축된 결과 상실됨으로써 하늘을 조망할 수 있는 이익뿐만 아니라 시야폐쇄에 따른 압박감, 개방감의 상실 등의 피해를 입게 될 때 소송실무상 '천공조망권'을 상실했다고 주장한다. 천공율은 주거용 집합건물의 거실 중간부분에서서 창문을 통하여 외부를 바라볼 때 창문을 통해 보이는 하늘의 면적이 창문면적에서 차지하는 비율을 의미한다. 천공율이 40% 이상이면 양호하고, 10% 미만이면 압박감이 심하여 사회통념상 수인한도를 넘는 것으로 법률적으로 '천공조망권'이 침해되었다고 평가된다.[249] 주거용 집합건물의 앞에 고층건물이 건축되어 하늘을 바라보지 못하는 '천공조망권' 침해가 발생하면 일조이익도 침해되기 때문에 통상 일조이익과 조망이익의 침해를 함께 주장하면 손해배상 청구를 하게 된다. 또한 하늘을 바라보지 못하게 될 정도로 고층건물이 공동주택 바로 앞에 건축되면 그 고층건물에서는 일조이익과 조망이익이 침해되는 공동주택 세대 내부의 활동이나 심지어 얼굴의 표정까지 확인할 수 있기 때문에 사생활 침해의 문제도 발생한다.

---

249) 서울고등법원 2004. 9. 1. 선고 2003나82275 판결.

소송실무상 이러한 일조이익, 천공조망 이익, 사생활을 보호받을 이익 등의 생활이익의 침해를 주장하는 소송에서는 일조, 조망, 사생활 등의 침해정도를 감정하게 된다. 컴퓨터 프로그램에 피해건물과 가해건물을 시뮬레이션으로 설치하고 기상청 등의 자료를 기초로 일조각을 투시하여 각 구분건물별로 일조량의 침해 정도, 시야압박의 정도, 사생활 침해 정도를 감정하게 된다. 손해배상의 범위는 이러한 일조, 조망, 사생활 등의 생활이익의 침해가 없는 경우의 공동주택의 시가에서 이러한 생활이익이 침해된 경우의 공동주택의 시가와의 차액을 손해배상액으로 인정받게 된다.

유제 풀이 1

甲 건설회사는 도로공사에서 관리하는 고속도로 인근에 아파트 단지를 건설하여 분양하였다. 위 아파트를 분양받은 乙 등은 야간의 고속도로를 통행하는 자동차의 소음으로 인하여 수면장애를 받고 있다. 乙 등은 누구를 상대로 수면장애 등 소음에 따른 피해에 대한 손해배상을 구할 수 있는가? 이 경우 손해배상이 아니라 방음벽의 설치 등 소음차단 장치의 설치도 청구할 수 있는가? 乙 등이 입주할 당시에는 야간소음이 심각하지 않았으나 고속도로의 교통량 증가로 야간소음이 심각하게 된 경우에는 누구를 상대로 손해배상 등을 청구해야 하는가? 이때 종전 설치되어 있는 소음벽만으로는 소음차단이 부족하여 소음벽의 증축을 청구할 수도 있는가?

사안의 경우 먼저 고속도로가 건설되어 있는 상태에서 분양자인 甲 건설회사가 고속도로 인근에 아파트 단지를 건설하여 분양한 경우이므로 甲 건설회사는 소음으로 주거생활을 방해받지 않은 상태의 아파트를 공급할 책임이 있다. 따라서 甲 건설회사는 고속도로 방향으로 소음벽이나 소음터널 등을 설치하여 주거생활을 방해받지 않도록 아파트 단지를 건설하여 공급하여야 하나, 이러한 소음방지설비의 설치를 제대로 하지 않은 체, 아파트를 분양한 것이므로 이는 주거용 시설인 아파트의 품질기준에 미달하는 하자에 해당하고 乙 등의 수분양자들은 집합건물법 제9

조의 담보책임 규정에 근거하여 하자의 보수 또는 하자보수에 갈음하는 손해배상 청구를 할 수 있다. 소음을 발생시켜 아파트 소유자의 생활을 방해하는 주체는 고속도로 관리자인 도로공사이므로, 분양자인 甲건설회사에 대해서 민법 제217조의 생활방해 금지규정에 근거한 방해배제 청구권으로서 소음차단 시설의 설치를 구할 수는 없고 담보책임에 기한 하자보수 청구로서 소음방지시설의 설치를 구할 수 있다.

분양자가 소음방지시설을 설치하지 않을 경우 강제할 방법이 없으므로 금전청구만 가능하다는 주장이 있으나, 소음방지시설을 설치할 때까지, 예를 들어 원고 1인당 1일 10만원씩 간접강제금을 부과하는 방법으로도 간접적인 강제가 가능하므로 소음방지시설의 설치 청구를 할 수 있다. 담보책임을 하자보수금 즉, 하자보수에 갈음하는 손해배상의 금전청구로만 생각하는 경향이 있으나, 담보책임은 본질적으로 하자보수를 통해 하자 없는 물건의 인도를 목적으로 하는 것으로 소음차단 실패 하자의 보수의 방법 중 가장 실효성 있는 방법이 소음벽이나 소음터널을 설치하는 것이다. 또한 소음방지시설이 설치될 때까지 소음에 따른 수면방해 등의 피해에 대해서도 손해배상을 청구할 수 있다. 하자담보청구로서 정신적 피해 손해배상을 청구할 수는 없고, 이 경우 수면방해 등에 따른 정신적 손해의 배상은 불법행위에 기한 손해배상 청구가 될 것이다. 만일 소음방지시설의 설치가 불가능하거나 많은 비용이 드는 경우에는 하자보수에 갈음하는 손해배상으로서 아파트의 재산적 가치 하락분 손실을 손해배상으로 청구할 수 있다.

다만 소음피해와 같은 생활방해 행위가 위법한 것으로 불법행위나 소유권을 방해하는 행위로 평가되기 위해서는 그 생활방해의 정도가 수인한도를 넘어야 하는데, 소음, 악취, 일조 등 생활방해에 대해서는 특별법에서 수인한도의 정도를 정하고 있고, 법원도 이를 수인한도의 기준으로 삼고 있다. 이 사안과 같이 아파트 주거단지가 건설된 후 그 인근에 고속국도가 건설된 것이 아니라, 먼저 고속국도가 건설되어 있는 상태에서 그 인근에 아파트 단지가 건설된 경우는 수인한도의 초과여부 판단에 있어서 이러한 점이 반영되어야 한다. 고속국도는 자동차 전용의 고속교통에 공용되는 도로로서 도로소음의 정도가 일반국도보다 높은 반면, 자동차 교통망의 중요한 축을 이루고 있고, 지역경제뿐 아니라 국민경제 전반과 국민생활의 질을 향상시키는데 중요한 역할을 담당하고 있기 때문에 고속국도가 건설된 인근에 아파트 단지가 조성된 경우 수인한도는 엄격히 평가된다. 환경정책기본법상의 소음환경기준의 측정은 창문 또는 건물벽 밖의 0.5~1미터 떨어진 곳에서 측정하나, 이 사안과 같이 도로가 건설된 후 인근에 건설된 아파트 단지의 소음측정은 실제의 일상생활이 이루어지는 장소인 아파트 거실에서 도로에 면한 방향의 모든 창호를 개방한 상태로 측정한 소음도를 기준으로 수인한도 초과여부를 판단해야 한다(대법원 2015. 9. 24. 선고 2011다91784 판결).

한편 고속도로에 인근에 아파트 단지를 건설할 당시에는 수인한도를 초과하지 않아 분양자인 甲건설회사에 소음피해에 따른 손해배상이나 소음방지시설의 설치를 청구할 수 없으나, 그 뒤 고속도로의 통행량 증가로 소음이 증가하여 수인한도를 넘게 된 경우에는 고속도로를 관리하는 도로공사를 상대로 소음벽 등 소음방지시설 설치나 손해배상 등을 청구할 수 있다.

유제 풀이 2

A 건설회사가 건설하여 공급한 아파트 단지 바로 앞에 경기도에서 관리하는 서울까지의 고속화도로가 건설되면서 위 아파트 단지의 입주자인 B등은 야간소음 으로 수면장애를 겪게 되었다. B등은 누구를 상대로 손해배상 청구나 소음차단 장치의 설치를 청구할 수 있는가? B는 아파트 가격 하락의 재산적 가치 손실에 대해서도 손해배상 청구를 할 수 있는가? 이 아파트의 소유자가 아니라 세입자인 丙도 손해배상 청구를 할 수 있는가? B등은 어떤 방법으로 소음침해 정도나 재산적 손해를 증명할 수 있겠는가?

위 사안은 먼저 아파트 단지가 조성된 후에 그 인근에 고속화도로가 건설된 경우이어서 고속화도로의 관리자인 경기도를 상대로 소음피해에 대해서 사전예방책으로서 소음방지시설(소음터널 등)의 설치나 손해배상을 청구할 수 있다. 이때 청구권원은 소음피해를 받는 부동산의 소유자로서 민법 제217조에 따른 생활이익의 침해의 예방과 방해배제 청구가 될 것이다. 손해배상의 경우에는 소음피해가 있기 전의 시가에서 소음피해 발생 후 하락한 시가를 산정하여 그 차액을 재산적 손해로 청구할 수 있다. 세입자의 경우에는 재산적 손해는 청구할 수 없고 소음피해에 따른 위자료 청구를 할 수 있다.

소음관련 분쟁은 통상 중앙환경 분쟁조정위원회를 거쳐 소송으로 진행하는 것이 바람직하다. 중앙환경 분쟁조정위원회는 행정기관이기도 해서 소음정도를 측정해 이를 근거로 손해배상액이나 소음방지시설 설치 등의 조정안을 제출하는데, 조정이 성립하지 않은 경우에도 위 조정과정에서 작성된 소음측정 자료가 소송에서 수인한도 판단의 근거자료로 사용될 수 있기 때문이다.

유제 풀이 3

乙은 남향의 아파트 단지의 1층에서 10년째 거주하여 살고 있다. 그런데 인접한 5층의 주공아파트 주민들이 甲 재건축조합을 설립하여 20층으로 건축하는 재건축 사업계획승인을 받았다. 시공사인 丙 건설회사가 고층의 재건축 아파트를 건축하면서 乙의 아파트 앞을 가려 일조가 차단되었다. 甲 재건축조합은 해산된 상태에서 乙이 丙 건설회사를 상대로 아파트 가격하락과 정신적 손해에 대하여 손해배상 청구를 할 수 있는가? 어느 정도 일조가 침해되어야 손해배상을 받을 수 있는가? 어떤 방식으로 일조침해를 증명할 수 있는가? 乙 등은 일조침해 외에 어떤 생활이익의 침해를 주장할 수 있는가? 만일 甲 재건축아파트가 건축 중인 경우 乙 등은 일정 층수 이상으로 재건축아파트를 건축하지 못하도록 건축금지 청구를 할 수 있는가? 乙의 아파트가 소재하는 구역의 토지이용 용도가 상업지구인 경우에도 乙은 丙 건설회사를 상대로 손해배상 청구를 할 수 있는가?

주거를 소유한 자는 일조·조망(시야확보)·사생활보호 등은 쾌적한 주거생활을 할 생활이익을 가지고 있고, 이러한 일조·조망·통풍 등의 생활이익을 침해받은 자는 민법 제217조의 생활방해금지 규정에 근거하여 그 생활이익 침해의 배제를 구할 수 있고, 한편 이러한 생활이익의 침해는 민법 제750조의 불법행위를 구성하므로 손해배상을 청구할 수 있다. 乙은 사전예방청구로서 일조를 침해하지 않도록 건축 중인 재건축아파트의 일정 층 이상의 건축을 금지하는 건축금지 가처분 신청을 할 수도 있고, 사후적 피해구제로서 일조침해로 하락한 아파트 가격의 재산적 손해의 배상을 구할 수도 있다. 일조침해는 건축행위라는 동적행위에 의하여 발생하는 것이 아니라 가해건물 그 자체의 존재에 의하여 발생하는 것이므로 원칙적으로 가해건물의 건축주를 상대로 손해배상을 청구해야 하고 시공사를 상대로는 손해배상을 청구할 수 없다. 그러나 시공사도 참여조합원으로서 공동사업주체가 되는 재건축사업이고, 재건축조합과 시공사가 공사대금을 일반분양분 대물로 변제받기로 하였으며, 분양대금도 재건축조합과 공동명의로 사용하는 등 재건축사업에 따른 이익을 공유하였고, 모델하우스나 조합운영 경비 등을 지원한 경우에는 시공사에 대해서도 공동사업주체로서 일조침해에 따른 손해배상 청구를 할 수 있다.

좁은 국토와 밀집한 도시에서의 생활이 일반화 되어 있는 현대사회에서 일조침해가 생활방해나 불법행위로 인정되기 위해서는 일조침해의 정도가 수인한도를 넘어서야 한다. 소음·악취·분진 등 생활이익침해의 수인한도에 대해서는 특별법에서 그 기준을 정하고 있으나, 일조의 경우에는 관련법인 건축법 시행령에서 이격거리 규정만 두고 있을 뿐 일조침해의 위법성을 판단하는 수인한도의 기준을 따로 정하고 있지 않다. 우리 대법원 판례는 공법상의 이격거리의 기준을 지켰다 하더라도 동지를 기준으로 오전 9시부터 오후 3시까지 사이의 6기간 중 일조시간이 연속하여 2시간 이상 확보되는 경우 및 오전 8시부터 오후 4시까지의 사이의 8시간 중 일조시간이 통틀어 4시간 이상 확보되지 않는 등 2가지 요건이 모두 충족되지 않는 경우 일조침해의 정도가 수인한도를 넘어 위법하다고 판단하고 있다. 이러한 일조침해가 수인한도를 넘는가의 측정은 동짓날을 기다려 측정하는 것이 아니라, 컴퓨터 프로그램에 가해건물과 침해건물의 설계도를 입력한 후, 프로그램상에서 기상청에서 해당지역에 대해 가지고 있는 예년의 일조량을 조사하는 시뮬레이션 기법으로 일조침해의 정도를 감정하게 된다. 이러한 감정을 통해 일조침해를 받는 아파트

동의 각 세대별로 수인한도를 넘는 침해가 있는지 정도를 측정하는데, 이때 하늘을 바라볼 수 있는 천공조망권, 즉 시야확보가 어느 정도 침해되는지 여부와 사생활 침해의 정도가 어느 정도인지도 같이 측정하게 된다. 이러한 감정결과를 바탕으로 일조침해가 시가하락에 반영되는 정도를 시가 감정하여 이를 재산적 손해액으로 청구한다.

일조침해가 되지 않도로 가해건축물을 일정 층수 이상 건축하지 못하도록 하는 건축금지 청구도 할 수 있으나, 가처분 진행 중에 건축물이 이미 완공되거나 금지를 구하는 층 이상으로 건설축된 경우에는 건축금지를 구할 신청의 이익이 상실되어 각하되므로 통상 이러한 건축금지가처분을 하는 경우에는 신청과 함께 바로 일조침해에 대해 감정신청을 하고 감정인에게 빠른 감정을 촉구하게 된다. 상업지역은 주거를 전용으로 하는 지역이 아니고 고층건물의 건축을 예정하고 있는 지역이므로 상업지역에서의 일조침해에 따른 손해배상 청구는 인용되기 어렵다 할 것이다.

유제 풀이 4

乙은 甲 건설회사가 분양한 아파트를 분양받았다. 乙이 아파트에 입주를 하여 보니 乙의 아파트 베란다 바로 앞에 옹벽이 설치되어 일조를 차단하고 있었다. 甲 건설회사의 분양카탈로그나 견본주택의 조감도에는 아파트 바로 옆에 옹벽이 설치된다는 설명이 전혀 없었다. 甲건설회사는 분양카탈로그의 평면도 옆에 검은 점의 표시가 되어 있고, 평면도 아래 실제 현황은 평면도와 다를 수 있다는 문구가 있다는 점을 지적하며, 乙이 현장방문을 통하여 옹벽이 아파트 옆에 설치된다는 사실을 알 수 있었다고 주장한다. 乙이 甲건설회사를 상대로 일조 차단에 따른 아파트 가격 하락과 정신적 피해에 대하여 손해배상을 청구할 수 있는가? 만일 손해배상을 청구할 수 있다면 어떤 청구권원에 의하여 손해배상 청구를 할 수 있는가?

베란다 앞에 옹벽이 설치되어 시야를 차단하고 일조가 침해될 수 있다는 사정을 수분양자인 乙이 알거나 알 수 있었다면 乙은 분양계약을 체결하지 않았거나, 적어도 그러한 분양가격이나 거래조건으로는 분양계약을 체결하지 않았을 것이라고 인정되는 사안이라 할 수 있으므로, 분양자인 甲건설회사는 수분양자인 乙에게 분양받는 베란다 앞에 옹벽이 설치되어 시야가 차단되고 주거생활에 필요한 일조량이 충분히 확보되지 않는다는 정보를 고지할 신의칙상의 의무가 있다 할 것이다.

일조 차단으로 주거생활에 필요한 일조량이 확보되지 못한다는 사정이 분양자의 채무불이행으로 인정되기 위해서는 일조차단의 정도가 수인한도를 초과해야 하는데, 일조차단이 수인한도를 초과하는지 여부는 동지를 기준으로 오전 9시부터 오후 3시까지 사이의 6기간 중 일조시간이 연속하여 2시간 이상 확보되는 경우 및 오전 8시부터 오후 4시까지의 사이의 8시간 중 일조시간이 통틀어 4시간 이상 확보되지 않는 등 2가지 요건이 모두 충족되지 않는 경우이어야 한다. 일조감정을 통하여 위와 같은 수인한도를 초과한다는 점이 인정되고 시가감정을 통해 위 일조차단에 따른 시가하락분을 감정하여 이러한 재산적 손해를 청구할 수 있다. 따라서 이러한 분양계약상의 부수적 의무로서 정보제공의무를 위반하여 분양계약을 체결한 甲건설회사에 대해 乙은 채무불이행에 따른 손해배상으로 일조 미확보에 따른 재산적 가치 감소분을 손해배상으로 청구할 수 있다.

[서식 6] 일조침해에 따른 손해배상청구 소장

소 장

원 고 1. OOO
(선정당사자)

2. OOO
원고들 소송대리인 법무법인 OO
담당 변호사 OOO

피 고 1. OOOO 주택재건축정비사업조합
대표자 조합장 OOO

2. OOOOOO 주식회사
대표이사 OOO

손해배상(기) 청구의 소

청 구 취 지

1. 피고들은 각자 별지목록 (가)기재 원고(선정당사자) 및 선정자들에게 별지목록 (라) 기재 각 금원 및 위 각 금원에 대하여 소장부본 송달일 다음날부터 다 갚는 날까지 연 15%의 각 비율에 의한 금원을 지급하라.
2. 소송비용은 피고들의 부담으로 한다.
3. 위 제1항은 가집행할 수 있다.

라는 재판을 구합니다.

청 구 원 인

1. 당사자

가. 원고들(선정당사자) 및 선정자들은 (이하 '원고'라고 한다.) OO OOO OOO

OOO번지 OOOOO O단지 아파트 OOO동, OOO동의 각 구분소유권자들로서 이 사건 피해자들이고,

나. 피고 OOO O주택재건축정비사업조합(이하 '피고 조합'이라 한다.)은 OO OOO OOO OOO-O 일대에 OOOOOO 11개동 684세대의 아파트 및 부대복리시설을 재건축하기 위하여 설립된 시행자로서 OO OO구청으로부터 사업승인을 받아 현재 위 아파트를 신축하고 있는 사업주체이고,

다. 피고 OOOOOO(주) (이하 '피고 회사'라 한다.)는 피고 조합의 공동시행자로서 위 아파트 공사를 시공하고 있는 건설회사입니다.

2. 본건 아파트의 건축 현황

가. 피고들이 건축하고 있는 아파트는 11개동 684세대를 신축하는 공사로서 각 동별 층수는 아래와 같습니다.

① 101동 : 14층 내지 18층
② 102동 : 19층
③ 103동 : 21층 내지 23층
④ 104동 : 21층
⑤ 105동 : 22층
⑥ 106동 : 26층
⑦ 107동 : 20층
⑧ 108동 : 27층
⑨ 109동 : 27층
⑩ 110동 : 20층
⑪ 111동 : 27층

나. 원고들 아파트의 위치등

(1) 원고들 아파트는 2001. 9. 경 사용검사승인을 받고 입주하였으며, 원고들 아파트 206동은 21층의 42평형, 207동은 25층 32평형 아파트입니다.

(2) 원고들 아파트 206동, 207동은 정남향에 위치하고 있습니다.

(3) 원고들 아파트로부터 피고들 아파트 105동은 30여미터, 106동은 40여미터, 107동은 70여미터, 104동은 80여미터 각 떨어져 시공되고 있습니다.

3. 원고들의 일조권 , 조망권, 조망압박감 및 사생활 침해에 대하여

가. 피고들이 신축하고 있는 아파트의 재건축 부지에는 종전에 대부분 단층주택이거나 저층 주택이었습니다.

나. 원고들 아파트 중 정남형의 아파트에서 바라보면 OO산, OO산이 보이는 등 수려한 경관을 조망할 수 있는 이유로 인하여 같은 아파트의 다른 동에 비하여 매매가격이 2,000만원 이상 비싸게 거래되고 있습니다.

다. 법원은 일조권, 조망 압박감 및 사생활 침해에 대한 수인한도의 기준을(서울고등법원 1996. 3. 29. 선고 94나11806호 판결)

① 일조권의 침해

동지일을 기준으로 9시부터 15시까지 사이의 6시간 중 일조시간이 연속하여 2시간이상 확보되는 경우 또는 동지일을 기준으로 8시부터 16시까지 사이의 8시간 중 일조시간이 통틀어 최소한 4시간 정도 확보되는 경우에는 이를 수인하여야 하고, 위 두가지중 어느 것에도 속하지 않는 일조 저해의 경우에는 수인한도를 넘는다고 하고 있습니다.

② 조망 압박감 저해율

시야의 중심을 기준으로 좌우 및 위쪽으로 27° 의 범위 내에서 마주보는 건물 밖의 외부공간의 조망이 확보되어야 폐쇄감 혹은 압박감이 현저히 감소하고, 아무런 건물이 없는 것을 0으로 기준하고 0-2를 보통으로 3-5를 불량으로 분류하여 3이상인 경우 조망의 압박감으로 피해가 있게 된다고 판시하고 있습니다.

③ 사생활 침해

사람이 얼굴의 표정을 분별할 수 있는 최대거리는 12m, 얼굴을 인식할 수 있는 최대거리가 24m, 동작을 분별할 수 있는 최대거리는 135m 정도 됨이 경험칙상 인정된다고 판시하고 있습니다.

다. 조망권 침해와 관련하여 서울고등법원 2003. 10. 29. 선고 2002나22016호 판결은 입주민들이 고층아파트 건립이후 급격한 조망권 제한등을 받은 점을 인정해 건설회에 배상책임이 있다는 판결이 이루어졌으며, 최근 서울중앙지방법원은 서울 강남구 도곡동 진달래1차아파트 372가구 주민들이 도곡주공1차아파트 재건축조합을 상대로 낸 사건에서 재건축 조합이 108억원을 배상하는 조정 결정을 내려 최종 확정되었습니다.

라. 위 판례들에 비추어 볼 때 피고들 아파트가 건축되는 경우에는 원고들 아파트는 일조권, 조망권, 조망압박감 및 사생활 침해가 발생할 것이 명백합니다.

4. 손해배상의 범위

가. 피고들의 아파트로 인한 일조권 등의 침해로 인하여 원고들 아파트는 그 시가의 차액이 현재 금 4,000만원에 이르고, 원고들 아파트에 대하여 매매 자체가 이루어지지 않아 막대한 재산적 손해를 입고 있습니다.

나. 피고들 아파트가 완공되는 경우 원고들은 일조권 등의 침해로 인하여 하루 종일 불을 켜놓아야 하는 등 심한 정신적 고통을 받게 됨은 물론 광열비 ,난방비의 사용이 증가 될 것입니다.

다. 원고들은 피고들 아파트가 들어서기 전까지는 전혀 조망권에 대한 침해가 없는 좋은 조망을 가지고 있었으므로, 피고들의 아파트가 들어서면 조망권에 대한 침해는 물론 심각한 폐쇄감 내지 압박감을 느낄 것임은 말할 나위도 없을 것입니다.

라. 피고들 아파트 105동은 원고들 아파트에서 불과 30여미터 떨어져 있어 피고들 아파트에서 원고들 아파트의 거실 안방 및 방의 내부 전부가 다보이게 되어 얼굴 표정도 식별가능하게 되므로, 원고들로서는 거실 및 방의 창문을 가리고 생활하여야 하고, 창문을 가린다고 하더라도 불은 켜놓을

경우 방안에서 하는 행동이 식별가능하여 항상 불안에 떨게 됩니다.

마. 따라서 원고들은 피고들의 아파트로 인하여 수인한도를 넘어서는 피해를 입게 될 것이 분명하다 할 것이므로 피고들은 연대하여 원고들이 일조권, 조망권, 조망 압박감 및 사행활침해 등으로 인하여 입게 될 손해 전부에 대하여 이를 금전으로 배상할 책임이 있다 할 것입니다.

바. 원고들은 추후 감정결과에 따라 청구취지를 확장하기로 하고 우선 일부로 별지목록 라.항 기재 각 금원을 청구합니다.

5. 따라서 원고들은 청구취지와 같은 판결을 구하고자 본건 청구에 이른 것입니다.

입 증 방 법

갑제 1호증의 1. 내지 24.	각 부동산등기부등본
갑제 2호증	아파트 조감도
갑제 3호증	현장사진
갑제 4호증	지도
갑제 5호증	건축개요
갑제 6호증	동호배치도

참 고 자 료

1. 대법원 2000. 5. 16. 선고 98다56997호 판결 1부
1. 서울고등법원 1996. 3. 29. 선고 94나11806호 판결 1부
1. 서울동부지방법원 2004. 2. 12. 선고 2002가합2919호 판결 1부

첨 부 서 류

1. 위 입증방법 1부

1. 소장부본	4부
1. 당사자 선정서	1부
1. 법인등기부등본	2부
1. 위임장	1부
1. 납부서	1부

2015. 3. .

원고들 소송대리인

법무법인 OO

담당변호사 OOO

서울OO지방법원 귀중

현장검증 및 일조권등 감정신청

원 고 OOO 외 1
피 고 OOOO주택재건축
정비사업조합 외 1.

위 당사자간 손해배상(기) 청구사건에 관하여 원고들 소송대리인은 주장사실을 입증하기 위하여 다음과 같이 현장검증 및 일조권등 감정을 신청합니다.

다 음

1. 현장검증 및 일조권등 감정 목적물

가. OO OOO OOO OOO번지 OOOOO O단지 OOO동, OOO동 각 별지목록 기재 세대 (별지목록 참조)

나. OO OOO OOO OOO-O 일대에 건축중인 OOOOO' 11개동 684세대 아파트 및 부대복리시설(피고들 아파트).

2. 현장 검증할 사항

가. 위 OOOOO O단지 아파트 OOO동, OOO동과 위 OOOOOO아파트의 각 위치 및 이격거리

나. 위 OOOOOO 아파트가 계획대로 완공되었을 경우의 위 OOOOO아파트 원고들의 일조권 침해상태, 조망의 피해 및 압박감 상태

다. 위 OOOOO 2단지 아파트에서 위 OOOOO 아파트가 건립되지 않은 상태에서 정남향으로 여러개의 산과 OO산, OO산이 보이는 등 수려한 경관을 조망할 수 조망상태.

라. 기타 위 OOOOO 아파트의 시공 및 위 OOOOO O단지 아파트의 일조권등

피해와 관련한 사항

3. **일조권등 감정할 사항**

피고들이 OO OOO OOO OOO-O 일대에 건축중인 OOOOO 아파트가 사업계획 내용대로 건축되었을 경우,

가. 일조권 침해 정도.

(1) 원고들이 거주하는 각 아파트에 예상되는 일조피해를 컴퓨터그래픽 으로 분석하여, 원고들의 각 가구별 피해정도를 각종 도표로 표시 함.

(2) 이 사건 건축물이 착공되기 전과 이 사건 건축물이 설계대로 세워진 후의 일조시간을 원고들의 각 가구별로 비교하여 표시함.

(3) 감정방법

(가) ① 평면 일영도 및 시간일영선도
② 입면일영도
③ 단면일영도
④ 입체일영도
⑤ 천공도(월드램)
⑥ 일영시간표
등의 방법 중 전부 또는 가능한 일부를 사용하여 침탈된 일조량을 시각화, 도면화 함.

(나) 다만, 일영시간을 작성하고 월드램을 작도할 경우 지상 1m 정도를 기준점으로 분석하여 주시고 만일 위 기준점과 다른 기준점을 설정할 경우 그 사유와 근거를 제시하여 주실 것.

(다) 또한 일조량 중 입사각 15°이하의 일조가 있다면 그 부분 시간을 별도로 표시하여 주시고 그것이 일조로서의 가치를 지니고 있는지에 대한 감정인의 판단을 제시하여 주시기 바람.

(라) 일조시간의 수인한도와 관련하여 서울고등법원 1996. 3. 29. 선고 94나

11806호 판결의 "① 동지일을 기준으로 9시부터 15시까지 사이의 6시간 중 일조시간이 연속하여 2시간 이상 확보되는 경우 또는 ② 동지일을 기준으로 8시에서 16시까지 사이의 8시간 중 일조시간이 통틀어서 최소한 4시간 정도 확보되는 경우에는 이를 수인하여야 하고, 그 두 가지 중 어느 것에도 속하지 아니하는 일조 저해의 경우에는 수인한도를 넘는다고 봄이 상당하다."을 참조하시고, 위 ①, ②의 일조시간에 대하여 각 표시함.

나. 조망압박감 저해율

(1) 위 고등법원 판결은 "시야의 중심을 기준으로 좌우 및 위쪽으로 27°의 범위 내에서 마주보는 건물 밖의 외부공간의 조망이 확보되어야 폐쇄감 혹은 압박감이 현저히 감소한다." 고 하여 조망권 침해가 없는 기준점을 0으로 하여 0-2를 보통, 3-5를 불량으로 하여 3-5에 해당하는 경우 조망권 침해에 따른 폐쇄감 혹은 압박감에 따른 피해가 있게 되고, 침해수치 4.를 초과하는 경우 수인한도는 넘는 것으로 판시하고 있습니다.

(2) 위 판결을 참조하여 원고들 아파트의 조망 압박감 저해율에 대하여 이를 수치화하거나, (%)로 표시하여 주시기 바랍니다.

다. 프라이버시 침해율.

(1) 위 고등법원 판결은 "이 사건 아파트의 경우 프라이버시가 보호된다고 볼 수 있는 경우를 0으로 기준하고, 약간 침해받는 경우를 1, 침해받는 경우를 3으로 하되, 특히 OOO동의 23평형은 돌출구조이므로 0.5정도의 수치를 가산하여 그 침해 정도를 수치화하여, 침해수치 2를 넘는 세대를 수인한도를 초과하는 것으로 판시하고 있습니다.

(2) 위 판결을 참조하여 원고들 아파트의 프라이버시 침해율에 대하여 이를 수치화하거나, (%)로 표시하여 주시기 바랍니다.

2005. 6. .

원고들 소송대리인
법무법인 OO
담당 변호사 OOO

서울OO지방법원 제 O 민사부 귀중

시 가 감 정 신 청

원 고 OOO 외 1
피 고 OOO O주택재건축 정비사업조합 외 1.

위 당사자간 손해배상(기) 청구 사건에 관하여 원고들 소송대리인은 주장사실을 입증하기 위하여 다음과 같이 시가 감정을 신청합니다.

다 음

1. 시가 감정할 곳 (총24세대)
   OO OOO OOO OOO번지 OOOOO O단지 OOO동 , OOO동 각 별지 (나)항 기재 세대

2. 시가 감정할 사항
   본건 감정인인 (주)OO종합건축사사무소 OOO 건축사의 일조침해, 조망침해, 사생활침해에 대한 감정결과는 별지와 같습니다.
 가. 시가 감정 시점에서 위 일조침해, 조망침해, 사생활침해를 고려하여 위 같은 아파트내 동일평형, 동일 층과의 시가 비교. (평당가로 표시하여 주시기

바랍니다.)

나. 시가 감정 시점에서 위 일조권침해, 조망침해, 사생활침해를 고려하여 위 원고들 아파트 인근아파트의 동일평형, 동일 층과의 시가 비교

다. 원고들이 일조권침해, 조망침해, 사생활침해로 인하여 원고들이 추가로 지출하게 될 난방비, 조명비.

라. 본건 감정인의 일조침해, 조망침해, 사생활침해에 대한 감정결과를 참조하여 본건 시가 감정 시점에서 위 감정할 곳 24세대를 ① 일조권 침해, ② 조망 침해, ③ 사생활 침해별 로 나누어 해당세대에 대한 시가 감정을 하여 줄 것(위 일조권, 조망권, 사생활 침해에 따른 시가 하락정도를 각 세대별로 구분하여 표시하여 주시기 바랍니다).

마. 원고들 아파트에서 OO산, OO산이 보이는등 수려한 경관을 조망할 수 있는 이유로 인하여 같은 아파트의 다른 동에 비하여 매매가격이 비싸게 거래되고 있는 바(조망권),

(1) 위 수려한 경관을 조망할 수 있는 원고들 아파트와 수려한 경관을 조망할 수 없는 동일평형, 동일층과의 시가비교

(2) 위 수려한 경관을 조망할 수 있는 원고들 아파트의 피고들 아파트로 인하여 수려한 경관을 조망할 수 없게 되는 경우의 시가비교.

바. 감정신청세대중

(1) OOO동 : OOOO호, OOO호, OOOO호, OOO호, OOOO호, OOO호, OOO호, OOO호, OOO호, OOO호, OOO호, OOO호, OOO호 (별지 (다)항 음형부분 세대)에 대하여는 위 가항 내지 마항의 감정할 내용중 '사생활 침해'와 관련한 내용을 제외한 나머지 사항에 대하여 감정하여 주시고,

(2) OOO동 : OOOO호, OOOO호, OOOO호, OOOO호, OOOO호, OOOO호에 대하여는 위 가항 내지 마항의 감정할 내용중 '일조침해'와 '사생활침해'를 제외한 나머지 사항에 대하여 감정하여 주시고,

(3) OOO동 : OOOO호, OOO호, OOO호, OOO호, OOO호에 대하여는 위 가항 내 지 마항의 감정할 내용중 '일조침해'와 '조망침해'를 제외한 나머지 사항에 대하여 감정하여 주시기 바랍니다.

사. 감정을 하는 경우 본건 감정인의 감정서 및 첨부한 서울동부지방법원 2004. 2. 12. 선고 2002가합2919호 손해배상(기)사건의 판결문을 참조하여 주시기 바랍니다.

아. 위 시가감정에 필요한 기타사항

3. 감정인에 대하여

귀원이 지정하는 검증 및 감정기관으로 하여금 감정코자 합니다.

첨 부 서 류

1. 판결문(서울동부지방법원 2004. 2. 12. 선고 2002가합2919호) 1부

2015. 11. .

원고들 소송대리인

법무법인 OO법률사무소

담당 변호사 OOO

서울OO지방법원 제 O 민사부 귀중

제4장 집합건물의 관리

공유물의 관리행위는 공유물의 처분이나 변경[250]에까지 이르지 아니한 정도로 공유물을 이용·개량하는 행위를 말한다. 공유물의 관리는 공유자의 지분의 과반수로 결정한다. 다만 관리에 관한 사항 중 보존행위[251]만은 각 공유자가 단독으로 할 수 있다(민법 제265조). 민법 일반의 공유물의 관리행위는 원칙적으로 공유자들 사이의 협의에 의하여 결정하고 집행하지만, 집합건물의 공용부분에 관한 관리는 구분소유자들과 독립된 별도의 법인격을 가지는 관리단를 통하여 관리업무를 결정하고 집행한다. 구분소유관계의 단체적 특성은 집합건물의 공용부분의 관리에서 가장 두드러지게 발현된다. 집합건물 관리단의 관리인이 선임되면 집합건물의 관리는 관리인을 통하여 해야 하고 구분소유자 개개인의 관리행위는 허용되지 않는다. (구분)소유권은 전유부분에 관한 독립적 (구분)소유권과 공용부분에 관한 구분소유자 전원의 공유관계로 구성되고, 일반 소유권처럼 전유부분에 관한 배타적 사용·수익권을 가진다(민법 제211조).

한편, 구분소유권의 단체적 특성은 전유부분의 사용·수익의 관계에서도 발현되고 있다. 전유부분의 용도 외 사용·수익이 금지되고 일정한 전유부분의 수선·개량행위는 관리단의 승인을 받아야 한다. 또한 집합건물의 관리는 공유자 사이의 공유관계의 협약에 의하여 운영되는 것이 아니라 집합건물 단체 내부의 자치법규인 관리규약에 의하여 규율된다는 점에서도 단체적 특성이 강하게 나타난

---

250) 공용부분의 변경은 공유부분의 처분행위에 해당하는 것이어서 공용부분의 공유자인 구분소유자 전원의 동의(민법 제264조)가 있어야 하지만, 집합건물법은 공유물의 처분행위의 요건을 완화하여 구분소유자의 4분의 3 및 의결권 4분의 3 이상의 결의로 공용부분을 변경할 수 있도록 한 것이다.

251) 보존행위의 내용은 통상의 공유관계처럼 사실상의 보존행위뿐만 아니라 지분권에 기한 방해배제청구권과 공유물의 반환청구권도 포함된다(대법원 1987. 8. 18. 선고 86다72, 86다카396 판결).

다. 공유자인 구분소유자들 사이의 협약이 아니라 자치법규의 효력을 가지는 관리규약에 의하여 규율되기 때문에 협약의 당사자가 아닌 구분소유자들만이 아니라 특별승계인이나 점유자에게도 관리규약에서 정한 연체관리비 승계나 업종제한 규정의 효력이 미치는 것이다. 구분소유자들 사이, 관리단과 구분소유자 사이에 분쟁도 집단적 분쟁조정 방식으로 해결하고, 집합건물 외의 제3자와의 분쟁도 관리단을 통한 단체소송 방식으로 해결하려는 점에서도 구분소유관계의 특성이 강하게 나타나고 있다.

제 1 절 구분소유자의 권리와 의무

Ⅰ. 전유부분의 사용·수익과 상린관계

구분소유관계의 단체적 특성은 전유부분의 사용·수익 관계와 상린관계에 따른 사용·수익의 제한 수준이나 방법에 있어서도 두드러지게 발현된다. 본래 소유권은 배타적 사용·수익을 그 본질적 특성으로 하지만, 부동산은 동산과 달리 서로 인접하고 있어 부동산의 원만한 이용을 위해서는 서로 인접하는 부동산 상호간에 이용의 조절을 꾀해야 하므로 이러한 상린관계의 법리에 의하여 그 사용·수익에 일정한 제약이 따른다.[252] 집합건물의 상린관계[253]는 일반 부동산의

252) 민법주해(V), 물권(2) (김상용 집필부분) 박영사 2000. 6, 283면.

253) 집합건물의 상린관계는 영미법에서는 common law상의 지역권(servitude)의 문제로 다루고 있다. 미국의 Restatement에서는 집합건물을 재산권편의 지역권(servitude) 부분의 제6장에서 다루고 있다. 상린관계는 법률상 당연히 발생하고 등기를 요하지 않는데 반하여 지역권은 계약에 의하여 발생하고 등기를 요한다는 점에서 차이가 있을 뿐이다. 그래서 프랑스 민법 제639조는 상린권을 법정지역권(servitudes légales)이고 한다(민법주해(V). 물권(2) (김상용 집필부분), 박영사 2001. 6. 15, 285면) 상린관계에 기한 적극적인 권리를 상린권(easement)라고 하는데 상린권은 독립된 권리가 아니라 소유권의 내용을 이루는 하나의 권능이다.

상린관계와 비교하여 전유부분의 배타적 사용·수익에 좀 더 강한 제약을 받는 방향으로 작용한다. 전유부분의 유지·보존을 위해서는 집합건물 전체의 유지·보존이 전제되어야 하는데, 이러한 공동의 목적을 위해 인접한 전유부분의 벽·천정·바닥 등의 유지·보존에 관하여 상호간에 협력해야 한다. 그리고 집합건물 관리단을 구성하여 관리업무와 시설운영에 협력해야 한다. 이렇게 집합건물의 유지·보존에 협력하고 관리단의 업무와 운영에 참여하고 규율에 따라야 하는 관계가 집합건물의 상린관계의 문제이다.[254] 집합건물의 상린관계에 따른 전유부분의 사용·수익의 제약은 크게 전유부분의 수리·개량 등의 물리적 행위에 대한 제약과 주거용 등 용도외 사용제약, 그리고 다른 구분소유자들의 생활을 방해하지 않고 집합건물 공동체의 질서를 준수해야 하는 의무로 나타난다. 집합건물은 전유부분이 상하좌우로 인접하여 격벽을 사이에 두고 주거생활이나 영업활동을 영위하고 각자의 전유부분 사용·수익이 다른 구분소유자에게 미치는 영향이 크기 때문에 생활방해 금지와 공동체질서의 준수의무도 전유부분과 공용부부의 구분소유관계의 유지와 이용조절에 중요한 부분을 차지한다.

1. 전유부분 수리·개량의 승인

일정한 전유부분의 수리·개량행위에 대하여는 관리단의 승인을 받아야 한다. 경미한 행위로서 전유부분 내부의 구조물과 설비를 증설하거나 제거하는 행위, 공용부분에 물건을 적재하여 통행·피난 및 소방을 방해하는 행위, 공동주택의 발코니 난간 또는 외벽에 돌출물을 설치하는 행위, 공동주택에 광고물·표지물 또는 표지를 부착하는 행위, 가축을 사육하거나 방송시설 등을 사용함으로써 공동주거생활에 피해를 미치는 행위, 전기실·기계실·정화조시설 등에 출입하는 행위 등은 상린관계에 의하여 그러한 사용·수익행위가 제한되거나 관리단의 승

254) Rosemary Bocska, Martin K.I. Rumack, "Legal Responsibilities of Real Estate Agent", LexisNexis Butterworths, 2009, 136면.

인을 받아야 한다(공동주택관리법 시행령 제19조 제2항). 2012. 12. 18. 개정 집합건물법에 따라 법무부가 마련한 단지 관리단 표준 관리규약(안)은 전유부분을 수선하는 경우 관리단에 통지하도록 하고 공사에 공용부분에 대해 공사가 수반되는 때에는 관리단 집회의 결의를 거치도록 하고 그 공사방법에 있어서도 다른 구분소유자들에게 입히는 피해를 최소화할 수 있는 방법을 선택하도록 하고 있다(표준관리규약안 제11조 제1,2,4항). 관리단의 승인을 받아야 하는 행위의 기준에 대하여 표준관리규(안)은 "공사가 공용부분에 대한 공사를 수반되는 때"라는 기준을 제시하고 있고, 공동주택관리법 시행령은 일정한 행위를 예시하고 있다. 전유부분 내부의 수리·개량을 함에 있어서 내력벽이나 외벽과 같이 집합건물 전체를 지탱해 주는 공용부분의 공사가 수반되는 때에는 당연히 관리단의 승인을 받아야 한다. 관리단의 승인기준에서 벗어나는 수선·개량행위에 대해서는 아래 의무이행 조치에서 살펴보는 바와 같이 원상회복 조치를 취해야 한다.

미국의 판례 사안에서 제일 많은 사안은 전유부분의 외벽에 돌출물인 에어컨 박스를 설치하는 행위이다. 공용부분인 집합건물의 외벽을 더럽히고 미관을 해치기 때문에 당연히 관리단의 승인을 받아야 하고 승인 없이 설치된 에어컨 박스는 철거와 원상회복 명령을 받게 될 것이다.[255] 전 구분소유자가 관리단의 승인 없이 한 행위도 원상회복 대상이 된다. 예를 들어, 전유부분의 창문을 교체한 경우라도 교체된 창문이 화재나 안전에 위험을 초래하고 다른 전유부분과 어울리지 않는 경우에는 전유부분을 승계한 현재의 구분소유자에게 교체된 창문의 철거(remove)와 원상회복(restore)을 명할 수 있다.[256] 이렇게 전형적인 사례 외에 어떤 수리·개량 행위가 관리단의 승인을 받아야 하는 것인지의 기준은 공동주택관리법 시행령과 표준관리규약(안)만으로는 명확하지 않고 판례에서 다루어진 사안도 아직 거의 없다. 우리보다 집합건물의 관리에 관한 관리와 분쟁해결의 경험

---

255) Board of Managers of Ocean Terrace Towne House Condominium v. Lent, 148 App.Div.2d. 408, 538 NYS2d. 824(1989, 2d Dept).

256) Courts at Beachgate v Bird, 226 NJ.Super. 631, 545 A.2d 243.(1988).

과 역사가 앞서 있는 미국의 판례 사안들을 보면, 대부분 집합건물에서 수리·개량 행위마다 승인여부를 결정하기 위한 심의위원회를 두고 있음을 알 수 있다.[257] 하지만 집합건물 심의위원회의 전문성이 떨어지다 보니 승인기준(guideline)이 "비공식적(informal)","다른 부분과 조화되지 않는다(harmonious)"와 같은 막연한 기준을 정하는 경우가 많다고 한다. 이러한 막연한 기준에 근거한 관리단의 승인거부 처분은 위법한 처분이 된다.[258] 미국의 집합건물은 우리와 달리 건축디자인이나 구조, 내부 인테리어 등이 다양하므로 정형화된 기준만으로 승인여부를 판단하기 어렵고 심의위원회를 설치하고 개별 수선·개량 행위마다 승인여부를 심의하고 있다.

승인여부는 수리·개량행위가 집합건물의 기능, 용도, 외관의 상당한 변경을 가져오는 것인지 여부이다.[259] 아직 우리의 집합건물 관리문화에서는 에어콘 박스나 대형간판 등을 외벽에 설치하여 집합건물의 미관에 지장을 초래해도 다른 구분소유자들이 문제를 제기하기 어렵고 관리단이 간섭하기도 어렵다. 이러한 상린관계나 공동체질서에 위반하는 행위가 장기간 방치되면서 집합건물과 도시의 미관을 해치고 집합건물이 다른 나라에 비하여 빨리 노후화되고 집합건물의 가치가 떨어지는 부작용이 나타나고 있다. 공동주택 외의 집합건물 관리의 공백이 심각함을 반증하는 현상인데, 2012. 12. 18. 집합건물법 개정으로 상가 집합건물에 관한 표준관리규약(안)이 만들어진 만큼, 계속적인 개선을 통하여 이러한 집합건물의 외관에 지장을 초래하는 상린관계와 공동체 질서위반 행위를 제재할 수 있는 합리적인 기준과 실효성 있는 제재수단을 마련해야 할 것이다.

---

257) Sara L. Johnson, LL.B. "Adequacy and application of guidelines relating to condominium association's requisite approval of individual unit owner's improvements or decoration", 25 A.L.R.4th 1059(Originally published in 1983).

258) Prestwick Landowner's Association v. Underhill, 69 Ohio.App2d 45, 23 Ohio.Ops3d 36, 429 NE2d 1191(Ohio. 1980), (25 ALR4th 1052).

259) Sterling Village Condominium Inc. v. Breitenbach, 251 So.2d 685(1974 Fla. App. D4).

2. 전유부분의 용도 외 사용금지

전유부분의 사용·수익행위에는 전유부분을 임대차하여 수익을 올리는 행위도 포함된다. 그러나 전유부분의 물리적 변경뿐만 아니라 주거용 집합건물의 전유부분을 용도 외의 숙박이나 휴양지의 콘도시설처럼 영업용으로 사용하는 것과 같이 전유부분을 용도 외로 사용하는 것도 상린관계에 위반되는 행위이다. 특히 집합건물법의 구분소유관계의 단체적 특성은 전유부분의 사용용도를 일정한 범위로 제한할 수 있다는 점에서 일반적인 소유권의 상린관계와 다른 특성을 발현하고 있다. 전유부분이 주거의 용도로 분양된 경우에는 정당한 사유 없이 전유부분을 주거외의 용도로 사용할 수 없다(집합건물법 제5조 제2항).

단지 관리단 표준관리규약(안)은 구분소유자들이 전유부분을 주거용으로 사용해야 하며 다른 용도로 사용해서는 안 된다고 규정하고, 토지와 공용부분 등을 그 용도에 따라 사용하여야 하며 다른 구분소유자 등의 사용을 방해해서는 안 된다고 하고 있다(제10조, 제13조). 아직 우리의 집합건물 관리현장에서는 전유부분의 임대차를 집합건물의 관리차원에서 규제하는 관리규약을 제정하거나 관리단이 임대차를 제한하는 조치를 취한 사안은 보이지 않는다. 그러나 집합건물의 상린관계와 공동체질서를 규율하기 위한 관리단의 업무범위에는 공동체질서를 침해할 수 있는 임대차의 규제를 포함할 수 있다. 예를 들어 주거용 집합건물에 영업용의 숙박시설이나 휴양시설과 같은 단기임대차를 규제하는 것은 주거용 집합건물로서의 공동체의 본질적 특성을 유지하기 위하여 필요하다. 미국의 집합건물 관리와 관련한 분쟁에서는 관리단이 전유부분의 임대차를 규제하는 문제가 자주 등장한다. 관리단은 정기적인 임대료 수익을 올리는 기관 임대사업자가 집합건물의 전유부분을 임대사업용으로 사용하는 것에 대처하기 위하여 합리적인 범위에서 주거용 집합건물 전유부분의 임대차를 규제할 수 있다.[260]

미국에서는 집합건물의 전유부분을 매입하여 호텔이나 단기 임대사업용 공간

---

260) UCIOA § 3-102(c)(1),(2),(3).

으로 사용하는 영업이 종종 발생하여 주거용 집합건물로서의 특성을 유지하기 위하여 임대차에 대한 통제에 상당한 주의를 기울이고 있다. 우리의 경우에도 전월세난이 심해지면서 서민용 공동주택 등의 경우에는 임대사업자들이 전유부분들을 다수 매입하여 단기 임대차이나 숙박용 등으로 사용할 가능성이 있는데, 이러한 현상을 미연하기 방지하기 위한 규율로 보인다. 미국의 집합건물 관리규약에는 관리단이 예정임차인의 입주에 앞서 예정임차인에 대하여 필요한 정보제공을 요구하거나 조사를 할 수 있는 권한을 부여하고 있다.[261]

이와 같이 관리규약을 통하여 집합건물 관리단이 전유부분의 임대차 시, 영업용 임대차의 대상 업종, 임대차기간 등을 규제할 수 있는 근거를 마련할 필요가 있다. 그러나 구분소유권은 대상인 전유부분의 배타적 사용·수익을 본질로 하는 물권이니 만큼, 전유부분의 사용이나 전유부분 내에서의 행위 규제는 관리규약에 기재된 경우에만 할 수 있다.[262] 무엇보다도 이러한 전유부분의 사용에 관한 규제는 그러한 전유부분의 사용이나 전유부분 내에서의 행위가 다른 구분소유자의 주거생활에 영향을 미치는 경우로 엄격히 제한되어야 한다.

3. 생활방해 금지와 공동체질서 준수의무

전유부분을 사용·수익하면서 다른 구분소유자들의 생활을 방해하지 않을 의무도 집합건물의 상린관계의 중요한 부분을 차지한다. 이러한 생활방해금지(immission)[263] 의무가 일반적인 소유권의 상린관계에서 보다 집합건물에서는 더욱 강하게 나타난다. 민법 제217조의 생활방해금지 원리는 집합건물에도 적용되어 각 구분소유자들은 매연, 열기체, 액체, 음향, 진동 기타 유사한 것(악취, 먼지 등)을 발생시켜 다른 구분소유자들의 주거의 안정이나 영업활동을 침해하지 않

---

261) Rosemary Bocska, 앞의 책, 144 내지 146면.

262) The UCIOA Comment to § 3-102(c).

263) 가해건물의 소유자는 생활방해로 이웃건물의 사용을 방해하거나 아웃 거주자의 생활에 고통을 주지 아니하도록 적당한 조치를 취할 의무가 있다(민법 제217조 제1항).

도록 주의해야 할 의무가 있고, 다른 한편 상하좌우가 인접한 집합건물의 주거생활이나 영업활동에서 어느 정도의 생활방해 문제는 불가피하므로 생활방해가 통상의 용도에 따른 것이고 수인한도를 넘어 위법한 것이 아니라면 이를 수인해야 할 의무도 있다(민법 제217조 제2항). 생활방해의 내용을 이루는 소음, 진동, 악취 등에 대하여는 "주택건설 등에 관한 기준", 악취방지법, "소음·진동규제에 관한 법률" 등의 특별법에서 그 수인한도의 기준을 정하고 있다.

최근의 공동주택에서 발생하는 심각한 생활방해의 문제는 층간소음의 문제이다. 층간소음 문제로 분쟁을 벌이다 소음에 시달리는 아래층의 구분소유자가 위층의 거주자를 칼로 찔러 살해하거나 층간소음 문제로 다투다 위층에서 아래층에 석유가 든 유리병을 던져 방화하는 사건이 발생하기도 하였다. 미국에서도 집합건물에서의 거주가 보편화되고 집합건물의 규모가 커지면서 구분소유자들 사이에 상린관계 및 생활방해 문제나 공동체 질서유지와 관련한 분쟁이 증가하자 1994년 "표준 집합건물법(UCIOA)" 개정에서 집합건물의 상린관계와 공동체질서에 관한 규정을 도입하였다. 미국의 판례 사안에서도 집합건물 관리단이 층간소음 분쟁사례가 자주 등장하고 있다.[264] 예를 들면, 뉴욕주 법원은 Forest Park Cooperative Inc. v. Hellaman 사건[265]에서 각 전유부분에서의 세탁기 사용의 소음이나 진동이 거주자들의 주거평온의 방해하고 때로는 아래층 천정에 피해를 입히는 등의 문제가 있으므로 각 전유부분에서의 세탁기 사용을 금지하고 지하층에 설치된 공동세탁시설만을 사용하도록 한 집합건물 관리단의 조치에 대하여 합리적인 것으로 위법하지 않다고 판시하였다. 층간소음의 문제는 1차적으로는 "제3장 집합건물의 하자" 부분에서 살펴본 바와 같이 층간소음 방지시설이 부실하게 시공된 것이 원인이다. 하지만 2005. 7. 1. 이전에 사업계획승인을 받

---

264) W. E. Shipley, J.D. "Validity and construction oh condominium association's regulations governing member's use of common facilities", 72 A.L.R.3d 308(Originally published in 1976) 2면.

265) Forest Park Cooperative Inc. v. Hellaman, 2 Misc 2d 183, 152 NYS 2d 685.(1956)

아 시공된 공동주택은 층간소음의 하자를 판단하는 법령상의 기준이 마련되지 않았기 때문에 층간소음 방지시설이 제대로 시공되지 않았다. 사후적으로 층간소음을 방지하기 위한 시설을 하는 것은 거의 불가능하거나 많은 비용이 소요되는 것이어서 층간소음 문제는 상하층 사이에 소음을 최대한 발생시키지 않으려는 공동체질서의 준수노력을 통하여 해결해야 한다. 공동주택관리법 시행령 제19조는 관리규약준칙(표준관리규약)이 아이들이 뛰는 소리, 문을 닫는 소리, 애완견이 짖는 소리, 늦은 시간이나 이른 시간에 세탁기·청소기·골프연습기·운동기구 등을 사용하는 소리, 화장실과 부엌에서 물을 내리는 소리 등의 층간소음에 관한 사항을 포함하도록 하고 있다. 그러나 층간소음의 발생을 예방하기 위한 구체적인 금지행위나 자제행위, 소음예방기구의 부착 등에 관한 규정이 마련되지 않아 층간소음 분쟁해결에 도움이 되지 못하고 있다.[266]

2012. 12. 18. 개정 집합건물법 제9조의 3에 따라 제정된 표준 관리규약(안)은 층간소음으로 이웃에 피해를 끼치지 않도록 노력할 공동체질서 준수의무를 규정하고 층간소음 예방과 분쟁 조정을 위한 세칙을 정하도록 하였다(표준 관리규약안 제17조). 이에 따라 "층간소음 방지 및 분쟁해결에 관한 세칙(이하 "층간소음 세칙"이라고 한다)"이 제정되었다. 층간소음 세칙에서는 구분소유자들이 층간소음과 관련하여 준수해야 할 공동체질서의 기준을 크게 예방대책, 금지행위, 자제행위 등으로 나누어 제시하고 있다. 예방대책으로는 부득이 층간소음이 발생할 경우 이웃 입주민의 피해를 최소화하기 위해 소음 방지용 매트를 설치하는 등 필요한 조치를 취하도록 하고 층간소음이 예상되는 경우 사전에 이웃 입주민에게 양해를 구하도록 하고 있다(층간소음 세칙 제4,7조). 금지행위로 일정한 시간 사이에는 쿵쿵 뛰는 행위, 못을 박는 행위, 생활기기, 운동기기, 악기 등의 물건을 사용하

266) 예를 들면 밤 10시 이후에는 세탁기나 청소기 사용을 금지하고, 아이들을 기르는 세대의 경우에는 아랫집에 뛰는 소리가 미치지 않도록 방음용 매트를 설치한다. 또한 의자와 책상의 끄는 소리를 방지하기 위하여 의자나 책상의 끝부분에 소음방지용 뚜껑이나 패드를 부착하도록 하는 등 층간소음 방지기준을 마련해야 한다(한국아파트신문, "살인까지 부른 공동주택 층간소음"(제822호) 2013. 2. 20).

는 행위, 노래를 하거나 소리를 지르거나 크게 떠드는 행위를 금지하고 있다(층간소음 세칙 제5조). 자제행위로 일정한 시간 사이에 탁자나 의자 등 가구를 끄는 행위, 음향기기를 사용하는 행위, 목욕, 샤워 등 배수과정에서 소를 유발하는 행위, 평온한 주거생활에 지장을 초래하는 소리를 유발하는 행위를 자제하도록 하고 있다(층간소음 세칙 제6조). 분쟁해결절차도 마련하였는데, 금지행위나 5분 이상 지속되는 자제행위 등 현재 진행중인 층간소음을 유발하는 구분소유자에게 이를 고지하고, 금지행위나 3회 이상 반복되는 자제행위에 대해서는 층간소음관리위원회에 조정을 의뢰하도록 하고 있다. 그러나 반복되는 금지행위나 자제행위에 대한 제재조치는 마련되어 있지 않아 실효성에 의문이 제기되고 있다. 관리규약으로 공동주택의 층간소음에 관한 규정을 둘 수 있으나(공동주택관리법 시행령 제19조 제1항 제20호), 그 구체적인 기준과 위반 시의 제재조치의 내용이 부실하다. 이를 위반한 경우 관리단의 경고조치와 소음방지 설비나 기구의 설치, 그래도 위반한 경우 벌과금 부과 등의 제재조치의 구체적 기준이 마련되어야 한다.[267)]

4. 관리단의 전유부분 출입

위와 같은 전유부분의 수리·개량에 대한 승인여부를 조사하거나 전유부분의 용도 외 사용, 소음 등 생활방해 행위의 유발, 공동체질서 위반 등의 사실을 조사하기 위해서는 관리단 직원들이 전유부분을 출입하여 조사하는 행위가 필요하다. 집합건물은 전유부분 내에 존재하는 내력벽이나 내력기둥 등 주요구조부에 의하여 지탱하고 있어 집합건물의 보전이나 누수나 균열 등의 원인 등을 찾고 보수하기 위해서도 전유부분 출입은 불가피하다. 그러나 관리단이나 다른 구분소유자들과 갈등관계에 있는 구분소유자는 관리단 직원의 출입을 거부하는 경우가 많다. 집합건물 관리단이 전유부분을 출입할 수 있는 법적 근거와 이를 거부하는 구분소유자에 대한 합리적인 제재수단에 대한 검토가 필요하다. 집합

267) 송창영, “아파트 층간소음 해결책”, 한국아파트신문(제826호), 2013. 3. 20.

건물 관리에 관한 많은 분쟁을 겪었던 미국의 판례 사안에서는 이와 관련한 사례들이 자주 등장하고 있다.[268)]

미시간 주 항소법원은 Cohan v. Reverside Park Place Condominium Association 사건[269)]에서 관리단이 합리적인 시간대에 전유부분을 출입하여 관련법령이나 관리규약 위반여부를 조사할 권한이 있다고 하였다. 원고인 구분소유자 Cohan은 관리단이 관리규약이나 법령 위반 사실 등을 명백히 입증하지도 않은 채 전유부분을 출입하여 조사할 수 없다고 주장하였다. 하지만, 법원은 전유부분에 관한 조사를 하기 전에 위반사실을 먼저 증명해야 한다면 집합건물의 안전이나 구조적 보전을 보장할 수 없다며 위반사실의 의심될 상황에서도 관리단은 전유부분을 출입하여 관련 위반사실을 조사할 수 있다고 하였다. 위 사건에서 관리규약에는 관리단이 전유부분을 출입하여 조사할 수 있다는 명문의 규정이 없었지만, 법원은 그러한 관리단의 권한은 집합건물의 본질적 성질(inherent reality)이나 관리규약 등에 의하여 묵시적으로 승인된다고 보았다. 구분소유자의 사생활 보호문제에 대해서도 구분소유자의 사생활을 보호받을 권리는 전유부분 내부에 숨겨진 불완전 상태를 점검하려는 관리단의 권한에 양보되어야 한다고 판시하였다. 미국의 "1980년 표준 콘도미니엄법(UCA)"은 공용부분의 수리, 유지, 교체 등에 합리적으로 필요성이 있는 경우 관리단이나 다른 구분소유자 또는 그 대리인이나 고용인이 전유부분을 출입하는 것을 허용해야 한다고 규정하고 있다.[270)]

2012. 12. 18. 개정 집합건물법에 따라 법무부가 마련한 단지 관리단 표준 관리규약안은 전유부분을 수선한다는 통지를 받거나 전유부분 공사를 위하여 공용부분에 대해 공사가 수반되는 때에 관리단 집회의 결의대로 공사를 진행되고 있는지 여부를 확인하기 위하여 필요한 때에는 전유부분을 출입할 수 있다는 근거

268) Janet Boeth Jones, J.D, "Right of condominium association's management and governing body to inspect individual units", 41 A.L.R.4th 730(Originally published in 1985).

269) Cohan v. Reverside Park Place Condominium Association, 123 Mich App 743, 333 NW2d 574, 41 ALR4th 724 (Mich 1983).

270) UCA § 3-107(a).

규정을 두고 있다(표준 관리규약안 제11조 제5항). 또한 전유부분에 속하는 시설 중 대지 또는 공용부분과 부합되어 대지 또는 공용부분과 일체로 관리할 필요가 있는 시설의 점검이나 현관문, 창틀, 창문 등 전유부분에 부속된 공용부분의 성능(방재, 방범, 위생, 방음, 단열)의 향상을 위한 개량공사를 위하여 전유부분에 출입할 수 있다(표준 관리규약안 제21조). 관리규약에 전유부분 출입권의 근거규정이 없다 하더라도 집합건물의 관리를 위해서는 관리단이 위와 같은 정당한 목적을 수행하기 위하여 전유부분을 출입하는 것은 Cohan v. Reverside Park Place Condominium Association 판례의 법리와 같이 집합건물의 본질적 성질(inherent reality)에 근거하여 정당성을 가진다. 전유부분의 사용·수익의 본질적 내용을 이루는 사생활 보호의 이익은 집합건물의 유지·보존과 상린관계 내지 공동체 질서유지라는 공익적 목적을 위해 제한될 수 있다. 다만 이러한 공익적 목적을 실현하는데 필요한 최소범위에서만 전유부분을 출입할 수 있도록 제한되어야 한다. 구분소유관계의 단체적 특수성은 관리단의 전유부분 출입권으로도 발현되고 있는 것이다. 다만 구분소유자의 사생활의 보호의 법익과 조화를 꾀해야 하므로 관리단이 일상적으로 전유부분을 출입할 수 있는 권한이 있다고 볼 수 없고 표준 관리규약(안) 제11조와 제21조에 규정한 바와 같은 정당한 이유가 있는 경우에 관리단의 전유부분 출입이 정당화 될 수 있다. 관리단의 전유부분 출입의 정당성이 인정되는 사안에서 구분소유자는 정당한 이유없이 관리단의 출입을 거부할 수 없고, 정당한 이유없이 출입을 거부한 경우 손해배상 책임이 있다(표준 관리규약안 제11조 제5항, 제21조 제2항). 여기서 전유부분의 출입을 정당한 이유없이 거부당한 관리단이 청구할 수 있는 손해는 거부 그 자체에 의한 손해가 아니라 출입거부로 관리단이 제때 집합건물의 유지·보수와 관련하여 시행해야 할 조치를 취하지 못하여 발생한 손해라고 할 것이다.

Ⅱ. 대지와 공용부분의 사용권

1. 전용사용권

집합건물법은 집합건물의 구성요소로 전유부분과 공용부분만을 규정하고 특정 구분소유자들만이 사용하는 전용사용부분에 관한 개념을 따로 규정하지 않고 있다. 미국에서는 공용부분 중에서도 특정 전유부분이 배타적으로 사용하는 공용부분을 "배타적 공용부분(exclusive common element)" 또는"제한적 공용부분(limited common element)"[271]이라고 하여 안뜰, 발코니, 창틀의 화분박스, 주차공간 등을 이러한 배타적 공용부분으로 보고 있다.[272] 2012. 12. 18. 개정 집합건물법 제28조의 4항에 따라 법무부가 마련한 단지형 공동주택 표준관리규약(이하 "표준관리규약안"이라고만 한다)[273]은 특정 구분소유자가 배타적으로 사용할 수 있는 토지 및 공용부분 등의 일부 "전용사용부분"이라 하고, 이러한 전용사용부분을 사용할 권리를 "전용사용권'이라 하고 있다(표준 관리규약안 제2조 제9,10호). 전용사용부분에 해당하는 것으로 발코니, 베란다. 현관문, 창틀, 창문, 주거용 건물 앞 토지와 옥상 등을 들고 있다. 표준 관리규약안은 주차장을 전용사용부분으로 예시하고 있지 않은데, 미국의 단지형 집합건물에서는 주차덮개 씌워진 주차공간이나 차고지 안의 주차공간 등은 특정 구분소유자들을 위한 배타적 사용부분으로 보는 경향이다.[274] 하지만 맞벌이 등으로 주차차량이 늘어나면 배정된 차고지 공간 옆에 추가주차를 하는 경우가 많은데, 특정 구분소유자들이 추가주차를 하는 공간이 배타적 공용부분인가를 둘러싼 분쟁도 발생하고 있다. 하지만 일리노

271) UCA § 1- 103(16).

272) Malloy and Smith, "Real Estate Transaction - Problems, Cases and Materials" (3rd Edition), Wolters Kluwer, 2007, 329 내지 336면.

273) 법무부 집합건물 표준관리규약(안)(단지형 공동주택) 2013, 제2조 제9, 10호.

274) Constance L. Hall, J.D. "Validity and construction of regulations oh governing body of condominium or cooperative apartment pertaining to parking, 60 A.L.R.5th 647(Originally published in 1998).

이 주 법원은 334 Barry In Town Homes, Inc. v. Fargo 사건[275]에서 추가 주차공간은 배타적 공용부분이 아니라고 하였다.

우리 공동주택 단지의 주차배정 방식은 "일시주차(Occasional Use)"이지만 여성주차, 장애인 주차, 차고지 있는 주차, 지하주차 등 주차공간이 다양해지면서 우리의 경우도 구분소유자마다 특정 주차공간을 배타적으로 사용하게 가능성이 높아지고 있다. 특히 장애인 전용주차공간은 우리의 경우도 전형적인 전용사용부분에 해당할 것이다. 관리규약이나 관리단 집회의 결의 없이 장애인이 접근하기 용이한 곳에 전용사용부분을 배정하는 조치의 효력에 대해서도 미국에서는 논란이 있었다. 일리노이 주 법원은 1991년 Sawko v. Dominion Plaza One Condominium Association No. 1-A 사건[276]에서 집합건물 관리단이 구분소유자들의 납부한 기금으로 차고지를 건축한 후 그 공간을 장애인용 주차공간으로 정하는 관리규약을 개정한 사례에 대하여 이러한 주차공간의 배정은 구분소유자들의 공용부분에 관한 권리를 축소시키는 행위이어서 규약개정을 위해서는 만장일치의 동의를 요하는데, 이러한 구분소유자들의 특별결의를 받지 않았으므로 특정 주차공간을 장애인용으로만 배정하는 관리규약 개정은 무효라고 하였다. 하지만 미국의 "연방 주택개량법(the Fair Housing Amendments Act)"[277]은 집합건물 관리단에게 장애인 주차공간을 의무적으로 설치하도록 하고 있어 장애인 주자창을 별도로 마련하지 않을 경우 이러한 법률위반이 될 수 있다.

미 연방대법원은 1997년 Gittleman v. Woodhaven Condominium Association Inc. 사건[278]에서 관리규약이 주차장을 공용부분으로 하고 있고, 어느 한 구분소유자가 특정한 주차공간을 배타적으로 사용하는 것을 허용하지 않고 있더라도

---

275) 334 Barry In Town Homes, Inc. v. Fargo, 205 Ill.App.3d 846, 150 Ill.Dec. 729, 563 N.E.2d 856(1st Dist 1990).

276) Sawko v. Dominion Plaza One Condominium Association No. 1-A, 218 Ill.App.3d 521, 161 Ill.Dec. 263, 578 N.E.2d 621(2d Dist. 1991).

277) 42 U.S.C.A.(United States Code Annotate(주해 미연방 법규집) §3604.

278) Gittleman v. Woodhaven Condominium Association Inc. 972 F.Supp. 894, (D.N.J. 1997).

그러한 관리규약 규정은 연방 주택개량법을 위반하여 장애인을 차별하는 것이어서 불법이고 무효라고 판시하였다. 우리의 경우에도 장애인이 거주하는 전유부분에 주변에 특별히 장애인을 위한 주차공간을 배려하지 않고 일반인과 똑같이 주차권을 배정하는 경우에는 장애인 차별금지법 등의 법령에 위반된다. 이러한 경우 특정 구분소유자들이 전용사용권을 가지는 주차공간은 전용사용부분(limited common element)이 된다.

2. 전용사용권과 사용료

전용사용부분의 개념을 도입할 실익은 그 전용사용부분의의 수리책임이나 수리비용의 분담에 있다. 표준관리규약안은 전용사용부분 중 주거용 건물 앞 토지와 옥상에 대해서는 단지 관리단이 따로 사용료를 부과할 수 있도록 하고 있다(제14조 제1, 2항). 표준관리규약은 특별사용료의 부과를 두고 발생할 분쟁을 우려하여 상대적으로 특별사용료 부과에 관한 저항이 적을 것으로 예상하는 건물 앞 토지와 옥상만을 대상으로 하였지만 전용사용부분으로 구분되는 집합건물의 일부분들이 모두 특별사용료를 부과할 대상이 논의될 수 있다.

미국 플로리다 주 항소법원은 Cedar Cove Efficiency Condominium Association v. Cedar Cove Properties 사건[279]에서 발코니나 외장벽장을 수리하지 않고 방치하는 경우 집합건물 전체의 미관에도 지장을 주게 되고 그 결과 이를 배타적으로 사용하는 구분소유자 외의 다른 구분소유자에게도 건물가치 하락에 따른 영향을 미치게 되므로 이를 공용부분으로 보아 배타적 사용권이 없는 구분소유자들에게도 그 수리비용을 관리비로 부과할 수 있다고 판시하였다.

우리의 경우 미국에선 배타적 공용부분으로 보는 발코니나 창틀의 화분박스 등은 관행적으로 전유부분에 속하는 것으로 보고 있다. 위와 같은 분쟁이 일어

---

279) Cedar Cove Efficiency Condominium Association v. Cedar Cove Properties, 558 So.2d 475,(Fla. 1980).

날 가능성이 아직까지는 크지 않았지만, 집합건물이나 공동주택의 건축디자인이나 시설이 다양해지면서 전용사용부분으로 취급되어야 할 부분도 늘어나고 있고 그에 적합한 수리·보수비용의 분담원리의 필요성도 제기되고 있다. 예를 들면, 제1층 세대만 이용하는 발코니 앞 정원(patio)에 잡초가 무성할 때 조경비용, 1,2층 전유세대는 사용하지 않는 엘리베이터 사용전기료나 수리비용, 여러 개동의 공동주택 단지에서 101동의 인터폰 시스템만 고장난 경우 101동 인터넷폰 시스템 수리비용 등 관련된 세대에만 관리비를 분담하도록 해야 하는지 전세대가 관리비 분담원칙에 따라 획일적으로 분담해야 하는지 등 논란이 제기되는 사안들이다. 우리 공동주택 관리현장에서는 먼저 101동 인터폰 시스템 수리공사를 한 후 그 수리비용을 전 구분소유자에게 관리비 부담비율에 따라 관리비로 부과하는 것이 일반적이다. 하지만 관련 보수공사나 소송의 결과에 따른 혜택이 특정 구분소유자들에게만 귀속되는 경우에도 그 공사비용이나 소송비용을 모든 구분소유자들이 관리비로 부담해야 하는 것은 타당하지 않다. 일정한 범위의 구분소유자들에게는 특별관리비 지출에 의한 수리·개량행위로 혜택이 돌아가지만 모든 구분소유자에게 혜택이 돌아가는 것이 아니라면 특별관리비는 해당 특별관리비 지출로 수혜를 입는 구분소유자들에게 부과하거나 차등을 두어 부과하는 것이 타당하다.[280] 전용사용부분에 관한 수리·교체·개량으로 얻는 이익에 상당한 차이가 있음에도 불구하고 전용사용부분에 관한 관리비용을 모든 구분소유자에게 부과하는 것은 재산권법에 위반되고 집합건물의 상린관계(easement)의 법리에 위반된다.[281]

전용사용부분에 대한 관련 수리·보수비용을 전용사용료로 부과할 것인지, 아니면 전체 세대에게 관리비로 부과할 것인지의 문제는 단지 관리단이나 입주자

---

280) Part Regency Partners, L. P. v. Gruber, 608 S.E.2d 667 (Ga. Ct. App. 2004).

281) Ridenour v. Carl Sandburg Village No. 7 Codominium Association, 931 N.E.2d 692 (Ill.App. Ct. 1st. Dist. 2010).

대표회의 재량권 행사의 범위에 있는 사항이다. 위 예를 든 사안에서 101동 인터넷 시스템 고장이나 101동 1층 세대의 발코니 정원의 조경공사비용을 해당 구분소유자들만의 경제적 능력으로 부담하기 곤란하여 제때에 수리·보수를 하지 못할 경우 집합건물이 노후화되어 전체 건물가치 하락으로 이어질 수 있다. 이 경우 다른 구분소유자들에게도 피해가 돌아갈 수 있으므로 전세대가 비용을 부담하는 것도 합리적 이유가 있다. 다만 집합건물 표준관리규약(안)은 별도의 전용사용부분 세칙을 정하여 전용사용권을 가진 구분소유자가 사용료를 납부하도록 하고 있는데, 이와 같이 관리규약에서 정한 경우에는 그에 따라 해당 구분소유자가 사용료를 납부하여야 한다. 이러한 배타적 공용부분에 관하여는 별도로 관리단과 구분소유자 사이에 사용계약을 체결하여 사용료를 부과할 수도 있다. 예를 들어 배타적 공용부분의 주차공간을 가진 구분소유자는 관리단과의 계약에 따라 관리비 외에 추가적인 주차사용료를 부담할 수 있다. 미국 매사추세츠 주 법원은 Tosney v. Chelmsford Village Condominium Association 사건[282]에서 배타적 공용부분의 혜택을 얻고 있는 구분소유자들은 다른 구분소유자들보다 더 높은 사용료를 지불해야 한다고 판시하였다. 위 사안은 단지형 집합건물 안에 지하주차장과 위락시설이 있는 동과 이러한 시설이 없는 타운하우스가 존재하였는데, 관리단이 지하주차장과 위락시설이 있는 구분소유자들에게 추가사용료를 부과한 사안이었다. 이러한 문제를 해결하기 위하여 표준 관리규약안은 단지관리단이 특정 구분소유자들과 주차장 사용에 관한 별도의 계약을 체결하여 그 계약에 따라 사용료를 납부하도록 하고 있다. 이러한 주차장 사용계약은 대지사용권에 해당하는 것은 아니므로 주물-종물의 법리에 의하여 주물인 전유부분의 양도에 수반하여 이전되지 않고 효력을 상실한다(표준 관리규약안 제15조 제2, 3항).

282) Tosney v. Chelmsford Village Condominium Association, 397 Mass. 683, 493 N.E.2d 488(1986).

3. 주차장 사용권

집합건물 단지 내에서 주차장을 사용할 수 있는 권리는 집합건물의 대지를 점유·사용할 권리이므로 결국 집합건물의 구분소유자가 전유부분의 소유를 위하여 대지에 관하여 가지는 대지사용권의 하나의 권능에 속한다. 한편 민법 제236조는 공유물을 지분비율로 사용할 수 있다고 하고 있지만, 집합건물의 구분소유관계의 법적성질에서 살펴본 바와 같이 집합건물의 공용부분 및 대지에 관한 공유관계는 구분소유관계의 단체적 특별성격 때문에 민법의 공유관계의 법리가 그대로 적용되지 않는다. 특히 집합건물의 전유부분과 대지사용권의 일체성의 원리상 별도의 규약이 존재하지 않는 한 대지에 대하여 가지는 공유지분의 비율, 즉 전유부분의 면적에 관계없이 그 건물의 대지 전부를 용도에 따라 사용할 수 있다.[283] 그러므로 공동주택의 부대시설로서 상가건물의 구분소유자들과 그 고객들이 대지에 관한 공유지분의 비율을 초과하여 주차를 한다고 하여 대지사용권이 부정되거나 단지 내에서 출입, 통행, 주차할 권리가 부인되지 않는다. 그러나 공동주택의 관리현실을 보면, 입주자대표회의가 상가건물 전유부분의 면적, 즉 공유지분의 비율에 비례하여 주차대수나 주차시간을 정하여 상가건물 출입차량의 통행, 출입 및 주·정차를 제한하는 경우가 많이 있다. 판례는 위와 같이 집합건물의 일체성의 법리상 민법의 공유와 달리 공유지분의 비율에 의하여 대지를 사용하는 것이 아니라는 법리에 입각하여 "별도의 규약이 존재하는 등의 특별한 사정이 없는 한" 공유지분의 비율에 따라 주차대수나 주차시간을 제한할 수 없다고 판시하고 있다.[284]

대체로 판례는 상가구분소유자들의 주차장 사용권을 제한하는 관리규약이나 입주자대표회의의 결의의 효력을 부인하는 태도를 취하고 있다. 우리보다 앞서 집합건물의 관리에 관한 법리가 발달하였던 미국의 판례 경향은 우리 판례의 경

283) 대법원 2004. 6. 11. 선고 2002도4620 판결.
284) 대법원 2006. 3. 9. 선고 2005다60239 판결.

향과 달리 관리단에 광범위한 주차관리의 재량권이 있음을 인정하는 것이다. 예를 들어 미시시시피 주 법원은 주차공간 배정방식을 임대방식에서 선착순(first-come-first-served basis) 방식으로 전환한 관리단에 대하여 구분소유자가 주차공간 배정방식 전환조치의 무효를 구한 Board of Managers of Surf East Condominium v. Cohn. 사건[285]에서 관리단은 주차공간을 임대하거나 재할당할 재량권이 있다고 판시하였다. 우리의 판례에서도 상가구분소유자들의 주차대수를 제한하고 추가사용료를 부과하는 관리주체의 주차관리권 행사가 정당하다고 한 사안이 있다.[286]

위 판례 사안의 공동주택 단지에서는 주차공간의 주차대수는 80대뿐인데 1세대 당 여러 대의 차량을 보유하고 있어 주차난이 심각하였다. 그래서 입주자대표회의는 1세대 1주차공간을 원칙으로 하고 추가 1대당 매월 1만원의 추가주차료를 징수하였다. 그리고 1세대 3대까지 주차를 허용하기로 결의하고 상가건물 차량의 출입을 통제하였다. 판례는 이 경우 상가건물 구분소유자의 수인한도를 넘어 주차권을 침해했다고 볼 수 없다고 판단하였다. 위 판결의 특색은 공동주택 단지를 관리하는 단체가 외부차량의 공동주택 단지 내 출입을 통제하는 행위가 상가건물 구분소유자들의 대지사용권을 방해하는 침해행위가 되는지 여부를 판단함에 있어서 수인한도의 개념을 사용하였다는 점이다. 위 사안은 상가건물에 입주한 영업학습지 회사의 학습지 교사들이 30여대의 차량을 일정한 시간대에 아파트 단지 내에 주차하여 규약으로 정한 1세대 3대 주차한도를 위반한 경우인데, 30여대의 차량은 아파트 단지 내의 주차공간 전부의 38%나 되고 입주자대표회의가 상가건물의 부정기적, 일시적 방문객까지 그 출입 및 주차행위를 제한하거나 방해하는 것이 아니라는 이유로 상가건물 건물 구분소유자의 수인한

285) Board of Managers of Surf East Condominium v. Cohn. 90 Misc.2d 1054, 396 N.Y.S.2d 999(City. Ct. 1977).

286) 대구고등법원 2012. 11. 2. 선고 2012나1574 판결(위 판결은 대법원 2013. 2. 28. 선고 2012다110057 판결로 확정되었다).

도를 넘어 대지사용권을 침해하지 않았다고 판단한 것이다. 이와 같이 대지사용권인 주차장을 사용할 권리도 다른 구분소유자들의 주차장 사용권이나 주거의 평온·안정 등의 또 다른 법익의 보호를 위하여 제한될 수 있는 성질의 권리이다. 그리고 집합건물 관리단은 구분소유자들의 주차장 사용권의 수인한도의 범위 내에서 주차대수나 차량 출입통제, 차량 출입시간 제한 등에 관하여 주차관리권을 행사할 수 있는 일정한 재량권을 가지고 있다.

4. 주차관리권

미국의 판례 사안에서는 주차공간의 할당, 주차가 제한되는 차량, 주차대수의 차별 등 주차문제와 관련된 많은 분쟁이 나타나고 있다.[287] 관리단의 주차관리권의 내용은 주차대수의 배정권뿐만 아니라 출입통제를 위한 거주자 확인증 부착, 차량견인권, 주차할 수 있는 차량의 종류 제한 등 상당히 광범위한 내용을 포함하고 있다. 예를 들어, 소유기간이 오래된 순으로 배정하는 관리규약의 개정에 대한 효력을 다툰 Aloert v. Le'Lisa Condominium 사건[288]에서 법원은 주차공간 배정에 관한 관리규약의 개정에 만장일치의 동의가 없더라도 소유기간의 연장 순으로 주차공간을 배정하는 관리규약 개정은 유효하다고 판시하였다.

우리 공동주택 단지에서는 각 세대의 차량에 관리주체에서 발급한 거주자 확인증을 차량에 부착하도록 하고, 이러한 거주자 확인증이 없는 차량이 장기간 주차하는 경우 경고 스티커를 부착하는 등의 제재를 가하고 있다. 미국에서도 주차공간이 부족하여 주차난이 심한 대도시의 집합건물 단지에서는 주차허가증(license) 내지 등록증(register)이나 거주자 확인증(identification decal)을 부착하도록 하고 이를 부착하지 않은 차량이 장기 주차하는 경우 견인(towing)하거나 경고 스

287) Constance L. Hall, J.D. "Validity and construction of regulations oh governing body of condominium or cooperative apartment pertaining to parking, 60 A.L.R.5th 647 (Originally published in 1998).

288) Aloert v. Le'Lisa Condominium, 107, Md. App 239, 667 A.2d 947 (1995).

티커를 부착하고 있는데, 이러한 주차 허가증이나 등록증을 부착하지 않은 차량에 대한 관리단의 견인조치나 스티커 부착 행위에 대한 소송이 종종 발생한다. 미국 워싱톤 특별시 법원은 Jonson v. Hobson 사건[289]에서 주차허가증이나 등록증이 없는 차량에 대하여 72시간 전에 견인경고문을 부착하고 그 뒤 차량을 견인하는 관리규약에 대하여 그러한 관리규약의 규정은 다양한 구분소유자들의 건강, 행복, 삶의 질과 관련된 것으로 차별적이거나 불공정한 것이 아니므로 유효하다고 판시하였다. 이에 반하여 미시시피 주 법원은 Reed v. Esplanade Gardens Inc. 사건[290]에서 자신의 영업에 지장을 준다는 이유로 거주자 확인증(identification decal)의 부착을 거부한 임차인의 차량에 대하여 경고 스티카를 더덕더덕 부착하는 행위(plastering of stickers)는 비합리적인 조치로서 관리단의 권한을 넘는 월권행위라고 판시하였다. 위 사건에서는 관리단은 차량을 견인할 수도 있었지만, 차량을 견인하는 대신 견인을 경고하는 스티카를 여러 장 차량에 부착하였는데, 이러한 점이 법원이 관리단의 행위가 비합리적 조치로서 월권행위라고 주목하게 된 원인이었다.

한편 우리의 경우 단독주택 거주지에서는 거주자 우선주차제(highre priority to resident unit)를 실시하는 경우는 있어도 공동주택 단지 내에서 거주자 우선주차제를 실시하는 경우는 많지 않은데, 미국에서는 집합건물 단지 내에서 거주자 우선주차제를 실시하는 경우가 많이 있다. 펜실베니아 주 법원은 Lymann v. Boonin 판결[291]에서 거주자[292]에 우선권을 부여하고 비거주자에게 주차비 등의 금전적 부담을 부과하는 관리단의 결정이 유효하다고 보았다.[293] 하지만 뉴저지

---

289) Jonson v. Hobson, 505 A. 2d 1313 (D.C. 1986).

290) Reed v. Esplanade Gardens Inc, 91 Misc. 2d 991, 398 N.Y.S. 2d 929 (City Civ. Ct. 1977).

291) Lymann v. Boonin, 535 Pa 397, 635 A. 2d 1029 (1993), (60 A.L.R.5th 915).

292) 여기서 비거주자란 전유부분의 소유자이나 임차인 등에게 점유를 이전하고 집합건물의 밖에 거주하는 구분소유자를 말한다. 미국의 집합건물에서는 주차장이 전용사용권의 대상이 되는 것이 일반적인데, 비거주 구분소유자들이 자신의 전용사용권의 대상인 주차장을 외부의 타인에게 임대차하는 것이 문제가 되어 비거주자에게 주차장 사용료를 높게 부과하고 있다.

293) 주차장의 사용 배분 문제에 관하여는 워낙 다양한 요소가 고려되어야 하다 보니 미국 판례

주 법원은 관리규약을 개정해서 비거주자에게 거주자보다 3배의 비율의 월 주차요금을 부과한 Thanasoulis v. Winston Towers 200 Association Inc. 사건[294)]에서 관리단의 그러한 조치는 월권행위로 보았다. 미국에서는 비거주자들이 배타적 공용부분으로 되어 있는 주차공간을 외부인들에게 임대차 하는 경우가 많은데, 관리단의 위와 같은 조치는 비거주자들이 주차공간을 타인에게 임대하는 것을 막기 위한 배경이 있었다. 법원은 거주자나 비거주자 모두 관리비는 비례적으로 부과되고 있다는 점에 주목하여 주차요금에 있어 거주자와 비거주자를 차별하는 조치는 무효라고 판시하였다.

한편 주거용 집합건물에서 산업용 차량의 주차금지 문제가 소송의 쟁점으로 제기된 예가 있는데, 단지 그 차량이 주거생활에 적합하지 않다는 점뿐만 아니라 그러한 산업용 차량이 단지를 빈번히 출입하고 주차할 경우 발생할 집합건물 단지 내 도로의 파손 등을 주요한 판단기준을 하였다는 점이 주목된다. 산업용 집합건물 단지에서 쓰레기 운반차량 회사가 입주하자 쓰레기 운반차량의 주차를 금지할 목적으로 단지 내에 주차하는 차량의 무게를 제한하는 관리규약을 개정한 Unit Owners Association of Buildamerica-1 v. Gillman 사건[295)]에서 버지니아 주 법원은 관리단은 차량에 의하여 공용부분에 가해질 잠재적 손상의 위험을 고려하여 입주하는 업체가 정규적으로 사용하는 차량의 크기, 유형, 무게 등을 고려해야 한다고 판시하였다. 주거용 집합건물 단지에서는 승용차가 아닌 픽업트럭(pickup truck) 등의 차량의 주차를 규제하는 경우도 있는데, 캘리포니아 주 법원은 Bernardo Villas Management Corporation Number. Two v. Black 사건[296)]에

들 중에는 "경영적 판단의 법리"를 적용하여 관리단의 결정을 존중하고 사법심사를 자제하는 판결을 내린 사례가 많다. 펜실베니아 주 법원은 위 사건에서 경영적 판단의 법리를 적용하여 그러한 결정의 효력에 대해서 판단하지 않고 결과적으로 거주자 우선주차제의 효력을 인정했다.

294) Thanasoulis v. Winston Towers 200 Association Inc. 110 N.J. 650, 542 A. 2d 900(1988), (76 A.L.R. 4th 273).

295) Unit Owners Association of Buildamerica-1 v. Gillman, 223 Va. 752, 292 S.E. 2d 378 (1982).

296) Bernardo Villas Management Corporation Number. Two v. Black, 190 Cal. App. 3d 153,

서 관리단은 공용부분인 주차장의 사용을 규제할 권한이 있지만, 뉴 픽업트럭은 보기에 거부감을 느끼는(pejorative connotation) 차량이 아니므로 관리단의 이와 같은 차량규제는 비합리적이라고 판시하였다. 우리의 경우에는 1999년 "주택건설기준 등에 관한 규정"의 개정으로 공동주택 단지 내에서도 주거생활에 적합하지 않은 업종이 공동주택의 부대시설인 상가건물에 입주할 수 있게 되면서 화물자동차와 같은 산업용 차량의 단지 내 주차에 대한 분쟁이 종종 발생하고 있다.[297] 위 두 미국 판례 사안의 논거에서 알 수 있듯이 화물자동차 등의 주차를 금지하는 관리단의 조치가 정당한지를 판단하는 기준은 보기에 거부감을 느낀다는 것이 아니라 그러한 차량의 출입이 단지 내 도로의 파손 등 공용부분을 훼손할 우려가 있는지 여부이다.

결국 공동주택 입주자들의 주거생활의 안전과 평온 및 상가건물 구분소유자의 주차권 등 두 기본권을 조화시키는 법리가 필요하다. 이러한 두 권리의 조화를 꾀하기 위해서는 공동주택 단지 내 상가건물과 그 부속주차장의 위치 및 이용관계, 공동주택 단지 주변의 지리적 상황, 출입통제 방법, 입주자들과 상가건물 구분소유자들이나 이용자의 이해관계 등을 종합적으로 고려하여야 한다.[298] 집합건물 단지에서 주차권을 둘러싼 치열한 갈등은 특히 주거부분 구분소유자들의 주거의 평온과 안녕이라는 권리와 상가구분소유자들의 영업권의 충돌을 배경으로 한다. 사인간의 헌법상 기본권 충돌의 현상을 해결하는 방법은 두 기본권을 조금씩 서로 양보하도록 하여 두 기본권이 모두 실현될 수 있도록 하는 규범조화적 해결방법이다. 공동주택 입주자들의 주거의 안전·평온과 상가건물 구분소유자들의 주차권이 충돌할 때 그 해결방법에 있어서도 서로 권리의 양보가 필요하고 그 기준은 두 권리의 본질적 내용이 침해되지 않아야 하고 그 양보

235 Cal. Rptr. 509 (4th Dist. 1887).

297) 위 집합건물 대지의 분할 문제에서 살펴 본 대법원 2007. 12. 27. 선고 2005다66374, 66381 판결이 그 예이다.

298) 대법원 2009. 12. 10. 선고 2009다4997 판결.

의 정도가 각 권리의 주체가 그 양보를 수인할 수 있는 정도이어야 한다. 따라서 야간시간의 차량출입 제한, 주거용에 적합하지 않은 차량의 단지내 주차제한, 상가건물 외부이용차량의 주차대수 제한 등 주거부분 구분소유자의 주거의 평온과 안녕을 위한 상가 구분소유자들의 주차권을 일부 제한하는 것은 정당하다. 이와 같이 단지 관리단은 주차대수나 출입시간, 주차공간의 할당, 주차할 수 있는 차량의 종류 등에 관한 합리적인 기준을 마련하여 주차관리권을 행사하여 한다. 합리적 기준이 없는 단지 관리단의 주차관리권의 행사는 선관주의의무 위반이 된다.

Ⅲ. 관리참여권

1. 관리단 집회 소집요구권

구분소유권의 단체적 특성은 공용부분의 관리를 공유자들 협의와 과반수 결정으로 집행하는 것이 아니라, 공유자인 구분소유자들을 구성원으로 하는 단체를 통하여 수행하는 관리방식에서도 발현되고 있다. 그러나 구분소유관계에 강한 단체적 특성이 있다고 하여도 구분소유관계의 본질은 전유부분에 관한 독립적 소유권과 공용부분에 관한 공유관계에 기초하고 있으므로 관리단은 구분소유자들에 의하여 민주적으로 통제되어야 한다. 관리단에 대한 민주적 통제가 활성화되기 위해서는 소수의 구분소유자들의 소집요청에 의해서도 관리단 집회가 원활하게 소집되어 법령이나 관리규약에 정한 안건을 결의할 수 있어야 한다. 2012. 12. 18. 개정 집합건물법은 구분소유자들의 관리참여를 확대하기 위하여 관리단 집회 소집요구권의 요건을 크게 완화하였다.

첫째, 임시 관리단 집회를 개최요구를 위한 소수 구분소유자의 요건인 5분의 1이상의 요건을 개정 전에는 규약으로 달리 정할 수 있다고 하여 증가하게 할 수도 있었는데, 개정 집합건물법에서는 관리규약으로 구분소유자의 소집신청요건 감경만 할 수 있도록 하였다(제33조 제2, 4항). 일부 악의적인 관리인들이 관리규약으로 임시 관리단 집회 소집신청요건을 구분소유자의 과반수 심지어 3분의 2 이상으로 규정하여 소수 구분소유자를 보호하기 위한 집합건물법의 강행규정을 잠탈하는 사례가 많았다. 사실상 소수사원권이 아니라 "특별다수의 소집요구권"으로 변질시키는 관행을 바로 잡고 사회경제적 약자인 소수 구분소유자들을 보호하기 위한 것이다.

둘째, 개정 전에는 임시 관리단 집회 소집을 요구할 수 있는 소수 구분소유자의 요건인 구분소유자 5분의 1 이상에 추가하여 의결권의 5분의 1 이상의 요건을 별도로 요구하였으나 개정 집합건물법은 구분소유자 5분의 1 이상의 요건만을 규정하였다(제33조 제2, 4항). 대형상가 집합건물의 경우에는 전체 면적의 상당부분을 소유하고 있는 다수면적 구분소유자가 있는데, 이러한 다수면적 구분소유자의 동의를 받지 못하면 의결권 5분의 1 이상의 요건을 충족하지 못하여 사실상 임시 관리단 집회 소집요구 신청도 못하였다. 다수면적 구분소유자가 있는 경우 소수 구분소유자 보호를 위한 임시 관리단 집회 소집요구권은 사실상 사문화될 수밖에 없었는데, 개정 집합건물법은 집합건물 관리단의 민주적 운영을 제고하기 위하여 임시 관리단 집회 소집요구권 요건을 완화한 것이다.

셋째, 소수 구분소유자들이 임시 관리단 집회 소집신청을 하였으나 관리인이 소집을 하지 않을 경우 개정 전에는 소집신청을 한 구분소유자들이 직접 임시 관리단 집회를 개최할 수 있었는데, 개정 집합건물법에서는 임시 관리단 집회를 소집 신청한 소수 구분소유자들이 법원의 허가를 받아 임시 관리단 집회를 개최하도록 하였다(제33조 제3항). 임시 관리단 집회 소집신청을 한 구분소유자들이 직접 임시 관리단 집회를 개최하면 신속하게 관리단 집회를 통하여 분쟁을 해결할 수 있는 장점이 있는 반면, 소수 구분소유자의 요건을 갖추었는지 그 목적사항이 법령이나 관리규약 위반한 것은 아닌지 등에 대한 사법적 심사가 생략된 결과 임시 관리단 집회의 효력을 다투는 분쟁이 격화되는 문제도 있었다. 민법 제

70조 제2항도 소수사원권의 하나로 임시총회 소집요구권을 규정하면서 단체의 대표가 임시총회 소집을 거부하거나 해태하는 경우 법원의 허가를 받아 임시총회를 소집하도록 하고 있는 것과 균형을 맞춘 것이다. 소수사원의 임시총회 소집요구를 거부하는 경우 법원의 허가 없이 소수사원의 대표가 직접 임시총회를 소집할 수 있도록 한 대표적인 규정은 임원해임을 안건으로 하는 임시총회 소집요구에 관한 "도시 및 주거환경정비법(이하 "도정법"이라고 한다)" 제23조 제4항이다. 하지만 임시총회 소집요청을 한 소수사원 대표가 직접 임시총회를 소집할 수 있느냐에 대해서는 하급심 판결이 갈리고 있다.

서울중앙지방법원[299]은 도정법 제23조 제4항을 민법 제70조 제2항의 특별규정으로 보아 별도의 법원의 허가 없이 발의 대표자가 임시총회를 소집할 수 있다는 입장이나, 서울동부지방법원[300]은 도정법에서 정비사업조합의 운영에 관하여는 민법의 규정을 준용한다는 규정을 들어 민법 제70조 제2항에 따라 법원의 허가를 받아 임시총회를 소집해야 한다는 입장이다. 특별히 제20조 제4항에서 조합임원의 해임을 안건으로 하는 임시총회 소집거부에 대하여는 임시총회 소집신청 발의대표자가 조합장의 권한을 대행하도록 하고 있는 도정법의 명문의 규정을 보면 서울중앙지방법원 판례의 태도가 타당하다고 할 수 있다.

하지만 법원의 허가 없이 임시총회를 개최하는 경우 그 임시총회 결과에 관련 구성원들이 승복하기보다는 그 임시총회 개최절차의 하자를 가지고 다시 총회효력을 다투는 쟁송을 반복한다. 이러한 현실에 비추어 보면 법적 안정성 차원에서 법원의 허가를 받아 임시 관리단 집회를 개최하도록 한 집합건물법 개정은 바람직한 개정이었다 할 수 있다.

한편 소규모 연립주택, 소형 상가건물 등과 같이 관리인도 선임되어 있지 않은 경우, 집합건물법 제33조 제4항은 5분의 1이상의 구분소유자들이 관리인 선

299) 서울중앙지방법원 2011. 11. 8.자 2011카합2688 결정.

300) 서울동부지방법원 2011. 6. 8.자 2011카합282 결정.

임을 안건으로 하는 관리단 집회를 직접 소집하여 관리인을 선임할 수 있도록 하고 있다. 관리인이 없는 경우에는 법원의 허가 없이 구분소유자 5분의 1이 관리단 집회를 소집하는 입법방식은 관리인이 관리단 집회 소집을 거부하는 경우 법원의 허가를 받아 관리단 집회를 소집하도록 하고 있는 2012. 12. 18. 개정 집합건물법 33조 제3항과 모순되어 보인다. 관리인이 공백인 경우 관리인 선임을 위한 관리단 집회를 소집하는 방식은 통상 법원에 관리단 집회를 소집할 임시관리인의 선임을 신청하는 것이다.

프랑스의 "1965 건물 공동소유법"[301]은 구분소유자들이 법원에 관리인의 선임을 신청하여 임시관리인을 선임하는 방식을 취하고 있다. 민법 제63조도 사단법인의 이사가 공백인 경우에는 법원에 임시이사의 선임을 신청할 수 있도록 하고, 법원이 선임한 임시이사가 사단법인의 사원총회를 소집하여 정이사를 선임한다. 집합건물의 관리인의 공백이 있는 경우에도 구분소유자들이 법원에 임시관리인 선임을 신청하여 법원이 선임한 관리인이 정식의 관리인을 선임하는 방식이 법적 안정성을 가진다. 관리인이 없는 경우는 대부분 소규모의 연립주택이나 소형 상가건물이어서 법원의 허가까지 받아 관리단 집회를 개최할 실익이 없다는 점이 반영되었을 것으로 보인다. 그렇다면 대규모 상가건물에서 관리인이 없는 경우에도 제33조 제4항이 적용되는 것을 방지하기 위하여 제33조 제4항의 적용범위를 일정한 구분소유자 이하의 집합건물로 제한하는 것이 바람직하다.

2. 특별결의 완화(면제) 제도

구분소유자들에 의한 관리단의 민주적 통제는 1차적으로 관리단 집회를 통하여 관리인을 선임하는 것이지만, 구분소유자들의 재산권에 큰 영향을 미치는 사안들에 대해서는 별도로 관리단 집회의 특별다수의 결의를 받도록 하고 있다. 예를 들어, 집합건물법 제15조는 공용부분의 변경에는 구분소유자의 4분의 3 이

301) 프랑스 "1965 건물 공동소유법" 제17조 제3항.

상 및 의결권의 4분의 3 이상의 결의로써 결정한다. 하지만 다수의 동대표를 선출하지 못하여 입주자대표회의 정족수도 채우지 못하고 있는 공동주택이나, 수년간 단 한 차례의 관리단 집회가 열리지 못하는 집합건물에서 법령이나 관리규약에서 정한 특별결의 요건을 충족하는 것은 거의 불가능하다.

이러한 문제를 해결하기 위하여 공용부분의 변경에 관한 특별다수의 결의요건을 주택법 제66조의 공동주택의 리모델링에 관한 특별다수의 결의요건처럼 구분소유자와 의결권 각 3분의 2로 완화하자는 제안도 있다.[302] 하지만 구분소유자와 의결권 각 3분의 2의 특별결의도 리모델링이나 재건축과 같은 전면적인 공용부분의 변경이나 개축의 경우가 아닌 한 그 결의가 사실상 불가능한 집합건물이 많다. 집합건물 관리에 관한 법제가 오래된 미국에서는 이러한 경우 법원에 신청을 하여 특별결의 요건을 면제받는 "특별결의요건 면제(완화)제도(Excuse Compliance with Requirement of the Governing Documents)"를 통하여 문제를 해결 할 수 있다.

미국에서 "특별결의요건 면제(완화)제도"에 상세한 규정을 두고 있는 법제는 캘리포니아주 민법이다. 캘리포니아주 민법은 다음과 같은 요건을 충족하는 경우 법원이 관리규약에서 정한 결의요건을 완화할 수 있도록 하고 있다.[303] ① 특별결의요건 완화결정을 신청하는 신청인은 법원의 심문절차기일 15일 이내에 서면으로 모든 구분소유자들에게 심문기일 통보를 해야 한다. ② 등록된 현재의 관리규약에 따라 개정하고자 하는 안건에 관한 투표를 실시하였고, 모든 투표권자들이 제안된 안건에 관하여 투표할 수 있도록 합리적이고 성실한 노력이 이루어졌다. ③ 투표권자의 50%이상이 개정안건에 찬성했다. ④ 개정안건의 내용이 합리적인 내용이어야 한다. 법원은 특별결의요건 완화신청이 위와 같은 요건을

302) 강혁신, "노후화된 공동주택의 종말기에 있어서의 구분소유권 종료제도의 입법에 관한 소개", 한국민사법학회·한국비교사법학회·한국재산법학회 공동학술대회(개정 신탁법과 집합건물법의 쟁점), 2013. 6. 14.-6. 15, 345, 346면.

303) Cal. Civ. Code § 1356 (a), (c), (d), (e).

충족하는 경우 특별결의 요건에는 미달하지만 투표권자 과반수의 찬성을 얻은 안건이 유효하게 성립하였음을 확인하는 판결을 하거나, 관리규약에서 정한 투표정족수나 의결정족수를 완화하는 결정을 할 수 있다. 하지만 ㉠ 해당 안건에 의하여 권리·의무에 영향을 받는 각 구분소유자 집단의 50% 이상의 찬성을 얻지 못하거나, ㉡ 해당 안건에 의하여 등록된 관리규약에서 보장된 분양자의 특별권리, 우선권, 특권 등을 박탈하는 사안의 경우에 분양자의 동의를 받지 못하거나, ㉢ 해당 안건에 의하여 이미 설정되어 있는 담보물권이나 신탁의 수익권에 영향을 미치는 경우에 저당권자나 신탁의 수익자의 동의를 받지 못한 경우에는 법원은 특별결의 요건 완화 결정을 할 수 없다.

Restatement[304)]에서도 관리규약 중 ① 구분소유자들에게 부과되는 관리비 규모를 제한하는 규정, ② 등록된 관리규약 개정에 투표권자 과반수 이상의 결의를 요구하는 규정, ③ 등록된 관리규약의 개정을 위해서는 담보권자의 승인을 받도록 하는 규정, ④ 등록된 관리규약의 개정에 3분의 2 이상의 특별결의를 요구하는 규정, ⑤ 등록된 관리규약의 개정에 구분소유자들의 서명을 요구하는 규정, ⑥ 관리단 총회의 정족수에 관한 규정 등 해당규정이 집합건물 관리단의 공용부분 관리나 상린관계나 공동체질서의 유지, 관리규약에 규정된 다른 기능의 수행을 침해하거나, 구분소유권자나 담보권자의 합법적 이익을 보호하는데 불필요한 경우에는 법원에 해당 관리규약의 준수의무를 면제해 줄 것을 신청할 수 있도록 규정하고 있다. 미국에서 분양자들은 집합건물을 분양하면서 소비자의 관심을 끌기위해서 관리비 인상율을 제한하고 특별관리비를 징수, 건축디자인의 변경을 하기 위해서는 구분소유자 3분의 2 내지 4분의 3, 5분의 4의 특별결의를 받도록 등록된 관리규약을 작성하는 경우가 많다. 하지만 분양 시와 비교하여 집합건물의 상태나 물가수준 등이 변화했음에도 불구하고 오래 전에 만들어진 등록된 관리규약에서 정한 특별결의 요건에 발목이 잡혀 변화에 대처하지 못하

---

304) Restatement(The Third of Law), Property(Servitude), § 6.12, 232면.

면 집합건물이 노후화되고 집합건물의 관리체계가 무너져 슬럼화 현상이 발생한다. 이러한 변화된 상황에 능동적으로 대처하기 위해 법원이 등록된 관리규약의 특별결의 요건의 준수를 면제하거나 과반수 수준으로 특별결의의 요건을 완화하는 결정을 할 수 있는 제도가 필요하게 된 것이다.[305)]

특히 미국 판례에서 많이 등장하는 사안은 집합건물 관리단이 "특별관리비"를 징수하려고 하는데 등록된 관리규약에서 연간 관리비 규모가 정해져 있거나 연간 관리비 인상율을 제한하고 있는 경우이다. Lake Tishomingo Property Owners Association v. Cronin 사건에서 집합건물의 부대시설인 인접호수가 썩고 있어 각 전유부분의 가치를 보존하기 위해서는 호수의 준설이 필요한데, 등록된 관리규약에서는 연간 관리비의 상한을 정하고 있었고 그 개정에는 구분소유자들의 75%의 찬성이 필요하였다. 90세대인 모든 세대가 호수 접근권이 있지만 호수에 접해 있는 세대는 30세대였고, 특별관리비 징수에는 60%만 찬성하고 40% 세대는 반복된 질의에도 무관심하였다. 일부 구분소유자들은 관리규약의 규정을 들어 준설비용에 필요한 특별관리비의 납부를 거부하였다. 집합건물 관리단은 그 구분소유자들을 상대로 특별관리비 청구를 하였다. 법원은 정의·형평의 원리(sense of fairness and justice)상 구분소유자들은 집합건물의 보존에 필수불가결한 공용재산의 유지비용을 분담할 의무가 있다고 하면서 특별관리비 승인에 75%의 동의를 요하는 규정을 폐지(waive)하는 것은 정당하다고 판시였다.[306)] Colvin v. Carr 사안에서 관리단은 집합건물 단지 내의 순찰을 위한 인력과 장비를 운영하느라 관리비를 추가로 징수하였는데, 등록된 관리규약에는 관리비의 상한선이 정해져 있었다. 다수의 구분소유자들은 추가로 관리비를 납부하였으나, 일부 구분소유자들이 추가 관리비를 내지 않으면서 순찰업무로 인한 혜택을 보고 있었

305) 김남근, "집합건물에 관한 법적 쟁점과 개선방안에 관한 소개", 고려대학교 석사학위 책 2010. 12, 95면.

306) Lake Tishomingo Property Owners Association v. Cronin, 679 S.W.2d, 852(Mo. 1984), Restatement(The Third of Law), Property(Servitude), §6.12, 227면.

다. 법원은 무임승차를 배제하기 위하여 관리단은 추가 관리비 납부를 거부하는 구분소유자들에게 추가 관리비의 지급을 명할 형평법상의 권한(equitable power)이 있다고 판시하였다.[307] 미국의 법원은 특별다수의 결의를 요구하는 등록된 관리규약에도 불구하고 특별다수의 결의가 아닌 과반수 결의만으로 등록된 관리규약의 개정이 유효하다고 확인하거나, 직접 결의요건의 완화를 결정할 수 있다. 이것은 형평법(equity)상 형평의 원리에 어긋나는 사안에 대하여는 법원이 재량으로 다양한 방식의 해결방안을 제시하는 결정을 할 수 있기 때문이다.

구분소유자들의 무관심과 갈등으로 집합건물 관리단의 민주적 운영이나 공용부분의 변경 등에 필요한 결의를 얻지 못하면 집합건물을 장기간 보존시키려는 집합건물법의 입법취지는 사라지게 된다. 공동주택관리법 시행령 제12조와 같이 입주자대표회장의 선임과 해임에 관한 관리단(입주자단체) 집회의 정족수를 전체 입주자등의 10분의 1로 낮추어 절차적 요건을 충족시키는 것도 이러한 민주적 정당성의 위기를 극복하는 방법일 수 있다. 하지만 관리인의 선임이나 해임이 아닌 구분소유자들의 재산권에 영향을 미치는 공용부분의 변경 등의 사안에서 특별결의 요건을 낮추는 관리규약 개정은 구분소유자들의 재산권을 침해하는 문제가 발생할 수 있다. 이러한 점에서 우리 집합건물의 관리현실에서도 예외적으로 법원의 판결을 통하여 특별결의의 요건을 완화제도는 필요하다. 다만 특별결의요건 완화제도는 구분소유자들이 자치법규인 등록된 관리규약에서 벗어나는 것을 허용하는 것이기 때문에 제한적이고 엄격한 요건 하에서 인정되어야 한다. 해당 사안이 구분소유자들 일부만의 관심사인데도 이해관계도 없는 전체 구분소유자의 결의를 받도록 하는 경우나, 임차인이 주로 거주하여 구분소유자들의 총회 참석을 기대하기 어렵고 구분소유자들이 관리나 공용부분의 변경에 무관심한 경우 등 특별다수의 과도한 결의요건이 불합리한 경우에만 법원은 예외적으로 특별결의요건 완화결정을 해야 한다. 구분소유자들의 무관심이나 부

---

307) Colvin v. Carr, 799 S.W.2d 153 (Mo.Ct.App. 1990).

재가 명백한 경우가 아니라 구분소유자들 사이의 분쟁에 의하여 특별결의가 어려운 경우에는 법원은 원칙적으로 특별결의요건 완화결정을 하지 않아야 한다.

3. 결의 취소의 소

관리단 집회 결의의 내용에 법령상의 중대한 하자가 있어 그 결의의 무효를 다투거나 그 소집이나 결의의 절차상 중대한 하자가 있는 경우에는 그 결의의 부존재를 다툴 수 있었다. 하지만 결의 무효는 결의 내용이 법령을 위반하거나 민법 제103조, 제104조 위반 등 중대한 하자가 있는 경우이고, 결의 부존재는 그 결의라고 볼만한 외관조차 형성되지 아니한 경우에 해당한다. 예를 들어 소집통지 및 공고에 필요한 유예기간을 두지 않고 소집한 경우,[308] 구성원 일부에게 소집통지를 하지 않은 경우,[309] 소집통지서에 회의목적이 기재되지 않은 경우,[310] 의결권 없는 자가 의결권을 행사한 경우[311] 등은 결의의 무효나 부존재의 사유가 되지 못한다. 따라서 관리단 집회 결의의 절차상 또는 내용상 경미한 하자가 있는 경우에는 이를 다툴 수 없었다. 이에 반하여 같은 단체법인 상법인 경우에는 주주총회 결의의 하자가 절차상 또는 내용상 경미한 경우에도 단기의 제척기간 안에 그 결의의 취소를 구하는 소를 허용하고 있다(상법 제376조 제1항). 즉, 주주총회의 소집절차 또는 결의방법이 법령 또는 정관에 위반하거나 현저하게 불공정한 때 또는 그 결의의 내용이 정관에 위반한 때에는 그 결의 하자가 무효나 부존재에 이르지 않았더라도 취소를 구할 수 있다. 구분소유관계의 법률적 성격에서 살펴 본 바와 같이 집합건물의 소유와 관리의 법률관계는 단체적 특성을 가지고 있다. 따라서 구분소유자들이 관리단이라는 단체의 구성원이 되어 단체를 통하여 관리업무에 관한 권한과 의무를 가지므로 단체법인 상법과 같이 관리

308) 대법원 1999. 6. 25. 선고 99다10363 판결.
309) 대법원 1995. 6. 9. 선고 94다42389 판결.
310) 대법원 1993. 10. 12. 선고 92다50799 판결.
311) 대법원 1997. 5. 30. 선고 96다23375 판결.

단 집회 결의에 절차상 또는 내용상 경미한 하자에 있는 경우에도 그 결의의 취소를 구할 필요가 있다.

개정 집합건물법 제42조의 2는 상법 제376조 제1항과 동일한 절차상 또는 내용상 요건과 단기의 제척기간으로 하는 결의 취소의 소 제도를 도입하였다. 그러나 상법 제376조는 결의 취소의 소의 원고적격을 주주, 이사, 감사로 하고 있으나 개정 집합건물법 제42조의 2는 원고적격을 구분소유자로만 한정하고 있다. 구분소유자가 아닌 자도 관리인이 될 수 있는데(집합건물법 제24조 제2항), 개정 집합건물법에 의하면 구분소유자가 아닌 관리업무의 전문가로 선임된 관리인은 결의 취소의 소를 제기할 수 없다. 프랑스 1965년 건물 공동소유법 제42조 제2항은 그 의결에 반대하거나 결석한 구분소유자만이 원격적격을 갖도록 하고 있으나, 독일 주거소유권법 제46조 제1항은 관리인에게도 원고자격을 부여하고 있다.[312] 하자 있는 관리단 집회의 결의가 관리업무에 중대한 영향을 미치는 사안에 관한 것일 경우에는 전문 관리인이 적극적으로 결의 취소의 소를 제기할 필요가 있으므로, 전문 관리인이 결의 취소의 소를 제기할 자격을 갖도록 하는 것이 타당하다.

개정 집합건물법의 결의 취소의 소 제도는 피고적격에 관하여 명확한 규정을 두지 않고 있다. 일반적으로 단체 내부의 결의 취소의 소는 그 판결의 효력이 대세적(對世的)으로 그 단체와 구성원들 모두에게 미치는 형성의 소송이므로 그 피고적격은 단체이어야 한다. 상법 제376조의 주주총회 결의 취소의 소의 피고적격도 그 단체인 주식회사이다.[313] 하지만 집합건물 관리단 집회 결의 취소의 소의 다른 입법례는 결의 취소의 소의 피고를 관리단이 아니라 구분소유자들로 하고 있다. 독일 주거소유권법 제46조 제1항은 구분소유자들이 소를 제기하는 경우 피고는 나머지 구분소유자들로 하고, 관리인이 소를 제기하는 경우에는 구

312) 이준형, 각주 191)의 책, 62, 63면.
313) 대법원 1982. 9. 14. 선고 80다2425 판결.

분소유자들 전원을 피고로 하고 있다. 프랑스 1965년 건물 공동소유법 제42조 제2항은 그 의결에 반대하거나 결석한 구분소유자들만을 피고로 하고 있다.[314)] 개정 집합건물법 제42조의 2의 관리단 집회 결의취소 제도는 프랑스나 독일의 관리단 집회 결의취소 제도를 전범으로 하고 있는 것으로 보아 피고적격은 프랑스나 독일의 예처럼 원고가 아닌 다른 구분소유자들 전원을 피고로 하는 것으로 보인다. 하지만 형성의 소는 법률관계를 형성, 취소하는 소로써 그 소급효로 인하여 결의를 둘러싼 이해관계자들의 법률관계를 불안정하게 하므로 원고와 피고 등을 법으로 정하는 것이 일반적인 입법례이다. 형성의 소의 판결은 그 형성력에 의하여 새로운 법률관계를 형성하거나 소멸시키는 것으로 그 판결의 효력이 그 구성원 전부나 단체에 동일하게 미쳐야 한다. 따라서 상법의 주주총회 결의 취소의 소의 판례처럼 개정 집합건물법의 결의 취소 제도의 피고는 관리단으로 보아야 할 것이다.

Ⅳ. 임차인의 권리와 의무

1. 임차인의 관리참여의 법적근거

법리적으로만 보면 집합건물 관리단과 임차인(사용자) 사이에는 아무런 법적 관계가 없다. 예를 들면, 대부분의 집합건물에서 임대인과 임차인 사이에서 관리비를 임차인이 부담하기로 약정되어 있지만, 임차인이 관리비를 연체한 경우, 집합건물 관리단은 직접 임차인에게 관리비의 납부를 청구하거나 관리비 연체를 이유로 임차인에게 전유부분의 인도를 청구할 수 없다. 또한 임차인이 관리규약을 위반하여 애완견을 키우거나 소음을 발생시키고 전유부분을 개조하여 다른 전유부분 구분소유자에게 피해를 입히더라도 관리단이 어떤 직접적인 계약관계에 기초하여 임차인의 위반행위 중지나 임차인의 퇴거를 구할 수 없다.

---

314) 이준형, 각주 191)의 책, 62, 63면.

그래서 관리단이 임차인에게 집합건물의 상린관계와 공동체질서를 준수하고 이를 위반한 경우 행위중지나 퇴거 등의 의무이행조치를 취할 수 있는 법적인 근거가 필요하다. 미국에서도 초기에는 관리단이 임차인에 대하여 연체관리비를 징수하거나 상린관계나 공동체질서 위반행위에 대하여 제재를 할 수 있는 법적 근거가 없어 임차인에 대하여 관리업무에 필요한 조치를 취할 수 없었다. 그 뒤 집합건물에서의 임차인과 관리단 사이에 분쟁이 심화되자 1994년 "표준 집합건물법(UCIOA)" 개정에서 관리규약이 임차인에게도 미치도록 하고, 집합건물의 공동체질서를 준수하지 않는 임차인에 대하여 관리단이 직접 과징금(fine) 등의 제재를 부과하고 임차인의 퇴거를 구할 수 있는 근거를 마련하였다. 관리단은 임차인이 관리비를 연체한 경우 임차인에게 직접 연체료를 부과할 수 있고, 관리규약을 위반한 경우 구분소유자에 대한 경우와 마찬가지로 사전에 제재 통지와 청문의 기회를 부여하고 합리적인 범위에서 과징금(fine)을 부과할 수 있다.[315) 또한 관리단은 관리규약을 위반한 임차인에 대하여 임대차계약에 기하여 임대인이 법적으로 행사할 수 있는 권한을 행사할 수 있고, 관리규약을 위반한 구분소유자들에 대하여 법적으로 취할 수 있는 권리를 임차인에게도 행사할 수 있다. 다만 이와 같은 권리는 관리규약을 위반한 임차인과 임대인에게 통지를 한 후 10일 이내에 임차인과 임대인이 시정조치를 취하지 않은 경우에만 행사할 수 있다.[316) 우리 집합건물법은 일본의 1983년 구분소유법을 계수하여 점유자[317)는 구분소유자가 건물이나 대지 또는 부속시설의 사용과 관련하여 규약 또는 관리단 집회의 결의에 따라 부담하는 의무와 동일한 의무를 부담하고,[318) 점유자가 집합건물의 상린관계와 공동체질서를 위반하여 공동생활을 유지하기 매우 곤란하게 된 경우에는 관리인 또는 관리단 집회의 결의로 지정된 구분소유자가

315) UCIOA § 3-102(d)(1)(2), 3-102(a)(11).

316) UCIOA § 3-102(d)(3), 3-102(e).

317) 집합건물법 제40조 등에서는 임차인 등을 "점유자"라고 하고 있다.

318) 일본 구분소유법 제6조 제3항과 제46조 제2항, 제57조 제4항.

전유부분의 임대차계약을 해제하고 그 전유부분의 인도를 청구할 수 있다고 규정하고 있다(집합건물법 제42조 제2항, 제46조 제1항).

한편, 임차인이 집합건물의 관리에 적극적으로 참여하도록 할 필요도 있다. 공동주택의 경우 30% 가까운 임차인[319]들이 거주하고 있고 임차인들이 관리비와 심지어 장기수선충당금까지 납부하고 있다. 상가 집합건물의 경우에도 각 구분점포를 점유·사용하며 영업을 하고 있는 자는 구분소유자가 아니라 임차인이다. 임차인들이 관리비 납부뿐만 아니라 상가 집합건물의 시업·종업시간과 휴업일을 정하고 상가건물의 수리·개량 등 관리업무를 수행하는 상가번영회 등에도 실질적으로 참여하여 의결권을 행사하고 있다. 판례는 임차인이 다수를 참여하는 상가번영회에 관리단의 지위를 인정함으로써 간접적으로 임차인의 관리단 참여의 정당성을 인정한 사례가 있었다.[320] 상가집합건물에서는 상가번영회라는 명칭의 단체가 상가의 홍보, 영업시작과 종료 및 휴게시간 조율, 상가운영질서 등을 담당하고 있는데, 이러한 상가번영회도 실질적으로 집합건물 관리업무를 수행하고 있으므로 집합건물 관리단이라 할 수 있다. 상가번영회의 관리단 지위에 관한 분쟁에서는 구분소유자만이 아니라 많은 상가임차인이 참여하고 있다는 점이 핵심적인 문제점으로 지적되었다. 판례는 상가임차인이 구분소유자의 대리인의 지위에서 의결권을 행사하거나 구분소유자가 서면결의 등으로 의결권을 행사한다면 상가번영회에 관리단의 지위를 인정하는데 문제가 되지 않는다고 보았다.

학계[321]에서도 임차인이 참여하는 상가번영회는 관리단이 아니라는 견해[322]

319) 공동주택관리법 제2조 제6호는 임차인을 "사용자"라고 하고 있다.

320) 대법원 1999. 8. 23. 선고 94다27199 판결.

321) 학설의 정리는 김영두, "집합건물의 관리의 현실화를 위한 법률 개정안 – 임차인의 관리참여, 관리위원회, 분쟁조정위원회 등을 중심으로 –", 법조(Vol.666), 2012. 3, 74, 75면.

322) 이우재, "집합건물인 상가의 점포분양계약 또는 관리단 규약에서 점포의 업종제한조항을 두는 경우 그 제한업종의 변경절차", 대법원 판례해설(제57호), 법원도서관(2006), 24면.

도 있지만 상가번영회는 상가번영회의 지위에는 있지 않지만 관리단의 성격을 함께 가질 수 있다거나[323] 상가번영회에 임차인이 참여하였더라도 임차인이 소유자를 대신해서 관리단 집회에 참여한 것으로 볼 수 있는 경우에는 상가번영회의 결의를 관리단 집회의 결의로 볼 수 있다는 견해[324] 등 상가번영회의 관리단의 지위를 인정함으로써 임차인의 관리단 참여를 긍정하는 견해가 다수이다. 현실적으로 거주하지 않고 외부에 있는 입주자에게 공동주택 관리에 참여하여 의결권을 행사할 할 것을 기대하기 어렵고, 상가 집합건물의 경우에도 영업을 하지 않고 임대료 수입만을 목적으로 하고 있는 구분소유자에게 주로 상가영업과 밀접한 관련성을 갖는 영업시간이나 상가 활성화를 위한 행사프로그램 등을 논의하는 상가번영회에 참여하여 의결권을 행사할 것을 기대하기 어렵다. 임차인의 관리참여권을 확대하는 문제는 임대인인 구분소유자의 집합건물 관리에 관한 무관심을 극복할 현실적 필요성에서 출발하고 있다. 규범적 측면에서도 실제로 관리비용을 부담하는 임차인이 집합건물 관리에 참여하여 관리에 관한 의결권을 행사하는 것은 정당성이 인정된다.

2. 임차인의 의결권

미국의 표준 집합건물법은 등록된 관리규약(declaration)에서 통상의 관리에 관한 것으로 임차인이 의결권을 행사해야 한다고 정한 특정사안에 대하여는 임차인이 의결권을 행사한다. 임대인인 구분소유자는 이러한 특정사안에 대하여는 의결권을 행사할 수 없고, 다만 관리단 이사회는 임대인에게도 관리단 집회 개최통보를 해야 한다. 이렇게 임대인 대신에 임차인에게 의결권을 부여하는 것은 통상의 관리(day-to-day operation)에 관한 사안은 구분소유자 보다는 임차인 훨씬 더 큰 관심을 가지고 있고, 임차인이 집합건물 관리단의 구성부분으로 소속감을

323) 윤경, “상가의 업종제한규정의 효력 및 변경절차”, 인권과 정의(제363호), 2006. 11, 147면.
324) 박경량, “집합건물 구분소유법의 재검토” 전남대학교 대학원 박사학위논문, 1991, 63면.

느끼는 것은 바람직하기 때문이다.[325] 특정사안에 대하여 임차인은 구분소유자와 동일한 지위에 있고 임차인은 관리단 집회의 통지를 받을 권리, 기록에 관한 정보공개청구권 등 구분소유자와 동일한 권리를 가진다.[326] 스위스 민법은 의결권의 행사는 원칙적으로 구분소유자와 임차인이 합의하여 행사하되 합의가 없는 경우에 건축디자인과 실내장식 등 통상의 관리를 뛰어넘는 조치를 제외하고는 임차인을 의결권자로 보고 있다(스위스 민법 제712조 o 제2항). 프랑스 "1965 건물 공동소유법"은 2009년 개정을 통해 제21조에서 임차인이 관리위원회의 위원이 될 수 있도록 하였다.[327] 프랑스 2009년 "1965 건물 공동소유법" 개정에서는 임차인에게 관리위원 피선거권을 인정하고 있다. 이러한 외국의 입법례와 반대로 우리 집합건물법은 일본의 1983년 구분소유법을 계수하여 임차인이 구분소유자의 승낙을 얻어 관리단 집회에 참여하여 의견진술을 할 수 있다[328]는 매우 소극적인 방식만을 규정하고 있었다.

2012. 12. 18. 개정된 집합건물법에서는 임차인의 관리참여권을 크게 신장시켰다. 임차인이 구분소유자의 대리인으로 관리단 집회에서 의결권을 행사하는 방법은 이미 판례 법리에서도 인정하고 있는데,[329] 개정 집합건물법은 임차인이 직접 자신의 이름으로 의결권을 행사할 수 있도록 하였다. 다만 임차인이 자신의 이름으로 의결권을 행사할 수 있는 사안은 통상의 관리(집합건물법 제16조 제2항)와 관리인 선임(제24조 제4항)에 관한 것이다. 통상의 관리(day-to-day operation)에 대하여는 임차인이 관리비를 부담하고 있고 집합건물에 거주하거나 영업을 하지 않는 구분소유자 보다는 임차인이 훨씬 더 관심이 크기 때문이다.

다만 구분소유자가 의결권을 행사하기로 관리단에 통지한 경우에는 임차인이 의결권을 행사할 수 없고 구분소유자의 권리·의무에 영향을 주는 사항은 구분소

325) UCIOBORA § 14 Comment.

326) UCIOBORA § 14 (e), (f), UCIOA § 3-110.

327) 김영두, 각주 363)의 책, 78면.

328) 일본 구분소유법 제44조 제1항.

329) 대법원 1996. 8. 23. 선고 94다27199 판결.

유자의 사전 동의를 받아야만 임차인이 의결권을 행사할 수 있다(제16조 제2항, 제24조 제4항 각 단서). 구분소유자와 임차인이 의결권 행사에 관한 의견이 다르다는 것을 관리단에 사전에 통지하여 관리단이 이러한 의견의 차이를 알게 된 경우에는 구분소유자의 의사에 따라 의결권이 행사하도록 하는 것이 구분소유관계의 법리에 맞고 임차인의 관리참여권은 구분소유권을 침해하지 않는 범위에서 행사하는 것이 타당하기 때문이다. 통상의 관리와 같이 관리규약에서 정한 특정사안에 대하여는 오히려 임차인이 의결권을 행사할 수 있도록 한 미국의 표준 집합건물법의 영향을 받은 것으로 보인다. 그러나 미국의 표준 집합건물법은 위와 같은 특정사안에 대하여는 오히려 구분소유자가 의결권을 행사할 수 없고 임차인만이 의결권을 행사할 수 있는데, 개정 집합건물법은 구분소유자가 임차인과 다른 의사를 관리단에 통지한 경우에는 구분소유자의 의결권 행사가 우선한다는 점에서 차이가 있다.

문제는 통상의 관리와 그렇지 않는 것이 어떤 것인지 구분기준에 관한 것이다. 먼저, 해당 관리비용을 임차인과 구분소유자 중 누가 부담하느냐가 통상의 관리의 기준이 될 수 있다. 임차인이 부담하는 관리비 영역에 속하는 청소·경비·소독·승강기유지비 등은 통상의 관리에 속하나, 집합건물의 장기적인 존속·유지를 위하여 적립하는 것으로 구분소유자가 부담한다. 따라서 장기수선충당금에 관련된 사안은 통상의 관리에 속하지 않을 것이다. 공용부분의 관리수준을 넘는 공용부분의 변경은 당연히 통상의 관리에 속하지 않는다. 상가용 집합건물의 업종제한 협정의 변경은 영업을 하고 있는 임차인뿐만 아니라 그 뒤 구분건물의 특별승계인에 대하여도 영향을 미치는 것이므로 현재 영업을 하고 있는 임차인의 이해관계에 따라 의결권을 행사할 수 있는 것이 아니다.[330]

판례도 업종제한은 임차인이 참여한 상가번영회에서 결의나 동의를 얻었다 하더라도 할 수 없고 관리단의 동의를 얻어야 한다고 하고 있다.[331] 따라서 이

330) 김영두, 각주 363)의 책, 85면.
331) 대법원 2005. 11. 10. 선고 2003다45496 판결.

렇게 통상의 관리수준을 뛰어넘는 관리에 관한 사안에 대하여는 임차인은 의결권을 행사할 수 없다.

제 2 절 집합건물 관리단

Ⅰ. 관리단의 권리능력과 권한

1. 관리에 있어 구분소유관계의 단체적 특성

구분소유관계의 단체적 특성은 공용부분의 관리를 공유자인 구분소유자들 사이의 협의와 협약에 의하여 하는 것이 아니라 관리단을 통하여 집행한다는 점에서 가장 특징적으로 발현된다. 집합건물 관리단의 관리인이 선임되면 집합건물법 제25조의 제1항의 취지상 공용부분의 관리는 관리인을 통하여 해야 하고 구분소유자 개개인의 관리행위는 허용되지 않는다.[332] 관리내용의 결정방식도 공유물의 관리행위처럼 지분의 과반수가 아니라 구분소유자 및 의결권의 과반수로 결정한다. 다만 공용부분의 보존행위는 공유자인 각 구분소유자가 할 수 있다(집합건물법 제16조 제1항). 그런데, 집합건물법 제18조는 공유자가 공용부분에 관하여 다른 공유자에 대하여 채권을 가진다는 것을 전제로 특별승계인에게도 그 채권을 행사할 수 있다고 규정하고 있다. 공용부분에 관하여 관리단을 통한 관리행위가 아니라 공유자들 사이의 권리·의무가 직접 발생하여 권리를 행사해야 하는 것처럼 해석될 여지가 있다.

원래 위 규정은 독일 민법 제101조에 있던 것으로 독일에서도 입법당시에 상당한 논란이 있어 공유물의 이용, 분할, 보존에 관한 특약을 등기한 경우에 특별

332) 민법주해(V), 물권(2)(김광식 집필부분), 박영사 2000. 6. 281면.

승계인에게 그 효력이 미친다고 한 것이었다. 일본민법이 독일의 위 제도를 계수하는 과정에서 등기제도를 생략한 채 특별승계인에게 효력이 미치는 것으로 규정을 하게 되었고 일본학자들 사이에서는 입법론으로 등기제도 도입을 주장하고 있었는데, 이러한 일본의 논란을 감안하여 우리 민법에서는 위 규정을 도입하지 않았던 것이다.[333] 그러나 1984년 집합건물법 제정당시 일본 구분소유법을 계수하는 과정에서 과거의 민법제정 당시의 논의를 확인하지 못한 채 일본 구분소유법의 내용을 그대로 계수하였다.[334] 입법론적으로 집합건물법 제18조는 구분소유관계의 단체적 본질에 반하는 것이고, 아래 공용부분 관리에서 발생하는 연체관리비 등의 채무는 특별승계인에게 승계되어야 한다는 점에 비추어 보아도 삭제할 필요가 있다. 해석론에서 보면, 공용부분에 관한 연체관리비 등의 채무에 대하여 공유자의 지위에서 권리를 행사할 자는 구분소유자들이 아니라 관리단이다.[335] 구분소유관계에 따른 공용부분에 관한 관리는 공유자인 구분소유자들 사이의 협약이나 협의에 의한 것이 아니라 공유자들로부터 독립한 단체인 관리단에 의한 것이다.

집합건물이 성립하면 그 효과로서 구분소유자 전원을 구성원으로 하는 집합건물 관리단이 당연성립 한다(제23조). 통상 단체가 성립하려면 단체의 법원(法源)인 규약을 승인하고 규약에 따른 대표자를 선출하는 창립총회와 같은 조직행위가 있어야 하지만 집합건물법은 관리의 공백을 메우기 위하여 집합건물의 성립 외에 별도의 조직행위 없이 관리단이 자동으로 성립한다고 보는 것이다.[336] 그러나 이러한 관념적인 관리단의 당연성립을 선언하는 것만으로는 부족하다. 구

333) 강석규, "구분소유건물의 관리비체납에 대한 특정승계인의 책임", 재판실무(제2집), 2005, 130면.

334) 게다가 1984년 집합건물법 제정 이후 일본은 구분소유법을 개정하면서 우리 집합건물법 제18조에 해당하는 조항을 폐지하고, 미국식의 연체관리비에 관한 우선특권(Lien Rights)제도와 유사하게 선취특권 제도를 도입하였다.

335) 대법원 2001. 9. 20. 선고 2001다8677 판결의 다수의견도 이러한 취지에서 법리를 전개하고 있다.

336) 대법원 2006. 12. 8. 선고 2006다33340 판결.

분소유자들에 의한 관리단 집회가 개최되어 관리인이 선임되기까지 실질적인 관리의 공백은 불가피하다. 그래서 2012. 12. 18. 개정 집합건물법은 분양자에 의한 관리의무와 구분소유자들이 과반수 입주하여 구분소유자들에 의한 관리단 운영이 실질적으로 가능하도록 관리단 운영을 전환하는 전환총회(turnover meeting) 제도를 도입하였다.

2. 집합건물 관리단의 권리능력

집합건물들 중에는 입주한지 상당한 기간이 지났지만 관리인이 선임되지 않고 관리규약도 제정되어 있지 않는 등 관리단 활동의 실질이 없는 경우가 많다. 특히 집합건물 중에서도 소규모의 연립주택이나 상가건물은 관리인이 선임되어 있지 않고 관리단의 활동이 실질적으로 존재하지 않는 것이 오히려 일반적이다. 이렇게 관리인이 선임되어 있지 않는 등 단체로서의 실질을 갖추지 못한 상태에서도 관리단이 권리능력을 갖는다고 볼 수 있는지 의문이 제기된다. 이때는 공유물의 공유관계의 일반원리로 돌아가 공유자인 구분소유자들 사이의 공유관계의 원리에 의하여 공용부분의 관리행위가 시행되는 것으로 볼 여지가 있다. 또는 민법상 조합관계에 의하여 운영되는 것인지, 아니면 단체로서의 실질이 없다하더라도 집합건물법에 의하여 단체로서의 능력이 부여되는 것인지 등이 검토되어야 한다. 집합건물 관리단의 법적 성격은 일반적으로 권리능력 없는 사단, 즉 비법인 사단이다. 하지만 이렇게 관리인이나 관리규약도 존재하지 않고 집합건물법의 당연성립의 법리에 의하여 관념상으로만 존재하는 관리단도 비법인 사단이라고 할 수 있는지는 논란이 될 수 있다.

일반적으로 민법상의 조합과 비법인 사단의 구별은 단체성의 강약에 의한다. 일정한 목적하에 이루어진 결합체로서 그 구성원의 가입·탈퇴에 관계없이 유지 존속하며 대내적으로 그 결합체의 의사결정·업무집행기관에 관한 정함이 있고, 대외적으로 그 결합체를 대표할 대표자·관리인의 정함이 있는 경우에는 비법인 사단이라고 할 수 있다.[337] 비법인 사단의 대표자 또는 관리인이 있으면 비법인 사단의 이름으로 소송상 당사자능력이 있다(민사소송법 제52조). 비법인 사단이 적어도 대표자나 관리인이 존재한다면 어느 정도 단체활동의 실질이 있다고 볼 수 있으므로 소송상 당사자능력을 인정하는 것이다. 비법인 사단에 대해서 실체법에서 권리능력을 부인하다고 하여, 소송상으로도 당사자능력을 부인하면 분쟁이 발생하였을 때 단체의 이름으로 소를 제기할 수 없을 뿐만 아니라 단체를 상대로 소를 제기하려는 자는 단체의 구성원 전원을 피고로 하지 않으면 안 되는 불편함이 발생하기 때문에 소송정책상 당사자능력을 인정하고 있는 것이다.[338] 그래서 독일에서도 학계의 다수의견은 관리단의 권리능력과 등기능력을 부인하는 것이었으나 독일 연방대법원이 2005년 관리단의 일부권리능력을 인정하고 있다. 이후 이를 반영한 개정 주거소유권법(2007. 7. 1. 시행)은 "관리단은 공동재산의 관리의 범위에서 제3자와 구분소유자에 대한 권리나 의무를 부담할 수 있다. 관리단은 법률상 단체 규정되고 법률행위로 취득한 권리와 의무의 주체가 된다. 구분소유자의 권리와 의무를 공동으로 행사하거나 이행되어야 하는 경우, 관리단은 구분소유자의 권리와 의무를 행사하고 부담한다. 관리단은 소를 제기하거나 제소될 수 있다."는 규정을 도입하였다(주거소유권법 제10조 제4항).[339]

우리 학계에서는 관리단의 실체나 관리업무의 실질이 없는 경우에는 관리단을 비법인 사단으로 볼 수 없고 구분소유자들이 조합원이 되는 민법상의 조합관계만이 존재한다는 견해가 있다. 이 경우 관리인은 조합체의 업무집행 조합원에 해당한다고 한다.[340] 이에 반하여 구분소유관계가 성립하고 공동관리도 개시되었으나 규약의 설정, 집회의 조직, 관리인의 선임 등이 없어 아직 단체로서의 실체를 갖추지 못한 경우에도 이를 비법인 사단으로 볼 수 있다는 견해도 있

337) 대법원 2009. 1. 30. 선고 2006다60908 판결.
338) 이시윤, 민사소송법(신정 4판), 박영사, 133면.
339) 양형우, 앞의 책, 155면.
340) 학설은 김영두, 각주 363)의 책, 92, 93면.

다.[341] 하지만 관리인이 존재한다면 적어도 관리단으로서의 실체나 관리의 실질이 없다고 볼 수 없으므로 관리단은 비법인 사단이라고 해야 한다. 문제는 관리인도 존재하지 않고 아무런 관리단의 실질활동이 없는 소규모 연립주택이나 소형 상가건물의 경우에도 관념상으로만 존재하는 관리단에 대하여 비법인 사단의 법적성격을 인정할 수 있는지 의문이다. 관리인이 존재하지 않으니 상대방도 연립주택이나 소형 상가건물 구분소유자 전원을 상대로 소를 제기할 수밖에 없다. 이 점에서 관리단의 당연성립의 법리에 맹점이 있는 것이다. 하지만 관리인의 선출이나 관리규약의 승인 등의 조직행위 없이도 집합건물의 성립의 효과로서 관리단이 당연성립 한다는 법리의 논리적 연장선에서 보면 그 뒤 관리인이 선임되지 않거나 관리업무의 실질이 없다고 하여 비법인 사단으로서의 성질이 상실된다고 할 수는 없다. 공용부분은 구분소유자들의 공유관계이고 민법상이 조합관계는 합유관계인데, 관리단의 활동이 없는 경우 이를 민법상의 조합관계로 보는 견해는 구분소유관계의 공유관계의 법적성질에 관한 법리에도 어긋난다.

구분소유관계의 단체적 특별소유관계라는 특성에 비추어 보면 집합건물의 성립의 효과로서 그 단체적 특성의 발현으로 관리단이 자동 성립하는 것인데, 구분소유관계가 소멸하지 않았는데도 관리단이 소멸하고 민법상의 조합관계가 발현한다고 볼 수 없다. 관리단은 법이 집합건물의 관리를 둘러싼 법률관계를 처리하기 위하여 특별히 인정한 단체이고 그 구성과 운영에 관한 대강은 법으로 정해져 있으므로 단체로서의 실체가 부족하더라도 비법인 사단으로 볼 수 있다. 미국에서는 분양이 지연되어 과반수의 구분소유자가 입주하지 못하여 구분소유자로 구성되는 관리단 이사회가 장기간 구성되지 못하여 집합건물의 관리의 공백이 발생하는 경우에는 과반수 미만의 구분소유자들이나 관할 지방자치단체가 집합건물 관리단 이사회의 구성을 결정해 줄 것을 법원에 신청할 수 있다. 한국

341) 민법주해(V), 물권(2)(김광식 집필부분), 박영사 200. 6. 15, 279면.

의 집합건물 관리현장에 만연해 있는 관리단의 휴면상태를 해결하기 위하여 미국의 법원의 임시 관리인 선임제도와 같이 지방자치단체가 법원에 관리인의 선임을 청구하여 관리단의 실질을 회복할 수 있는 제도가 필요하다.

3. 관리단의 관리업무의 범위

관리인과 관리주체의 업무범위를 규정하고 있는 집합건물법(제25조 제1항 제1호)과 공동주택관리법(제63조)의 내용은 모두 사실행위에 관한 것이고 제3자와의 관계에서 권리의무의 효과를 발생하는 임대차와 같은 법률행위는 열거하지 않고 있다. 그래서 관리인의 관리업무의 내용에는 임대차와 같은 법률행위는 포함되지 않는다는 견해가 있다.[342] 미국의 "표준 집합건물법"은 관리단이 공용부분에 관하여 상린권(easement), 임대차(lease), 독점사용권(concession), 특허사용권(license) 등을 부여할 권한을 가지고 있다고 규정하고 있다.[343] Restatement에서는 구분소유자들의 공용부분을 이용할 권리를 상당한 정도로 변경하지 않는 한, 관리단은 다른 구분소유자를 위한 상린권을 부여하거나 임대차를 허용할 수 있다고 하고 있다.[344] 공동주택관리법 시행령 제19조 제1항은 관리규약에서 공동주택 어린이집 임대계약 시 임차인의 신청자격, 임차인 선정을 위한 심사기준 등과 그 밖에 주민공동시설의 위탁에 따른 방법 또는 절차에 관한 사항, 공동주택의 주차장의 임대계약 등에 대한 사항을 정할 수 있도록 하고 있다. 이는 공용부분인 주민운동시설, 주차장, 어린이집 시설 등을 임대차할 수 있다는 법리적 전제에서 있는 것이다.

2012. 12. 18. 개정 집합건물법 제28조의 제4항에 따라 법무부가 마련한 단지관리단 표준 관리규약안은 구분소유자 등의 사용을 방해하지 않는 범위에서 관

---

342) 김봉채, "관리단과 입주자대표회의 관계", 집합건물법학(제7집), 한국집합건물법학회, 2011. 6, 58면.

343) UCIOA § 3-102(a)(9).

344) Restatement(The Third of Law), Property(Servitude), § 6.6, 129면.

리단이 대지와 공용부분을 임대차할 수 있다는 근거규정을 두고 있다(표준 관리규약안 제16조). 민법 제265조에서 규정하고 있는 공유물의 관리행위란 공유물의 처분이나 변경에까지 이르니 아니한 정도로 공유물을 이용·개량하는 행위를 말한다.[345] 구체적으로 공유물의 사용·수익의 방법을 정하는 행위[346]로서 공유물의 임대행위를 포함한다.[347] 실제로 공동주택인 아파트에서는 공용부분인 아파트의 부대시설을 임대하여 헬스장이나 도서관 등으로 이용하는 경우를 자주 볼 수 있다. 다만 집합건물 공용부분의 임대차와 같은 관리방법은 집합건물 관련 법령이나 관리규약에 의하여 제한받을 수 있다. 예를 들면, 공동주택관리법은 공동주택을 사업계획에 따른 용도 외의 용도로 사용하는 행위(법제35조 제1항 제1호)는 관할관청의 허가를 받거나 신고하도록 규정하고 있는데, 공용부분의 용도 외의 방법으로 임대차하려는 경우에는 관할관청의 허가를 받아야 한다. 집합건물법 제25조나 공동주택관리법 시행령 제63조에서 열거하고 있는 관리주체의 업무는 예시적인 규정에 불과하고 공용부분의 임대차도 구 주택법등 관련법령에서 정한 제한에 위반되지 않고 다른 구분소유자들의 권리를 상당히 제하는 것이 아닌 한 관리업무의 내용에 포함된다.

4. 분양자로부터 관리의 인수

집합건물법 제23조는 창립총회나 규약승인, 대표자선출과 같은 조직설립행위가 없더라도 구분소유자들 전원을 구성원으로 하는 집합건물 관리단이 당연성립한다고 선언하고 있다. 집합건물이 성립하면 그 효과로서 관리단이 동시에 자동으로 성립되도록 하여 법률상 관리의 공백상태가 발생하지 않게 하려는 정책이다. 미국의 "표준 집합건물법(UCIO)"[348]나 일본의 구분소유법[349]에서도 집합

345) 민법주해(V) 물권(2)(민일영 집필부분), 박영사, 2000. 6, 571면.
346) 대법원 1979. 6. 12. 선고 79다647 판결.
347) 대법원 1966. 10. 25. 선고 66다1388 판결.
348) UCIOA § 3-101.

건물이 성립하면 그 구분소유자들 전원으로 집합건물 관리단이 성립한다는 규정을 두고 있다. 독일에서도 구분소유자 전원을 구성원으로 하는 관리단이 성립한다고 하여 당연성립의 법리를 인정하고 있다.[350] 하지만 관리단의 당연성립 제도는 관념상 공용부분의 관리에 관한 법률적 공백상태는 해결할 수 있지만, 관리인이나 관리위원회가 관리업무를 개시하지 않는 한 현실적인 관리공백은 불가피하다. 구분소유자들이 과반수 이상 입주하여 관리규약의 설정, 관리인의 선임 등의 조직행위를 통하여 관리단의 업무를 실질적으로 개시하기까지는 상당한 기간이 소용된다. 따라서 분양자가 구분소유자들이 실질적 관리단을 구성하는 전환총회(turnover meeting)까지 분양자가 집합건물의 공용부분을 관리하는 제도가 필요하다.[351] 2012. 12. 18. 개정 집합건물법 제9조의 3 제3항은 예정된 매수인의 2분의 1 이상이 소유권이전등기를 한 날로부터 3개월 이내에 구분소유자들이 관리규약 설정과 관리인의 선임을 위한 관리인 집회(turnover meeting)를 개최하여 관리단이 관리를 개시할 때까지, 분양자가 선량한 관리자의 주의의무로 건물과 대지 및 부속시설을 관리하도록 하는 분양자 관리의무 제도를 도입하였다.

하지만 몇 가지 입법적 미비도 눈에 보인다. 첫째, 많은 미분양으로 구분소유자들 2분의 1 이상이 소유권이전등기를 하는 날까지의 기간이 장기화되는 경우 그 사이에 등기이전을 하고 입주한 구분소유자들이 관리에 참여할 방법이 없다는 것이다. 미국의 표준 집합건물법은 관리권한이 구분소유자들에게 이전되기 전에도 구분건물의 25%가 분양되면 관리단 이사 중 1명을 구분소유자 중에서

349) 일본 구분소유법 제3조.

350) Baur / Stürner, Sachenrecht, 18.Aufl. 2009, § 29 B Ⅱ, Rdnr. 10(S. 377) 다만 독일에서는 관리단이라는 표현보다는 "주거소유자 공동체(Whonungseigentümergemeinschaft)"라는 표현을 사용하고 있다(양형우, 앞의 책 155, 재인용).

351) 분양자의 관리의무와 전환총회 절차에 관한 외국의 입법례는 김남근, "집합건물의 관리에 관한 법제의 개선방안", 집합건물법학(제6집) 2010. 12, 128면 참조.

임명하고 50%가 분양되면 관리단 이사의 3분의 1 이상을 구분소유자로 구성하도록 하고 있다. 그리고 관리권한이 분양자에서 구분소유자로 이전하기 전까지 구분소유자들은 3명 이상의 관리단 이사를 선출하고 관리직원을 임명해야 한다.[352] 전환총회 전까지도 구분소유자들은 대표하는 1인 이상의 관리인을 선임하여 분양자와 공동관리하도록 제도가 필요하다.

둘째, 분양자가 특별한 이해관계에 있는 위탁관리회사와 장기간 또는 고수수료의 위탁계약을 체결한 경우, 구분소유자들로 구성된 관리단이 관리를 개시한 이후에 이를 취소하려고 해도 사기, 강박, 착오와 같은 원시적 하자가 없는 한 취소할 수 없다는 점이다. 분양자가 분양계약서에 자회사인 위탁관리회사를 관리인으로 선임하는 규정을 기재한 분양계약서도 집합건물법 제41조의 5분의 4 이상의 서면결의에 해당한다는 판례[353] 법리를 이용하여 대형상가 건물의 관리권을 장악하여 과도한 관리비 징수 등의 전횡을 일삼는 경우가 많다. 이러한 경우 구분소유자들로 구성된 관리단이 위탁관리계약을 취소하고 정상적인 위탁관리회사와 위탁관리계약을 체결할 수 없게 된다. 미국 표준 집합건물법은 이러한 문제에 대비하여 전환총회(turnover meeting)를 통하여 구분소유자들로 구성된 관리단 이사회가 관리를 개시하게 되면 분양자가 선임한 이사들에 의하여 체결된 관리계약, 고용계약, 위락시설과 주차시설 임대차계약, 분양자의 자회사와 체결한 계약, 이사의 충실의무에 위반한 계약 등을 철회할 있고 철회의 의사표시가 상대방에 도달한 날로부터 90일 후에 계약은 종료한다는 규정을 두고 있다.[354] 집합건물법 제9조의 3에 의하여 전환 관리단 집회를 통하여 선임된 관리인이나 관리위원회가 위 미국 표준 집합건물법 규정처럼 분양자가 체결한 위탁관리계약을 특별한 취소사유가 없더라도 철회할 수 있는 규정을 집합건물법 제9조의 3에 도입해야 한다.

---

352) UCIOA § 3-103 (d), (e), (f).

353) 대법원 2009. 6. 11. 선고 2008다92466 판결.

354) UCIOA § 3-105.

Ⅱ. 집합건물 관리규약

1. 관리규약과 특별승계인

집합건물법 제42조는 관리규약은 구분소유자의 특별승계인에도 효력이 있고, 점유자는 구분소유자가 공용부분의 사용과 관련하여 관리규약에 따라 부담하는 의무와 동일한 의무를 진다고 규정하고 있다. 이렇게 관리규약의 효력이 특별승계인에도 미치는 근거는 집합건물 공동체 내부의 질서를 유지하기 위한 자치법규의 성격을 가지기 때문이다. 따라서 관리규약은 집합건물법과 함께 집합건물 내부의 관리 및 공동체질서와 관련한 분쟁해결의 규범적 근거인 법원(法源)의 성격을 가진다. 이와 관련한 사안 중 하나가 연체관리비가 매수인이나 경락인 등 특별승계인에게 승계된다는 관리규약의 효력에 관한 것이다.

판례[355]는 관리규약이 구분소유자 외의 자의 권리를 침해하지 못한다는 집합건물법 제28조 제3항을 들어 특별승계인에게 체납관리비가 승계된다는 관리규약이 무효이고, 이러한 규정은 사적자치의 원리에도 어긋난다고 판시하고 있다. 하지만 집합건물법 제28조 제3항은 합의의 효력을 당사자와 그 포괄승계인에 미친다는 당연한 원칙을 확인한 것일 뿐이다.[356] 예를 들어, 관리규약으로 분양자에 대하여 하자보수책임기간이 경과한 하자에 대하여도 하자보수책임이 있다고 규정한다고 하더라도 이러한 관리규약이 구분소유자가 아닌 분양자의 권리를 침해할 수는 없다는 취지가 집합건물법 제28조 제3항의 취지이다. 그러나 특별승계인도 관리규약 제정 당시의 구분소유자의 지위를 승계한 구분소유자이다. 집합건물법 제28조 제3항의 구분소유자 이외의 자에는 특별승계인은 포함되지 않는다. 또한 "사적자치"에는 단지 개인과 개인 사이의 협약에 의한 자치만을 의미하는 것이 아니라 자치법규에 따른 공동체적 자치도 사적자치의 범주에 포함

355) 대법원 2001. 9. 20. 선고 2001다8677 판결의 다수의견.

356) 대법원 2001. 9. 20. 선고 2001다8677 판결의 별개의견.

될 수 있는 것이다. 자치법규인 관리규약에 의하여 특별승계인 등의 권리를 일부 제한한다고 하여 헌법의 기본원리나 법령에 위반되지 않는 한 자치법규가 무효가 되는 것은 아니다. 그리고 "사적자치"는 당사자 사이의 명시적 합의만이 아니라 묵시적 합의에 의한 자치도 포함하는 것이다. 구분건물을 매수하거나 경락받은 특별승계인은 집합건물 공동체에 가입하여 그 공동체의 관리규약을 준수하기로 하는 묵시적 합의의 의사표시를 하고 집합건물 관리단은 이를 묵시적으로 승인한 것으로 볼 수 있다. 따라서 특별승계인이 체납관리비를 승계한다는 관리규약이 집합건물법 제28조 제3항이나 사적자치의 원리에 어긋난다고 볼 수 없고 오히려 공동체의 자치법규의 본질적 성질이나 집합건물법 제42조, 구 주택법 제44조 제3항 등의 규정에 비추어 볼 때 연체관리비 채무가 특별승계인에게 승계된다는 관리규약의 효력은 특별승계인에게도 미친다. 다만 등록되지 않아 공시적 효과가 없는 관리규약도 특별승계인에게 효력이 미치느냐에 대해서는 아래 제3항에서 검토해 보기로 한다.

관리규약의 효력과 관련하여 영업용 집합건물에서 자주 분쟁이 발생하는 사안은 해당 상가집합건물에서 영업할 수 있는 업종을 제한하는 관리규약의 효력에 관한 것이다. 상가 집합건물에는 상가번영회 운영규정에 영업업종제한 내용이 규정되어 있는 경우 많다. 2012. 12. 18. 개정 집합건물법 제28조 제4항에 따라 시·도지사가 작성해야 하는 표준관리규약과 관련하여 법무부가 마련한 상가집합건물 표준관리규약(안)은 관리단이 관리규약으로 전유부분의 업종을 지정할 수 있도록 하고, 전유부분의 업종을 변경하는 경우 구분소유자는 관리단의 승인을 받아 관리단 집회의 결의로 관리규약을 변경하도록 하고 있다(제10조의 2 제1, 2항). 다만 전유부분의 업종 지정 또는 변경이 다른 구분소유자의 영업에 특별한 영향을 미치는 경우에는 그 구분소유자의 동의를 받도록 하고 있다(제10조의 2 제4항). 판례는 이러한 영업업종 제한협정이 일반적으로 특별승계인이나 임차인에게 그 효력이 미친다고 하고 있으나 그 근거에 대하여는 판례마다 견해를 달리

하고 있다. 대법원 2005. 11. 10. 선고 2003다45496 판결은 특별승계인들이 구분건물을 매수하거나 임차하여 공동체에 가입할 때 영업업종 제한협정에 가입하기로 하는 묵시적 합의가 있는 것으로 보고 있으나, 대법원 2006. 10. 12. 선고 2006다36604 판결에서는 자치법규인 관리규약의 효력에서 그 근거를 찾고 있다.

또한 대법원 2006. 12. 8. 선고 2006다33340 판결은 상가 분양계약서상의 업종제한협정의 규정을 집합건물법 제41조의 분양계약서를 관리단 집회의 결의를 갈음할 수 있는 서면결의로 보아 그 효력이 특별승계인에게 승계된다고 보고 있다. 특별승계인이나 임차인 등에게 관리규약의 효력이 미치는 것은 관리규약을 제정할 당시 구분소유자들의 합의나 그 뒤 특별승계인들의 묵시적 승계의 의사에서 그 근거를 찾을 수 없고 관리규약의 집합건물 공동체 내부를 규율하는 자치법규의 성격에서 그 근거를 찾아야 할 것이다. 다만 명시적으로 관리규약이라는 명칭을 사용하고 있지 않더라도 업종제한협정은 구분소유자 5분의 4 이상이 협정에 참여하고 있는 경우 대법원 2006. 12. 8. 선고 2006다33340 판결과 같이 관리단 집회의 결의를 갈음하는 서면결의 또는 관리규약으로서 효력을 가질 수 있다.

2. 관리규약의 등록(declaration)

영미법계에서는 관리법규는 통상 정관(article)과 관리규칙(bylaw)로 구성된다. 정관(article)은 규약의 목적, 적용범위, 명칭, 소재지, 관할 등 총론적인 내용이 기재되고, 관리규칙(bylaw)은 대표자와 집행기관(관리인과 이사)의 선출과 임기, 해임사유, 총회(관리단 집회)의 소집과 운영, 회비(관리비)의 징수 등 관리단의 구성 및 운영과 층간소음 발생의 예방의무 등 공동체질서에 관한 내용이 기재된다.[357)]

357) 관리규약이 정관(article)과 관리규칙(bylaw)과 나누어지는 이유는 통상 단체의 설립자나 추상적 수준의 관리규약인 정관을 만들어 등록하고, 그 뒤 단체의 구성원들이 대부분 성원을 갖추게 되었을 때 비로소 자세한 단체의 구성과 운영에 관한 관리규칙(bylaw)을 제정하

그 밖에도 관리규약은 rule, regulation 등으로 칭해지고 있다. 영미법계에서 집합건물 관리단의 관리규약의 경우에는, 분양자가 해당 집합건물의 위치, 목적, 소재지, 명칭 및 건축디자인의 기본골격, 관리비의 규모와 상한 등의 총론적인 내용으로 정관(article)을 정하여 이를 등록하고, 과반수의 구분소유자들이 입주하여 분양자에서 구분소유자들로 관리단의 구성을 전환하는 전환총회(turnover meeting)를 하는 과정에서 자세한 관리규칙(bylaw)를 제정하게 된다. 분양자가 작성한 관리규약은 통상 집합건물 등록(declaration)[358]을 하면서 도면(description)[359]과 함께 등록하기 때문에 최초에 등록된 관리규약을 "declaration"[360]이라고도 한다.

미국에서는 거의 대부분 분양자가 최초의 관리규약(원시규약)을 작성하여 등록하는데, 이렇게 등록된 관리규약의 내용은 해당 집합건물의 기본적인 성격을 규정한다. 예를 들면, 소득이 낮는 서민들을 염두에 두고 낮은 관리비로 운영되는 집합건물인지, 고소득층을 구분소유자로 한 고급 집합건물인지, 영업용인지 주거용인지, 고풍스러운 건축디자인을 특징을 하는 집합건물인지 등의 기본방향이 등록된 관리규약(declaration)에 포함된다. 따라서 등록된 관리규약을 개정하려면 과반수 결의가 아니라 3분의 2 내지 4분의 3, 5분의 4 등의 특별결의를 요하도록 규정하고 있다. 법원에서도 bylaw의 내용이 declaration의 큰 방향에 위반되

기 때문이다.

358) 우리 법제에서는 집합건물법 제56조의 집합건물의 등록절차에 해당한다. declaration은 이와 같이 행정절차상의 의미뿐만 아니라 아래와 같이 등록 시 첨부하여 제출한 각종 서류를 총칭하는 개념으로도 사용된다.

359) 우리 법제에서는 집합건물법 제53조의 집합건물대장에 기재되는 내용이나 등록시 첨부하는 평면도 등의 도면에 해당한다.

360) "declaration"이 등록절차라는 행정절차적 의미가 아니라 등록 시 행정기관에 제출하여 공시되는 서류를 총칭하는 의미로 사용될 때는 각종 설계도서나 등록된 원시규약 등을 포함하는 의미가 된다. 이를 직역하여 '선언문서'라는 용어를 사용하기도 한다. "declaration"에는 "description(지적도)"와 같은 설계도나 분양자가 최초에 등록하는 원시규약이 포함되고 법률분쟁에서 논의되는 부분은 주로 등록된 원시규약에 관한 것이어서 제4장 집합건물의 관리 부분에서는 "declaration"의 개념을 일반적인 관리규약인 rule, bylaw 등과 구별하여 "등록된 관리규약" 내지 "원시규약"이라는 의미로 사용한다.

지 않도록 관리규약을 해석한다. 그런데 집합건물은 적어도 50년 이상 100년의 장구한 시간을 존속하는 것이고, 시대의 변화에 따라 분양자가 최초에 설정된 기본방향과 달리 건축디자인을 변경하거나 구성원의 변화로 고급 집합건물로 전환할 필요도 있다. 무엇보다도 관리비의 상한선이나 규모 등을 변경해야 하는 등 declaration의 기본방향을 개정해야 할 필요성이 발생한다. 그 때 다른 구분소유자들의 무관심 등의 특별결의 요건을 충족하기 어려운 경우 법원의 판결을 통하여 특별결의 요건을 통상의 결의요건으로 완화할 수 있는 특별결의 면제(완화)제도에 대해서는 앞서 구분소유자들의 관리참여권에서 살펴본 바 있다. 위와 같이 미국의 집합건물 등록절차에서는 원시규약의 등록은 사실상 필수적인 요건이다.

프랑스의 집합건물의 등기제도에서의 특색은 구분명세서(l'état descriptif de division)를 작성하여 이를 함께 공시한다는 것이다. 구분명세서에는 부동산의 이력, 현황, 경계, 전유부분과 공용부분의 지분 표시 등이 텍스트, 사진, 항공사진, 도면, 표 등이 포함된다. 구분명세서는 우리의 집합건물대장과 그에 첨부되는 설계도면 등과 유사한 것으로 보인다. 다만 도면만이 아니라 사진, 표 등으로 일반인도 집합건물의 특성이나 상황, 면적, 계단, 층수 등의 현황을 상세히 알 수 있도록 하고 있다는 점에 특색이 있다. 그리고 이러한 구분명세서도 공시적 효력이 있으므로 구분명세서는 공증을 통해 작성되고, 등기소에서 등기부와 함께 공시된다.[361]

3. 등록된 관리규약의 효력

공유제도는 로마법에서 만들어진 것으로 개인주의 성향이 강하였던 로마법에서는 공유물의 보전, 이용, 분할 등에 관한 특약은 채권의 상대적 효력의 원리대

361) 송재일, "프랑스 민법상 토지와 공간의 소유권 귀속에 관한 고찰 – 앙리까삐땅협회의 물권법개정안과 비교를 중심으로 –", 한국민사법학회·한국비교사법학회·한국재산법학회 공동학술대회(개정 신탁법과 집합건물법의 쟁점), 2013. 6. 14.–6. 15, 199면.

로 공유자 상호간에만 미치고 특별승계인에게는 미치지 않는다고 하였다. 그러나 단체주의 성향이 강한 게르만법 학자들이 반발하여 특별승계인에게 승계되는 것으로 하되, 특별승계인에게 불측의 피해가 가지 않도록 공유물의 이용, 분할, 보존에 관한 특약을 등기한 경우에만 특별승계인에게 효력이 미치도록 한 것이었다. 위와 같이 독일의 주거소유권법과 프랑스의 "1965 건물 공동소유법"은 관리규약을 등기한 경우에만 그 관리규약의 효력이 특별승계인에게 미치도록 하고 있다.[362] 미국 법원은 위와 같이 등록된 원시규약(declaration)에 등록되지 않은 관리규약보다 더 높은 규범적 효력을 인정하고 있다. 집합건물법 제56조 제2항은 분양자가 집합건물을 등록할 때 1동 건물의 소재, 구조와 면적, 전유부분의 번호 등이 기재된 집합건물등록대장과 건물 도면 및 각층 평면도 등 의무등록사항 외에 분양자가 작성한 원시규약 등을 임의적 사항으로 등록할 수 있도록 하고 있다. 그러나 관리규약을 등록한 경우의 법률 효과에 대하여는 특별한 규정을 두지 않고 있다. 이렇게 등록된 관리규약에 특별한 법적 효과가 부여되지 않다보니 지금까지 집합건물의 분양자가 관리규약을 사전에 작성하여 등록하는 사례는 거의 찾아볼 수 없다.

등록된 관리규약은 매수예정자나 임대차예정자 등 제3자가 그 내용을 확인할 수 있는 공시적 기능이 있어 특별승계인에게 그 효력이 미치는 규범적 정당성이 있다. 집합건물법 제42조는 등록을 통하여 공시적 기능을 발휘하지 못하는 관리규약에 대해서도 특별승계인에게 그 효력이 미친다고 하고 있는데, 관리규약의 내용을 알 수 없었던 매수인이나 점유자에게 관리규약의 효력이 미친다는 것은 아무래도 규범적 정당성이 취약하다고 할 수 있다. 2002. 12. 18. 개정된 집합건물법은 분양자로 하여금 특별시장·광역시장·특별자치시장·도지사 및 특별자치도지사(이하 "시·도시지사"라고만 한다)가 작성하는 표준관리규약(집합건물법 제28조 제4항)을 참조하여 공정증서로써 규약에 상응하는 것을 수분양자에게 교부하도록

---

362) 강석규, 앞의 책, 131, 132면.

하고 있다(제9조의 3). 집합건물이 더 이상 투자의 수단이 아니라 거주나 영업의 실수요 목적으로 거래되면서 수분양자들의 관심도 집합건물의 물리적 현황뿐만 아니라 관리비의 규모와 최근 인상율, 주차관계, 층간소음, 애완견 사육허용 등 실생활이나 영업활동에 직접 영향을 미치는 관리내역에 관한 내용으로 넓혀지고 있다. 따라서 관리규약 등 집합건물의 관리방식이나 관리현황에 관한 내용을 필요적 등록요건으로 하거나, 프랑스나 독일의 입법례와 같이 등록된 관리규약만이 특별승계인에게 효력이 미치도록 하여 관리규약의 공시적 기능을 높여야 한다.

유제 풀이

乙은 음식점 영업을 위하여 101호 상가점포를 임대차하였다. 乙이 음식점 영업을 시작하려고 하자 옆 102호 점포에서 음식점 영업을 하고 있는 丙이 이 사건 상가건물을 분양할 때 분양계약에 업종제한 규정이 있었는데, 음식점은 丙의 점포만 할 수 있고 乙이 임대차 한 점포에서는 옷가게 영업만 가능하다고 주장한다. 甲 건설회사가 분양한 분양계약서에는 업종제한 규정이 있었지만 상가건물의 관리규약에는 업종제한 규정이 없었다. 乙은 분양계약의 당사자도 아니고 뒤에 임대차한 자신에게 업종제한 협정의 효력이 적용된다는 점을 이해하기 어렵다고 주장한다. 乙이 영업을 강행하려고 하는 경우 丙이 취할 수 있는 조치는 무엇인가? 甲 건설회사는 약국영업을 하도록 분양계약서에 기재되어 있는 201호가 약국으로 분양되지 않자 학원영업을 하려는 丁에게 201호를 분양하려고 한다. 학원영업용의 호수로 분양된 301호에서 학원영업을 하고 있는 戊는 어떤 조치를 취할 수 있는가?

분양계약서는 집합건물법 제41조의 관리단 집회의 결의를 갈음할 수 있는 서면결의로 볼 수 있으므로(대법원 2006. 12. 8. 선고 2006다33340 판결) 분양계약서의 업종제한 규정은 자치법규인 관리규약의 성격을 가진다 할 것이고, 관리규약의 효력은 관리규약을 제정할 당시의 구분소유자만이 아니라 이들로부터 구분건물을 매수한 구분소유자나 임대차 한 임차인 등 특별승계인 등에게도 미친다(대법원 2006. 10. 12. 선고 2006다36604 판결). 따라서 분양계약을 한 수분양자가 아니라 하더라도 수분양자로부터 상가점포를 매수하거나 임차한 乙에게도 위 영업업종 제한약정의 효력은 미친다. 그러므로 丙은 사전예방책으로서 乙을 상대로 해당 업종 영업의 금지를 구하는 가처분과 이러한 영업금지가처분을 위반한 경우 1일 10만원 정도의 간접강제금의 신청을 할 수 있을 것이다. 그리고 乙이 영업을 강행하여 丙이 그에 따른 매출감소 등의 손실을 입은 경우 사후적 구제책으로 영업손실 상당의 손해배상을 청구할 수 있을 것이다.

한편 지정업종에 대한 경업금지의무는 수분양자들에게만 적용되는 것이 아니라 분양회사에도 적용된다(대법원 2006. 7. 4.자 2006마164, 165 결정). 따라서 戊는 丁과 甲 분양회사를 상대로 영업금지 청구나 분양금지 청구를 할 수 있을 것이다.

Ⅲ. 관 리 인

1. 관리인의 지위

2012. 12. 18. 개정 집합건물법은 관리인이 반드시 구분소유자의 지위에 있을 것을 요구하지 않고 있다(집합건물법 제24조 제2항). 위탁관리 전문회사와 같은 법인도 관리인이 될 수 있는지에 관해서는 관리인이 관리단의 대표기관의 성격을 가진다는 점에 비추어 보면 의문이 제기될 수 있다. 독일의 주거소유권법의 해석에서는 법인도 관리인이 될 수 있고 우리 공동주택의 관리주체인 주택관리업자처럼 주로 주택관리 전문업자가 관리인으로 선임된다고 한다. 프랑스의 경우에도 관리인은 개인이 될 수도 있고 법인이 관리인으로 선임될 수 있다. 미국의 관리단 이사회의 회장(president)도 구분소유자에 한하지 않고 전문관리인이 선임될 수 있다. 일본 구분소유법도 관리인을 구분소유자에 한하지 않고 있다. 관리단은 비영리단체이지만 전문적인 관리의 필요성이 크기 때문에 위탁관리회사와

같은 외부 전문관리업체를 선임할 수 있도록 하는 입법례가 보편적이다. 프랑스의 경우에는 구분소유자가 관리인이 되는 경우가 아니라면 자격증을 가진 관리업자만이 관리인이 될 수 있다. 독일의 경우에도 통상적으로 전문적인 관리업자가 관리인이 되는 경우가 많다.[363] 법인이 관리인이 되는 것을 제한하지 않고 있으므로 법인인 위탁관리회사를 관리인으로 선임할 수도 있다. 관리인은 관리단을 대표하여 관리사무의 집행과 관련한 재판상, 재판외의 업무를 수행하는데(제25조), 구분소유자가 아닌 위탁관리회사 등이 관리인이 된다면 제3자가 단체의 대표가 된다는 것이어서 단체구성의 기본원리에서 벗어나는 것이 아닌지 의문이 들 수 있다. 하지만 외부의 관리전문가를 단체의 대표자로 선임하는 방식은 상장조합나 규모가 큰 영리회사에서는 흔히 볼 수 있는 현상이다. 주식회사 이사의 자격에는 원칙적으로 제한이 없고 다만 정관으로 이사는 주주이어야 한다고 정할 수 있는데, 이때 이사는 그 수의 주식을 감사 또는 감사위원회에게 공탁해야 한다(상법 제387조, 제415조의 2 제6항). 이렇게 경영전문가를 대표이사로 영입하여 소유와 경영을 분리하는 것은 현대 주식회사 제도에서는 오히려 보편화된 현상이다.

관리인은 관리단의 사업집행과 관련하여 관리단을 대표하여 재판상 행위를 할 수 있다. 집합건물법 제25조의 취지를 집합건물 관리단이 아니라 관리인에게 임의적 소송담당의 지위를 부여한 것으로 해석하는 견해[364]가 있으나, 여기서 구분소유자들을 대표하여(on behalf of) 소송을 수행하는 소송당사자는 집합건물 관리단이고 관리인은 소송당사자인 관리단의 대표자로서 소송을 수행하는 것이다. 판례[365]도 관리단이 구성되고 관리단 집회의 결의에서 관리인이 선임되면

363) 김영두, "집합건물의 법리와 개정 집합건물법", 한국민사법학회·한국비교사법학회·한국재산법학회 공동학술대회(개정 신탁법과 집합건물법의 쟁점), 2013. 6. 14~6. 15, 314면.

364) 이수철, "입주자대표회의의 소송수행권 - 임의적 소송담당의 관점에서", 판례소개(제16집), 부산판례소개회, 594면.

365) 대법원 2003. 6. 24. 선고 2003다17774 판결.

관리인이 사업집행에 관련하여 "관리단을 대표"하여 그와 같은 재판상 행위를 할 수 있다고 하여, 관리인은 관리단의 대표자로서 소송을 수행하는 것으로 보고 있다. 그런데 집합건물법 제43조 내지 제45조는 집합건물의 상린관계(제5조)나 공동체 질서를 위반한 자에 대하여 예방적 금지청구권이나 원상회복 청구권, 위반행위가 반복되어 공동체생활을 방해하는 정도에 이르렀을 때 전유부분의 사용금지청구나 전유부분과 그 대지사용권의 경매청구권의 행사주체를 '관리인'으로 규정하고 있어 마치 관리인이 위와 같은 청구권 행사의 소송상 당사자자격이 있는 것처럼 오해를 주고 있다. 관리인은 집합건물 관리단 내부의 집행기관에 불과하여 당사자능력이 없는데도 위와 같은 청구권 행사의 소송상 당사자를 관리인으로 한 것은 입법상의 오류이다. 실무에서도 집합건물의 구분소유자가 건물의 보전에 해로운 행위, 건물의 및 사용에 관하여 구분소유자들의 공동이익에 반하는 행위를 한 경우 그 정지나 사용금지를 하는 등의 재판상 행위의 당사자자격은 집합건물 관리단에 있다고 보고 있다.[366]

2. 관리인의 선관의무와 충실의무

집합건물 관리단과 관리위원 내지 관리인 또는 입주자대표회의와 임원, 동별대표자의 관계는 민법상 위임관계에 있고,[367] 위임관계에서의 수임인(受任人)인 관리인은 선량한 관리자의 주의의무(善管義務)로 관리업무를 수행해야 한다. 미국에서는 구분소유자들과 관리단 이사들[368] 사이의 법률관계에 대하여 일반적으로

366) 서울고등법원 1986. 10. 8. 선고 86나2225 판결.

367) 입주자대표회의와 동별대표자, 이사, 감사, 회장 등 임원의 관계는 집합건물 관리단과 관리인 사이의 위임관계와 동일하므로, 이 절에서 관리단과 관리인 사이의 선관의무 내지 충실의무에 관한 설명은 입주자대표회의와 동별대표자 이사, 감사, 회장 등 임원 사이의 선관의무 내지 충실의무에 그대로 적용하는 것으로 한다.

368) 우리의 집합건물 관리단 관리위원이나 입주자대표회의 구성원에 해당하는 미국의 집합건물 관리의 법률상 기구는 집합건물 관리단 이사회이다. 미국에서는 집합건물 관리단과 그 집행기관인 이사들 사이의 관계가 회사관계와 유사하기 때문에 집합건물 관리단의 집행기관을 "이사회(board of association)"라고 하고 그 구성원을 이사(director)라고 하여 회사의

"신인관계(信認關係 : fiduciary relation)"[369]로 보고 있는데, 신인관계에 따른 "신인의무(fiduciary duty)"의 핵심적인 내용은 충실의무(duty of layalty)이다.[370] 이러한 충실의무의 내용이 이익상반 금지의무, 자기거래 금지, 이익충돌 금지 등의 의무로 구체화된 것이다.[371] 펜실베니아(Pennsylvania)주 기본법과 캘리포니아(California)주 회사법은 선관의무의 내용에 대해서 최선의 이익이라고 믿는 방식과 통상의 분별력(ordinary prudence)을 가진 일반인이 취할 수 있는 주의로서 업무를 수행해야 하는 것이라고 규정하고 있다.[372] 선관의무와 충실의무는 동일한 것으로 충실의무는 선관의무를 구체화하거나 강조한 것에 지나지 않는다는 견해[373]가 있다. 미국의 "표준 집합건물법"[374]은 집합건물 관리단의 이사들은 관리단에 대하여 "충실의무(layalty)"를 가진다고 하고 있고, Restatement[375]는 "선관의무(duty to act in good faith)"를 가진다고 하여 충실의무와 선관의무의 관계를 명확하게 구분하여 사용하지는 않고 있다. 하지만 선관의무(duty to do in good faith)는 고의·과실로

집행기관에 관한 용어를 그대로 사용하고 있다. 이하에서 미국의 집합건물 관리단 이사회나 이사에 관한 설명은 우리의 집합건물 관리단 관리인 내지 관리위원이나 입주자대표회의 임원 내지 동별대표자에 대한 설명에 대응하는 것이다.

369) 최은순, "민사신탁에 관한 소개 – 유용성과 적용범위를 중심으로", 고려대학교 법학과 박사학위 책, 2010. 6, 10면, 266면.

370) 이러한 "신인의무" 이론은 신탁관계에서 발달하여 수탁자와 수익자 사이의 법률관계를 규율하던 법리이지만 그 뒤 회사의 이사, 조합관계 내부, 대리인과 본인 사이를 규율하는 법리로 발달하였다.

371) "fiduciary"의 어원은 라틴어인"fides"로 영어의 "trusrt"의 의미이다. 이러한 신인의무의 이론은 신탁제도를 발달시켜 온 영미법에서 다른 사람을 신뢰한 자를 보호하고 그들의 신뢰가 남용되지 않도록 하기 위하여 수인자(受認者)의 행위를 규율하는 원칙으로 발달해 온 것이다. 신인의무의 내용은"일정한 수인자적 지위에 있는 자는 그 지위를 이용하여 이익을 얻어서는 안 되며, 수인자는 자기에 의존하는 자에 대한 의무에 반하여 사익을 추구해서는 안 된다는 것'이다(최은순, 앞의 책, 266면).

372) 펜실베니아(Pennsylvania)주 기본법 68 Pa. Cons. Stat. § 3303(a), 캘리포니아(California)주 회사법 Cal. Corp. Code § 7231.

373) 정찬형, "상법강의(上)"(제12판) 박영사, 2009. 3. 5, 871면.

374) UCIOA § 3–103(a)

375) Restatement(The Third of Law), Property(Servitude), § 6.14, 282면.

의무를 위반하면 회사가 입은 손해를 배상할 책임을 규율하는 법리인 반면, 충실의무는 이사가 그 지위를 이용하여 자기 또는 제3자의 이익을 위하여 회사의 이익을 희생시키는 것을 금지하고 회사와 이사 사이에 이익충돌의 위험이 발생하면 회사의 이익을 우선할 것을 요구하는 법리이다.[376] 이사가 이익을 취득하여 충실의무를 위반한 경우에는,[377] 고의·과실을 요하지 않고 회사의 손해의 범위와 상관없이 그 이익 전부를 회사에 반환하는 해야 하는 것으로 선관의무와는 그 법률적 성질을 달리한다.[378]

한편 영리회사와 이사들 사이의 법률관계와 관리단과 관리인 사이의 법률관계에는 적지 않은 차이가 존재한다. 첫째, 관리단 이사의 관리단에 대한 이해관계는 주주들의 회사에 대한 이해관계보다 높다. 관리단 이사들이 투자하고 있는 것은 그들의 주택인데, 자신이 소유하고 있는 가장 크고 유일한 재산이며 개인적으로나 사회적으로 주식의 재산적 가치를 훨씬 능가하는 것이다. 둘째, 집합건물 관리단이 구분소유자들의 삶에 미칠 수 권한의 범위나 결정의 범위는 영리회사의 주주의 삶에 미치는 영향보다 훨씬 크다. 관리단에 따라 구분소유자들의 삶에 미치는 업무의 영역이 미미할 수 있으나, 어떤 관리단의 경우 부주의하고 위험한 결정이 구분소유자들의 삶에 중대한 영향을 미칠 수 있다. 셋째로, 집합건물 관리단의 이사는 주택을 쉽게 팔 수 없으나, 영리회사의 주주는 쉽게 주식을 팔 수 있다. 관리단의 이사들은 회사로 치면 주식의 유동성이 거의 없는 폐쇄

---

376) 우리 상법은 회사와 이사와의 관계에 대하여 대륙법의 전통에 따라 위임관계(민법 제681조)에 따른 선량한 관리자의 주의의무(善管義務) 관계로 규율하였으나(상법 제382조 제2항), 1998년 개정상법은 영미법상의 신인의무의 핵심내용인 충실의무를 새로이 도입하였다(상법 제382조의 3).

377) 플로리다(Florida)주 기본법 Fla. Stat. Ann. §718.111(1)(a)은 이사들이 관리단이 아니라 구분소유자들과의 사이에서 신인관계에 있다고 하면서, 이사들은 집합건물 관리단에 물품이나 용역을 제공하거나 제공하기로 한 업체로부터 금품을 수수하거나 요구해서는 않 된다는 규정을 두고 있다. 우리 사회에서 많은 문제가 되고 있는 물품이나 용역 납품업체로부터 리베이트를 받는 관행을 금지하는 규정을 두고 있는 것이다.

378) 정동윤, "조합법"(제7판), 2001, 427면.

회사(closely held corporations)의 주주와 좀 더 유사한 지위에 있다. 미국 법원의 태도는 상장회사에 비하여 이러한 폐쇄회사의 이사회의 판단에 대하여는 '경영적 판단의 법리'에서 벗어나 적극적으로 그러한 '경영적 판단'에 대한 사법적 심사를 하려는 경향이다. 넷째, 집합건물 관리단에 대한 민주적 통제는 영리회사의 민주적 통제보다 효율적이다. 구분소유자들은 상대적으로 숫자가 적고 서로 인접하여 살고 있다. 집합건물에서는 투표권이 상대적으로 공평하게 분배되어 있어 영리회사와 달리 소수가 관리단에 대한 통제권을 유지할 수 없다. 일반적으로 구분소유자들은 비합리적인 관리행위로 인하여 초래되는 자신의 재산적 손실에 대하여 주주보다 더 민감하다. 위와 같은 법리적, 사실적 차이들에 비추어 보면 관리단과 관리인 사이의 법률관계에 영리회사와 이사 사이의 신인관계를 그대로 적용할 수 없다.[379)]

그렇다면 영리회사의 이사가 아닌 비영리법인의 이사의 선관의무 내지 충실의무는 어떤 차이가 있는지를 고찰할 필요가 있다. 영리회사와 이사들 사이의 법률관계에서 선관의무 내지 충실의무의 구체적 내용은 경업피지의무와 겸직금지의무(상법 제397조 제1항), 자기거래금지(상법 제398조), 보고의무(상법 제393조 제3항, 제412조의 2, 제415조의 2 제6항), 비밀유지의무(상법 제382조의 4), 이사들 상호간 업무수행의 감시의무 등이다. 첫째 겸직금지 의무의 측면에서 보면, 보수 없이 명예직으로 근무하는 관리인이나 관리위원에게 영리회사의 이사들처럼 다른 직업을 갖거나 영업을 하지 못하도록 하는 것은 어려울 것이다. 둘째 다른 관리인이나 관리위원들의 업무수행에 있어 법령이나 관리규약 위반행위를 감시할 의무의 측면에서도, 영리회사의 이사들 사이의 상호 감시의무와는 그 정도나 수준이 다를 수 있다. 영리회사처럼 다른 대표이사나 업무집행이사들의 업무집행에 관하

---

379) 미국"표준 집합건물법 UCIOA § 3-103(a).은 집합건물 관리단과 이사 사이의 신인관계에 대하여 비영리법인(nonprofit corporation)의 이사에게 요구되는 충실의무와 주의의무의 수준(the degree of care and loyalty)으로 업무를 수행해야 한다고 규정하고 있다.

여 전반적인 업무집행을 감시할 권한과 책임이 있다고 할 수 없다. 또한 영리회사처럼 대표이사나 업무집행이사의 업무집행이 위법하다고 의심할 만한 사유가 있는 경우가 아니라[380] 적어도 법령이나 관리규약 위반행위를 확인하였음에도 이를 악의 중대한 과실로 방치한 경우 등 예외적인 경우에 보충적으로 감시의무 위반책임을 물을 수 있을 것이다. 셋째, 구분소유자들과의 관계에서 관리단의 업무 판단상의 과실책임을 심리하는 사법적 심사방법에 있어서도 차이가 있다. 영리회사 이사의 경영적 판단에 대해서는 광범위하게 "경영적 판단의 법리(business judgement rules)"을 적용할 수 있다. 판단할 당시의 복잡한 여러 이해관계와 정보를 가지고 이사들이 판단한 것을 사후적으로 법관이 대신 그 판단이 올바른 것이었는지를 판단할 수는 없기 때문이다. 그러나 비영리법인과 이사들 사이의 법률관계에서는 경영적 판단의 법리보다는 이사들이 그 당시 주어진 재량권을 합리적으로 행사하였는지를 심사하는 "합리적 결정의 법리(reasonableness rules)"가 적용되어야 한다. "경영적 판단의 법리"를 영리회사가 아닌 비영리단체인 집합건물 관리단에 적용하는 것은 영리회사와 집합건물 관리단 사이에 존재하는 의미 있는 차이를 간과하는 것이다.[381]

넷째, 관리인이나 이사가 관리업무와 관련한 물품이나 용역공급을 공급받는 계약을 체결함에 있어 해당 업체의 이사를 겸직하는 것은 이해충돌이 발생하므로 충실의무에 위반될 수 있다. 이러한 이해충돌 행위에 관한 법률적 규율에 있어서도 영리회사와 비영리법인은 차이가 있다. 상법 제398조의 이사의 자기거래 금지 위반행위가 무효라 하더라도 이사회 결의로 추인하면 유효하게 될 수 있다. 하지만 비영리법인과 이사의 이해상반행위에 대하여는 민법 제64조가 적용되어 대표권이 없게 되는데, 상법 제398조나 민법 제124조의 자기계약, 쌍방대리의 경우와 달리 민법 제64조는 절대적 무효이어서 비영리법인 이사회에 해당하는 입주자대표회의나 관리위원회의 추인에 의하여 유효하게 될 수 없다. 특히

380) 대법원 2008. 9. 11. 선고 2006다68636 판결.

381) Restatement(The Third of Law), Property(Servitude), § 6.13, 237면.

공동주택의 경우 아파트 하자보수조합나 관리용역 조합 임원이 입주자대표회의 임원으로 진출하여 자기조합와 관리용역 공급계약이나 하자보수 계약을 체결하면서 다른 입주자대표회의 동별대표자들을 설득하여 이러한 이행상반행위에 대하여 추인하는 결의를 하여 민법 제124조의 자기계약, 쌍방대리 위반행위의 무효규정을 회피하려고 하는 경우가 종종 발생한다. 하지만 이러한 자기계약, 쌍방대리의 추인행위는 비영리법인과 이사 사이의 이해상반행위에는 적용될 수 없는 것이다.[382] 비영리법인의 법리가 적용되는 집합건물 관리단 관리인 내지 관리위원 또는 입주자대표회의와 임원과의 이행상반행위는 오로지 사전에 법원에 특별대리인을 선임하여 법률행위를 하여야 효력이 인정될 뿐이다(민법 제64조 단서). 위와 같이 집합건물 관리단과 관리인 또는 입주자대표회의와 임원들 사이의 관계는 영리회사가 아니라 비영리법인과 이사들 사이의 법률관계에 기초하여 선관의무나 충실의무의 내용을 정해야 한다. 하지만 예외적으로 집합건물 관리단이나 이사들에게 영리회사의 이사와 같은 수준의 선관의무나 공정의무가 부여될 수도 있다. 특히 최초에 입주한 집합건물에서는 관리의 리스크가 높기 때문에 이사들은 높은 수준의 정직성과 공정성이 요구된다. 이렇게 높은 수준의 정직성과 공정성이 요구되는 최초의 입주시기의 경우에는 공정의무와 선관의무의 수준을 정함에 있어서는 영리회사의 이사나 신탁관계에서의 신인관계에서 요구되는 충실의무에 관한 규정을 유추하여 적용할 수 있다. 다만 이 경우에도 집합건물 관리단이라는 특수성이 고려되어야 한다.[383]

3. 관리인의 선관의무 위반책임

영리회사의 이사와 관리단 이사는 회사와 관리단과의 관계에서 위임관계상의 선관의무를 부담하는 것이다. 하지만 전자는 보수를 받는 유상위임의 관계이고 후자는 보수의 대가없이 호의적 성질의 무상위임 관계이다. 원래 위임은 그 성

382) 서울고등법원 2010. 3. 24. 선고 2009나16492 판결.

383) Restatement(The Third of Law), Property(Servitude), §6.14, 269면.

질상 일방당사자인 위임인의 이익만을 목적으로 하는 것이다. 일방당사자의 이익만을 목적으로 하는 호의적 성질의 계약에서는 채무자는 고의 또는 중과실에 대하여만 책임을 부담하고 경과실에 대해서는 책임을 부담하지 않는다. 만약 그렇지 않으면 타인을 위하여 호의를 베풀 자가 적어지고 이로 인하여 사회공동체의 유지가 저해될 수 있기 때문이다. 그럼에도 불구하고 무상위임도 유상위임과 같이 선관의무를 부담하는 것은 위와 같은 위임관계의 특수한 신인관계에 기인한다.[384] 수임인이 신뢰하여 위임한 위임인은 무상의 경우에도 유상의 경우와 똑같은 주의를 수임인에게 기대하기 때문이다. 선관주의의무는 특약이 없는 한 주의의무에 관한 하나의 기준이지 그 자체가 채무라 할 수 없지만 민법 제681조는 채무성이 부과되었고 따라서 선관주의의무 위반은 손해배상에 따른 금전채무 이행의 대상이 된다. 관리인이 관리업무를 집행함에 있어 선관의무 내지 충실의무 위반하여 그로 인하여 관리단에 손해가 발생한 경우에는 채무불이행에 기한 손해배상책임을 부담한다(민법 제681조).

소송실무에서는 비상대책위원회 등의 임의단체를 구성한 입주자들이 입주자대표회의 임원들을 상대로 횡령·배임 등에 대하여 손해배상책임을 청구하는 경우를 종종 보게 되는데, 임원들이 선관의무 내지 충실의무를 부담하는 상대방은 입주자대표회의이지 직접 입주자에게 선관의무나 충실의무를 부담하는 것이 아니다.[385] 입주자대표회의가 임원들의 부정한 행위로 과다한 채무를 부담하게 됨으로써 입주자들도 손해를 입었다는 것은 간접적 손해에 불과하고 이러한 간접적 손해는 민법 제35조에서 말하는 손해의 개념에는 포함되지 않는다.[386] 결국 입주자들이 제기하는 임원들에 대한 손해배상청구 소송은 기각될 수밖에 없게 된다. 입주자들이 입주자대표회의가 제3자와 체결한 공사계약에 대하여 임원들

384) 민법주해(XV), 채권(8)(이재홍 집필부분), 박영사 2001. 5. 30. 535,536면.

385) 서울고등법원 2001. 10. 19. 2001나18904 판결(위 판결은 이사의 충실의무는 조합에 대한 것이어서 소수주주에 대하여 공정의무는 충실의무에 포함되지 않는다는 취지의 판결이다).

386) 대법원 1999. 7. 27. 선고 99다19384 판결(위 판결은 재개발조합 조합원이 임원들을 상대로 손해배상 청구를 한 사례이다).

이 리베이트를 받고 계약을 체결한 것이라는 이유로 계약의 무효확인을 구하는 소송을 제기하는 경우도 있다. 마찬가지로 입주자대표회의와 입주자는 법인격을 달리하고 입주자가 입주자대표회의의 재산 또는 계약행위에 대하여 가지는 이해관계는 간접적인 것에 불과하므로 입주자대표회의와 제3자와의 거래관계에 개입하여 입주자 개인의 자격으로 계약무효의 확인을 구할 수 없다.[387] 영리회사의 경우에는 회사에 손해를 입힌 회사의 이사들에 대하여 회사가 손해배상청구를 하지 않을 경우 소수주주들이 회사를 대신하여 손해배상청구를 할 수 있는 주주대표소송 제도가 있다. 그러나 비영리법인 내지 비법인 사단의 경우에는 구분소유자들이 집합건물 관리단이나 입주자대표회의를 대신하여 손해를 입힌 임원들을 상대로 대표소송을 제기할 수 있는 제도가 없다. 구분소유자들이 집합건물 관리단이나 입주자대표회의에 대한 어떤 채권이 있을 때 그러한 채권을 보전하기 위하여 집합건물 관리단이나 입주자대표회의를 대위하여 임원들을 상대로 관리단이나 입주자대표회의에 손해를 배상할 것을 청구할 여지는 있다. 그러나 이 경우도 집합건물 관리단이나 입주자대표회의가 무자력이라 할 수 없어 채권자대위권 행사의 소송요건에 흠결이 있다. 결국 관리단이나 입주자대표회의의 관리인이나 임원을 교체한 후 새로운 임원들이 관리단이나 입주자대표회의의 이름으로 손해를 입힌 임원들을 상대로 손해배상 청구를 해야 한다. 입주자들 10분이 1 이상의 요구로 입주자대표회의 임원의 해임과 새로운 임원 선임을 안건으로 한 임시 입주자대표회의의 회의소집을 요구한 후(공동주택관리법 시행령 제13조의 제4항) 입주자대표회의의 결의에 따라 새로운 선임된 임원들이 입주자대표회의를 당사자로 하여 손해배상청구나 계약무효 확인소송을 수행해야 한다.

4. 관리인의 위법행위 유지(留止)

관리인의 법령 및 관리규약 위반이나 월권, 비리·전횡 등의 위법행위가 있는

387) 대법원 2005. 4. 29. 선고 2005다9463 판결(위 판결은 재개발조합 조합원이 재개발조합과 시공사 사이의 계약의 무효확인을 구한 사건이다).

경우 구분소유자들은 그러한 관리인의 위법행위를 중지해 줄 것을 법원에 청구할 수 있다. 소송실무에서는 주로 입주자대표회의 임원에 대한 직무정지가처분의 방식으로 이러한 유지(留止)청구가 제기되고 있다. 그런데 직무정지가처분은 본안의 피보전권리가 있을 때 제기할 수 있을 것이므로 입주자들이 임원의 직무정지를 구할 법률상 청구권이 있어야 한다. 임원을 선출한 입주자대표회의 결의가 무효이거나 임원의 결격사유(공동주택관리법 제14조 제4항)에 해당하여 임원이 자격을 상실한 경우에는 현재 임원의 지위가 없는 것이므로 "임원의 지위부존재확인청구권"을 피보전권리로 하여 직무정지가처분이 허용될 수 있다. 그러나 임원의 비리·부정 등을 이유로 직무정지가처분이 허용되려면 비리·부정 등을 이유로 임원의 해임을 청구할 수 있는 청구권이 있어야 하는데, 이러한 해임청구권은 형성권으로서 형성권의 행사는 법률관계의 변경을 가져와 상대방의 법률상 지위를 불안하게 하므로 법률의 근거가 있어야 한다. 상법상의 영리회사에는 이사의 부정행위 또는 법령이나 정관에 위반한 중대한 사실이 있는 경우에는 소수주주들이 법원에 이사의 해임판결을 구하는 해임청구 소송제도(상법 제385조)가 있으므로 이를 피보전권리로 하여 이사의 직무정직가처분을 구할 수 있다(상법 제407조). 그러나 민법상의 비영리법인의 경우에는 이러한 이사의 해임청구에 관한 법률상 근거가 없으므로 민법상 비영리법인에서 이사의 위법행위를 이유로 한 직무정지가처분은 허용될 수 없다.[388] 공동주택관리법에는 이러한 해임소송을 통하여 임원을 해임하는 제도를 두지 않고 있으므로 입주자들이 임원의 비리·부정 등 위법행위를 이유로 직무정지가처분을 청구하는 것은 허용되지 않는다. 다만 집합건물 관리단의 경우에는 관리인에게 부정한 행위나 그 밖에 직무를 수행하기에 적합하지 아니한 사정이 있을 때에는 각 구분소유자는 관리인의 해임을 법원에 청구할 수 있으므로(집합건물법 제24조 제3항), 관리인의 부정·비리를 이유로 관리인의 해임판결을 법원에 청구할 수 있고 이러한 해임청구권을 피보전권리로 하여 관리인의 직무정지가처분을 구할 수 있다. 관리단 집회를 1년

388) 대법원 2001. 1. 16. 선고 2000다45020 판결.

에 1회 이상 개최해야 하는데(집합건물법 제32조) 장기간에 걸쳐 관리단 집회를 소집하지 않거나, 집합건물법에서 관리인의 임기를 정하지 않고 있다고 하여 후임 관리인의 선출을 위한 관리단 집회를 개최하지 않은 행위는 관리인에게 직무를 수행하기에 적합하지 않은 사정이 있는 것으로 평가될 수 있다.[389] 공동주택의 경우에도 입주자대표회의 임원에 대하여 집합건물법 제24조에 따른 해임청구의 소를 피보전권리로 하여 직무정지가처분을 구할 수 있을지에 대하여는 결국 아래와 같이 입주자대표회의가 집합건물 관리단의 지위를 가지는가의 문제와 연결되어 해결되어야 할 것이다.

한편 이러한 임원의 직무정지 가처분이 어려운 경우 관리단 집회나 입주자대표회의 또는 입주자단체의 서면동의 방식으로 임원을 해임하여 위법행위를 중지시킬 수도 있다. 2012. 12. 18. 개정된 집합건물에 의하면 관리인의 법령위반이나 관리규약 위반행위가 있는 경우 구분소유자 5분의 1 이상이 관리인 해임과 새로운 임원 선임을 회의목적으로 하여 관리단 집회의 소집을 청구할 수 있고, 관리인이 청구일로부터 1주일 이내에 관리단 집회를 소집하지 않는 경우 법원의 허가를 받아 관리단 집회를 소집할 수 있다(집합건물법 제33조). 입주자대표회의의 경우 직접 입주자들이 임원을 선출하는 것이 아니라 동별대표자를 선출하여 그 동별대표자들이 입주자대표회의를 구성하여 임원을 선출하였기 때문에 관리규약에 별도로 입주자대표회의 임원들을 입주자들 특별다수의 결의나 동의에 의하여 해임한다는 특별한 규정이 없는 경우 먼저 동별대표자를 해임하고(공동주택관리법 시행령 제14조 제4항 제1호) 새로운 동별대표자를 선출한 후 새로운 동별대표자들이 입주자대표회의 회의에서 임원들을 해임해야 했었다. 다만 500세대 이상의 공동주택의 경우에는 보통·평등·비밀·직접 투표에 의하여 다득표 또는 후보가 1인 경우 전체 입주자등 10분의 1 이상이 참여하여 과반수 찬성으로 입주자대표회의 회장 등이 선출된 경우에는 선출과 같은 방식으로 해임될 수 있다는 해석

389) 서울중앙지방법원 2012. 5. 3. 선고 2011가합99998 판결.

의 여지가 있었다. 하지만 공동주택관리법 시행령 제13조 제4항은 500세대 이상으로 위와 같은 방식 이외의 방식으로 선출된 입주자대표회장 등은 입주자등 10분의 1 이상의 참여와 과반수 찬성으로 해임할 수 있고, 입주자대표회의 내에서 선임된 입주자대표회장 등은 관리규약에 의하여 해임될 수 있도록 하였다. 많은 관리규약에는 입주자 등 전체 3분의 2 이상의 찬성으로 입주자대표회의를 해산하는 방식으로 입주자대표회의 회장 등을 해임하는 규정이 기재되어 있다.

유제 풀이

지역난방설치 업체인 甲회사는 乙아파트 입주자대표회의와 지역난방 설치공사 계약을 체결하고 3억 원 상당의 공사를 진행하였다. 乙 입주자대표회의는 입주자 51%의 동의를 받았고 甲회사는 乙입주자대표회의가 입주자 과반수의 동의를 받았다는 동의서를 확인하고 계약을 체결하였다. 乙아파트의 입주자 丙 등은 지역난방 공사에 100억 원이 넘는 비용이 들어간다는 사실을 입주자들에게 알려주지 않고 동의를 받았고, 지역난방 공사를 하려면 입주자 4분의3의 동의를 받아야 하는데, 과반수 동의만 받고 계약을 체결하였다고 주장하고 있다. 丙 등이 甲회사를 상대로 지역난방 설치공사계약 무효 확인청구의 소를 제기할 수 있는가? 丙 등이 입주자대표회장이 위와 같은 전횡을 저지르고 있다는 이유로 직무정지 가처분 신청을 제기하였다. 丙 등의 직무정지 가처분 신청은 받아들여질 수 있는가? 위 사건에서 입주자대표회의 동대표와 회장을 교체한 후 丙이 입주자대표회의 회장이 되어 乙 입주자대표회의 이름으로 甲을 상대로 계약 무효 확인 청구를 제기한 경우 어떤 판결이 내려져야 하는가?

관리단 집회의 결의를 요하는 공용부분의 변경은 공용부분의 외관과 구조를 변경하거나, 그 기능과 용도를 변경함으로써 공용부분의 형상 또는 효용을 실질적으로 변경시키는 것으로서 변경이 되는 부분과 그 범위, 변경의 방식이나 태양, 변경 전과 변경 후의 외관이나 용도에 있어서 동일성 여부, 그 밖에 변경에 소요되는 비용 등을 고려해야 한다. 아파트의 난방을 지역난방 방식으로 전환하는 것은 100억 원이 넘는 많은 비용이 소요되므로 이는 공용부분의 형상 또는 효용을 실질적으로 변경시키는 공용부분의 변경에 해당한다(대법원 2008. 9. 25. 선고 2006다86597 판결). 따라서 구분소유자에 해당하는 입주자 과반수의 동의만으로는 부족하고 입주자 4분의 3의 동의를 받아야 한다. 乙 입주자대표회의가 甲 회사와 체결한 지역난방 시설설치 공사계약은 강행법규인 집합건물법 제15조에 위반되어 무효이다.

그러나 입주자대표회의와 입주자는 법인격을 달리하고 입주자가 입주자대표회의의 계약행위에 대하여 가지는 이해관계는 간접적인 것에 불과하므로 입주자대표회의와 제3자와의 거래관계에 개입하여 입주자 개인의 자격으로 계약무효의 확인을 구하는 경우 확인의 이익이 인정되지 않는다. 따라서 丙이 직접 甲 회사를 상대로 제기한 지역난방 시설설치계약 무효 확인청구는 각하될 것이다. 하지만 입주자대표회의 구성원이 교체된 후 乙입주자대표회의 이름으로 甲회사를 상대로 제기한 계약무효 확인청구는 인용될 수 있다.

관리인의 법령 및 관리규약 위반이나 월권, 비리·전횡 등의 위법행위가 있는 경우 구분소유자들은 집합건물법 제24조 제3항의 관리인 해임청구권을 피보전권리로 하여 관리인의 직무정지를 구하는 가처분을 신청할 수 있다. 하지만 해임청구권은 형성권으로 단체적 법률관계의 변경을 가져오는 것이므로 법률의 규정이 있는 경우에만 허용될 수 있는 집합건물법 제24조의 해임청구권이 적용되는 집합건물 관리단이 아닌 입주자대표회의에는 이러한 해임청구권 제도가 없어 월권, 비리, 전횡 등을 이유로 한 해임청구권을 피보전권리로 한 입주자대표회장에 대한 직무정지가처분은 허용될 수 없다(대법원 2001. 1. 16. 선고 2000다45020 판결). 따라서 丙이 제기한 입주자대표회장의 전횡과 비리 등을 이유로 한 직무정지가처분은 인용되지 못할 것이다. 다만 해임청구권이 허용되지 않는 민법상의 비영리법인의 경우에도 임원의 선출의 무효, 임기만료, 관리규약에 따른 자격상실 등에 따른 지위부존재 확인청구권을 피보전권리로 한 직무정지가처분은 허용될 수 있으므로, 乙입주자대표회의 관리규약에 자격상실 조항 등에 따라 입주자대표회장이 자격을 상실한 것으로 볼 수 있는 경우에는 회장 지위부존재 확인청구권을 피보전권리로 하여 직무정지가처분을 청구할 수 있다.

Ⅳ. 관리위원회

1. 관리위원회제도의 비교법적 검토

일본 구분소유법을 계수한 우리 집합건물법은 관리단의 업무집행기관으로 일본 구분소유법 규정처럼 의결기관인 관리단 집회에서 선임되는 관리인만을 규정하고 있었다. 이러한 관리인만을 집행기관으로 하는 제도는 소규모 집합건물의 관리에는 적합할 수 있으나 대형 상가건물이나 오피스텔 등 대형 집합건물의 관리에는 적합하지 않다. 다른 입법례를 보면 우리와 일본과 같이 관리단의 독임제 업무집행기관으로 관리인 하나만을 두는 경우가 오히려 드물고 프랑스, 독일, 미국 등의 다른 집합건물법제에서는 관리위원회와 같은 감독·자문기관 내지 회의체 집행기관을 두고 있다. 2012. 12. 18. 개정 집합건물법은 관리위원회 제도를 도입하였다. 관리인위원회는 관리인의 사무집행을 감독한다. 관리위원회를 둔 경우 관리인이 사무집행을 위해서는 관리위원회의 결의를 거쳐야 한다(집합건물법 제26조의 2와 제26조의 3). 비교법적으로 보면, 관리위원회는 2가지 유형이 있다.

프랑스의 '1965 공동소유법' 제21조에 따르면 개정집합건물법의 관리위원회에 해당하는 관리조합 이사회(conseil syndical)는 관리인을 감독·지원하고 때로는 관리인에게 구속력 있는 의견을 제시할 수 있으며, 관리인은 관리조합 이사회를 거쳐 관리단 집회를 개최한다. 프랑스 관리위원회 제도의 특징은 관리인(syndic)이 관리조합 이사회의 구성원이 될 수 없다는 것이다.[390] 관리조합 이사회의 의장은 위원 중에서 선출되지만 관리인처럼 관리단을 대표하는 지위에 있지 않다.

---

390) 김영두, 각주 363)의 책, 317면.

독일 주거소유권법 제29조는 개정 집합건물법의 관리위원회에 대응하는 기관으로 관리자문위원회(Verwaltungsbeirat)를 두고 있다. 관리자문위원회는 관리인의 업무를 지원하고 관리단 집회안건을 사전에 검토하며 총회에 의견서를 제출하는 역할을 한다. 위원회는 구분소유자 중에서 위원장 1인과 2명의 위원으로 구성된다(독일 주거소유권법 제29조 제1항).[391] 프랑스와 독일과 같이 대륙법계의 집합건물법제의 관리위원회는 관리인을 감독하거나 자문하는 감독기관 내지 자문기관의 성격이 강하다. 특히 프랑스나 독일의 경우에는 대부분의 관리인이 전문적인 관리업무를 수행하는 위탁관리회사기 때문에 외부의 위탁관리회사가 관리단을 대표함으로써 발생하는 문제를 해결하기 위하여 구분소유자들의 대표로 구성되는 관리위원회가 관리인을 감독하거나 관리인의 자문에 응하는 기능을 하게 된 것이다. 구분소유자가 아닌 위탁관리회사의 입장에서도 다수의 구분소유자들과 소통하며 관리업무를 민주적으로 수행하기 위해서는 구분소유자들의 대표로 구성되는 관리위원회와 협의하여 관리업무를 수행하고 관리위원회를 통하여 관리단 집회의 안건을 정하고 구분소유자들의 의견을 수렴할 필요가 있다.

이와 같이 프랑스, 독일 등 대륙법계 국가의 집합건물 관리위원회는 감독·자문기구의 성격이 강한 반면, 관리위원회에 대응하는 영미법계 집합건물법제의 관리단 이사회(board of association)는 영리회사의 이사회처럼 회의체 집행기관의 성격에 가깝다.[392] 미국의 관리단 이사회는 그 자체로 회의체 업무집행기관이어서 감독이나 지원을 하는 것이 아니라 직접 관리업무를 집행한다.[393] 다만 회의체 집행기관은 그 회의체 기관인 이사회가 직접 관리사무소 직원들을 지휘하고 관리업무를 집행할 수 없기 때문에 별도로 집행업무를 담당하는 임원(officer)을 두고 있다.[394] 임원으로는 통상 회장(president), 총무이사(secretary), 재무이사

391) 김영두, 각주 363)의 책, 316면.

392) UCIOA § 3-102. UCIOBORA § 8.

393) Restatement(The Third of Law), Property(Servitude), § 6.3, 6.4, 85, 89면.

394) 회장, 총무이사, 재무이사 등의 임원은 집행기관의 성격을 가지나 구분소유자 전원으로

(treasurer) 등이 있다. 회의체 이사회 시스템에서는 집행업무를 담당하는 관리인이 직접 회의체 집행기관의 구성원으로 참여하여 집행업무에 대하여 논의하여 관리업무를 집행한다는 점이다. 회의체 집행기관은 시스템은 독임제 집행기관인 관리인이 독단적으로 집행업무를 수행하는 것이 아니라 일상적인 회의를 통하여 관리업무 정책이나 집행의 효율성을 높일 수 있다는 장점이 있다. 하지만 구성원 전원이 참여하는 총회형식의 관리단 집회 외에는 집행기관을 감독하는 감독기관이 존재하지 않아 집행기관과 감독기관 사이의 견제와 균형에 의한 민주주의 원리가 작동하기 어렵다. 따라서 집행기관이나 위탁관리회사의 비리나 전횡을 견제하는데 취약하다는 단점이 있다. 이에 반하여 프랑스나 독일과 같은 감독·자문기관 시스템은 독임제 집행기관인 관리인을 감독하거나 자문하여 집행기관의 비리·전횡을 막는 견제와 균형의 민주주의 원리를 작동시킬 수 있다는 점이 장점이다. 감독·자문기관 시스템에서는 관리인이나 그 관리인의 지휘를 받는 관리단 임원이나 감사 등 집행기관의 구성원은 관리위원회에 참여할 수 없다. 감독기관에 집행기관 임원이 참여하면 감독기능을 제대로 수행하기 어렵고 견제와 균형의 민주주의 원리에 반하기 때문이다.

2. 관리위원회의 법적성격

개정 집합건물법은 관리위원회는 집합건물법 또는 관리규약으로 정한 관리인의 사무 집행을 감독한다고 하여(집합건물법 제26조의2 제2항) 그 역할과 기능에 대해서만 규정하고 있을 뿐 관리위원회의 성격에 대해서는 명확한 규정을 두지 않고 있다. 이에 대해 관리위원회는 관리인과 더불어 업무집행기관의 성격을 가지고, 관리인은 독립된 집행기관이지만 관리위원회의 결정에 따라 업무를 집행하기 때문에 관리위원회의 하부기관에 해당한다는 견해가 제기되고 있다. 위 견해

구성되는 의결기관인 관리단 집회에서 선출되는 독임제 업무집행기관인 관리인과는 그 지위에서 차이가 있다.

는 관리위원회의 성격은 미국식의 이사회 방식에 해당하는데, 다만 미국식의 이사회 제도는 관리단의 유일한 대표기관이며 업무집행기관이지만 개정 집합건물법의 관리위원회는 관리인과 관리위원회 2개의 업무집행기관이 동시에 존재한다는 점에서 차이가 있다고 밝히고 있다.[395] 아마도 위 견해는 개정 집합건물법의 입법논의 과정에서 프랑스나 독일처럼 관리인이 관리위원회의 구성원으로 참여하지 못하도록 관리위원회 제도를 설계하고 있었던 점을 고려한 것으로 보인다. 실제로 개정 집합건물법 제28조의 제4항에 따라 시·도지사가 제정하는 표준 관리규약안 제63조 제2항은 관리위원회 위원은 관리인, 관리단 임원, 감사를 겸직할 수 없다고 하고 있다. 집행기관인 관리인과 관리위원회를 분리하여 관리위원회가 집행기관인 관리인을 감독하는 방식은 프랑스, 독일의 대륙법계 국가의 감독·자문기관 시스템에 가까운 것이다. 관리인과 관리위원회가 분리 정립되고 관리위원회가 관리인을 감독, 견제하는 개정 집합건물법의 관리 시스템에도 불구하고 위 견해가 관리위원회의 성격을 업무집행기관 내지 회의체 집행기관이라고 하는 이유는 공동주택 단지에 존재하는 또 다른 회의체 집행기관인 입주자대표회의와의 통합을 염두에 두고 있기 때문으로 보인다. 위 견해는 관리위원회가 관리단의 업무집행기관에 해당하듯이, 입주자대표회의는 입주자단체의 업무집행기관이라고 볼 수 있으며 입주자대표회의는 성질상 관리위원회에 해당한다고 보고 있다.[396] 이와 달리 관리위원회는 자문 내지 감시기구라는 점에서 단지 업무집행자에 불과한 입자주대표회의 이사와는 질적으로 다르다는 견해도 제기되고 있다.[397] 일본의 "아파트 표준관리규약(マンション標準管理規約)" 제38조 제2항은 관리조합의 이사장은 관리인에 해당한다고 의제하고 있는데, 이러한 의제조항을 통하여 관리단과 관리단조합의 이원적인 조직이 존재하는 혼란을 방지하고 있다. 일본에서는 우리와 같이 하나의 공동주택 단지 내에 관념적으로

395) 김영두, 각주 363)의 책, 108면.
396) 김영두, 각주 363)의 책, 114면.
397) 이준형, 각주 191)의 책, 118면.

존재하는 관리단과 현실적으로 존재하는 입주자대표회의라는 이원적 관리조직으로 인하여 관리조합의 법적지위를 둘러싼 법적혼란이 발생하지는 않고 있다.

위 견해는 일본의 입법례와 같이 관리위원회의 성격을 입주자대표회의와 동일하게 해석하는 해석론을 매개로 입주자대표회의가 관리위원회의 지위를 가진다고 의제하는 것을 목표로 하고 있는 것으로 보인다. 위 견해는 이렇게 다른 나라의 예에서는 찾아볼 수 없는 우리 공동주택 관리현장에서의 이원적인 관리조직의 문제를 극복하려 시도하고 있다는 점에서 긍정적이다. 2012. 12. 18. 개정 집합건물법 개정 시에 관리위원회 제도를 도입하면서 입주자대표회의와의 관계도 명문화함으로써 공동주택 단지의 관리조직의 이원화에서 오는 법적인 혼란을 극복하는 계기를 만들었어야 하는데, 관리위원회 제도만을 도입한 것은 확실히 절반의 개혁에 그친 감이 있다. 그러나 관리위원회와 입주자대표회의를 일치시키려는 목적론적 해석만으로 개정 집합건물법의 관리위원회의 성격을 입주자대표회의와 같이 업무집행기관 내지 회의체 집행기관이라고 해석하고 입주자대표회가 관리위원회의 지위를 가진다고 바로 의제할 수는 없다. 단지 관리단 표준관리규약(안) 제64조는 관리위원회의 직무범위로 관리단 집회의 결의에 갈음하는 결의, 관리단 집회에서 위임한 사항, 관리단 집회의 결의에 갈음한 관리인의 직무대행자 선임 등을 예시하고 있어, 이에 따르면 관리위원회는 감독기능뿐만 아니라 대의제 의결기관의 성격도 가지게 된다.

2012. 12. 18. 개정 집합건물법을 통하여 도입된 관리위원회 제도에 관한 입법자의 의도는 이사회 제도와 같이 관리업무의 효율성을 높이기 위한 측면보다는 독임제 집행기관인 관리인에 감독과 자문을 통하여 관리단의 민주적 운영에 초점이 맞추어져 있다고 볼 수 있다. 뒤에 "Ⅳ. 단지 관리단과 입주자대표회의의 통합"에서 입주자대표회의와 관리위원회의 통합운영에서 살펴보는 바와 같이 입주자대표회의와 관리위원회 사이에는 관리위원과 동별대표자의 선출방식과 관리인 또는 회장 등 집행기관의 참여여부, 관리인 내지 회장의 선출방식 등에 차이가 있다. 그러므로 관리규약의 개정을 통하여 이러한 차이를 해소하는 것을

조건으로만 입주자대표회의와 관리위원회를 동일한 지위와 역할을 수행한다고 의제할 수 있다. 관리위원회의 성격에 관한 해석론만으로는 입주자대표회의가 관리위원회의 지위를 가진다고 바로 의제할 수 없고, 위와 같은 일정한 조건이 성취될 수 있도록 관리규약에 근거를 마련하거나 공동주택관리법에 근거조항을 만들어 이러한 조건이 성취되는 것을 전제로 입주자대표회의가 관리위원회의 지위와 역할을 수행할 수 있다고 의제하는 것이 바람직할 것이다.

제 3 절 입주자대표회의

Ⅰ. 입주자대표회의의 법적 성격

1. 입주자대표회의의 연혁

입주자대표회의는 1981. 4. 7. 개정된 구 주택건설촉진법에 처음으로 규정되었고, 그에 따라 1981. 10. 15. 제정된 대통령령인 "구 공동주택관리령"에 자세한 내용을 규율하였다.[398] 집합건물법이 제정된 것이 1984. 4. 10. 이므로 한국에서는 집합건물의 소유와 관리에 관한 일반법이 제정되기 전에 주거용 집합건물의 소유와 관리에 관한 법률이 먼저 만들어진 것이다. 미국의 "표준 집합건물법"도 원칙적으로 그 적용범위를 주거용 집합건물에 두고 그 범위를 상가 등 비주거용 집합건물로 확대해 왔던 것처럼 한국도 주거용 집합건물의 소유와 관리에 관한 법률부터 제정된 것으로 볼 수도 있을 것이다. 그러나 구 주택건설촉진법은 그 법령의 명칭에서도 알 수 있듯이 입법취지가 주택난을 해결하기 위하여 주택의 대량공급 정책을 뒷받침하는데 있었고, 집합건물 관리에 관한 체계적인

398) 구 주택건설촉진법은 2003. 11. 29. 구 주택법으로 전면개정되었고, 이 때 "공동주택 관리령"은 구 주택법시행령에 포함되어 폐지되었다.

사법체계를 규율하는데 입법목적이 있지 않았다. 공동주택을 대량 공급하였으나, 막상 건축된 공동주택의 관리에 관한 기본적인 관리체계가 부재하여 공동주택의 관리에 공백이 발생하였다. 이러한 공동주택 관리의 공백을 메우기 위하여 급히 공동주택의 관리체계인 입주자대표회의를 규정하고 "구 공동주택관리령"을 통하여 공동주택 관리과정에서 발생하는 현안에 대응해 온 것이다. "입주자"라는 개념이 어떤 경위로 만들어진 것인지에 대해서는 명확하지 않으나 구 주택건설촉진법에서는 구체적인 개념규정이 없었고 "구 공동주택관리령"에서는 입주자라는 개념을 소유자의 개념으로 정의하면서도 입주자[399]와 사용자[400]가 입주자대표회의를 구성하는 것으로 규정하였던 점에 비추어 보면 초기에는 소유자나 점유자, 임차인 등의 법률적 개념을 염두에 두고 만들어진 개념이기보다는 공동주택에 입주(入住), 즉 들어와 거주하고 있는 거주자를 의미하였던 것으로 보인다.

이와 같은 입주자의 초기 개념에 비추어 보면 "입주자대표회의"는 공동주택이 외국의 예와 달리 여러 개동의 단지형의 집합건물이라는 점에 착안하여 각 동별로 대표를 뽑아 그 동별대표자들로 구성된 관리를 담당하는 대표기구를 만들려 했던 것으로 보인다. 1981. 4. 7. 개정된 구 주택건설촉진법에서 입주자대표회의의 개념이 도입되기 전에 1980. 1. 4. 개정된 구 주택건설촉진법에 "입주자회의"라는 개념이 잠시 도입된 연혁이 있었다. 이러한 연혁에 비추어보면, 공동주택의 관리체계로 처음에는 입주자전체를 구성원으로 하는 주민총회와 같은 단체를 구상하였다가, 전체 입주자들이 모여 직접 민주주의 방식으로 관리체계를 만드는 것이 어렵다고 판단하고 동별 대표자로 구성되는 간접민주주의 방식의 관리체계를 도입한 것이다. "입주자대표회의"는 법률가들의 법률검토를 거쳐 단체

---

399) 공동주택관리법 제2조 제5호는 "입주자"를 '공동주택의 소유자 또는 그 소유자를 대리하는 배우자 및 직계존비속으로 개념정의하고 있다. 그리고 제7호는 입주자와 사용자를 포괄하는 개념으로 "입주자등"이라는 개념을 사용하고 있다.

400) 공동주택관리법 제2조 제6호는 사용자를 공동주택을 임차하여 사용하는 자로 개념규정하고 있어 '임차인'과 같은 의미로 사용하고 있다.

의 성질이나 구성과 운영방법, 법원(法源) 등을 체계적으로 갖추어 제정된 법률적 개념의 단체이기보다는 대량 공급된 공동주택의 관리공백을 시급히 메우기 위한 행정편의적 발상에서 만들어진 관리기구라고 할 수 있다. 한국의 집합건물 관리법제의 발달에서 가장 불행한 사건은 1984. 4. 10. 집합건물법을 제정할 때 개정 전에 있던 주거용 집합건물인 공동주택의 관리에 관한 법률체계도 집합건물법에서 규율하고 있는 구분소유와 관리의 법체계 안으로 흡수하면서 "구 공동주택관리령"을 폐지하거나 행정감독과 규율에 필요한 부분만을 "구 공동주택관리령"에 남겨두는 방식으로 법률정비를 하지 못했다는 것이다. 법무부와 건설교통부의 업무협조를 통하여 범정부적 차원에서 집합건물법을 제정했어야 하나, 법무부가 관장하는 집합건물의 소유와 관리에 관한 일반법과 건설교통부에서 관장하는 주거용 집합건물인 공동주택의 관리에 관한 행정적 차원의 법률이 혼재하여 존재하게 되었다. 2012. 12. 18. 개정된 집합건물법은 집합건물 제도개선에 큰 전기를 이룬 것이나 공동주택관리법의 입주자대표회의 등의 관리체계와의 통합성을 갖추지 못했다는 점에서 보면 절반의 개혁이었다.

2. 입주자대표회의의 법적성격

위와 같이 입주자대표회의는 집합건물법상 관리조직인 관리단과의 관계나 관리조직으로서의 지위, 단체의 구성원리 등을 체계적으로 소개하여 도입된 제도가 아니라 대규모로 공급된 공동주택의 관리의 공백을 시급히 메우기 위한 행정목적에 의해 도입된 관리기구이어서 그 법적 성격에 대해서는 처음부터 논란이 많을 수밖에 없었다. 그 법적성격의 논란은 입주자대표회의가 원고가 되어 소를 제기하면서 그 소송당사자로서의 지위와 관련하여 시작되었다. 입주자"대표회의"라는 명칭은 입주자대표회의가 단체이기보다는 공동주택의 관리문제를 논의하기 위한 회의기구라는 인상을 가지게 되었고, 그래서 초기에 하급심 법원은 입주자대표회의를 입주자들을 구성원으로 하는 '입주자사단'의 내부기관일 뿐이라고 하여 당사자능력을 부정하였다.[401] 그러나 공동주택의 관리와 관련하여 입주자들을 대표하여 제3자와 소송을 수행할 입주자대표회의 외에 어떤 다른 단체가 존재해야 한다. 당시에는 집합건물 관리단이 관념적으로 존재한다는 법리를 알지 못하였기 때문에 입주자대표회의의 당사자능력을 부정하면 공동주택의 관리와 관련하여 입주자들을 대표하여 소송을 수행할 당사자가 존재하지 않게 되었다. 이러한 소송당사자의 공백은 바로 관리의 공백을 의미하는 것이어서 공동주택의 관리의 공백을 메우기 위하여 입주자대표회의 제도를 도입한 입법취지에 반하는 것이었다. 대법원은 이러한 정책적 고려를 바탕으로 입주자대표회의를 단체내부의 기관이 아니라 독립한 단체로 인정하고 줄곧 이러한 태도를 유지해 오고 있다.[402]

학계에서는 입주자대표회의를 독립된 단체로 보지 않고 입주자단체 내의 집행기관이나 의결기관으로 보는 다양한 견해가 제기되고 있다. 입주자대표회의와 위탁관리회사라는 두 단체와 조합가 집합건물 관리단 내부에서 의결기관과 집행기관의 지위를 가진다는 견해가 있다.[403] 이러한 공동주택 관리체계를 염두에 두고 입주자대표회의가 비법인 사단으로서 독자적인 단체성을 인정한다 해도, 관리주체가 공동주택 관리에 관한 집행기구 성격을 가지고, 입주자대표회의는 의결기관으로서 관리주체를 감독하는 기능을 한다는 견해도 있다.[404] 입주자대표회의는 각 동별로 대표자를 뽑아 회의체를 구성한다는 측면에서 보면 개정 집합건물법 제26조의 2의 관리위원회와 같이 대의제 의결기관의 성격을 가지고 있다. 공동주택관리법 시행령은 "입주자대표회의의 의결사항(시행령 제14조)", "관리주체의 업무(법 제63조)"와 같은 표제로 입주자대표회의의 역할과 기능을 관리비 등의 집행을 위한 사업계획 및 예산의 승인, 결산의 승인과 같은 관리업무의 의

401) 서울고등법원 1990. 12. 20. 선고 90나25784 판결.

402) 대법원 2007. 6. 15. 선고 2007다6307 판결, 대법원 2007. 1. 26. 선고 2002다73333 판결 등.

403) 김봉채, 앞의 책, 55면.

404) 변우주, "공동주택의 입주자대표회의의 법적지위 – 하자담보추급권의 행사가능성 여부와 관련하여 –", 재산법 소개(24권 제3호), 법문사, 2008. 2, 112면.

결과 감독으로 제한하고, 구체적인 관리업무의 집행은 관리주체인 관리사무소장이나 위탁관리회사가 수행하는 것으로 규정하고 있다. 하지만 구 주택법령의 규정은 입주자대표회의와 위탁관리회사의 두 독립한 단체 사이에 관리업무의 의결과 집행이라는 업무의 분장방식일 뿐이고, 입주자대표회의의 단체성을 부정하는 논거가 될 수는 없다. 하지만 입주자대표회의가 단체로서의 독립성을 가지고 있는데, 단체 내부기관처럼 의결기관이라는 것은 주장자체로 모순된다. 구 주택법시행령의 위와 같은 규정을 입주자대표회의와 위탁관리회사 사이의 관리업무의 분장방식으로 해석해야지 이를 입주자대표회의와 위탁관리회사를 마치 한 단체 내에 있는 의결기관과 집행기관으로 규정하고 있는 것처럼 해석할 수는 없다. 입주자단체의 집행기관이라는 견해로는 집합건물 관리단은 구분소유자 전원을 구성원으로 하여 당연성립 하는 단체이고 관리단의 의결기관이 구분소유자 총회이고 입주자대표회의는 관리업무를 집행하는 집행기관이라거나, 입주자단체를 비법인 사단으로 보고 입주자대표회의는 상법상 영리회사의 회의체 집행기관인 이사회처럼 입주자단체의 회의체 집행기관이라는 견해 등이 있다.[405] 입주자대표회의가 입주자단체의 업무집행기관 내지 대표기관이라는 견해는 미국의 관리단 이사회처럼 입주자대표회의도 합의제 집행기관의 형식을 갖추고 실제로 그러한 집행기능을 담당하고 있다는 점에 주목하고 있다. 입법적 개선방향으로 고려하는 것은 별론으로 하고, 공동주택관리법등 현행 법령의 해석으로는 입주자대표회의가 단체의 독립성이 없고 집행기관에 불과하다는 견해가 근거를 가지기는 어렵다.

3. 입주자단체와 입주자대표회의

판례는 입주자대표회의의 단체성을 인정하면서도 그 구성원을 입주자가 아닌

405) 학설의 소개로는 이춘원, "입주자대표회의의 법적 지위에 관한 소고", 집합건물법학(제7집), 한국집합건물법학회 2011. 6, 11 내지 15면.

동별대표자라고 하면서 입주자대표회의가 입주자를 구성원으로 하는 입주자단체는 아니라는 태도를 취하고 있다. 판례는 별도로 입주자들을 구성원으로 하여 어떤 단체를 구성한 사실이 인정되지 않고 공동주택관리규약이 제정되었다고 하여 바로 입주자들이 구성원이 된 단체가 성립하였다고 할 수 없다는 이유로 입주자대표회의를 "입주자"가 아니라 "동별대표자"를 구성원으로 하는 비법인 사단이라고 하고 있다.[406] 하지만 입주자와 사용자(이하 "입주자등"이라고 한다)가 입주자대표회의의 구성과 운영에 관한 공동주택관리규약을 제정하고 각 선거구별 대표자인 동별대표자를 선출하는데(공동주택관리법 제14조 제3항, 시행령 제12조), 막상 단체의 구성원은 입주자등이 아니라 '동별대표자'라는 판례 법리는 일반적인 단체의 구성과 운영원리에 반한다. 또한 집합건물 관리단은 별도의 조직행위 없이도 '당연성립'한다는 집합건물의 구성원리에 관한 판례 법리와도 모순된다.[407] 오히려 입주자등이 공동주택관리규약에 따라 동별대표자를 선출하는 행위 자체가 입주자들을 구성원으로 하는 단체를 구성하는 조직행위에 해당한다. 입주자등이 직접 그 대표자인 입주자대표회장을 선출하는 것은 아니라 할지라도, 공동주택관리규약에 따라 동별대표자를 선출하고 동별대표자들이 대표자인 회장을 선출하는 2단계의 조직행위를 통하여 입주자대표회의가 구성하는 것이다. 또한 입주자등 10분이 1 이상이 요구하면 입주자대표회의의 회의를 소집해야 하는데(시행령 제12조의 제2항), 이러한 소수사원권은 그 회의 소집신청권을 행사하는 입주자가 그 단체의 구성원임을 전제해야 하는 것이다. 더욱이 공동주택관리법 시행령 제12조 제2항은 500세대 이상의 공동주택의 경우에는 위와 같은 2단계의 대표자 선출이 아니라 입주자등이 직접민주주의 방식의 선거를 통하여 대표자인 회장과 감사를 선출하도록 하고 있다. 또한 공동주택 관리규약은 그 구성원을 입주자등으로 하여 입주자등의 권리 및 의무 등을 규정(시행령 제57조 제1항 제1호)하고 있다. 이와 같은 입주자대표회의의 구성과정이나 관리규약의 내

406) 대법원 1991. 4. 23. 선고 91다4478 판결.

407) 대법원 2006. 12. 8. 선고 2006다33340 판결.

용 등을 종합해 보면 입주자대표회의의 구성과정은 입주자단체의 구성이라 할 수 있다. 결국 입주자대표회의의 실질은 입주자들을 구성원으로 하는 입주자단체이고, 행정적 차원에서 이러한 입주자단체의 명칭을 "입주자대표회의"라고 한 것이다. 따라서 입주자대표회의의 실질은 입주자들을 구성원으로 하는 입주자단체이고, 비록 집합건물법에서 정한 의결기관과 집행기관의 체계를 갖추지 않았다 하더라도 집합건물법상의 의결기관과 집행기관의 요건을 일정한 범위에서 갖춘다는 것을 전제로 집합건물 관리단의 지위를 가질 수 있다.

Ⅱ. 입주자대표회의와 관리주체

1. 공동주택의 관리주체

공동주택의 관리주체는 공용부분의 유지·보수 및 안전관리, 공동주택 단지 안의 경비·청소·소독 및 쓰레기 수거, 관리비 및 사용료의 징수와 공과금 등의 납부대행, 장기수선충당금의 징수·적립 및 관리, 관리규약으로 정한 사항의 집행 등의 관리업무를 수행하는 주체이다. 입주자들이 요구하면 공동주택 관리에 관한 정보를 공개하고 관리비와 잡수익 등의 회계에 관한 장부의 작성과 보관업무도 담당한다(공동주택관리법 제27조). 집합건물의 관리주체가 당연히 집합건물의 관리를 목적으로 구성되는 집합건물 관리단인 것처럼 공동주택의 관리주체도 공동주택의 관리를 목적으로 구성되는 입주자대표회의일 것이어야 할 것이다. 그러나 공동주택관리법은 공동주택의 관리주체를 자치관리를 하는 경우에는 관리사무소장, 위탁관리를 하는 경우에는 주택관리업체, 사업주체가 관리에 관한 업무를 인계하기 전까지는 사업주체를 관리주체라고 하고 있다(공동주택관리법 제2조 제10호). 그렇다면 관리주체가 위와 같은 관리업무의 사실행위를 집행하는 것을 넘어 집합건물 관리단과 같이 공동주택의 관리업무를 담당하는 "법률상의 주체"라는 의미인지에 대하여는 상당한 논란이 있다. 공동주택관리법이 사실행위로서의 관리업무를 담당하는 자의 의미가 아니라 관리업무를 집행하는 계약의 체결 등 법률행위의 당사자라는 의미로 이해되는 "관리주체"라는 표현을 사용하고 있기 때문이다. 하지만 관리주체는 "입주자대표회의"의 개념과 마찬가지로 법률가들의 그 조직의 성격과 구성, 운영 등에 관한 법체계적인 검토를 거쳐 도입된 법률적 개념이기보다는 행정상의 편의로 만들어진 개념이다. 관리주체라는 명칭은 구 주택법에 따라 사업계획승인을 받아 공동주택 건설사업을 하는 자를 행정적 차원에서 "사업주체"라고 개념정의(주택법제2조 제10호.)하고 있는 것과 대응하여 건설된 공동주택의 관리를 담당하는 주체를 행정적 차원에서 "관리주체"라고 개념정의한 것이다.

공동주택은 도시의 주거난을 해소하기 위한 정부의 정책적, 재정적 지원에 힘입어 대량으로 공급된 것이다. 그 관리에 있어서도 많은 공용부분이 존재하고 전유부분에 있어서도 통합적인 관리가 필요로 되고, 노후화나 슬럼화를 방지하기 위하여 적기에 장기수선계획에 따라 시설의 교체와 개량을 해 주어야 하는 등 관리의 전문성이 요구되었다. 이에 비하여 구분소유자들은 그러한 전문적 관리능력이 결여되어 있으므로 국가가 행정적으로 개입하여 공동주택의 관리체계를 제도적으로 설계하게 된 것이다. 당시의 입법자는 입주자대표회의는 국회와 같이 1년에 한두 차례 회의를 소집하여 예산과 관리사업계획에 관한 승인과 사후 결산 등을 감독하는 업무를 하고, 관리업무는 마치 행정부처럼 관리주체가 한다는 관리체계의 구도를 염두에 두었던 것으로 보인다. 입법자는 전문적인 관리능력이 있는 관리사무소 소장이나 위탁관리 전문회사를 관리주체로 하여 전문적인 공동주택 관리를 하도록 하고 입주자대표회의는 이러한 관리주체를 감독하는 업무를 담당하도록 하는 관리체계를 구상한 것이다. 이러한 입법취지를 고려한다면, "관리주체"의 개념은 어떤 법률상의 체계 즉, 관리업무의 "법률상 주체"나 법률행위의 당사자의 개념으로 도입된 것이 아니라 관리업무의 사실상의 집행권자의 의미로 도입된 것으로 보아야 한다.[408]

"주체"라는 표현은 이미 사용되고 있던 "사업주체"라는 용어에서 차용한 것이다. 이러한 점에 비추어 보면 향후 공동주택관리법령 개정에서는 관리업무와 관련한 법률행위의 당사자라는 오해를 주는 "관리주체"라는 표현보다는 "관리담당자"와 같이 관리업무를 사실적으로 집행하는 의미로 용어를 변경하거나 앞서 "Ⅱ. 입주자대표회의와 집합건물 관리단"의 집합건물 관리단과 입주자대표회의에 관한 법률체계의 통합논의에서 살펴본 바와 같이 관리주체를 집합건물 관리단을 대표 또는 대리하는 관리인의 지위를 부여하는 것이 타당하다. 집합건물의 관리인은 반드시 구분소유자일 필요가 없고(집합건물법 제24조 제2항), 법인도 가능하므로 위탁관리회사가 관리인의 지위에서 관리단을 대리하여 관리업무를 수행한다. 공동주택에서는 위탁관리회사가 관리주체의 지위에서 공동주택을 관리하지만, 대형 상가건물에서는 전문적인 위탁관리회사가 관리인의 지위에서 상가 집합건물을 관리하고 있다.

2. 관리주체와 법률관계

공동주택관리법 제6조는 자치관리의 경우 관리사무소장을 관리주체로 규정하고 있는데, 관리사무소장은 입주자대표회의가 고용하는 인력에 불과하고 관리사무소도 공동주택 관리에 필요한 설비와 인력으로 구성된 시설에 불과하여 이를 "주체"라는 표현처럼 공동주택의 관리업무에 관한 독립적인 관리권한을 가지는 법률상 주체라 할 수 없다. 관리사무소장은 소송상 당사자능력이 없으므로 자치관리기구인 관리소장이나 관리사무소의 명의로 입주자에게 관리비를 청구할 수 없고 관리비등을 집행하는 계약을 체결할 수 없다.[409] 자치관리의 경우에는 입주자대표회의가 공동주택의 관리의 "법률상 주체"라는 의미의 "관리주체"가 되어야 함은 명백하다. 입법상의 오류이다.[410] 위탁관리 방식에서는 입주자대표회의가 관리비등의 집행을 위한 사업계획 예산을 승인하면(시행령 제51조 제1항 제2호), 관

408) 박종두, "관리단의 법적 지위에 관한 재검토", 집합건물법학(제4집), 81면.
409) 서울지방법원 1997. 6. 13. 선고 96나33630 판결.
410) 윤재윤, 각주 175)의 책, 63면.

리주체인 위탁관리회사가 입주자대표회의에서 의결한 사항을 집행한다(시행령 제55조 제1항 제6호). 또한 입주자대표회의는 관리비등의 회계감사를 요구하고 회계감사보고서와 관리비등의 결산을 승인하는 역할을 하는 등 입주자대표회의는 관리업무의 의결과 감독기능을, 관리주체는 관리업무의 집행기능을 담당한다(시행령 제51조 제1항 제2의 3, 4호). 마치 국가권력의 삼권분립체계에서 국회가 법안의 의결과 감독 및 예·결산 승인 기능을 담당하고 행정부가 집행기능을 담당하는 권력분립체계와 같이 공동주택의 관리업무를 분장하고 있다. 하지만 입주자대표회의는 관리업무의 의결 및 감독기능을, 관리주체는 관리업무의 집행기능을 나누어 맡고 있다고 하여, 입주자대표회의와 위탁관리회사가 집합건물 관리단 내부의 의결기관이나 집행기관이 아님은 앞서 입주자대표회의의 법적성격에서 살펴본 바 있다. 공동주택관리법 시행령은 입주자대표회의가 의결과 감독 기능의 범위를 넘어 관리업무의 집행기능까지 나가지 못하도록 주택관리업자의 직원인사, 노무관리 등의 업무수행에 부당하게 간섭하여서는 안 된다는 주의적 규정까지 두고 있다(공동주택관리법 제65조,시행령 제14조 제5항).

공동주택관리법 제64조 제3항은 관리사무소장은 선량한 관리자의 주의로 그 직무를 수행해야 한고 규정하여 입주자대표회의와 관리사무소장과의 관계에 민법의 위임규정이 적용됨을 전제하고 있다. 수임인은 위임계약의 본래취지에 따라 선량한 관리자의 주의의무로 위임사무를 처리해야 한다(민법 제681조). 앞서 "제3장의 분양자의 정보제공의무의 법적근거" 부분에서 살펴 본 바와 같이 계약상의 배려의무의 하나인 설명의무는 정보제공의무, 경고의무, 조언의무로 분류할 수 있는데, 통상 변호사, 회계사, 의사와 같은 전문가들이 그 의뢰인에 대한 위임계약상의 설명의무는 조언의무의 내용을 포함한다. 따라서 변호사와 회계사, 의사 등의 전문가들은 그 의뢰인에 대하여 전문적인 지식과 경험에 기초하여 위임사무에 관하여 설명하고 더 나아가 조언해야 하고 이러한 조언의무를 해태한 경우 위임계약상의 선관의무 위반이 된다.[411] 위탁관리회사도 수임의 지위에서 전문적인 지식과 경험을 바탕으로 위임받은 관리업무와 관련하여 입주자대표회의가 합리적인 선택을 할 수 있도록 전문적인 의견을 제시할 조언의무를 이행해야 하고 이러한 조언의무를 제대로 이행하지 않은 결과 입주자대표회의가 합리적인 선택을 하지 못하였다면 선관주의의무 위반으로 채무불이행에 기한 손해배상책임을 부담한다.

예를 들어, 공동설비 부분에 대한 전기요금 산정 방식의 변경에 관하여 전문적인 의견제시를 하지 않아 입주자대표회의가 전기요금을 많이 내게 된 경우,[412] 법령과 관리규약에 의하여 입주자대표회의가 화재보험계약을 체결할 의무가 있는데도 입주자대표회의에 화재보험계약을 체결하도록 주의를 환기시키지 않은 경우[413] 관리주체인 위탁관리회사는 이러한 선관의무의 내용인 조언의무 위반으로 입주자대표회의와 그 구분소유자에 대하여 손해배상책임을 부담한다. 그러나 공동주택의 관리의 현실을 보면, 입법자가 의도한 것과 같은 전문적인 위탁관리는 거의 실현되지 못하고 있다. 전문적인 위탁관리를 예상한 입법취지에 따르면 청소, 경비, 소독, 승강기유지, 각종 수선유지 등 공동주택 관리에 필수적인 업무는 그러한 전문적인 장비와 인력을 갖춘 전문적인 위탁관리회사가 집행해야 한다. 공동주택관리법에서는 입주자대표회의가 주택관리업자의 직원인사, 노무관리 등의 업무수행에 부당하게 간섭하여서는 안 된다고 하고 있지만 현실에서는 경비, 청소, 시설관리 등 직원들을 입주자대표회의가 직접 고용하고 있고, 다른 관리업무 용역을 외부에 다시 위탁할 때도 입주자대표회의가 관리용역계약의 사업자와 직접 계약을 체결하고 있다. 입주자대표회의도 공동주택관리법이 정한 의결과 감독 역할을 넘어 직접적인 관리업무의 집행을 담당하고 있고, 관리업체도 전문적인 위탁관리 업무를 수행하지 못하고 단순히 관리사무소장만 파견하여 입주자대표회의의 관리업무 집행에 조언하는 역할만을 담당하고 있다. 이와 같은 현실의 위탁관리의 실질에서 보면 위탁관리회사는 단순히

411) 대법원 2004. 5. 14. 선고 2004다7354 판결.
412) 대법원 1997. 11. 28. 선고 96다22365 판결.
413) 대법원 2002. 10. 25. 선고 2000다18073 판결.

입주자대표회의를 대리하여 관리업무를 수행하는 지위에 있다.

Ⅲ. 입주자대표회의와 관리용역업자

1. 관리용역업자와의 법률관계

위와 같이 관리비 등의 집행을 위한 관리용역계약의 당사자가 입주자대표회의인지 위탁관리회사인지에 대한 법률적 혼란이 계속되자 2010. 7. 6. 영제 22254호로 개정된 구 주택법시행령 제55조의 4는 청소, 경비, 소독, 승강기유지, 지능형 홈네트워크, 수선유지를 위한 용역 및 공사 등 관리비등의 집행을 위한 계약에서 관리주체가 계약의 상대방인 사업자를 선정하고 집행해야 하고 입주자대표회의는 그 감사가 계약과정에 입회할 수 있도록 규정하였다. 위 법령 개정 이후로 입주자대표회의가 관리용역계약의 당사자가 되어야 한다는 논의는 입법론은 별론으로 하고 해석론으로 어렵게 되었다. 그 뒤 공동주택관리법 시행령 제25조 제1항은 관리주체와 입주자대표회의가 집행하는 분야를 나누어 위와 같이 ① 청소, 경비, 소독 등은 관리주체가 사업자를 선정하고 집행하도록 하고, ② 하자보수보증금을 사용하여 보수하는 공사, 사업주체로부터 받은 공용부분의 하자보수비용을 사용하여 보수하는 공사는 입주자대표회의가 사업자를 선정하고 집행하도록 하며, ③ 장기수선충당금을 사용하는 공사, 전기안전관리를 위한 용역은 입주자대표회의가 사업자를 선정하고 관리주체가 집행하도록 규정하고 있다.

이렇게 관리용역계약에서 입주자대표회의가 더 이상 계약의 당사자가 될 수 없고 관리주체인 위탁관리회사 계약의 당사자가 될 때, "입주자대표회의 – 위탁관리회사 – 관리비등의 집행을 위한 사업자" 사이의 법률관계는 어떠한 것인지에 대하여는 법령이나 판례, 학설에서 아직 명확한 법리가 도출되지 못하고 있다. 관리주체인 위탁관리회사가 전문적인 인력과 장비를 갖추어 위탁받은 관리업무를 직접 수행하는 것이 아니라 청소, 경비, 승강기유지, 수선유지, 장기수선계획에 따른 각종 교체, 개량공사 등을 외부의 용역사업자를 선정하여 공동주택 관리업무의 집행행위를 주선한다는 점에서 보면 위탁관리회사는 상법 제113조의 준위탁매매인에 해당한다. 상법 제101조의 위탁매매인이란 "자기의 명의로 타인의 계산으로 물건 또는 유가증권의 매매를 영업으로 하는 자"이고, 준위탁매매인은 "자기의 명의로서 타인의 계산으로 '매매 아닌 행위'를 영업으로 하는 자"를 말한다. 공동주택의 위탁관리업무를 놓고 보면 자기(위탁관리인)의 명의로써 타인(입주자대표회의)의 계산으로 청소, 경비, 승강기유지, 수선유지 등의 각 관리업무별로 사업자를 선정하는 행위를 주선하는 것이다. 위탁매매인(위탁관리업자)과 거래 상대방(관리용역 사업자) 사이의 대외관계에서 위탁관리업자는 자신의 명의로 경비, 청소, 승강기 유지, 수선유지 등의 관리용역계약을 체결한다(공동주택관리법 시행령 제25조). 한편 위탁매매인(위탁관리자와)과 위탁자(입주자대표회의) 사이의 대내관계에서는 이러한 주선계약도 위임계약이므로 민법상 위임계약이 적용된다. 그 구체적인 내용으로 위탁관리인은 입주자대표회의에 계약내용을 통지하고 계산서를 제출해야 하고(상법 제104조), 입주자대표회의가 지정한 최고가격이나 최저가격 등 지정한 계약가격을 준수해야 하며(상법 제106조), 관리용역 사업자가 그 용역을 이행하지 않을 경우에는 위탁관리인이 그 용역을 이행해야 한다(이행담보책임 : 상법 제105조). 한편 입주자대표회의는 관리용역계약상의 용역대금을 지불해야 하고 위탁관리인에게 위탁수수료를 지급해야 한다.

2. 입주자대표회의가 직접 체결한 계약의 효력

위탁관리의 관리현실은 경비, 청소, 승강기유지, 수선유지, 장기수선계획에 따른 교체, 개량 등에 관한 공사용역업자를 선정할 때 위탁관리회사는 입주자대표회의 대리인의 지위에서 입주자대표회의를 계약의 당사자로 하여 계약을 체결하고 있었다. 관리용역계약에 따른 대금지급의무나 이행청구권 등의 법률적 효과도 입주자대표회의에 귀속되는 것이 일반적이다. 이러한 관리용역계약의 당사자의 지위에 대하여 판례는 견해가 나뉘고 있었다. 위탁관리회사가 단순한 대리인으로 입주자대표회의의 명의로 계약을 체결하고 있는 현실에 주목하여 주택관리업자가 관리업무의 수행을 위하여 관리비등을 징수하는 것은 입주자대표회의로부터 그 징수업무를 위임받아 수행하는데 지나지 않는다는 판례[414]가 주류를 이루고 있었다. 하지만 반대로 구 주택법시행령 등의 법령규정에 충실하여 공동주택 관리에 관한 계약체결과 관련해 계약체결 여부, 계약상대방의 결정, 계약내용의 결정 등 의결권한은 입주자대표회의에 있다고 할 것이지만 그 의결사항을 집행하는 계약체결 자체의 권한은 관리주체인 위탁관리회사에 있고 관리업무를 포괄적으로 위탁한 이상 관리용역계약 체결을 직접 할 수 없다는 판결[415]도 있었다. 이러한 혼란이 계속되자 구 주택법시행령 제57조에 의하여 시·도지사가 마련하여 시행을 권고하는 표준 관리규약에는 관리용역계약의 당사자를 관리주체인 위탁관리회사로 규정하게 되었고 표준관리규약을 따르는 대부분의 공동주택 관리규약에는 관리주체가 관리용역계약의 당사자로 규정하고 있었다. 결국 2010. 7. 6. 개정된 구 주택법시행령 제55조의 4에 의하여 법령상으로도 관리주체인 위탁관리회사가 관리용역계약의 당사자로 되었고, 이를 위반하여 입주자대표회의가 직접 관리용역계약을 체결하면 행정적 제재도 가해지게 되었다.

그러나 이러한 관리규약에도 불구하고 입주자대표회의가 직접 관리용역계약을 체결하는 관행은 계속 지속되고 있고, 입주자대표회의가 당사자가 되어 체결한 계약의 효력이 문제되고 있다. 이에 대하여도 하급심 판결들의 결론은 엇갈리고 있다. 수원지방법원 2011나39165 판결[416]은 관리주체에게 위탁하여 관리

414) 수원지방법원 1997. 12. 17. 선고 99나4587 판결.

415) 서울중앙지방법원 2010. 3. 25. 선고 2009가합86890 판결.

416) 이상의 판결들은 이준희, “위탁관리의 경우에 위탁관리업체가 아닌 입주자대표회의가 직접 체결한 계약의 유효 여부”, 집합건물법학(제10집), 한국집합건물법학회, 2012. 12.

를 하는 경우라도 공동주택의 입주자가 스스로 관리할 권한이 배제되는 것이라고는 해석할 수 없으므로 공사계약을 관리주체가 아닌 입주자대표회의가 체결하였다고 하여 그 효력을 부인할 수 없다고 하였다. 하지만, 대법원은 관리규약에 관리주체로 하여금 아파트 관리를 위한 용역이나 공사발주를 하도록 하면서 계약서에 관리주체가 서명날인함과 아울러 입주자대표회의 구성원은 관리주체의 감독행위를 벗어나 관리주체의 업무를 직접 집행하지 못하도록 규정하고 있으므로, 계약의 체결여부, 계약 상대방의 결정, 계약내용의 결정 등은 입주자대표회의에 있지만 계약체결 자체의 권한은 관리주체에게 있다고 하였다.[417] 하지만 계약의 내용을 결정하고 그 상대방을 선정하기 위해서는 사전에 구체적인 계약조건을 가지고 계약체결을 위한 교섭과정이 수반되어야 한다는 점에 비추어 보면 계약의 상대방과 내용 등을 결정하는 권한과 계약체결 자체의 권한이 분리된다는 위와 같은 판례 법리는 쉽게 수긍하기 어렵다. 이미 입주자대표회의의 명의로 계약이 체결되었는데, 그러한 계약체결방식이 입주자대표회의 내부의 관리규약에 위반되었다고 하여 상대방이 그러한 대표권 제한의 내용을 알거나 알 수 있었는지를 심리하지 않고 바로 계약이 무효가 된다는 점도 대표권 제한의 일반 법리에 비추어 보면 역시 수긍하기 어렵다.

단체내부의 대표권 제한을 위반한 거래에 대하여는 선의의 제3자에 대하여 대항하지 못할 뿐 악의의 제3자에 대하여는 대항할 수 있다.[418] 거래상대방의 입장에서도 아무런 변제자력이 없는 위탁관리회사와 계약을 체결하는 것은 상당한 위험부담이 있어 입주자대표회의와 계약을 체결하고자 하는 의사가 우선하는데, 당사자의 의사를 우선해야 하는 계약해석의 원칙에도 벗어난다. 아래와 같이 법령위반으로 입주자대표회장이 행정적 내지 형사처벌을 받는 것은 별론으로 하고 입주자대표회의 명의로 체결된 계약이 관리규약에 위반된다는 점만으로 바로 무효가 되는 것은 아니다.

---

417) 대법원 2007. 9. 7. 선고 2007다21986 판결.

418) 민법주해(I), 민법총칙 (1)(최기원 집필부분), 박영사. 2010. 11. 30, 678면.

Ⅳ. 단지 관리단과 입주자대표회의의 통합

1. 이원적 관리조직의 문제점

집합'주택'[419]에는 관념적으로 존재하지만 구분소유자(입주자)들을 대표할 권한이 있는 집합건물 관리단과 사실적으로 존재하고 있지만 집합주택의 사실상 관리업무 외에 법적으로 구분소유자들을 대표할 권한이 없는 입주자대표회의의 이원적 관리조직이 존재한다. 이에 따라 관리업무의 집행이나 구분소유자들을 대표하여 소송을 수행함에 있어 상당한 법적 혼란이 발생하고 있다. 집합건물이 성립하면 그 효과로서 구분소유자들 전원을 구성원으로 하는 집합건물 관리단이 당연성립 하므로, 단지형 집합'주택'인 공동주택 단지에도 공동주택의 성립과 동시에 구분소유자(입주자)들 전원으로 구성된 단지 관리단(입주자단체)이 당연성립 한다. 입주자대표회의가 집합건물 관리단의 지위를 가지지 않는다는 판례법리는 공동주택에는 관념적이지만 존재하는 집합건물 관리단과 입주자들을 대표하여 사실상의 관리업무를 수행하는 관리단체로서의 입주자대표회의가 각각 존재한다고 전제하고 있는 셈이다.

판례는 관리업무와 관련하여 구분소유자들을 대표하는 집합건물 관리단이 행사할 수 있는 하자보수금청구, 제3자에 대한 방해배제청구, 부당이득반환 청구 등에 대하여 입주자대표회의의 소송상 당사자지위를 부정하고 있다. 이것은 2개의 단체가 존재한다는 전제에서 법률상의 권리는 집합건물 관리단이 행사해야 한다고 보기 때문이다. 결국 판례의 법리는 법적인 집합건물 관리업무의 당사자인 관리단이 현실적으로 관리업무를 수행하지 못하여 관리의 공백이 발생할 때, 입주자대표회의가 하자보수청구, 관리비징수 등 사실상의 관리업무를 수행한다는 논리에 서 있다. 입주자대표회의의 연혁에서 살펴 본 바와 같이 입주자대표회의는 대량으로 공급된 공동주택의 관리의 공백을 메우고 효율적인 관리를 위

419) 2012. 12. 18, 개정 집합건물법 제2조의 2는 구 주택법상의 공동주택 등 주거용 집합건물을 "집합주택"이라고 규정하고 있다.

한 행정목적에서 도입된 공법상의 단체 내지 기구일 뿐, 관리단의 관리업무에 관하여 어떠한 법률적 권한과 의무를 가진 사법상 단체의 개념으로 만들어진 것이 아니다. 공동주택 단지에는 관념적으로 존재하지만 법률상 권한을 가진 관리단과 현실적인 관리의 공백을 메우기 위한 사실상의 관리업무를 수행하는 입주자대표회의라는 2가지 단체가 존재하는 판례의 전제는 이러한 입주자대표회의의 연혁에 비추어 일면 타당한 측면이 있다.

하지만 공동주택 단지에 거주하는 구분소유자들의 상식과는 상당한 거리가 떨어져 있다. 이러한 판례의 전제가 현실적 타당성을 얻으려면 관리의 공백을 메우기 위하여 행정편의로 구성된 입주자대표회의는 임시적, 잠재적으로 존재하다가 관리단 집회에서 관리인이 선임되면서 관리단이 관념적 존재에서 현실적인 존재로 나타날 수 있어야 한다. 그러나 공동주택 관리현장에서 집합건물 관리단이 현실적으로 관리업무의 기능을 수행하는 경우는 거의 존재하지 않는다. 공동주택에 거주하는 구분소유자들 중에서 공동주택에 집합건물 관리단이 관념적이나마 존재한다는 의식을 가지고 있는 경우는 찾아볼 수 없다. 국토교통부나 서울특별시 등의 관리행정도 집합건물 관리단의 존재를 전제로 어떤 행정을 하지 않고 있다. 구분소유자들을 대표하여 재판상, 재판외의 관리업무를 수행하기 위해서는 입주자대표회의 외에 별도의 집합건물 관리단을 구성하여야 한다는 판례 법리와 구분소유자들의 관리업무에 관한 상식 사이에서는 커다란 괴리가 존재하는 셈이다. 2012. 12. 18. 개정 집합건물법 제28조 제4항은 시·도지사로 하여금 표준 집합건물 규약을 제정하도록 하고 있고, 법무부는 이에 따라 단지형 공동주택에 대한 표준관리규약(안)을 제정하였다.

공동주택 단지에는 공동주택관리법 시행령 제19조에 의한 표준 공동주택관리규약과 집합건물법 제28조 제4항에 의한 표준 단지관리규약의 2개의 자치법규가 존재하게 되었다. 공동주택단지 내에 공동주택의 관리를 위한 2개의 관리규약과 2개의 관리조직이 존재한다는 것은 세계적으로도 유례를 찾아보기 어렵고 구분소유자들이 체감하고 있는 법의식과도 크게 괴리되어 있을 뿐만 아니라, 공동주택 관리에 관하여 상당한 법률적 혼란을 불러오고 있다. 2012. 12. 18. 개정 집합건물법은 공동주택을 포함하는 집합'주택'의 관리방법과 기준에 관하여 구 주택법의 특별규정은 집합건물법에 저촉되지 않고 구분소유자의 권리를 침해하지 않는 범위에서 효력이 있다고 하고 있다(집합건물법 제2조의 2). 하지만 하나의 공동주택 단지 내에 2개의 관리조직이 존재한다는 비정상적인 법률상태를 정상화하는데 있어 개정 집합건물법 제2조의 2의 추상적 기준만으로는 부족하다. 공동주택의 단지 관리단과 입주자단체, 관리위원회와 입주자대표회의, 관리인과 관리주체 등을 체계적으로 통합하여 통합적인 관리조적체계를 만들어야 한다.

2. 단지 관리단과 입주자대표회의

앞서 입주자대표회의와 입주자단체의 관계에서 살펴본 바와 같이 입주자대표회의의 실질은 입주자들을 구성원으로 하는 입주자단체이고 행정적 차원에서 "대표회의'라는 명칭이 부여된 것이라는 점을 살펴보았다. 물론 입주자대표회의의 실질이 입주자단체라고 하여 그러한 입주자단체로서의 입주자대표회의가 집합건물법상의 집합건물 관리단과 동일한 법적성격을 갖는 것이라고 할 수는 없다. 아래와 같이 학계에서 지적하는 여러 차이점이 있고 이러한 차이점을 극복할 수 있도록 입주자대표회의를 관리단이나 관리단의 구성기구의 하나인 관리위원회로 의제하거나 하나의 기구가 집합건물법상의 관리위원회와 공동주택관리법상의 입주자대표회의로서의 지위과 기능을 겸할 수 있도록 하는 입법적 뒷받침이 있어야 한다. 학계에서는 입주자대표회의가 집합건물 관리단과 법적성격이 본질적으로 다르다고 주장하며 그 근거로 구성원의 범위, 구성절차, 업무의 범위 등에서의 차이를 들고 있는 견해가 있다.[420] 하지만 이러한 근거들은 입주자대표회의와 관리단이 본질적으로 그 구성과 역할을 달리하는 단체라는 볼 수 있는 근거로는 부족하고, 법령의 정비를 통하여 입법적으로 해결할 수 있는 문

420) 학설의 정리는 김봉채, 앞의 책. 50면.

제들이다.

첫째, 관리단은 구분소유자들을 구성원으로 하고 있으나 입주자대표회의는 사용자[421]도 그 구성원으로 하고 있다는 주장은 공동주택관리법에서 사용자에게 동별대표자 선거의 선거권을 부여한 정책적 배려를 잘못 이해한 것이다. 2012. 12. 18. 개정 집합건물법에서도 임차인에게 관리인 선임과 통상의 관리에 관한 사안에 대한 의결권을 부여하고 있다.

둘째, 집합건물 제9조의 3의 신설로 두 단체의 집행기관 구성절차는 상당부분 동일성을 가지게 되었다. 공동주택관리법은 입주예정자 과반수가 입주하면 사업주체가 입주자들에게 통지하여 입주자들은 통지받은 날로부터 3개월 이내에 입주자대표회의를 구성하도록 하고 있다(공동주택관리법 제11조 제1, 2항). 집합건물법은 집합건물 관리단의 구성에 대하여 당연성립만을 선언해 놓고 관리인 선임 등 구성절차를 규정하지 않고 있었다. 하지만 2012. 12. 18. 개정된 집합건물법 제9조의 3은 분양자는 예정된 매수인의 2분의 1 이상이 이전등기를 한 날로부터 3개월 이내에 구분소유자자 규약 설정 및 관리인 선임을 위한 관리단 집회를 소집하도록 하고, 구분소유자들이 소집하지 않는 경우 분양자가 관리단 집회를 소집하여 관리단의 집행기관인 관리인을 선임하도록 하고 있다.

셋째, 관리업무의 범위에 있어서도 집합건물에서 공용부분의 보존·관리 및 변경을 위한 행위 및 관리단의 사무집행에 필요한 분담금과 비용의 청구·수령행위 등(집합건물법 제25조 제1항)의 관리인의 업무와 공동주택에서 공용부분의 유지·보수 및 안전관리, 경비·청소·소독·쓰레기 수거나 관리비 및 사용료의 징수 등(공동주택관리법 제23조, 시행령 제23조) 관리주체의 관리업무의 범위는 크게 다르지 않다. 다만 집합건물의 관리단은 사무집행에 관하여 재판상 소송수행권을 행사

421) 공동주태관리법은 '사용자'란 용어를, 집합건물법은 '점유자'란 용어를 사용하고 있으나, '사용자'는 공동주택을 임차하여 사용하는 임차인(공동주택관리법 제2조 제1항 제6호)을, '점유자'는 구분소유자의 승낙을 받아 전유부분을 점유하는 자(집합건물법 제24조 제4항)를 지칭하는 개념으로 그 내용은 동일하다.

할 수 있는 규정이 별도로 마련되어 있으나, 입주자대표회의는 이러한 관리업무에 관한 소송수행권 행사의 근거규정이 없다. 하지만 입법적으로는 입주자대표회의에도 소송수행권을 행사할 수 있도록 개정하는 것이 요구되고 있다.

넷째, 의결권 등 권리와 의무의 분담비율 산정에 있어서도 두 단체 사이에 큰 차이가 있는 것은 아니다. 관리단은 권리면적에 비례하여 구성됨에 반하여 입주자대표회의는 세대수별로 동일한 권리를 가진다는 점에서 입주자대표회의가 관리단을 대체할 수 있을지 의문이라는 견해가 있으나,[422] 집합건물법이 구분소유자의 의결권을 구분소유자별로 1인 1표 외에 전유부분 면적별로 의결권을 부여하고 있는 것은 상가건물 등의 경우에는 각 구분건물마다의 면적에 상당한 차이가 있어 넓은 면적을 소유하고 있는 구분소유자에게 역차별이 발생하는 것을 방지하기 위한 것인데, 주거용 집합건물인 공동주택의 경우에는 각 세대별 평형의 면적차이가 크지 않기 때문에 별도의 면적별 의결권을 고려하지 않은 것뿐이어서 의결권 부분도 관리단과 입주자대표회의가 본질적인 차이를 가진 근거가 될 수 없다.

다섯째, 개정 집합건물법의 관리위원회의 권한과 관리위원의 선출방법, 집행기관인 관리인과의 관계 등도 입주자대표회의의 권한과 동별대표자의 선출방법, 관리주체와의 관계 등과는 여러 차이가 있으나 관리규약이나 단지 관리단 내지 입주자대표회의의 운영을 통하여 충분히 그 차이를 극복할 수 있는 내용이다. 따라서 공동주택 단지 내에 존재하는 단지 관리단과 입주자대표회의라는 2가지 관리조직을 통합적으로 운영하는데 큰 장애가 되지는 않는다. 관리위원과 달리 입주자대표회의 동별대표자는 각 동별 선거구에서 선출되고 있으나, 단지 관리단의 경우에도 관리규약에 의하여 각 동별 선거구를 정하여 관리위원을 선출하는 것이 가능하고 그러한 방식이 관리업무에 더 효율적일 수 있다.

여섯째, 입주자대표회의 시스템에서는 관리단 집회와 같은 총회형식의 의결

---

422) 윤재윤, 각주 159)의 책, 273면.

기관이 없지만 관리규약의 제·개정은 입주자의 과반수의 동의를 받도록 하여 사실상 관리단 집회와 같은 총회형식의 기관을 전제하고 있다. 또한 2010. 7. 16. 개정 구 주택법시행령 개정에서 처음으로 총회방식의 임원선출 제도가 도입되었다. 500세대 이상의 공동주택의 경우에는 전체 입주자등의 10분의 1 이상이 투표하고 그 투표한 입주자등 과반수 찬성으로 회장과 감사를 선출하고(공동주택관리법 시행령 제12조 제1항 1호), 그 해임은 관리규약에서 정한 절차에 따라 하도록 규정하고 있다(시행령 제13조 제2항 제2호 나.목). 즉, 관리단 집회와 같은 입주자단체의 총회 개념을 이미 전제하고 있는 것이다. 공동주택에 입주자 전원을 구성원으로 하는 입주자단체를 구성할 경우 주요 안건에 관하여 총회 의결이 어려울 것이라는 우려가 있다. 공동주택관리법 시행령에서도 이러한 문제를 우려하여 입주자등 과반수의 참석이 아니라 10분의 1의 참석만으로 총회 성립정족수를 충족하고 그 10분의 1 이상 참석 입주자등의 과반수로 회장과 감사를 선임하도록 총회 성립정족수 요건을 완화하고 있다. 게다가 2012. 12. 18. 개정 집합건물법에서는 관리단 집회의 활성화를 위하여 총회 소집절차를 구체적으로 명확히 하고, 총회 의결방법에 관하여 전자적 의결방법과 전자적 서면결의 방법을 도입하고 있으므로 공동주택의 경우도 이러한 전자적 의결과 서면결의 방법을 활용하면 입주자등 전원의 총회방식의 운영을 포함하는 입주자단체의 당연성립 규정을 도입한다고 하여 우려하는 만큼의 혼란은 발생하지 않을 것이다.

위와 같은 단지 관리단과 입주자대표회의의 차이점과 공동주택 단지에서 하나의 관리조직으로의 통합이 필요하다는 현실적 요청에 따라 단지 관리단과 입주자대표회의의 관계에 대해서는 여러 견해[423]가 제기되어 왔다. 입주자대표회의는 공법상의 표현일 뿐이고, 사법상으로는 관념적 단체인 집합건물 관리단의 구체적 실현형태이므로 입주자대표회의가 사법상으로는 공용부분과 관련한 사법상 권한을 행사할 때는 관리단의 지위를 가진다거나,[424] 입주자대표회의가 입

423) 학설의 정리는 김봉채, 앞의 책, 48 내지 51면.

주자 전원으로 구성되고 관리단이 별도로 구성되지 않은 경우에는 입주자대표회의가 관리단의 지위를 가진다[425]고 하여 입주자대표회의에 단지 관리단의 지위를 인정하는 견해들이 있다. 하지만 입주자대표회의의 개념이 도입된 연혁이나 구성원, 구성절차, 의결권, 소송수행권 등 현행법상의 많은 차이를 해석론만으로 극복하기는 어려워 해석론으로 입주자대표회의가 사법상으로 단지 관리단의 지위에 있다는 견해는 수긍하기는 어렵다. 해석론으로는 위와 같이 입주자대표회의를 입주자단체의 대의제 의결기구나 회의체 집행기구로 볼 수 없다고 하더라도 입법론으로는 아래와 같이 입주자대표회의가 일정한 요건을 갖추는 경우 입주자대표회의를 관리단의 대의제 의결기관 내지 회의체 집행위원회의 성격을 가지는 관리위원회로 의제하는 방식을 통하여 입주자대표회의와 관리위원회의 법적 지위를 일체화할 수 있다. 이와 같은 공동주택관리법 개정을 통하여 아래에서 논의하는 바와 같이 하나의 공동주택 단지에 2개의 서로 다른 관리조직이 존재한다는 혼란스러운 법적 상태를 극복할 수 있다.

3. 입주자대표회의와 관리위원회

입주자대표회의가 관리위원회의 지위와 역할을 겸임하는 방식으로 단지 관리단과 입주자대표회의 이원적 관리조직을 통합적으로 운영할 수 있다. 일본도 공동주택 단지에는 집합건물법에서의 관리조직인 관리단과 국토교통성에서 작성하는 "아파트 표준관리규약(マンション標準管理規約)"에서의 관리조직인 관리조합의 2가지 조직이 존재하는데, 일본의 표준관리규약 제38조 제2항은 관리조합 이사장이 관리인의 지위를 가진다고 의제함으로써 이러한 이원적 조직의 혼란이 발생하지 않도록 하고 있다. 2013. 12. 18. 개정 집합건물법에서 도입된 관리위원회는 앞서 살펴 본 바와 같이 대의제 의결기관이나 프랑스, 독일 등 대륙법 국

424) 오민석, "입주자대표회의, 관리단, 재건축조합의 법률관계", 법률신문 2004. 10. 28, 4면.
425) 박종두, 앞의 책, 67면.

가의 관리위원회 제도와 같이 감독위원회의 성격을 강하게 보이고 있다. 이에 반하여 입주자대표회의는 그 구성과 각종 관리인원의 채용과 관리업무의 지휘까지 수행하고 있는 현실적 운영의 점에서 보면 영미법계의 관리단 이사회(board of association)와 같은 회의체 집행기관의 성격이 강하다고 볼 수 있다. 입주자대표회의는 집행기관의 구성원인 회장, 이사, 감사 등의 임원이 회의의 구성원으로 참여하고 있고(시행령 제50조 제5항), 관리방법을 결정하여 자치관리의 경우 관리소장의 임명하고, 위탁관리의 경우 위탁관리회사와 위탁계약을 체결하는 등 일정한 범위에서는 집행기능을 수행하고 있다. 입주자대표회장이 단체를 대표하는 대표자의 지위에 있고 업무집행기관인 임원들이 참여하고 있다는 점에서 그 구성과 운영에 있어서는 회장, 총무, 재무이사 등의 임원(officer)이 참여하는 미국의 관리단 이사회(board of association)와 유사하다. 일본에서도 한국의 입주자대표회의는 영미법계의 관리단 이사회제도와 같은 관리방식으로 보고 있다고 한다. 이와 같이 조직의 구성과 현실적 운영의 측면에서만 보면 관리위원회와 입주자대표회의는 그 법적 성격에 있어 상당한 차이가 있는 것처럼 보인다.

하지만 공동주택관리법이 예정하고 있는 입주자대표회의의 역할과 기능은 오히려 의결기관이나 관리주체에 대한 감독기관의 성격이 강하게 나타난다. 공동주택관리법 제6, 7조는 입주자대표회의가 직접 관리사무를 집행하는 것이 아니라 자치관리인 경우에는 관리사무소장을 자치관리기구의 대표자로 선임하여 관리사무를 집행하도록 하고, 위탁관리의 경우에는 주택관리업자를 선정하여 관리사무의 집행을 위탁하도록 하고 있다. 그리고 공동주택관리법 시행령 제14조 제5항은 입주자대표회의가 위탁관리의 경우 주택관리업자의 직원인사·노무관리 등의 업무수행에 부당하게 간섭하지 못하도록 하고 있고, 제25조의 제1항에서는 청소, 경비, 승강기유지, 지능형 홈네크워크, 수선유지를 위한 용역 및 공사의 계약에 대해서는 입주자대표회의가 계약의 당사자로 참여하지 못하고 입주자대표회의 감사가 입찰과정에 참관할 수만 있도록 하고 있다. 위와 같은 공동주택관리법과 그 시행령의 취지를 종합해 보면 위탁관리의 경우 입주자대표회의는 관리주체인 주택관리업자를 감독하고 견제하는 감독기관의 역할만을 하고, 직접 관리사무의 집행하는 역할을 관리주체가 담당하도록 업무를 분장하도록 하는 것이 입법자의 의도임을 쉽게 알 수 있다. 또한 공동주택관리법 시행령 제14조는 "입주자대표회의의 의결사항"이라는 제목하에 입주자대표회의가 관리규약의 제·개정의 제안, 관리비 예산의 수립과 결산의 승인 전형적인 대의제 의결기관의 역할을 하도록 규정하고 있다. 이와 같이 구 주택법의 개별규정을 살펴보면 입주자대표회의 법적성격에 관한 입법자의 의도는 그 구성과 현실적인 운영실태와 달리 의결기관이나 관리주체에 대한 감독기관의 역할과 기능에 초점이 맞추어져 있는 것을 알 수 있다. 구 주택법에서 입법자가 의도한 입주자대표회의 역할 및 기능과 입주자대표회의의 구성과 현실적인 운영실태 사이에 상당한 괴리가 존재한다. 입주자대표회의 제도의 연혁에서 살펴본 바와 같이 규범적으로 그 역할과 기능, 구성과 운영 등의 법리를 종합적, 체계적으로 검토하여 도입된 것이 아니기 때문일 수 있다. 공동주택 현장에서 입주자대표회의의 비리와 전횡이 끊임없이 논란이 되는 이유도 이러한 법적성격이 명확하지 않고 감독기능과 집행기능이 분리되어 서로 견제와 균형에 의한 민주적인 원리에 의하여 운영되지 못하기 때문이다.

입주자대표회의를 공동주택관리법이 예정하고 있는 그 역할과 기능대로 집행기능을 제한하고 관리주체에 대한 감독기능에 집중하도록 한다면 2012. 12. 18. 개정 집합건물법에서 도입된 관리위원회와 그 역할과 기능은 동일하게 된다. 다만 입주자대표회의는 동별로 선출하고 관리위원은 관리단 집회에서 선출하는 등 선출방식에 차이가 있고, 관리위원회에는 관리인이나 관리단 임원 등 집행기관이 참여할 수 없는데 입주자대표회의에는 회장, 이사, 감사 등의 집행기관이 참여하고 있어 그 구성방식에 차이가 있다. 또한 관리단을 대표하는 관리인은 원칙적으로 관리단 집회에서 선출되는데(집합건물법 제24조 제3항), 입주자대표회의를 대표하는 회장은 500세대 이상의 공동주택의 경우에는 입주자단체 총회에서 선출되지만 그 이하의 공동주택의 경우에는 입주자대표회의 내부에서 선출되어 대표자의 선출방식에도 차이가 있다. 그러나 집합건물법은 관리규약을 통하여 이러한 차이를 해소할 수 있는 길을 열어 놓고 있으므로 관리규약 개정을 통하여 관리위원회와 입주자대표회의가 관리인 내지 관리주체에 대한 감독기능이라는 역할을 겸유하고 두 조직을 통합적으로 운영할 수 있다.

4. 이원적 관리조직의 통합적 운영

일본 국토교통성이 제정하는 "아파트 표준관리규약(マンション標準管理規約)"에서는 관리조합의 이사장은 관리인에 해당하고(표준관리규약 제38조 제2항), 이사장은 이사들이 호선하며(표준관리규약 제35조 제3항), 이사장은 관리조합을 대표하고 업무를 총괄한다(표준관리규약 제38조 제1항)고 규정하고 있다.[426] 일본의 아파트 표준관리규약은 우리의 입주자대표회의 회장과 같은 위상에 있는 관리조합 이사장을 집합건물법상 관리단의 대표기관인 관리인으로 의제하는 방식으로 우리의 입주자대표회의와 관리단의 조직을 통합적으로 운영하는 방식을 취하였다. 하지만 우리의 경우는 위와 같이 입주자대표회의와 관리위원회 사이에 관리위원과 동별대표자의 선출방식과 관리인 또는 회장 등 집행기관의 참여여부, 관리인 내지 회장의 선출방식 등에 차이가 있으므로 관리규약의 개정을 통하여 이러한 차이를 해소하는 것을 조건으로만 입주자대표회의와 관리위원회를 동일한 지위와 역할을 수행한다고 의제할 수 있을 것이다.

첫째, 집합건물법 제26조의 3은 관리위원은 관리단 집회에서 선출하도록 하고 있으나, 다만 규약을 달리 정할 수 있도록 하고 있으므로 관리규약에 관리위원을 동별로 선출하도록 한다면 관리위원의 선출방식과 입주자대표회의의 동별대표자 선출방식은 동일하게 된다.

둘째, 집합건물법 제24조 제3항은 관리인을 관리단 집회에서 선출하도록 하

---

426) 김영두, 각주 363)의 책, 89면.

고 있으나, 다만 규약으로 관리위원회에서 선출하도록 할 수 있으므로 관리규약에 관리인을 관리위원회에서 선출할 수 있도록 하면 대표자인 입주자대표회장과 관리인의 선출방식을 통일시킬 수 있다. 500세대 이상인 공동주택의 경우에는 전체 입주자등의 보통·평등·직접·비밀선거를 통하여 회장을 선출하므로 관리단 집회와 동일한 성격을 가지는 입주자 총회에서 선출된 입주자대표회장은 관리인의 지위를 가질 수 있을 것이다(공동주택관리법 시행령 제12조 제2항).

셋째, 집합건물법 제26조의 2의 제2항 및 단지 관리단 표준관리규약(안) 제63조 제2항은 관리위원회가 관리인에 대한 감독기능에 충실하게 하기 위하여 관리위원은 관리인, 관리단 임원, 감사를 겸직할 수 없도록 하고 있는데, 입주자대표회장이나 감사 등이 관리인이나 관리단의 임원을 겸임하는 경우에는 관리위원회의 지위와 역할을 할 수 없다. 그러므로 관리규약에서 입주자대표회장이나 감사가 관리인이나 관리단 감사의 지위를 겸할 수 없도록 하고 입주자대표회장이 관리인으로 선출된 경우에는 관리위원회의 기능을 겸유하는 입주자대표회의에는 참여할 수 없도록 해야 한다.

넷째, 위탁관리회사와의 위탁관리계약은 입주자대표회의가 아니라 관리인과 체결하도록 한다. 위탁관리회사를 관리인으로 선임한 경우에는 위탁관리회사가 관리인과 관리주체의 지위를 겸임하게 된다.

이와 같이 관리규약의 개정을 통하여 관리위원과 동별대표자의 선출방식과 관리인 또는 회장 등 집행기관의 참여여부, 관리인 내지 회장의 선출방식, 관리주체인 위탁관리회사와의 위탁관리계약의 당사자 등의 차이를 정리함으로써 입주자대표회의가 관리위원회의 지위를 가지고 관리인을 감독하는 관리위원회의 기능을 수행할 수 있다. 이와 같은 입주자대표회의와 관리위원회의 통합적 운영을 통하여 공동주택 단지에 현실적으로 존재하는 입주자대표회의가 관념적으로 존재하지만 법적으로는 구분소유자들을 대표하는 지위에 있는 관리단의 역할을 할 수 있게 된다. 이와 같은 입주자대표회의와 관리위원회의 통합적 운영을 통하여 이원적 관리조직으로 인하여 발생하고 있는 법적혼란을 어느 정도는 극복할 수 있을 것이다. 반쪽자리 개혁에 그친 2012. 12. 18. 개정 집합건물법의 개혁을 완성하기 위해 공동주택관리법을 개정하여 위와 같은 일정한 조건하에 입주자대표회의가 관리위원회의 지위와 역할을 수행할 수 있도록 의제함으로써 좀 더 명확하게 이원적 관리조직의 법적혼란을 해소하는 것이 바람직하다.

제 4 절 관리업무

집합건물 관리단은 이러한 관리업무의 수행을 위하여 관리규약에 따라 구분소유자에 대하여 상린관계와 공동체질서의 유지를 위한 필요한 부담과 규제를 가할 수 있고, 집합건물의 관리에 필요한 비용을 징수할 수 있다. 집합건물 관리단은 집합건물의 유지·보수·개량과 관리비의 규모, 관리규약의 집행수준 등을 결정할 권한이 있고 이러한 권한을 행사함에 있어 상당한 재량권을 가지고 있다. 또한 구분소유자의 생활에 영향을 미치는 소음과 조망, 일조 등 주거의 생활이익과 관련한 시설을 설치하고 층간소음이나 애완견 사육 등 생활방해 금지의 기준을 설정하는 등 다양한 관리업무를 수행한다.

한편 구분소유자들은 집합건물 관리단의 관리인이나 입주자대표회의 임원 등 집합건물 관리단 집행기관이 위와 같은 권한을 합리적이고 공평하게 행사하고, 집합건물 공용시설의 사용할 서비스를 제공할 것을 합리적으로 기대할 수 있다. 하지만 집합건물 관리의 현실을 보면, 일부 관리인이나 입주자대표회의 임원들은 권한을 이용하여 개인적 이익을 채우거나 관리단의 재산이나 이익을 자신에게 돌리는 일도 발생한다. 집합건물 관리단의 관리인이나 입주자대표회의의 임원이 관리에 필요한 용역이나 물품을 제공하는 업체로부터 리베이트를 받았다거나 관리비를 사적으로 사용하는 비리를 저질렀다거나 관리규약에 정한 총회

의결 등의 절차나 구분소유자들이나 입주자들의 동의를 받지 않고 관리업무를 전횡한다는 등의 분쟁이 자주 발생하고 소송으로 비화되고 있다.

반대로 집합건물 관리단의 관리인이나 입주자대표회의 임원들이 무보수인데다 관리업무의 결정이나 회의를 위하여 많은 시간을 할애해야 하는 반면, 구분소유자들이나 입주자들과 불쾌한 분쟁에 휘말리고 심리적 압박이나 적대감에 노출되기도 한다. 대부분의 집합건물 관리인이나 입주자대표회의 임원은 집합건물 공동체에 대한 의무감에서 헌신적으로 봉사하는 마음으로 맡은 역할을 수행하지만 관리업무에 관하여 전문성이 없다. 이에 따라 관리단이나 입주자대표회의 임원에 나서기를 꺼려 많은 아파트에서 동별대표자를 선출하지 못하여 입주자대표회의의 재적 정족수도 채우지 못하고, 상가 집합건물이나 연립주택 등에서는 아예 관리인조차 없는 현상도 광범위하게 나타나고 있다.

관리규약이나 기준에 적합하게 관리업무에 관한 판단을 하였으나 관리단이나 구분소유자들에게 피해가 발생한 "정직한 오류(honest mistakes in judgement)"가 있는 경우에는 책임을 면책 받을 수 있는 합리적인 기준을 정립해야 한다.

Ⅰ. 관리단의 업무와 구분소유자 보호

1. 관리단의 선관의무

2012. 12. 18. 개정된 집합건물법은 관리단의 의무와 관련하여 관리단은 건물의 관리 및 사용에 관한 공동이익을 위하여 필요한 구분소유자의 권리와 의무를 선량한 관리자의 주의로 행사하거나 이행하여야 한다는 선관주의 의무 규정을 처음으로 도입하였다(집합건물법 제23조의 2). 하지만 어떤 경우가 선관의무 내지 충실의무에 위반되는지의 사법적 평가기준에 관한 법리는 아직 우리 판례나 학계 논의에서 충분히 정리되고 있지 않다. 우리보다 집합건물의 건축과 관리의 역사가 앞섰던 미국에서 관리단의 선관의무 내지 충실의무 위반여부를 판단하

는 기준으로 발달해 온 판례 법리가 "경영적 판단의 법리(business judgement rules)"와 "합리적 결정의 법리(reasonableness rules)"이다.

이러한 두 가지 법리적 판단에 깔려 있는 집합건물 관리에 관한 정책적 판단의 함의는 우리 집합건물 관리에 관한 관리단과 구분소유자들 사이의 내부분쟁의 해결에도 시사점을 많이 제공하고 있으므로 이를 살펴본다. 하지만 주의해야 할 점은 "경영적 판단의 법리"나 "합리적 판단의 법리"는 관리단의 관리업무의 판단에 어떤 임무해태나 과실이 있는지를 다툴 때 적용하는 법리일 뿐이고, 관리인이나 입주자대표회의 임원의 법령이나 관리규약 위반, 월권행위에 대하여는 위와 같은 법리의 적용 여부를 논할 필요 없이 그러한 법령 및 관리규약 위반, 월권행위 자체에 의하여 이사의 선관의무 내지 충실의무 위반이 인정된다는 점이다.

"합리적 판단의 법리"는 관리단이 관리업무에 관한 결정과 집행을 할 때 그 결정이나 그 결정의 근거가 되는 관리규약의 합리성을 적극적으로 증명해야 하고 그러한 "합리적 판단"에 관한 증명을 하지 못한 경우에는 임무해태 등의 과실에 근거하여 구분소유자들과의 관계에서 선관의무 내지 충실의무 위반으로 손해배상 등의 책임을 부담한다는 것이다. 한편 "경영적 판단의 법리"는 회사법 분야에서 발달해 온 법리로 잘못된 경영적 판단으로 발생한 회사의 손실에 대하여 이사들이 개인적으로 손해배상 책임을 부담하고 경영적 판단에 불만을 품은 주주들이 회사를 상대로 소송을 남발하는 것으로부터 회사의 부담을 최소화하려는 취지에서 발달한 법리이다.

법원이 경영적 판단에 있어 이사들보다 비교우위를 가질 수 없다는 근거에서 사후적으로 이사들을 대신하여 경영적 판단을 비판하는 것을 자제하도록 함으로써 이사들이 법원의 사후적 경영판단에 의하여 책임을 부담하는 위험으로부터 벗어나 적극적인 경영활동을 고취하도록 하려는 취지이다. 회사를 둘러싼 이해관계자들은 다양한데, 이사들이 경영적 결정을 할 때마다 이러한 경영적 판단이 사법심사의 대상이 된다면 이사들의 경영활동은 크게 위축될 수밖에 없고 회사도 소송에 대응하느라 기업의 에너지를 낭비하게 되므로 사법심사로부터 경영적 판단을 보호하기 위한 법리로 나온 것이 "경영적 판단의 법리"이다.

관리단 이사회가 경영적 조치로서 선의로 내린 결정은 최대한 존중해야 한다는 common law의 법리를 적용한 것이다. 집합건물 관리단과 구분소유자 사이의 분쟁에서도 관리업무에 관한 결정과 집행에 대하여 구분소유자들이 자신의 견해와 다르다거나 이해관계와 다르다고 하여 소제기를 남발하면 무보수의 자원봉사 개념으로 관리업무에 대한 결정을 하고 있는 이사들이 관리단 이사회에 참여하는 것을 꺼리게 되고 구분소유자들이 다른 구분소유자들과의 분쟁을 우려하여 이사회 참여를 꺼리게 되면 결과적으로 관리업무가 부실하게 되므로 이러한 "경영적 판단의 법리"를 적용하여 사법심사의 최대한 자제하도록 함으로써 관리단 이사회의 결정을 보호할 필요가 있을 것이다.

2. "경영적 판단의 법리"와 "합리적 결정의 법리"

집합건물이 많은 플로리다 주 법원과 캘리포니아 주 법원은 관리단과 구분소유자 사이의 분쟁에서 초기에는 "합리적 판단의 법리(reasonableness rules)"에 입각하여 판결을 해 왔다. "합리적 판단의 법리"는 관리단의 전횡이나 비리, 임무태만으로부터 구분소유자를 보호하는데 충실하였지만, 때때로 구분소유자들이 관리단을 공격하는 과도한 소송남발로 이어지기도 했다. 그래서 한때 캘리포니아 주 대법원은 공식적으로 "합리적 판단의 법리"를 배척하기에 이르렀다.[427] 그러나 그 뒤 관리단에 대한 구분소유자들의 소제기가 증가하였다는 점이 관리단과 구분소유자 사이의 분쟁에 "경영적 판단의 법리"를 적용할 이유가 될 수 없다는 비판이 제기되었다. 남소방지 대책은 변호사 비용 등 소송비용을 회수하지 못하도록 하는 등의 방법이 더 효과적이고, 무엇보다도 남소방지 대책은 구분소유자

427) Restatement(The Third of Law), Property(Servitude), §6.13, 236면.

들이 그러한 소송의 실익이 없다는 점을 깨닫는 것이다.

미국의 법원은 여전히 “합리적 판단의 법리”를 적용해 관리단과 구분소유자 사이의 분쟁 사건에서 적용하고 있다. 예를 들면, 캘리포니아 항소법원은 Fauntain Valley Chateau Blanc Homeowner's Association v. Dept. of Veterans Affairs 사건[428]에서 전유부분을 사용하면서 정리를 제대로 하지 않고 책 더미를 지저분하게 쌓아 놓고 있는 구분소유자에 대해 화재의 위험이 있다는 이유로 책 더미를 포함한 침실을 정리정돈 할 것을 명한 관리단의 조치에 대하여 책 더미를 쌓아 놓는 것이 진정으로 화재의 위험이 된다고 믿기 어렵다는 이유로 관리단이 구분소유자에게 책 더미를 포함하여 침실을 깨끗이 청소하라고 한 명령을 명백히 비합리적인 결정이라고 판시하였다. 플로리다 주 항소법원은 Dynamic Cablevision v. Baltimore II Condominium Association, Inc. 사건[429]에서 집합건물 외벽에 케이블 TV 안테나를 설치하면 외관상 보기 흉하게 된다는 이유로 케이블 TV 안테나 설치를 불허한 관리단의 결정은 합리적이라고 판시하였다.

Gordon v. Palm Aire Country Club Condominium Association No. 9, Inc. 사건[430]에서 관리단이 애완견을 기르는 것을 무조건 금지하기보다는 시시비비를 따져 애완견을 기를 수 있도록 승인하였기 때문에 관리단이 애완견을 기를 수 있도록 한 결정을 금지해 달라는 가처분을 기각하였다. 다만 과거에는 관리단에게 관리업무에 관한 결정이 합리적이었는지에 관한 입증책임을 부담하도록 하였지만, 지금은 구분소유자들이 관리단의 선관의무 내지 충실의무 위반사실과 월권행위가 아닌 한, 그러한 의무위반과 집합건물 또는 구분소유자의 피해 사이에 인과관계가 있다는 점을 입증하도록 하고 있다.[431] 현재의 “합리적 결정의

---

428) Fauntain Valley Chateau Blanc Homeowner's Association v. Dept. of Veterans Affairs, 79 Cal.Rptr.2d 248 (Cal.Ct.App.1998).

429) Dynamic Cablevision v. Biltmore II Condominium Association, Inc. 498 So.2d 632 (Fia.Dist.Ct.App.1986).

430) Gordon v. Palm Aire Country Club Condominium Association No. 9, Inc. 497 So.2d 1284 (Fia.Dist.Ct.App.1986).

법리"는 우리 법원이 회사나 관리단 등이 그 업무수행에 있어 재량권을 일탈·남용하였는지를 판단함에 있어 과잉금지의 원칙, 평등의 원칙 등을 심사하는 것과 유사한 방식의 관리업무의 위법성 심사방식이라 할 수 있다.

관리단과 구분소유자들 사이의 분쟁에서 "경영적 판단의 법리(business judgement rules)"를 적용한 대표적 사건은 Levandusky v. One Fifth Ave Apt. Corp. 사건이다.[432] 위 사건에서 주의할 점은 "One Fifth Ave Apt. Corp."라는 이름 중 "Corporation"이라는 명칭에서 알 수 있듯이 관리단이 일반적인 집합건물의 관리단이 아니라 조합형 집합건물의 관리단이었다는 점이다. 조합형 집합건물은 구분소유자들이 자기의 전유부분을 각자 소유하는 것이 아니라, 관리조합이 집합건물을 소유하고 구분소유자들은 조합의 지분을 보유하고 전유부분에 관하여는 배타적 사용권만을 가지는 형태의 집합건물이다. 이러한 조합형태의 집합건물이 등장하는 배경과 그 관리방식의 특색에 대하여는 "제6장 다양한 집합건물"에서 다룬다. 법원이 집합건물 관리단과 구분소유자 사이의 분쟁에 영리회사와 이사 사이의 선관의무 내지 충실의무 위반여부를 판단하는 데 사용되는 "경영적 판단의 법리"를 적용하게 된 것은 위 집합건물 관리단이 회사법의 적용을 받는 조합형 집합건물이었기 때문이다. "경영적 판단의 법리"에 의하면 관리단의 결정에 반대하는 구분소유자가 관리단의 결정이 집합건물의 이익이나 공공복리에 전혀 관련이 없고 고의적으로 해로운 결정을 내렸다는 것을 증명해야 한다.

이러한 증명을 하는 것은 사실상 불가능하므로 구분소유자가 관리단을 상대로 관리단 결정의 부당함을 지적하는 소송에서 승소하기란 거의 불가능하게 된다. 그러나 "경영적 판단의 법리"를 적용하여 사법심사를 자제한다 하더라도 최소한의 사법적 심사는 불가피하다. 예를 들어, ① 관리단의 결정으로 인하여 집

431) Restatement(The Third of Law), Property(Servitude), §6.13(2), 238면.

432) Levandusky v. One Fifth Ave Apt. Corp. 75 N.Y. 2d 530, 554 N.Y.S. 2d 807, 553 N.E. 2d 1317(1990).

합건물이나 구분소유자에게 미칠 것으로 예상되는 이익 및 불이익의 정도 등에 관하여 합리적으로 이용가능한 범위 내에서 필요한 정보를 충분히 수집·조사하고 검토하는 절차를 거쳤는지, ② 이와 같은 조사를 기초로 집합건물과 구분소유자의 이익에 부합한다고 합리적으로 신뢰하고 신의성실에 따라 판단을 내린 것인지, iii) 그 판단 내용에 있어서도 내용이 현저히 불합리하지 않고 통상 합리적으로 선택할 수 있는 범위의 것인지 여부[433] 등에 대하여는 심리가 있어야 할 것이다.

"경영적 판단의 법리"는 관리단의 결정에 대하여 사법심사를 자제함으로써 구분소유자의 소송남발로부터 관리단을 보호하고 구분소유자들이 '정직한 오류의 판단'에도 개인적인 책임을 지는 것을 꺼려하여 관리단 이사로 나서지 않으려는 경향을 예방하는 효과가 있으나, 관리단의 전횡으로부터 구분소유자를 보호하는 사법적 기능은 떨어지게 된다. 결국 집합건물 관리단과 구분소유자 사이의 분쟁에 관한 사법심사의 기준으로 "합리적 판단의 법리(reasonableness rules)"나 "경영적 판단의 법리(business judgement rules)"와 같이 포괄적인 법리(blanket rule)를 채택하기보다는 두 당사자 사이의 다양한 법률관계를 반영하여 각각의 법률관계마다 개별 구체적으로 특정된 여러 법리를 채택하는 것이 합리적이다.[434] 아래에서는 우리 집합건물 관리현장에서 자주 분쟁이 발생하고 있는 유지·보수의무, 안전관리의무, 재산관리의무, 정보공개의무, 보고의무 등을 중심으로 살펴하

433) 대법원 2007. 10. 11. 선고 2006다33333 판결.

434) 예를 들면, 집합건물 관리단 이사의 사이의 법률관계를 비영리법인과 이사들의 법률관계로 보고 있는 미국의 Restatement는 집합건물 관리단에 대한 선관의무 내지 충실의무의 구체적 내용에 대하여 1) 통상의 분별력을 가진 일반인이 기울여야 할 주의(duty to use ordinary care and prudence)로 집합건물 관리에 속하는 재산과 재정을 관리할 의무 2) 구분소유자를 공정하게 대우할 의무(duty to deal fairly) 3) 규약의 제·개정, 업무수행, 건축디자인 규제 등의 권한행사에 있어 "재량권을 합리적으로 행사할 의무"(duty to act reasonably in exercise of its discretionary) 4) 관리업무에 관한 정보제공의무(duty to provide acess to information to the association) 등을 제시하고 있다(Restatement(The Third of Law), Property (Servitude), §6.13, 233면).

기로 한다.

Ⅱ. 공용부분과 공동재산 관리업무

1. 관리비와 수선적립금의 관리

미국의 집합건물 판례 사안에서는 관리비와 수선적립금의 보관과 관련한 관리인의 충실의무 위반사례도 많이 등장한다. 예를 들어, 집합건물의 관리비 회계를 담당하는 총무이사가 수선적립금을 자기 이름으로 은행에 예치하고 있는 경우에 이는 충실의무 위반이며 법원은 예금명의를 관리단으로 변경하도록 명할 수 있다. 만일 수선적립금을 제때 인출하지 못하여 관리단에 손해가 발생하였다면 총무이사는 손해배상책임을 부담한다. 수선적립금은 장기수선계획에 따라 장기간에 걸쳐 적립하여 사용해야 하는데(공동주택관리법 제29조), 관리단은 수익을 남기기 위하여 수익성이 높은 파생상품 등에 투자할 수 있다. 파생상품 투자손실이 발생한 경우 투자결정을 내린 임원들은 입주자대표회의에 대하여 손해배상책임이 있다. 합리적인 인간이라면 장기간 보존하여 정해진 수선계획에 따라 사용되어야 할 수선적립금을 투자상품에 투자하는 것은 적절하지 않다고 판단할 수 있기 때문이다. 반대로 관리단이 장기간 보존해야 할 수선적립금을 이자가 발생하는 정기예금이 아니라 이자가 거의 발생하지 않는 요구불 예금에 예치하여 보관하였다면 임원들은 관리단에 대하여 선관의무 위반으로 정기예금 이자 상당의 손해를 배상해야 한다. 합리적 인간이라면 안정적 이윤이 보장되는 정기예금에 투자한다는 결정을 내릴 수 있기 때문이다.[435] 관리비나 수선적립금을 징수하지 않는 것도 선관의무 위반이 될 수 있다.

옥상방수공사나 외벽도장 등을 위한 수선적립금을 적립하지 않아 제때 공사를 하지 못하여 균열이 발생하고 비가 침투하여 콘크리트가 녹고 철근이 부식되

435) Restatement(The Third of Law), Property(Servitude), § 6.14 269면.

는 현상이 발생함으로써 집합건물의 노후화될 우려가 발생할 수 있다. 법원은 관리단에 수선적립금을 적립할 것을 명할 수 있다. 또한 일부 구분소유자들이 수선적립금 납부를 거부하고 있는데도 이를 징수하지 않는 것도 선관의무 위반이 된다. 하지만 테니스 코트 교체를 위한 수선적립금을 적립하지 않은 경우, 테니스 코트는 이용자들로부터 입장료를 받아 수익을 낼 수 있기 때문에 수선적립금이 아니라 대출을 받아 공사비용을 충당하더라도 그 입장료 수익으로 대출을 변제할 수 있을 것이라고 판단한 것이라면 이는 경영적 판단(business judgement)의 문제로 선관의무 위반이 아니다.

2. 보험가입과 충실의무

미국의 집합건물 관리단 이사들의 충실의무 위반 관련 분쟁에서 많이 다루어지는 사안중 하나가 보험가입 관련 사안이다. 집합건물은 다수의 구분건물이 좌우상하로 연접하여 있어 화재가 발생하는 경우 화재가 다른 구분건물로 전이하는 경우가 많아 법령상 집합건물 관리단으로 하여금 의무적으로 화재보험에 가입하도록 하고 있다. 태풍피해가 심각한 해안가 아파트의 경우에는 풍수해에 대비하여 관리규약에 손해보험에 가입하도록 규정한 경우도 있다. 이러한 법령이나 관리규약에 위반하여 화재보험이나 풍수해보험에 가입하지 않은 것은 집합건물 관리에 있어 선관의무 위반이 된다. 특히 전문성이 없는 집합건물 관리단은 전문적인 관리조합에 집합건물의 관리를 위탁하는 경우가 많은데, 위탁관리회사는 위임계약상 의뢰인인 입주자대표회의나 관리위원회에 법령이나 관리규약에 정해진 화재보험이나 풍수해보험에 가입해야 한다는 전문적인 조언을 해야 할 의무가 있다. 하지만 특히 공동주택의 경우 화재가 발생하면 좌우상하로 연접해 있는 다른 구분건물로 화재가 연소할 가능성이 크기 때문에 의무적으로 화재보험에 가입하도록 하고 있으나, 종종 화재 보험료를 절약한다는 의도로 화재보험에 가입하지 않는 경우가 있다. 미국의 플로리다주 법원은 National Title

Ins. Co. v. Lakeshore 1 Condominium Association Inc. 사건[436]에서 등록된 관리규약에 풍수해 보험에 가입할 것을 규정하고 있었는데도 관리회사가 보험에 가입하지 않은 경우, 허리케인으로 인하여 각 전유부분에 발생한 수리비용에 대하여 집합건물 관리를 위탁받은 관리회사는 구분소유자와 전유부분의 담보권자에게 손해를 배상할 책임이 있다고 하였다. 집합건물의 전문적인 관리를 위탁받은 위탁관리회사와 집합건물 관리단 내지 입주자대표회의의 관계도 민법상의 위임관계와 같으므로 위탁관리회사는 집합건물 관리단이나 입주자대표회의에게 법령이나 관리규약에서 정한 화재보험 가입이나 전기요금 산정방식의 변경여부에 관하여 합리적인 선택을 할 수 있도록 전문적인 조언을 해야 할 의무가 있다.[437] 한편 충실의무의 가장 핵심적인 사안은 자기이해와의 충돌사안이다. 예를 들면, 입주자대표회의 회장이 자신이 살고 있는 층의 복도만 외벽도장을 하고 다른 층의 복도는 외벽도장을 하지 않은 경우 이는 충실의무 위반이며 외벽도장에 투여된 공사비를 부당이득으로 반환해야 한다. 만일 다른 층의 외벽도장이 필요한 시기였는데 이를 방치하여 누수 등으로 다른 층 구분소유자들이 재산적 손실을 입었다면 이에 대하여 손해배상을 하여야 한다. 보험중개인인 임원이 화재보험에 가입하면서 자신이 근무하고 있는 보험회사에 비싼 보험료로 보험가입을 하게 하였다면 이는 충실의무 위반으로 정상적인 보험료와의 차액을 배상해야 한다.[438]

3. 범죄예방 등 안전관리 업무

집합건물 내에서 다양한 범죄사건이 발생하면서 범죄예방 등의 안전관리 업무가 구분소유자와의 관계에서 관리단의 중요한 관리업무가 되고 있다. 많은 공

---

436) National Title Ins. Co. v. Lakeshore 1 Condominium Association Inc. 691 So.2d 1104 (Fla.Dist.Ct.App. 1997).

437) 대법원 1997. 11. 28. 선고 96다22365 판결.

438) Restatement(The Third of Law), Property(Servitude), §6.14, 270면.

동주택 단지에서 위탁관리회사는 집합건물 내에서 구분소유자들의 재산이나 생명·신체에 위해가 발생하지 않게 CCTV와 가로등을 설치하고 정기적인 단지 내부 순찰 등을 통하여 범죄발생 예방 업무를 수행하고 있다. 특히 범죄발생 가능성이 높은 지하주차장 등에는 CCTV를 설치하고 단지 내 구석진 곳에는 범죄예방 가로등을 설치하고 있다. 판례 사안으로는 차량주차와 관련한 안전관리업무가 위탁관리계약에 포함되어 있었음에도 불구하고 주차장에 안전요원을 배치하지 않아 경사면의 아파트 주차장에서 이중 주차되어 있는 안쪽 차량의 운전자가 통로를 확보하던 중 구르는 차량에 치어 사망한 사건[439]이나, 공동주택 단지 내의 순찰업무를 게을리 하여 입주자가 주차한 차량 내에 설치되어 있던 네비게이션을 도난당한 사건 등에서 선관의무의 내용 중 안전관리의무를 해태하였다는 이유로 손해배상책임이 인정된 사례가 있다. 아직 단지 내에서 절도나 강도, 귀가하는 여성의 납치 등의 범죄가 발생한 경우 위와 같은 범죄예방시설의 관리나 정기순찰 등의 범죄예방 관리업무의 임무해태를 이유로 관리단이나 위탁관리회사에게 손해배상책임을 명하는 판결은 나오고 있지 않다. 어떤 근거로 관리단의 선관의무 내용에 범죄예방 등의 안전관리의무가 포함되는지, 어떤 기준으로 관리단의 범죄예방 등의 안전관리 의무 해태를 인정할 것인지 등의 내용에 대하여는 아직 판례 법리나 학계에서 논의가 충분하지 않다. 관련한 미국판례 법리의 변천을 보면 미국의 법원들도 위와 같은 관리단의 범죄예방 등의 안전관리의무를 선관의무의 내용에 포함시킬 수 있는지, 있다면 어떤 기준에 의하여 안전관리의무 위반을 인정할 것인지에 대하여 고심한 흔적을 살펴 볼 수 있다.

미국의 판례에서 관리단의 범죄예방에 등 안전관리의무가 다루어진 최초의 사건은 Troy v. Village Condominium Project 사건이었다.[440] 캘리포니아 주 항소법원은 위 사건에서 구분소유자는 공용부분을 관리할 위치에 있지 않고 공용부분의 관리에 관하여 관리단에 의존할 수밖에 없는데, 이러한 의존성에서 관리

439) 대법원 1998. 7. 10. 선고 98다2617 판결.

440) Troy v. Village Condominium Project, 149 Cal.App.3d 135, 196 Cal.Rptr. 680 (Cal. 1983).

단과 구분소유자 사이에 임대인과 임차인 사이와 같은 특수한 관계를 찾을 수 있다고 전제하였다. 즉, 임대인은 임차인에게 아이가 있다는 것을 예견할 수(foreseeable) 없는 한 임대시설의 하자로 인하여 아이가 다친 것에 대하여 책임을 지지 않는다는 소위 "no children rule"에 입각하여 피해자인 구분소유자의 관리단에 대한 손해배상책임을 기각하였다. 위 판례에서 관리단이 임대인의 지위에 있다고 보고 임대인이 범죄가 발생할 것이라는 예견가능성이 없다면 구분소유자에 대하여 책임이 없다는 예견가능성의 기준(forseeability standard) 법리가 등장하였다. 그 뒤 주차장에서 강도에게 피습당한 구분소유자가 관리단을 상대로 손해배상 청구 소송을 제기한 Admiral's Port v. Fellman 사건[441]에서도 플로리다 항소법원은 관리단이 범죄예방의 특별한 조치를 취할 만큼의 범죄행위가 예전에 일어나지 않았었다는 이유로 청구를 기각하였다. 이와 같이 미국의 법원은 관리단의 범죄예방에 관한 안전관리의무 위반의 인정에 매우 소극적이었다.[442] 그러나 그 뒤 캘리포니아 대법원은 Frances T. v. Village Green Owners Association 사건[443]에서 종전의 Troy v. Village Condominium Project 사건의 판례 법리를 파기하고 새로운 법리를 제시하였다.

위 사건에서 원고인 Frances T.는 이웃 지역에서 범죄가 발생하였다는 사실을 전해 듣고 관리단에 이러한 사실을 조사해 줄 것과 보안등을 설치할 것, 이러한 원고의 제안을 구분소유자들의 투표에 부쳐줄 것 등을 요구하였으나, 관리단은 이러한 요구를 모두 무시하고 더욱이 원고가 설치한 보안등마저 제거하였다. 캘리포니아 대법원은 위 Frances T. v. Village Green Owners Association 판례에서 관리단은 공용부분의 관리에 있어 임대인의 지위에 있다는 점과 관리단은 자신이 관리하는 공용부분이 안전하지 않다면 공용부분에서 자신이 주목

441) Admiral's Port v. Fellman, 426 내.2d 1054 (Fla.Dist.Ct.App. 1983).

442) Wayne S. Hyatt, "Condominium and Homeowner Association Practice", Community Association Law(Third Edition), Aliaba, 2006. 9. 181면.

443) Frances T. v. Village Green Owners Association, 42 Cal.3d 490, 723 P.2d 573, 229 Cal.Rptr. 456 (Cal. 1986).

하고 있고 재발할 가능성이 있는 범죄로부터 구분소유자들을 보호할 의무가 있다고 하면서, 관리단이 보안등 설치에 관한 원고의 요구를 태만히 대함으로써 위와 같은 안전관리의무를 위반하였다고 판시하였다. 이러한 Frances T. v. Village Green Owners Association 판례의 법리는 우리 사회에서도 아파트 지하 주차장이나 단지 내 놀이터 등에서 종종 발생하는 범죄행위에 대하여 관리단이 범죄예방에 관한 안전관리의무 위반으로 책임을 부담하는지에 관한 법리를 정립하는데 있어 시사점이 크다. 관리단은 공용부분에 관하여 임대인과 같은 지위에서 범죄예방에 관한 안전관리의무가 있고, 이웃지역에서 발생한 범죄와 같이 관리단 자신도 주목하고 있고 자신이 관리하고 있는 단지 내에서도 재발할 가능성이 있는 범죄에 대하여는 예견가능성이 있었으므로 공용부분에서 발생한 범죄에 대하여 선관의무 위반으로 구분소유자가 입은 손해를 배상할 책임이 있다.

4. 정보공개와 관리내역 공시제도

관리업무 서류의 열람, 등사 등 관리현황에 관한 정보공개 청구권은 구분소유자들에게 관리업무에 관한 알 권리를 보장하고 구분소유자들에게 관리업무의 투명성을 감독하고 시정할 수 있는 권리를 부여하여 구분소유자들의 정당한 권리를 확보하고 의무부담의 적정성을 도모하기 위한 것이다. 구분소유자는 서면이나 사전 통지를 통하여 재정보고서나 관리단의 은행관련 자료 등 관리업무 서류를 열람(examination)하고 자기비용으로 복사를 할 수 있다. 관리단이 이를 거절하면 행정기관에서 관리단에 패널티를 부과할 수 있다. 하지만 진행 중인 소송자료나 입주자 개인의 정보, 고용인에 대한 고용관계 자료 등에 대하여는 정보공개 신청을 거절할 수 있다.[444] 한편 관리업무의 투명성을 확보하고 구분소유자들의 관리업무에 관한 관심과 참여를 높이기 위해서는 정보공개 청구를 하면 공개하는 소극적 방식이 아니라 관리인이 적극적으로 구분소유자에게 관리업무

444) Rosemary Bocska, 앞의 책, 132면.

의 기본적인 사항을 알리는 보고의무 내지 공개의무도 필요하다.[445] 2012. 12. 18. 개정된 집합건물법은 관리인에게 대통령령으로 정하는 내용을 특정하여 보고의무를 부과하고 관리비 등과 같이 매월 보고의무가 필요한 사안을 고려하여 매년 1회가 아니라 1회 이상 보고의무를 이행하도록 규정하였다(집합건물법 제26조 제1항). 2012. 12. 18. 개정된 집합건물법은 구분소유자만이 아니라 이해관계인도 구분소유자에게 제공되는 관리사무에 관한 정보를 열람하고 등본의 교부를 청구할 수 있는 제도를 도입하였다(집합건물법 제26조 제2항). 여기서 이해관계인이란 구분소유자뿐만 아니라, 전유부분의 매수예정자, 전유부분에 담보물권을 설정하려는 자, 전유부분을 임차하려는 임차인 내지 전세권자 등을 말한다.[446] 아래 제4절에서 살펴보는 바와 같이 다른 입법례와 달리 우리 법원에서 체납관리비가 매수인이나 경락인 등 특별승계인에게 승계되느냐에 대한 논쟁이 치열한 이유는 매수예정인이나 경매참가자들이 체납관리비 등 관리현황에 관한 충분한 정보를 제공받지 못하기 때문이다.

그래서 미국의 "관리내역 확인서(Status Certification)" 제도와 같은 관리내역의 공시제도를 도입할 필요가 있다. 위 개정 집합건물법에 도입된 이해관계인의 관리업무에 관한 정보공개 제도를 정비하면 미국의 관리내역 확인제도와 같은 관리현황의 공시제도의 효과를 얻을 수 있다. 미국에서는 구분건물의 매수인이나 그 대리인인 변호사나 부동산중개인이 신청하면 집합건물 관리단은 10일 이내에 일정한 수수료를 받고 해당 구분건물에 관한 "관리내역 확인서(Status Certification)"를 교부해야 한다. 관리내역 확인서에는 그 때까지 납부한 관리비 내역, 연체관리비, 당해연도 관리비 및 수선적립금의 증가내역 및 증가이유, 집합건물 위탁관리회사의 주소, 집합건물 관리단 이사와 직원의 이름과 주소, 집합건물 관리단 창립신고증과 관리규약, 집합건물 관리단과 관련되어 판결이 확정되었으나 미결제된 채무내역, 집합건물 관리단이 소송당사자로서 소송수행 중인 재판내

445) 정보공개의무와 보고의무에 관한 자세한 내용은 김남근, 각주 240)의 책, 104 내지 106면.
446) 김영두, 각주 363)의 책, 99면.

역, 당해연도 회계 예산과 전년도 재정보고서와 보고서에 대한 회계감사의 감사 내역, 해당연도 관리위탁과 상품·용역시설 계약서 목록, 필요한 경우 집합건물 관리단과 구분소유자 상호간에 체결된 계약의 목록, 당사자들이 준수해야 하는 구분건물과 관련하여 체결된 계약, 수선적립금 조사내용과 갱신내용, 관리내역 확인서 작성일로부터 90일 이내에 매월 말 수선적립금 적립규모, 법령에 따른 수선적립금의 적립계획, 집합건물 관리단이 기획하고 있으나 집행되지 않고 있는 공용부분의 보강, 교체, 개량사업 내역 및 집합건물의 자산이나 용역의 변경 내역과 그 목적에 관한 보고서, 전년도 동안 임대차계약이 체결되어 집합건물 관리단에 보고된 임대차 세대수, 법령에 따라 가입한 화재보험 등에 관한 보험 증서, 보험약관, 법령에 따라 부과된 관리비, 기타 법령이 요구하는 자료 등이 포함되어야 한다.

매수인 등의 이해관계인이 관리단에 관리내역 확인서의 교부를 신청했는데도 교부하지 않은 경우 관리단과 매수인 등과의 관계에서는 해당 구분건물과 관련하여 연체관리비가 없고, 해당연도에는 관리비와 수선적립금 인상이 없는 것으로 확인된 관리내역 확인서가 신청일 익일에 교부된 것으로 간주된다.[447] 안타깝게도 개정 집합건물법 제26조 제2항은 구분소유자가 아닌 매수인, 담보물권 설정자, 임차인 등 제3의 이해관계인이 관리업무의 현황에 관한 자료를 열람, 등사할 수 있도록 하여 미국식의 관리내역 확인제도로 활용될 수 있는 틀을 만들었으나, 막상 위 개정 집합건물법에 따라 입법예고된 집합건물법 시행령(안)에서는 이를 구체화하는 아무런 내용을 만들지 않아 위 제도가 관리현황 공시제도로서 기능할 수 있을지는 의문이다. 이해관계인이 관리업무 현황에 관한 정보공개를 신청하였을 때 공개시한 등 공개절차, 공개하지 않았을 때의 법적효과 등에 대한 자세한 규정을 시행령에 보완할 필요가 있다.

447) Rosemary Bocska, 앞의 책, 153 내지 156면.

Ⅲ. 관리비 징수업무

1. 관리비 예산과 투명성

우리 집합건물 관리현실에서 가장 문제로 지적되는 것 중의 하나가 관리에 관한 예산계획 없이 선지출 후징수 방식의 주먹구구식 관리가 행해지고 있다는 점이다. 선지출 후징수의 관리비 부과방식은 사업계획이 없이 그때그때 필요에 따라 관리비를 지출하고 그 만큼을 징수하다 보니 많은 비용의 낭비를 초래하게 된다. 서울시의 2013년 보도자료[448]에 의하면 동일한 규모의 아파트들 사이에 관리비가 최대 3배까지 차이가 난다고 한다. 관리비 예산계획을 먼저 수립하고 그 예산에 따라 관리비를 집행한다면 이러한 관리비 지출규모의 차이가 크게 벌어지기 어렵다. 그래서 공동주택관리법 시행령 제14조 제2항 제4호는 관리주체가 다음 회계연도에 관한 관리비 등의 사업계획 및 예산안을 수립하여 입주자대표회의의 승인을 받도록 하고 있다. 관리비 징수업무의 투명성과 관련한 또 다른 큰 문제는 상가 집합건물의 관리비 징수체계와 방법에 관한 것이다. 관리비 예산을 책정하려면 관리비를 세분화하여 각 세부항목별로 관리에 필요한 세부계획을 수립하고 그 예산을 정해야 한다. 기본적으로는 관리규약을 통하여 예산의 세부항목을 정해야 할 것이지만 공동주택에 관하여는 행정의 후견적 입장에서 투명하게 관리비를 관리할 수 있도록 그 세부내역을 정하고 있다. 공동주택관리법 시행령 제14조는 관리비를 일반관리비, 청소비, 경비비, 소독비, 승강기유지비, 지능형 홈네트워크 설비 유지비, 난방비, 급탕비, 수선유지비, 위탁수수료로 구분하도록 하고 있다.[449]

---

448) 서울시, "맑은 아파트 만들기 민관합동 추진단 발족 보도자료", 2013. 5. 23.

449) 관리현장에서 흔히 관리비라고 하는 내역 중에는 공용부분의 관리에 관한 내용뿐만 아니라, 전기료·수도료·가스사용료·지역난방 방식의 난방비와 급탕비, 정화조의 오물 수거료, 생활폐기물수수료, 보험료 등 입주자와 사용자(임차인)가 사용한 공공서비스에 관한 사용료가 포함되어 있는데, 이러한 사용료는 관리비와 구분하여 부과해야 한다(구 주택법제45조, 시행령 제58조).

그러나 상가건물에서는 관리비를 세분하여 징수하기는커녕 전기료 등 사용료와 상가 홍보비, 상권 개발비 등 관리비 이외의 다른 항목을 관리비와 혼합하여 징수하면서 그 구체적인 내역을 밝히지 않는 경우가 많다. 이러한 불투명한 관리비 집행에 대하여 과다한 관리비의 반환을 구하는 소송형태는 부당이득 반환청구인데, 부당이득 반환청구에서는 원고인 구분소유자들이 위탁관리회사가 관리비, 홍보비, 전기료 등 각종 사용료에서 부당이득을 취하였다는 사실을 입증해야 한다. 피고인 위탁관리회사가 법령상 관리비, 사용료, 홍보비 등을 구분하여 징수할 근거가 없어 관리비 세부내역 장부가 없다고 버티며 관리비 장부를 제출하지 않는 경우 원고 구분소유자들이 승소하기란 거의 불가능하다. 이러한 부당한 관리비 징수를 막기 위하여 2012. 12. 18. 개정된 집합건물법은 관리인에게 관리비에 관한 사무를 포함하여 관리사무에 관하여 구분소유자들에게 1년에 1회 이상 보고하도록 하고 있다(집합건물법 제26조 제1항). 개정 집합건물법에 따라 제정된 집합건물법 시행령(안)은 매월 1회 관리단의 사무집행을 위한 분담금액과 산정방법, 징수·지출·적립내역에 관한 사항을 보고하도록 하고(시행령안 제6조 제1항 제1호, 제2항), 표준규약에도 이러한 내용을 포함하도록 하고 있다(제12조 제10호). 법무부가 마련한 상가 집합건물 표준관리규약(안) 제79조 제2호는 관리비 등을 징수할 때 관리비등의 산정기간, 비목별·세부내역별 금액 및 산정방법을 기재한 고지서를 납기일 10일 전까지 구분소유자 등에게 교부하도록 하고 있다. 문제는 관리비의 비목과 세부내역에 관한 내용인데, 집합건물법과 그 시행령 및 상가 집합건물 표준관리규약은 이를 모두 관리단별로 정하도록 하고 있다. 공동주택관리법 시행령처럼 통일적인 비목과 세부내역을 후견적인 차원에서 법령으로 정하지 않으면 관리단별로 주먹구구식 비목과 세부내역을 정하여 고지함으로써 관리비의 내역의 정당성이나 적절성을 둘러싼 분쟁이 더 격화될 우려가 크다. 위와 같이 구체적인 비목과 세부내역을 각 관리단에게 포괄적으로 위임하면 관리비 부당징수와 관련한 소송에서 규범적인 기준은 사실상 존재하지 않는 것이어서 여전히 구분소유자들이 부당한 관리비 징수를 입증하기는 어려울 것으로 보인다. 공동주택관리법 시행령 제14조와 균형을 맞추어 집합건물법 시행령에서 관리비 비목과 세부내역을 제시하는 입법적 보완이 필요하다.

2. 특별관리비

예산계획에 따라 관리비를 집행하는 경우에는, 예산계획에 포함되지 않았던 돌발적인 사고나 긴급보수공사 등에 지출한 비용에 대해서는 사후적으로 특별관리비를 징수(collection)를 해야 할 수 있다. 선계획 후지출의 관리비 집행제도가 정착한 미국의 판례 사안에서는 특별관리비 징수의 효력에 관한 분쟁이 자주 등장한다.[450] 예를 들어, 보일러실의 수리·교체 공사를 하는 과정에서 발생한 인명피해에 대한 손해배상금은 당연히 승인된 관리비 예산에 포함되지 않아 특별관리비를 징수해야 하는데, 이러한 손해배상금도 공용부분의 수리, 유지 등의 과정에서 발생한 비용이어서 특별관리비로서 구분소유자들에게 부과하는 것은 정당하다.[451] 관리단 내부의 분쟁으로 때로는 몇 년간 관리비 예산이 승인되지 못하는 경우도 발생하는데, 이 경우에는 그 전에 승인된 사업계획 및 예산에 따라 관리비를 부과해도 이는 구분소유자의 권리를 침해하는 것이 아니고 정당한 관리비 예산집행이라 할 수 있다.[452] 미국의 관리단은 우리와 달리 관리의 필요상 공용부분을 매각하거나 주변 토지를 매수하여 주차장 등의 공용부분으로 사용하는 경우가 많은데, 이러한 공용부분의 매각이나 매입을 위한 관리에는 특별관리비의 징수가 뒤따른다. 통상적인 관리업무의 수준에서 관리단이 운영되기를 바라는 구분소유자들은 이러한 큰 금액의 특별관리비의 징수에 대하여 다투게 된다. 예를 들면, 집합건물의 부대시설인 위락시설(easement)을 양도하는데 소요

450) Timothy E. Travers, J.D. "Expenses for which condominium association may assess unit owners.", 77 A.L.R.3d 1290 (Originally published in 1977).

451) Insurance Co. of North America v. Aspen Alps Condominium Asssociation Inc. 915F.Supp, 1122 (D. Colo. 1996).

452) South End Plaza Association Inc. v. Johnson, 62 Conn.App.462, 767A. 2d1267(2001).

되는 비용은 특별관리비로 부과할 수 있다.[453)]

하지만 주차난을 해결하기 위하여 구분소유자 과반수의 결의를 거쳐 집합건물 인근의 부동산을 구입하여 주차시설을 설치한 경우, 부동산 구입은 관리단의 권한을 넘는 것이다. 결국 이러한 주차시설은 주차시설 설치와 유지비용을 부담한 구분소유자들과의 관계에서만 집합건물 관리단이 주차시설을 관리할 수탁자의 지위에 있는 것이므로 주차시설의 설치에 동의하지 않은 구분소유자에게 그 설치와 관리비용을 관리비를 징수할 없다.[454)] 또한 전유부분을 매수하여 리모델링하는 것은 통상의 관리내용이 아니어서 관리규약에 따라 구분소유자 다수의 특별결의를 받아야 하는 것인데, 특별결의 없이 특정 전유부분을 매수하여 리모델링한 비용을 관리비로 징수하는 것은 관리단의 권한을 넘는 월권행위로서 위법하다.[455)]

구분소유자와 관리단 사이의 소송에서 관리단이 패소하여 부담하게 된 판결금과 소송비용(변호사비용 포함)의 부담을 각 구분소유자에게 특별관리비로 부과할 수 있는지도 중요한 법적 쟁점이 되고 있다. 특히 승소한 구분소유자에게도 자신이 승소하여 관리단으로부터 받아야 하는 판결금과 소송비용을 자기 관리비 부담비율에 의하여 납부하도록 하는 점에 대한 반발이 크다. 하지만 법원의 판결에 의하여 확정된 판결금액은 집행되어야 하는 것이므로 관리비 부담비율에 따라 모든 구분소유자에게 관리비로 징수되어야 한다.[456)]

집합건물의 구조적 안전을 위하여 구분소유자들의 동의를 받지 않고 많은 공사비용이 들어가는 긴급한 시설보수 공사를 한 경우 이러한 긴급보수공사비용을 관리비로 징수하는 문제도 분쟁이 종종 발생하는 사안이다. 플로리다 주 법

---

453) Ochs v. L'Enfant Trust, 504 A. 2d 1110(D.C. 1986).

454) Towerhause Condominium Inc. v. Millman, 475 So. 2d 674(Fla. 1985).

455) Lion Square Phase II and III Condominium Association Inc. v. Hask, 700 P. 2d 932(Colo. Ct. App. 1985).

456) Ocean Trail Unit Owners Association Inc. v. Mwad, 650 So. 2d 4(Fla. 1944).

원은 Farrington v. Casa Solana Condominium Association Inc. 사건에서 긴급보수공사가 공용부분의 상당한 변경을 가져오는 것이 아니고, 이러한 긴급보수공사의 실시여부는 경영적 판단에 해당하는 것이기 때문에 그러한 결정에 따른 특별관리비 부과는 유효하다고 판시하였다.[457] 또한 Tiffany Plaza Condominium Association Inc. v. Spencer 사건에서도 해변의 집합건물에서 해변모래의 유실로 지반이 약해지는 것을 막기 위하여 옹벽공사를 한 사안에서 법원은 역시 경영적 판단의 법리를 적용하여 특별관리비의 부과를 유효하다고 보고 있다.[458] 건물의 구조적 안전에 하자가 심각하여 분양자를 상대로 한 하자보수금 청구에 관한 소송비용을 충당하기 위하 특별관리비도 장차 하자보수를 위한 관리비용이 발생하는 것을 막기 위한 것으로 관리비로 부과할 수 있다.[459]

한국에서는 선지출 후징수의 관행에 따라 모든 관리비는 예산으로 승인된 관리비가 아니라 특별관리비이므로 이에 관한 분쟁을 찾아보기 어려우나, 예산에 따라 관리비를 집행하는 제도가 정착하면 특별관리비의 징수와 관련한 분쟁이 나타날 것이다. 예산에 책정되어 있지 않은 추가적으로 특별관리비를 징수하기 위해서는 관리단 이사회의 결의를 거쳐 추가 관리비 부과를 사전에 예고하고 추가관리비 징수할 권한이 관리단에 있어야 한다.[460] 특별관리비의 징수를 둘러싼 분쟁에 대비해서 관리규약 등에 특별관리비 징수의 근거를 마련하고 특별관리비를 징수할 수 있는 범위의 기준을 정해 둘 필요가 있다. 단지 관리단 표준관릭규약안이나 공동주택관리법 시행령 제19조의 관리규약 준칙 등에 특별관리비의 징수 근거와 범위, 기준 등에 관한 규정을 마련해야 한다.

---

457) Farrington v. Casa Solana Condominium Association Inc. 517 So. 2d 70(Fla. Dist. Ct. App. 3d Dist. 1987).

458) Tiffany Plaza Condominium Association Inc. v. Spencer, 416 So. 2d 823(Fla. Dist. Ct. App. 2d Dist. 1982).

459) Washington Courte Condominium Association-Four v. Adreani, 169 Ill. App. 3d 1082, 120 Ill. Dec. 337, 523 N.E. 2d 1248(1st Dist 1988).

460) Oronoque Shores Condominium Association No. 1, Inc. v. Smully, 114 Conn. App. 223, 968 A. 2d 996(2009).

3. 연체관리비의 특별승계

서민들이 많이 거주하는 공동주택의 경우에는 관리비를 연체하는 세대가 많은데, 관리주체가 연체된 관리비를 회수하지 못하는 경우 부족한 관리재정을 다른 구분소유자들이 나누어 부담해야 하므로 다른 구분소유자들의 손해로 귀결된다. 연체관리비 문제에 있어서 가장 법리적으로 가장 쟁점이 되고 있는 사안은 관리비를 연체하고 있는 구분건물을 매수하거나 경락받은 특별승계인이 전 구분소유자의 연체관리비 채무를 승계하는 문제이다. 대부분의 공동주택 관리규약에는 체납한 연체관리비를 특정승계인이 납부해야 한다는 규정을 두고 있고 입주자대표회의는 관리비를 체납하고 있는 공동주택을 경락받은 특별승계인에게 관리규약에 따라 체납관리비를 징수하고 있다. 학계에서는 체납관리비가 특별승계인에게 전부 승계된다는 전면승계설과 공용부분의 체납관리비만 승계된다는 부분승계설, 전부 승계되지 않는다는 승계부정설의 견해가 모두 제기되고 있다.

하급심 판결들에도 위 3가지 견해가 모두 있었는데, 대법원 2001. 9. 20. 선고 2001다8677 전원합의체 판결은 부분승계설의 입장을 취하였다. 하지만 위 전원합의체 판결에서도 위 3가지 견해가 모두 제출되었다. 전면승계설은 관리규약은 그 성질이 구분소유자들 사이의 계약이 아니라 집합건물 공동체 내의 질서유지 목적의 자치법규이므로 구분소유자가 아닌 특별승계인에도 그 효력이 미치고 집합건물법 제42조 제1항, 공동주택관리법 제18조 제4항에서 관리규약의 효력은 특별승계인에 대하여도 효력이 있다고 규정하고 있으므로 체납관리비가 특별승계인에게 승계된다고 한다.[461] 부분적 승계설은 집합건물법 제28조 제3항이 관리규약이 구분소유자 외의 자의 권리를 침해하지 못한다고 하고 있으므로, 체납관리비가 특별승계인에게 승계된다는 관리규약은 구분소유자가 아닌 특별

461) 최명순, 이춘원, "특정승계인의 연체관리비에 대한 책임", 집합건물법학 제8집, 한국집합건물법학회, 2012. 6, 142면.

승계인의 권리를 침해하는 것으로 무효이고, 다만 집합건물법 제18조가 공유자가 공용부분에 관하여 다른 공유자에 대하여 가지는 채권은 그 특별승계인에 대하여도 행사할 수 있다고 하고 있으므로 공용부분의 채권에 한하여 특별승계인에게 승계된다고 보고 있다.[462)]

승계부정설은 집합건물법 제27조 제1항은 관리단이 그 재산으로 채무를 전부 변제할 수 없는 경우에는 구분소유자는 공유자의 지분비율에 따라 관리단의 채무를 변제할 책임이 있다고 하고 있으므로 관리단의 재산으로 체납관리비를 변제하지 못할 때 구분소유자 전원의 자신의 공유지분 비율에 따라 분할책임을 지는 것이지 체납관리비가 특별승계인에게 승계되지 않는다고 한다.[463)]

집합건물에 관한 판례 법리가 일찍이 발달해 왔던 미국의 판례는 그 근거를 달리 보고 있지만 원칙적으로 연체관리비는 특별승계인에게 승계된다고 보고 있다.[464)] 앞서 "제1절 구분소유자의 권리와 의무" 중 영미법의 상린관계에서 살펴 본 바와 같이 영미법은 집합건물의 상린관계를 지역권(servitude)의 문제로 보고 있다. 지역권은 계약에 의하여 성립하는 것인데, 집합건물의 전유부분에는 묵시적으로 관리비를 전유부분의 소유자가 부담하는 지역권이 견련되어 있다고 보았다. 영미법의 역권의 법리에서는 비용과 수익이 견련되어 있는 부동산(covenant running with land)이 있는데, 이러한 부동산의 소유권이 이전하는 경우에 견련되어 있는 수익과 비용의 법률관계도 매수인 등의 특별승계인에게 수반되어 이전된다고 본다. 그러나 위와 같은 비용부담이 견련되어 지역권의 제약을 부동산인지 여부는 부동산 소유자의 권리를 제약하는 것이어서 엄격하게 해석한다.

캘리포니아 주 법원은 In Mountain Home Properties Inc. v. Pine Mountain

462) 대법원 2001. 9. 20. 선고 2001다8677 전원합의체 판결.

463) 강석규, 앞의 책, 136면.

464) Francis M. Dougherty, J.D. "Liability of owner of unit in condominium, recreational development, time-share property, or the like, for assessment in support of common facilities levied against and unpaid by prior owner", 39A.L.R.4th114(Originally published in 1985).

Lake Association 사건[465]에서 위와 같은 지역권 중 비용과 수익이 견련되어 있는 부동산(covenant running with land)에 관한 법리를 인용하면서, 관리규약 등에 체납관리비가 승계된다는 등의 구체적인 규정이 없는 경우에는 원칙적으로 제약이 없는 자유로운 부동산으로 보아야 한다는 이유로 체납관리비의 승계를 부인하였다.

조지아주 법원은 Finch v. Summertree Condominium Association 사건[466]에서 양도계약의 이행 시까지 양수인은 양도인과 공용부분의 비용에 관하여 연대책임이 있다는 주법률에 근거하여 양수인에게 체납관리비 지급의무가 있다고 보았다. 집합건물은 지역권(servitude)의 제약을 받는 것이어서 관리규약 등에 연체관리비가 전유부분에 견련되어 있다는 취지의 내용이 있는 경우 관리비 부담이 견련되어 있는 부동산(covenant running with land)으로 보아 연체관리비가 승계된다고 하거나 공용부분의 관리비용에 대하여는 양도인과 양수인이 연대책임을 지기 때문에 연체관리가 승계된다고 보는 것이다. 전면승계설과 다른 두 가지 견해의 차이는 체납관리비를 특별승계인이 승계한다는 관리규약의 효력을 후자의 두 견해는 부인하는 전제에 서 있다는 점이다. 앞의 "제2절 집합건물 관리단" 중 관리규약의 효력 부분에서 살펴본 바와 같이 관리규약의 등록과 그 효력 사이의 법리적 쟁점을 별론으로 하고 관리규약은 자치법규로서 집합건물 공동체의 질서를 유지하는 법원(法源)으로 특별승계인에게도 그 효력이 미친다. 따라서 연체관리비 채무가 특별승계인에게 승계된다는 관리규약의 내용도 특별승계인에게 효력이 있다.

판례와 같이 공용부분에 관한 관리비만이 특별승계인에게 승계된다는 법리는 공용부분에 관한 관리비와 전유부분에 관한 관리비가 구분될 수 있다는 것이 전

465) In Mountain Home Properties Inc. v. Pine Mountain Lake Association, 135 Cal. App 3d 959, 185 Cal Rptr 623 (1982, 5th Dist).

466) Finch v. Summertree Condominium Association, 157 Ga. App. 686, 278 SE 2d 123 (1981).

제되어야 한다. 공동주택관리법 시행령 제23조는 구분소유자에게 부과되는 관리비를 전기료, 수도료, 급탕비, 일반관리비, 수선유지비, 청소비, 오물수거비, 소독비 등 항목별로 나누어 징수하도록 하고 있는데, 이중 전기료, 수도료, 급탕비는 공용부분과 전유부분으로 구분하여 징수하고 있으므로 명확한 구분이 가능하다. 하지만 나머지 관리비 항목들은 이를 공용부분 관리비로 보아야 하는지, 전유부분 관리비로 보아야 하는지가 명확하지 않다. 판례가 공용부분의 관리비와 전유부분의 관리비를 구분할 수 있는 것을 전제로 공용부분의 관리비만 승계된다는 절충설을 취한 결과 일반관리비, 회계장부의 기장료, 위탁수수료, 화재보험료, 청소비, 수선유지비 등이 특별승계인에게 승계되는 공용부분 관리비라고 하고 있지만,[467] 이와 같은 관리비 등도 하나하나 구체적으로 분석해 보면 전유부분과 관련되는 내용을 일정부분 포함하고 있다. 특히 관리사무소장이나 고용된 경비, 시설관리 인력 등에 대한 인건비, 관리사무실 경비, 관리사무실 운영차량유지비, 화재보험료 등을 포함하는 일반관리비는 전적으로 공용부분에 관한 관리비라 할 수 없고 전유부분을 위한 관리비라고 볼 수도 있다는 것이다. 예를 들면, 경비업무는 공용부분만의 안전을 보호하기 위한 것이 아니라 각 전유부분을 범죄나 화재 등의 위난으로부터 보호하는 역할도 한다. 또한 전면승계설의 입장을 취한다고 할 때도 체납관리비에 대한 연체료는 관리비 그 자체가 아니라 체납에 대한 제재적 성격을 갖는 것이므로 이러한 연체료까지 특별승계인에게 승계된다고 볼 수는 없을 것이다.[468]

그리고 관리비에 포함되어 있지만 실질은 전유부분의 구분소유자가 사용한 공공서비스의 사용료인 것들도 있다. 전기·수도·TV시청료 등은 공급사업자인 한국전력이나 지방지차단체, 한국방송공사(KBS) 등이 개별 구분소유자별로 그 사용량에 따라 또는 세대단위로 부과하는 공공서비스 사용요금인데, 징수의 편의상 공동주택의 경우에는 관리주체를 통하여 징수하고 있는 것이다. 공공서비

467) 대법원 2006. 6. 29. 선고 2004다3598 판결.
468) 대법원 2001. 9. 20. 선고 2001다8677 판결.

스 공급사업자가 징수편의상 공공주택의 경우에는 관리주체에게 일괄징수하고, 관리주체는 선납한 공공서비스요금을 각 세대별로 나누어 관리비에 포함시켜 징수하는 것이다. 이렇게 공동주택에서 공공서비스 요금을 강제로 관리주체에게 대납시키는 징수대행계약은 요금징수의 행정적 부담을 덜기 위하여 연체서비스 요금의 부담을 공동주택의 관리주체에게 떠넘기는 불공정한 제도라는 비판이 있고, 실제로 도시가스 사용료의 징수는 개별수급방식으로 전환되어 있다. 승계부정설은 전유부분에 관한 관리비의 실질은 이와 같이 전 구분소유자가 개인적으로 사용한 공공서비스요금인데, 체납한 공공서비스요금을 특별승계인에게 승계하도록 하는 것은 부당하다고 주장한다.[469)]

판례가 부분승계설을 취한 이유는 특별승계인이 예상하지 못한 체납관리비 부담을 볼 수 있다는 점과 사회의 큰 재산부분을 차지하고 있는 공동주택의 보존·유지를 위해서는 관리주체가 체납관리비를 회수할 수 있는 길을 열어주어야 한다는 점을 모두 고려하여 절충점을 찾으려는 노력의 결과이다. 하지만 관리비 징수의 현실과는 맞지 않는 점이 있고, 3가지 해석론이 학계나 판례 법리에서 팽팽히 맞서는 것에서 알 수 있듯이 해석론에만 매달려서는 체납관리비를 둘러싼 집합건물 공동체내의 갈등이 여전히 해소되지 않고 있으므로 특별승계인이 관리비내역을 확인할 수 있는 제도 등 제도개선을 통하여 문제를 해결하는 방안을 모색해야 한다.

집합건물의 거래 시 거래당사자가 연체관리비를 조사하여 이를 거래가격에 반영하는 실태를 보면, 연체관리비 승계논쟁은 논쟁의 방향을 잘못 잡고 있다는 생각이 든다. 매수인의 경우 자신이 연체관리비를 승계하게 된다는 전제에서 연체관리비를 조사하고 거래가격에서 이를 공제하고 거래대금을 지급한다. 구분건물의 소유자와 매수인이나 경락인 사이의 개별거래관계에서 충분히 해결될 수 있는 문제가 관리규약의 효력과 집합건물법 체계의 해석론으로까지 비화된 측

469) 강석규, 앞의 책, 128면.

면도 있다. 문제는 연체관리비와 같은 관리내역을 매수인이나 경락인과 같은 특별승계인이 정확히 알 수 있는 공시제도가 불비하다는 것이다. 먼저, 등록한 관리규약만 특별승계인에게 효력이 미치도록 하여 관리규약을 등록하도록 함으로써 특별승계인이 관리규약의 내용을 알 수 있도록 해야 한다. 그와 함께 연체관리비와 관리비의 규모, 최근 관리비 인상률 등 관리비와 관련된 정보를 매수예정자나 경락예정자 등이 정확히 알 수 있는 정보공개제도를 정비해야 한다. 특히 경매에서는 경매 목적물의 현황보고서에 체납관리비 실태가 보고되지 않아 경락인은 정확한 체납관리비의 규모를 알지 못한 채 경락을 받게 되어 경락인은 예상하지 못한 피해를 볼 수 있다. 소송실무에서 문제가 되었던 사안들은 대부분 이와 같이 구분건물을 경락받은 특별승계인에게 체납관리비를 청구를 한 사안들이다. 하지만 경락인도 채무자가 거주하거나 영업하는 구분건물이 경매로 넘어갈 정도라면 그 구분건물에 관한 관리비도 어느 정도 체납되었을 것이라는 것을 예상하고 낙찰대금을 제출했을 것이므로 전혀 예측하지 못한 채, 체납관리비 채무를 부담한다고 할 수 없다.

이러한 체납관리비를 둘러싼 구체적인 사정을 보면 체납관리비의 승계에 관한 해석론에만 매달리는 것이 아니라 관리규약이나 체납관리비 현황을 공시하는 방법을 개선해서 특별승계인이 불측의 채무부담을 하지 않도록 하는 것이다. 우리 집합건물의 관리현실에서 보면 매수인이나 경매목적물 현황감정서를 작성하는 감정인이 관리단을 방문하여 체납관리비를 확인하려고 하면 대부분의 관리단은 현재 거주하고 있는 구분소유자와의 분쟁을 우려하여 체납관리비 등의 내용을 알려주려 하지 않는다. 한국에서도 집합건물의 수명이 점점 장기화되고 있는데, 집합건물의 수명이 오래된 경우 수선적립금이 충분히 적립되어 있지 않을 때 예상하지 못한 특별관리비를 부담하게 될 수 도 있다. 또한 화재보험에 가입되지 않았거나 가입규모가 적을 경우 다른 구분건물에서 발생한 화재가 옮겨 붙어 화재피해가 발생해도 재산적 손실을 복구할 수 없게 되므로 이러한 관리내역에 관한 정보도 특별승계인이 사전에 알아야 할 관리내역에 관한 정보들이다.

이러한 점에 비추어 보면 집합건물 관리의 투명성 확보 차원뿐만 아니라 구분건물의 거래안전과 그에 따른 거래활성화 차원에서도 미국식의 "관리내역 확인서(Status Certification)"제도는 참고할 만하다. 뒤에 "제4절 관리단의 구분소유자에 대한 선관의무"중 관리인의 보고의무 부분에서 살펴보는 바와 같이 개정 집합건물법 제26조 제2항은 제3자가 관리단에게 관리비 등에 관한 정보제공을 청구할 수 있는 제도를 도입하였다. 이러한 관리현황 정보제공 청구제도가 미국의"관리내역 확인서"제도와 같은 정보제공 제도롤 발전하기에는 좀 더 구체적인 제도 설계가 이루어져야 하겠지만 구분건물을 매수하거나 담보를 설정하려는 등의 제3자가 구분건물의 객관적 관리현황을 에 관한 정보제공을 청구할 수 있는 법적근거는 마련되었다고 볼 수 있다.

4. 연체관리비 우선특권 제도

체납관리비의 승계 문제가 미국에서는 크게 문제가 되지 않고 있는데, 그것은 체납관리비를 특별승계인에게 승계시키기 전에 관리비를 체납한 구분건물의 경매과정에서 관리단이 우선하여 체납관리비 채권을 회수하는 제도가 마련되어 있기 때문이다. 리엔(Lien)이라는 우선특권제도이다. 영미법에서는 형평법상의 형평의 원리에 입각하여[470] 신탁관계의 성립을 의제하는 의제신탁의 법리가 발달해 왔다. 리엔(Lien)은 의제신탁에서 파생한 것으로 의제신탁의 특별한 제한형태이다.[471] 의제신탁 법리의 장점은 의제신탁의 대상인 재산이 수탁자의 재산과

470) 영미법에서는 신탁의 법리가 부당이득, 불법행위, 사무관리, 신의칙 등과 관련된 법리의 영역으로 끊임없이 확장을 해 왔는데, 이는 신탁법리를 통하여 분쟁을 공평하게 해결하려는 "형평의 양심(equity of conscience)"의 실현이라고 보고 있다. 문제된 재산의 보유자가 선량한 양심에 따라 그 재산을 보유하는 것이 아니라면 형평법은 그 재산의 보유자를 수탁자로 전환시켜 신탁관계가 성립한 것으로 의제한 후 신탁법리에 따라 그 의제된 신탁재산을 반환받을 수 있는 구제수단을 부여하는 것이다.

471) 최은순, 앞의 책, 192 내지 196면.

혼합되지 않고 신탁관계의 해소에 따라 위탁자가 회복할 수 있는 재산이나 채권이 된다는 점이다. 예를 들어, 관리단과 관리비를 체납하고 있는 구분소유자 사이에 체납관리비 상당 금원에 관하여 신탁관계가 성립한 것으로 의제되면 수탁자인 구분소유자의 채권자들이 구분건물에 대하여 압류, 담보설정 등을 한 경우에도 관리단은 다른 채권자에 우선하여 구분건물을 처분한 금액에서 체납관리 상당금원을 우선하여 회수할 수 있는 특권(Lien Rights)을 가지게 된다.

미국의 집합건물법제에서는 서민들이 주거하는 집합건물에서 관리비 연체가 늘어나고 관리단이 체납관리비를 회수하지 못하여 관리재정에 어려움을 겪게 되자 1994년 표준 집합건물법 개정에서 연체관리비에 대한 우선특권제도를 도입하게 되었다. 일본도 체납관리비에 관한 우선특권제를 도입하고 있다. 일본의 구분소유법은 구분소유자가 공용부분에 관하여 총회 또는 규약에 의하여 다른 구분소유자에 대하여 가지는 채권은 채무자의 구분소유권 등에 관하여 선취특권을 가지고, 이는 구분소유자의 특정승계인에게도 행사할 수 있다(일본 구분소유법 제7조, 제8조). 여기서 선취특권은 미국은 우선특권(Lien Rights) 제도와 그 성질을 같이 하는 것이다. 우선특권(Lien Rights) 제도는 판결 등의 채무명의를 얻지 않고서도 담보권 실행절차에서 우선적으로 변제를 받을 수 있다는 점에서 우리의 유치권 제도나 근로기준법과 주택임대차보호법에 있는 최우선변제 제도와 유사한 것이다.[472)]

이러한 미국과 일본의 우선특권제도와 그 취지는 같이 하면서 방법을 달리하는 제도가 스위스의 연체관리비에 대한 법정담보물권제도이다. 스위스는 집합건물 관리단이 연체관리비에 관한 채권확보 수단으로 법정담보권을 설정을 청구할 수 있는 제도를 두고 있다. 스위스 민법은 집합건물 관리단이 관리비 채무 중 최후 3년의 연체분에 대하여 현재의 구분소유자를 상대로 담보권의 설정을

472) 근로기준법은 3개월분의 체불임금과 3년분의 퇴직금을 최우선변제 대상으로 하고 있고(근로기준법 제37조), 주택임대차보호법에서는 서울특별시의 경우 7천500만원 미만의 소액보증금에 대하여 2천500만원 범위에서 최우선변제를 받을 수 있다(주택임대차보호법 제8조, 시행령 제3, 4조).

청구할 수 있는 제도를 규정하고 있다(제712조의 i의 제1항). 위와 같은 연체관리비에 관한 법정담보물권의 신청은 관리인, 관리인이 선임되지 않은 경우에는 관리단 집회의 결의로 지정된 구분소유자, 법원에 의하여 특별수권을 받은 구분소유자, 관리비채권을 압류한 채권자가 할 수 있다(제712조의 i의 제2항). 이러한 연체관리에 관한 법정담보물권 청구에 대하여 건축수급인의 도급인에 대한 공사대금채권을 피담보채권으로 하는 담보물권 설정청구권에 관한 규정이 준용된다(제712조의 i의 제3항). 우리 민법에도 이와 동일한 취지의 제도가 민법 제648조 내지 제650조의 임대차와 민법 제666조의 도급에 관한 규정에 마련되어 있다.[473] 예를 들어, 토지임대차와 건물임대차에서 임대인은 임차인으로부터 지급받지 못한 연체차임을 피담보채권으로 하여 임차인 소유의 지상물이나 부속물을 압류한 경우에 저당권이나 질권과 동일한 효력이 있다. 또한 부동산 공사의 수급인은 공사대금 채권을 피담보채권으로 하여 그 부동산을 목적으로 한 저당권의 설정을 청구할 수 있다. 집합건물법은 제1장 제6절 "의무위반자에 대한 조치"에서 집합건물의 상린관계나 공동체질서를 위반한 자에 대한 일정한 조치를 취한 권리를 관리인에게 부여하고 있는데, 관리인의 의무위반에 관한 조치의 하나로서 관리비를 연체하고 있는 구분소유자에 대하여 저당권설정 청구를 할 수 있는 제도를 도입하는 방안은 검토해 볼 만하다.

한편 우선특권 제도를 잘 운영하여 관리의 공백이 발생하는 것을 막아야 하겠지만, 다른 한편에서는 우선특권 제도가 남용되어 구분소유자의 재산권이나 다른 채권자의 권리를 침해하지 않도록 해야 한다. 미국에서는 관리단이 구분소유자가 한 두 차례만 관리비를 연체하여도 바로 우선특권에 기한 강제집행절차를 신청하는 등 우선특권 제도가 남용되었다. 이를 둘러싸고 구분소유자와 관리단 사이의 분쟁이 격화되자 2008년 "표준 집합건물법(UCIOA)"을 "표준 구분소유자 권리헌장법(Uniform Common Interest Owners Bill of Rights Act : UCIOBORA)"으로 개

473) 이준형, 각주 191)의 책, 127면.

정하면서 우선특권제도의 행사요건을 엄격하게 제한하였다. 우선특권의 행사 대상은 연체관리비와 그 이자, 연체관리비의 징수를 위한 징수비용, 등록된 관리규약에 의하여 부과된 제재금(fine), 우선특권을 행사하는 절차에서 소용되는 합리적인 범위 내에서의 법률비용 등이다.[474] 앨라바마 주에서는 관리규약에 의하여 승인된 범위의 변호사비용까지 우선특권 대상으로 하고 있다.[475] 연체관리비 채권 중 다른 담보물권에 우선하여 변제받을 수 있는 최우선특권(Super Priority Asssement Liens)의 범위는 우선특권 신청 직전 6개월분의 관리비이다. 그러나 법률에 의하여 부과된 세금이나 벌금, 행정벌인 과징금 등에는 우선하지 못한다.[476] 하지만 연체관리비에 대한 우선특권을 행사하기 위해서는 관리단 이사회의 결의가 있어야 하고, 구분소유자가 3개월 이상 연체한 경우이어야 한다.[477] 관리단 이사회는 먼저 연체 구분소유자에게 관리비 납부계획을 제시할 것을 요구하고, 그 뒤에도 연체관리비를 납부하지 않은 경우 강제회수절차에 들어간다는 결의는 명시적으로 해야 한다. 연체관리비의 변제충당 순서는"원금－연체이자－합리적 범위의 변호사비용과 징수비용－과태료, 수수료, 벌과금－이자"이다.[478] 관리규약 위반에 따른 제재금(fine)에 대해서는 우선특권을 행사할 수 없고 법원의 확정판결을 받아 각주법의 법원의 강제집행절차에 따라 채권을 회수해야 한다.[479]

우선특권을 행사하려면 우선특권을 등록하고 선순위의 저당권자 등에게 통보한 후 구분소유자에게도 등록일로부터 10일 이내에 통보해야 한다. 우선특권의 집행방법은 미국식의 담보권(mortgage) 실행(foreclosure)방법처럼 구분건물을 매각하여 매각대금에서 우선하여 채권을 회수하는 것이다.[480] 우선특권의 실행으로

474) UCIOA § 3-116(a).

475) ALa Civ. Code § 35-8-17, 35-8A-316(a).

476) UCIOA § 3-116(b).

477) UCIOBORA § 15(Limitations on Foreclausure) (a), UCIOA § 3-116(n).

478) UCIOBORA § 15(Limitations on Foreclausure) (b).

479) UCIOBORA § 15(Limitations on Foreclausure) (c).

서의 강제절차(foreclosure)나 매각절차(sale)에서 구분건물이 헐값으로 매각되어 연체 구분소유자가 피해를 보지 않도록 그 방법, 광고, 시간, 장소, 기간 등은 상업적으로 합리적이어야 한다.[481] 미국 표준 집합건물법에서는 위와 같이 선순위의 담보물권에 우선하여 최우선 변제받을 수 있는 범위를 6개월치의 연체 관리비로 제한하고 있다.

우선특권 제도는 선순위의 담보물권보다 최우선하여 변제를 받는다는 점에서 물권법상의 담보물권제도의 근간을 흔들고 저당권자에게 예측하지 못한 손실을 발생시킬 수 있는 것이어서 함부로 인정하거나 범위를 확대할 것은 아니다. 하지만 경제적 약자인 근로자나 소액임차인의 보호를 위한 공익적 목적에서 최소한의 범위에서 임금채권과 보증금반환채권을 보호하려는 것이어서 그 정당성이 인정될 수 있고 위헌적 제도라고 할 수는 없다. 마찬가지로 서민아파트 등에서 연체관리비의 증가로 관리재정을 확보하지 못하여 공동주택의 급속한 노후화와 공동체 질서유지에 필요한 조치를 취하지 못한다면, 우리 사회의 귀중한 재산인 공동주택의 보존·유지에 심각한 영향을 줄 수 있으므로 이러한 공익적 목적에서 그 범위를 제한하여 우선특권 제도를 도입한다면 위헌시비는 없을 것이라 본다. 일본의 구분소유법도 공용부분에 관하여 규약에 의하여 구분소유자들이 다른 구분소유자에 대하여 가지는 채권은 채무자의 구분소유권 등에 관하여 선취특권을 가진다고 하고 있는데, 공용부분에 관하여 관리규약에 의하여 다른 구분소유자들에 대하여 가지는 채권은 바로 관리비채권을 말하는 것이고 선취특권은 우선특권과 같이 우선변제권을 가지는 것이다. 미국의 표준 집합건물법의 취지대로 6개월분의 연체관리비 범위에서 우선특권 제도를 도입하고, 다만 미국의 경험을 교훈삼아 입주자대표회의나 관리단이 우선특권 제도를 남용하지 못하도록 그 행사요건을 엄격히 할 필요가 있다.[482]

---

480) Rosemary Bocska, 앞의 책, 148면.

481) UCIOBORA § 15(Limitations on Foreclausure) (d).

482) 김남근, "집합건물의 관리에 관한 법제의 개선방안", 집합건물법학회 추계학술 세미나,

유제 풀이

상가건물의 분양계약서에 甲 관리회사를 상가건물의 관리회사로 지정한다는 문구가 기재되어 있었고, 이를 근거로 甲 관리회사는 10년 동안 상가건물을 관리해 오고 있다. 그러나 甲관리회사는 10년째 관리단 집회를 개최하지 않고 있고, 관리인 선거도 시행하지 않고 있다. 甲관리회사는 전기료, 수도료 등 사용료와 일반관리비, 어떻게 사용되는지 알 수도 없는 상가개발비 등의 용도를 구분하여 관리비를 부과하지 않고 매월 자신들이 임의로 정한 관리비를 부과하고 있다. 甲관리회사가 위와 같이 사용료와 일반관리비, 개발비 등을 구분하여 특정하지 않고 관리비를 부과하는 것은 적법한가? 한편 구분소유자인 乙은 甲관리회사를 관리인으로 선임하는 절차가 없어 관리인 선임자체가 무효이고, 구분소유자가 아닌 甲관리회사가 집합건물 관리단의 관리인이 될 수 없다고 하면서 관리인 직무정지가처분과 관리인지위 부존재 확인청구 소송을 제기하였다. 그리고 구분소유자인 丙은 甲관리회사가 10년째 관리단 집회를 개최하지 않고 관리비를 어떤 내역으로 부과하고 사용하는지 제대로 알려주지 않는 등 불투명한 관리를 하는 등 전횡을 일삼고 있다는 이유로 관리인 해임청구 소송을 제기하였다. 乙과 丙의 청구는 인용될 수 있는가? 소송을 거치지 않고 구분소유자들이 甲관리회사를 관리인에서 해임하고 새로운 구분소유자 중에서 관리인을 선임할 수 방법은 무엇인가?

분양계약서는 집합건물법 제41조의 관리단 집회의 결의를 갈음할 수 있는 서면결의로 볼 수 있으므로(대법원 2006. 12. 8. 선고 2006다33340 판결), 甲 관리회사는 분양계약서의 서면결의를 통해 적법하게 관리인으로 선임되었다고 할 수 있다. 또한 집합건물법 제24조 제2항은 위탁관리 전문회사와 같은 법인도 관리인이 될 수 있도록 관리인은 반드시 구분소유자의 지위에 있을 것을 요구하지 않고 있어, 법인인 甲관리회사를 관리인으로 선임한 것도 적법하다 할 수 있다. 따라서 乙이 甲관리회사를 상대로 제기한 관리인 직무정지가처분과 관리인 지위부존재 확인 청

2010. 11. 10, 112 내지 114면.

구는 인용되기 어려울 것이다.

하지만, 집합건물법 제24조 제3항은 관리인에게 부정한 행위나 그 밖에 직무를 수행하기에 적합하지 아니한 사정이 있을 때에는 각 구분소유자들이 관리인의 해임을 법원에 청구할 수 있는 근거를 두고 있다. 집합건물법 제32조에 의하면 관리인은 1년에 1회 이상 집합건물 관리단 집회를 개최하여야 하는데, 甲주식회사는 위와 같이 10년 이상 관리단 집회를 개최하지 않았다. 또한 2012. 12. 18. 집합건물법 개정으로 2013년 6월 이후에는 관리인의 임기가 2년으로 제한되고 이는 집합건물의 민주적인 관리를 위한 강행법규임에도 불구하고 그로부터 2년의 임기가 종료되는 2015년 6월 임기종료 후에도 여 새로운 관리인을 선출하지 않았다. 이러한 집합건물법에 따른 집합건물 관리를 하지 않고 전횡을 하여 구분소유자들의 신뢰를 상실하는 등의 사정은 집합건물법 제24조 제3항의 부정한 행위나 그 밖에 직무를 수행하기 적합하지 아니한 사정으로 평가될 수 있어 이 경우 甲관리회사의 관리인 지위 해임청구와 해임청구권을 피보전권리로 한 직무집행가처분 신청이 인용될 수 있을 것이다.

한편 공동주택의 경우 공동주택관리법 제23조 제4항과 그 시행령에 의해 관리비와 사용료, 장기수선충당금을 구분하여 징수하도록 하고 있고, 관리비의 경우에도 일반관리비, 청소비, 경비비, 소독비, 급탕비 등으로 나누어 징수하도록 하고 있으나, 집합건물법은 그러한 관리비 징수규정이 따로 없다. 집합건물 관리인들 중에는 관리비와 사용료, 홍보비, 권리금 명목의 개발비 등을 혼합하여 징수하고 관리비의 경우에도 그 내역을 구체적으로 밝히지 않은 채 관리비를 징수하고 있으나, 이를 법령위반이라 할 수는 없다. 다만 집합건물법 제26조 제1항은 관리인에게 관리비를 포함하여 관리사무에 관하여 구분소유자들에게 1년에 1회 이상 보고하도록 하고 있어, 이러한 보고의무 위반이 반복되고 시정되지 않을 경우 이를 이유로 한 해임청구는 가능할 수 있을 것이다.

집합건물법 제33조에서는 관리인의 법령위반이나 관리규약 위반행위가 있는 경우 구분소유자 5분의 1 이상이 관리인 해임과 새로운 관리인 선임을 안건으로 하는 관리단 집회의 소집을 청구할 수 있으므로, 관리인이 이러한 안건의 관리단 집회를 개최하는 경우 민주적인 투표를 통하여 관리인을 해임하고 새로운 관리인을 선임할 수 있을 것이다. 그러나 관리인이 자신을 해임하는 것을 안건으로 하는 관리단 집회를 개최하지 않을 가능성이 크므로, 관리인이 위와 같이 5분의 1 이상의 구분소유자들이 개최를 요구한 관리단 집회를 청구일로부터 1주일 이내에 개최하지 않는 경우 법원의 허가를 받아 집회를 개최할 수 있다. 관리단 집회 개최 허가신청 사건은 비송사건으로 처리된다.

Ⅳ. 의무위반에 대한 합리적 조치

1. 원상회복과 예방적 금지청구

집합건물법은 상린관계를 위반하여 집합건물의 보존에 해로운 행위를 하거나 공동체질서를 위반하여 공동체의 이익에 어긋나는 행위를 한 구분소유자에 대하여 순차적으로 “원상회복과 예방적 금지청구 – 전유부분의 사용금지 – 전유부분의 경매청구” 등의 순으로 의무이행조치를 취하거나 집합건물에서 퇴거시킬 수 있도록 하고 있다(집합건물법 제43 내지 45조). 다만 원상회복이나 예방적 금지청구는 관리단 집회의 과반수 결의만으로도 시행할 수 있지만, 전유부분의 사용금지나 경매청구는 전유부분 구분소유자의 사용·수익권이나 소유권 자체를 금지 내지 박탈하는 것이어서 전체구분소유자 4분의 3 및 의결권 4분의 3의 특별결의를 요한다. 미국에서도 집합건물 관리단과 구분소유자 사이의 분쟁이 심화되자 1994년 “표준 집합건물법(UCIOA)” 개정에서 관리단에게 상린관계나 공동체질서를 위반한 구분소유자에게 제재를 가할 수 있는 제도를 도입하였다. 관리단은 관리비를 연체한 구분소유자에게 연체료를 부과할 수 있고, 관리규약 위반행위에 대해서 사전에 제재통지와 청문절차를 거친 후 합리적인 범위에서 제재금(fine)을 부과할 수 있다.[483] 공동주택에서 발코니 확장 등의 개축공사를 하는 과정에서 내력벽이나 바닥에 손상을 가하여 아래층에 균열과 누수의 피해가 발생하는 사건이 종종 발생한다. 이러한 전유부분의 개축행위는 집합건물 전체의 보존에 해롭고 구분소유자들 전체의 공동의 이익에 반하는 행위이어서 집합건물법 제43조에 의하여 관리인 또는 관리단 집회 결의로 지정된 구분소유자는 원상회복 청구나 예방적인 개축행위 금지청구를 할 수 있다. 그러나 직접 피해를 입은 구분소유자는 집합건물법 제43조 내지 제45조에서 관리단 집회에서 지정을 받지 못하면 위와 같은 의무이행조치의 당사자가 될 수 없다.[484] 집합건물법 제43조 내지 46조에서 의무위반자에 대한 조치에서 원상회복 청구 및 예방적 금지청구 내지 경매청구권을 행사하는 당사자를 관리단 집회에서 지정된 구분소유자로 한 이유는 소규모의 집합건물처럼 별도로 관리인을 선임하지 못한 집합건물의 경우에는 관리단 집회에서 해당 사건의 해결만을 위한 주체로서 구분소유자를 선정하는 제도를 둘 필요가 있기 때문이다.

예를 들어 스위스 민법 제712조의 i 제2항은 연체관리비에 관한 법정담보물권 설정 청구권자로서 관리인이 선임되지 아니한 때에는 다수결 또는 법원에 의하여 수권 받은 구분소유자가 법정담보물권 청구를 할 수 있도록 하고 있다. 그런데 집합건물법 제43조 내지 제46조는 "관리인 또는 관리단 집회 결의로 지정된 구분소유자"라고 하여 관리인이 선임되어 있는 경우에도 관리단 집회의 결의로 지정된 구분소유자가 병행적으로 소송당사자가 될 수 있는 것으로 규정하고 있다. 입법적 오류라고 생각된다. 집합건물법 제43조 내지 제46조의 의무위반자에 대한 조치행위를 전형적인 집합건물법 제25조의 관리인의 관리업무 권한에 속하는 것이어서 관리인이 선임되어 있는 경우에는 관리인이 재판상 및 재판 외에서 조치행위를 행할 수 있다. 그리고 관리인이 선임되어 있지 않은 비상적 상황 내지 상시적인 관리인 선임이 어려운 소규모 집합건물에서는 관리단 집회에서 지정된 구분소유자가 의무위반자에 대한 조치를 구하는 소를 수행할 소송수행

483) UCIOA § 3-102(a)(11).

484) 대법원 2009. 12. 24. 선고 2009다41779 판결.

권을 행사한다. 이런 방향으로 입법적 개선이 필요하다.

2. 의무위반자의 퇴거조치

한편 반복되는 상린관계와 공동체질서 및 관리규약 위반으로 공동체 생활을 유지하기 어려운 경우에는 관리인이나 관리단 집회에서 지정된 구분소유자는 해당 구분소유자를 집합건물에서 퇴거시키는 경매청구권을 행사할 수 있다. 여기서 집합건물의 상린관계나 공동체질서, 관리규약의 현저한 위반이 어떤 정도인지, 그 결과 공동체 생활을 유지하기 어려운 정도가 어느 정도를 의미하는 것이지는 아직 우리 판례 법리를 통하여 구체화 되지 못하고 있다. 다만 경매청구권이 행사되면 구분소유자는 자신의 의사에 반하여 그 전유부분에 관한 구분소유권과 대지사용권을 상실하고 집합건물의 공동생활에서 축출되는 중대한 결과가 발생하므로 해당 구분소유자의 행위가 다른 구분소유자의 의사와 계속적, 반복적으로 배치되거나 관리단과의 갈등이나 반목이 발생하였다는 것만으로는 경매청구권을 인정할 수 없다.[485] 독일 주거소유권법은 집합건물 공동체에서 부담해야 하는 의무를 중대하게 위반하고 이로 인하여 다른 구분소유자가 더 이상 공동체를 영위할 수 없게 되었을 때를 해당 구분소유자에 대하여 구분소유권의 양도를 구할 수 있다고 규정하고 있다. 아울러 중대한 사유를 우리 집합건물법 제5조에 해당하는 주거소유권법 제14조의 의무를 계속하여 위반한 경우와 관리비와 충당금 등의 납부의무를 3개월 이상 지체한 경우로 구체화 하고 있다(주거소유권법 제18조 제2항).[486]

미국의 집합건물 법제에서는 집합건물의 상린관계나 공동체질서를 위반한 구분소유자를 집합건물에서 퇴출하는 방식은 관리단이 우선매수권(right of first refusal)을 행사하여 해당 구분건물을 매입하는 것이다. 집합건물법 제48조에서 집

485) 대법원 2009. 12. 24. 선고 2009다41779 판결.

486) 양형우, 앞의 책, 158, 159면.

합건물의 재건축 시 재건축에 동의하지 않은 구분소유자에 대하여 매도청구권을 행사하는 방식과 유사하다. 매도청구권은 형성권이고 매도청구의 의사표시가 상대방에 도달한 날에 매매계약이 성립하고 시가상당의 매매대금을 지급 받음과 동시에 상대방은 구분건물의 구분소유권을 이전하고 명도할 의무가 있다. 예를 들어, Lyons v. King[487] 사건은 해당 집합건물 단지(project)의 관리규약은 투자목적의 비거주 소유자가 구분건물을 장기간 임대차하는 것을 방지하기 위하여 임대기간을 최소 6개월 최장 1년으로 제한하고 있었는데도 이러한 관리규약에 위반하여 5년 장기 임대차를 한 구분소유자에 대하여 관리단이 우선매수권을 행사한 사건인데, 플로리다 항소법원은 관리단의 우선매수권 행사를 인용하였다.[488] 집합건물의 공용부분을 구분소유자의 공용으로만 하고 있고 관리단이 공용부분을 직접 소유할 수 있는 근거를 두고 있지 않은 집합건물법 체계에서는 관리단이 집합건물의 상린관계나 공동체 질서유지 의무를 위반한 구분소유자를 상대로 우선매수권(매도청구권)을 행사하여 해당 구분소유권을 직접 취득할 수는 없다. 그래서 관리인이 법원에 경매명령을 신청하여 법원의 경매명령을 채무명의로 하여 경매신청을 하는 방식을 취한 것으로 보인다.

한국의 집합건물은 대부분 단지형의 대규모 집합건물이어서 다양한 성향의 구분소유자가 거주하고, 이들 중에는 집합건물 공동체 내의 질서유지의무를 위반하거나 상린관계를 현저히 위반하는 사건이 증가하고 있다. 심지어 층간소음 문제로 살인사건을 벌이는 경우도 여러 차례 발생하였다. 이러한 구분소유자간 또는 관리단과 구분소유자 사이의 격한 감정적 대립으로 관리단 집회의 결의로 해당 구분소유자의 퇴출하려는 사건이 발생할 것으로 예상된다. 많은 시간과 여러 절차를 거쳐야 하는 경매명령 청구제도보다는 미국의 입법례처럼 집합건물법 제48조의 매도청구권(우선매수권)을 관리단이 행사할 수 있도록 하고 매도청구권을 행사하여 매입한 구분건물은 소유권 이전 또는 명도를 받은 날로부터

487) Lyons v. King, 397 So. 2d 964(Fla. Dist.Ct.App.1981).

488) Restatement(The Third of Law), Property(Servitude), §6.13, 252면.

6개월에서 1년 내에 매각하도록 하는 방식으로 법제를 정비하는 것이 제도의 실효성을 높일 수 있다.

3. 재량권의 합리적 행사

위와 같은 집합건물의 상린관계나 공동체질서 유지의무를 위반한 구분소유자나 점유자에 대한 의무이행 조치를 함에 있어서는 그 조치의 대상, 조치방법, 조치행위의 시기, 조치수준 등을 결정함에 있어 관리인에게 주어져 있는 재량권을 합리적으로 행사해야 한다. 관리단이 관리업무를 집행함에 있어 주어진 재량권을 일탈·남용한 경우 앞서 살펴 본 "합리적 결정의 법리(reasonableness rules)"에 의한 심사를 통하여 선관의무 위반으로 판단될 수 있다. 관리업무의 집행에 관한 관리단의 재량권 행사가 구분소유자들의 전유부분과 공용부분에 관한 소유권이나 사생활 보호이익을 침해하지 않는 합리적인 재량권 행사로 판단되기 위해서는 헌법 제37조의 과잉금지 원리나 제11조의 평등의 원리에 등 법의 일반원리에 위반되지 않아야 한다. 관리단의 권한행사가 정당한 목적이 있어야 하고 관리단의 관리업무 집행수단이 그러한 목적의 달성을 위한 적절한 수단이어야 하며, 그 집행수단이 구분소유자의 소유권이나 사생활 보호이익을 침해하더라도 최소한의 범위에 그쳐 소유권이나 사생활의 보호이익의 본질적 내용을 침해하지 않는 것이어야 한다.

먼저, 관리단의 의무이행 조치가 구분소유자의 구분소유권이나 사생활 보호이익을 최소한의 범위에서 침해하는 수준이 되어야 한다. 예를 들면, 집합건물이나 다른 구분소유자에게 직접적 실손해가 발생하지 않았는데도 제재를 가하거나 급하고 경솔하게 제재를 가하지 않도록 해야 한다. 사소한 규약위반에 대하여 바로 의무위반조치를 강제이행하려는 경우와 같이 지나친 의무강제나 소송에 의존하려는 태도는 집합건물 공동체내에 불화와 반목을 심화시키고 재정적 곤란도 발생한다. 제재를 하는 방식의 측면에서도 위반자에게 진술의 기회를 주지 않거나, 사전통보 절차 없이 제재금을 부과하거나, 형평성을 잃은 과도한 제재금을 부과하는 것은 모두 재량권의 일탈·남용으로 선관의무 위반이 된다. 특히 한국의 집합건물 관리업무와 관련하여 관리인이나 입주자대표회의의 재량권의 합리적 행사가 문제되는 사안으로는 관리비연체 등을 이유로 구분소유자의 전유부분에 대하여 단전단수를 하는 행위이다. 전기·수도·가스 등의 생활에 필수적인 공공서비스의 공급중단은 특별법인 전기사업법, 수도법 등 해당 공공서비스의 공급사업자만이 법령에 정해진 절차에 따라 할 수 있는 것이어서 입주자대표회의나 관리인이 단전·단수 행위를 하는 경우 위 특별법상 형사처벌 규정의 구성요건에 해당할 수 있다. 또한 연체관리비를 징수하기 위한 목적의 정당성이 인정되더라도 그 수단의 적절성이 인정되기 어려워 위법성이 조각되지 않으므로 형사처벌 대상이 된다.

다음으로, 의무이행 조치의 수단도 적정한 것이어야 한다. 이와 관련하여 미국의 판례 법리에서 합리적 재량권 행사 방안으로 제시하는 것은 소송보다는 대안적인 분쟁해결절차(ADR)를 이용하도록 하는 것이다. 일부 주에서는 소제기 전에 반드시 대안적인 분쟁해결 절차를 거치도록 권고하거나 강제하고 등록된 관리규약에 필요적으로 위와 같은 분쟁해결절차를 이용하도록 하는 법규를 두고 있다.[489] 집합건물과 관련한 관리비 징수, 관리단이나 입주자대표회의 구성, 관리인이나 동별대표의 선임·해임 등에 관한 분쟁은 대부분 법원에 소로 제기되어 사법심사를 받아 왔다. 그러나 그 내용은 미국 법원의 판결문에 자주 등장하는 판시내용처럼 "사소한 문제(petty matters)에 대하여 과도하게 감정적으로 대립하는 분쟁으로 배심원들이 재판에 대하여 가지는 부담이 이 소송을 통하여 해결할 수 있는 이익을 능가하는 경우"에 해당하는 것들이었다.[490] 대부분 이러한 분쟁은 민사소송만이 아니라 구분소유자와 관리단 또는 구분소유자들 사이에서 감정적 대립으로 상대방을 비방하여 명예훼손죄나 모욕죄 등 형사상의 분쟁도 같이 수

489) Restatement(The Third of Law), Property(Servitude), § 6.13, 238, 239면.

490) Restatement(The Third of Law), Property(Servitude), § 6.13, 237면.

반하고 있다. 관리단은 관리규약 위반행위에 대하여 구분소유자들을 상대로 소송을 제기할 것인지를 고려할 때, 승소하더라도 강제집행을 할 수 있는지 여부와 소송과 집행비용 등을 고려해야 한다. 입주자대표회의, 관리사무소, 입주자 등 사이에서 발생하는 분쟁을 해결하기 위한 ADR 절차로 공동주택관리 분쟁조정위원회(공동주택관리법 제72조)를 시·군·구에 설치하였으나 거의 활용되지 못하고 있다. 이와 같이 사소한 문제에 대하여 감정적으로 대립하는 분쟁에 대하여 법원에 소를 제기하기 전에 먼저 분쟁조정위원회와 같은 ADR의 절차를 거치지 않은 경우 합리적으로 관리단의 권한을 행사하지 않은 것이 되어 선관의무 위반이 될 수 있다.[491]

또한, 의무이행 조치를 취함에 있어 평등의 원리에 위반되지 않아야 한다. 미국의 Restatement에서는 이를 구분소유자들을 공정하게 대할 의무(duty to treat members fairly)로 표현하고 있다. 예를 들어 애완동물 사육이나 파티는 다른 구분소유자들에게 소음으로 인한 수면장애, 일상생활의 리듬 파괴 등의 피해를 입히게 되므로, 관리규약으로 애완동물 사육을 금지하거나 일정시간, 공간에서의 파티를 금지할 수 있다. 하지만 애완동물을 사육하는 다른 구분소유자에 대해서는 제재를 가하지 않으면서 특정 세대의 애완동물 사육만을 금지하는 것은 공정대우 의무 위반이다.[492]

위와 같이 관리단의 의무이행 조치가 재량권의 일탈·남용의 법리에 위반되어 선관의무 위반이 되는 경우 관리인이나 관리위원은 앞서 제2절의 관리단의 관리인의 책임 부분에서 살펴 본 바와 같이 손해배상 책임을 부담할 수 있다. 예를 들어, 관리단이 단전·단수나 엘리베이터 운행정지 조치 등 공용부분 사용을 방해하는 조치를 취한 경우 구분소유자와의 관계에서 불법행위가 성립하고 구분

491) Restatement(The Third of Law), Property(Servitude), § 6.13, 244, 245면.

492) Restatement(The Third of Law), Property(Servitude), § 6.13, 243면.

소유자는 손해를 배상받을 수 있다.[493] 하지만 관리단의 불합리한 조치로 피해를 입은 구분소유자들에 대해서 손해배상 소송을 통하여 소액의 손해를 배상받도록 하는 것은 적절한 구제책이 아니다. 관리인이 합리적 재량권 행사의무를 위반한 경우 미국 Restatement에서는 제재금을 감면해 주거나 소송에서 발생한 변호사 비용 등을 보상하는 방안 등을 권고하고 있다.[494] 관리단의 단전단수, 엘리베이터 운행 중단 등의 불합리한 조치로 공용부분을 전혀 사용하지 못하였다면 구분소유자는 관리단에 대하여 그 기간 동안 발생한 관리비 채무를 부담하지 않아도 된다.[495] 이러한 관리단의 불합리한 재량권 행사로 입은 피해를 배상하는 절차에 있어서도 소송보다는 ADR 절차가 적극 활용되어야 한다. 2012. 12. 18. 개정된 집합건물법은 "제2장의2 집합건물분쟁조정위원회"의 장에 52조의2 내지 제52조의9 까지 9개 조문을 신설하여 집합건물 ADR 절차를 전면적으로 도입하였다. 종전에 있던 공동주택 분쟁조정위원회와 함께 두 분쟁조정위원회가 적극 활용될 수 있도록 하고, 법원도 관리단이 두 분쟁조정위원회의 절차를 이용하지 않고 바로 소송으로 분쟁을 해결하려 하는 경우에는 미국의 판례 법리와 같이 관리단의 의무이행 조치의 합리성 판단에 이를 고려해야 한다.

493) 김남근, 각주 482)의 책, 68면.

494) Restatement(The Third of Law), Property(Servitude), §6.13, 245면.

495) 대법원 2006. 6. 29. 선고 2004다3598, 3604 판결.

제 5 장 관리단의 단체소송

제 1 절 구분소유관계에서 분쟁의 단체적 해결

구분소유권의 단체적 특성은 소송관계에도 투영되어 있다. 구분소유자들이 공용부분에 관하여 공유지분에 기초해 개별적으로 분쟁을 해결하기보다 집합건물 관리단을 통해 단체적으로 분쟁을 해결할 수 있다. 구분소유자들이 개별적으로 공용부분에 관한 권리를 행사한다는 것은 시간과 비용이 많이 들고 효율적이지 않다. 집합건물의 공용부분이나 그 대지 또는 부속시설에 대해 제3자의 불법적인 점유나 침해가 있거나 공용부분에 하자가 있어 방해배제나 부당이득반환 내지 손해배상 청구를 해야 하는 경우, 관리단이 소송을 수행하는 것에 대해서는 상당한 논란이 있다. 제2장의 구분소유관계의 법률적 성질에서 살펴본 바와 같이 집합건물의 공용부분 법률관계에 관한 통설과 판례의 견해는 집합건물의 일부분인 구분건물에 관한 독립한 (구분)소유권과 전유부분의 면적에 비례하여 구분소유자에게 귀속하는 공용부분의 공유지분권에 기초한다는 것이다.[496] 이러한 통설적 견해에 따르면 구분소유자는 공유물에 관한 보존행위로서 제3자에 대하여 방해배제청구권을 행사할 수 있고, 금전채권인 부당이득 내지 손해배상채권은 공유지분의 비율에 비례하여 분할채권으로 구분소유자에게 귀속하므로 구분소유자는 자신의 지분에 비례하는 금원을 제3자에 대해서 청구할 수 있다.

위와 같은 방해배제청구권이나 부당이득 내지 손해배상청구권이 집합건물 관리단에 단체적으로 귀속하는 것이 아니다. 하지만 구분소유자들이 개별적으로 권리를 행사하는 것은 비효율적이고 구분소유자들이 단체소송을 통하여 공용부분에 관한 분쟁을 해결할 이익을 보호할 필요가 있다. 상대방의 입장에서도 공

---

496) 대법원 2003. 6. 24. 선고 2003다17774 판결.

용부분의 관리와 관련한 분쟁에서 다수의 구분소유자 집단들로부터 여러 차례 나누어 소제기를 당할 우려가 있다. 게다가 상대방이 관리업무에 관하여 소를 제기해야 하는 경우 해당 집합건물의 구분소유자를 모두 찾아내어 소를 제기한다는 것은 사실상 불가능할 수도 있다. 법원의 입장에서도 동일한 공용부분 관리와 관련한 분쟁을 여러 차례 나누어 재판을 진행하는 것보다 분쟁을 1회적으로 해결하는 것이 소송경제에 부합한다. 이러한 공익적인 필요성에서 집합건물법 제25조 제1항 제3호에서 각 구분소유자에 공유관계로 속하지만 관리업무의 시행과 관련하여 집합건물 관리단에게 소송을 수행할 당사자자격을 부여한 것이다.

민사소송의 법리에 의하면 타인을 위하여 타인의 권리를 소송상 수행할 수 있는 자격이 부여된 것이어서 법정소송담당에 해당한다. 실체법상 권리의 귀속주체가 아닌 제3자가 타인의 권리에 관하여 자기 이름으로 소송을 수행하고 그 판결의 효력이 권리의 귀속주체에게 미치게 하는 제도를 제3자 소송담당이라고 하는데, 채권자대위권과 같이 실체법에 의하여 소송수행권이 제3자에게 부여되는 것을 법정소송담당이라 한다. 이와 달리 권리주체로부터 소송수행권을 신탁받아 소송당사자의 지위에 있는 것을 임의적 소송담당이라 한다. 이러한 제3자 소송담당의 경우에는 소송담당 당사자가 수행한 판결의 기판력이 그 권리주체에게도 미친다(민사소송법 제218조 제3항). 이렇게 소송당사자가 아닌 제3자에게도 판결의 효력인 기판력이 미치는 제도를 기판력의 주관적 범위의 확장이라고 한다. 집합건물 관리단은 전유부분에 관한 권리는 별론으로 하고 공용부분에 관한 방해배제, 부당이득, 손해배상 등의 청구권을 행사할 수 있고 그 소송의 결과는 기판력이 확장에 의하여 구분소유자에게도 미친다. 이러한 법정소송담당의 법리에 의하여 구분소유자들은 관리단의 대표기관이자 집행기관인 관리인을 통하여 관리인의 업무범위에 속하는 것은 특별한 수권 없이, 그 외의 것은 관리단 집회나 규약 등의 단체적 수권에 의하여 권리를 행사할 수 있다.[497)]

---

497) 이준형, 각주 191)의 책, 115면.

이러한 단체적 분쟁해결에 관한 쟁점은 구체적으로 집합건물 관리단이 구분소유자들을 대표하여 단체적으로 분쟁을 해결하기 위하여 소송당사자로서 지위를 인정받을 수 있느냐의 문제로 나타난다. 소송실무에서 구분소유권의 단체적 성격이 잘 반영되지 않아 갈등관계가 나타나는 대표적인 법적 쟁점이 이 부분이다. 판례도 1차적으로는 구분건물에 대한 독립소유권과 공용부분에 관한 공유관계로 구분소유관계를 파악하면서도, 2차적으로 집합건물에 관하여 구분소유관계가 성립하면 동시에 법률상 당연하게 구분소유자의 전원으로 건물 및 그 대지와 부속시설의 관리에 관한 사항의 시행을 목적으로 하는 단체인 관리단이 구성되고, 관리단 집회의 결의에서 관리인이 선임되면 관리인이 사업집행에 관련하여 관리단을 대표하여 그와 같은 재판상 또는 재판외의 행위를 할 수 있다고 하여 구분소유관계의 분쟁에 관한 단체적 해결방법의 길을 열어 놓고 있다.[498] 하지만 집합건물의 분양에 관한 분쟁에서 집합건물 관리단을 통한 단체적 분쟁해결은 전혀 허용된 바가 없고, 집합건물의 관리에 있어서도 공동주택 단지에서 사실상 집합건물 관리단의 기능을 하고 있는 입주자대표회의의 소송당사자로서의 지위를 부인하여 관리단계에서의 단체적 분쟁해결 방식의 허용도 사실상 받아들이지 않고 있는 셈이다.

제 2 절 단체소송의 법적쟁점

Ⅰ. 단체소송 연혁

관리단에 의한 단체소송이란 관리단이 구분소유자를 대표하여 자신의 이름으로 공용부분의 관리를 위한 소송을 수행하는 것이다. 미국의 법원도 관리단에

498) 대법원 2003. 6. 24. 선고 2003다17774 판결.

의한 소송이 제기되기 시작한 초기에는 관리단이 구분대표자를 대표하여 단체소송을 수행하는 것을 인정하지 않았다. 집합건물 관리단이 자기이름으로 분양자(developer)를 상대로 공용부분의 하자보수를 요구하는 소송을 제기하자 분양자는 집합건물의 공용부분은 구분소유자들이 공유(tenants in common)형태로 소유하는 것이기 때문에[499] 집합건물 관리단은 공용부분의 관리에 관한 소송을 제기하거나 유지할 소송상 지위(standing to sue and defend)가 인정되지 않는다고 항변하였다. 플로리다(Florida) 법원 등 몇 개주의 법원들은 이러한 항변을 받아들여 집합건물 관리단은 구분소유자들을 대표하여 소송을 제기할 권한이 없다고 판단하였다. 미국 법원에서 집합건물 관리단의 소송상 지위가 법률상 쟁점이 된 계기는 입주자대표회의가 사업주체를 상대로 한 하자보수금 청구소송에서 사업주체들이 입주자대표회의가 아파트의 공용부분에 관한 하자보수금을 청구할 소송상 지위가 없다고 항변한 것과 유사하다. 집합건물 관리단의 소송상 지위가 인정되지 않으므로 구분소유자들은 각자 원고가 되어 개별적으로 소송을 제기하거나 집합건물 관리단을 소송의 대표자로 하는 집단소송(class action) 방식으로만 소를 제기할 수 있었다. 이러한 번거로운 방식의 소송은 소제기가 어렵고 관리단이 제기한 소송에서 당사자적격에 관한 소송상항변으로 분양자들이 부당하게 책임을 면하는 판결을 받게 되자, 구분소유자들이 단체적 방식으로 소송을 수행할 이익을 박탈한다는 비판이 제기되었다.

그 뒤 각주는 민사법 개정을 통하여 관리단에 구분소유자를 대표하여 소송을 수행할 지위를 인정하게 되었다. 플로리다주는 민법(재산권 편)에 집합건물 관리단이 자신의 이름 또는 자신과 구분소유자들을 대표하여(on behalf of) 소송을 제기(institute), 진행(maintain), 참여(intervene), 조정(settle),항소(appeal)할 수 있도록 법

499) 1984년 제정 집합건물법은 관리단 집회에서 선정한 관리인이나 구분소유자 명의로 집합건물의 대지를 소유하는 관리소유권제도를 채택하지 않았지만, 미국의 집합건물법제에서는 관리단이 공용부분을 직접 취득하거나 담보설정, 임대차를 할 수 있도록 하고 있다. 다만 집합건물 관리단이 소유하고 있는 공용부분을 양도하기 위하여는 구분소유자 5분의 4의 동의가 있어야 한다(UCIOA § 3-102)a)(8)(9), § 3-112(a)).

률상 근거를 마련하였다.[500] 다른 주들도 플로리다주의 민사법과 같은 취지의 규정을 주 부동산법률이나 주 일반민사법 등에 규정하고 있다.[501] 집합건물 관리단의 소송상 지위에 관한 명시적인 주법상의 규정을 두지 않고 있는 캘리포니아주에서는 법원 판례를 통하여 집합건물 관리단의 소송상의 지위를 인정하고 있다.

Orange Grove Terrace Owners Association v. Bryant Properties, Inc.판결[502]은 집합건물 관리단 구성 이전에 하자보수를 태만히 한 분양자에 대하여 집합건물 관리단은 하자보수를 청구할 소송상 지위가 있다고 판시하였고, Twain Harte Homeowner's association v. Patterson 판결[503]은 집합건물 관리단이 현재와 장래의 모든 구분소유자들의 이익을 위하여 관리단의 소유가 아니라 하더라도 집합건물 단지 내의 부대시설(easement)인 위락시설의 반환을 청구할 소송상의 지위가 인정된다고 하였다.

위와 같이 미국의 판례 법리도 처음에는 현재의 우리 판례 법리와 마찬가지로 전통적인 구분소유관계의 공유적 성격에만 주목하여 관리단이 구분소유자들을 대표하여 소송당사자의 지위에서 분양자에 대한 하자보수청구 등을 단체소송으로 수행하는 것에 대해서는 부정적이었다. 그러나 구분소유자들이 관리단을 통한 단체적 분쟁해결의 이익을 상실하고 그 상대방인 분양자나 제3자가 반사적 이익을 얻는 것이 사회정의나 형평의 이념에 반한다는 반성적 고려와 각주에서 우리 집합건물법 제23조와 같이 관리단이 관리업무에 관하여 구분소

500) Fla. R. Civ. P. Rule §1. 220.

501) New York주는 N.Y. Real Prop. Law § 339-dd. Massachusetts주는 Mass. Gen. Laws ch. 183A § 10(b)(4). Minnesota주는 Minn Stat. § 515A.3-102(a)(4). Ohio주는 Ohio Rev. Code Ann. § 5311.20. Vermont 주는 Vt. Stat. Ann. tit 27, § 1327. 등(Restatement(The Third of Law), Property(Servitude), § 6.11, 225면).

502) Orange Grove Terrace Owners Association v. Bryant Properties, Inc. 176 Cal .App. 3d 1217, 222 Cal..Rptr. 523 (1986).

503) Twain Harte Homeowner's association v. Patterson, 193 Cal. App. 3d 184, 239 Cal .Rptr. 316 (1987).

유자들을 대표하여 소송을 수행할 수 있다는 법률적 근거를 마련하자 이를 토대로 하여 관리단이 구분소유자들을 대표하여 소송의 당사자로 소송을 수행하는 것을 확대하여 왔다. 이러한 관리단의 소송당사자 지위에 관한 미국 판례 법리의 태도 변화는 우리의 집합건물의 관리와 관련한 분쟁에서 관리단을 소송당사자로 하는 단체소송의 확대에 참조할 필요가 있다.

Ⅱ. 관리단의 당사자자격 논쟁

위와 같은 법률과 판례 법리의 변화에도 불구하고, 미국의 집합건물 관리단의 소송상 지위와 관련하여 여전히 논쟁이 되고 있는 몇 가지 쟁점이 있다. 미국의 경우에는 집합건물이 완공되어 수분양자들이 입주하기 전에 분양이 완료되는 경우는 오히려 드물고, 구분소유자들이 입주하여 집합건물 관리단을 구성한 이후에도 분양자가 전유부분을 소유하고 있는 경우가 많다. 이때 분양자도 전유부분의 소유자로서 집합건물 관리단의 구성원에 속한다.

첫 번째 쟁점은 집합건물 관리단이 분양자를 상대로 공용부분 전부에 대하여 건축상의 하자에 대한 소송을 제기하는 경우 구분소유자의 자격으로 분양자는 집합건물 관리단의 소송상 지위에 대하여 항변을 제기할 수 있느냐의 문제이다. 예를 들면, 집합건물 관리단이 관리규약에서 부여된 권한의 범위를 넘어 선관주의 의무를 위반하였다거나, 몇몇 구분소유자의 이익을 위하여 다른 구분소유자들이 납부한 관리비를 부당하게 사용하고 있다는 등의 내용이다.

두 번째 쟁점은 집합건물 단지 주변의 나이트클럽이나 술집 등에서 발생하는 소음이나 교통혼잡과 같은 생활방해(nuisance)에 대하여 집합건물 관리단이 원고가 되어 이러한 생활방해의 금지를 청구할 수 있느냐의 문제이다. 상대방은 소음이나 교통혼잡 등의 생활방해로 피해를 입은 것은 구분소유자이기 때문에 집합건물 관리단은 소송을 제기할 자격이 없다고 항변할 것이다. 각 주의 법률이나 판례 법리에서 보여주듯이 구분소유자가 위와 같은 생활방해 금지 청구소송을 제기할 자격이 있다면 집합건물 관리단도 구분소유자의 이익을 위하여 소를 제기할 자격이 있다는 것이다. 집합건물 관리단의 소송자격에 관한 항변은 오로지 구분소유자만이 제기할 수 있다.[504)]

세 번째 쟁점은 집합건물 관리단이 공용부분이 아닌 전유부분과 관련한 금원의 청구도 할 수 있느냐의 문제이다. 예를 들어, 홍수와 강풍, 지진, 화재 등의 재해를 입은 경우 집합건물 관리단이 공용부분뿐만 아니라 전유부분에 대하여도 보험회사를 상대로 보험금의 지급을 구하는 소를 제기하는 경우이다. 이 경우에도 집합건물 관리단은 전유부분의 피해에 대한 보험금 청구를 할 소송상 지위가 있다. 미국의 "표준 집합건물법(UCIOA)"은 집합건물 관리단이 소유권을 보유하지 않은 재산에 관한 사안이라도 집합건물의 관리에 영향을 미치는 사안에 대하여 집합건물 관리단은 구분소유자들을 대표하여 집합건물 관리단 자신의 이름으로 소송이나 행정절차를 제기, 방어, 참여할 권한이 있다고 하고 있다.[505)]

위 캘리포니아 법원의 Twain Harte Homeowner's association v. Patterson 판결도 집합건물 관리단은 자신이 소유권을 가지고 있지 않은 집합건물 단지 내의 부대시설의 반환을 청구할 자격이 있다는 것이다. 공용재산의 관리와 직접적으로 관련되지 않은 소송에서 집합건물 관리단은 '집단소송(class action)'에서 법원으로부터 허가를 받은 대표 당사자의 지위에 있고, 우리의 법정소송담당과 같은 지위에 있게 되는 대표 당사자와 구분소유자와의 관계는 집단소송의 민사소송 원리에 의하여 해결한다. 즉, 구분소유자는 민사소송법 법리에 따라 소송이나 조정절차에 참가하거나 탈퇴(withdraw)할 수 있고, 또는 집합건물 관리단이 제기한 소송이나 조정의 기판력이 자신에 대해서는 미치지 않도록 배제(preclusive)하여 줄 것을 신청할 수 있다.

---

504) Restatement(The Third of Law), Property(Servitude), § 6.11, 217면.

505) UCIOA § 3-102(a)(4).

Ⅲ. 단체소송의 이익

수분양자들이나 구분소유자들 입장에서는 미국식의 단체소송이나 집단소송 방식은 소송수행에 있어 그 실익이 매우 크다. 예를 들어 동일한 아파트 단지에서 동일한 쟁점 사안을 가지고 분양자와 다투는 집단소송에서 미국의 Class Action의 법리에서는 표본적, 통계적 손해의 입증을 허용하고 있다. 평형과 위치에 따라 표준주택이 될 수 있는 구분건물을 10여개 표본으로 추출하여 감정한 결과를 다른 원고들에게 동일하게 적용할 수 있어 재산적 손해의 입증에 많은 비용과 시간을 소요하지 않고 소송 쟁점의 주장과 입증에 소송수행의 노력을 집중할 수 있다. 하지만 이러한 집단소송의 법리를 인정하지 않는 우리 민사소송 법리에서는 각 원고 수분양자마다의 세부적인 차이를 모두 고려하여 개별, 구체적인 손해 입증을 해야 한다. 그렇다보니 손해배상의 성립요건과 그 쟁점에 관한 주장, 입증보다는 손해 범위의 입증에 지나치게 많은 비용과 시간을 낭비하는 불편이 있다. 우리의 경우에도 집합건물의 분양과 관련된 다수당사자 소송에서 집합건물 관리단을 통한 단체적 소송방식이나 집단소송 방식의 소송수행을 허용하는 제도 개선이 필요하다. 통설과 같이 구분소유권이 독립소유권이라는 점만을 강조하게 되면 집합건물 관리단이나 입주자대표회의를 통하여 단체적 방식으로 분쟁을 해결할 수 있는 이익을 간과하게 된다. 공용부분의 관리에서뿐만 아니라 공용부분에 관한 분양자의 허위·과장 광고나 불공정행위, 제조물의 하자 등은 모든 수분양자들에게 공통된 법적 쟁점이어서 구분소유자들 전원을 대표하여 관리단이 소송을 수행하면 구분소유자들에게 분쟁을 단체적으로 해결하는 실익이 크다. 각 구분소유자들이 개별적으로 제기하는 복수의 소제기를 막고, 모순된 판결이 발생하는 것을 예방하며 사건처리의 비용을 절감하는 등 사법행정상으로도 집합건물 관리단이 소송을 수행하는 것이 바람직하다.

한편 관리단과 거래한 상대방의 보호의 측면에서도 단체소송은 실익이 크다. 예를 들어 입주자대표회의에게 공용부분 관리와 관련한 금전청구를 할 당사자적격이 인정되지 않기 때문에 아파트 구분소유자들에 대하여 각 평형별의 분담 비율에 따라 손해배상 청구를 하는 사례도 있다. 관리단과 거래한 상대방이 관리단의 재산으로는 손해를 전부 배상받을 수 없는 경우 구분소유자에게 손해배상을 청구하려면 몇 가지 법률상 난제가 존재한다. 민법상 조합에서 조합채무에 대하여 조합원은 무한책임을 부담하지만, 영리회사나 비영리법인과 같이 독립하여 단체성이 있는 경우에는 유한책임의 법리에 의하여 단체의 책임에 대하여 구성원은 책임을 부담하지 않는다.

예를 들어, 시공사가 재개발조합에 대한 대여한 대여금 채권에 관하여 시공사가 조합원들을 상대로 대여금 채무를 분담하여 변제할 것을 청구한 경우에, 재개발조합이라는 단체와 그 구성원은 별개의 인격을 가지고 있고 단체의 구성원은 단체의 채무를 부담하지 않으므로 조합원에 대한 청구는 기각된다.[506] 집합건물 관리단의 채무에 대하여 그 구성원들이 책임을 부담하기 위해서는 관리단 집회에서 관리단의 채무를 각 구분소유자들이 정해진 비율에 따라 분담하기로 결의를 하였거나, 관리규약에 관리단 채무에 대하여 구분소유자들이 규약에서 정한 분담비율에 따라 책임을 부담한다는 규정이 있어야 한다. 하지만 관리단의 채무에 대하여 이러한 결의를 하거나 규약이 정해진 경우는 현실적으로 거의 없다. 그래서 관리단의 채무를 관리단의 재산으로 전부 변제할 수 없는 경우 구분소유자는 공용부분에 관한 지분의 비율에 따라 관리단의 채무를 변제할 책임이 있다는 집합건물법 제27조 제1항의 규정은 이때 중요한 의의를 가진다.

Ⅳ. 단체소송과 구분소유자의 보호

공용부분에 관한 방해배제청구권이나 하자보수 청구권과 같은 물리적 권리의 행사는 사실상의 관리업무에 해당하므로 집합건물 관리단이 이러한 권리를 행

506) 인천지방법원 2008. 4. 25. 선고 2007가합12926 판결, 대법원 1998. 10. 27. 선고 98다18414 판결 등.

사하는데 큰 이견이 없다. 그러나 집합건물 관리단이 공용부분의 관리와 관련하여 부당이득, 손해배상, 하자보수금 등 금전청구를 할 수 있는지에 대하여는 이견이 있을 수 있다. 일본의 판례 법리는 관리단의 관리행위는 사실상의 관리행위를 의미하는 것이고, 금전채권의 귀속주체가 아닌 집합건물의 관리단이 구분소유자에게 귀속되어야 할 금전채권을 행사하는 행위는 관리행위의 범주를 벗어난 것이라 볼 수 있으므로 집합건물 관리단이 금전채권인 손해배상청구권을 행사할 수 없다고 한다.[507] 미국의 집단소송, 즉 대표당사자소송(Class Action)[508]의 문제점으로 가장 먼저 지적되는 것은 청구기각의 판결을 받은 경우에도 그 기판력이 소의 제기조차 알지 못한 집단(class)의 구성원들에게도 미친다는 것이었다.[509] 이러한 문제점 때문에 미국의 판례나 각 주법에서는 집단소송의 제기를 안 집단의 구성원이 자신에 대한 기판력의 배제를 신청할 수 있는 제도를 두고 있다.

위와 같은 집단소송은 우리의 경우 증권관계에만 도입되어 있는데, 증권관계 집단소송법은 위와 같이 구성원이 기판력의 배제를 신청할 수 있는 제외신고 제도를 두고 있다(제36조 제1항). 미국의 집합건물의 관리에 관한 소송제도는 관리단을 통한 단체적 소송의 이익을 보장하면서도 구분소유자의 보호를 위하여 구분소유자가 기판력의 제외를 신청하여 그 판결의 효력으로부터 벗어나는 방식으로 조화를 꾀하고 있다.

우리 집합건물법 제25조에서 집합건물 관리단의 관리인이 관리단을 대표하여 그 사업집행과 관련하여 재판상 청구를 할 수 있다는 의미가 관리사업과 관련하

---

507) 東京高裁 平成 8 3595호, 判例時報 1599호 79면(윤재윤, 각주 162)의 책, 57면 "재인용").

508) Class Action은 영미법에서 판례를 통하여 발달하여 오다가 1996년 연방민사소송규칙(FRCP) 제23조를 통하여 성문화 한 것으로 다수의 소비자나 투자자들이 원이나 쟁점이 공통으로 하는 소액의 손해배상청구권이 있는 경우에 그 피해자 집단 중에서 대표자가 나서서 그 집단(class)에 속하는 총원의 청구총액을 일괄하여 소제기하고 일거에 전체의 권리를 실현시키는 소송형태이다.

509) 이시윤, 앞의 책, 707면.

여 방해배제와 같은 물리적 행위만을 할 수 있다는 것인지 부당이득 반환이나 손해배상청구와 같은 금전채권의 청구도 할 수 있다는 것인지는 명확하지 않다. 하지만 각 구분소유자들에게 공유로 귀속되는 권리를 집합건물 관리단이 법정 소송담당의 지위에서 소송수행권을 행사할 수 있도록 한 집합건물법 제25조의 취지에 비추어 이러한 금전채권도 재판상 행사할 수 있다고 보아야 한다.510) 다만 개별 구분소유자들 중에는 하자보수금 청구와 같이 금전채권과 관련하여서는 공용부분에 관한 것이더라도 자신의 지분비율에 해당하는 금원은 자신이 직접 청구하고자 하는 경우도 있을 수 있다. 실제로 입주자대표회의가 각 구분소유자들로부터 사업주체에 대한 하자보수금 청구권을 양도받아 수행하는 아파트 하자보수금 청구소송에서 상당수의 구분소유자들이 채권양도를 하지 않고 있다. 주로 임차인들이 거주하여 하자보수금 청구소송의 진행사실을 잘 모르는 구분소유자들이 채권양도를 하지 않을 것으로 볼 수도 있으나 개별적으로 자신이 직접 금전청구를 하겠다는 구분소유자들도 있다. 관리단을 통한 단체소송의 이익과 독자적으로 소송을 수행하고자 하는 구분소유자의 이익의 조화를 꾀하는 방식에 있어서는 위와 같은 집합건물 관리단의 소송상 지위에 관한 미국의 주 법률이나 판례 법리는 일정한 시사점을 주고 있다.

분양자를 상대로 한 하자보수 청구, 자연재해나 화재 등과 관련한 보험금 청구, 생활방해 금지 등 집합건물의 관리와 관련한 소송에서 구분소유자들이 소송을 단체적으로 해결할 수 있는 소송상의 이익이나 소송경제의 공익적 측면에서 원칙적으로 집합건물 관리단은 소송을 제기, 방어, 참여, 항소 등 제반 소송행위를 할 지위가 있다. 다만 이러한 집합건물 관리단의 소송상 지위에 관한 항변은 상대방은 제기할 수 없고 오로지 구분소유자만이 제기할 수 있다. 구분소유자는 기판력 배제 신청을 통하여 집합건물 관리단의 부실한 소송의 진행으로 인하여 발생할 수 있는 소송상의 불이익에서 벗어날 수 있다.

510) 대법원 2003. 6. 24. 선고 2003다17774 판결.

이와 같은 방식이 집합건물 관리단이나 입주자대표회의의 상대방이 패소를 면하기 위하여 제3자인 구분소유자의 법률상 이익을 거론하며 구분소유자의 법률상 이익을 위하여 집합건물 관리단이나 입주자대표회의의 소송자격을 배척해 달라는 악의적인 항변을 배척하고 구분소유자들이 집합건물 관리단이나 입주자대표회의를 통해 단체적으로 분쟁을 해결할 이익을 보호하는 방법이다. 집합건물 관리단에 법정소송담당의 지위를 부여하는 것이 파산관재인이나 회생관리인의 경우처럼 권리주체로부터 권리를 박탈하는 취지가 아니라 채권자대위권의 행사처럼 권리주체와 법정소송담당 모두가 소송수행권을 행사할 수 있도록 하는 취지이므로 위와 같은 미국의 판례 법리를 도입하는 것은 입법적으로 필요하고 타당하다. 다만 공용부분의 하자보수를 위한 하자보수금 청구와 같이 집합건물의 관리에 필요한 비용을 청구할 때, 일부 구분소유자가 개별적으로 하자보수금을 청구하여 받게 되면, 공용부분의 보수에 필요한 비용은 관리단이 별도의 특별관리비로 구분소유자들 전원에게 징수해야 한다.

결과적으로 다른 구분소유자들에게 피해가 발생하므로 집합건물 관리단 집회의 결의를 통하여 집합건물 관리단이 공용부분의 하자에 관하여 일괄적으로 하자보수금 청구를 하도록 하고 개별 구분소유자가 별도로 소를 제기하지 못하도록 제한할 수 있을 것이다.

제 3 절 단체소송의 허용범위

Ⅰ. 집합건물의 하자와 단체소송

공용부분에 관한 방해배제나 하자보수 청구와 같은 물리적 권리의 행사는 사실상의 관리업무에 해당한다. 집합건물 관리단은 공용부분의 보존·관리 및 변경을 위한 행위를 할 권한과 의무가 있으므로(제25조 제1항 제1호), 공용부분의 관리행위인 하자보수청구를 할 수 있다. 한편 공용부분의 사용에 기능상·미관상·안전상 지장을 초래하는 하자가 있는 경우에 그러한 하자의 보수청구는 보존행위에 해당한다고 볼 수 있다.[511] 하지만 하자보수의 규모가 크고 비용이 많이 들고 보수기간이 길어 상당기간 공용부분을 사용할 수 없거나 하자보수공사로 인하여 공용부분의 구조변경이 필요한 경우 등에는 다수의 구분소유자의 의견에 의하여 하자보수 여부를 결정해야 하므로 이러한 하자보수청구는 관리행위에 해당하여 구분소유자 개인이 단독으로 행사할 수는 없다. 하자보수에 갈음하는 손해배상의 성격을 갖는 하자보수금 청구는 금전청구인데, 이러한 금전청구를 공용부분에 관한 것이더라도 집합건물 관리단이 행사할 수 있는지는 법적인 쟁점이 될 수 있다.

미국의 판례 법리는 오히려 분양자를 상대로 한 하자보수금 청구 소송에서는 각 구분소유자들이 당사자적격이 없고 관리단만이 배타적으로 당사자자격이 있다고 한다.[512] 뉴저지주 법원은 Siller v. Hartz Mountain Associations 사건[513]에서 관리단은 공용부분에서 발생한 피해에 대하여 제3자에게 소를 제기하여 손해배상을 받아 수리절차를 진행할 권한이 있으므로 공용부분의 시공상의 하자(defect)와 불완전이행(deficiency)에 대하여 분양자를 상대로 하자보수금 청구를 할 자격이 있고, 구분소유자들을 그러한 소를 제기한 당사자적격이 없다고 판시하였다. 법원은 각 구분소유자들이 개별적으로 제기하는 복수의 소제기를 막고, 모순된 판결이 발생하는 것을 예방하며 사건처리의 비용을 절감하는 등 사법행정상으로도 집합건물 관리단이 소송을 수행하는 것이 바람직하다고 하였다.

---

511) 통상의 공유관계에서 보존행위에는 사실상의 보존행위뿐만 아니라 지분권에 기한 방해배제청구권과 공유물의 반환청구권도 포함된다(대법원 1987. 8. 18. 선고 86다72, 86다카396 판결).

512) Thomas G. Fisher, J. D. 앞의 책, 8면.

513) Siller v. Hartz Mountain Associations, 93 NJ 370, 461 A2d 568, cert den 464 US 961, 78 L Ed 2d 337, 104 S. Ct 395 (1983).

각 구분소유자들이 분양자를 상대로 하자보수금 청구를 제기하는 것을 허용하면 판결로 배상받은 금액을 다시 관리단에게 전달하여 관리단이 하자보수비용에 사용해야 하는 등 번거로운 과정을 거쳐야 하므로 이러한 사법행정상의 필요성이나 실질적인 하자보수라는 목표의 달성이라는 제반사정을 고려하면 집합건물 관리단만이 공용부분의 하자나 불완전이행에 대하여 분양자를 상대로 소를 제기할 자격이 있다고 해석하였다. 원칙적으로 공용부분은 각 구분소유자들이 공유로 소유하는 것이므로 공용부분의 하자보수에 갈음하는 손해배상금은 구분소유자들이 각 지분별로 분할된 금전을 청구할 수 있다.

집합건물법 제25조의 취지는 공용부분의 관리와 관련하여 각 구분소유자들에게 귀속되는 권리를 집합건물 관리단이 단체적으로 행사할 수 있는 법정소송담당의 지위를 부여한 것이라 할 것이므로 집합건물 관리단은 전유부분에 관한 하자는 별론으로 하고 공용부분에 관한 하자에 대하여 하자보수청구는 물론 하자보수에 갈음하는 손해배상청구권도 행사할 수 있다. 이때 관리단은 집합건물법 제9조에 의하여 현재의 구분소유권자들이 분양계약에 기초하여 분양자에게 행사하는 담보책임 추급권을 구분소유자들을 대표하여 당사자의 지위(법정소송담당)에서 행사하는 것이다.

Ⅱ. 분양계약과 단체소송

집합건물의 관리단이 성립한 후 관리행위의 일환으로 공용부분의 하자에 관하여 분양자에게 하자보수나 하자보수금을 관리단이 단체소송으로 청구하는 것은 위와 같이 세계적인 보편적인 입법례로 자리잡고 있다. 하지만 관리단의 단체소송의 범위를 확대하여 집합건물 관리단의 성립하기 전에 발생한 분양계약상의 허위·광고, 불공정거래행위, 집합건물의 재료와 시설의 제조자의 제조물책임 등에 대해서도 관리단이 단체소송을 수행할 수 있을지에 대해서는 우리 판례는 한 번도 이러한 단체소송을 허용한 바가 없다. 그러나 미국의 판례 법리는 소송관계에서 구분소유권의 단체적 성격을 광범위하게 인정하여 분양자를 상대로 한 하자보수금 청구, 분양계약상의 허위·과장 광고 책임, 제조물 책임, 분양계약의 불공정거래에 관한 경쟁법 위반 책임 등 다양한 분야에서 집합건물 관리단이 구분소유자들을 대표하여 소송을 수행할 당사자자격을 인정하고 있다. 우리 집합건물법 제25조에서 집합건물 관리단이 법정소송담당의 지위에서 구분소유자들을 대표하여 공용부분의 관리에 관한 청구에 관한 소송을 수행할 권한을 규정하고 있는 것처럼 미국의 각 주의 민사법은 집합건물 관리단이 공용부분이나 관리시설에 관하여 구분소유자를 대표하여(on behalf of unit owners) 소송을 수행할 자격을 부여하고 있다.

그런데 미국의 판례 법리는 이러한 집합건물 관리에 관한 단체적 분쟁해결 방식을 집합건물의 분양관계에서의 분쟁에도 그대로 적용하고 있다. 예를 들면, 분양계약상의 허위·과장 광고에 대하여 집합건물 관리단이 분양자를 상대로 구분소유자들을 대표하여 손해배상 소송을 수행할 수 있다.[514] 유타 주법원은 Brickyard Homeowners' Association Management Committee v. Cibbons Realty Co. 사건[515]에서 분양자의 허위·과장 광고(false misrepresentations)에 대하여 각 구분소유자들이 허위·과장 광고에 의하여 영향을 받아 분양계약을 체결한 사실에 대한 개별적인 입증은 필요하지만 집합건물 관리단이 구분소유자들을 대표하여 분양자를 상대로 허위·과장 광고에 대한 손해배상청구를 할 수 있다고 판시하였다. 위 사건에서 분양자는 허위·과장 광고에 의한 손해문제는 각 구분소유자와 분양자 사이의 계약관계에 기초한 것이고, 각 구분소유자가 분양자로부터 분양 광고를 받았을 때 이를 어떻게 신뢰하고 분양을 받았는지에 관한 개별적인 입증이 있어야 하므로 관리단이 소송을 수행할 당사자적격이 없다고 주장하였다.

---

514) Thomas G. Fisher, J.D. "Standing to bring action relating to real property of condominium", 74 A.L.R.4th 165(originally published in 1989, 8면.

515) Brickyard Homeowners' Association Management Committee v. Cibbons Realty Co. 668 P2d 535(1983, Utah).

이에 대하여 법원은 중앙홀의 창문유리의 설치나 연못 주변의 조경 등 공용부분과 관련된 허위·과장 광고에 대하여 각 구분소유자들이 어떻게 영향을 받아 분양계약을 체결하게 되었는지에 관한 개별적 입증은 극복하지 못할 문제가 아니므로 집합건물 관리단이 구분소유자들을 대표하여 소송을 수행하는 것은 문제가 없다고 보았다. 앞서 "제3장 집합건물의 하자" 중 주관적 하자 부분에서 살펴본 바와 같이 분양광고에 표시된 집합건물의 품질·외형 등에 위반한 미시공, 변공시공에 대하여도 이를 주관적 하자의 문제로 보아 관리단이 분양자를 상대로 하자보수 또는 하자보수금 청구를 수행하는 실익이 크다. 하자문제와 분양자가 광고에 표시된 품질·외형·시설 등에 따라 시공하지 않은 미시공, 변경시공 등에 관한 하자보수금 청구를 관리단의 단체소송 방식으로 수행하는 것은 우리의 분양광고의 계약편입에 관한 법리나 집합건물법의 관리단의 법정소송담당의 지위에 비추어 충분히 허용될 수 있다.

한편, 공동주택의 분양가격이 상승하고 마감재나 경비시스템이나 지능형 네트워크 등 고급 자재나 설비가 공동주택에 설치되면서 이러한 마감재나 경비시스템, 지능형 네트워크 시스템 등의 재질이나 설비 불량과 관련한 분쟁도 점증하고 있다. 이러한 마감재나 고급 설비시스템의 재질이나 설비 불량은 근본적으로는 분양자에게 책임이 있기보다는 그러한 마감재나 고급 경비시스템, 지능형 네트워크 시스템 제조업자에게 제조상의 책임이 있다. 물론 하자담보책임은 무과실 책임이므로 분양자가 집합건물에 설치되는 마감재나 고급 설비시스템의 제조상 하자를 알지 못했다 하더라도 하자보수 내지 하자보수에 갈음하는 손해배상 책임을 면할 수 없다. 일반적으로 구분소유자들은 분양자를 상대로 하자보수 또는 하자보수에 갈음하는 손해배상으로서 하자보수금 청구를 하게 되고, 분양자는 하자보수를 이행한 후에 제조업자를 상대로 구상권을 행사하는 방법으로 분쟁이 해결될 것이다. 하지만 마감재나 경비시스템, 지능형 네트워크 등 설비시스템은 최종적인 소비자가 사용할 것을 알고 제조업자가 제작한 것이므로 제조업자와 소비자 사이에 직접적인 공급계약이 존재하지 않는다 하더라도 불법행위에 기한 손해배상 책임의 법리에 의하여, 또는 제조물책임법상의 손해배상 청구의 법리에 의하여 소비자는 직접 제조업자를 상대로 손해배상 청구를 할 수 있다. 이러한 제조물책임 법리에 기한 손해배상 청구를 소비자인 구분소유자들을 대표하여 집합건물 관리단이 소를 제기할 당사자자격이 있는지도 검토할 만한 법리적 쟁점이다. 뉴저지주 대법원은 2007년 Port Liberte Homeowners Association Inc. v. Sordoni Const Co. 사건[516]에서 집합건물의 공용부분인 외부 경계시스템의 제조업자가 분양자에게 한 허위·과장 광고는 해당 집합건물 관리단이 성립되기 전이었다 하더라도 관리단이 공용부분의 예정된 수익자라는 인식하에 이루어진 것이므로, 집합건물 관리단은 외부 경계시스템의 제조업자를 상대로 허위·과장 광고에 대한 손해배상 청구의 당사자자격이 있다고 판시하였다. 제조물책임의 법리에서는 예정된 최종소비자가 제조자를 상대로 직접 제조물의 하자에 관한 손해배상청구를 할 수 있는데, 외벽 경계시스템은 공용부분을 관리하는 집합건물 관리단을 최종 소비자로 예정하고 있었으므로 관리단이 제조물 책임에 기한 손해배상청구 소송의 당사자자격이 있다고 본 것이다.

우리의 공동주택 분양에서도 마감재, 경비시스템, 지능형 네트워크 등의 제조물의 하자를 둘러싼 분쟁이 많이 발생하는데, 분양자가 부도·청산 등으로 변제자력이 없을 경우에는 입주자대표회의나 집합건물 관리단이 직접 위와 같은 제조물의 제작자를 상대로 손해배상 청구소송을 제기할 필요가 있다. 위 뉴주저지주 대법원 판례의 법리처럼 공동주택의 공용부분에 설치되어 관리단이 관리해야 하는 제조물의 경우에는 최종소비자를 관리단으로 보아야 하므로 관리단이 제조물책임의 법리에 기초해 손해배상청구를 하는 것은 타당하다.

---

516) Port Liberte Homeowners Association Inc. v. Sordoni Const Co. 924 A 2d 592(N.J. Super Ct. App. Div. 2007).

Ⅲ. 불공정행위와 단체소송

분양계약이 불공정거래행위로서 공정거래법 위반이 되는 사안에서도 단체적 분쟁해결 방식은 적용될 수 있다. 집합건물의 분양은 분양자가 준비한 정형화된 분양계약서에 의하여 다수의 소비자와 분양계약을 체결하는 방식이 되므로 분양계약서는 "약관의 규제법에 관한 법률(이하 "약관규제법"이라 한다)"상의 약관에 해당한다. 계약해지 시 소비자가 과다한 위약금을 지급하도록 한 규정이나 소비자의 계약해지권을 제한하는 규정 등은 불공정약관으로 약관규제법에 의하여 무효이다(약관규제법 제8, 9조). 신도시 지역 등 대규모 공동주택이 공급되는 경우에는 여러 분양자들이 공동으로 견본주택을 개소하여 동시에 분양계약을 체결하는 것이 관행화 되어 있는데, 용인 동백지구 사례처럼 이러한 공동주택의 동시분양에서 분양자들이 담합하여 분양가격을 책정하는 경우 담합행위로서 경쟁법 위반이 된다. 미국의 판례 사안들에서는 분양계약상 경쟁법 위반에 대해서도 집합건물 관리단이 구분소유자들을 대표하여 분양자를 상대로 손해배상청구를 할 수 있는지 문제가 법적 쟁점이 되고 있다.

미국의 주거용의 집합주택의 분양에서 자주 나타나는 경쟁법 위반행위는 분양자가 분양계약에 집합주택의 공용부분인 위락시설(recreation facility)에 대하여 장기간에 걸쳐 임대차계약을 체결하도록 내용을 삽입하여 계약을 체결하는 사안이다. 우리의 대형 상가건물이나 주상복합아파트의 분양현장에서도 이렇게 일부 공용부분이나 집합건물의 대지에 대하여 30~40년의 장기간에 걸쳐 임대차계약을 체결하도록 하는 행위는 종종 나타난다. 분양계약은 분양자가 분양계약서를 정형화된 양식과 내용으로 작성하여 다수의 소비자와 계약을 체결하는 것이어서 소비자가 그 분양계약의 내용을 개별적으로 변경하여 체결할 수 없다. 이러한 소비자의 거래상의 불리한 지위를 이용하여 특정 공용부분 시설에 대하여 다른 임대시설 업자에 비하여 높은 임대료로 장기간의 임대차계약을 체결하도록 하는 소위 "끼워 팔기(tying arrangement)" 행위는 미국의 반독점법인 "the Shermam Ac(15

U.S.C.A § 1, 2)" 제1,2조의 위반으로 무효이다.[517]

우리의 경우에도 "독점규제 및 공정거래에 관한 법률" 제23조의 제1항 제3호의 거래강제 행위로서 불공정거래행위에 해당한다. 이러한 분양계약상의 불공정거래행위에 대하여 집합건물 관리단이 분양자를 상대로 손해배상(damages) 청구나 그러한 불공정거래행위의 금지(injunction)을 구할 수 있는지도 문제이다.

미국 연방대법원은 1976년 Bukley Towers Condominium Inc. v Buchwald 사건[518]에서 경쟁법 위반으로 손해배상 청구나 불공정거래행위의 금지를 청구하기 위해서는 경쟁법 위반행위로 소비자의 영업이나 재산(business or property)과 관련하여 피해를 입어야 하는데, 분양자의 경쟁법 위반행위로 입은 피해와 인과관련이 있는 자는 수분양자들이지 집합건물 관리단이 아니라는 이유로 관리단은 분양자를 상대로 한 경쟁법 위반행위에 대한 손해배상이나 금지청구의 당사자자격이 없다고 판시하였다. 연방대법원은 집합건물 관리단은 구분소유자들로부터 위락시설의 관리비를 징수하여 분양자에게 임대료를 지급하는 도관(導管 : conduit)의 역할을 하는 것에 불과하기 때문에 경쟁법 위반행위의 직접적인 피해자가 될 수 없다고 보았다. 그러나 연방대법원은 1983년 Mission Hills Condominium Association M-1 v. Corley 사건[519]에는 조금 다른 태도를 취하였다. 위 사건은 분양자가 일부 분양을 한 상황에서 구분소유자들로 관리권을 이전하는 전환총회(turnover meeting) 이전에 위탁관리회사로 분양자의 자회사를 선정하고 자회사인 위탁관리회사와 비싼 위탁관리료로 위탁관리계약을 체결한 사안이었다.

위와 같이 시장지배적 우월한 지위를 이용하여 부당하게 잠재적 경쟁자와 낮은

517) Thomas G. Fischer, J. D, 앞의 책, 18 내지 20면.

518) Buckley Towers Condominium Inc. v Buchwald(1976, CA5 Fla), 533 F2d 934, 1976-1 CCH Trade Cases¶60937, reh den(CA5 Fla) 540 F 2d 1084 and cert den 429 US 1121, 51 L Ed 2d 571, 97 S Ct 1157, reh den 430 US 960, 51 L Ed 2d 811, 97 S Ct 1611.

519) Mission Hills Condominium Association M-1 v. Corley(1983, ND Ill), 570 F Supp 453, 1983-2 CCH Trade Cases¶65659.

입찰가격으로 계약을 체결하지 못하도록 하고 자회사와 높은 가격으로 계약을 체결하는 행위는 미국의 불공정거래법인 "the Clayton Act(15 U.S.C.A. §15)" 제15조에 위반되는 행위이었다. 연방대법원은 손해배상청구에 대하여는 위 불공정거래행위법 제4조는 3배 징벌적 손해배상(treble damages)을 청구할 수 있는 당사자는 불공정거래행위로 자신의 영업이나 재산에 피해를 입은 자이어야 하는데, 1976년 Bukley Towers Condominium Inc. v Buchwald 사건의 법리와 마찬가지로 집합건물 관리단은 자신의 영업이나 재산에 피해를 입은 당사자가 아니어서 불공정거래행위 위반으로 손해배상청구를 할 당사자자격이 없다고 판시하였다. 그러나 불공정거래행위의 금지청구에 대하여는 주법에서 관리단이 공용부분의 관리와 관련한 사안에 대하여 구분소유자들을 대표하여 소를 제기한 지위를 인정하고 있다는 이유로 관리단에게 불공정거래행위의 금지를 청구할 당사자자격이 있다고 보았다.

분양자가 특정 공용부분이나 부대시설에 대하여 수분양자들에게 별도의 장기임대차 계약을 끼워서 분양계약을 요구하는 사안은 우리의 대형상가 집합건물의 분양에서 자주 발생하는 불공정거래행위이다. 분양자가 분양계약서에 자회사인 위탁관리회사를 관리인으로 선임하는 규정을 기재한 분양계약서도 집합건물법 제41조의 5분의 4 이상의 서면결의에 해당한다는 판례[520] 법리를 이용하여 대형상가 건물의 관리권을 장악하여 과도한 관리비 징수 등의 전횡을 일삼는 사안도 흔히 볼 수 있는 사안이다. 이러한 불공정거래사안을 개별 구분소유자들이 대응하는 것은 한계가 있다. 미국의 판례 법리처럼 사후적인 손해배상 청구는 불가하다 하더라도 예방적 금지청구 차원에서 불공정거래행위로 체결된 장기임대차계약이나 위탁관리계약의 효력을 정지시키는 소송을 수행할 당사자자격을 관리단에 허용하는 것은 현실적 필요성이나 법리적 측면에서도 타당하다.

520) 대법원 2009. 6. 11. 선고 2008다92466 판결.

Ⅳ. 불법행위 책임과 단체소송

공유자들은 불가분책임의 법리에 의하여 구분소유자들은 각자 그 비용이나 피해 전부에 대하여 배상책임을 부담한다.[521] 제3자는 공유자 사이의 의무부담 비율을 알 수 없을 뿐만 아니라 불가분물인 공유물에 관하여 취득한 채권이므로 공유자들에 대하여 전액의 지급을 청구할 수 있다는 것이 공유자들이 향유하는 이익에 부합하고, 자기의 지분비율을 초과하여 부담한 공유자는 다른 공유자에 대하여 구상권을 행사하여 이해관계를 조절할 수 있기 때문이다.[522] 이와 같이 민법일반의 공유자 사이의 불법행위에 책임에 관한 불가분채무의 법리에 의하면 구분소유자들은 공용부분의 관리상 잘못으로 발생하는 과실책임에 대하여 상시적으로 거액의 손해배상 청구를 당할 위험에 노출되게 된다. 예를 들어, 공용부분에 설치된 스프링클러 잘못 작동하여 그 주변을 걸어가던 제3자에게 신체상의 손해를 입힌 경우 제3자는 공용부분의 공유자들 중 한 명에게 그 피해액의 전부에 대하여 불법행위에 기한 손해배상 청구를 할 수 있다. 미국의 판례 사안에서도 집합건물 공용부분의 관리상 잘못으로 피해를 입은 제3자가 구분소유자 어느 한명에게 부진정 연대책임의 법리에 따라 불법행위에 기한 손해배상으로 거액의 배상을 청구하는 사례가 자주 나타나고 있다. 영미의 보통법 원리(common law rule)에 의하면 공유자들은 공유물에 관한 불법행위에 대하여 부진정 연대(jointly and severally) 책임을 부담한다. 집합건물이 미국에 처음 도입되었을 때 공용부분은 집합건물이 직접 소유하는 관리소유권 제도가 일반적이었다. 그러나 구분소유자가 토지에 대한 소유권을 가지지 못한다는 것이 집합건물의 분양을 꺼리게 하자, 분양자들은 구분소유권을 견고하게 하기 위하여 공용부분의 소유관계를 구분소유자들의 공유관계로 하였다. 그런데 구분소유자들은 공용부분의 소유관계가 공유관계로 되자 공용부분의 관리상 하자로 발생한 불법행위

521) 민법주해(V), 물권(2)(민일영 집필부분) 박영사 2000. 6, 377면.

522) 대법원 1984. 11. 27. 선고 84다카317 판결.

책임에 대하여 그 전액의 손해배상책임을 청구 당하는 예측하지 못한 상황에 처하게 되었다.

이에 대하여 미국의 각주 법원은 다른 태도를 취하여 혼란을 가중시켰다. 캘리포니아(California)주 법원은 Ruoff v. Harbor Creek Community Association 사건[523]에서 집합건물 공용부분에 관한 불법행위 책임에 대하여 보통법의 부진정 연대책임의 법리를 배제할 근거가 없다는 이유로 소를 제기 당한 구분소유자에 대하여 전액의 피해배상을 판결하였다. 하지만 텍사스(Texas)주 법원은 그 전에 Dutcher v. Owens 사건[524]에서 집합건물 공용부분의 관리에 대하여는 그 책임을 부담하는 관리단이 현실적으로 존재하고 있고 집합건물 관리단의 구분소유자들에 대한 통제권은 제한적이라는 점을 반영하여 공유물에 관한 불법행위에 대한 공유자들의 부진정연대책임의 법리를 배척하고 공용부분에 관한 관리비 부담비율에 의한 분할책임 범위에서만 구분소유자는 책임을 부담한다고 판시하였다. 캘리포니아주는 Ruoff v. Harbor Creek Community Association 판결 이후 1994년 캘리포니아주 위 판례에서 나타난 부진정연대책임의 법리를 제한하기 위하여 민사법을 개정하여 100세대 이상의 집합건물에서는 300만 달러 이상, 100세대 미만의 집합건물에서는 200만 달러 미만의 책임보험에 관리단이 가입하고 있는 경우에는 집합건물 관리상 하자에 의하여 발생한 피해에 대하여는 구분소유자들에 대하여는 소를 제기할 수 없고 관리단에 대해서만 소를 제기할 수 있도록 하였다.[525] 미국의 "표준 집합건물법"도 집합건물 관리와 관련한 신체적 피해나 재산적 손실 등에 대하여 구분소유자들에게 책임을 구할 수 없고,[526] 관리단에 대하여 소송상 확정 판결을 받은 경우 구분소유자는 관리비용에 관한 분담비율로 정해지는 책임분담비율에 의해서만 위 판결에 의한 강제집행을 부담한다

523) Ruoff v. Harbor Creek Community Association, 10 Cal.App.4th 1624 (Calif. 1992).

524) Dutcher v. Owens, 647 S.W.2d 948 (Tex. 1983).

525) California : Cal. Civ. Code § 1365.9.

526) UCIOA § 3-111.

고 규정하고 있다.[527)]

집합건물의 공용부분의 관리 잘못으로 이유로 구분소유자들에게 불가분채무의 법리에 따라 손해배상 청구를 한 사례는 우리 판례상 아직 발견되지 않고 있다. 한국의 집합건물은 미국과 같이 다양하고 광범위한 공용부분을 포함하지 않기 때문이기도 하고, 공용부분 관리상 잘못에 의하여 손해배상 청구를 하더라도 집합건물 관리단이나 입주자대표회의를 상대로 하기 때문이다. 하지만 연립주택이나 소형 상가건물 등 관리단이 관념적으로만 존재하는 경우는 불가피하게 구분소유자들을 상대로 손해배상 청구를 하는 사례가 발생할 수 있다. 미국의 표준 집합건물법은 관리단이 일정 수준 이상의 책임보험에 가입해 있는 경우에는 불법행위의 피해자가 구분소유자들을 상대로 손해배상을 제기하는 것을 차단하고 있지만 우리 집합건물법은 1차적으로 집합건물 관리단이 단체적으로 책임을 부담하되, 관리단이 변제자력이 없는 경우 2차적으로 구분소유자들은 공유지분의 비율에 의한 분할책임만을 지도록 하고 있다(집합건물법 제27조).

제 4 절 입주자대표회의의 소송상 지위

I. 입주자대표회의의 관리단의 지위

입주자대표회의의 명의로 소송이 제기되었을 때 초기의 법원의 태도는 대체로 입주자대표회의의 소송당사자로서의 지위를 인정하는 것이었다. 법원에 입주자대표회의를 원고로 하여 제기되는 가장 많은 소송은 사업주체를 상대로 한 하자보수금 청구 소송인데, 대법원 2007. 3. 9. 선고 2006다64863 판결로 입주자대표회의의 당사자자격이 인정되지 않는다는 판례 법리가 정립되기 전까지는 많은

527) UCIOA § 3-117(a).

판결들이 입주자대표회의가 구분소유자들을 대표하여 하자보수금 등을 청구하는 것을 허용하고 있었다. 행정소송에서도 공동주택의 명칭변경 거부처분에 대한 취소소송에서 명칭변경신청을 거부한 행정기관에 대하여 명칭변경은 공용부분의 변경행위에 해당하므로 입주자대표회의가 집합건물 관리단의 지위에서 행정소송을 수행할 수 있다거나,[528] 하수도 사용료 부과처분 취소소송에서 하수도 사용료 부담과 같은 사항은 구분소유자의 소유권에 바탕한 것이어서 구분소유자 전원이 당사자가 되어야 한다고 하면서도 입주자대표회의가 집합건물 관리단의 지위에서 소송을 수행할 수 있다[529]고 하였다.

그러나 대법원은 2003. 6. 24. 선고 2003다17774 판결에서 입주자대표회의가 공동주택 관리에 관한 사항을 결정하여 시행하는 등의 관리권한만을 가질 뿐이므로 집합건물 관리단의 지위를 가지지 않는다고 관리단 지위를 부정하는 입장을 정립하였다. 그 뒤 입주자대표회의 소송을 당사자로 하는 소송의 대부분을 차지하는 하자보수금 청구소송에서도 대법원 2007. 3. 9. 선고 2006다64863 판결로 입주자대표회의가 사실상의 관리행위로서 하자보수 청구를 할 수 있지만 하자보수금 청구소송의 당사자가 될 수 없다고 명확히 하였다. 판례가 입주자대표회의 명의의 소송이 제기되는 초기단계에서는 공동주택 단지 내에 집합건물 관리단이 별도로 존재하지 않고 입주자대표회의가 관리업무를 수행하고 있다는 현실을 고려하여 입주자대표회의의 당사자 지위에 대하여 특별히 문제를 제기하지 않다가 입주자대표회의의 당사자지위를 부인하는 방향으로 판례 법리를 변경하게 된 점에는 입주자대표회의의 비민주적 운영에 대한 사회적 비판여론이나 입주자대표회의가 소송을 남발하고 있다는 비판 등이 상당한 영향을 미쳤을 것이다. 위 2003다17774호 판례의 사안은 입주자들의 동의 없이 공동주택 내에 설치된 도시가스 정압기를 철거하라는 청구인데 도시가스 정압기를 철거하면 해당 공동주택 내의 입주자들에게도 도시가스 공급이 중단된다. 하자보수금

528) 서울행정법원 2007. 3. 16. 선고 2006구합39086 판결.

529) 인천지방법원 2009. 1. 15. 선고 2008구합130 판결.

청구는 그 실질은 하자보수에 갈음하는 손해배상 청구이고 이러한 하자보수에 갈음하는 손해배상청구는 하자보수가 불가능하거나 또는 중요하지 않은 하자의 보수에 과다한 비용이 드는 경우에 한하여 행사될 수 있는 것인데도,[530] 사업주체에게 하자보수를 청구하기도 전에 또는 사업주체가 하자보수에 응하겠다고 하는데도 하자보수금 청구를 하고 있어 건설업계에서는 기획소송이 남발하고 있다는 비판이 제기되고 있었다.

Ⅱ. 입주자대표회의의 소송수행 방식

대법원은 2007. 3. 9. 선고 2006다64863 판결에서 하자보수청구권과 하자보수에 갈음하는 손해배상청구권(하자보수금 청구)을 나누어 입주자대표회의가 전자인 하자보수청구는 할 수 있지만, 후자의 하자보수금 청구는 허용되지 않는다고 판시하였다. 위 대법원 판결 당시에 하급심에 입주자대표회의를 원고로 하는 수많은 소송이 계류 중이었는데 위 대법원 판결에 따르면 계류 중인 소송들은 모두 부적법 각하되어야 할 상황이었다. 법원은 입주자대표회의에 구분소유자들로부터 사업주체로부터 하자보수금 청구권을 양도받아 양수금 청구의 형태로 소송을 진행할 것을 권유하였다. 입주자대표회의가 구분소유자들로부터 집합건물법 제9조에 의하여 최종 구분소유자에게 귀속되는 하자보수금 청구권을 양도받아 소를 제기하는 것에 대하여는 변호사대리의 원칙과 소송신탁금지의 원칙을 위반하여 부적법 하다는 견해[531]도 제기될 수 있다. 그러나 이러한 하자보수금 청구권의 양도는 그 경위나 방식, 시기, 입주자대표회의와 구분소유자들의 관계 등에 비추어 보면 사업주체로부터 하자보수금을 수령하여 구분소유자들 공동의 목적인 전유부분과 공용부분의 하자를 보수하려는 것이 주된 목적이라 할 것이

530) 김규완, “도급하자담보책임법과 일반채무불이행법 – 대법원 2004. 8. 20. 선고 2001다70337 판결에 대한 평석”, 민사법학(제28호), 한국사법행정학회, 2006. 6. 14면.

531) 서울남부지방법원 1997. 6. 20. 선고 96가합2607 판결.

어서 이를 소송수행권의 신탁이 주된 목적이라 할 수 없어,[532] 입주자대표회의가 구분소유자들로부터 하자보수금 청구권이나 방해배제청구권, 부당이득반환청구권 등을 양도받아 소송을 수행하는 것은 허용된다.

위와 같이 입주자대표회의가 구분소유자들로부터 채권양도를 받아 소송을 수행하는 것도 많은 어려움에 봉착하게 된다. 많은 공동주택에서 세입자가 30% 정도 되는데, 구분소유자들은 공동주택 단지 밖에 살고 있어 입주자대표회의가 사업주체를 상대로 하자보수금 청구소송을 제기하고 있는지를 알 수 없어 입주자대표회의가 채권양도를 받을 수 있는 범위에 한계가 있다. 뿐만 아니라 아파트를 거주의 수단이라기보다 재테크로 바라보는 문화의 영향으로 구분소유자들이 자주 교체되는데, 소송상으로 종전 구분소유자의 소송탈퇴와 새로운 구분소유자의 소송참가를 반복하게 되므로 재판이 안정적으로 진행되지 못하게 된다. 또한 입주자대표회의의 상대방은 청구내용에 대한 방어보다는 채권양도의 진정성에 초점을 맞추어 다투면서 채권양도의 진정성을 증명하기 위하여 인감이 날인된 채권양도 확인서와 인감증명서를 제출할 것을 요구하는 등 소송이 청구내용의 쟁점에 관한 공방을 중심으로 진행되지 못하고 본안전 항변의 다툼에 집중되어 파행적 진행된다. 이러한 점에 비추어 임의적 소송담당 제도와 같이 입주자대표회의가 구분소유자들 전체를 대표하여 소송을 제기할 수 있는 자격을 부여할 수 있는 방안이 모색되어야 한다.

위와 같이 입주자대표회의를 원고로 하는 소송뿐만 아니라 입주자대표회의를 피고로 하는 소송에서도 소송진행의 어려움이 나타난다. 구분소유자들의 공유관계인 공용부분 및 대지의 관리상 하자로 발생한 신체상 피해나 재산적 손해에 대하여 발생한 불법행위에 기한 손해배상채권은 앞서 집합건물 관리단의 소송상 지위 부분에서 살펴본 바와 같이 불가분채권으로서 원칙적으로 부진정연대책임 관계에 있으므로 피해를 입은 원고는 입주자대표회의를 피고로 소를 제기

532) 대법원 2009. 5. 28. 선고 2009다9569 판결.

하지 못할 경우 파악되는 일부 구분소유자들만을 상대로 손해배상채권액 전부에 대하여 부진정연대책임을 물어 전액 배상을 요구할 수 있다. 전액을 배상한 구분소유자들은 다른 구분소유자들을 일일이 찾아내어 구상권을 행사해야 하는 번거로움을 감수해야 하고 모든 구분소유자들을 파악하는 것이 불가능하여 전부 구상을 못할 수 있다. 더욱이 공유물분할청구 소송과 같은 필요적 공동소송의 경우에는 입주자대표회의가 피고적격이 없는 경우에 구분소유자들 전원을 피고로 하여 공유물분할 청구를 해야 하고 일부가 누락된 경우에는 당사자자격의 흠결로 소가 부적법 각하되게 된다. 사실상 구분소유자들 전원의 명단을 파악하여 소를 제기한다는 것은 불가능하기 때문에 공동주택 부대시설인 상가건물의 구분소유자가 소를 제기하여도 부적법 각하된다. 이렇게 입주자대표회의의 소송상 당사자자격을 허용하지 않으면 입주자대표회의를 원고로 해야 하는 소송이던, 피고로 해야 하는 소송이던 모두 소제기나 진행에 많은 어려움에 처하게 되어 당사자보호와 소송경제에 불충실하게 된다.

Ⅲ. 하자보수금 소송과 입주자대표회의

공동주택관리법 제37조에서는 입주자, 입주자대표회의, 관리주체, 집합건물 관리단이 사업주체인 분양자에 대하여 독자적으로 하자보수를 청구할 수 있다고 하고 있다. 구 주택법 제46조는 입주자대표회의의 하자보수 청구의 범위를 제한하지 않고 있어 공용부분뿐만 아니라 전유부분의 하자보수도 청구할 수 있었으나, 공동주택관리법 시행령 제38조 제2항은 전유부분은 입주자가 공용부분은 입주자대표회의나 관리주체가 하자보수를 청구하도록 하고 있다. 그러나 사업주체를 상대로 하자보수에 갈음하는 손해배상청구로서의 하자보수금 청구를 할 수 있는가의 문제에 있어서는 여러 법적 쟁점과 함께 검토가 필요하다. 입주자대표회의가 사업주체를 상대로 하자보수에 갈음하는 손해배상으로서 하자보수금 청구의 당사자자격을 가지는가의 문제는 특히 소송실무상의 기능적 측면에서나 집합건물 관리제도에 관한 규범적 측면에서 이를 긍정할 이유와 부정할 이유가 모두 존재하여 신중한 접근이 필요하다.

기능적 측면에서 보면, 하자보수금 청구소송에서 입주자대표회의의 소송상 지위를 부정할 경우 구분소유자들이 소송의 당사자가 되어 하자보수금 청구 소송을 진행해야 하는데, 공동주택의 구분소유자는 자주 변동하는 경우 소송탈퇴와 소송참가를 반복해야 하는 등 소송실무상 번거로움이 크고 먼저 소송을 제기한 구분소유자들이 승소하는 경우 후속하여 다른 구분소유자들이 소송을 제기하게 되는 등 분쟁의 1회적 해결이라는 소송경제적 측면에서도 입주자대표회의의 소송상 지위를 인정할 실익이 크다. 다른 규범과의 비교측면에서 보더라도 보증채무자인 분양보증회사를 상대로 한 하자보수보증금 청구소송에서는 입주자대표회의가 계약이 당사자로서 소송상 지위가 인정되는데,[533] 막상 주채무자인 사업주체에 대하여는 입주자대표회의가 하자보수금 청구를 할 수 없고 보증인에 대해서만 하자보증금 청구를 할 수 있다는 것은 법제도의 균형이 맞지 않는다.[534] 소송실무상으로도 주채무자와 보증인을 공동피고로 하여 부진정연대책임을 구하는 소송이 많은데, 하자보수금 청구 소송에 있어서는 입주자대표회의와 구분소유자들이 각각 원고로 참여하여 보증금청구는 입주자대표회의가 보

533) 주택도시기금법 제26조, 시행령 제21조 제1항 제3호의 하자담보책임기간 중에 발생한 하자의 보수에 관한 하자보수보증계약의 당사자는 입주자대표회의이기 때문에 입주자대표회의는 대한주택보증회사나 건설공제조합 등 분양보증회사에 대하여 계약상 당사자의 지위에서 하자보수보증금을 청구할 수 있다.

534) 이와 같은 법리의 연장선에서 구 주택법 제47조에 기초하여 건설공제조합 등 하자보증회사가 입주자대표회의에 대하여 부담하는 하자보증금 지급책임과 사업주체가 집합건물법 제9조에 기초하여 구분소유자들에게 부담하는 하자보수금 지급책임은 그 인정근거와 권리관계의 당사자 및 책임내용이 서로 다른 별개의 책임으로 보고 있다(대법원 2012. 9. 13. 선고 2009다23160 판결). 따라서 일반적으로 주채무와 보증채무 사이에서는 부종성의 원리에 의하여 주채무가 소멸하면 보증책임도 소멸하지만, 집합건물법 제9조와 민법 제667조에 의한 하자보수금 청구권이 제척기간 도과로 소멸하더라도 입주자대표회의가 구 주택법제77조에 의하여 건설공제조합 등에 청구할 수 있는 하자보증금청구권은 부종성의 원리에 의하여 소멸하지 않는다고 하고 있다.

증회사를 상대로, 하자보수금 청구는 구분소유자들이 각각 사업주체를 상대로 청구를 해야 하는 복잡성을 띠게 된다. 그리고 위와 같이 공동주택 단지에서 입주자대표회의 외에 별도의 입주자단체 내지 집합건물 관리단이 존재하는 경우는 없고 실질적으로 입주자대표회의가 집합건물 관리단의 기능을 수행하고 있으므로 입주자대표회의가 집합건물 관리단으로서 집합건물의 관리에 필요한 하자보수금 청구를 한다는 것이 현실에도 부합한다.

반대로 입주자대표회의의 소송상 지위를 부정하는 입장에서는 다음과 같은 반론이 가능하다. 먼저 하자보수금 청구권은 하자보수에 갈음하는 손해배상청구권으로서 그러한 금전채권은 전유부분의 면적에 비례하여 주어지는 지분에 따라 각 구분소유자들에게 귀속되는 분할채권이므로 구분소유자들에게 분할하여 귀속되는 손해배상청구권을 입주자대표회의가 개별적인 채권의 양도 없이 직접 행사할 수 없다. 또한 구 주택법제46조는 각 구분소유자들이 각자 사업주체에 대하여 하자보수 청구를 하는 혼란을 방지하고 공동주택을 효율적으로 관리하고자 하는 행정적 측면에서 입법자가 특별히 입주자대표회의가 사업주체에 대하여 하자보수 청구를 할 수 있도록 한 것이므로, 이러한 특별한 입법취지를 넘어 구 주택법제46조를 각 구분소유자에게 분할채권으로 귀속되는 금전청구권까지 입주자대표회의에 귀속시키려는 취지로 해석할 수 없다. 그리고 입주자대표회의의 법적 측면에서도 입주자대표회의는 동별대표자를 구성원으로 하는 단체이고, 집합건물 관리단은 구분소유자 전원을 구성원으로 하는 단체로서 그 구성원이나 법률상 지위가 다르다. 학계에서도 입주자대표회의의 사업주체를 상대로 한 손해배상청구권을 긍정하는 견해와 부정하는 견해,[535] 입주자대표회의는 하자보수 청구도 공용부분에 대해서만 할 수 있고 전유부분에 대해서는 할 수 없는데, 하자보수에 갈음하는 손해배상청구권도 공용부분에 대해서만 긍정하는 견해[536] 등이 제기되고 있다. 판례는 대법원 2007. 3. 9. 선고 2006다64863 판결

535) 윤재윤, 각주 162)의 책, 13면.

536) 윤인태, 앞의 책, 190면.

전까지는 특별한 논거의 제시 없이 입주자대표회의가 사업주체를 상대로 제기한 하자보수금 청구를 인정해 오고 있었으나 위 대법원 판례에서 입주자대표회의 사업주체에 대한 하자보수금 청구를 배척한 이후에는 일관되게 입주자대표회의의 사업주체에 대한 하자보수금 청구에 관한 소송상 지위를 부인해 오고 있다.

전유부분에 관한 하자보수에 갈음하는 손해배상청구권은 당연히 구분소유자에게 귀속하고, 공용부분은 전유부분 면적에 비례하여 공유지분의 형태로 구분소유자에게 귀속하므로 금전채권의 성격을 갖는 하자보수에 갈음하는 손해배상청구권은 각 구분소유자의 공용부분에 관한 지분에 비례하여 분할된 금원만큼 분할채권으로 구분소유자에게 귀속한다. 실체법상 구분소유자가 하자보수금 청구권의 권리의 주체이므로 절차법적으로도 하자보수금 청구소송의 소송수행권 즉, 당사자자격은 구분소유자에게 귀속한다. 입주자대표회의가 하자보수에 갈음하는 손해배상청구로서 하자보수금 청구를 할 수 있는 방법은 구분소유자들이 자신들에게 귀속한 하자보수금 채권을 입주자대표회의에 양도하여 양수금 청구의 성격으로 입주자대표회의가 소송을 제기하는 것이다. 민사소송법적 측면에서 보면 권리주체인 구분소유자들이 소송수행권을 입주자대표회의에 신탁하여 입주자대표회의가 임의적 소송담당(신탁)의 지위에서 당사자자격을 가지고 하자보수금 청구소송을 진행하는 것을 검토해 볼 수 있으나 민사소송에서 당사자자격의 문제는 소송제도의 기본을 이루는 제도로서 법적안정성이 중요시되므로 해석을 통하여 입주자대표회의에 임의적 소송담당의 지위를 부여할 수는 없을 것이다. 다만 미국의 플로리다주 등 각주에서 집합건물 관리단에게 처음에는 소송당사자의 지위를 부정하다가 그 뒤 구분소유자를 대표하여 단체적으로 소송을 수행할 수 있는 소송수행권을 인정하게 되었던 연혁과 비교하여 고찰해 보면, 집합건물법 제25조처럼 입주자대표회의에 입주자(구분소유자)들을 대표하여 소송을 수행할 수 있는 법정소송담당의 지위를 부여하거나 관리규약이나 입주자단체 총회 결의를 통하여 임의적 소송담당으로서의 지위를 부여하는 입법이 필요하다.

Ⅳ. 입주자대표회의와 임의적 소송담당

입주자대표회의에 법정소송담당의 지위가 부여되는 집합건물 관리단의 지위가 인정되지 않는다 하더라도 다른 측면에서 입주자대표회의에 구분소유자들 전체를 대표하여 소송을 수행할 수 있는 제3자 소송담당의 지위가 인정될 수 있다. 실체법에 의하여 권리주체 외의 제3자에게 소송수행권이 부여되는 법정소송담당과 달리 권리주체의 의사에 의하여 소송수행권을 위임받아 소송당사자가 될 수 있는 제도가 임의적 소송담당이다. 대표적인 임의적 소송담당제도는 민사소송법상 선정당사자 제도이다. 임의적 소송담당은 변호사대리의 원칙이나 소송신탁금지의 원칙을 잠탈할 우려가 있으므로 원칙적으로 집합건물법 제25조와 같이 법률에 규정이 있는 경우에만 허용된다. 하지만 예외적으로 변호사대리의 원칙이나 소송신탁금지의 원칙을 잠탈할 우려가 없고 합리적인 이유가 있는 경우에는 임의적 소송담당을 인정할 수 있다.[537] 여기서 합리적 이유는 보통 단체나 민법상 조합의 규약이나 의결기관의 결의에 의하여 포괄적으로 단체나 조합의 재산관리의 권한을 위임받는 경우이다. 이러한 포괄적인 재산관리의 위임의 내용에는 그러한 재산관리에 필요한 소송수행권도 신탁하는 내용이 포함되어 있다고 해석하는 것이 합리적이기 때문이다. 예를 들어, 민법상 조합의 규약이나 결의에 의하여 자기의 이름으로 조합재산을 관리하고 대외적으로 업무를 집행할 권한을 수여받은 업무집행조합원은 조합재산과 관련한 소송에서 임의적 소송담당의 지위에서 자기이름으로 소송을 수행하는 것이 허용된다.[538] 입주자대표회의의 경우에도 공동주택 관리규약에서 입주자대표회의가 구분소유자 전체를 대표하여 재판상 행위를 할 수 있다고 규정하는 경우 위 구분소유자로부터 채권양도를 받아 입주자대표회의가 소송당사자로 소송을 수행하는 것이 소송신탁금지 원칙에 위반되지 않는다. 같은 이유로 변호사대리나 소송신탁금지 원칙

537) 이시윤, 앞의 책, 131면.

538) 대법원 1984. 2. 14. 선고 83다카1815 판결.

을 잠탈할 염려가 없고 단체내부에서 자치법규의 규범성을 가진 관리규약에 의하여 소송수행권이 신탁된 것이므로 합리적 이유도 있다. 이렇게 관리규약에 소송수행권에 관한 명문의 규정을 두는 경우 입주자대표회의는 구분소유자들을 대표하여 소송을 수행할 당사자자격을 부여받을 수 있다.

또는 관리단 집회결의는 규약과 같이 전체 구분소유자들에게 그 결의의 효력이 미치므로(집합건물법 제42조 제2항) 관리단 집회에서 4분의 3로 결의로 구분소유자 전체를 대표하여 소송을 수행할 권한을 입주자대표회의에 부여할 수 있다. 그리고 구분소유자들 5분의 4의 서면결의는 관리단 집회 결의와 동일한 효력을 가지므로(집합건물법 제41조) 이러한 경우 입주자대표회의는 전체 구분소유자를 대표하여 임의적 소송담당의 지위에서 소송당사자로서 소송을 수행할 수 있다. 판례[539]는 집합건물법 부칙 제6조에서 집합주택의 관리방법과 기준에 관한 구 주택건설촉진법의 특별한 규정은 구분소유자의 기본적인 권리를 해하면 효력이 없으므로 공동주택 관리규약으로 입주자대표회의에 구분소유자들을 대표하여 소송을 수행할 임의적 소송담당의 지위를 부여하더라도 무효라는 취지로 판시하고 있다. 그러나 공동주택의 구분소유자들이 각자 개별적으로 소송을 수행하는 번거로움을 피하고 입주자대표회의를 통하여 단체적으로 분쟁해결을 꾀하는 것이 구분소유자들의 기본적인 권리를 해하는 것이라 할 수 없고 분쟁의 일회적 해결이라는 공익에도 부합하므로 이러한 공동주택 관리규약은 집합건물법 부칙 제6조(개정 집합건물법의 제2조의 2)에 의하여 무효로 되지 않는다. 다만 학계와 판례에서도 다양한 견해들이 제기되고 있는 상황에서 해석론으로만 입주자대표회의의 소송상 지위 문제를 해결하기 어렵다. 앞서 "입주자대표회의와 집합건물 관리단"에서 살펴본 바와 같이 공동주택의 경우에도 관념상 입주자 관리단이 존재하는 것이므로 입주자총회와 그에 갈음하여 의결과 회의제 집행기구 역할을 하는 관리위원회를 설치하는 것으로 하고 그 관리위원회의 역할을 입주자대표

---

539) 대법원 2003. 6. 24. 선고 2003다17774 판결.

회의가 할 수 있도록 하면 입주자대표회장이 공동주택 관리단의 대표자인 관리인의 지위에서 공동주택 관리단을 대표하여 소송을 수행할 수 있을 것이다. 이러한 경우 집합건물법 제25조에 의하여 공동주택 관리단은 구분소유자들인 입주자들과의 관계에서 임의적 소송담당의 지위에서 소송당사자로서 소송을 진행할 수 있을 것이다.

제 6 장 다양한 집합건물

아직 우리 소비자들이 공동주택을 선택하는 기준은 “주거”보다는 “투자” 내지 “재테크”적 측면이 강하다. 그렇다보니 다양한 “주거” 수요에 맞춘 다양한 유형의 집합건물이 본격적으로 공급되지 않고 있다. 하지만 2008년 미국의 서브프라임 모기기론 사태로 촉발된 세계적인 금융위기 이후 주택가격의 거품이 사라지면서 주택이 더 이상 투자의 수단이기보다는 거주의 공간으로 자리 잡아 가고 있다. 공동주택의 구입목적이 투자보다는 실거주 목적으로 전환하게 되면 지금처럼 획일화된 관리유형이 아니라 좀 더 다양한 관리방식에 관한 요구가 발생하게 된다. 먼저 미국의 조합형 집합건물(Cooperative)처럼 직업, 학력, 정치적 성향 등이 유사한 일정한 계층들끼리 입주자격을 엄격히 관리하며 공동체적으로 운영되는 관리유형은 이미 한국에서도 나타나고 있다. 공동주택관리법은 분양자는 일반분양자 모집공고를 내고 추첨을 통하여 입주자를 선정하도록 하여 분양자가 입주자의 자격에 관하여는 관여하지 못하게 하고 있는데, 이러한 공동주택관리법의 분양방식으로는 조합형 집합건물과 같은 공동체적 집합건물의 근거를 마련할 수 없다. 또한 주택가격의 상승을 기대하고 빚을 내서 집을 사는 문화가 줄어들면서 임대주택에 관한 수요가 증가하여 임대와 분양이 혼합된 공동주택단지가 증가하고 있다. 분양주택의 경우에는 공동주택관리법상의 입주자대표회의 체계, 임대주택의 경우에는 구 임대주택법에 의한 임차인대표회의 체계라는 이분법적 관리체계로는 이와 같은 혼합관리방식에 대응하기 어렵다.

주상복합건물은 이미 우리 사회에 대규모로 자리잡고 있지만, 주거부분과 상가부분의 갈등을 극복하며 민주적으로 운영되는 전체관리단 체계를 만들어 내지 못하고 있다. 이러한 새로운 관리방식을 요구하는 집합건물의 관리를 구분소유자들이 합리적인 관리규약을 창출하여 사적자치를 실현해 낼 것을 기대하기

어렵다. 사실상 관리가 방치되어 있거나 대립되는 구분건물 집단별로 갈등이 첨예화되어 갈
뿐이어서 이러한 다양한 관리방식의 수요에 맞춘 집합건물 관리법제의 근거를 준비해야 한다. 이 장에서는 주상복합건물, 임대·분양 혼합단지, 조합형 집합건물, 공유지분형 대형상가 등 현재의 관리법제로는 합리적인 관리방식을 찾지 못하고 있는 유형의 집합건물들을 중심으로 새로운 관리방식의 법리적 근거를 소개해 본다.

제 1 절 주상복합건물의 관리

Ⅰ. 주상복합건물의 관리법제

주상복합건물이란 주거를 위한 공간과 상업 활동을 위한 공간이 복합된 건물을 말하는데, 통상 아래층에는 상점이나 사무실이 있고 위층에는 주거용의 공동주택이 있다. 공동주택관리법 제1항 제1호 나.목에서는 건축법 제11조에 따른 건축허가를 받아 주택 외의 시설과 주택을 동일 건축물로 건축한 건축물이라고 하고 있다. 주상복합건물은 이미 밀집해 개발되어 있는 도심에서 남은 자투리 토지에 토지의 효용을 높여 개발을 하기 위하여 한 개동의 건축물 안에 주거시설과 상업시설이 함께 위치하여 소규모 도시를 이루도록 개발한 것이다. 2차 세계대전 이후에 프랑스에서 처음 도입되었다가 미국 뉴욕의 맨허탄 등 도시가 이미 밀집되어 개발된 대도시들에서 많이 건축되었다. 우리의 경우도 이미 1960년대부터 서울 도심의 세운상가 등 주상복합건물이라고 볼 수 있는 건물들이 있었으나, 주상복합건물이 본격적으로 공급된 것은 2000년대이다. 1998년의 IMF 경제위기 이후 김대중, 노무현 정부는 경기활성화 차원에서 도심의 자투리 토지의

효용을 높여 초고층의 주상복합아파트를 건축하는 사업을 적극적으로 지원하였고, 각 지방도시에서도 초고층의 주상복합건물을 그 지역의 랜드마크라고 특징지우며 경쟁적으로 주상복합건물 건축을 장려하였다. 그 결과 2000년대에 한국에서의 주상복합건물은 부촌의 상징이 되며 대도시의 많은 지역에 대량으로 공급되었다. 대량의 공동주택을 공급한 후 공동주택의 관리에 공백이 발생하자 뒤늦게 "공동주택관리령"을 제정하고 입주자대표회의, 관리주체 등의 공동주택 관리체계를 도입한 역사처럼, 주상복합건물은 많이 공급되었으나 어떤 관리체계, 관리법제를 통하여 주상복합건물을 관리할 것인지에 대하여는 준비가 되어 있지 않았다.

주거부분이 주를 이루고 있으므로 주거부분에 거주하는 구분소유자들은 구 주택법을 적용하여 입주자대표회의를 구성하고 상가부분은 주거부분의 입주자들의 편익을 위하여 사용되는 복리시설로 주거부분에 부속된 것으로 보려는 시각이 강하다. 하지만 주상복합건물의 상가부분의 사무실이나 상가는 주거부분 입주자들에게 상품이나 용역을 공급하는 업종만이 아니라 주거부분 입주자들의 생활편익과 독립된 사업을 영위하는 경우가 많다. 법리적으로도 주상복합건물은 건축법 제11조에 의한 일반 건축허가를 받아 건축된 건축물로서 주택법에 의하여 공동주택으로서 사업계획승인을 받아 건축한 공동주택이 아니어서 입주자대표회의와 관리주체 등 구 주택법상의 공동주택의 관리에 관한 규정이 적용되지 않고, 일반 집합건물로서 집합건물법에 의한 관리체계를 적용받는다.[540] 그러나 이러한 판례 법리에도 불구하고 주거부분 입주자들은 임의로 입주자대표회의를 구성한 후 구 주택법개정을 통하여 법적으로 입주자대표회의의 지위를 인정받고 싶어 했다. 그 결과 2007. 4. 20. 법제8383호로 개정된 구 주택법은 주상복합건물도 공동주택에 포함하여 구 주택법에 따른 입주자대표회의를 구성하여 관리할 수 있도록 하였다(구 주택법제43조). 그러나 주거부분에 입주자대표회의가 구

540) 대법원 2007. 10. 15.자 2006마73 결정.

성되었다고 하여 부대복리시설로 계획되어 공급되지 않은 상가부분이 주택법상의 부대복리시설이 될 수는 없다. 상가부분 구분소유자들은 별도의 관리조직을 구성하려고 하고 있는데, 입주자대표회의는 이러한 상가부분 구분소유자들의 상가운영위원회 등의 조직을 임의단체에 불과하고 아무런 법적 권한이 없는 것으로 보려한다. 하지만 집합건물법의 "일부공용부분"의 법리에 의하면 "상가일부관리단"은 일정한 권한을 가진 법정단체이어서 이에 대한 법리적 검토가 필요하다.

주상복합건물은 저층의 상업용 부분과 상층의 주거부분의 공용부분이 명백히 구분되어 있고, 사용하는 엘리베이터와 주차장 등도 분리되어 있다. 이와 같이 일부 구분소유자만이 공용하도록 제공되는 것임이 명백한 공용부분을 "일부공용부분"이라고 한다(집합건물법 제10조 제1항 단서). 집합건물법은 일부공용부분이 있는 경우 이를 전체 구분소유자의 공용부분에서 분리하여 일부 구분소유자의 소유로 하고 일부공용부분의 관리를 위한 별개의 관리단을 구성하여 전체 관리단의 관리와 구분하여 관리할 수 있도록 하고 있다. 일부공용부분으로 면적이 있는 것은 그 공용부분을 공용하는 구분소유자의 면적 비율에 따라 각 구분소유자의 전유부분의 면적에 포함한다(집합건물법 제12조 제2항). 일부공용부분에 관한 사항으로 전체 구분소유자의 전원에게 이해관계가 있지 않은 사항은 일부공용부분을 공용하는 구분소유자의 규약으로 정할 수 있고(제28조 제2항), 일부공용부분의 관리에 관한 사업의 시행을 목적으로 하는 관리단을 별도로 구성할 수 있다(제23조 제2항). 주상복합건물의 상가부분 구분소유자들은 전체 관리단에서 분리하여 상가부분 공용부분의 관리를 위한 별도의 관리단을 구성하여 상가부분 공용부분의 관리를 할 수 있어 일부공용부분의 개념이나 일부관리단의 법리를 적극 활용할 필요가 있다. 하지만 일부공용부분의 개념은 권리상태의 혼란만을 초래하므로 폐기하여 이를 전유부분이나 전용공유부분(배타적 공용부분)으로 처리하고, 일부관리단의 구성은 구분소유자들의 동의(제1조 제2항, 제3항)로 이해할 수 있다는 견해가 있다.[541] 집합건물의 관리현장이나 소송실무에서 일부공용부분의 개념이 활용되는 예가 거의 없고, 일부 관리단이 전체 관리단과 따로 구성되어 운영되는 예도 거의 찾아보기 어렵다. 일부 관리단은 전체 관리단처럼 별도의 조직행위 없이 당연성립 되는 것이 아니라, 일부관리단 규약을 따로 제정하여 일부관리단의 범위를 정하여 그 범위에 속하는 구분소유자들이 일부관리단을 구성하는 별도의 조직행위를 필요로 한다. 전체 관리단처럼 집합건물 관리에 필요적 관리조직이 아니라 임의적 조직에 불과하다. 지금까지 집합건물의 주종을 이루는 단지형 공동주택이나 대형 상가건물 등에서는 이러한 일부공용부분의 개념이나 일부관리단의 활용도를 거의 찾기 어렵다. 하지만 주상복합건물이나 임대·분양 공동주택단지 등 집합건물법이나 주택법등이 예상하지 못했던 새로운 유형의 집합건물들이 등장하고 있고, 그 새로운 유형의 집합건물은 그 내부에 주거부분과 상가부분, 분양부분과 임대부분 등 그 구조와 이용 및 법적성질을 전혀 달리하는 부분으로 구성되어 있어 앞으로는 일부공용부분의 개념이나 일부관리단의 활용도가 높아질 수 있다. 2012. 12. 18. 개정 집합건물법 제28조 제4항에 따라 시·도지사가 마련해야 보급해야 할 표준규약으로 법무부가 준비한 "상가 집합건물 표준관리규약안"은 일부공용부분의 개념과 일부관리단의 활동을 적극적으로 수용하고 있다. 일부공용부분을 공용하는 구분소유자들은 별도의 규약을 가진 "일부관리단"을 구성할 수 있고 별도의 관리인을 선임할 수 있도록 하고 있다(제25조 제1항). 다만 일부관리단은 전체 관리단 규약과 결의에 반하지 않는 범위 내에서만 관리권한을 행사할 수 있고(제26조), 일부관리단의 규약, 관리인, 구분소유자를 전체 관리단에 신고해야 한다(제25조 제2항).

"일부관리단" 외에도 집합건물법에서는 소수의 일부 구분소유자들을 보호하는 장치들이 마련되어 있다. 주거부분 구분소유자들이 지배하는 전체관리단이 상가부분에 불이익하게 전체관리규약을 변경하는 것을 막을 수 있다. 일부 관리

541) 이준형, 각주 191)의 책, 114면.

규약에 영향을 미치는 전체 관리규약의 변경 사안에서는, 전체 구분소유자의 특별결의가 있더라도 일부공용부분의 구분소유자 및 의결권 4분의 1을 초과하는 반대가 있는 경우에는 전체 관리규약을 변경할 수 없다(제29조 제2항). 다만 일부공용부분에 관한 사안이더라도 전체 구분소유자 전원에게 이해관계가 있거나 일부공용부분의 구분소유자 및 의결권 4분의 1을 초과하는 반대가 없는 사안은 전체 관리단 집회의 결의로 정할 수 있다(제14조 제2항).

또한 공용부분의 변경이 소수 구분소유자의 특별한 권리에 영향을 미치는 경우에도 해당 구분소유자들의 승낙을 받도록 하여 소수 구분소유자들을 보호하고 있다(제15조 제2항). 하지만 이러한 특별 보호조항 외에 통상의 결의에 의하여 소수 상가부분 구분소유자가 권리를 침해를 받거나 차별을 받을 가능성은 상존한다. 예를 들어 주차공간의 할당이나 주차료, 외부 방문차량의 주차장 출입 등에 있어 상가 구분소유자들의 권리를 침해하거나 차별한다는 분쟁이 자주 발생하고 있다. 2002년 일본 구분소유법 개정에서는 공용부분과 건물의 부지 및 부속시설에 대하여 형상, 면적, 위치관계, 사용목적 및 이용상황, 그리고 구분소유자가 지급한 대가 기타 사정을 종합적으로 고려하여 구분소유자 사이의 이행의 형평을 도모할 수 있도록 해야 한다는 규정이 신설되었다(구분소유법 제30조 제3항). 집합건물법에 이러한 주차장이나 엘리베이터, 출입문 등 공용부분이나 대지의 이용과 관리에 있어 구분소유자 사이의 형평을 도모하도록 하는 일반규정을 둘 필요가 있다.[542] 집합건물법에는 재건축 결의에 있어서 그 비용부담과 새건물의 구분소유자 귀속에 있어 형평이 유지되도록 하는 규정이 있다(집합건물법 제47조 제4항). 이와 같은 재건축에서의 형평유지는 공용부분의 이용과 관리에 있어서도 필요한 원리이다.

그러나 주상복합건물의 관리에 관하여 집합건물법의 "일부공용부분" 제도로만 해결하기 어려운 문제들도 있다. 특히 관리비의 비용부담과 관련하여 집합건

542) 이준형, 각주 191)의 책, 113면.

물법은 일부공용부분에 관한 별도의 규정을 두지 않고 공용부분의 공유지분의 비율에 따라 관리비용을 부담한다고만 하고 있다(집합건물법 제17조). 주거부분과 분리 독립되어 별도의 관리단에 의하여 관리되는 일부공용부분에 관한 관리비용을 주거부분이 부담하는 것이나, 역으로 상가부분에서는 전혀 사용하지 않는 주거부분의 공용부분에 관한 관리비용을 상가부분 구분소유자가 부담하는 것은 형평의 원리에 어긋난다. 스위스 민법 제712조의 h 제3항은 집합건물의 건물, 시설, 설비 중의 특정한 공용부분이 구분소유자 전원을 위하여 사용·수익되지 않거나 극히 제한적으로만 사용·수익되는 경우에는 비용분담 시 이를 참작하여야 한다고 규정하고 있다.[543] 이와 같이 관리비 부담에 있어 일부공용부분의 존재를 감안하여 전체 관리단에서 상가부분의 관리비를 별도로 책정할 수 있는 근거규정을 집합건물법 제17조의 관리비 규정에 도입할 필요가 있다.

Ⅱ. 주상복합건물 관리의 법률관계

위와 같이 "상가 일부관리단"은 주상복합건물에서 소수인 상가부분을 전체 관리단과 구분하여 별도로 관리하는데 유용한 면이 있다. 상가 일부관리단이 구성되면 구 주택법개정으로 주상복합건물에도 설립할 수 있는 주거부분의 입주자대표회의와 상가 일부관리단의 이원적 관리체계가 존재하게 된다. 2007. 4. 20. 개정 구 주택법으로 주상복합건물의 주거부분에 대하여 입주자대표회의가 설립되게 됨으로써 하나의 주상복합건물 내에서 이원적인 관리체계가 존재하는 것에 대하여 우려를 표하며 개정 구 주택법이전처럼 일원적인 관리체계가 필요하다는 견해가 제기되고 있다.[544] 주거부분과 상가부분의 이원적 관리체계에서는 각자 별개로 위탁관리회사를 선정한 경우에 관리에 비효율이 발생하고 비용이

543) 이준형, 각주 191)의 책, 114면.

544) 강원일, "주상복합건물의 관리주체에 관한 문제", 지평지성 건설부동산 Newsletter(제20호) 2013. 3.

상승하게 되고 두 관리단체 사이의 갈등과 반목도 심화될 수 있다. 집합건물법 제2조의 2에 의하여 집합주택의 관리방법과 기준에 관한 구 주택법의 특별한 규정은 집합건물법에 저촉되어 구분소유자의 기본적인 권리를 해하지 않는 범위에서 효력이 있으므로, 구 주택법제43조의 규정에도 불구하고 집합건물법 제23조에 의하여 주상복합건물에는 주거부분과 상가부분을 포함하는 전체 집합건물 관리단이 당연설립 되어 있다. 입주자대표회의가 전체 관리단의 지위에 있지 않다는 것은 입주자대표회의의 법률적 성격 부분에서 살펴본 바와 같다. 하지만 법리적 차원에서 관념적으로 전체관리단이 성립되어 있다는 것은 실제의 집합건물의 분쟁해결에는 아무런 도움이 되지 않는다. 현실적으로는 주거부분의 입주자대표회의와 상가부분의 "일부관리단"의 두 단체 사이의 협의를 통하여 전체의 관리문제를 해결하는 방식이 실현 가능한 방안이 될 것이다. 그러나 이 경우에도 여전히 문제는 남는다.

예를 들면, 제3자에 의하여 주상복합건물의 공용부분에 관한 침해를 당했을 때 방해배제나 손해배상 등의 청구주체는 누가 될 것인가 ? 아마도 법원은 종전의 입주자대표회의의 관리단 지위를 인정하지 않았던 법리의 연장선에서 주상복합건물의 입주자대표회의의 당사자자격을 인정하지 않을 것이다. 입주자대표회의와 상가 일부관리단 사이에 주상복합건물 전체관리에 관한 협의가 되지 않을 때는 전체관리단 집회를 소집하여 결의를 하거나 전체관리단의 관리업무를 수행할 관리인이 있어야 한다. 두 단체의 협의구조에서는 전체관리단의 관념이 존재하지 않아 현실적으로 전체관리단 관리인도 존재하지 않는 상태이다. 결국 상시적인 전체 관리단을 대표할 관리인을 선임해 두지 않는다고 하더라도 적어도 구분소유자 전원의 이해관계가 걸린 사안을 결정하기 위한 관리단 집회를 소집하거나 대외적으로 전체 관리단을 대표할 사안이 발생하였을 때 대표자의 역할을 할 전체관리단 관리인을 긴급하게 선임할 필요가 있다. 앞서 제3장의 관리인 부분에서 살펴본 바와 같이 프랑스의 입법례와 같이 법원에 관리인 선임을 신청할 수 있는 제도를 도입할 필요가 있다. 법원의 결정으로 선임한 관리인이 주상복합건물 전체 관리단 집회를 개최하여 결의를 받고 대외적으로 주상복합건물 전체 관리단을 대표하여 관리업무를 처리한다.

한편 주상복합건물 전체 관리단 집회에서는 구분소유자 전체 이해관계가 있는 사안의 결정을 위한 결의에 어려움을 겪을 가능성도 있다. 집합건물법은 관리단 집회 결의에 필요한 의결요건은 구분소유자 수와 주로 전유부분의 면적에 비례하는 의결권의 이중요건을 요구하고 있다. 주상복합건물에서는 상가부분 구분소유자 수에 있어서는 소수이지만 전유부분의 바닥면적을 기준으로 하면 상가부분의 의결권은 주거부분보다 크거나 상가부분의 구분소유자 수의 비율보다 훨씬 큰 경우가 많다. 이와 같은 상황에서는 공용부분의 변경이나 관리규약의 변경과 같은 특별결의가 필요한 사안은 물론 과반수에 의한 통상결의도 하지 못하여 아무런 결정도 하지 못하는 경우가 발생할 수 있다. 예를 들어 구분소유자 과반수의 결의가 있었으나 전유부분의 바닥면적에 비례하는 의결권의 과반수의 결의가 없는 경우에는 통상의 결의도 하지 못한다. 이러한 현상은 적은 점포를 소유한 다수의 구분소유자들과 대형 상가건물을 분양한 분양자 등이 바닥면적에서 과반수에 달하는 전유부분을 소유하고 있는 대형 상가건물의 경우에도 발생하고 있다. 집합건물법에서는 집합건물의 대지나 공용부분의 분할을 금지하고 있어 두 부분을 분할할 수도 없다. 자칫 집합건물 전체의 관리를 위한 기본적인 결의도 하지 못하여 집합건물이 빨리 노후화되는 문제가 발생할 수 있다. 서울 도심의 많은 대형상가들에서 이러한 급속한 상가건물의 노후화와 상권의 붕괴 현상이 실제로 나타나고 있다.

하지만 이러한 현상은 구분소유자 수와 전유부분의 면적에 의한 의결권의 비율 사이에 차이가 있는 경우 두 집단 사이의 대화와 합의를 통한 민주적 문제해결을 추구하려는 집합건물법의 입법취지가 반영되어 있다. 이러한 팽팽한 의견대립을 강제적으로 해결할 수 있는 제도를 도입하는 것보다는 두 집단의 상호 대화와 양보를 통하여 민주적으로 해결하도록 하는 것도 바람직할 수 있다. 하지만 건축디자인의 시대적 변화나 영업환경의 변화 등에 맞추어 공용부분을 변경하거나, 구분소유자들 사이의 이해조정을 위하여 불가피하게 관리규약의 변경이 필요함에도 불구하고, 주거부분과 상가부분의 갈등의 심화로 특별결의를 하지 못하고 있는 경우도 있다. 이에 비추어 보면 "제4장 집합건물의 관리" 중 제3절의 구분소유자들의 참여 부분에서 살펴 본 "특별결의 면제(완화)제도"를 도입할 필요가 있다. 기본적으로는 주거부분 입주자대표회의와 상가 일부관리단 사이의 협의와 전체관리단 차원의 민주적 절차에 의하여 분쟁을 해결한다. 이러한 기본적인 절차의 진행이 한계에 봉착한 경우에는 보충적으로 법원의 판결에 의하여 첨예한 주거부분과 상가부분의 갈등을 극복하고 특별결의 요건을 충족시켜 시대의 변화에 대응해 나가는 제도가 필요하다.

Ⅲ. 주상복합건물의 상린관계

주상복합건물에서는 주거부분과 상가부분 사이의 상린관계 내지 생활방해 문제로 갈등이 많이 발생하고 있는데, 이에 대한 법리나 법제도 정비되어야 한다. 주상복합아파트의 경우에는 저층의 영업시설이 그 윗부분의 주거용 전유부분에 악취, 소음, 잦은 야간출입에 따른 수면방해 등 다양한 생활방해 문제를 발생시킨다. 주거용 전유부분의 생활이익을 보호하기 위하여 영업시설 부분의 영업업종이나 영업시간 등을 제한하려는 전체 관리규약이나 관리단의 조치가 있으면 이와 관련하여 분쟁이 발생할 수 있다. 설계부터 저층 영업시설 사용 엘리베이터와 주거용 전유부분의 엘리베이터 및 주차시설을 분리하는 등의 조치가 필요하지만, 관리규약으로 저층의 영업시간이나 주거생활에 지장을 주는 영업시설의 설치 제한 등의 기준을 정할 필요가 있다. 미국의 집합건물 판례 사안에서는 주거용 집합건물 공용부분과 연접한 상가부분의 클럽하우스(clubhouse)에서 음주를 판매하는 것을 금지하는 관리규약의 효력이 문제된 사안이 있었다.

플로리다 주 항소법원은 Hidden Harbour Estates Inc. v. Norman 사건[545]에서 집합건물 관리단은 다양한 구분소유자들의 건강, 행복, 여가의 자유와 관련하여 수인한도를 넘는 자의적인 관리규약을 정할 수 없지만 구분소유자들의 투표를 거쳐 주거용 집합건물 내에 존재하는 클럽하우스에서 음주판매를 금지하는 관리규약을 제정한 것은 합리적인 조치라고 판결하였다. 클럽하우스를 소유한 구분소유자인 Norman은 관리규약이 자신의 구분소유권이나 영업의 자유를 침해한다고 주장하였는데, 위 판결은 구분소유자들의 재산권과 관련하여 일정한 선택의 자유를 제한하는 것은 집합건물의 본질적 특성이라고 판시하였다.

음식점이나 주점과 같이 주거부분 구분소유자들의 건강에 직접적인 영향을 주는 영업시설뿐만 아니라 독서실과 같이 이용자의 출입이 잦은 시설이 주상복합건물의 상가부분에 입주하는 것도 주거생활의 평온에 영향을 미칠 수 있다. 주상복합 건물에서 전유부분과 접하는 부분에 독서실을 개설하는 경우 독서실은 통상 늦은 밤까지 사람의 출입이 잦고 출입문의 개폐시간, 승강기 운행시간, 냉난방가동시간 등이 부적합하므로 이러한 주상복합건물에 독서실을 개설하는 행위는 집합건물법 제5조의 건물의 보존에 해로운 행위 기타 건물의 관리 및 사용에 관하여 구분소유자의 공동이익에 반하는 행위에 해당한다.[546] 이렇게 상린관계에 위반되는 전유부분의 개조행위 등에 대하여는 제4장 집합건물의 관리 중 의무위반자에 대한 조치 부분에서 살펴본 바와 같이 개조행위 중지를 구하고 철거된 내부벽의 원상회복을 청구할 수 있다. 미국의 판례 사안에서는 아예 주상복합건물 내에 있는 위락시설(recreation facilities)을 거주자가 아닌 외부인은 이용하지 못하도록 하는 관리규약의 효력을 다투는 사안도 발견된다.[547]

캘리포니아주 항소법원은 Lieber v. Point Loma Tennis Club 사건[548]에서 비

545) Hidden Harbour Estates Inc. v. Norman(1975, Fla APP) 309 So2d 180, 72 A.L.R.3d 305.
546) 대법원 1987. 5. 26. 선고 86다카2478 판결.
547) W. E. Shipley, J.D. 앞의 책, 3면.
548) Lieber v. Point Loma Tennis Club(1995, 4th Dist), 40 Cal App4th 1600, 47 Cal Rptr 2d

거주자가 공용부분의 위락시설을 이용하지 못하도록 제한하는 관리규약은 유효하다고 판시하였다. 위 사안에서는 거주자들이 주로 이용하는 테니스장을 임차한 임차인이 외부이용자들에게 사용료를 받고 영업적으로 테니스장을 운영하였다. 위 판결에서는 관리규약에는 전유부분과 공용부분이 분리처분되지 못하도록 하고 있는데, 위와 같이 위락시설을 외부인에게 임대차 하는 행위는 공용부분에 관한 권리를 유보하고 전유부분을 처분하는 것과 같다고 보았다. 우리의 주상복합건물의 상가부분은 거주자들만 이용하는 것이 아니라 처음부터 외부이용자들도 이용하는 것을 전제로 상가부분이 분양된 경우가 많다. 이렇게 처음부터 외부이용자들을 상대로 영업하는 것을 전제로 분양된 상가부분에 대해서 전체 관리규약으로 외부이용자들이 이용하지 못하도록 제한하는 것은 허용되기 어려울 것이다.

제 2 절 임대·분양 혼합관리

Ⅰ. 혼합주택의 사회적 의의

종전에는 분양주택과 공공임대주택은 구 주택법과 구 임대주택법[549]의 별개의 법체계에 의하여 건설, 공급되었고 관리도 별개의 법체계에 의하여 관리하였기 때문에 임대·혼합 공동주택이나 혼합관리이라는 개념이 존재하지 않았다. 하지만 단지별로 임대주택과 분양주택을 구별하여 공급하는 경우 낙인효과에 의하여 임대주택 단지와 분양주택 단지 사이에 경계망을 설치하여 왕래를 차단하고 학교 내에서도 임대주택 단지 거주자 자녀가 차별을 받는 등 많은 사회적 갈

783, 95 CD. OS 9573, 95 Daily Hournal DAR 16541.

549) 2015. 8. 11. 법률 제13474호로 제정된 "민간임대주택에 관한 특별법"으로 대체되었다.

등현상이 발생하였다. 그래서 한 단지 내에 임대주택과 분양주택을 함께 공급하는 “계층혼합(Social Mix) 주거단지” 형태의 공동주택이 공급되게 되었다. 특히 서울특별시는 중산층용의 장기전세주택인 시프트(SHIFT)를 대량으로 공급하였는데, 분양주택의 공급대상자와 장기전세주택의 공급대상자가 같은 소득분위계층이라는 이유로 임대·분양 혼합단지 형태의 공동주택을 공급하였다. 임대·혼합단지는 임대동과 분양동을 구분해 혼합 배치하는 방식(동별 구분형)이 가장 일반적이고, 최근에는 같은 동 안에 임대와 분양 가구를 함께 배치하되 층과 라인을 분리하거나(계통혼합형) 같은 동 안에 무작위로 혼합배치(무작위 혼합형)하는 방식도 늘어나고 있다.

그런데 공급이 우선되고 관리는 공급 후에 문제가 발생하면 시급히 관리의 공백을 메우기 위한 법제를 만들던 집합건물법제의 역사는 임대·분양 혼합단지에서도 반복되고 있다. 공공 어린이집의 유치, 휘트니센타 운영, 차량 주차방법, 공용부분의 하자보수 등을 둘러싸고 임차인대표회의와 입주자대표회의 사이에 갈등이 반복되는 경우가 많다. 통합 관리체계를 어떤 방식으로 운영해야 할 것인가에 대하여는 명확한 법제도가 마련되어 있지 않다. 이렇게 임대·분양 혼합주택에서 관리를 둘러싼 내부분쟁이 자주 발생하자 국토교통부는 긴급하게 2013. 1. 9. 영제24307호로 개정된 구 주택법시행령 제57조 제1항 제23호에 지방자치단체가 정하는 표준관리규약(관리규약의 준칙)에 분양주택과 혼합주택이 혼합된 공동주택관리단지의 관리에 관한 사항을 신설하였다. 이에 따라 마련된 서울특별시의 표준관리규약은 구 주택법에 의한 입주자대표회의와 구 임대주택법에 의한 임차인대표회의가 서로 협의할 수 있도록 입주자대표회의 4명와 임차인대표회의 3명의 각 대표자들과 임대사업자 1명의 3자가 참여하는 공동주택대표회의를 구성하도록 하고 있다(서울특별시 표준관리규약 제17조). 하지만 분양을 받은 입주자대표회의에서 공동주택대표회의가 법적근거가 없는 표준관리규약에 존재하는 것일 뿐이라는 이유로 그 참여를 거부하고 입주자대표회의 독자적으로 관리에 나서고, 임차인대표회의에서 이에 반발하는 등 갈등이 확산되었다. 그래서 합리적인 임대·분양 혼합관리방식의 대안이 필요하였다. 공동주택관리법 제10조는 입주자대표회의와 임대사업자는 혼합주택단지의 관리에 관한 사항을 공동으로 결정하도록 혼합관리의 근거를 마련하였다.

Ⅱ. 임차인 참여권과 혼합관리

분양·임대 혼합단지 관리방법에 관하여는 분양받은 구분소유자들은 임대·분양 혼합단지를 일반 분양 공동주택 단지와 동일하게 보고 분양받은 구분소유자(입주자)들만으로 전체 공동주택 단지를 관리하는 입주자대표회의를 구성하는 방안을 선호하고 있다. 이 방안에서는 임대사업자는 통상적인 관리에는 관여하지 않고 소유권에 관한 사안만 예외적으로 입주자대표회의와 임대사업자가 협의하도록 한다. 그리고 임차인은 공동주택관리법의 사용자로 의제하여 동별대표자 투표권 등 제한적인 범위에서만 관리참여권을 허용한다. 임차인의 관리참여 수준을 좀 더 높이는 다른 방안으로는 분양주택 부분에 입주자대표회의를 구성하고 임대사업자와 입주자대표회의가 전체 집합건물 단지의 관리를 협의하되, 임차인들은 임차인대표회의를 구성하여 임대사업자와 구 임대주택법에 따라 임대주택 관리부분에 관하여 협의하는 방안이 검토될 수 있다. 전자의 방안은 분양주택 부분의 구분소유자들의 입장을 반영한 것으로 단일한 관리체계를 가진다는 장점은 있지만, 공공임대주택의 임차인들이 임차인 대표회의를 구성하여 임대주택 관리에 참여할 수 있도록 한 구 임대주택법 제29조 등의 규정에 반한다. 공공임대주택이라는 공공성이 강한 집합건물에서 임차인의 관리참여권을 침해한다고 볼 수 있다. 또한 임대·분양 혼합단지에서는 통상 분양주택이 전체의 20~30%로 소수인데, 소수의 분양주택 구분소유자들이 단지 전체의 관리권한을 행사한다는 것은 형평의 원리에도 반한다. 후자의 방안은 구 주택법과 구 임대주택법의 관리방법을 접목한 방법으로 현행 법제를 기계적으로 결합한 방식이기는 하지만 이에 따르더라도 통합적인 집합건물 관리체계를 구축하기 위해서는 많은 문제가 남는다. 주상복합건물과 마찬가지로 대외적으로나 대내적으로 임대주택 부분과 분양주택 부분을 포함한 구분소유자 전원의 이해관계가 있는 사안을 처리하기 위해서는 전체 관리단 집회와 전체 관리단을 대표하는 관리인이 선임되어야 하기 때문이다.

현행 집합건물법에서 좀 더 현실적인 임대·분양 공동주택의 통합적인 관리방안을 찾아 볼 수 있다. 먼저 2012. 12. 18. 개정된 집합건물법에 의하면 임차인은 통상의 관리에 관한 사안과 관리인의 선임에 관한 사안에 대해 관리단 집회에 참석하여 자신의 이름으로 의결권을 행사할 수 있다(집합건물법 제16조 제2항, 제24조 제4항). 구 임대주택법 제29조와 시행령 제28조에서 임대사업자와 임차인대표회의가 협의하도록 하고 있는 관리비, 공용부분·부대시설 및 복리시설의 유지·보수, 하자보수 등은 모두 통상의 관리에 속하는 것이어서 집합건물법에 의하여 임차인이 자신의 이름으로 의결권을 행사할 수 있는 사안이다. 다만 통상의 관리에 관한 사안이더라도 구분소유자가 미리 해당 안건에 관하여 임차인과 의견이 다르다고 통보한 경우나 구분소유자의 권리·의무에 영향을 미치는 사안에 대하여는 사전에 동의를 받아야 임차인이 의결권을 행사할 수 있으므로(제16조 제2항, 제24조 제4항 각 단서), 임대주택 부분의 구분소유자인 임대사업자는 임차인과 다른 의견이 있거나 임대주택의 소유와 관련한 사안에 대하여는 직접 관리단 집회에 참석하여 의결권을 행사할 수 있다. 또한 관리인은 반드시 구부소유자일 것을 요구하지 않으므로 관리인을 구분소유자나 구분소유자들만의 이익을 대표하는 위탁관리회사가 아닌 임대사업자인 SH공사(서울도시개발공사), LH공사(한국토지주택공사) 등이나 제3의 위탁관리회사를 관리인으로 선임하여 임대·분양 혼합단지를 관리할 수 있다.

Ⅲ. 일부관리단과 혼합관리

구 임대주택법은 공공임대주택의 관리에 관하여 임대사업자로 하여금 공공임대주택의 임차인의 동별대표자로 구성되는 임차인대표회의와 임대주택 관리규약의 제정 및 개정, 관리비, 임대주택의 공용부분·부대시설 및 복리시설의 유지·보수, 하자보수, 공동주택의 관리에 관하여 임대사업자와 임차인대표회의가 합의한 사항 등을 협의하도록 하고 있다(구 임대주택법제29조, 시행령 제28조). 하지만 임대와 분양주택이 혼합되어 있는 공동주택의 관리방법이나 기준에 관하여는 구 주택법과 구 임대주택법에 어디에도 아무런 법적인 근거규정을 두지 않고 있다. 임대·분양 혼합주택의 관리방법은 원점으로 돌아가 집합건물법의 관리방법에서 그 관리방식의 근거를 찾아야 한다. 임대와 분양이 동별로 구분된 동별구분형 혼합단지의 경우에는 임대동과 분양동의 공용부분은 명백히 구분되어 있는 '일부공용부분'(제10조 제1항 단서)에 해당한다. 따라서 분양부분 구분소유자들은 일부공용부분의 관리를 위하여 일부관리단을 구성하고(제23조 제2항) 관리규약을 제정하여(제28조 제2항) 분양동의 관리를 별도로 시행할 수 있다. 전체 임대·분양 혼합관리단은 임차인과 분양부분 구분소유자들이 모두 참여하는 전체 관리단 집회에서 전체 관리규약을 제정하고, 관리인을 선임하여 전체관리단을 구성한다.

임차인은 통상의 관리에 관한 관리단 집회에서 자신의 이름으로 의결권을 행사할 수 있지만 구분소유자가 사전에 다른 의사를 표시하거나 공용부분의 변경 등 통상의 관리를 뛰어넘는 사안에 대하여는 의결권을 행사할 수 없다. 하지만 임차인 대표회의를 통하여 임대사업자와 협의하여 사전동의를 얻어 관리단 집회에서 임차인의 이름으로 의결권을 행사할 수 있다. 다만 이와 같은 개정 집합건물법에서 도입한 임차인의 관리참여권 수준만으로는 임대·혼합 관리단 운영에 한계가 있음은 명백하다. 미국의 표준 집합건물법과 같이 임차인들이 의결권을 행사할 수 있는 통상의 관리(day-to-day operation) 사안을 관리규약에 필요적으로 기재하도록 하고 통상의 관리 사안에 대하여는 임차권이 의결권을 행사하도록 할 필요가 있다. 또한 프랑스의 "1965 건물 공동소유법"과 같이 임차인이 관리위원회의 위원이 될 수 있도록 하는 등 임차인의 관리참여권의 수준을 좀 더 높이는 제도개선도 필요하다.

Ⅳ. 혼합관리방식의 입법

다양한 직업과 계층의 사람들이 한 주거단지 안에 거주하는 Social Mix의 이상은 이미 19세기에도 추진되었다. 영국의 제임스 실크는 버킹엄에서의 1849년 "빅토리아 모델타운"의 구상에서는 직업과 소득수준이 다양한 주민 1만 명이 거주하는 주거단지를 추진한 바 있다.[550] 미국의 법리해설집(Am Jur 2d)에 따르면 단지형 집합건물(Condominium Project)을 공급하는 분양자들은 "집합건물의 전환보호 및 악용구제법[551](Condominium and Cooperative Conversion Protection and Abuse Relief Act)"[552]에서 규정한 최소한의 임대주택 세대를 포함한 단지형 집합건물을 건축하여 공급해야 한다.[553] 결국 미국의 단지형 집합건물들은 일반적으로 임대·분양 혼합단지인 셈이다. 미국의 표준 집합건물법은 임대용 집합건물(leasehold common interest community)을 기간의 만료로 구분소유관계가 종료하거나 축소되는 집합건물이라고 개념정의하고 있다.[554] 서구유럽처럼 전체 재고주택의 10% 정도는 정부나 지방자치단체가 보유하며 관리하는 공공임대주택이 존재해야 한다. 그래야 주택시장에서 주택가격이나 전월세가격이 폭등할 때 완충장치 역할을 하여 주택가격이나 임대료를 안정시킬 수 있다.

이러한 정책방침에 따라 공공임대주택도 본격적으로 대량 공급되고 있다. 과거 소득분위 1분위 이하의 극빈층만을 타켓으로 하면서 규모도 7~8평 규모로 가족단위의 입주가 사실상 어려운 영구임대주택은 임대주택 단지를 마치 도시의 섬처럼 고립시키고 국민들에게 혐오시설처럼 인식시키는 부작용을 가져와 공급

550) 한겨레 신문, "'혼합' 넘어 '통합'으로", 제929호, 2012. 9. 20.

551) 우리의 구 임대주택법처럼 공공임대주택의 확보와 보호에 관한 법률이다.

552) 15 U.S.C.A. § 3603(7).

553) Eric C. Surette. J.D, 앞의 책, § 6.

554) UCIOA § 3-105(1982).

이 중단되었다가 일부 재개되었다. 현재는 소득분위 5분위의 중산층까지 입주할 수 있고 평형도 15평, 18평의 가족단위로 입주할 수 있는 국민임대주택이 주로 공급되고 있다. 이렇게 중산층 공공임대주택이 공급되면서 임대·분양이 혼합된 공동주택 단지가 보급되고 있는데, 이러한 임대·분양 혼합단지의 관리방식에 관한 혼란을 해결할 입법적 대안도 요구되고 있다.

공동주택관리법 시행령 제7조는 위탁관리 등 관리방법, 주택사업자 선정, 장기수선계획의 조정, 장기수선충당금을 사용하는 주요시설의 교체 및 보수, 관리비를 사용하여 시행하는 각종 공사 및 용역에 관한 사항은 입주자대표회의와 임대사업자가 공동으로 결정하도록 하고 있다. 다만 분양을 목적으로 한 공동주택과 임대주택이 별개의 동으로 구분할 수 있는 경우에는 장기수선충당금과 관리비를 사용하여 시행하는 공사나 용역에 대해서는 각자 결정할 수 있도록 하고 있다. 합의가 되지 않는 경우에는 공급면적의 2분의 1 또는 3분의 2를 초과하는 면적을 관리하는 입주자대표회의나 임대사업자가 관리하도록 하고 있다. 그러나 공동주택관리법 시행령은 막상 혼합단지에 거주하는 임차인들이 관리에 참여할 수 있는 길은 열어 놓지 않고 있다. 실제로 거주하는 세대, 즉 임차인이 관리에 참여하여야 관리단 집회 또는 입주자 총회 등의 개최가 용이하고 집합건물 내지 공동주택의 관리에 관한 관심도 임차인이 높다는 점을 감안할 때 임차인이 관리에 참여하는 방안을 열어 놓을 필요가 있다. 외국의 입법례에서도 관리비나 관리인 선임 등 통상의 관리(day to day)에 관한 사항은 구분소유자가 거부하지 않는 한 임차인이 그 결정과정에 참여하도록 하고 있다. 2012. 12. 18. 개정된 집합건물법에서도 임차인의 참여권을 보장하고 있는 점을 감안하면, 공동주택관리법에 혼합관리방식에 필요한 전체관리단 총회, 임차인의 통상의 관리에 관한 의결권, 임차인들의 일부관리단 운영 등에 관한 근거규정을 만들고, 임대·분양 혼합단지의 관리방식에 맞는 표준관리규약을 제도화해야 한다.

제 3 절 조합형 집합건물

아파트먼트(apartment)는 한국에서는 중산층용의 공동주택을 일컫는 말이지만 미국에서는 역사적으로 산업혁명을 거치며 도시에서 근로자들의 주거마련을 위하여 건축되었던 임대주택이었다. 로마시대에 농촌에서 올라온 노동자들을 위하여 대규모로 건축되었던 "인슐라(insula)"라는 임대주택이 2000년 후에 서구에서 부활한 모습이다. 1,2차 세계대전을 거치면서 주택난이 심화되고 정부가 서민들의 주거안정을 위하여 임대료 규제를 강화하자 아파트먼트의 빌딩의 소유자들은 아파트먼트를 임대용으로 보유하고 있는 것보다는 매각하고자 하였다. 그러나 아파트먼트 빌딩 전체를 한꺼번에 전부 인수할 매수인을 구하기 어려워 아파트먼트의 각 전유부분을 구분하여 분양하였다. 이렇게 주거용의 1개동 건물의 일부를 구분하여 소유권의 대상으로 하는 구분건물의 집합체가 된 것이 집합건물(Condominium)이다. Condominium처럼 각 구분건물을 개별로 분양하는 방법만이 아니라 아파트먼트 건물 전체를 소유하는 회사를 설립한 후 각 전유부분에 비례하는 조합지분과 그 전유부분에 관한 배타적 사용권을 매각하는 경우도 있었는데, 이러한 조합형의 집합건물을 Cooperative[555]라고 한다.

Ⅰ. 조합형 집합건물의 법적 성격

Cooperative는 집합건물을 그 지분소유자들이 공동운영한다는 의미인데, 그 법률적 구성방식이 주식회사처럼 주식을 보유한 주주들이 주주총회에서 이사들을 선임하고 그 이사들로 구성된 회의체 집행기관인 이사회(board of director)가 집

555) Cooperative는 그 소유 및 운영 형태에서 보면 조합형 집합건물인데, 그 주된 목적이 다른 구분소유자의 전입을 통제하여 현재의 구분소유자의 주거의 안녕을 보호 하려는데 있다는 점에서 "조합형 집합건물"이라는 용어와 함께 "공동체적 집합건물"이란 용어를 사용하기로 한다.

합건물의 관리를 집행하는 방식이다. 이러한 조합형 집합건물에서는 집합건물법(Condominium Act)이 적용되는 것이 아니라 조합관련 법리가 적용된다. 미국의 판례 법리도 이러한 Cooperative에 관하여는 관리단과 지분소유자 사이의 법률관계에 대하여 회사법의 법리인 "경영적 판단의 법리(rule of business judgement)"를 일반적으로 적용하고 있다. 이러한 조합형 집합건물에서는 집합건물 전체의 지분을 증권(stock certificate)화된 권리로 소유하고, 각 전유부분은 조합과 지분소유자가 배타적 사용권을 보장하는 방식으로 점유·사용한다. "제2장 집합건물의 성립 중 구분소유관계의 법적 성격" 부분에서 살펴본 바와 같이 집합건물 전체를 하나의 소유권의 대상으로 보고 전유부분에 대하여는 배타적 전용권을 가지는 것으로 파악하는 견해는 Cooperative의 법률적 성격과 Condominium의 성격을 유사하게 파악하는 셈이다. 결국 Cooperative의 소유와 점유·사용의 법률관계는 조합법리의 지분소유와 부동산 법제의 임대차와 유사한 법률관계가 혼합되어 있는 방식이다. 법리적으로 보면 소유측면에서 지분화 된 권리의 거래가 중심을 이루고, 점유·사용과 관련된 임대차는 부차적 측면을 구성한다. 긴밀한 파트너쉽을 가진 주주들 사이에서 경영되는 폐쇄회사(closed corporation)의 형태에도 가깝다.

조합형 집합건물에서는 집합건물 소유와 관리에 관한 정관과 별도로 지분소유자들 사이에 조합운영을 위한 조합원 협정(shareholder's agreement), 배타적 사용허가협정(exclusive licence agreement) 내지 장기 독점사용권(a long-term exclusive use leaseholder interest) 협정 등이 체결되어 있다.[556] 결국 전유부분의 입주자는 집합건물처럼 전유부분에 관한 구분소유권과 공용부분에 관한 공유지분을 소유하는 것이 아니라, 집합건물을 소유하는 주택조합의 지분과 전유부분에 관한 배타적 사용권을 보유하는 것이다. 한편 입주자의 관리비 부담은 조합지분이 많더라도 점유·사용하고 있는 전유부분의 사용면적에 비례한다. 조합지분이 많더라도 적은 면적의 전유부분을 사용하는 입주자에게 큰 면적의 전유부분을 사용하는 입

556) Malloy and Smith, 앞의 책, 337면.

주자보다 많은 관리비를 부담시키는 것은 형평의 원리에 어긋나기 때문이다. 공용부분을 다른 지분소유자들과 공동으로 사용·수익하고 공용부분 관리에 필요한 관리비를 부담하고 집합건물 관리를 위한 집행기관으로 이사회를 구성하는 등 집합건물의 관리에 관한 법률관계는 집합건물(Condominium)과 동일하다.

Ⅱ. 조합형 집합건물의 입주자격

조합형 집합건물이 일정계층에 호응을 받는 주된 이유는 아래와 같이 입주자들 사이에 종교, 지식, 직업, 소득수준, 생활양식(lifestyle) 등에서의 동질성을 유지하는 것이기 때문이다. 조합형 집합건물에서는 각 입주자들은 동질의 생활양식(the same general lifestyle)을 유지해야 할 의무를 부담한다. 각 입주자들이 준수해야 할 생활양식은 정관이나, 이사회와 개별 입주자들 사이에 체결되는 "집합건물 운영협정(cooperative agreement)"에 기재되어 있다. 대개 애완동물의 보유제한, 개축과 내부 인테리어의 제한, 특정방식의 건물사용 등이 포함되어 있다. 조합형 집합건물이 지식인계층 등 일정한 범주의 계층으로부터 호응을 받으며 주택시장에서 지속성을 가지며 존속하고 있는 핵심적인 이유는 지분의 양도에 대한 승인제도를 통하여 입주자를 통제함으로써 조합형 집합건물 공동체 내부의 동질성을 확보할 수 있기 때문이다. 조합형 집합건물은 뉴욕 등 대도시의 도심주변에 주로 존재하고 있는데, 백인중산층 개신교도, 대학졸업 이상의 지식인층 등 입주자들 사이에 종교, 지식, 주거생활의 취향 등에 있어 동질성을 유지하는 것을 매우 중시하는 경향을 보인다. 예를 들어 미국의 전직 대통령인 Richard Nixon은 뉴욕에서 Cooperative 입주를 2번이나 거절당했다고 하고, 유대계 연예인으로 유명한 Barbara Streisand도 입주를 거절당했다고 한다. 유명 여배우였던 Gloria Vandevelt는 실제로는 자유방종했던 그녀의 남자친구를 입주자들이 좋아하지 않았기 때문에 입주를 거절당했는데, 해당 Cooperative에서 공식적으로 내세운 입주거절의 이유는 관리비를 낼 재정능력이 될 것 같지 않다는 것이었다.

옷 입는 취향이 촌스럽다거나, 보기 흉한 애완동물을 키운다, 비만, 직업, life-style이 다르다 등 다양한 이유가 승인거절 사유로 제시된다. 심지어 변호사도 집합건물 내부의 문제에 대하여 소송을 제기할 우려가 크다는 이유로 입주거절을 당하는 사례가 많고 정치인이나 연예인은 주목을 끌 우려가 있다는 이유로 입주를 거절당하는 부류이다.[557)]

심지어 우리의 경우에는 아직 상상하기 어렵지만 12세 미만 아동을 수반한 가족의 입주자격을 제한하는 경우도 있다. 아이들이 전유부분 내에서 뛰노는 행위나 짓궂은 장난 등은 층간소음의 분쟁의 주된 원인이 되기도 하고 조용하고 평화로운 주거생활을 원하는 세대에게는 때로는 주거의 안정을 침해하는 행위로 받아들여지기도 한다. 이러한 어린이를 가진 세대의 입주를 제한하는 관리규약은 헌법상의 혼인할 권리나 평등권 등을 침해하여 위헌적일 수 있다. 그러나 미국의 판례 법리는 대체로 어린이를 가진 세대의 입주를 제한하는 관리규약을 유효한 것으로 보고 있다.[558)] 캘리포니아 주 항소법원은 Ritchy v. Villa Neuva Condominium Association 사건[559)]에서 12세 미만 어린이를 동반한 가족의 입주를 제한하는 운영규약 그 자체는 비합리적이지 않고 유효하다고 하였다.

플로리다 주 항소법원도 White Egret Condominium Inc. v. Flanklin 사건[560)]에서 12세 미만 어린이의 입주를 규제하는 운영규약은 헌법상의 결혼, 출산의 권리난 평등권을 침해하지 않는다고 판시하였다. 다만 12세 미만의 아이를 가진 가족이나 어린이가 손님으로 방문하는 것까지 규제하는 운영규약 부분은 자의적, 비합리적인 규제이어서 평등권을 침해한다고 보았다. 따라서 12세 미만의

557) Rosemary Bocksa, 앞의 책, 158 내지 164면.

558) Kristine Cordier Karnezis J.D. "Enforceability of bylaw or other rule of condominium or cooperative association restricting occupancy by children", 100 A.L.R. 3d241(Originally published in 1980).

559) Ritchy v. Villa Neuva Condominium Association, 81 Cal..App.3d 688, 146 Cal. Rptr 695(Cal 1st Dist 1978), (100 A.L.R.3d 231).

560) White Egret Condominium Inc. v. Flanklin, 379 So. 2d 346(Fla. 1979).

어린이를 가진 세대에게 조합지분(전유부분의 사용권 포함)을 매도하는 경우 관리단은 우선매수권(first refusal)을 행사할 수 있다. 노인들의 주거권이나 주거수요는 어린이를 동반한 가족의 주거권이나 주거수요와는 차이가 있고, 어린이들이 짓궂거나 난폭한 행동 등과 연관되어 발생하는 소음을 차단함으로써 조용하고 평화로운 이웃관계를 만들 수 있다. 그래서 아동을 수반한 가족의 입주에 관한 헌법상 평등권 위반 심사에 있어서 "엄격한 심사원리(strict scrutiny)"를 적용하지 않고 자의적이거나 합리적 이유가 없는 경우가 아닌 한 합헌이라는 완화된 심사기준을 적용하는 것이다.

Ⅲ. 지분의 양도와 승인

조합형 집합건물은 그 공동체적 운영의 특성상 집합건물(Condominium)로 운영되다 전환되는 경우는 거의 없고, 대부분 처음부터 조합형 집합건물로 설립된다. 그리고 정관이나 조합규약에서 지분의 양도나 담보설정, 임대차 시에 이사회의 승인을 받도록 하고 있다. 결국 조합형 집합건물의 지분양도계약은 이사회 승인을 조건으로 한 정지조건부 계약인데, 통상 이사회 승인을 받는 기간은 양수인이 지분양도 제안을 받은 날로부터 10일 내지 14일로 정하고 있다. 지분의 양도 시에는 구분건물 양도시 일반적인 공시방법으로 사용되고 있는 관리내역 증명서(Status Certification)가 교부된다. 앞서 관리내역 증명서 제도에서 살펴본 바와 같이 관리내역 증명서에는 일반적으로 연체관리비, 관리비규모, 관리단과 구분소유자 사이의 임박한 소송, 단열재의 상태, 가입되어 있는 보험의 종류와 범위 등이 기재되는데, 조합형 집합건물의 관리내역 증명서에는 Cooperative 이사회의 지분양도나 담보의 승인기준 등이 추가적으로 기재되어 있다. 자신의 지분양도 계약의 승인여부를 판단하는데도 필요할 뿐 아니라, 장래 자신의 지분을 제3자에게 다시 양도할 수 있는지를 판단할 수 있어야 하기 때문이다. 담보설정에 있어서도 이사회 승인을 받아야 하는데, 피담보채무는 집합건물에 관한 채무가 되어 각 지분소유자들이 부진정연대(joint and several) 책임을 지기 때문이다. 우리 담보물권의 불가분성의 법리에 의하면 공유지분에 설정된 담보물권은 공유물이 분할되는 경우 분할된 개개의 물건 위에 그 지분의 비율에 따라 존속한다.[561] 이와 같은 취지로 미국의 공유지분에 관한 법제에서도 지분에 설정된 담보물권의 효력이 불가분적으로 다른 공유자의 지분에 영향을 미치게 되므로 지분소유자가 자신의 지분에 담보물권을 설정할 때에 Cooperative 이사회의 승인을 받도록 하는 것이다. 이러한 조합형 집합건물 관리단의 지분양도 승인처분은 자주 소송의 대상이 된다.

우리 법원이 보여주는 재량권 행사의 일탈·남용에 관한 법리의 경향에 비추어 보면, 위와 같은 입주거절의 사유(물론 Cooperative 이사회가 공식적으로 내세우는 입주거절 사유는 다르겠지만)는 자의적이고 비합리적이어서, 재량권의 일탈·남용으로서 입주거절 처분은 위법하여 무효라는 판결이 내려질 가능성이 크다. 그러나 입주거절을 당한 입주예정자나 퇴출결정을 받은 입주자들이 Cooperative를 상대로 한 입주거절 처분이나 퇴출결정 무효확인을 구하는 소송에서, 미국 법원은 Cooperative 이사회의 결정을 존중하는 경향을 보여주고 있다. 조합형 집합건물에 대하여는 조합관계 법리가 적용된다는 점에서 미국 법원은 앞서 제4장 관리부분 중 관리단과 구분소유자 사이의 법률관계에서 살펴본 바와 같이 "경영적 판단의 법리(business judgement rule)"를 광범위하게 적용하고 있기 때문이다. 앞서 경영적 판단의 법리를 적용한 사안으로 살펴본 Levandusky v. One Fifth Ave. Apt. Corp. 사건[562]이나 40 West 67th Street v. Pullimann 사건[563]은 모두 조합형 집합건물에서 관리단과 입주자 사이에 벌어진 입주자 퇴출결정에 관한 사안이었다. Levandusky v. One Fifth Ave Apt. Corp. 사건에서 구분소유자(엄밀히 말하면 전유부분의 배타적 사용자)인 Levandusky는 관리규약을 위반하여 자신이 배타적으

561) 대법원 1989. 8. 8. 선고 88다카24868 판결.

562) Malloy and Smith, 앞의 책, 341, 342면.

563) Malloy and Smith, 앞의 책, 339, 340면.

로 사용하는 전유부분을 개축하려고 하였고, 이에 대하여 관리단 이사회에서 관리규약에 위반하는 개축행위를 중단하라고 시정명령을 하였으나 Levandusky는 이에 불복하여 시정명령을 취소하라는 소송을 법원에 제기한 것이었다. 법원은 관리단 이사회의 경영적 판단이 그 사건에서 개인적 권리와 집단적 권리 사이에 최선의 균형점이라고 판시하면서 Levandusky의 청구를 기각하였다. 법원은 "합리성 테스트의 법리"보다는 "경영적 판단의 법리"를 적용해야 하는 이유로 법원은 이사회 구성원들보다 그 집합건물의 관리와 거주의 경험과 판단을 평가하기에 적합하지 않고 주거공간에 관련된 결정은 감정적으로 비난받기 쉬운데, 법원이 사후적으로 관리단의 판단을 평가하는 것은 공동체의 안정성을 훼손하게 된다는 점을 들고 있다. 여기서"공동생활을 매우 유지하기 어렵게 된 경우"가 어떤 경우인지는 매우 추상적인 것이어서 관점에 따라 매우 다양한 판단이 가능하다. 법원이 관리단의 퇴출 결정이 합리적인 것이었느냐를 사후적으로 판단하여 옳고 그름을 판단하기는 매우 어렵다.

관리단이 구분소유자의 공동체 질서위반을 이유로 전유부분의 인도를 청구한[564] West 67th Street v. Pulliman 사건에서 미국 뉴욕주 항소법원은"경영적 판단의 법리"를 적용하여 원고 관리단의 전유부분 인도청구를 인용하였다. Pullman은 위층의 TV 소음에 대한 문제제기를 시작으로 위층이 불법영업을 하고 있다, 불법물질을 보유하고 있다는 등의 문제를 계속 제기하였고, 관리단의 조사결과 사실무근이었음에도 불구하고 관리단 조사이후에는 위층이 관리단 이사회의 특정인과 부적절한 관계라고 비난하는 유인물을 단지 내에 배포하고 게시하였다. 법원은 집합건물 공동체의 운영목적의 필요성에 따라 입주거절이나 입주자 퇴출 결정 판단이 성·인종·민족 등에 따른 불법적 차별이나 편파주의나

564) 집합건물법 제54조에서도 법령과 관리규약에서 정한 상린관계나 공동체 질서유지 의무를 현저히 위반하여"공동생활을 매우 유지하기 어렵게 된 경우"에는 관리인이 해당 구분소유자를 집합건물의 공동체에서 퇴출할 수 있도록 하고 있다. 그 방법은 관리인이나 관리인 집회에서 정한 구분소유자가 해당 구분소유자를 상대로 전유부분과 대지사용권에 대하여 경매를 청구하는 것이다.

자의적 결정에 의한 것이 아닌 한 관리단의 결정은 존중되어야 한다고 판시하였다.565) Levandusky 판결에서도 뉴욕주 항소법원은 경영적 판단의 법리를 적용하면서 조합형 집합건물의 이사회가 집합건물의 운영목적의 필요성에 따라 입주거절이나 퇴출결정을 한 판단이 성·인종·민족 등에 대한 차별 등 불법적인 차별이나 편파주의(favorism), 자의적 결정 등에 기인한 것이 아닌 한 존중되어야 한다고 판시하였다. 위와 같이 Cooperative 이사회의 관리업무에 관한 조치에 관한 판결에서는 Cooperative가 법률적 구성은 영리회사와 동일하다는 전제에서 경영적 판단의 법리가 광범위하게 적용되고 있다.

Ⅳ. 조합형 집합건물 제도의 도입

서울 강남구 소재의 타워팰리스를 분양할 때 분양자는 공동주택의 일반분양(주택법제54조)처럼 견본주택을 설치하고 분양광고를 통하여 공개적으로 입주자를 모집하지 않고 기업인, 대기업 임원, 변호사와 의사, 교수 등 특정 전문가 직업집단과 부유층을 대상으로 1:1 마켓팅 방식으로 입주자를 모집하였다. 이렇게 입주자의 대상계층이나 직업 등의 기준을 정해 놓고 입주자를 선정하는 방식의 입주자 모집은 해당 주상복합건물을 부촌의 대명사가 되도록 하고 주상복합건물의 가치를 높이는데도 영향을 주었다고 평가된다. 또한 동질의 지식인 집단, 문화인 집단, 예술인 집단에 속하는 사람들끼리 도시 외곽에 토지를 구입하여 단지형의 단독주택 내지 단지형의 연립주택를 건축하여 공동으로 관리하며 거주하는 미국식의 타운하우스(Townhouse)도 속속 등장하고 있다. 그 동안 아파트 위주의 주택수요가 변화하기 시작하면서 정부도 2009. 3. 20. 법제9511호로 구 주택법을 개정하여 300세대 미만의 소규모 주택단지의 개념으로 "도시형 생활주택의 개념을 도입하였다(구 주택법제2조 제4호). 이에 따른 2009. 11. 5. 영제21810

565) Rosemary Bocska, 앞의 책, 158 내지 164면.

호로 개정된 구 주택법시행령은 단지형 연립주택과 단지형 다세대주택, 원룸형 주택을 공동주택의 한 유형으로 도입하고 있는데(구 주택법시행령 제3조 제1항), 단지형의 전원주택 내지 타운하우스의 유형의 집합건물을 법테두리 안으로 들여온 것이다. 하지만 이러한 새로운 유형의 집합건물에 관해서 그 특수한 성격을 어떻게 유지하며 집합건물을 관리할 수 있는가에 대한 고민이 부족하다. 분양과 입주 당시에는 분양자들과 동호인들 사이에 입주자격을 통제하여 폐쇄형 공동주택의 성격을 확보했다고 하더라도 각 전유부분이 제3자에게 매각되기 시작하면서 이러한 폐쇄형 집합건물의 성격을 어떻게 유지할 수 있는지 논의가 필요하게 되었다. 미국식으로 집합건물 관리단이 입주자격을 통제하고 입주자격에 맞지 않는 전유부분 매매에 대하여는 우리의 매도청구권과 유사한 우선매수권(first refusal)을 행사할 수 있는 제도나 "조합형 집합건물(Cooperative)"과 같은 공동체적 운영방식의 집합건물 제도의 도입 필요성이 높아질 것이다. 미국식으로 일반적인 집합건물(Condominium)외에 공동체적 관리를 위하여 조합형으로 운영되는 Cooperative라는 새로운 집합건물의 유형의 개념과 운영에 관한 규정을 집합건물에 둘 수도 있을 것이다.

또는 독일 주거소유권법의 관리규약에 의한 양도금지 특약제도를 살펴볼 필요가 있다. 독일의 주거소유권법은 주거소유권에 관하여 물권적 효력이 있는 양도금지를 합의할 수 있고 이를 등기부에 등기할 수도 있다(주거소유권법 제12조). 구분소유권도 그 본질이 그 대상에 대한 배타적 처분권을 본질적 내용으로 하는 소유권임에도 불구하고 주거소유권에 관한 양도금지의 관리규약을 인정하는 이유는 미국의 Cooperative 제도처럼 현재의 집합건물 공동체에 원하지 않는 소유자가 전입하여 현재의 다른 구분소유자들의 주거안녕이 침해되지 않도록 하기 위함이다. 중대한 사유가 있는 경우에는 구분소유자는 양도금지에 대한 동의를 거절할 수 있고(주거소유권법 제12조 제2항), 구분소유자들 다수결에 의해 양도제한을 폐지할 수 있다(주거소유권법 제12조 제4항).[566] 최근에 우리 사회에 나타나고 있는 조합형 집합건물 법제의 필요성을 반영하여 독일 주거소유권법처럼 조합형 집합건물의 경우에는 관리규약에 전유부분의 양도금지를 규정하고 전유부분의 양도 시 관리단이 양도에 관한 승인권을 행사할 수 있는 근거 규정을 둘 수 있도록 집합건물법에 조합형 집합건물 제도를 도입하는 방안을 검토해 볼만 하다.

제 4 절 지분형 집합건물

Ⅰ. 지분형 집합건물의 법률관계

대형 상가건물의 경우 영업에 필요한 상가점포의 면적이 크지 않은 경우 각 점포별로 구분소유권 등기를 하지 않고 건물 전체 면적 중 분양면적에 해당하는 비율로 지분등기를 이전하는 방식으로 건물을 분양하는 사례가 많다. 이렇게 각 수분양자가 점유·사용하는 위치와 면적이 특정되어 있음에도 불구하고 구분소유 형태로 분양하지 않고 전체 집합건물의 공유지분 형태로 분양을 하는 이유는 대형 쇼핑몰 같은 경우에는 물품진열장 자체가 점포의 구분경계로 삼는 경우가 많기 때문이다. 집합건물의 성립요건인 각 점포의 구조상 독립성을 갖추기 위해서 경계벽을 설치하는 경우 매장면적이 축소되고 탁 트인 쇼핑몰 환경을 조성하지 못하고 촘촘히 구획된 점포로 어수선해져 영업에 지장이 많기 때문이다. 집합건물법 제1조의 2.는 최소한의 경계 표시만으로 각 구분점포를 구분소유의 객체로 할 수 있도록 구조상 독립성의 요건을 완화하여 대형 상가건물의 구분점포들이 집합건물로 취급되어 관리단에 의한 단체적 관리가 가능하도록 하고 있지만, 여전히 경계벽의 설치 자체가 부담이 되는 소규모의 점포의 경우는 집합건물의 지분을 소유하는 지분형 집합건물이 많다. 반대로 구분건물이었으나 경계

566) 양형우, 앞의 책, 154, 155면.

벽 등이 소멸되어 구조상 독립성을 상실하면 구분건물등기는 효력을 상실하고 합동이 된 건물에 대하여 종전 면적에 비례하여 지분을 가지는 지분형 집합건물로 전환하게 된다.

미국에서도 이렇게 집합건물의 공유지분을 취득하여 집합건물 자체를 공유하는 집합건물을 "지분형 집합건물(Co-Ownership)"이라고 하고 있다. "조합형 집합건물(Cooperative)"은 집합건물을 소유하는 것이 아니라 집합건물을 소유하고 있는 조합의 지분을 소유하는 것인데 반하여, "지분형 집합건물(Co-Ownership)"은 집합건물의 지분자체를 소유한다는 점에서 소유형태에 차이가 있다. 하지만 Cooperative나 Co-Ownership 모두 지분소유자는 "전용사용협정(licence of exclusive occupancy agreement)"이나 "공유자협정(co-ownership agreement)"에 의하여 위치와 면적 등이 특정된 전유부분을 배타적으로 사용한다는 점에서 동일하다. 다만 Cooperative가 그 지분의 양도·담보·임대차에 관하여 관리단의 승인을 받아야 하는 등 관리방법이 공동체적인데 반하여, Co-Ownership은 지분의 양도·담보·임대차가 자유롭고 그 운영이 개방적이다. 이러한 Co-Ownership에는 집합건물법이 적용되지 않기 때문에 매매 시 관리단으로부터 관리현황 증명서(certification)를 발급받을 수 없다. 그래서 관리현황을 정확히 파악하기 어렵기 때문에 이러한 Co-Ownership의 지분양도 시에는 매도인이 매수인에게 관리현황을 상세하게 알리는 관리현황 설명서를 제공하게 된다. 연체관리비나 납부를 앞둔 관리비와 부담금 및 매월 납부하는 관리비, 전유부분이나 건물전체 소송이 제기되어 있는지 여부, 매도인이 현재 부담하고 있는 비용이나 의무, 관리단 이사회의 신원, 관리규약이나 재정보고서 등이 관리현황 설명서에 첨부된다. 담보설정의 경우에도 관리단의 승인 없이 자유로이 담보설정이 가능하나 복잡한 법률관계로 대출을 꺼린다고 한다. 임대차의 경우에도 관리단의 동의 없이 자유로이 임대차 할 수 있으나 점유회복이 어렵고 임대차 중인 지분은 양도가 어렵다. 그래서 Co-Ownership의 지분양도나 임대차 시에는 변호사의 상세한

법률자문을 필요로 한다.[567]

Ⅱ. 지분형 집합건물과 구분소유적 공유관계

각 구분소유자가 점유·사용하는 위치와 면적이 특정되어 있으나 소유의 형태는 전체 집합건물의 지분을 소유하는 소유관계를 "구분소유적 공유관계"라고 한다. 구분소유적 공유관계라는 개념은 먼저 토지의 소유관계에서 발달해 온 법리이다. 실제 거래에 있어서는 1필지의 토지를 여러 사람이 위치와 면적을 특정하여 매수하면서 분할등기를 하지 않은 채 편의상 공유지분 등기를 하는 소유형태로, 다수의 공유자 내부관계에 있어서는 각 공유자가 점유하는 특정부분에 대하여 단독소유로 하되 외부적으로는 공유의 형식을 취하는 소유형태이다. 판례에서는 이를 "상호명의신탁"이라는 표현과 혼용하여 사용하고 있다.[568] 이렇게 대내적으로 구분소유, 대외적 공유형태의 소유관계를 건물에도 적용하여 1동 건물의 일부를 대내적으로는 구분소유, 대외적는 공유형태로 소유하는 건물을 구분소유적 공유관계의 집합건물이라고 하는 것이다. 토지에서의 구분소유적 공유관계에 대하여는 그 법률적 성질을 둘러싸고 이를 상호명의신탁관계로 볼 것인가, 일반적인 공유관계로 볼 것인가의 논의가 있다. 판례는 1필의 토지의 특정부분을 배타적으로 소유하려는 당사자의 의사를 존중하여 내부적으로는 단독소유를 인정하고 외부적으로 명의신탁관계의 법리를 차용하여 공유로 보는 이원적 관점을 제시하고 있다. 이러한 판례의 법리는 공시내용과 다른 물권관계를 인정하여 공시원칙에 반한다거나 1필 토지의 일부에 대하여 구분소유권을 인정하는 것은 일물일권주의에 반한다는 비판이 있다.[569] 대내적인 구분소유관계를 인정하

567) Rosemary Bocska, 앞의 책, 165, 166면.

568) 신국미, "구분소유적 공유관계의 법적성질", 법학논집(제31권 제1호) 2009. 5, 44면(구분소유적 공유관계라는 표현은 대법원 1978. 4. 11. 선고 78다174 판결, 대법원 2007. 4. 13. 선고 2005다55930 판결 등, 상호명의신탁이라는 표현은 대법원 1980. 12. 9. 선고 79다634 전원합의체 판결 등).

지 않고 대내적으로도 건물전체를 관념적 소유권인 공유지분으로만 소유하는 공유건물로 볼 경우, 대지는 물론 건물전체가 공유물분할의 대상이 된다. 따라서 항시적으로 공유물 분할에 따른 법률분쟁의 위험으로 법률관계가 불안정하게 된다. 그래서 판례는 1동 건물 중 위치 및 면적이 특정되고 구조상·이용상 독립성이 있는 일부분을 각자 구분소유하기로 약정하고 등기만은 편의상 각 구분소유의 면적에 해당하는 비율로 공유지분 등기를 한 경우, 이를 일반 공유관계와 구별하여 구분소유적 공유관계로 보고 있다.[570]

공유지분의 관념적 형태로 건물전체를 분할하여 소유하고 있지만, 실질에 있어서는 1개동 건물의 일부분의 위치와 면적 등을 특정하여 배타적으로 점유·사용하는 경우에는, 그 현상인 일시적인 공동소유의 형태를 기준으로 법률관계를 파악하는 것이 아니라, 그 실질을 중시하여 공유관계 자체의 존속을 종국적인 목적으로 하는 구분소유관계로 보아야 한다. 이러한 집합건물의 법률관계를 대내적·실질적 구분소유관계와 대외적·현상적 공유관계를 종합하여 구분소유적 공유관계로 파악하는 것은 적절한 법률관계의 분석방식이다. 이러한 구분소유적 공유관계의 법리는 이미 토지에 관하여는 확고한 법리로 정립되어 왔었다. 예를 들어, 수인이 1필의 토지를 각 위치를 특정하여 그 일부씩을 매수하고 편의상 그 등기만은 공유지분으로 한 토지의 구분소유적 공유관계에 대하여 판례는 일찍부터 일관되게 상호명의신탁 관계로 파악하고 있었다.[571] 특정 토지부분의 매수인은 각자 자기가 매수한 부분에 대하여 소유권을 취득하지만 그 매수부분에 대하여 등기된 지분을 초과하는 지분에 관하여는 다른 부분의 매수인에게 그 소유명의를 신탁하고 동시에 다른 매수인들로부터 자기의 매수부분을 제외한 나머지 부분에 대한 지분명의를 수탁 받는 상호명의신탁관계인 것이다.[572] 판례는

569) 김민웅, "구분소유적 공유관계에 관한 입법론", 토지법학(제27-1호) 한국토지법학회 2011. 6. 30, 240 내지 244면.

570) 대법원 2001. 6. 15.자 2000마2633 결정.

571) 김용덕 "구분소유적 공유 등기에 의한 명의신탁과 저당권", 민사판례소개(제25집), 민사판례소개회 2003, 64면.

토지에 관한 구분소유적 공유관계의 법리를 건물에 대하여도 그대로 적용하여 1개동의 집합건물의 위치와 면적을 특정한 각 전유부분을 구분소유하는 법리와 접목하고 있는 것이다.

Ⅲ. 지분형 집합건물과 집합건물법

지분형 집합건물에 대하여 구분소유적 공유관계를 인정하는 것은 중요한 법리적 함의가 포함되어 있다. 구분소유적 공유관계는 대내적으로는 건물의 일부분에 대한 구분소유관계의 성립을 인정하는 것이므로 집합건물법이 적용되어 특정된 구분건물과 대지사용권의 분리처분금지(집합건물법 제20조), 집합건물 대지의 분할금지(제8조), 집합건물 자체의 분할금지 등의 법리를 적용할 수 있다. 그 결과 집합건물과 대지 또는 집합건물의 소유관계가 파탄나는 것을 막아 집합건물의 법적관계의 안정성을 도모한다. 또한 구분소유관계가 인정되면 집합건물 관리단을 구성하여 집합건물을 단체적으로 관리할 수 있는 장점이 있다. 구분소유적 공유관계의 목적물인 건물 각 층과 분리하여 그 대지에 대해서만 경매분할을 명한 확정판결은 강행법규인 집합건물법 제20조 제2항의 분리처분금지 법리에 위반되어 무효이다. 무효인 판결에 기하여 진행되는 법원의 공유물분할 경매절차에서 그 대지만을 낙찰받았다 하더라도, 경락인은 그 대지의 소유권을 취득할 수 없다. 또한 구분소유적 공유관계의 목적물인 건물 그 자체의 공유물 분할도 허용되지 않는다. 구분소유적 공유관계에서 건물의 특정부분을 구분소유하는 자는 그 부분에 대하여 신탁으로 지분등기를 가지고 있는 자를 상대로 하여 그 특정부분에 대한 명의신탁 해지를 원인으로 한 지분이전등기절차의 이행을 구할 수 있을 뿐이다.[573]

대외적·현상적인 공유지분 관계는 그 공유관계 자유의 본질상 일시적인 것으

572) 대법원 1993. 11. 23. 선고 93다22326 판결.
573) 대법원 2010. 5. 27. 선고 2006다84171 판결.

로 소유관계의 법적안정성을 가지기 위해서는 전면적인 구분소유관계로 전환할 필요가 있다. 이러한 구분소유적 공유관계를 해소하고 구분소유관계로 전환하는 방법은 건물 각 층의 구분소유자들이 다른 층 소유자들과 사이에 상호명의신탁을 해지하고, 건물에 대하여 구분건물로 건축물대장의 전환등록절차 및 등기부의 구분등기절차를 마치고 각 층별로 상호간에 자기가 신탁받은 공유지분 전부를 이전하는 것이다. 이와 같이 건물에 관한 구분소유적 공유관계는 매우 불안정한 법률관계의 상태에 있는 것이다. 따라서 건물과 대지의 법률관계의 분할로 인한 건물의 소유와 관리에 관한 법률관계의 파탄을 막고 건물의 장기간 유지·보전이라 공익적 목적을 달성하기 위해서는 궁극적으로는 위와 같은 방법으로 구분소유적 공유관계를 해소하고 구분소유관계로 전환해야 한다.

제7장 한국의 집합건물 법제의 개혁방향

이 책에서는 먼저, 구분소유관계를 둘러싼 법적혼란과 법리적 쟁점에 대해서 지금까지의 통설적 견해에 더하여 구분소유관계의 단체적 특성에 주목하는 분석을 시도하였다. 구분소유관계의 법적 성격에 관한 통설적 견해는 전유부분에 관한 독립적 소유권과 공용부분과 대지사용권에 관한 공유관계의 이원적 체계로 집합건물의 구분소유관계를 설명하고 있다. 하지만 이러한 통설적 견해의 시각에서는 집합건물의 소유와 관리와 관련한 분쟁에서 나타나는 구분소유관계의 단체적 특성을 제대로 분석하고 해결책을 내올 수 없다. 우리 집합건물법에는 구분소유권의 단체적 특성을 반영하는 많은 규정들이 들어와 있다. 집합건물법에서는 창립총회와 같은 별도의 조직설립행위가 없어도 각 구분소유자를 구성원으로 하는 집합건물 관리단이 당연설립 된다고 선언하여 각 구분소유자들이 단체의 질서에 당연히 편입되도록 하고 있다. 그 후, 관리규약의 제정, 의결기관인 관리단 집회와 집행기관인 관리인, 집합건물 관리와 단체운용에 필요한 관리비의 징수, 공용부분의 변경과 재건축에서의 압도적 다수결의 찬성 등 단체법적 질서를 집합건물의 법률관계에 편입시키고 있다.

이러한 구분소유권의 단체적 특성은 집합건물법의 명문의 규정에서 뿐만 아니라 여러 형태로 집합건물의 분양과 성립, 관리에 관한 법리에도 영향을 미치고 있다. 첫째, 집합건물의 공용부분과 대지에 관한 공유관계는 언제든지 분할하거나 자유로이 처분할 수 있는 민법의 공유관계 자유의 원리와 달리 분할금지, 전유부분과 분리처분 금지 등 단체적 규율에 의하여 합유관계에 가깝다. 둘째, 구분소유자의 권리관계에 있어서도 민법의 소유권 절대의 원칙에 의하면 구분소유권의 객체인 전유부분을 배타적으로 사용·수익할 수 있어야 하지만, 집합건물의 상린관계와 공동체질서 유지를 위하여 그 사용·수익에 일정한 제약이 따르고 일정한 행위에 대하여는 관리단의 승인을 받아야 한다. 셋째, 민법의 공유관계에 관한 보존행위와 관리행위에 관한 원리에 따르면 보존행위는 구분소유자들이 개별적으로 할 수 있고, 관리행위는 공유자 과반수의 동의로 하게 된다. 하지만 집합건물의 대지와 공용부분의 관리는 공유자들 사이의 협의를 통하여 관리를 하는 것이 아니라 구분소유자들과 독립한 관리단을 통하여 관리를 하게 된다. 관리단의 가입과 탈퇴가 자유롭지 않고 구분소유자들은 당연 관리단에 가입하여 관리비 납부의무 등의 의무를 이행해야 한다. 넷째, 책임관계에 있어서도 공유자들 사이의 불가분책임의 원리와 달리 1차적으로 관리단이 책임을 부담하고, 2차적으로 구분소유자들은 자신의 지분의 비율에 따른 분할책임을 부담한다. 다섯째, 집합건물의 관리와 관련한 분쟁에서 구분소유자들이 개별적 또는 집단적 형태로 소송을 수행하지 않고, 관리단이 구분소유자들을 대표하여 소송당사자로서 소송을 수행한다는 점에서도 구분소유관계의 단체적 특성이 구체적으로 발현되고 있다.

개별 소송사건에서는 구분소유관계가 전유부분에 관한 독립적 소유권과 공용부분에 관하여는 처분과 관리의 자유를 본질로 하는 공유관계로 구성되었다는 본질론에 집착하여 구분소유관계의 단체적 특성이 간과되는 현상이 자주 목격된다. 특히 판례 법리에서는 집합건물 관리단이나 입주자대표회의를 통하여 단체적 방식으로 분쟁을 해결할 수 있는 이익을 간과하는 경향이 두드러지게 나타난다. 관리단을 통한 단체적 분쟁해결 방식의 허용에 지나치게 인색하다는 점은 미국의 판례 법리와 확연하게 차이가 나는 우리 판례 법리의 경향이다. 하지만 구분소유권은 본질적으로 건물의 일부분에 관한 독립된 소유권이지만 건물전체의 소유와 관리를 위하여 단체적 규율과 제약을 받는 특수한 성격의 소유권이라는 점에 주목할 필요가 있다. 구분소유권 또는 집합건물의 소유·관리체계는 각 전유부분마다 독립한 소유권과 그에 종속적인 공용부분과 대사용권, 그리고 단체법적 질서규율의 3가지 측면에서 접근하고 분쟁이나 법적 쟁점의 대안을 모색해야 한다.

이 책에서는 다음으로 선분양제도 자체를 극복하고 선분양제도로 인한 불충분한 소비자 보호와 불안정한 집합건물에 관한 법리를 보완할 필요성에 주목하고 있다. 완성되지 않은 상품을 매매한다는 것은 소비자의 입장에서는 불완전하고 매우 불안한 거래를 하는 것이다. 만일 이러한 선분양 방식의 집합건물 분양을 시장자율과 사적자치에만 맡기었다면 선분양제도는 정착하지 못하였을 것이다. 주거난을 해소하고 경제성장에 필요한 사무실, 상가건물 등 집합건물의 공급촉진을 위한 행정적 목적으로 선분양제도는 정책적으로 도입되었다. 선분양제도가 법제도적으로 도입된 것은 1984년이었다. Project Financing 과 같은 부동산금융제도가 발달하지 않았던 당시 부족한 주택문제를 해결하기 위해서는 주택건설업자의 자금조달 문제를 해결할 필요가 있었다. 주택건설은 사업기간이 2−3년으로 길고, 택지의 확보 및 건설장비동원 등 사업초기의 투입비용이 많이 들어간다. 주택선분양제도는 주택수요자의 자금을 동원하여 주택건설업체의 초기투자부담을 완화시켜 줌으로써 주택건설을 촉진시키는 역할을 하였다. 당시의 주택학계에서는 선분양제도는 주택수요가 진정되어 미분양이 발생하면 점차적으로 후분양으로 진전되어 갈 것으로 전망하고 있었다.[574]

따라서 지금과 같이 선분양제도가 한국의 집합건물 분양제도로 고착될 것으로 전망하지는 않았다. 그래서 집합건물공사 착공과 동시에 분양을 하려면 주택도시보증공사[575]의 분양보증을 받도록 하고, 분양대금을 청약금, 계약금, 중도금, 잔금으로 구분하여 받도록 하는 등 몇 가지 소비자를 보호하는 규제 외에 특별히 선분양제도에 대비한 법제도가 정비되어 있지 않았다. 선분양제도에 대하여는 사업주체인 건설회사에 대하여는 막대한 불로소득을 안겨준 반면, 1년에 수조원에 달하는 이자부담을 소비자에게 전가하는 제도로서 소비자의 재산권(헌

574) 윤주현, "주택선분양제도의 문제점과 개선방안", 국토정보, 1995. 5, 22면.

575) 주택사업공제조항은 주택건설회사들이 출자하여 분양보증 등을 수행하는 공제조합으로 운영되었으나 1998년 IMF 경제위기로 회원사인 주택건설회사들이 도산하자 경영의 어려움을 겪고 공적자금이 투입되면서 대한주택보증호사로 변경되었다가, 구 주택법 개정으로 주택도시보증공사가 되었다.

법 제23조), 평등권(헌법 제10조)을 과잉금지의 원칙(헌법 제37조)에 위반될 정도로 본질적으로 침해하고 있어 위헌이라는 주장이 제기되기도 하였다.[576] 정부도 1995년경에는 부실시공과 입주자 피해를 막기 위하여 1997년부터는 선분양제도를 폐지하려고 준비 하였다. 하지만 1998년 IMF 경제위기를 거치며 경기활성화를 위하여 오히려 선분양제도가 존속되고 소비자 보호를 위하여 운영되었던 분양가상한제(1998년)와 무주택자 우선청약제도(1999년)가 폐지되면서 선분양제도는 더욱 고착되었다. 2000년 이후에는 대규모 집합건물 분양붐을 거치며 집합건물의 분양과 성립에 관한 많은 분쟁이 법원에 제기되었다. 그러나 집합건물을 둘러싼 분쟁을 해결할 기준이 법제도에서 마련되지 못하였다.

선분양제도는 프로젝트 파이낸싱(Project Finacing)과 분양자가 건설자금을 조달할 수 있는 선진적인 금융기법이 발달하지 않은 상황에서 주택건설업체가 소비자의 주택매입대금을 앞당겨 받을 수 있게 허용함으로써 자금난을 해소하고 이를 통하여 주택공급을 확대시키기 위하여 도입된 제도이었다. 당시 정부는 주택난을 해소하기 위하여 대량의 주택공급을 추진하고 있었고 재정적 여력이 없는 정부가 민간의 자본에 의존하여 주택공급을 촉진하는 정책을 추구하려다 보니 당시의 상황에서 선분양제도는 효율적인 주택공급촉진 제도가 될 수 있었다. 하지만 이러한 선분양제도는 주택의 다양성이나 일조·조망·소음 등 주건환경이나 쾌적한 주거생활을 위한 주택의 품질 등 소비자가 원하는 품질을 희생하는 제도이고, 자칫 분양자가 소비자가 선납한 매입대금을 받고 부도를 내는 경우에는 대규모의 소비자 피해를 발생시킬 수 있는 제도이다. 그래서 분양보증제도, 분양대금의 납부시기, "주택공급에 관한 기준"을 통한 품질의 기본기준 설정 등 수많은 소비자보호 법제를 양산해 낼 수밖에 없는 제도이다. 소비자의 입장에서도 베이붐 세대가 사회로 진출하여 주택수요 양적, 질적 수요가 폭증하여 지속적으

---

576) 석종현, "아파트 선분양제도의 위헌성 여부", 토지공법소개, 1995, 111면(필자는 1993년 시점에 분양된 아파트 540,006호를 기준으로 소비자가 약 6조2천6백억원의 이자부담을 하였고 사업주체는 그 만큼 불로소득을 했다고 주장하고 있다).

로 주택가격이 상승하는 시대에 신규주택을 분양받으면 가격상승으로 인한 이익을 볼 수 있었으므로 위와 같은 위험과 품질의 희생을 감수하면서도 선분양제도에 순응했던 것이다. 법원도 주택공급촉진이라는 정부의 주택공급정책에 발맞추어 분양계약의 해제나 취소는 거의 허용하지 않고 허위·과장 광고로 인한 소비자 피해에 대하여도 매우 소극적이었다. 하지만 주택보급율 100%를 넘어서고 2012년부터 본격적으로 베이붐 시대가 은퇴를 시작하면서 주택시장 구조가 변화하기 시작하여 주택가격 상승을 기대하며 재테크의 수단으로 주택을 구입하는 문화는 서서히 줄어들고 주택을 거주의 공간으로 바라보는 시각의 변화가 나타나고 있다. 이미 대규모 미분양이 난 공동주택의 경우에는 소비자가 계약을 주도하면서 공동주택의 구체적인 질을 점검하고 계약조건의 추가를 통하여 상세한 계약내용을 포함하는 후분양제도의 특징도 보인다. 분양계약 구조의 변화, 거주문화의 변화 등으로 선분양제도가 변화하면 집합건물의 분양·성립에 관한 여러 쟁점들도 많은 변화를 겪게 될 것이다.

또한, 이 책에서는 1개의 공동주택 단지에서 집합건물법과 공동주택관리법, 집합건물 관리단과 입주자대표회의의 이원적 관리법제와 이원적 관리조직은 큰 법적혼란을 발생시키고 있다는 점에 주목하고 있다. 따라서 관리법제의 통합 내지 관리조직의 통합적 운영은 관리현장과 소송실무에서 발생하는 비효율과 혼란을 극복하기 위한 최우선의 선결적 과제이다. 입주자대표회의가 집합건물 관리단의 지위를 가지지 않는다는 판례의 법리는, 관념적이지만 존재하는 집합건물 관리단과 입주자들을 대표하여 사실상의 관리업무를 수행하는 관리단체로서의 입주자대표회의가 각각 존재한다고 상정하고 있는 셈이다. 판례가 관리업무와 관련하여 구분소유자들을 대표하는 집합건물 관리단이 행사할 수 있는 하자보수금청구, 제3자에 대한 방해배제청구, 부당이득반환 청구 등에 대하여 입주자대표회의의 소송상 당사자지위를 부정하는 것은 이와 같은 2개의 단체가 존재한다는 전제에서 그러한 법률상의 권리는 집합건물 관리단이 행사해야 한다고 보기 때문이다. 결국 판례의 법리는 법적인 집합건물 관리업무의 당사자인 관리단이 현실적으로 관리업무를 수행하지 못하여 관리의 공백이 발생할 때, 입주자대표회의가 하자보수청구, 관리비징수 등 사실상의 관리업무를 수행한다는 논리에 서 있다. 하지만 공동주택 단지에 거주하는 구분소유자들의 상식과는 상당한 거리가 있다. 이러한 판례의 전제가 현실적 타당성을 얻으려면 관리의 공백을 메우기 위하여 행정편의로 구성된 입주자대표회의는 임시적, 잠재적으로 존재하다가 관리단 집회에서 관리인이 선임되어 관리단이 관념적 존재에서 현실적인 존재로 나타날 수 있어야 한다. 그러나 공동주택 관리현장에서 집합건물 관리단이 현실적으로 관리업무의 기능을 수행하는 경우는 거의 존재하지 않는다.

이러한 법과 현실의 괴리를 극복하기 위해서는 개정 집합건물법 제2조의 2의 두 법의 적용 순위에 관한 추상적 기준만으로는 부족하다. 공동주택의 단지 관리단과 입주자단체, 관리위원회와 입주자대표회의, 관리인과 관리주체 등을 체계적으로 통합하여 통합적인 관리조적체계를 만들어야 한다. 법적 성격의 측면에서 보면, 입주자대표회의는 프랑스나 독일과 같은 대륙법계의 대의제 의결기관의 성격보다는 영미법계의 관리단 이사회와 같이 회의체 집행기관의 성격이 강하다고 볼 수 있다. 하지만 기능과 역할의 측면에서 보면, 공동주택관리법의 입법취지는 오히려 입주자대표회의를 대의제 의결기관과 같이 관리주체를 감독하고 견제하는 기능과 역할에 초점이 맞추어져 있다. 입주자대표회의의 구성과 운영의 측면과 역할과 기능의 측면을 분석하여 보면, 공동주택관리법에서 입법자가 의도한 입주자대표회의 역할 및 기능과 입주자대표회의의 구성과 운영 사이에 법리적으로 명확히 조응하지 못하는 측면이 있다는 것을 알 수 있다. 입주자대표회의 제도의 연혁에서 살펴보았듯이 규범적으로 그 역할과 기능, 구성과 운영 등의 법리를 종합적, 체계적으로 검토하여 도입된 것이 아니기 때문일 수 있다. 공동주택 현장에서 입주자대표회의의 비리와 전횡이 끊임없이 논란이 되는 이유도 이러한 법적성격이 명확하지 않고 감독기능과 집행기능이 분리되어 서로 견제와 균형에 의한 민주적인 원리에 의하여 운영되지 못하기 때문이다.

공동주택관리법에서 구분소유자인 입주자 전원을 구성원으로 하는 총회형식의 도입, 관리위원회와 같은 합의제 집행기구의 도입, 점유자와 사용자의 의결권 행사, 총회방식의 관리단 집회의 소집절차와 의결방식의 개선 등을 종합해 보면, 이제는 공동주택관리법을 개정하여 집합건물법상의 관리단 규정을 전면 적용하는 것이 바람직하다. 먼저, 입주자대표회의는 입주자 전원을 구성원으로 당연성립 하는 관리단(입주자단체)의 관리위원회와 동일한 것으로 의제하는 규정을 둘 필요가 있다. 또한 관리위원회와 입주자대표회의, 관리인과 관리주체를 그 선출과정과 인물, 관리규약의 근거, 기능 등에서 통합할 수 있다면, 판례 법리에서 나타나는 것처럼 입주자대표회의가 관리단의 지위에 있지 않아 소송수행권을 행사할 수 없다거나 관리용역계약의 계약 당사자로서의 지위를 가질 수 없다는 등 공동주택 관리조직의 법적 지위와 관련한 혼란을 극복할 수 있을 것이다.

〈부 록〉

[별지 제16호서식]

재 정 신 청 서(예시)

<table>
<tr><td colspan="2">접수번호</td><td colspan="2">접수일</td><td>처리기간 9개월 이내</td></tr>
<tr><td rowspan="6">신청인</td><td colspan="4">상호(명칭)</td></tr>
<tr><td colspan="3">성명(대표자) 홍길동 등 O명
(다수인 경우 별첨1)</td><td>생년월일</td></tr>
<tr><td rowspan="2">주소</td><td colspan="3">법 인
(전화번호:)</td></tr>
<tr><td colspan="3">개 인
(전화번호:)</td></tr>
<tr><td rowspan="3">선정대표자, 대리인 또는 대표당사자</td><td colspan="4">상호(명칭)</td></tr>
<tr><td colspan="4">성명 신청인이 다수인으로 대표자를 선정한 경우 기재</td></tr>
<tr><td colspan="4">주소</td></tr>
<tr><td rowspan="4">피신청인</td><td colspan="4">상호(명칭) 피해를 준 상대방(다수인 경우 별첨2)</td></tr>
<tr><td colspan="4">성명(대표자)</td></tr>
<tr><td rowspan="2">주소</td><td colspan="3">법 인</td></tr>
<tr><td colspan="3">개 인</td></tr>
<tr><td>환경피해 발생의 일시·장소</td><td colspan="4">'10. 1～현재까지 신청인의 피해 지역 기재</td></tr>
<tr><td>재정을 구하는 취지 및 이유</td><td colspan="4">피해 입은 사실을 6하 원칙에 준하여 기재(내용 별첨3 참고)</td></tr>
<tr><td>피해금액 또는 예상 피해금액</td><td colspan="4">피해신청금액 총액 기재</td></tr>
<tr><td>분쟁의 경과</td><td colspan="4">피해 과정을 시기별로 기재(내용 별첨4 참고)</td></tr>
<tr><td>참고자료</td><td colspan="4">피해입증 등에 관한 자료 제목기재(세부내용 별첨5)</td></tr>
</table>

「환경분쟁 조정법」 제16조 및 같은 법 시행령 제8조에 따라 위와 같이 신청합니다.

년 월 일

신청인 (서명 또는 인)

○○환경분쟁조정위원회 귀중

첨부서류	없음	수수료(수입인지 또는 수입증지) 시행령 별표 또는 시·도 조례 참조

210㎜×297㎜(백상지 80g/㎡)

■ 환경분쟁 조정법 시행규칙 [별지 제18호서식] <개정 2012.10.26>

선정대표자 선정 *(예시)*

접수번호	접수일

사 건	OO환조 분쟁조정신청사건	
신청인	홍 길 동 외 명	
피신청인	OO건설(주) 등 2	
선 정 대표자	성명 (서명 또는 인)	생년월일
	주소 (전화번호:)	
	성명 (서명 또는 인)	생년월일
	주소 (전화번호:)	
	성명 (서명 또는 인)	생년월일
	주소 (전화번호:)	

「환경분쟁 조정법」 제19조제1항에 따라 위 사람들을 분쟁조정 신청인들의 대표자로 선정합니다.

년 월 일

신청인 홍길동 외 명

OO환경분쟁조정위원회 귀중

구비서류	신청인들이 성명 · 주소 및 생년월일을 적고 서명 · 날인 또는 손도장을 찍은 동의서 1부	수수료 없음

210㎜×297㎜(백상지 80g/㎡)

주) 선정 대표자는 신청인이 다수인인 경우에 1명~3명 범위 내에서 선정 할 수 있으며, 별첨 1의 대표자선정 동의서를 함께 제출하여야 합니다.

〈별첨 1〉

재정신청 동의, 개인별 피해금액 및 대표자선정 동의서*(예시)*

(설명)동 양식은 신청인이 ***다수인****인 경우, "재정신청서(별지 제16호서식)"의 신청인서명과 ⑭ 개인별 피해(예상)금액 및 "대표자선정(별지 제18호서식)"의 대표자 선정에 동의 한다는 뜻으로 작성하는 것입니다.*

성 명	주 소	피해내역 및 금액(천원)				서명·날인 또는지장
		계	정신적피해	건물피해	기타피해[주)]	
계		44,000	32,000	7,000	5,000	
홍길동	00동 00아파트 101동 101호		2,000	2,000	5,000	
OOO	"		2,000			
OOO	101동 102호		2,000			
OOO	"		2,000			
OOO	"		2,000			
OOO	"		2,000			
OOO	"		2,000			
OOO	"		2,000			
OOO	"		2,000			
OOO	201동 101호		2,000			
OOO	"		2,000			
OOO	"		2,000			
OOO	"		2,000			
OOO	"		2,000			
OOO	"		2,000			
OOO	"		2,000			

주) "기타피해" 란에는 정신적피해와 건물피해 외 다른 피해가 있을 경우에만 그 내용기재

별첨 2~5 자료 목록

〈별첨 2〉 피신청인 명단 (설명) *피신청인이 다수인 경우 "재정신청서(별지 제16호서식)"의 ⑧~⑩ 피신청인의 상호, 대표자, 주소 등을 따로 기재하는 것임*

【작성예시】 ○ **OO건설주식회사 대표이사 OOO(시공회사)**
(OO시 OO구 OO동 1234번지, 전화 02-1234-1234)
○ **OO건설주식회사 조합장 OOO(사업시행자)**
(OO시 OO구 OO동 1235번지, 전화 051-1235-1235)

〈별첨 3〉 재정을 구하는 취지 및 이유 (설명) *"재정신청서(별지 제16호서식)"의 ⑬ 칸이 좁은 경우 별첨으로 6하 원칙에 의해 작성하는 것임*

【작성예시】 **2010년 1월부터 아파트 신축공사가 시작되어 현재까지 현장에서 발생되는 소음・진동・먼지로 인하여 창문을 제대로 열지 못하고, 잠을 제대로 자지 못할 뿐만 아니라, 신청인들 주택의 벽과 바닥에 균열이 생겨 누수현상이 발생하는 등 피해가 있어 시공회사와 발주처에 적절한 조치를 요청하였으나, 아무런 조치를 하여 주지 아니하여 정신적·재산적 피해를 받았으므로 배상되어야함.** *(가능한 구체적으로 기재하는 것이 좋음)*

〈별첨 4〉 분쟁의 경과 (설명) *"재정신청서(별지 제16호서식)"의 ⑮ 칸이 좁은 경우 별첨으로 피해 과정을 시기별로 작성하는 것임*

【작성예시】

○ **2010. 1. 1 : 아파트 터파기 공사 시작 및 소음·진동·먼지 발생**
○ **2010. 1. 15 : 현장소장에게 피해발생사실 통보 및 대책을 요청하였으나 적절한 대책을 마련하지 않음**
○ **2010. 1. 31 : 구청 건축과에 민원제기**
○ **2010. 2. 10 : 구청 민원 회신(소음, 먼지 방지대책 이행지시 등)**
○ **2010. 2. 20 : 구청의 지시에도 불구하고 소음, 먼지 피해가 계속되어 현장 관계자에게 대책마련을 수차례 요청하였으나 개선되지 않았음**
○ **2010. 3. 20 : 시공회사에게 피해 배상 요청**

〈별첨 5〉 참고자료 (설명) *"재정신청서(별지 제16호서식)"의 ⑯ 칸에 기재한 참고자료 제목을 붙임 1, 2, 3, …으로 구분 기재하고, 실제 자료로 별첨처리*

【작성예시】

○ **주민등록등본 및 초본 1통**
○ **건축물관리대장 또는 등기부 등본 등**

구비서류 목록

1. 재정신청서 1부 및 부본 O부 **(별지 제16호서식)**

(설명) 부본은 피신청인이 여러명인 경우에 필요하며, 그 수 만큼 제출(최소 1부 이상)

2. 선정대표자 선정 1부 **(별지 제18호서식)**

(설명) 신청인이 다수인 경우, 대표자를 선정한 경우만 제출 (대표자가 선정된 때에는 다른 당사자들은 선정대표자를 통하여서만 사건에 관한 사항 행위를 할 수 있음)

3. 재정신청 동의, 개인별 피해금액 및 대표자선정 동의서 1부 **(별첨 1)**

(설명) 가. 신청인이 다수인인 경우로서 1. 재정신청서와 2. 선정대표자 선정 양식에 개인별로 서명하지 못한 경우, 서명·동의 한다는 뜻으로 작성 제출하는 것임
나. 개인별로 서명날인(20세 미만인 미성년자는 친권자가 대신 날인 가능)

4. 피신청인 명단 1부 **(별첨 2)** *- 피신청인이 다수인인 경우 작성*

5. 재정을 구하는 취지 및 이유 1부 **(별첨 3)** *- 칸이 좁은 경우 작성*

6. 분쟁의 경과 1부 **(별첨 4)** *- 칸이 좁은 경우 작성*

7. 기타 피해입증 등 참고자료 각 1부 **(별첨 5)** *- 추가 자료가 있는 경우 작성*

[정신적 피해의 경우]
- 주민등록등본 및 초본 : 신청인 별 각 1통
  (주소 이동사항이 표시된 주민등록등본 또는 주민등록초본)

※ 정신적 피해 보상요구는 세입자도 신청이 가능

[건강피해의 경우]
- 공사기간 중 소음 등으로 인한 질병임을 증명하는 의사의 소견서
- 피해 현황 자료

[재산피해의 경우]

① 건물피해의 경우 **(건물소유자만 신청가능)**
- 건축물관리대장 또는 등기부등본
- 건물피해 현황조사서(붙임1)
- 피해사진

- 지적도

② 축산물 피해의 경우

- 축산업(가축사육업) 등록증 사본
- 피해입증 현황 자료 및 산출내역서(붙임2)
- 사육개체 현황(젖소, 한우, 돼지)
- 축산물 구입 및 판매거래명세표(최근 3년간)
- 공인·전문기관의 진단서
- 피해사진

③ 과수 및 농작물 피해일 경우

- 토지대장 및 등기부등본
- 지적도
- 연도별 판매거래명세표(최근 3년간)
- 피해사진 및 주변 환경 사진
- 피해과수 및 농작물 현황자료 등

④ 수산물 피해의 경우

- 피해입증 사진
- 어업허가권 사본
- 종패, 치어 등의 구입 및 관리 비용의 자료(최근 3년간)
- 피해 현황자료

⑤ 일조·조망·통풍 피해의 경우

- 건축물관리대장 및 등기부등본
- 지적도(필요한 경우에 한함)
- 피해 사진

⑥ 층간소음 피해의 경우 (건축·분양자를 상대로 신청하는 경우)

- 바닥충격음 측정치(전문기관)

⑦ 영업피해의 경우

- 사업자 등록증 사본
- 영업판매실적(최근 3년간)
- 부가가치세과세표준증명(최근 3년간)

(붙임 1)

건물피해현황 조사서(예시)

작 성 자 : 인

○ 소재지 : ○ 소유주 :

○ 구 조 : 적벽돌(벽) / 스라브(지붕) ○ 면 적 : ㎡,

구 분	위 치	피해내역 (균열 모양)	균열수	발생시기 (전.후.진전)
건물외벽	동측벽		1	전1, 후1
	남측벽		2	후1. 진전1
현관	현관입구 문 좌상위		1	진전
큰방	안방 문 좌측	누수	1	진전
	남측벽 문틀 좌하		2	후 후
중간방	천정			
작은방				
부엌	타일 탈락		3장	후
화장실. 옥상, 마당 등				

☞ 건물이 다를 때는 별지로 작성하거나 서식중간에 (동표시)하고 내용 기재한다.

☞ 건물의 주소, 소유주, 면적, 구조는 건물대장에 의하여 작성(보수시는 그 내역을 하단에 기재한다.

☞ 기타 특이사항은 하단에 기재한다.

(붙임 2)

가축피해 발생 경위 및 피해액 산출 내역서

1. **사육자 성명:** (보조자 : 명)

2. **사육 경력**
   - ○ 최초 사육 시작 시기 : 년 월 일
   - ○ 현 장소에서 사육시작 시기 : 년 월 일

3. **축종별 가축사육 현황**
   - ○ 축종 :
   - ○ 사육두수 : 착유우 두, 초임우 두, 건유우 두, 육성우 두, 송아지 두

4. **축사 면적**
   - ○ 대지면적: ㎡, 건물면적: ㎡(개동)
   - ※ 축사 배치도 작성 : 규모 및 주요시설 표시(가로, 세로, 면적 등)

5. **년도별 생산품의 판매내역**
   - ○ 육돈 두, 자돈 두, ………

6. **가축 피해 발생으로 가해자 측에 요구한 사항**

일 시	요 구 사 항
년 월 일	공사중지 요청
년 월 일	피해배상 요구

7. **가축 피해 방지를 위하여 스스로 조치한 사항**

일 시	조 치 사 항
년 월 일	약품투여(두)
년 월 일	시야 가리개, 방음시설 설치

8. **피해배상액 산출 근거**(피해수량 및 단가 : 근거제시)
   - ○ 성돈폐사 5두 × 단가 = 원
   - ○ 유사산 15두 × 단가 = 원
   - ○ 약품비 원
   - ○ 합 계 원

분쟁조정 신청 수수료 계산 방법

(환경분쟁조정법 시행령 별표 1)

신청별	조 정 가 액 별 수 수 료
알선신청	10,000원
조정신청	1. 조정가액 500만원 이하 : 10,000원 2. 조정가액 500만원 초과 5천만원 이하 : 1.의 수수료에 5백만원을 초과한 10,000원마다 15원을 가산한 금액 [계산 예시 : 10,000원+(신청금액-500만원)×15/10,000원] 3. 조정가액 5천만원 초과 : 2.의 수수료에 5천만원을 초과한 10,000원마다 10원을 가산한 금액 [계산 예시 : 77,500원+(신청금액-5,000만원)×10/10,000원]
재정신청	1. 조정가액 500만원 이하 : 20,000원 2. 조정가액 500만원 초과 5천만원 이하 : 1.의 수수료에 5백만원을 초과한 10,000원마다 30원을 가산한 금액 [계산 예시 : 20,000원+(신청금액-500만원)×30/10,000원] 3. 조정가액 5천만원 초과 : 2.의 수수료에 5천만원을 초과한 10,000원마다 20원을 가산한 금액 [계산 예시 : 155,000원+(신청금액-5,000만원)×20/10,000원]
참가신청	1. 조정절차참가신청 : 당해 참가인의 조정가액에 대하여 조정신청의 수수료 산출방법에 의하여 산출한 금액 2. 재정절차참가신청 : 당해 참가인의 조정가액에 대하여 재정신청의 수수료 산출방법에 의하여 산출한 금액
증거보전신청	5,000원

비고 : 조정가액을 산정할 수 없는 경우에는 그 가액을 500만원으로 하되, 추후 산정할 수 있게 된 때에는 그 산정가액을 기준으로 한다.

판례색인

사항색인

【국문색인】

ㄱ

《저 자 약 력》

저자 **김 남 근**

【학 력】

- 서울 한영고등학교 졸업
- 서울대학교 법과대학 공법학과
- 사법시험 제38회 합격
- 사법연수원 제28기
- 고려대학교 법과대학 법학박사
- 고려대학교 법학전문대학원 겸임교수
- 법무법인 위민 변호사

【경 력】

- 대한변협 공로상 수상(2005)

前 대법원 개인회생 자문단 자문위원
건설교통부 부동산공개념 검토위원회 위원
건설교통부 주택공급제도 검토위원회 위원
건설교통부 임대주택 검토위원회 위원
건설교통부 주택정책 포럼 위원
서울특별시 분양가심의위원회 위원
청와대 빈부격차차별시정위원회 위원
인천광역시 규제개혁위원회 위원
인천광역시 행정규제개혁위원회 위원
인천광역시 살기좋은 아파트 선정위원회 위원
국가인권위원회 사회권 전문위원
민주사회를 위한 변호사 모임 민생경제위원장
참여연대 민생희망본부장
국토해양인재개발원 강사
참여연대 집행위원장
서울특별시 민생침해 민관대책위원회 서민금융분과 위원장
서울특별시 주거재생자문위원회 위원

現 서울특별시 주택정책심의위원회 위원(2015.1.~)
서울특별시 경제민주화위원회 위원장(2016.9.~)
서울특별시 청년주택 운영 자문위원회 위원(2017.1.~)
"민주사회를 위한 변호사 모임(민변)" 부회장(2016.5.~)
국토교통부 관행혁신위원회 위원장(2018.1.~)
중소벤처부 정책기획단 중소기업 분과장(2018.1.~)

【논문과 주요저서】

- 상가건물임대차보호법의 개선방향에 대하여(2003.1. 시민과 변호사, 서울지방변호사회)
- 토지공개념의 헌법적 정당성(2007.3. 민주사회를 위한 변론)
- 산별노조간부의 사업장내 활동범위, 노동법포럼 제1호, 노동법이론실무학회, 2009.10.

- 강제퇴거와 인권, "인권법의 이론과 실제" 제1호, 한양대학교 공익소수자인권센터, 2009.12.
- 용산참사로 드러난 재개발 행정의 실태와 극복과제(2010.2. 국가인권위원회 토론집)
- 미소금융의 출범과정에서 드러난 문제와 극복과제, 황해문화(통권 제66호), 2010. 봄
- 재개발·재건축사업에서 비용부담 문제에 관한 쟁점연구, 부동산법학 제17집, 한국부동산법 학회, 2010.12.
- 주택 및 도시정비과정의 행정절차와 보상(2010.5. 국토해양인재개발원)
- 2008-2009 필수유지업무결정에 대한 비판적 고찰, "법과 사회" (통권 제38호) 법과 이론학회 2010 상반기.
- 집합건물의 관리에 관한 법제의 개선방안, 집합건물법학 제6집, 한국집합건물법학회, 2010.12.
- 공공부조와 사회보장기본법, 한국사회보장법학회 제1회 학술대회 "전환기의 복지국가와 사회보장법의 과제", 2012.4.6.
- 기초생활수급자 부양의무자 요건의 법적 쟁점, 사회보장법학 제1권 제1호, 한국사회보장법학회 2012.10.
- "공동주택의 분양에 관한 판례경향의 비판적 고찰", 고려법학(제66호) 고려대학교 법학연구소 2012.9.
- 허가받지 않은 토지신탁의 채권적 효력, 안암법학 통권 제39호, 안암법학회, 2012.9.
- "쌍용자동차 정리해고 사건을 계기로 본 정리해고 제도의 개선방향", 노동법 연구 제33호, 서울대학교 노동법연구회, 2012 하반기.
- "집합건물의 성립·분양·관리상 법적 쟁점에 관한 연구", 고려대학교 법학과 박사학위 논문, 2013.7.
- "권리금 회수기회 보호제도의 법적성격과 개선과제", 제24회 변호사대회, 대한변협 2015. 8.24.

집합건물의 분양과 관리상의 법적 쟁점

저　자　김 남 근
발행인　양 진 수
발행처　진 원 사

2018년 6월 1일 초판 인쇄
2018년 6월 8일 초판 발행

서울시 송파구 법원로9길 26, C동 1107호 (문정동, H비즈니스파크)
전화 : 02) 916-1850 / 팩스 : 02) 916-3442
신고번호 제2018 - 000026호
http://www.jinwonsa.co.kr
http://www.lawbookstore.co.kr
e-mail : hhansin@hanmail.net

저자와의
협의하에
인지생략

ISBN : 978-89-6346-529-6 93360

정가 50,000 원